Michalski/Römermann
Partnerschaftsgesellschaftsgesetz

PartGG

Kommentar zum Partnerschaftsgesellschaftsgesetz

3. neu bearbeitete Auflage

von

Prof. Dr. Lutz Michalski, Bayreuth
Rechtsanwalt Dr. Volker Römermann, Hannover

RWS Verlag Kommunikationsforum GmbH · Köln

Die Deutsche Bibliothek – CIP-Einheitsaufnahme

Michalski, Lutz:
PartGG – Kommentar zum Partnerschaftsgesellschaftsgesetz /
von Lutz Michalski ; Volker Römermann. – 3., neu bearb. Aufl. –
Köln : RWS Verlag Kommunikationsforum, 2005
  ISBN 3-8145-8126-1

© 2005 RWS Verlag Kommunikationsforum GmbH
Postfach 27 01 25, 50508 Köln
E-Mail: info@rws-verlag.de, Internet: http://www.rws-verlag.de

Alle Rechte vorbehalten. Ohne ausdrückliche Genehmigung des Verlages ist es auch nicht gestattet, das Werk oder Teile daraus in irgendeiner Form (durch Fotokopie, Mikrofilm oder ein anderes Verfahren) zu vervielfältigen.

Druck und Verarbeitung: Pustet, Regensburg

Vorwort zur 3. Auflage

Die Rechtsform der Partnerschaft hat seit der grundlegenden Reform der Haftungsverfassung (§ 8 Abs. 2 PartGG) im Jahre 1998 entscheidend an Attraktivität gewonnen. Das hat ihr auch in der Praxis eine stetig ansteigende Bedeutung verschafft. Kein Wunder, dass vor diesem Hintergrund die seit der letzten Auflage von 1999 eingetretenen Veränderungen durch Gesetzgeber, Rechtsprechung und Literatur eine Neubearbeitung der Kommentierung erforderlich gemacht haben.

Aus der Gesetzgebung sind dabei insbesondere die registerrechtlichen Änderungen der §§ 4, 5 und 11 PartGG sowie der Partnerschaftsregisterverordnung und nicht zuletzt die Einführung der Postulationsfähigkeit der Partnerschaft durch den neu gefassten § 7 Abs. 4 PartGG zu nennen. Daneben wirken zahlreiche Anpassungen berufsrechtlicher Normen, insbesondere der Rechtsanwälte, Steuerberater, Wirtschaftsprüfer, Ärzte, Zahnärzte und Sachverständigen, über § 1 Abs. 3 PartGG in das Partnerschaftsrecht hinein. Wie bereits in den Vorauflagen, haben wir uns auch dieses Mal bemüht, dem Praktiker durch die umfassende Einbeziehung berufsrechtlicher Aspekte eine in sich abgeschlossene Darstellung an die Hand zu geben, ohne dass die Hinzuziehung spezieller berufsrechtlicher Literatur bei jeder Frage erforderlich wäre.

Die Rechtsprechung hatte sich besonders intensiv mit namensrechtlichen Fragen (§§ 1, 11 PartGG) zu befassen und wurde auch im Übrigen überall eingearbeitet. Nicht nur die unmittelbar zum Partnerschaftsgesellschaftsgesetz ergangene Rechtsprechung war von Bedeutung, sondern an vielen Stellen auch die Neuausrichtung der BGH-Rechtsprechung zur Gesellschaft bürgerlichen Rechts. Im Zentrum der literarischen Diskussion stand die neue Haftungsvorschrift, was wir zum Anlass genommen haben, die Kommentierung des § 8 Abs. 2 PartGG wesentlich zu vertiefen und zu erweitern. Auch dies entspricht einem praktischen Bedürfnis, schließlich stellt gerade die neue Haftungsverfassung den entscheidenden Vorteil der Partnerschaft im Wettbewerb der Gesellschaftsformen dar.

Bayreuth/Hannover, im Juli 2005   Die Verfasser

Inhaltsübersicht

	Seite
Abkürzungsverzeichnis	IX
Literaturverzeichnis	XIII

Gesetzestexte

Partnerschaftsgesellschaftsgesetz (PartGG) 1
Partnerschaftsregisterverordnung (PRV) 7

Einführung 17

§ 1 Voraussetzungen der Partnerschaft 49
§ 2 Name der Partnerschaft 124
§ 3 Partnerschaftsvertrag 151
§ 4 Anmeldung der Partnerschaft 163
§ 5 Inhalt der Eintragung; anzuwendende Vorschriften 179
§ 6 Rechtsverhältnis der Partner untereinander 199
§ 7 Wirksamkeit im Verhältnis zu Dritten; rechtliche Selbständigkeit; Vertretung 224
§ 8 Haftung für Verbindlichkeiten der Partnerschaft 243
§ 9 Ausscheiden eines Partners; Auflösung der Partnerschaft 270
§ 10 Liquidation der Partnerschaft; Nachhaftung 286
§ 11 Übergangsvorschrift 295

Anhang

Materialien in kommentarartiger Zusammenstellung 301

Stichwortverzeichnis 385

Abkürzungsverzeichnis

AGH .... Anwaltsgerichtshof
AnwBl .... Anwaltsblatt
AO .... Abgabenordnung
ApG .... Gesetz über das Apothekenwesen

BÄO .... Bundesärzteordnung
BayObLG .... Bayerisches Oberstes Landesgericht
BB .... Betriebs-Berater
BerufsO .... Berufsordnung
BFB .... Bundesverband der Freien Berufe
BFH .... Bundesfinanzhof
BFHE .... Entscheidungen des Bundesfinanzhofs
BGBl .... Bundesgesetzblatt
BGH .... Bundesgerichtshof
BGHZ .... Entscheidungen des Bundesgerichtshofs in Zivilsachen
BORA .... Berufsordnung für Rechtsanwälte
BOStB .... Berufsordnung für Steuerberater
BRAGO .... Bundesgebührenordnung für Rechtsanwälte
BRAK .... Bundesrechtsanwaltskammer
BRAK-Mitt. .... Mitteilungen der Bundesrechtsanwaltskammer
BRAO .... Bundesrechtsanwaltsordnung
BR-Drucks. .... Bundesrats-Drucksache
BStBl .... Bundessteuerblatt
BTÄO .... Bundestierärzteordnung
BT-Drucks. .... Bundestags-Drucksache
BuW .... Betrieb und Wirtschaft
BVerfGE .... Entscheidungen des Bundesverfassungsgerichts
BWNotZ .... Zeitschrift für das Notariat in Baden-Württemberg

DAV .... Deutscher Anwaltverein
DB .... Der Betrieb
Diss. .... Dissertation
doc. .... document
DStB .... Der Steuerberater

Abkürzungsverzeichnis

DStR	Deutsches Steuerrecht
DStZ	Deutsche Steuer-Zeitung
DSWR	Datenverarbeitung, Steuern, Wirtschaft und Recht
DVStB	Verordnung zur Durchführung der Vorschriften über Steuerberater, Steuerbevollmächtigte und Steuerberatungsgesellschaften
DZWir	Deutsche Zeitschrift für Wirtschaftsrecht
E	Entwurf
EGHGB	Einführungsgesetz zum Handelsgesetzbuch
EFG	Entscheidungen der Finanzgerichte
EGG	(Österreichisches) Erwerbsgesellschaftengesetz
ERJuKoG	Gesetz über elektronische Register und Justizkosten für Telekommunikation
EStG	Einkommensteuergesetz
EuZW	Europäische Zeitschrift für Wirtschaftsrecht
EWiR	Entscheidungen zum Wirtschaftsrecht
EWIV	Europäische Wirtschaftliche Interessenvereinigung
FGG	Gesetz über die Angelegenheiten der freiwilligen Gerichtsbarkeit
FGO	Finanzgerichtsordnung
FR	Finanz-Rundschau
GBO	Grundbuchordnung
GewStG	Gewerbesteuergesetz
GmbHR	GmbH-Rundschau
GVBl/GVOBl	Gesetz- und Verordnungsblatt
GWB	Gesetz gegen Wettbewerbsbeschränkungen
HRefG	Handelsrechtsreformgesetz
HReg.	Handelsregister
HRV	Handelsregisterverfügung
INF	Die Information über Steuer und Wirtschaft
IPRax	Praxis des internationalen Privat- und Verfahrensrechts

Abkürzungsverzeichnis

JBl	Juristische Blätter
J. O.	Journal Officiel
JuS	Juristische Schulung
JZ	Juristenzeitung
KGaA	Kommanditgesellschaft auf Aktien
KÖSDI	Kölner Steuerdialog
KostO	Kostenordnung
MBO-Ä	Muster-Berufsordnung-Ärzte
MBO-ZÄ	Muster-Berufsordnung-Zahnärzte
MBO-TÄ	Muster-Berufsordnung-Tierärzte
MdB	Mitglied des Bundestages
MDR	Monatsschrift für Deutsches Recht
MedR	Medizinrecht
MPhG	Masseur- und Physiotherapeutengesetz
NJW	Neue Juristische Wochenschrift
NV	Sammlung amtlich nicht veröffentlichter Entscheidungen des Bundesfinanzhofs
NWB	Neue Wirtschafts-Briefe für Steuer- und Wirtschaftsrecht
OECD	Organization for Economic Cooperation and Development
ÖJT	Österreichischer Juristentag
ÖJZ	Österreichische Juristenzeitung
PAO	Pantentanwaltsordnung
PartGG	Partnerschaftsgesellschaftsgesetz
PRV	Partnerschaftsregisterverordnung
PsychThG	Psychotherapeutengesetz
RdA	Recht der Arbeit
RefE	Referentenentwurf
RegE	Regierungsentwurf
RGBl	Reichsgesetzblatt
RichtlRA	Grundsätze des anwaltlichen Standesrechts

Abkürzungsverzeichnis

RIW	Recht der Internationalen Wirtschaft
Rpfleger	Rechtspfleger
SEL	Société d'exercice libéral
sess.	session
StB	Der Steuerberater
StBerG	Steuerberatungsgesetz
Stbg	Die Steuerberatung
Sten. Ber.	Stenografische Berichte
SVO	Sachverständigenordnung
UmwG	Umwandlungsgesetz
VVG	Versicherungsvertragsgesetz
WBl	Wirtschaftsrechtliche Blätter
WiB	Wirtschaftsrechtliche Beratung
WM	Zeitschrift für Wirtschafts- und Bankrecht
WPg	Die Wirtschaftsprüfung
WPK-Mitt.	Mitteilungen der Wirtschaftsprüferkammer
WPO	Wirtschaftsprüferordnung
WRP	Wettbewerb in Recht und Praxis
ZAP	Zeitschrift für die Anwaltspraxis
ZHG	Zahnheilkundegesetz
ZIP	Zeitschrift für Wirtschaftsrecht
zm	Zahnärztliche Mitteilungen
ZHR	Zeitschrift für das gesamte Handelsrecht und Wirtschaftsrecht
ZRP	Zeitschrift für Rechtspolitik

Literaturverzeichnis

Nachfolgend aufgeführt ist nur allgemein zitierte Literatur; spezielle Hinweise finden sich vor den einzelnen Vorschriften oder Abschnitten

Bassenge/Herbst/Roth
FGG, RPflG, Kommentar, 9. Aufl., 2001

Baumbach/Hopt
HGB, Kommentar, 31. Aufl., 2003

Borggreve
Die partnerschaftliche gemeinschaftliche Ausübung freier rechts- und wirtschaftsberatender Berufe, Diss. Bielefeld, 1982

Bösert/Braun/Jochem
Leitfaden zur Partnerschaftsgesellschaft, 1996

BRAK
Stellungnahme zum Referentenentwurf eines Partnerschaftsgesellschaftsgesetzes, unveröffentlicht (zit.: *BRAK*, Stellungnahme zum RefE PartGG)

Castan
Die Partnerschaftsgesellschaft, 1997

DAV
Stellungnahme zum Referentenentwurf eines Partnerschaftsgesellschaftsgesetzes, unveröffentlicht (zit.: *DAV*, Stellungnahme zum RefE PartGG)

Deregulierungskommission
Marktöffnung und Wettbewerb, 1991

Deutsch
Arztrecht und Arzneimittelrecht, 1991

Ebenroth/Boujong/Joost
HGB, Kommentar, 2001

Eggesiecker
Die Partnerschaftsgesellschaft für Freie Berufe, Loseblatt, Stand 5/98

Feddersen/Meyer-Landrut
PartGG, Kommentar, 1995

Literaturverzeichnis

Gail/Overlack
Anwaltsgesellschaften, 2. Aufl., 1996

Gehre
StBerG, Kommentar, 4. Aufl., 1999

Hartung/Holl
BerufsO, Kommentar zur anwaltlichen Berufsordnung, 2. Aufl., 2001
(zit.: *Hartung/Holl/Bearbeiter*)

Henssler
PartGG, Kommentar zum Partnerschaftsgesellschaftsgesetz, 1997

Henssler/Prütting
BRAO, Kommentar, 2. Aufl., 2004 (zit. *Bearbeiter*, in: Henssler/Prütting)

Herrmann/Heuer/Raupach
EStG und KStG, Kommentar, 20. Aufl., Loseblatt, § 18: Stand 3/04
(zit.: *Bearbeiter*, in: Herrmann/Heuer/Raupach)

Heymann
HGB, Kommentar, 2. Aufl., 1995 ff (zit.: *Heymann/Bearbeiter*)

G. Hueck
Gesellschaftsrecht, 18. Aufl., 2003

Kastner/Doralt/Nowotny
Grundriß des österreichischen Gesellschaftsrechts, 5. Aufl., 1990

Keidel/Schmatz/Stöber
Registerrecht, Handbuch der Rechtspraxis, Bd. 7, 6. Aufl., 2003

Kirchhof/Söhn/Mellinghoff (Hrsg.)
EStG, Kommentar, Bd. 8, Loseblatt, § 18 (*Stuhrmann*): Stand 2004
(zit.: *Bearbeiter*, in: Kirchhof/Söhn/Mellinghoff)

Krejci
EGG, Kommentar zum Erwerbsgesellschaftengesetz, 1991

Kübler/Prütting
InsO, Kommentar zur Insolvenzordnung, Loseblatt, Stand 5/05
(zit.: *Kübler/Prütting/Bearbeiter*)

Lademann
EStG, Kommentar, Loseblatt, § 18 (*Fitsch*): Stand: 2003
(zit.: *Bearbeiter*, in: Lademann)

Laufs/Uhlenbruck
Handbuch des Arztrechts, 3. Aufl., 2002

Literaturverzeichnis

Laurent/Vallée
Sociétés d'exercice libéral, 1994 (zit.: *Laurent/Vallée*, SEL)

Lenz/Braun
Partnerschaftsgesellschaftsvertrag
(Heidelberger Musterverträge, Bd. 83), 2. Aufl., 1997

Littmann/Bitz/Pust
Das Einkommensteuerrecht, Bd. 2, Loseblatt, § 18 (*Steinhauff*): Stand 3/02
(zit.: *Bearbeiter*, in: Littmann/Bitz/Pust)

Meilicke/Graf v. Westphalen/Hoffmann/Lenz
PartGG, 1996 (zit.: *Bearbeiter* in: Meilicke u. a.)

Meurer
Die Partnerschaftsgesellschaft, 1997, Diss. Göttingen, 1996

Meyer-Goßner
StPO, Kommentar, 47. Aufl., 2004

Michalski
Der Begriff des freien Berufs im Standes- und im Steuerrecht, 1989
(zit.: *Michalski*, Der Begriff des freien Berufs)

ders.
Das Gesellschafts- und Kartellrecht der berufsrechtlich gebundenen freien
Berufe, 1989 (zit.: *Michalski*, Das Gesellschafts- und Kartellrecht)

ders.
Gesellschaftsrechtliche Gestaltungsmöglichkeiten zur Perpetuierung von
Unternehmen, 1980 (zit.: *Michalski*, Gesellschaftsrechtliche Gestaltungsmöglichkeiten)

Michalski/Römermann
Vertrag der Partnerschaftsgesellschaft, RWS-Vertragsmuster, Bd. 4,
1. Aufl., 1997; 3. Aufl., 2002

Münchener Handbuch des Gesellschaftsrechts
Bd. 1: BGB-Gesellschaft, Offene Handelsgesellschaft, Partnerschaftsgesellschaft, Partenreederei, EWIV, 2. Aufl., 2004, Hrsg.: Gummert/Riegger/Weipert
(zit.: *Bearbeiter*, in: Münchener Handbuch)

Münchener Kommentar zum Handelsgesetzbuch
2. Aufl., Hrsg.: K. Schmidt (zit.: MünchKomm-*Bearbeiter*, HGB)

Münchener Kommentar zum BGB, Sonderausgabe
Gesellschaft bürgerlichen Rechts und Partnerschaftsgesellschaft, 4. Aufl., 2004,
Hrsg. Ulmer (zit. MünchKomm-*Bearbeiter*, BGB)

Literaturverzeichnis

Narr
　Ärztliches Berufsrecht, Bd. 2, 2. Aufl., Stand: Sept. 1989

Nerlich/Römermann
　InsO, Kommentar, Stand: 10/04 (zit.: *Bearbeiter*, in: Nerlich/Römermann)

OECD
　Politique de la concurrence et professions libérales, 1985

Palandt
　BGB, 64. Aufl., 2005 (zit.: *Palandt/Bearbeiter*)

Ring
　Die Partnerschaftsgesellschaft, 1997

Röhricht/Graf v. Westphalen
　HGB, Kommentar, 2. Aufl., 2001
　(zit.: *Bearbeiter*, in: Röhricht/Graf v. Westphalen)

Römermann
　Entwicklungen und Tendenzen bei Anwaltsgesellschaften – Eine vergleichende Studie zu EWIV, Sozietät und Kapitalgesellschaft –, 1995

Karsten Schmidt
　Gesellschaftsrecht, 4. Aufl., 2002

L. Schmidt. (Hrsg.)
　EStG, Kommentar, 24. Aufl., 2005 (zit.: *Schmidt/Bearbeiter*)

Schönke/Schröder
　StGB, Kommentar, 26. Aufl., 2001 (zit.: *Schönke/Schröder/Bearbeiter*)

Seibert (Hrsg.)
　Die Partnerschaft – Eine neue Gesellschaftsform für die Freien Berufe, Text – Einführung – Materialien, 1994 (zit.: *Seibert*, Die Partnerschaft)

Schwenter-Lipp
　Die französische Zivilrechtsgesellschaft für Freiberufler, 1984

Staub
　Großkommentar zum HGB, 4. Aufl., 1983 ff (zit.: *Staub/Bearbeiter*)

Stuber
　Die Partnerschaftsgesellschaft, Beck'sche Musterverträge, Bd. 25, 2. Aufl. 2001

Literaturverzeichnis

Graf v. Westphalen
Vertragsrecht und AGB-Klauselwerke, Loseblatt, Stand 2004
Wollny
Unternehmens- und Praxisübertragungen, 6. Aufl., 2004

Materialien:

E 1971
Abgeordnetenentwurf eines Partnerschaftsgesetzes, BT-Drucks. VI/2047

E 1975
Abgeordnetenentwurf eines Partnerschaftsgesetzes, BT-Drucks. 7/4089

E 1976
Antrag des Rechtsausschusses zum Abgeordnetenentwurf eines Partnerschaftsgesetzes, BT-Drucks. 7/5402

Rechtsausschuß zum E 1976
Bericht des Rechtsausschusses zum Abgeordnetenentwurf eines Partnerschaftsgesetzes, BT-Drucks. 7/5413

BR-Ausschüsse zum E 1976
Empfehlungen der Ausschüsse zum Partnerschaftsgesetz, BR-Drucks. 444/1/76

Bundesrat zum Partnerschaftsgesetz
Beschluß des Bundesrates zum Partnerschaftsgesetz, BR-Drucks. 444/76

Sten. Ber. Plenarprotokoll 7/256
Bundestagsdebatte vom 1. 7. 1976, Sten. Ber. Plenarprotokoll 7/256

Bericht über die Lage der Freien Berufe
Bericht der Bundesregierung über die Lage der Freien Berufe in der Bundesrepublik Deutschland vom 3. 1. 1991, BT-Drucks. 12/21

Wirtschaftsausschuss zum Bericht über die Lage der Freien Berufe
Beschlussempfehlung und Bericht des Ausschusses für Wirtschaft zur Unterrichtung durch die Bundesregierung – BT-Drucks. 12/21 –, Fortschreibung des Berichts der Bundesregierung über die Lage der Freien Berufe in der Bundesrepublik Deutschland, BT-Drucks. 12/2017

Sten. Ber. Plenarprotokoll 12/94
Bundestagsdebatte vom 3. 6. 1992, Sten. Ber. Plenarprotokoll 12/94

RegE PartGG
Regierungsentwurf eines Gesetzes zur Schaffung von Partnerschaftsgesellschaften und zur Änderung anderer Gesetze, BT-Drucks. 12/6152

Literaturverzeichnis

Rechtsausschuss zum PartGG
Beschlussempfehlung und Bericht des Rechtsausschusses zum Regierungsentwurf eines Gesetzes zur Schaffung von Partnerschaftsgesellschaften und zur Änderung anderer Gesetze, BT-Drucks. 12/7642

Sten. Ber. Plenarprotokoll 12/230
Bundestagsdebatte vom 25. 5. 1994, Sten. Ber. Plenarprotokoll 12/230

EG-Kommission, Konsultationsdokument
Konsultationsdokument über die grenzüberschreitende Ausübung reglementierter beruflicher Tätigkeiten in einer besonderen Rechtsform vom 21. 9. 1992 (unveröffentlicht)

RefE AnwaltsGmbH-Gesetz
Referentenentwurf zum AnwaltsGmbH-Gesetz, Bundesministerium der Justiz, März 1997 (unveröffentlicht)

RegE AnwaltsGmbH-Gesetz
Regierungsentwurf eines Gesetzes zur Änderung der Bundesrechtsanwaltsordnung, der Patentanwaltsordnung und anderer Gesetze (AnwaltsGmbH-Gesetz), November 1997, BR-Drucks. 1002/97; BT-Drucks. 13/9820 und 13/10123. Auszugsweise abgedruckt: NZG 1998, 83

RegE 3. Gesetz zur Änderung der BNotO
Regierungsentwurf eines Dritten Gesetzes zur Änderung der Bundesnotarordnung und anderer Gesetze, BT-Drucks. 13/4184

Rechtsausschuss zum RegE 3. Gesetz zur Änderung der BNotO
Beschlussempfehlung und Bericht des Rechtsausschusses (6. Ausschuss) des Deutschen Bundestages zum Regierungsentwurf eines Dritten Gesetzes zur Änderung der Bundesnotarordnung und anderer Gesetze, BT-Drucks. 13/11034

Rechtsausschuss zum RegE eines Gesetzes zur Änderung der BNotO
Beschlussempfehlung und Bericht des Rechtsausschusses (6. Ausschuss) des Deutschen Bundestages zum Regierungsentwurf eines Gesetzes zur Änderung der Bundesrechtsanwaltsordnung, der Patentanwaltsordnung und anderer Gesetze, BT-Drucks. 13/11035

RegE 1. UmwÄndG
Regierungsentwurf eines Ersten Gesetzes zur Änderung des Umwandlungsgesetzes, BT-Drucks. 13/8808

RegE 2. FGOÄndG
Regierungsentwurf eines Zweiten Gesetzes zur Änderung der Finanzgerichtsordnung und anderer Gesetze, BT-Drucks. 14/4061

RegE ERJuKoG
Regierungsentwurf eines Gesetzes über elektronische Register und Justizkosten für Telekommunikation, BT-Drucks. 14/6855

Gesetz über Partnerschaftsgesellschaften Angehöriger Freier Berufe (Partnerschaftsgesellschaftsgesetz – PartGG)

vom 25. Juli 1994, BGBl I, 1744
zuletzt geändert durch
Gesetz vom 10. Dezember 2001, BGBl I, 3422

§ 1

Voraussetzungen der Partnerschaft

(1) ¹Die Partnerschaft ist eine Gesellschaft, in der sich Angehörige Freier Berufe zur Ausübung ihrer Berufe zusammenschließen. ²Sie übt kein Handelsgewerbe aus. ³Angehörige einer Partnerschaft können nur natürliche Personen sein.

(2) ¹Die Freien Berufe haben im Allgemeinen auf der Grundlage besonderer beruflicher Qualifikation oder schöpferischer Begabung die persönliche, eigenverantwortliche und fachlich unabhängige Erbringung von Dienstleistungen höherer Art im Interesse der Auftraggeber und der Allgemeinheit zum Inhalt.[*] ²Ausübung eines Freien Berufes im Sinne dieses Gesetzes ist die selbständige Berufstätigkeit der Ärzte, Zahnärzte, Tierärzte, Heilpraktiker, Krankengymnasten, Hebammen, Heilmasseure, Diplom-Psychologen, Mitglieder der Rechtsanwaltskammern, Patentanwälte, Wirtschaftsprüfer, Steuerberater, beratenden Volks- und Betriebswirte, vereidigten Buchprüfer (vereidigte Buchrevisoren), Steuerbevollmächtigten, Ingenieure, Architekten, Handelschemiker, Lotsen, hauptberuflichen Sachverständigen, Journalisten, Bildberichterstatter, Dolmetscher, Übersetzer und ähnlicher Berufe sowie der Wissenschaftler, Künstler, Schriftsteller, Lehrer und Erzieher.

(3) Die Berufsausübung in der Partnerschaft kann in Vorschriften über einzelne Berufe ausgeschlossen oder von weiteren Voraussetzungen abhängig gemacht werden.

(4) Auf die Partnerschaft finden, soweit in diesem Gesetz nichts anderes bestimmt ist, die Vorschriften des Bürgerlichen Gesetzbuchs über die Gesellschaft Anwendung.

§ 2

Name der Partnerschaft

(1) ¹Der Name der Partnerschaft muss den Namen mindestens eines Partners, den Zusatz „und Partner" oder „Partnerschaft" sowie die Berufsbezeichnungen aller in der Partnerschaft vertretenen Berufe enthalten. ²Die Beifügung von Vornamen ist nicht erforderlich. ³Die Namen anderer Personen als der Partner dürfen nicht in den Namen der Partnerschaft aufgenommen werden.[**]

---

[*] § 1 Abs. 2 Satz 1 eingefügt durch Gesetz v. 22.7.1998, BGBl I, 1878, 1881.
[**] § 2 Abs. 1 Satz 2 und 3 eingefügt durch HRefG v. 22.6.1998, BGBl I, 1474, 1480.

PartGG

(2) § 18 Abs. 2, §§ 21, 22 Abs. 1, §§ 23, 24, 30, 31 Abs. 2, §§ 32 und 37 des Handelsgesetzbuchs sind entsprechend anzuwenden; § 24 Abs. 2 des Handelsgesetzbuchs gilt auch bei Umwandlung einer Gesellschaft bürgerlichen Rechts in eine Partnerschaft.*)

§ 3

Partnerschaftsvertrag

(1) Der Partnerschaftsvertrag bedarf der Schriftform.

(2) Der Partnerschaftsvertrag muss enthalten
1. den Namen und den Sitz der Partnerschaft;
2. den Namen und den Vornamen sowie den in der Partnerschaft ausgeübten Beruf und den Wohnort jedes Partners;
3. den Gegenstand der Partnerschaft.

§ 4

Anmeldung der Partnerschaft

(1) ¹Auf die Anmeldung der Partnerschaft in das Partnerschaftsregister sind § 106 Abs. 1 und § 108 des Handelsgesetzbuchs entsprechend anzuwenden. ²Die Anmeldung hat die in § 3 Abs. 2 vorgeschriebenen Angaben, das Geburtsdatum jedes Partners und die Vertretungsmacht der Partner zu enthalten.**) ³Änderungen dieser Angaben sind gleichfalls zur Eintragung in das Partnerschaftsregister anzumelden.

(2) ¹In der Anmeldung ist die Zugehörigkeit jedes Partners zu dem Freien Beruf, den er in der Partnerschaft ausübt, anzugeben. ²Das Registergericht legt bei der Eintragung die Angaben der Partner zugrunde, es sei denn, ihm ist deren Unrichtigkeit bekannt.

§ 5

Inhalt der Eintragung; anzuwendende Vorschriften

(1) Die Eintragung hat die in § 3 Abs. 2 genannten Angaben, das Geburtsdatum jedes Partners und die Vertretungsmacht der Partner zu enthalten.***)

(2) Auf das Partnerschaftsregister und die registerrechtliche Behandlung von Zweigniederlassungen sind die §§ 8 bis 12, 13, 13c, 13d, 13h, 14 bis 16 des Handelsgesetzbuchs über das Handelsregister entsprechend anzuwenden.

---

*) § 2 Abs. 2 geändert durch HRefG v. 22.6.1998, BGBl I, 1474, 1480.
**) § 4 Abs. 1 Satz 2 geändert durch ERJuKoG v. 10.12.2001, BGBl I, 3422.
***) § 5 Abs. 1 geändert durch ERJuKoG v. 10.12.2001, BGBl I, 3422.

§ 6
Rechtsverhältnis der Partner untereinander

(1) Die Partner erbringen ihre beruflichen Leistungen unter Beachtung des für sie geltenden Berufsrechts.

(2) Einzelne Partner können im Partnerschaftsvertrag nur von der Führung der sonstigen Geschäfte ausgeschlossen werden.

(3) ¹Im Übrigen richtet sich das Rechtsverhältnis der Partner untereinander nach dem Partnerschaftsvertrag. ²Soweit der Partnerschaftsvertrag keine Bestimmungen enthält, sind die §§ 110 bis 116 Abs. 2, §§ 117 bis 119 des Handelsgesetzbuchs entsprechend anzuwenden.

§ 7
Wirksamkeit im Verhältnis zu Dritten; rechtliche Selbständigkeit; Vertretung

(1) Die Partnerschaft wird im Verhältnis zu Dritten mit ihrer Eintragung in das Partnerschaftsregister wirksam.

(2) § 124 des Handelsgesetzbuchs ist entsprechend anzuwenden.

(3) Auf die Vertretung der Partnerschaft sind die Vorschriften des § 125 Abs. 1 und 2 sowie der §§ 126 und 127 des Handelsgesetzbuchs entsprechend anzuwenden.[*]

(4) ¹Die Partnerschaft kann als Prozess- oder Verfahrensbevollmächtigte beauftragt werden. ²Sie handelt durch ihre Partner und Vertreter, in deren Person die für die Erbringung rechtsbesorgender Leistungen gesetzlich vorgeschriebenen Voraussetzungen im Einzelfall vorliegen müssen, und ist in gleichem Umfang wie diese postulationsfähig. ³Verteidiger im Sinne der §§ 137 ff der Strafprozessordnung ist nur die für die Partnerschaft handelnde Person.[**]

(5) Für die Angaben auf Geschäftsbriefen der Partnerschaft ist § 125a Abs. 1 Satz 1, Abs. 2 des Handelsgesetzbuchs entsprechend anzuwenden.[***]

§ 8
Haftung für Verbindlichkeiten der Partnerschaft

(1) ¹Für Verbindlichkeiten der Partnerschaft haften den Gläubigern neben dem Vermögen der Partnerschaft die Partner als Gesamtschuldner. ²Die §§ 129 und 130 des Handelsgesetzbuchs sind entsprechend anzuwenden.

---

[*] § 7 Abs. 3 geändert durch ERJuKoG v. 10.12.2001, BGBl I, 3422.
[**] § 7 Abs. 4 eingefügt durch Art. 2 des 2. FGOÄndG v. 19.12.2000, BGBl I, 1757.
[***] § 7 Abs. 5 eingefügt durch HRefG v. 22.6.1998, BGBl I, 1474, 1480.

PartGG

(2) Waren nur einzelne Partner mit der Bearbeitung eines Auftrags befasst, so haften nur sie gemäß Absatz 1 für berufliche Fehler neben der Partnerschaft; ausgenommen sind Bearbeitungsbeiträge von untergeordneter Bedeutung.[*]

(3) Durch Gesetz kann für einzelne Berufe eine Beschränkung der Haftung für Ansprüche aus Schäden wegen fehlerhafter Berufsausübung auf einen bestimmten Höchstbetrag zugelassen werden, wenn zugleich eine Pflicht zum Abschluss einer Berufshaftpflichtversicherung der Partner oder der Partnerschaft begründet wird.

§ 9

Ausscheiden eines Partners; Auflösung der Partnerschaft

(1) Auf das Ausscheiden eines Partners und die Auflösung der Partnerschaft sind, soweit im Folgenden nichts anderes bestimmt ist, die §§ 131 bis 144 des Handelsgesetzbuchs entsprechend anzuwenden.

(2) *(aufgehoben)*[**]

(3) Verliert ein Partner eine erforderliche Zulassung zu dem Freien Beruf, den er in der Partnerschaft ausübt, so scheidet er mit deren Verlust aus der Partnerschaft aus.

(4) [1]Die Beteiligung an einer Partnerschaft ist nicht vererblich. [2]Der Partnerschaftsvertrag kann jedoch bestimmen, dass sie an Dritte vererblich ist, die Partner im Sinne des § 1 Abs. 1 und 2 sein können. [3]§ 139 des Handelsgesetzbuchs ist nur insoweit anzuwenden, als der Erbe der Beteiligung befugt ist, seinen Austritt aus der Partnerschaft zu erklären.

§ 10

Liquidation der Partnerschaft; Nachhaftung

(1) Für die Liquidation der Partnerschaft sind die Vorschriften über die Liquidation der offenen Handelsgesellschaft entsprechend anwendbar.

(2) Nach der Auflösung der Partnerschaft oder nach dem Ausscheiden des Partners bestimmt sich die Haftung der Partner aus Verbindlichkeiten der Partnerschaft nach den §§ 159, 160 des Handelsgesetzbuchs.

§ 11

Übergangsvorschriften

(1) [1]Den Zusatz „Partnerschaft" oder „und Partner" dürfen nur Partnerschaften nach diesem Gesetz führen. [2]Gesellschaften, die eine solche Bezeichnung bei Inkrafttreten dieses Gesetzes in ihrem Namen führen, ohne Partnerschaft im Sinne dieses Gesetzes zu sein, dürfen diese Bezeichnung noch bis zum Ablauf von zwei

---

[*] § 8 Abs. 2 neu gefaßt durch Gesetz v. 22.7.1998, BGBl I, 1878, 1881.
[**] § 9 Abs. 2 aufgehoben durch HRefG v. 22.6.1998, BGBl I, 1474, 1480.

Jahren nach Inkrafttreten dieses Gesetzes weiterverwenden. ³Nach Ablauf dieser Frist dürfen sie eine solche Bezeichnung nur noch weiterführen, wenn sie in ihrem Namen der Bezeichnung „Partnerschaft" oder „und Partner" einen Hinweis auf die andere Rechtsform hinzufügen.

(2) ¹Die Anmeldung und Eintragung einer dem gesetzlichen Regelfall entsprechenden Vertretungsmacht der Partner und der Abwickler muss erst erfolgen, wenn eine vom gesetzlichen Regelfall abweichende Bestimmung des Partnerschaftsvertrages über die Vertretungsmacht angemeldet und eingetragen wird oder wenn erstmals die Abwickler zur Eintragung angemeldet und eingetragen werden. ²Das Registergericht kann die Eintragung einer dem gesetzlichen Regelfall entsprechenden Vertretungsmacht auch von Amts wegen vornehmen. ³Die Anmeldung und Eintragung des Geburtsdatums bereits eingetragener Partner muss erst bei einer Anmeldung und Eintragung bezüglich eines der Partner erfolgen.*⁾

---

*) § 11 Abs. 2 neu eingefügt durch ERJuKoG v. 10.12.2001, BGBl I, 3422.

Verordnung über die Einrichtung und Führung des Partnerschaftsregisters (Partnerschaftsregisterverordnung – PRV)

vom 16. Juni 1995, BGBl I, 808
zuletzt geändert durch
Verordnung vom 11. Dezember 2001, BGBl I, 3688, 3695

§ 1

Anwendbares Recht

(1) Die Einrichtung und Führung des Partnerschaftsregisters bestimmen sich nach den Vorschriften der Handelsregisterverordnung, soweit nicht nachfolgend etwas anderes vorgeschrieben ist.*⁾

(2) Dabei steht die Partnerschaft einer offenen Handelsgesellschaft gleich; an die Stelle der persönlich haftenden Gesellschafter treten die Partner, an die Stelle der Firma der offenen Handelsgesellschaft tritt der Name der Partnerschaft.

§ 2

Einteilung und Gestaltung des Registers

(1) ¹Jede Partnerschaft ist unter einer fortlaufenden Nummer (Registerblatt) in das Register einzutragen. ²Das Register wird nach dem beigegebenen Muster in Anlage 1 geführt.

(2) Bei einem maschinell geführten Register und Namensverzeichnis sind die beigegebenen Muster (Anlagen 1 bis 3) zu verwenden.

§ 3

Anmeldung

(1) ¹In der Anmeldung der Partnerschaft zur Eintragung in das Register ist die Zugehörigkeit jedes Partners zu dem Freien Beruf, den er in der Partnerschaft ausübt, anzugeben. ²Bedarf die Berufsausübung der staatlichen Zulassung oder einer staatlichen Prüfung, so sollen die Urkunde über die Zulassung oder das Zeugnis über die Befähigung zu diesem Beruf in Urschrift, Ausfertigung oder öffentlich beglaubigter Abschrift vorgelegt werden. ³Besteht für die angestrebte Tätigkeit keine anerkannte Ausbildung oder ist zweifelhaft, ob die angestrebte Tätigkeit als freiberuflich im Sinne von § 1 Abs. 2 des Partnerschaftsgesellschaftsgesetzes einzustufen ist, können die anmeldenden Partner die Ausübung freiberuflicher Tätigkeit auf sonstige Weise, notfalls auch durch schlichte Erklärung, darlegen. ⁴Das Gericht legt in diesem Fall

---

*⁾ § 1 Abs. 1 geändert durch Verordnung vom 11.12.2001, BGBl I, 3688, 3695.

bei der Eintragung die Angaben der Partner zugrunde, es sei denn, ihm ist deren Unrichtigkeit bekannt (§ 4 Abs. 2 Satz 2 des Partnerschaftsgesellschaftsgesetzes).

(2) ¹Die anmeldenden Partner sollen eine Erklärung darüber abgeben, daß Vorschriften über einzelne Berufe (§ 1 Abs. 3 des Partnerschaftsgesellschaftsgesetzes), insbesondere solche über die Zusammenarbeit von Angehörigen verschiedener Freier Berufe, einer Eintragung nicht entgegenstehen. ²Absatz 1 Satz 4 gilt entsprechend.

(3) Bedarf die Partnerschaft auf Grund von Vorschriften über einzelne Berufe (§ 1 Abs. 3 des Partnerschaftsgesellschaftsgesetzes) der staatlichen Zulassung, so tritt an die Stelle der in Absatz 1 und 2 genannten Nachweise die Bestätigung der zuständigen Behörde, daß eine solche Zulassung erfolgen kann.

(4) Die Absätze 1 bis 3 gelten bei Anmeldung des Eintrittes eines Partners in eine bestehende Partnerschaft oder der Umwandlung in oder auf eine Partnerschaft entsprechend.*⁾

§ 4

Stellungnahme der Berufskammer

¹Bestehen für in der Partnerschaft ausgeübte Berufe Berufskammern, so soll das Gericht diesen in zweifelhaften Fällen vor Eintragung Gelegenheit zur Stellungnahme geben. ²Die anmeldenden Partner sollen dem Gericht mit der Anmeldung mitteilen, ob und welche Berufskammern für die in der Partnerschaft ausgeübten Berufe bestehen. ³Dabei sollen auch die Anschriften der Berufskammern mitgeteilt werden. ⁴Weicht das Gericht von einer Stellungnahme ab, so hat es seine Entscheidung der Berufskammer, die die Stellungnahme abgegeben hat, unter Angabe der Gründe mitzuteilen.

§ 5

Inhalt der Eintragungen

(1) In Spalte 1 ist die laufende Nummer der die Partnerschaft betreffenden Eintragungen anzugeben.

(2) ¹In Spalte 2 sind unter Buchstabe a der Name, unter Buchstabe b der Sitz und die Errichtung oder Aufhebung von Zweigniederlassungen, und zwar unter Angabe des Ortes und, falls dem Namen der Partnerschaft für eine Zweigniederlassung ein Zusatz beigefügt ist, unter Angabe dieses Zusatzes und unter Buchstabe c der Gegenstand der Partnerschaft und die sich jeweils darauf beziehenden Änderungen anzugeben. ²Zum Namen der Partnerschaft gehören auch die Berufsbezeichnungen aller in der Partnerschaft vertretenen Berufe (§ 2 Abs. 1 des Partnerschaftsgesellschaftsgesetzes). ³Dies gilt auch für Partnerschaften, an denen Steuerberater, Steuerbevollmächtigte, Wirtschaftsprüfer oder vereidigte Buchprüfer beteiligt sind, es sei denn, die Partnerschaft soll als Steuerberatungs-, Wirtschaftsprüfungs- oder

---

*⁾ § 3 Abs. 4 geändert durch Gesetz vom 22.7.1998, BGBl I, 1878, 1881.

Buchprüfungsgesellschaft anerkannt werden (§ 53 des Steuerberatungsgesetzes, §§ 31, 130 Abs. 2 der Wirtschaftsprüferordnung).

(3) ¹In Spalte 3 ist unter Buchstabe a die allgemeine Regelung zur Vertretung der Partnerschaft durch die Partner und die Liquidatoren einzutragen. In Spalte 3 unter Buchstabe b sind die Partner und die als solche bezeichneten Liquidatoren mit Familiennamen, Vornamen, Geburtsdatum, dem in der Partnerschaft ausgeübten Beruf und Wohnort einzutragen. Ferner ist in Spalte 3 unter Buchstabe b jede Änderung in den Personen der Partner oder Liquidatoren einzutragen. Weicht die Vertretungsbefugnis der in Spalte 3 unter Buchstabe b einzutragenden Personen im Einzelfall von den Angaben in Spalte 3 unter Buchstabe a ab, so ist diese besondere Vertretungsbefugnis bei den jeweiligen Personen zu vermerken.

(4) ¹In Spalte 4 ist unter Buchstabe a die Rechtsform einzutragen. ²In Spalte 4 unter Buchstabe b sind einzutragen:

1. die Auflösung, Fortsetzung und die Nichtigkeit der Partnerschaft; das Erlöschen des Namens der Partnerschaft sowie Löschungen von Amts wegen;

2. Eintragungen nach dem Umwandlungsgesetz;

3. die Eröffnung, Einstellung und Aufhebung des Insolvenzverfahrens sowie die Aufhebung des Eröffnungsbeschlusses; die Bestellung eines vorläufigen Insolvenzverwalters unter den Voraussetzungen des § 32 Abs. 1 Satz 2 Nr. 2 des Handelsgesetzbuchs sowie die Aufhebung einer derartigen Sicherungsmaßnahme; die Anordnung der Eigenverwaltung durch den Schuldner und deren Aufhebung sowie die Anordnung der Zustimmungsbedürftigkeit bestimmter Rechtsgeschäfte des Schuldners nach § 277 der Insolvenzordnung; die Überwachung der Erfüllung eines Insolvenzplans und die Aufhebung der Überwachung und die sich jeweils darauf beziehenden Änderungen.

(5) In Spalte 5 erfolgt unter a die Angabe des Tages der Eintragung und die Unterschrift des Urkundsbeamten der Geschäftsstelle bei dem in Papierform geführten Register, unter b die Eintragung von Verweisungen auf spätere Eintragungen und von sonstigen Bemerkungen, bei dem maschinellen Register die Verweisungen auf Fundstellen im Sonderband der Registerakten und sonstige Bemerkungen.

(6) Enthält eine Eintragung die Nennung eines in ein öffentliches Unternehmensregister eingetragenen Rechtsträgers, so sind Art und Ort des Registers und die Registernummer dieses Rechtsträgers mit zu vermerken.*⁾

§ 6

Mitteilungen an Berufskammern

Besteht für einen in der Partnerschaft ausgeübten Beruf eine Berufskammer, so sind dieser sämtliche Eintragungen mitzuteilen.

---

*⁾ § 5 Abs. 2–5 neu gefasst und Abs. 6 eingefügt durch Verordnung vom 11.12.2001, BGBl I, 3688, 3695.

§ 7

Bekanntmachungsblätter

(1) ¹Die Bekanntmachungen im Bundesanzeiger sollen in einem besonderen Teil des Blattes zusammengestellt werden. ²Sie sollen entsprechend dem Muster in Anlage 4 erfolgen.

(2) ¹Vor Auswahl weiterer Blätter sind die Berufskammern zu hören. ²Die Bezeichnung der Blätter erfolgt durch einwöchigen Aushang an der Gerichtstafel des Registergerichts und durch Anzeige an die Berufskammern.

§ 8

Namenslöschung wegen Nichtausübung freiberuflicher Tätigkeit

Wird der Name einer Partnerschaft gelöscht, weil unter diesem keine freiberufliche Tätigkeit ausgeübt wird, so kann auf Antrag der Gesellschafter in der Bekanntmachung der Grund der Löschung erwähnt werden.

§ 9

Übergangsregelung

(1) Das in Papierform geführte Register kann abweichend von § 5 und den Anlagen 1 und 2 nach § 5 Abs. 2 Satz 1, § 5 Abs. 3 und 4 und den Anlagen 1 und 2 in der bis zum 20. Dezember 2001 geltenden Fassung geführt werden mit der Einschränkung, dass für die nach diesem Zeipunkt neu einzutragenden Partnerschaften in Spalte 4 zusätzlich die Rechtsform einzutragen ist.

(2) Das maschinell geführte Register kann für die Dauer von zwei Jahren nach seiner Einführung abweichend von § 5 und den Anlagen 1 und 2 nach § 5 Abs. 3 und Abs. 4 Nr. 1, 2, 4 und 5 und den Anlagen 1 und 2 in der bis zum 20. Dezember 2001 geltenden Fassung geführt werden mit der Einschränkung, dass für die nach diesem Zeitpunkt neu einzutragenden Partnerschaften in Spalte 4 zusätzlich die Rechtsform einzutragen ist.[*]

§ 10

Inkrafttreten

Diese Verordnung tritt am 1. Juli 1995 in Kraft.

---

[*] § 9 neu gefasst durch Verordnung vom 11.12.2001, BGBl I, 3688, 3695.

PRV

Anlage 1 (zu § 2 Abs. 1 und 2)

Partnerschaftsregister des Amtsgerichts   Nummer der Partnerschaft: PR

Nr. der Eintragung	a) Name b) Sitz, Zweigniederlassung c) Gegenstand	a) Allgemeine Vertretungsregelung b) Partner, Vertretungsberechtigte und besondere Vertretungsbefugnis	a) Rechtsform b) sonstige Rechtsverhältnisse	a) Tag der Eintragung b) Bemerkungen
1	2	3	4	5
1	a) Müller und Partner, Rechtsanwälte und Steuerberater b) München c) Ausübung rechtsanwaltlicher und steuerberatender Tätigkeit	a) Jeder Partner ist zur Vertretung der Partnerschaft berechtigt b) Müller, Peter, Rechtsanwalt, Starnberg, geb. 1. Januar 1966; Schmidt, Christian, Steuerberater, München, geb. 12. Mai 1967; Dr. Mittler, Gabriele, Rechtsanwältin, Dachau, geb. 25. April 1968	a) Partnerschaft	a) 28. Juli 2001 Röcken
2		b) Jung, Ute, Rechtsanwältin, Augsburg, geb. 15. Oktober 1965. Ute Jung ist als Partnerin in die Partnerschaft eingetreten.*) Ute Jung ist nur gemeinsam mit Peter Müller oder Christian Schmidt vertretungsberechtigt.		a) 10. Oktober 2001 Schirmer
3		b) Jung Ute ist nun einzelvertretungsberechtigt.*)		a) 1. Januar 2002 Schirmer

PRV

4	b) In Augsburg ist eine Zweigniederlassung (Amtsgericht Augsburg, PR345) errichtet.			a) 5. Februar 2002 Schirmer
5	a) Müller, Schmidt und Partner, Rechtsanwälte und Steuerberater		b) Der Name der Partnerschaft ist geändert.*⁾	a) 18. Oktober 2002 Schirmer
6		a) Die Liquidatoren sind nur gemeinsam zur Vertretung der Partnerschaft berechtigt b) Liquidatoren: Schmidt, Christian, Steuerberater, München, geb. 12. Mai 1967; Jung, Ute, Rechtsanwältin, Augsburg, geb. 15. Oktober 1965	b) Die Partnerschaft ist aufgelöst.	a) 10. Januar 2003 M. Schmidt
7			b) Der Name der Partnerschaft ist erloschen.**⁾	a) 30. April 2003 Scholz

Anmerkung: Die Kopfzeile und die Spaltenüberschrift müssen bei Abruf der Registerdaten auf dem Bildschirm stets sichtbar sein.

*) Als nicht in den aktuellen Ausdruck aufzunehmen kenntlich gemacht gemäß § 1 der Partnerschaftsregisterverordnung i. V. m. § 58a der Handelsregisterverfügung.

**) Die rote Durchkreuzung oder die auf sonstige Weise erfolgte Kenntlichmachung des Registerblattes als gegenstandslos ist hier weggelassen.

PRV

Anlage 2 (zu § 2 Abs. 2)

Partnerschaftsregister des Amtsgerichts ...   Nummer der Partnerschaft: PR

Wiedergabe des aktuellen Registerinhalts

1. Anzahl der bisherigen Eintragungen:

2. a) Name:
   b) Sitz, Zweigniederlassungen:
   c) Gegenstand:

3. a) Allgemeine Vertretungsregelung:
   b) Partner, Vertretungsberechtigte und besondere Vertretungsbefugnis:

4. a) Rechtsform:
   b) Sonstige Rechtsverhältnisse:

5. Tag der letzten Eintragung:

Anmerkung: Die beiden Kopfzeilen müssen beim Abruf der Registerdaten auf dem Bildschirm stets sichtbar sein.

Anlage 3 (zu § 2 Abs. 2)

Amtsgericht   P a r t n e r s c h a f t s r e g i s t e r   Stand:

Detailanzeige aus dem Namensverzeichnis

Registernummer:

Der vollständige Name der Partnerschaft lautet:

Geschäftsadresse (ohne Gewähr):

Straße/Hausnummer:

Postfach:

PLZ/Ort:

PRV

Anlage 4 (zu § 7 Abs. 1 Satz 2)
Partnerschaftsregister
Amtsgericht München

Für die in () gesetzte Angabe der Anschrift und des Geschäftszweiges keine Gewähr.[*)]

Neueintragungen:

12 – 28. 7. 1995: Müller und Partner, Rechtsanwälte und Steuerberater, München (80117, Junkerstr. 7)

Gegenstand des Unternehmens: Ausübung rechtsanwaltlicher und steuerberatender Tätigkeit. Partner: Rechtsanwalt Peter Müller, Starnberg, Steuerberater Christian Schmidt, München, Rechtsanwältin Dr. Gabriele Mittler, Dachau.

13 – 30. 7. 95: Wolter & Starzel Partnerschaft, Architekten, München (80240 Am Bauhang 23).

Gegenstand des Unternehmens: Gestaltende, technische und wirtschaftliche Planung von Bauwerken. Partner: Alexander Wolter, Architekt, Michael Stanzel, Architekt, beide München.

Veränderungen:

77 – 4. 8. 95: Dr. Krüger und Partner, Zahnärzte, München.

Dr. Sebastian Hohenritt ist als Partner in die Partnerschaft eingetreten.

23 – 4. 8. 95: Jasmin Münter und Stefanie Buch-Reitmeier Partnerschaft, Logopädinnen, München

Der Name der Partnerschaft lautet fortan: Münter, Buch-Reitmeier und Spitz Partnerschaft, Logopädinnen.

34 – 8. 8. 95: Dr. Dollmann, Mansk, Beckmesser, Partnerschaft, Rechtsanwälte, Steuerberater, Wirtschaftsprüfer, München

Rechtsanwalt Dr. Klaus-Jürgen Ringmann ist aus der Partnerschaft ausgeschieden.

[*)] Die Veröffentlichungen sollen entsprechend dem vorstehenden Muster möglichst in drei Gruppen unter den Überschriften: Neueintragungen, Veränderungen, Löschungen, eingeteilt werden. Auf Einführungssätze soll verzichtet werden. Die Registernummer ist einheitlich an den Anfang jeder bekanntzumachenden Eintragung zu setzen. Geschäftszweig und Anschrift sind in Klammern beigefügt. In der ständigen Überschrift über der Veröffentlichung befindet sich der Hinweis, daß für die Angaben in den Klammern keine Gewähr übernommen wird (§ 1 Partnerschaftsregisterverordnung i. V. m. § 34 Handelsregisterverfügung).

Löschungen:

2 – 8. 8. 95: Tom Zoffke und Partner, Aktionskünstler, München.

Der Name der Partnerschaft ist erloschen.

96 – 11. 8. 1995: Rollmeier & Gressrich, Partnerschaft, KfZ-Sachverständige, München

Peter Gressrich hat seinen Anteil an Jürgen Rollmeier abgetreten und ist aus der Partnerschaft ausgeschieden. Die Partnerschaft ist damit aufgelöst, ihr Name ist erloschen.

47 – 11. 8. 95: Schmalbund, Kirch und Partner, Ingenieure, München.

Der Sitz ist nach Ingolstadt verlegt.

Einführung

Gesetz über Partnerschaftsgesellschaften
Angehöriger Freier Berufe
(Partnerschaftsgesellschaftsgesetz – PartGG)

vom 25. Juli 1994, BGBl I, 1744
zuletzt geändert durch
Gesetz vom 10. Dezember 2001, BGBl I, 3422

Einführung

Schrifttum: *Ahlers,* Die GmbH als Zusammenschluß Angehöriger freier Berufe zur gemeinsamen Berufsausübung, in: Festschrift Rowedder, 1994, S. 1; *Arnold,* Die Tragweite des § 8 Abs. 2 PartGG vor dem Hintergrund der Haftungsverfassung der Gesellschaft bürgerlichen Rechts, BB 1996, 597; *Basedow,* Umsetzung der Beschlüsse der Koalitionsarbeitsgruppe Deregulierung, EuZW 1992, 542; *Bayer/Imberger,* Nochmals: Die Rechtsformen freiberuflicher Tätigkeit, DZWir 1995, 177; *dies.,* Die Rechtsformen freiberuflicher Tätigkeit, DZWir 1993, 309; *Beckmann,* Für eine Partnerschaft Freier Berufe, in: Festschrift Kleinert, 1992, S. 210; *ders.,* Ringen um das Partnerschaftsgesetz für Freie Berufe, der freie beruf 4/1992, S. 19; *Bellstedt,* Die Rechtsanwalts-GmbH, AnwBl 1995, 573; *Bluhm,* Zum Partnerschaftsgesellschaftsgesetz und seiner Bedeutung für die Berufsgruppe der Rechtsanwälte, 2000; *v. Bockelberg,* Die Partnerschaft – Eine Gesellschaftsform für freie Berufe, DStB 1971, 65; *Boin,* Die Partnerschaftsgesellschaft für Rechtsanwälte, 1996; *Böhringer,* Das neue Partnerschaftsgesellschaftsgesetz, BWNotZ 1995, 1; *Bösert,* Das Gesetz über Partnerschaftsgesellschaften Angehöriger Freier Berufe (Partnerschaftsgesellschaftsgesetz – PartGG), ZAP Fach 15, S. 137 (= ZAP 1994, 765); *ders.,* Der Regierungsentwurf eines Gesetzes zur Schaffung von Partnerschaftsgesellschaften (Partnerschaftsgesellschaftsgesetz – PartGG), DStR 1993, 1332; *Braun,* Contra Anwalts-GmbH, MDR 1995, 447; *Burret,* Das Partnerschaftsgesellschaftsgesetz, WPK-Mitt. 1994, 201; *Carl,* Die Partnerschaftsgesellschaft – eine neue Rechtsform für die Freien Berufe, StB 1995, 173; *Coester-Waltjen,* Besonderheiten des neuen Partnerschaftsgesellschaftsgesetzes, Jura 1995, 666; *Dauner-Lieb,* Durchbruch für die Anwalts-GmbH, GmbHR 1995, 259; *Deutler,* Diskussionsbeitrag, in: Verhandlungen des 10. Österreichischen Juristentages, 1988, Bd. II/1, S. 143; *v. Falkenhausen,* Brauchen die Rechtsanwälte ein Partnerschaftsgesellschaftsgesetz?, AnwBl 1993, 479; *Franz,* Verordnung über die Einrichtung und Führung des Partnerschaftsregisters (Partnerschaftsregisterverordnung – PRV), ZAP Fach 15, 187 (= ZAP 1995, 1139); *Funke,* Der Regierungsentwurf zur Rechtsanwalts-GmbH, AnwBl 1998, 6; *Ganster,* Freier Beruf und Kapitalgesellschaft – das Ende der freien Professionen?, 2000; *Gerlt,* Der Gesetzentwurf zur Anwalts-GmbH: Ein Abschreckungsversuch?, MDR 1998, 259; *Gilgan,* Auswirkungen des Partnerschafts-Gesellschaftsgesetzes auf die Angehörigen des steuerberatenden Berufs, Stbg 1995, 28; *Glenk,* Die Rechtsanwalts-GmbH, INF 1995, 691 (Teil I), 718 (Teil II); *Gres,* Die neue Partnerschaftsgesellschaft, der freie beruf 6/1994, 23; *ders.,* Partnerschaftsgesellschaft, Maßgeschneiderte Gesellschaftsform für die Bedürfnisse der Freiberufler, Handelsblatt vom 19.5.1994; *ders.,* Partnerschaftsgesetz für Freie Berufe – Gesetzesvorhaben mit Vorgeschichte, Der Selbständige, 12/1992, S. 6; *Grüninger,* Die deutsche Rechtsanwaltssozietät als Mitglied einer Europäischen Wirtschaftlichen Interessenvereinigung (EWIV) DB 1990, 1449, 1451; *Gummert,* Zur Zulässigkeit einseitiger Haftungsbeschränkung auf das Vermögen der BGB-Außengesellschaft, ZIP 1993, 1063; *Haas,* Neue Gesellschaftsform, BRAK-Mitt. 1994, 1; *Hartstang,* Anwaltliche Berufsausübung in Form einer GmbH, ZAP Fach 23, S. 192 (= ZAP 1994, 1223); *Hellfrisch,* Das Partnerschaftsgesellschaftsgesetz und seine Bedeutung für die Berufsstände der Wirtschaftsprüfer, Steuerberater und Rechtsanwälte, StB 1995, 253; *Henssler,* Der Gesetzentwurf zur Regelung der

Einführung

Rechtsanwalts-GmbH, ZIP 1997, 1481; *ders.*, Rechtsanwalts-GmbH oder Partnerschaft? – Vorteilhafte Kooperationsmodelle für Rechtsanwälte –, ZAP Fach 23, 285 (= ZAP 1997, 861); *ders.*, Die Haftung der Partnerschaft und ihrer Gesellschafter, in: Festschrift Vieregge, 1995, S. 361; *ders.*, Neue Formen anwaltlicher Zusammenarbeit – Anwalts-GmbH und Partnerschaft im Wettbewerb der Gesellschaftsformen –, DB 1995, 1549; *ders.*, Rezension von Michalski/Römermann, PartGG, 1. Aufl., GmbHR 1995, 756; *ders.*, Die Rechtsanwalts-GmbH, JZ 1992, 697; *Hoffmann*, Bemühungen um ein Partnerschaftsgesetz, JBl 1987, 570; *Hölscher*, Die Professional Corporation – die „amerikanische Form der Partnerschaft", RIW 1995, 551; *Hornung*, Partnerschaftsgesellschaft für Freiberufler (Teil 2), Rpfleger 1996, 1; Partnerschaftsgesellschaft für Freiberufler (Teil 1), Rpfleger 1995, 481; *Jung*, Firmen von Personenhandelsgesellschaften nach neuem Recht, ZIP 1998, 677; *Kastner*, Zu den legistischen Aufgaben auf dem Gebiet des österreichischen Gesellschaftsrechts, JBl 1990, 545, 549 f; *Kempter*, Das Partnerschaftsgesellschaftsgesetz, BRAK-Mitt. 1994, 122; *Knoll/Schüppen*, Die Partnerschaftsgesellschaft – Handlungszwang, Handlungsalternative oder Schubladenmodell, DStR 1995, 608, 616; *Koch*, Pro Anwalts-GmbH, MDR 1995, 447; *Kosek/Hess*, Gemeinschaftspraxis: kräftiger Rückenwind aus Bonn, Ärztliche Praxis Nr. 30 vom 12.4.1994, 35; *Krejci*, Gutachten: Partnerschaft, Verein, Konzern – Zur Harmonisierung und Modernisierung des Gesellschafts- und Unternehmensrechtes, in: Verhandlungen des 10. Österreichischen Juristentages, 1988, Bd. I/1; *Krieger*, Partnerschaftsgesellschaftsgesetz, MedR 1995, 95; *Lach*, Formen freiberuflicher Zusammenarbeit, Diss. München, 1970; *Landry*, Die Anwalts-Kapitalgesellschaft – eine Replik auf Braun, MDR 1995, 447 –, MDR 1995, 558; *Laufs*, Arzt und Recht im Umbruch der Zeit, NJW 1995, 1590; *ders.*, Die Ärzte-GmbH und das Berufsrecht, MedR 1995, 11; *Lenz*, Die Partnerschaft – alternative Gesellschaftsform für Freiberufler, MDR 1994, 741; *Leutheusser-Schnarrenberger*, „Maßgeschneiderte Gesellschaftsform für Freie Berufe", recht 4/1995, S. 61; *dies.*, Partnerschaftsgesellschaftsgesetz – ab 1. Juli ´95 in Kraft, der freie beruf 7–8/1994, 20; *dies.*, Die Partnerschaftsgesellschaft – nationale und EG-rechtliche Bestrebungen zu einem Sondergesellschaftsrecht für die freien Berufe, in: Festschrift Helmrich, 1994, S. 677; *dies.*, Ein wichtiger Tag für die Freien Berufe, AnwBl 1994, 334; *dies.*, Partnerschaftsgesetz – der neue Entwurf ist besser, der freie beruf 1–2/1993, 9; *Mahnke*, Das Partnerschaftsgesellschaftsgesetz, WM 1996, 1029; *Martin*, Déontologie de l'avocat, 1995; *Michalski*, Zum Regierungsentwurf eines Partnerschaftsgesellschaftsgesetzes, ZIP 1993, 1210; *Mittelsteiner*, Kommentierung zum PartGG, DStR 1994, Beihefter zu Heft 37, S. 37; *Müller, Ursula*, Die Partnerschaftsgesellschaft – Eine Rechtsform für freie Berufe aus der Sicht der freiberuflichen Leistung, FR 1995, 402; *Müller-Gugenberger*, Bringt die „Partnerschaft" für die freien Berufe Wettbewerbsgleichheit im Gemeinsamen Markt? – Ein Vergleich zwischen der französischen société civile professionnelle und dem Entwurf eines „Partnerschafts"-Gesetzes, DB 1972, 1517; *Neye*, Partnerschaft und Umwandlung, ZIP 1997, 722; *ders.*, Referentenentwurf des Bundesjustizministeriums zur Umwandlung von Partnerschaften, GmbHR 1997, R 125; *Niederleithinger*, Handels- und Wirtschaftsrecht in der 13. Legislaturperiode, ZIP 1995, 597, 600; *Oppenhoff*, Anwaltsgemeinschaften, ihr Sinn und Zweck, AnwBl 1967, 267; *Oppermann*, Grenzen der Haftung in der Anwalts-GmbH und der Partnerschaft, AnwBl 1995, 453; *Preißler*, Zulassung neuer Kooperationsformen zur vertrags-(zahn-)ärztlichen Versorgung und Abrechnung der in diesen Zusammenschlüssen erbrachten Leistungen, MedR 1995, 100; *Raisch*, Freie Berufe und Handelsrecht, in: Festschrift Rittner, 1991, S. 471; *ders.*, Handelsgesellschaft auf Einlagen als neue Gesellschaftsform für Vereinigungen von Handelsgewerbetreibenden, Landwirten und Angehörigen freier Berufe, in: Festschrift Knur, 1972, S. 165; *Rittner*, Teamarbeit bei freien Berufen – Berufsrecht und Gesellschaftsrecht, DStB 1967, 2; *Römermann*, Anwalts-GmbH im Wettbewerb, GmbHR 1998, 966; *ders.*, Der neue Regierungsentwurf zum AnwaltsGmbH-Gesetz, NZG 1998, 81; *ders.*, Anwalts-GmbH als „theoretische Variante" zur Partnerschaft?, GmbHR 1997, 530; *Römermann/Spönemann*, Gesellschaftsformen für Rechtsanwälte – Berufsrecht, Gesellschaftsrecht, Steuerrecht, NZG 1998, 15; *Saller*, Rechtliche Grundlagen der BGB-Gesellschaft im

Einführung

Hinblick auf die Möglichkeiten einer Haftungsbegrenzung, DStR 1995, 183; *Sandberger/ Müller-Graff,* Die rechtliche Form freiberuflicher Zusammenarbeit, ZRP 1975, 1; *Sauren/ Haritz,* Anwalts-GmbH: Gründung oder Einbringung im Steuerrecht, MDR 1996, 109; *Schaub,* Das neue Partnerschaftsregister, NJW 1996, 625; *Schauf,* „Kundschaft" durch Partnerschaft?, DGVZ 1995, 55; *Schirmer,* Berufsrechtliche und kassenarztrechtliche Fragen der ärztlichen Berufsausübung in Partnerschaftsgesellschaften, MedR 1995, 341 (Teil 1), 383 (Teil 2); *Karsten Schmidt,* Die Freiberufliche Partnerschaft, NJW 1995, 1; *ders.,* Partnerschaftsgesetzgebung zwischen Berufsrecht, Schuldrecht und Gesellschaftsrecht, ZIP 1993, 633; *Schroeder,* Die „Gesellschaft bürgerlichen Rechts mit Haftungsbeschränkung" – eine sinnvolle Gestaltungsvariante?, DStR 1992, 507; *Schulze-Wilk,* Neues Gesetz sichert Status der Freien Berufe, zm 84, Nr. 13 vom 1.7.1994; *Seibert,* Gemeinsame Berufsausübung von Freiberuflern: neue Perspektiven durch die Partnerschaftsgesellschaft, Mitt. Dt. Patentanwälte 1996, 107; *ders.,* Das neue Partnerschaftsgesellschaftsgesetz, BuW 1995, 100; *ders.,* Die Partnerschaft für die Freien Berufe, DB 1994, 2381; *ders.,* Das Partnerschaftsgesellschaftsgesetz, NWB Fach 18, S. 3365 (= NWB 1994, 3831); *ders.,* Zum neuen Entwurf eines Partnerschaftsgesellschaftsgesetzes, AnwBl 1993, 155; *Siepmann,* Die Partnerschaftsgesellschaft im Zivil- und Steuerrecht, FR 1995, 601; *Sommer,* Die neue Partnerschaftsgesellschaft – Eine zweckmäßige Rechtsform für Steuerberater?, DSWR 1995, 181; *ders.,* Anwalts-GmbH oder Anwalts-Partnerschaft?, GmbHR 1995, 249; *Sotiropoulos,* Partnerschaftsgesellschaft: Haftung der Partner und Haftungsbeschränkungswege, ZIP 1995, 1879; *Sproß,* Die Rechtsanwalts-Gesellschaft in der Form der GmbH & Co KG, AnwBl 1996, 201; *Stebreit,* Die Rechtsanwalts-Aktiengesellschaft, NZG 1998, 452; *Stuber,* Das Partnerschaftsgesellschaftsgesetz unter besonderer Berücksichtigung der Belange der Anwaltschaft, WiB 1994, 705; *Taupitz,* Das Berufsrisiko des Arztes: Entwicklung, Steuerung und Risikominimierung, MedR 1995, 475; *ders.,* Die Partnerschaft als neue Kooperationsform für Ärzte, Arztrecht 1995, 123; *ders.,* Rechtsanwalts-GmbH zugelassen: Durchbruch oder Intermezzo?, NJW 1995, 369; *ders.,* Berufsständische Satzungen als Verbotsgesetze im Sinne des § 134 BGB, JZ 1994, 221; *Taupitz/Schelling,* Das apothekenrechtliche Verbot des „Mehrbesitzes" – auf ewig verfassungsfest?, NJW 1999, 1751; *Thümmel,* Die Partnerschaft – Eine neue Gesellschaftsform für Freiberufler, WPg 1971, 399; *Torggler,* Partnerschaft für Freie Berufe, ÖJZ 1988, 428; *Volmer,* Die Partnerschaft als Gesellschaftsform für die Teamarbeit im freien Beruf, DStB 1967, 25; *Vorbrugg/Salzmann,* Überregionale Anwaltskooperationen, AnwBl 1996, 129; *Wertenbruch,* Partnerschaftsgesellschaft und neues Umwandlungsrecht, ZIP 1995, 712; *Weyand,* Partnerschaftsgesellschaften als neue Organisationsform für die freiberufliche Praxis, INF 1995, 22; *Wiedemann,* Rechtsverhältnisse der BGB-Gesellschaften zu Dritten, WM1994, Beilage 4; *Wüst,* Ausbaubedürfnisse im Gesellschaftsrecht, JZ 1989, 270.

Übersicht

A. Vorgeschichte des Gesetzes 1
I. Frühere Entwürfe 1
   1. Erste Initiativen 1
   2. Der Entwurf von 1971 6
   3. Die Entwürfe von 1975/1976 8
II. Das Partnerschaftsgesellschaftsgesetz 1994 14
   1. Entwicklung bis zur Koalitionsvereinbarung 1991 14
   2. Sondierungen 17
   3. Referentenentwurf 18
   4. Behandlung im Parlament 20
   5. Die Partnerschaftsregisterverordnung 24

III. Gesetzliche Änderungen seit 1998 .... 24a
B. Motive für die neue Gesellschaftsform der Partnerschaft 25
I. Überblick 25
II. Einzelheiten 26
   1. Defizite der BGB-Gesellschaft 26
      a) Früherer Einwand: Fehlende Rechts- und Namensfähigkeit . 27
      b) Zu wenig verfestigte Innenstruktur 28
      c) Fehlende Registrierung 30
   2. Internationaler Wettbewerb 31
   3. Spezifisch freiberufliche Alternative zur GmbH 33

Einführung

4. Überregionale interprofessionelle Partnerschaften 35
5. Politische Signalwirkung 36
C. Die Partnerschaft im System des Gesellschaftsrechts 37
I. Bedürfnisprüfung 38
II. Regelungsinhalt 43
　1. Zwischen BGB-Gesellschaft und Kapitalgesellschaft 45
　2. Nähe zur OHG 49
III. Rechtspolitische Würdigung 54

A. Vorgeschichte des Gesetzes

I. Frühere Entwürfe

1. Erste Initiativen

1   Das Thema **Partnerschaftsgesetz** (so die durchgängige Bezeichnung bis zum Referentenentwurf 1993)[1]) ist in Deutschland in den fünfziger Jahren aufgekommen.[2]) Das Institut der **Wirtschaftsprüfer** in Deutschland e. V. hatte im Jahre **1956** bei dem Bundesjustizministerium angeregt, für die Angehörigen der freien Berufe eine neue, eigene Gesellschaftsform zu schaffen. Gleichzeitig erklärte sich das Institut zur Leistung der dafür erforderlichen Vorarbeiten bereit.[3])

2   Das **Bundesjustizministerium** schrieb daraufhin am 16.4.1957 mehrere Berufsverbände der Freiberufler an, um festzustellen, ob dort für eine solche **neue Gesellschaftsform** ein **Bedürfnis** gesehen werde, das den erforderlichen Aufwand an Rechts- und Verwaltungsvorschriften, die zusätzlichen Aufgaben der Verwaltungsbehörden sowie die durch die Führung eines besonderen Gesellschaftsregisters eintretende Zusatzbelastung der Gerichte rechtfertigen würde. Der **Deutsche Anwaltverein** griff die Überlegungen bezüglich eines neuen Gesetzesvorhabens in seinem Antwortschreiben vom 24.6.1957 nur zögernd auf. Der Bundesverband der Freien Berufe bezweifelte in seinem Schreiben vom 29.5.1957, dass die Zeit für ein solches Partnerschaftsgesetz schon reif sei. Da das Bundesjustizministerium keinen Gesetzentwurf für nur eine kleine Zahl von Interessierten eines bestimmten freien Berufes erarbeiten wollte, sondern voraussetzte, dass ein neues Gesetz einem **größeren Personenkreis** aus verschiedenen freien Berufen zugute kommen sollte, wurde das Vorhaben nach Eingang dieser eher negativen Reaktionen zunächst nicht weiter verfolgt; zu einem Gesetzentwurf kam es nicht.

3   Ein knappes Jahrzehnt später lebte die Diskussion über ein Partnerschaftsgesetz wieder auf,[4]) auch unter dem Eindruck der Schaffung einer speziellen Gesellschaftsform für Angehörige freier Berufe in **Frankreich**.[5]) Man befürchtete damals in

---

1) Vgl. *Bösert*, ZAP Fach 15, S. 137, 142.
2) *Thümmel*, WPg 1971, 399; *Krejci*, EGG, Vorb. 10; unzutreffend *Gres*, Der Selbständige, 12/1992, 6 (70er Jahre).
3) *Thümmel*, WPg 1971, 399, auch zum Folgenden.
4) Vgl. *Thümmel*, WPg 1971, 399, 400; *Krejci*, EGG, Vorb. 10.
5) Société civile professionnelle; loi no. 66 – 879 v. 29.11.1966, J. O. v. 30.11.1966, S. 10451; dazu noch unten Rz. 65 f.

Einführung

Deutschland, dass die französischen Freiberufler hierdurch gegenüber den Berufsangehörigen aus den anderen Mitgliedstaaten der Europäischen Gemeinschaft **Wettbewerbsvorteile** erlangt hätten, die nur durch ein spezielles Gesetz für die deutschen Angehörigen freier Berufe ausgeglichen werden könnten.

Der deutsche **Anwaltstag 1967** in Bremen machte die Teamarbeit von Rechtsanwälten zu einem der Hauptthemen. Nahezu gleichzeitig veröffentlichte *Volmer* – angeregt durch einen Vortrag von *Rittner*[6] – einen eigenen **Entwurf** für ein Partnerschaftsgesetz.[7] Dieser Entwurf enthielt in 58 Paragraphen eine eingehende Regelung der neuen Gesellschaftsform, wobei die Bestimmungen sich jedoch eng an die entsprechenden **Vorschriften des HGB** anlehnten. Auch wurde bereits die Einführung eines speziellen Partnerschaftsregisters vorgeschlagen. Ausgehend von diesem Entwurf erarbeiteten das Institut der Wirtschaftsprüfer in Deutschland e. V. und die **Wirtschaftsprüferkammer** in einem gemeinsamen Ausschuss[8] eine Diskussionsgrundlage für Erörterungen, die **ab September 1969** in einem Sonderausschuss des **Bundesverbandes der Freien Berufe** stattfanden.[9] **Ziel** der Überlegungen[10] war es, eine Gesellschaftsform zu schaffen, die 4

– im Außenverhältnis **als rechtliche Einheit** unter Wahrung einer personalistischen Innenstruktur auftreten konnte und so für die Durchführung von Großprojekten, für die Investitionsrentabilität teurer Hilfsmittel sowie für die Kooperation von Spezialisten zur Verfügung stand,[11]
– auch den Rahmen für eine verstärkte **interdisziplinäre Zusammenarbeit** abgab[12] und
– eine angemessene **Haftungsbegrenzung** ermöglichte.[13]

Nach der Diskussion im Bundesverband der Freien Berufe wurde der Gesetzentwurf in den Arbeitskreis „Freie Berufe" der **Mittelstandsvereinigung der CDU/CSU** eingeführt.[14] Im Beirat gelang es, auch die grundsätzliche Zustimmung der bis dahin ablehnenden **freiberuflichen Verbände** zu erlangen. Der Diskussionskreis Mittelstand der CDU/CSU hat dann den Gesetzentwurf an die CDU/CSU-Bundestagsfraktion weitergeleitet. 5

---

6) *Rittner*, DStB 1967, 2.
7) *Volmer*, DStB 1967, 25; kritisch hierzu *Oppenhoff*, AnwBl 1967, 267, 274, der – in Übereinstimmung mit der zuständigen Kommission der BRAK – auch das Bedürfnis für ein solches Gesetz verneinte; zum Entwurf ferner *Lach*, S. 150 ff, der auf S. 179 ebenfalls zu dem Ergebnis gelangt, es fehle an einem Bedarf.
8) *Lach*, S. 150.
9) *Thümmel*, WPg 1971, 399.
10) Vgl. insgesamt *v. Bockelberg*, DStB 1971, 65.
11) *Sandberger/Müller-Graff*, ZRP 1975, 1.
12) *Thümmel*, WPg 1971, 399, 400; E 1971, BT-Drucks. VI/2047.
13) *Sandberger/Müller-Graff*, ZRP 1975, 1; *Thümmel*, WPg 1971, 399, 400.
14) Hierzu und zum Folgenden *v. Bockelberg*, DStB 1971, 65.

Einführung

2. Der Entwurf von 1971

6   Am 1.4.1971 brachten 93 Abgeordnete der CDU/CSU-Fraktion den Entwurf eines Partnerschaftsgesetzes als Gruppenantrag in den Deutschen Bundestag ein.[15] Die Partnerschaft war danach gesellschaftsrechtlich als **juristische Person** (§ 1 Abs. 1), steuerrechtlich aber als Personengesellschaft (§ 26) ausgestaltet. Die Bestimmungen über den **Namen** der Partnerschaft, den **Partnerschaftsvertrag** und das **Partnerschaftsregister** näherten sich bereits den Regelungen des Partnerschaftsgesellschaftsgesetzes an. In der Frage der **Haftung** für fehlerhafte Berufsausübung hingegen wagte der damalige Entwurf (§ 9) – ausgehend von der Grundkonzeption einer juristischen Person – den Schritt hin zu einer generellen Haftungsbegrenzung auf 500 000 DM für jeden Schadensfall. Auf diese Summe musste die Partnerschaft eine Haftpflichtversicherung abschließen. Das Ausscheiden von Partnern und die Abwicklung regelte der Entwurf umfassend, ohne auf Bestimmungen des HGB oder des BGB zu verweisen.

7   Der Entwurf wurde am 28.4.1971 in erster Lesung behandelt und an den Rechtsausschuss federführend überwiesen, wo er ein positives Echo fand.[16] Nach einer Anhörung von Kammern und Verbänden durch das Bundesjustizministerium konnte der Entwurf dann aber wegen der Auflösung des 6. Deutschen Bundestages nicht mehr verabschiedet werden.

3. Die Entwürfe von 1975/1976

8   In der folgenden Legislaturperiode wurde 1975 von Abgeordneten der Fraktionen CDU/CSU, SPD und FDP ein neuer Entwurf für ein Partnerschaftsgesetz eingebracht.[17] Grundlagen dafür waren der Entwurf von 1971 sowie die Ergebnisse mehrwöchiger Diskussionen mit den Kammern und **Verbänden der freien Berufe** im Rahmen der Parlamentarischen Gesellschaft.[18]

9   Der Anwendungsbereich des neuen Entwurfs beschränkte sich auf die in **Berufskammern** zusammengeschlossenen Angehörigen freier Berufe (§ 1 Satz 2).[19] Die Konzeption der Partnerschaft als juristischer Person wurde aufgegeben, ebenso die

---

15) E 1971, BT-Drucks. VI/2047; vgl. aus jüngerer Zeit auch *Wüst*, JZ 1989, 270, 276; *Beckmann*, der freie beruf 4/1992, 19; *Bayer/Imberger*, DZWir 1995, 177, 178; *Meurer*, S. 24 ff; Einzelkritik von Vorschriften bei *Sandberger/Müller-Graff*, ZRP 1975, 1, 6, welche eine neue Gesellschaftsform für „überflüssig" hielten, da die damit verbundenen Zielvorstellungen nicht verwirklicht werden könnten.

16) Berichtet von MdB *v. Bockelberg* in der Bundestagsdebatte v. 1.7.1976, Sten. Ber. Plenarprotokoll 7/256, S. 18429 (B); hierzu und zum Folgenden *Beckmann*, in: Festschrift Kleinert, S. 210, 211; *ders.*, der freie beruf 4/1992, 19.

17) E 1975, BT-Drucks. 7/4089; Überblick über die wichtigsten Regelungen bei *Wüst*, JZ 1989, 270, 276; *Beckmann*, in: Festschrift Kleinert, 1992, S. 210, 211; *ders.*, der freie beruf 4/1992, 19, 20; *Henssler*, JZ 1992, 697, 701; *Meurer*, S. 33 ff.

18) MdB *v. Bockelberg* in der Plenardebatte des Deutschen Bundestages v. 1.7.1976, Sten. Ber. Plenarprotokoll 7/256, 18429 (B).

19) Dies bezeichnete MdB *v. Bockelberg* in der Bundestagsdebatte v. 1.7.1976 als erheblichen Nachteil des Gesetzentwurfs, Sten. Ber. Plenarprotokoll 7/256, S. 18429 (D).

Einführung

summenmäßige **Haftungsbegrenzung**. Statt dessen sollte die Partnerschaft für fehlerhafte Berufsausübung der Partner haften, soweit nicht die alleinige Haftung eines Partners im Einzelfall schriftlich vereinbart war (§ 10 Abs. 1 Satz 1). Im Übrigen blieb es weitgehend bei den bereits im Entwurf aus dem Jahre 1971 vorgesehenen Regelungen, so etwa in der Frage der Haftpflichtversicherung, des Namens, des Partnerschaftsregisters sowie der umfangreichen Bestimmungen über das Ausscheiden von Partnern und die Abwicklung der Partnerschaft. Auch die Begründung des Gesetzentwurfes lehnte sich eng an die Begründung des Entwurfs von 1971 an.

In der ersten Lesung im Deutschen Bundestag am 24.10.1975 wurde der Entwurf an den Rechtsausschuss (federführend) sowie den Finanz- und den Wirtschaftsausschuss überwiesen.[20] Die Behandlung im Rechtsausschuss führte zur Erarbeitung eines neuen Entwurfs.[21] Dieser Entwurf war mit insgesamt 35 Paragraphen umfangreicher als die früheren Gesetzentwürfe, blieb aber in der Sache weit hinter den Reformbestrebungen seiner Vorgänger zurück. Insbesondere wurde die weitreichende **Haftungsbeschränkung** der früheren Vorschläge aufgegeben, da dies als ein Problem des allgemeinen Schuldrechts angesehen wurde. Davon ausgehend verbot sich jede Spezialregelung für Angehörige freier Berufe.[22] Damit war „über ein zentrales Anliegen der Partnerschaft negativ entschieden" worden.[23] Der Entwurf regelte im Wesentlichen nur noch das **Innenverhältnis** der Partner und wies gegenüber der Gesellschaft bürgerlichen Rechts schließlich nur noch die **Parteifähigkeit** (§ 15) als einzigen nennenswerten Vorteil auf.[24] 10

Dennoch verabschiedete der Bundestag den Entwurf auf Empfehlung des Rechtsausschusses – nach der Behandlung im Finanz- und Wirtschaftsausschuss sowie unter Einbeziehung einer Stellungnahme des mitberatenden Ausschusses für Jugend, Familie und Gesundheit – einstimmig in der dritten Lesung am 1.7.1976 als Partnerschaftsgesetz.[25] 11

Im **Bundesrat** traf der Entwurf dann allerdings auf Ablehnung.[26] Die Organisationen der freien Berufe waren zwischenzeitlich von dem Gesetzesvorhaben so weit abgerückt, dass der federführende **Rechtsausschuss** des Bundesrates dessen „einhellige Ablehnung durch die Organisationen zahlreicher betroffener freier Berufe" 12

---

20) Hierzu und zum Folgenden ausführlich *Beckmann*, in: Festschrift Kleinert, 1992, S. 210, 211 f; *ders.*, der freie beruf 4/1992, 19, 20 f.
21) E 1976, BT-Drucks. 7/5402, und Rechtsausschuß zu E 1976, BT-Drucks. 7/5413.
22) Rechtsausschuß zum E 1976, BT-Drucks. 7/5413, S. 2; *Wüst*, JZ 1989, 270, 277; *Beckmann*, in: Festschrift Kleinert, 1992, S. 210, 212.
23) *Wüst*, JZ 1989, 270, 277.
24) *Henssler*, JZ 1992, 697, 701; vgl. dazu auch BR-Ausschüsse zum E 1976, BR-Drucks. 444/1/76, S. 1 f.
25) Sten. Ber. Plenarprotokoll 7/256, S. 18431 (C); *Beckmann*, in: Festschrift Kleinert, 1992, S. 210, 212; *Kempter*, BRAK-Mitt. 1994, 122; *Seibert*, AnwBl 1993, 155; *Krejci*, EGG, Vorb. 10.
26) Ausführlich dazu *Beckmann*, in: Festschrift Kleinert, 1992, S. 210, 212.

Einführung

feststellte.[27] Der Abgeordnete *Metzger*, Berichterstatter des Rechtsausschusses des Deutschen Bundestages für das Partnerschaftsgesetz, sagte dazu in der Bundestagsdebatte vom 1.7.1976, das Gesetz habe „in den letzten 14 Tagen einen kleinen Sturm im Wasserglas verursacht, ausgelöst von einigen Funktionären und einigen Berufsverbänden und Standesorganisationen …, die aus unterschiedlichen Gründen an althergebrachten, vielfach aber überholten und mit unserer modernen Leistungsgesellschaft und mit dem freiheitlichen und demokratischen Grundprinzip unserer Staats- und Gesellschaftsordnung nicht mehr übereinstimmenden Vorstellungen festhalten wollen …".[28] Einige Länder standen dem Entwurf aus Kostengründen ablehnend gegenüber.[29] Einzelkritiken des Rechtsausschusses und des Ausschusses für Jugend, Familie und Gesundheit des Bundesrates sowie Einwände des Freistaates Bayern betrafen die als verfehlt angesehene Einbeziehung der Heilberufe in das Gesetz bzw. die als zu weitgehend oder gar verfehlt eingestufte Zulassung interprofessioneller Partnerschaften.[30] Die **Gesetzestechnik** wurde als zu perfektionistisch und damit eine Rechtszersplitterung fördernd kritisiert.[31] Vor allem aber sah man nach Entfallen der Haftungsbegrenzung angesichts der weitgehenden Nähe zur Gesellschaft bürgerlichen Rechts für eine neue Gesellschaftsform kein echtes **Bedürfnis** mehr.[32]

13 Der Rechtsausschuss des Bundesrates empfahl schließlich, dem Gesetz gemäß Art. 84 Abs. 1 GG nicht zuzustimmen.[33] Dem ist der Bundesrat durch Beschuss vom 16.7.1976 in seiner 437. Sitzung gefolgt.[34] Da weder der Bundesrat noch der Bundestag den Vermittlungsausschuss anriefen, war das Gesetz damit endgültig gescheitert. Die damals einhellige Ansicht, dass das Gesetz **zustimmungsbedürftig** sei, trifft indessen nach einer neueren Einschätzung aus dem Bundesjustizministe-

---

27) BR-Ausschüsse zum E 1976, BR-Drucks. 444/1/76, S. 2; dazu auch *Beckmann*, in: Festschrift Kleinert, 1992, S. 210, 212; vgl. auch *Mittelsteiner*, DStR 1994, Beihefter zu Heft 37, S. 37; *Leutheusser-Schnarrenberger*, der freie beruf 7–8/1994, 20; *Seibert*, Die Partnerschaft, S. 37.

28) Sten. Ber. Plenarprotokoll 7/256, S. 18428 (A) und (B); vgl. auch S. 18430 (D) und S. 18431 (A): MdB *v. Bockelberg*; Anlage 2, S. 18453: Erklärung des MdB *Neumeister*; *Borggreve*, S. 117.

29) BR-Ausschüsse zum E 1976, BR-Drucks. 444/1/76, S. 3, *Kempter*, BRAK-Mitt. 1994, 122.

30) Vgl dazu die BR-Ausschüsse zum E 1976, BR-Drucks. 444/1/76, S. 3 ff, und den Antrag des Freistaates Bayern, BR-Drucks. 444/2/76; zu einzelnen Kritikpunkten auch *Schwenter-Lipp*, S. 53 f.

31) BR-Ausschüsse zum E 1976, BR-Drucks. 444/1/76, S 2; vgl. *Seibert*, AnwBl 1993, 155; *ders.*, NWB Fach 18, S. 3365.

32) BR-Ausschüsse zum E 1976, BR-Drucks. 444/1/76, S. 1 f; vgl. auch die Begründung zum RegE PartGG, BT-Drucks. 12/6152, S. 7 = Anhang, S. 360; *Leutheusser-Schnarrenberger*, der freie beruf 7–8/1994, 20; *Henssler*, JZ 1992, 697, 701; *Deutler*, in: Verhandlungen des 10. ÖJT, Bd. II/1, S. 143; *Seibert*, NWB Fach 18, S. 3365.

33) BR-Ausschüsse zum E 1976, BR-Drucks. 444/1/76, S. 1.

34) Beschluß des Bundesrates zum Partnerschaftsgesetz, BR-Drucks. 444/76; vgl. hierzu die von Niedersachsen und Rheinland-Pfalz zu Protokoll des Bundesrates gegebenen Erklärungen, Bericht über die 437. Sitzung des Bundesrates, Anlagen 10 und 11, S. 363.

Einführung

rium nicht zu.[35)] Das Gesetz soll sich daher verfassungsrechtlich mangels Ausfertigung durch den Bundespräsidenten noch immer in einem Schwebezustand befinden.[36)]

II. Das Partnerschaftsgesellschaftsgesetz 1994

1. Entwicklung bis zur Koalitionsvereinbarung 1991

Bedingt durch die Entwicklungen auf dem Sektor freiberuflicher Dienstleistungen – zu nennen sind hier nur die Öffnung des Binnenmarktes, die Vergrößerung der Praxiseinheiten und deren überregionale Ausbreitung –, lebte die Diskussion Ende der 80er Jahre erneut auf. Im Gegensatz zu der Situation von 1976 bestand jetzt bei den **Verbänden** der freien Berufe ein **weitgehender Konsens** über die Notwendigkeit für ein solches speziell für die Angehörigen freier Berufe zu schaffendes Gesetz. Verschiedene, insbesondere wirtschaftsnahe **freiberufliche Organisationen** trugen, koordiniert durch den Bundesverband der Freien Berufe, an das **Bundesministerium für Wirtschaft** den Wunsch nach einer Wiederbelebung des Partnerschaftsgedankens heran.[37)] Wiederum waren die **Hauptanliegen** die Bildung von Gesellschaften unter Beteiligung auch verschiedener freier Berufe sowie die Möglichkeit einer Haftungsbeschränkung.

14

Das Bundeswirtschaftsministerium kontaktierte daraufhin das für gesellschaftsrechtliche Fragen zuständige Bundesministerium der Justiz und man kam überein, dass das **Wirtschaftsministerium** die Situation und den **Bedarf** bei den wirtschaftsnahen Angehörigen freier Berufe sondieren solle. Nach den Erfahrungen mit dem Scheitern des Entwurfs von 1976 legten beide Ressorts Wert darauf, die Interessen der betroffenen Berufsgruppen bei der Schaffung und Gestaltung dieser neuen Gesellschaftsform zu berücksichtigen und eng mit deren **Verbänden** zusammenzuarbeiten.

15

Noch vor der tatsächlichen Durchführung entsprechender Erhebungen wurde das Vorhaben eines Partnerschaftsgesetzes in die **Koalitionsvereinbarung** der Regierungsparteien CDU/CSU und FDP vom 16.1.1991 aufgenommen. Dort heißt es unter Punkt I 2 (Wirtschaftspolitik – Mittelstandspolitik): „... für eine zeitgemäße Zusammenarbeit zwischen den Freien Berufen bedarf es der Vorbereitung eines sogenannten Partnerschaftsgesetzes."[38)] Damit war das **politische Ziel,** eine **eigen-**

16

---

35) *Seibert,* AnwBl 1993, 155; ausführlich *Leutheusser-Schnarrenberger,* in: Festschrift Helmrich, S. 677 f; dem folgend *Mahnke,* WM 1996, 1029, 1030.
36) Näher *Leutheusser-Schnarrenberger,* in: Festschrift Helmrich, S. 677 f, die das endgültige Scheitern des Gesetzes daraus ableitet, daß es zu der Ausfertigung aufgrund des Grundsatzes der Verfassungsorgantreue heute nicht mehr kommen könne.
37) Vgl. hierzu und zum Folgenden *Schulze-Wilk,* zm 84, Nr. 13, v. 1.7.1994, S. 1447; *Beckmann,* in: Festschrift Kleinert, 1992, S. 210, 212 f; *ders.,* der freie beruf 4/1992, 19, 20: *Burret,* WPK-Mitt. 1994, 201, 202; *Leutheusser-Schnarrenberger,* der freie beruf 7–8/1994, 20.
38) Zit. nach *Beckmann,* in: Festschrift Kleinert, 1992, S. 210, 213; vgl. *Gres,* Der Selbständige, 12/1992, 6, sowie die Fortschreibung des Berichts der Bundesregierung über die Lage der Freien Berufe in der Bundesrepublik Deutschland v. 3.1.1991, BT-Drucks. 12/21, S. 45.

Einführung

ständige Gesellschaftsform für die freien Berufe zu schaffen, festgelegt. Die Entscheidung gegen weitergehende Modelle, wie etwa die Öffnung der Handelsgesellschaften für Angehörige freier Berufe oder der Ausbau der Gesellschaft bürgerlichen Rechts zu einer allgemeinen „Erwerbsgesellschaft", war getroffen.[39]

2. Sondierungen

17 Im Februar 1991 wurden dann die bundesweit tätigen **freiberuflichen Organisationen** durch das Referat Freie Berufe des Bundeswirtschaftsministeriums zu einem ersten Gespräch eingeladen. Bereits bei dieser Unterredung zeigt sich, dass die freiberuflichen Verbände die BGB-Gesellschaft aus verschiedenen Gründen für unzureichend hielten,[40] gleichzeitig aber auch den Kapitalgesellschaften sowie den Handelsgesellschaften eher abgeneigt gegenüberstanden. Die Idee einer neuen Gesellschaftsform stieß daher im Grundsatz auf breite Zustimmung.[41] Bei den vertiefenden Sondierungsgesprächen traten allerdings auch mehr und mehr die Schwierigkeiten bei den zwei **Hauptanliegen** der Freiberufler, der Haftungsbeschränkung und der interprofessionellen Zusammenarbeit, zutage.[42] Schließlich gelang innerhalb der von den beteiligten wirtschaftsnahen freiberuflichen Organisationen gebildeten **Redaktionsgruppe** auch eine Einigung über diese Punkte. Die Redaktionsgruppe legte am 2.9.1991 ein nach ihrem Vorsitzenden *Rudolf Jochem* als „Jochem-Papier" bezeichnetes Abschlusspaket vor, das über eine Entschließung des Arbeitskreises „Berufsrechte" des Bundesverbandes der Freien Berufe vom 8.10.1991 Eingang in das offizielle Sondierungsergebnis, einen **Neun-Punkte-Katalog**[43], fand, den das Bundeswirtschaftsministerium im November 1991 dem Justizministerium übermittelte. In der Frage der Haftungsbeschränkung (Punkt 8 des Kataloges) waren noch immer verschiedene Modelle in der Diskussion, die Frage der interprofessionellen Zusammenschlussmöglichkeiten wurde ganz ausgeklammert. In der Folgezeit führte auch das Bundesministerium der Justiz noch eigene **Umfragen** bei den freiberuflichen Verbänden durch, die generell weiterhin deren weitgehende Zustimmung zeigten, in der Frage der Haftungsbegrenzung aber gleichzeitig die sehr unterschiedlichen Vorstellungen der Verbände offenbarten.[44]

---

39) *Seibert*, NWB Fach 18, S. 3365; *ders.*, BuW 1995, 100; *Karsten Schmidt*, NJW 1995, 1, 2; bedauernd *Knoll/Schüppen*, DStR 1995, 608, 611; im Bundesministerium der Justiz wird nun allerdings nach der Verabschiedung des Partnerschaftsgesellschaftsgesetzes über eine parallele Regelung für gewerbliche Gesellschaften nachgedacht, hierzu *Niederleithinger*, ZIP 1995, 597, 600.
40) Vgl. im einzelnen *Beckmann*, in: Festschrift Kleinert, 1992, S. 210, 213; *ders.*, der freie beruf 4/1992, 19, 22.
41) *Bösert*, DStR 1993, 1332; *Gres*, Der Selbständige, 12/1992, 6 zu den Einzelheiten.
42) *Beckmann*, in: Festschrift Kleinert, 1992, S. 210, 213; *Gres*, Der Selbständige, 12/1992, 6.
43) Einzelheiten bei *Beckmann*, in: Festschrift Kleinert, 1992, S. 210, 214 f; *ders.*, der freie beruf 4/1992, 19, 23 ff; *Gres*, Der Selbständige, 12/1992, 6.
44) Einzelheiten bei *Gres*, Der Selbständige, 12/1992, 6; *Beckmann*, der freie beruf 4/1992, 19, 26; vgl. auch *Seibert*, NWB Fach 18, S. 3365, 3370.

Einführung

3. Referentenentwurf

Währenddessen hatte die **Bundesregierung** inzwischen bei mehreren Gelegenheiten 18
öffentlich zum Ausdruck gebracht, dass sie dem Anliegen der freien Berufe nachkommen wolle. Der Wirtschaftsausschuss des Deutschen Bundestages schließlich hatte am 22.1.1992 eine Beschlussempfehlung[45] vorgelegt, welche in der Debatte des Berichts zur Lage der freien Berufe[46] vom 3.6.1992 einstimmig vom **Bundestag** verabschiedet wurde.[47] Es heißt darin: „Der Deutsche Bundestag ersucht die Bundesregierung, alsbald den Entwurf des Partnerschaftsgesetzes vorzulegen, durch das eine zusätzliche Rechtsform für eine gemeinschaftliche Berufsausübung von Angehörigen der Freien Berufe für diejenigen Gruppen der Freien Berufe geschaffen wird, die dieses wünschen." Am 24.6.1992 fasste das Bundeskabinett den Beschluss, dem Vorschlag der **Deregulierungskommission** folgend, durch das Bundesjustizministerium Einzelheiten der neuen Rechtsform der Partnerschaft erarbeiten zu lassen.[48]

Im Bundesministerium der Justiz wurde in der Folgezeit der **Referentenentwurf** 19
vom 8.1.1993[49] erstellt und an die Länder, über 60 Verbände sowie die Wissenschaft versandt.[50] Während der Entwurf bei den **freiberuflichen Organisationen** sehr positiv aufgenommen wurde,[51] äußerten sich u. a. die **Länder** und die vom Ministerium konsultierten **Gutachter** durchaus kritisch, und zwar sowohl hinsichtlich einzelner juristischer Probleme als auch bezüglich der Grundkonzeption des Entwurfs.[52] Es wurde von Seiten der Rechtswissenschaft insbesondere die weitgehende Vermischung von berufs- und gesellschaftsrechtlichen Bestimmungen beklagt und auf wesentliche Vereinfachungsmöglichkeiten durch großzügigere Verweise auf das Recht der OHG aufmerksam gemacht. Beiden Forderungen trug der **Regierungsentwurf** des Partnerschaftsgesellschaftsgesetzes,[53] der am 20.7.1993 vom Bundeskabinett verabschiedet wurde, zum Teil Rechnung.[54]

---

45) Wirtschaftsausschuß zum Bericht der Bundesregierung zur Lage der freien Berufe, BT-Drucks. 12/2017, S. 3, Ziffer 2.8.
46) Bericht der Bundesregierung zur Lage der freien Berufe, BT-Drucks. 12/21.
47) Sten. Ber. Plenarprotokoll 12/94, S. 7769 (D).
48) *Seibert*, NWB Fach 18, S. 3365; *Basedow*, EuZW 1992, 542 mit Abdruck des Vorschlages Nr. 64 sowie des Beschlusses des Bundeskabinetts.
49) RefE PartGG, abgedruckt in ZIP 1993, 153 = DZWir 1993, 86 = MedR 1993, 365 (Auszug) und bei *Seibert*, Die Partnerschaft, S. 85.
50) *Salger*, in: Münchener Handbuch, § 36 Rz. 2.
51) Zu den Einzelheiten vgl. *Seibert*, ZIP 1993, 1197, 1198.
52) Vgl. dazu *Karsten Schmidt*, ZIP 1993, 633; *Michalski*, ZIP 1993, 1210.
53) RegE PartGG, BT-Drucks. 12/6152 = Anhang, S. 360 ff = ZIP 1993, 1197 (mit Einführung von *Seibert*) = DStR 1993, 1139 (mit Aufsatz von *Bösert*) = DZWir 1993, 345 = WiB 1994, 53 (mit Einführung von *Henssler*); allgemeiner Teil der Begründung auch in ZRP 1993, 450.
54) *Leutheusser-Schnarrenberger*, der freie beruf 7–8/1994, 20; *v. Falkenhausen*, AnwBl 1993, 479, 480; *Bösert*, DStR 1993, 1332, 1334; *ders.*, ZAP Fach 15, S. 137, 142; *Michalski*, ZIP 1993, 1210, 1211; *Seibert*, Die Partnerschaft, S. 38; vgl. aber auch *Kempter*, BRAK-Mitt. 1994, 122, 125.

Einführung

4. Behandlung im Parlament

20 Der Gesetzentwurf[55] wurde mit Schreiben des Bundeskanzlers vom 11.11.1993 dem **Deutschen Bundestag** zugeleitet. Zuvor hatte bereits am 24.9.1993 der **Bundesrat** im ersten Durchgang in seiner 660. Sitzung eine **Stellungnahme** zu dem Entwurf abgegeben,[56] der in Anlage zum Regierungsentwurf durch eine **Gegenäußerung** der Bundesregierung[57] beantwortet wurde. Die **Länder** hatten generelle Bedenken wegen einer weiteren Rechtszersplitterung durch die neue Gesellschaftsform erhoben, darüber hinaus aber auch die Regelung der Haftungskonzentration und vor allem die kostenträchtige Einrichtung eines eigenen Partnerschaftsregisters kritisiert. Ihrer Ansicht nach war die daraus erwachsende Mehrbelastung der Amtsgerichte als Registergerichte nicht vertretbar.

21 Demgegenüber verlief die Behandlung des Entwurfes im Bundestag „nahezu problemlos".[58] Die erste Lesung fand am 9.12.1993 ohne Aussprache statt, der Gesetzentwurf wurde federführend an den **Rechtsausschuss** sowie mitberatend an den Finanzausschuss, den Ausschuss für Wirtschaft und den Ausschuss für Gesundheit überwiesen. Die Ausschüsse haben die Annahme des Gesetzes empfohlen, der Finanz- und der Wirtschaftsausschuss allerdings mit der Maßgabe, Änderungen des Steuerberatungsgesetzes sowie der Wirtschaftsprüferordnung einzufügen. Diese Änderungswünsche hat sich auch der Rechtsausschuss bei seiner Empfehlung, das Gesetz anzunehmen, zu eigen gemacht.[59] Am **26.5.1994** wurde das Gesetz nach nur geringfügigen Modifikationen in zweiter und dritter Lesung mit den Stimmen aller Fraktionen einstimmig **verabschiedet**.[60]

22 Danach wurde das Gesetz dem **Bundesrat** zugeleitet. Dort stellte das Land Rheinland-Pfalz gemäß Art. 77 Abs. 2 Satz 1 GG den Antrag auf Anrufung des Vermittlungsausschusses, um das Gesetz schließlich ganz zu Fall zu bringen. Die Ablehnung konzentrierte sich nunmehr ganz auf die Einführung des **Partnerschaftsregisters**. Auch die schließlich sogar „gewinnträchtig" ausgestaltete Gebührenregelung „änderte an dieser Einstellung nichts, da angeblich die Finanzminister das Geld vereinnahmen und den Landesjustizverwaltungen keine Stellen genehmigen würden." [61] Dem Antrag des Landes Rheinland-Pfalz schloss sich zwar die Mehrheit der Länder an, diese stellten jedoch aufgrund der unterschiedlichen Gewichtung nach Art. 51 Abs. 2 i. V. m. Art. 52 Abs. 3 GG nicht die Mehrheit der Stimmen dar. Am 10.6.1994 stimmte der Bundesrat dem Gesetz mit großer Mehrheit zu.[62] Das Gesetz wurde am 25.7.1994 vom Bundespräsidenten ausgefertigt und am 30.7.1994 im

---

55) RegE PartGG, BT-Drucks. 12/6152 = Anhang, S. 360.
56) Stellungnahme des Bundesrates zum RegE PartGG, BT-Drucks. 12/6152, Anlage 2, S. 25–27.
57) Gegenäußerung der Bundesregierung zum RegE PartGG, BT-Drucks. 12/6152, S. 28 ff.
58) *Leutheusser-Schnarrenberger*, der freie beruf 7–8/1994, 20.
59) Vgl. Rechtsausschuß zum RegE PartGG, BT-Drucks. 12/7642, S. 1, 11 = Anhang, S. 364.
60) Sten. Ber. Plenarprotokoll 12/230, S. 20020 (B), bei Enthaltung der PDS/Linke Liste.
61) *Seibert*, Die Partnerschaft, S. 38; ähnlich *Salger*, in: Münchener Handbuch, § 36 Rz. 4.
62) *Seibert*, Die Partnerschaft, S. 38.

Einführung

Bundesgesetzblatt verkündet.[63] Gemäß seinem Artikel 9 trat es größtenteils am 1.7.1995, in Teilen bereits am 1.5.1995 in Kraft.

Hinsichtlich des verfassungsmäßigen **Gesetzgebungsverfahrens** gab es eine Meinungsverschiedenheit zwischen dem Bundesrat auf der einen und der Bundesregierung bzw. dem Bundestag auf der anderen Seite. Die Bundesregierung hatte in der Begründung zum Gesetzentwurf die **Zuständigkeit des Bundesgesetzgebers** zum Erlass des Partnerschaftsgesellschaftsgesetzes aus Art. 74 Nr. 1 GG gefolgert, wonach das bürgerliche Recht einen Teil der konkurrierenden Gesetzgebung bildet.[64] Wie die bisherigen Gesellschaftsformen bedürfe auch die Rechtsform der Partnerschaft einer bundeseinheitlichen Normierung. Der **Bundesrat** vertrat demgegenüber in seiner Stellungnahme die Auffassung, dass das Gesetz gemäß Art. 84 Abs. 1 GG der **Zustimmung** des Bundesrates bedürfe. Zur Begründung wurde Art. 2 Nr. 2 des Gesetzes angeführt, der durch die Änderung des § 160b Abs. 1 Satz 2 und 3 FGG auch das Verwaltungsverfahren von Landesbehörden regelt, indem u. a. Polizei- und Gemeindebehörden sowie Organe des Berufsstandes zur Mitwirkung und zur Unterstützung des Partnerschaftsregistergerichts berechtigt und verpflichtet werden.[65] Demgegenüber wies die **Bundesregierung** in ihrer Gegenäußerung darauf hin, dass die Registergerichte zwar Landeseinrichtungen, jedoch funktionell keine Verwaltungsbehörden, sondern Gerichte seien. Nach der Rechtsprechung des Bundesverfassungsgerichts[66] liege deshalb kein Verwaltungsverfahren i. S. d. Art. 84 Abs. 1 GG, sondern ein gerichtliches Verfahren vor, das der Bund gemäß Art. 74 Nr. 1 GG ohne Zustimmung der Länder regeln dürfe. Auch die Mitwirkungspflichten nach den §§ 125a, 126, 160b Abs. 1 FGG seien gerichtsverfassungsrechtlicher Natur.[67] Das Gesetz ist schließlich ohne die vom Bundesrat gewünschte Zustimmungsformel verabschiedet worden. Da der Bundesrat dem Partnerschaftsgesellschaftsgesetz aber ausdrücklich zugestimmt hat, war dadurch der verfassungsrechtliche Streit de facto erledigt und ist nunmehr für die Gültigkeit des Gesetzes ohne Bedeutung.[68] Das Gesetz wurde am 30.7.1994 durch den Bundespräsidenten ausgefertigt und anschließend im Bundesgesetzblatt verkündet.

23

5. Die Partnerschaftsregisterverordnung

Erst nach der Verabschiedung des Partnerschaftsgesellschaftsgesetzes wurde erkannt, dass ab dem 1.7.1995 mit Inkrafttreten des Gesetzes erste Eintragungen von Partnerschaften vorzunehmen sein würden, während die als Grundlage für das Re-

24

---

63) Gesetz zur Schaffung von Partnerschaftsgesellschaften und zur Änderung anderer Gesetze v. 25.7.1994, BGBl I, 1744.
64) RegE PartGG, BT-Drucks. 12/6152, S. 8 = Anhang, S. 361; so auch *Seibert,* AnwBl 1993, 155; *Bösert/Braun/Jochem,* S. 11.
65) Näher hierzu die Stellungnahme des Bundesrates zum RegE PartGG, BT-Drucks. 12/6152, S. 25 = Anhang, S. 367.
66) Die Bundesregierung verweist auf BVerfGE 11, 192, 199; BVerfGE 14, 197, 219.
67) Ausführlich hierzu die Gegenäußerung der Bundesregierung zum RegE PartGG, BT-Drucks. 12/6152, Anlage 3, S. 28 = Anhang, S. 368.
68) So auch *Seibert*, Die Partnerschaft, S. 38.

Einführung

gisterverfahren benötigte Partnerschaftsregisterverordnung (PRV) erst ab dem 1.7.1995 erlassen werden könnte, da sich die Ermächtigungsgrundlage für die Verordnung in § 160b Abs. 1 Satz 2 FGG in der Fassung des Art. 2 Nr. 2 PartGG fand. Vor der Verabschiedung dieser Verordnung konnte aber keine vollständige Klarheit über das einzuhaltende Registerverfahren geschaffen werden. Um für die Vorbereitungen auf das Inkrafttreten eine sichere Grundlage zu haben, insbesondere aber zur Vorbereitung der Registergerichte, drangen die Länder darauf, dass die Verordnung noch vor dem 1.7.1995 erlassen würde. Hierfür musste das Inkrafttreten der Ermächtigungsgrundlage vorgezogen werden. Kurzerhand wurde daraufhin Art. 2 Abs. 2 des gerade in der Beratung im Verkehrsausschuss des Deutschen Bundestages befindlichen Entwurfs eines Ausführungsgesetzes zum Seerechtsübereinkommen 1982/1994[69] abgeändert und um einen weiteren Absatz 2a ergänzt.[70] In Art. 2 Abs. 2a Nr. 2 wurde nunmehr das Inkrafttreten der Ermächtigungsgrundlage in Art. 1 § 5 Abs. 2 und Art. 2 PartGG auf den 1.5.1995 festgelegt. Das Ausführungsgesetz zum Seerechtsübereinkommen wurde vom Deutschen Bundestag am 17.3.1995 ohne Aussprache in zweiter und dritter Lesung angenommen.[71] Noch vor Inkrafttreten der Ermächtigungsgrundlage, nämlich am 18.4.1995, brachte die Bundesregierung den Entwurf der Partnerschaftsregisterverordnung in den Bundesrat ein, um die Zustimmung nach Art. 80 Abs. 2 GG herbeizuführen.[72] Die Zustimmung wurde in der Sitzung des Bundesrates vom 2.6.1995 erteilt. Die Partnerschaftsregisterverordnung vom 16.6.1995 wurde schließlich am 21.6.1995 verkündet.

III. Gesetzliche Änderungen seit 1998

24a Unmittelbar nach Inkrafttreten des Partnerschaftsgesellschaftsgesetzes am 1.7.1995 setzte eine heftige Literaturkontroverse[73] über die Auslegung der Kernvorschrift des Gesetzes, nämlich die **Haftungsbegrenzungsmöglichkeit** durch § 8 Abs. 2, ein. Als äußerst problematisch erwiesen sich insbesondere die **Praktikabilität** der auf immer neuen Vereinbarungen mit den Klienten basierenden Haftungsbeschränkungsmöglichkeit und speziell bei Rechtsanwälten das Verhältnis von § 8 Abs. 2 PartGG zu § 51a BRAO, mit dem eine inhaltlich vergleichbare Haftungskonzentrationsmöglichkeit zur Verfügung stand. Die **Kritik an dem Partnerschaftsgesellschaftsgesetz** wuchs angesichts der seit Verabschiedung des Gesetzes wesentlich erweiterten Möglichkeiten für Angehörige freier Berufe, die **Form einer Kapital-**

---

69) Entwurf eines Gesetzes zur Ausführung des Seerechtsübereinkommens der Vereinten Nationen v. 10.12.1982 sowie des Übereinkommens v. 29.7.1994 zur Durchführung des Teils XI des Seerechtsübereinkommens (Ausführungsgesetz Seerechtsübereinkommen 1982/1994), BT-Drucks. 13/193.
70) Beschlußempfehlung und Bericht des Ausschusses für Verkehr, BT-Drucks. 13/696, S. 8, mit Bericht des Abgeordneten *Kunick* auf S. 26.
71) Bei Enthaltung des Bündnis 90/Die Grünen und der PDS, Sten. Ber. Plenarprotokoll 13/28 v. 17.3.1995, S. 1987 (C).
72) Entwurf einer Verordnung über die Einrichtung und Führung des Partnerschaftsregisters (Partnerschaftsregisterverordnung – PRV), BR-Drucks. 213/95.
73) Dazu eingehend noch die 1. Auflage, 1995, § 8 Rz. 16 ff.

Einführung

gesellschaft zu wählen. Vor allem die Anwaltschaft wollte sich nicht mit der unzureichenden Haftungsbeschränkungslösung des § 8 Abs. 2 abfinden und drängte in die seit November 1994 als zulässig erkannte **Anwalts-GmbH**.[74] Die Bundesregierung sah sich in dieser Situation zum Eingreifen aufgerufen, um angesichts des Wettbewerbs mit der Freiberufler-GmbH die Partnerschaft vor der Bedeutungslosigkeit zu bewahren.

Ein im März 1997 vorgelegter **Referentenentwurf**[75] eines AnwaltsGmbH-Gesetzes aus dem Bundesjustizministerium schlug zunächst vor, das Verhältnis zwischen § 8 Abs. 2 PartGG und § 51a Abs. 2 BRAO zugunsten der Regelung im Partnerschaftsgesellschaftsgesetz festzuschreiben. Gleichzeitig sollte eine gesetzliche Handelndenhaftung die bisherige Vereinbarungslösung ersetzen. In einer ersten Anmerkung zu diesem Referentenentwurf wurde darauf hingewiesen, dass dies widersprüchlich sei, denn nach Einführung der Handelndenhaftung stellte sich das Problem der Gesetzeskonkurrenz nicht mehr.[76] Der **Regierungsentwurf** vom Oktober 1997[77] verzichtete daraufhin zu Recht auf eine Vorschrift über das Verhältnis zu § 51a Abs. 2 BRAO. Er wurde am 18.11.1997 durch das Bundeskabinett gebilligt und am 29.12.1997 dem Bundesrat zugeleitet. In der Literatur wurde die grundlegende Änderung, die das Modell der **gesellschaftsrechtlichen Haftungsbegrenzung** einführt, einhellig begrüßt.[78] Nach einer kurzen Kontroverse zwischen dem Bundesrat, der an der ursprünglichen Gesetzesfassung festhalten wollte, und der Bundesregierung gab der Rechtsausschuss des Deutschen Bundestages eine positive Beschlussempfehlung ab.[79] Aus gesetzestechnischen Gründen wurde die Regelung gleichzeitig aus dem AnwaltsGmbH-Gesetz herausgenommen und in das Gesetz zur Änderung des Umwandlungsgesetzes und des Partnerschaftsgesellschaftsgesetzes integriert.

24b

Ursprünglich sollte der zuletzt genannte Gesetzentwurf nur Bestimmungen des Umwandlungsgesetzes (UmwG) ändern und so die Einbeziehung von Partnerschaften in Umwandlungsvorgänge ermöglichen.[80] Im Rechtsausschuss des Bundestages kamen dann nicht nur die Neufassung des § 8 Abs. 2 hinzu, sondern zudem die Einfügung des neuen § 1 Abs. 2 Satz 1. Mit dieser Vorschrift sollte die Eigenständigkeit der Gruppe der freien Berufe noch einmal besonders betont werden.

24c

---

74) Zur historischen Entwicklung der Anwalts-GmbH umfassend *Hartung/Holl/Römermann*, vor § 30 Rz. 120 ff.
75) RefE AnwaltsGmbH-Gesetz, unveröffentlicht; dazu *Henssler*, ZIP 1997, 1481; *Römermann*, GmbHR 1997, 530.
76) *Römermann*, GmbHR 1997, 530, 536.
77) RegE AnwaltsGmbH-Gesetz, BT-Drucks. 13/9820, abgedruckt bei *Römermann*, NZG 1998, 81.
78) *Gerlt*, MDR 1998, 259; *Henssler*, ZIP 1997, 1481, 1489 f; *ders.*, ZAP Fach 23, 285, 292 f; *Funke*, AnwBl 1998, 6, 8 f; *Römermann*, GmbHR 1997, 530, 531 f; *ders.*, NZG 1998, 81, 83.
79) Rechtsausschuß zum RegE 3. Gesetz zur Änderung der BNotO, BT-Drucks. 13/11035.
80) RegE 1. UmwÄndG, BT-Drucks. 13/8808.

Einführung

24d Das Gesetz zur Änderung des Umwandlungsgesetzes und des Partnerschaftsgesellschaftsgesetzes wurde am 18.6.1998 vom Bundestag einstimmig (bei Enthaltung der Abgeordneten von Bündnis 90/Die Grünen und der PDS) verabschiedet. Am 10.7.1998 hat der Bundesrat zugestimmt. Nach Verkündung im Bundesgesetzblatt[81] ist das Gesetz am 1.8.1998 in Kraft getreten.

24e Weitere wesentliche Veränderungen der §§ 2, 7 und 9 PartGG wurden durch das **Handelsrechtsreformgesetz**[82] ebenfalls zum 1.8.1998 vorgenommen. In § 2 Abs. 2 ist die Verweisung auf § 19 Abs. 3 und 4 HGB a. F. entfallen; die frühere Regelung wird dafür als § 2 Abs. 1 Satz 2 und 3 in den Text des Partnerschaftsgesellschaftsgesetzes aufgenommen. Nach Satz 2 ist die Beifügung von Vornamen im Namen der Partnerschaft nicht erforderlich, allerdings auch nicht ausgeschlossen. Die bisher verbreitete Praxis („Müller und Partner") wird damit bestätigt. Nach Satz 3 dürfen die Namen anderer Personen als der Partner nicht im Partnerschaftsnamen erscheinen. Das entspricht dem bisherigen § 19 Abs. 4 HGB a. F. und ist zum Teil enger als die berufsrechtlichen Möglichkeiten, etwa bei Rechtsanwälten (§ 9 Abs. 1 Satz 1 BerufsO). § 7 wurde um einen neuen Absatz 4 (heute Absatz 5) ergänzt, der erstmals Pflichtangaben auf den Geschäftsbriefen der Partnerschaft vorschreibt. Gemäß § 7 Abs. 4 PartGG a. F. i. V. m. § 125a Abs. 1 Satz 1 HGB n. F. müssen auf diesen Briefen unter anderem die Rechtsform, der Sitz, das Registergericht und die Nummer der dortigen Eintragung angegeben werden. Die Sonderregelung des § 9 Abs. 2 konnte gestrichen werden, da nach der Neufassung des § 131 HGB die dort genannten Ereignisse wie insbesondere der Tod eines Partners auch nach allgemeinen gesellschaftsrechtlichen Regeln nicht mehr zur Auflösung der Gesellschaft, sondern nur noch zum Ausscheiden des betroffenen Partners führen.

24f Änderungen im Recht der Partnerschaft haben sich für den Beruf der **Wirtschaftsprüfer** durch eine Ergänzung des § 44b Abs. 1 WPO ergeben. In dieser Vorschrift wurde nun die – bis dahin umstrittene – Zulässigkeit der sogenannten einfachen, also nicht als Wirtschaftsprüfungsgesellschaft anerkannten Partnerschaft unter Beteiligung von Wirtschaftsprüfern ausdrücklich anerkannt (näher § 1 Rz. 107 ff).

24g Im Jahre **2001** wurden zwei bedeutsame Änderungen des Partnerschaftsgesellschaftsgesetzes vorgenommen. Am 1.1.2001 trat der jetzige § 7 Abs. 4 PartGG in Kraft, der vormalige Absatz 4 wurde zu § 7 Abs. 5 PartGG.[83] Durch die neue Vorschrift wurde die **Postulationsfähigkeit** der Partnerschaft statuiert, die jeweils durch zugelassene Berufsträger handelt.

24h Zum 15.12.2001 wurden Ergänzungen der §§ 4 und 5 PartGG wirksam, wonach nunmehr insbesondere die **Vertretungsverhältnisse** der Partnerschaft angemeldet und im Partnerschaftsregister eingetragen werden müssen.[84]

---

81) Gesetz zur Änderung des UmwG, des PartGG und anderer Gesetze v. 22.7.1998, BGBl I, 1878.
82) Handelsrechtsreformgesetz, HRefG, v. 22.6.1998, BGBl I, 1474.
83) Art. 2 FGOÄndG vom 19.12.2000, BGBl I, 1757.
84) Art. 4 ERJuKoG vom 10.12.2001, BGBl I, 3422.

Einführung

B. Motive für die neue Gesellschaftsform der Partnerschaft

I. Überblick

Bei der seit den 50er Jahren andauernden Reformdiskussion haben mehrere **Motive** 25
eine Rolle gespielt, die sich im Grundsatz – um ein weiteres Motiv vermehrt – noch
in nahezu unveränderter Weise in der Phase der Gesetzgebung im Jahre 1994 wiederfinden lassen. Es geht um

1. die für größere Zusammenschlüsse unzureichende **Struktur** der BGB-Gesellschaft,
2. die **Wettbewerbsfähigkeit** der deutschen Angehörigen freier Berufe im Vergleich zur **internationalen Konkurrenz**,
3. die Schaffung einer **spezifisch freiberuflichen** Gesellschaftsform als **Alternative** zur Kapitalgesellschaft,
4. die **nationale** Regelung **interprofessioneller** Zusammenarbeit in **überörtlichen** und **internationalen** Zusammenschlüssen.

II. Einzelheiten

1. Defizite der BGB-Gesellschaft

Nach jedenfalls bis zum Jahre 2001 klar überwiegender Ansicht reicht die Gesell- 26
schaft bürgerlichen Rechts als **Unternehmensträger** nicht für alle wirtschaftlich
wünschenswerten Zusammenschlüsse von Freiberuflern aus. Sie mag zwar für kleinere Sozietäten mit einem überschaubaren Kreis von Gesellschaftern und einem relativ geringen Kapitalaufwand noch geeignet sein. Für die angesichts zunehmender
Spezialisierung tendenziell immer bedeutsameren Zusammenschlüsse einer **Vielzahl von Partnern** aber, die auch **kapitalintensive Großprojekte** durchzuführen in der
Lage sein müssen, beinhaltet das reine Gesamthandsprinzip entscheidende Mängel.[85] An der herkömmlichen BGB-Gesellschaft wird insbesondere kritisiert:

a) Früherer Einwand: Fehlende Rechts- und Namensfähigkeit

Die Gesellschaft bürgerlichen Rechts kann sich zwar einen bürgerlich-rechtlichen 27
Namen i. S. d. § 12 BGB zulegen, konnte unter diesem aber nach der bis 2001 in der
Rechtsprechung vorherrschenden Meinung weder im Prozess auftreten noch im
Grundbuch eingetragen werden. Die BGB-Gesellschaft war nach dem bis
2001 erreichten Meinungsstand nicht als eigenständiges Rechtssubjekt parteifähig,[86] sie war nicht grundbuchfähig und deliktsfähig. Gemäß § 11 Abs. 2 Nr. 1
InsO kann inzwischen allerdings das Insolvenzverfahren über das Vermögen einer

---

[85] Vgl. nur *Seibert,* AnwBl 1993, 155; *ders.,* NWB Fach 18, S. 3365, 3366; *ders.,* BUW 1995, 100; *ders.,* Die Partnerschaft, S. 43; *Bösert,* DStR 1993, 1332, *ders.,* ZAP Fach 15, S. 137, 138 ff; *Leutheusser-Schmarrenberger,* der freie beruf 7–8/1994, 20, 21; grundlegend a. A. *Henssler,* ZIP 1997, 1481, 1489; krit. auch *Mahnke,* WM 1996, 1029: Mängel wurden „bisher zumeist unterstellt".
[86] A. A. *Wiedemann,* WM-Sonderbeilage 4/1994, S. 9 f.

Einführung

Gesellschaft bürgerlichen Rechts eröffnet werden.[87] Das früher vorgebrachte Argument der fehlenden Insolvenz- bzw. Konkursfähigkeit ist damit hinfällig geworden. „Ihre fehlende Rechtsfähigkeit kann allenfalls bei kleineren Zusammenschlüssen durch ein Dickicht an kautelarischen Hilfsregelungen noch etwas kaschiert werden", hieß es noch im Jahre 1994 während der Erörterungen im Zuge der Schaffung des neuen Partnerschaftsgesellschaftsgesetzes.[88] Die strukturbedingt mangelnde Beweglichkeit der BGB-Gesellschaft im Rechtsverkehr wurde teilweise ihrer mangelnden Namensfähigkeit zugeschrieben. Rechtlich handelte es sich jedoch tatsächlich um ein Problem mangelnder Rechtsfähigkeit, aus der die fehlende Namensfähigkeit zu resultieren schien.[89] In der Praxis hatten sich BGB-Gesellschaften allerdings schon in der Vergangenheit Bezeichnungen auf Grundlage des allgemeinen Namensrechts gemäß § 12 BGB[90] zugelegt,[91] ohne dass dies rechtliche Schwierigkeiten aufgeworfen hätte. Seit der Anerkennung der Rechts- und Parteifähigkeit der BGB-Gesellschaft im Jahre 2001[92] hat sich dieser frühere Einwand gegen die Praxistauglichkeit der GbR als Unternehmensform im Vergleich zur Partnerschaft im Wesentlichen erledigt.

b) Zu wenig verfestigte Innenstruktur

28 Die Innenstruktur der Gesellschaft bürgerlichen Rechts ist nach Auffassung der Gesetzesverfasser zu wenig verfestigt und auch **nicht dauerhaft**.[93] Die BGB-Gesellschaft biete „von ihrer Struktur her einen nur losen Verband ..., der eher auf Zufalls- und Gelegenheitskooperationen, denn auf Dauer angelegte Dienstleistungsgemeinschaften, zugeschnitten ist."[94] Dies ist besonders dort sehr nachteilig, wo ein erheblicher **Kapitalbedarf** eine stabile gesellschaftsrechtliche Basis erzwingt. Zu denken ist insoweit etwa an die hohen Anschaffungskosten für die von Ärzten zum Teil benötigten medizinischen Geräte oder an umfangreiche EDV-Anlagen von Architekten für deren computerunterstützte Planungen und Entwürfe.[95] Zu erwäh-

---

87) Ausführlich *Mönning*, in: Nerlich/Römermann, InsO, § 11 Rz. 66 ff; *Kübler/Prütting/Pape*, InsO, § 11 Rz. 21 f.
88) So *Leutheusser-Schnarrenberger*, der freie beruf 7–8/1994, 20, 21; *Bösert*, ZAP Fach 15, S. 137, 139.
89) Zur Diskussion dieser Strukturdefizite der BGB-Gesellschaft vgl. die Begründung zum RegE PartGG, BT-Drucks. 12/6152, S. 7 = Anhang, S. 360; *Sandberger/Müller-Graff*, ZRP 1975, 1 f; *Seibert*, DB 1994, 2381, 2383; *Bösert*, DStR 1993, 1332; *Leutheusser-Schnarrenberger*, der freie beruf 7–8/1994, 20, 21, 23; zur Gesetzgebungsgeschichte *Beckmann*, in: Festschrift Kleinert, 1992, S. 210, 213; zur vergleichbaren Kritik an der österreichischen Gesellschaft bürgerlichen Rechts vgl. nur *Hoffmann*, JBl 1987, 570, 571; *Torggler*, ÖJZ 1988, 428, 429.
90) *Wiedemann*, WM-Sonderbeilage 4/1994, S. 8; unzutreffend *Meilicke*, in: Meilicke u. a., PartGG, § 2 Rz. 35 („ohne gesetzliche Grundlage").
91) *Meilicke*, in: Meilicke u. a., PartGG, § 2 Rz. 35; a. A. *Siepmann*, FR 1995, 601.
92) BGH ZIP 2002, 614 = DB 2001, 423 m. Anm. *Römermann*.
93) Begründung zum RegE PartGG, BT-Drucks. 12/6152, S. 7 = Anhang, S. 360; vgl. dazu auch *Gres*, der freie beruf 6/1994, 23; *Bösert*, DStR 1993, 1332; *Seibert*, DB 1994, 2381, 2382.
94) So *Bösert*, ZAP Fach 15, S. 137, 139.
95) *Bösert*, ZAP Fach 15, S. 137, 138.

Einführung

nen sind ferner größere Zusammenschlüsse, in denen viele und nicht nur an einem Ort tätige Partner und Angestellte zusammenarbeiten. Daraus ergeben sich erhebliche Schwierigkeiten, mit den durch die BGB-Gesellschaft vorgegebenen rechtlichen Strukturen auszukommen. Dies betrifft vor allem die großen Anwaltssozietäten.[96]

c) Fehlende Haftungsbegrenzungsmöglichkeit

Wie die vielfältigen Versuche der Einführung einer Gesellschaft bürgerlichen Rechts mit beschränkter Haftung zeigen, besteht auch für die BGB-Gesellschaft der Wunsch nach einer Haftungsbegrenzung.[97] Die Versuche in dieser Richtung sind fehlgeschlagen.[98] Tatsächlich ist die Einführung einer Haftungsbeschränkung zumindest im Bereich überregionaler oder gar internationaler Gesellschaften als **angemessen** anzusehen. Ohne diese Möglichkeit bestehen für jeden Partner unkalkulierbare Risiken dadurch, dass er nach BGB-Gesellschaftsrecht auch für berufliche Fehler von Gesellschaftern an einem anderen, seiner Kontrolle entzogenen Ort voll haftet. Durch eine Vereinbarung der Gesellschafter untereinander lässt sich die Außenhaftung nach der neueren, strengen Rechtsprechung des Bundesgerichtshofs jedoch nicht beschränken.[99] Möglich ist allenfalls eine individuelle Abrede mit dem jeweiligen Gläubiger.[100]

29

d) Fehlende Registrierung

Wegen der mangelnden Registrierung kann sich der **Rechtsverkehr** über die BGB-Gesellschaft **nicht informieren**, und zwar weder über die internen Rechtsverhältnisse noch über etwaige Zweigniederlassungen. Auch zugunsten der Gesellschafter – etwa hinsichtlich des Zeitpunktes ihres Ausscheidens – gibt es keine Publizitätswirkung eines Registers.[101] Über den Fall des Ausscheidens einzelner Gesellschafter hinaus könnte eine Registrierung beispielsweise bei der Errichtung von Zweigniederlassungen im Ausland von Vorteil sein.[102]

30

2. Internationaler Wettbewerb

Das Argument, die Wettbewerbssituation für die deutschen Freiberufler sei angesichts zunehmender **internationaler Konkurrenz** insbesondere im Rahmen der

31

---

96) *Seibert*, DB 1994, 2381, 2382.
97) Vgl. *Bösert*, ZAP Fach 15, S. 137, 139; *ders.*, DStR 1993, 1332; *Leutheusser-Schnarrenberger*, der freie beruf 7–8/1994, 20, 21; *Gres*, der freie beruf 6/1994, 23.
98) Vgl. zur Diskussion *Bösert*, ZAP Fach 15, S. 137, 139 m. w. N.; *Gummert*, ZIP 1993, 1063; *Schroeder*, DStR 1992, 507; *Saller*, DStR 1995, 183; MünchKomm-*Ulmer*, BGB, § 714 Rz. 34 ff.
99) BGH ZIP 1999, 1755 m. Anm. *Altmeppen*, S. 1758 = NJW 1999, 3483, dazu EWiR 1999, 1053 *(Keil)*; BGH ZIP 2001, 330 m. Bespr. *Ulmer*, S. 585 = NJW 2001, 1056, dazu EWiR 2001, 341 *(Prütting)*; näher *Gummert*, in: Münchener Handbuch, § 18 Rz. 73.
100) Näher *Gummert*, in:Münchener Handbuch, § 18 Rz. 74 ff.
101) Vgl. *Leutheusser-Schnarrenberger*, der freie beruf 7–8/1994, 20, 21; *Bösert*, ZAP Fach 15, S. 137, 139; *Seibert*, Die Partnerschaft, S. 43.
102) *Salger*, in: Münchener Handbuch, § 36 Rz. 24.

Einführung

Europäischen Union, aber auch von Übersee her, dringend verbesserungsbedürftig, findet sich bereits in der Diskussion der 60er Jahre[103] sowie in den Begründungen für die Gesetzentwürfe aus den Jahren 1971[104] und 1975.[105] Damals hieß es, Staaten mit einer speziellen Rechtsform für Angehörige freier Berufe, wie etwa Frankreich nach dem Gesetz aus dem Jahre 1966, hätten „eine erheblich günstigere wettbewerbsmäßige Ausgangsposition im gesamten EWG-Raum, weil diese über eingearbeitete und deshalb leistungsfähige Teams verfügen werden."[106] Nachdem *Müller-Gugenberger* allerdings nachgewiesen hatte, dass die französischen Angehörigen freier Berufe durch das Gesetz von 1966[107] gerade erst den Stand erreicht hatten, der für die deutschen Freiberufler in der Sozietät seit langem zur Normalität gehörte, und es daher nicht um den Ausgleich von Nachteilen, sondern nur um die Schaffung von Wettbewerbsvorteilen für die deutschen Berufsangehörigen gehen konnte,[108] verlor das Argument der internationalen Wettbewerbsfähigkeit erheblich an Zugkraft.[109]

32 Durch die zunehmende **Liberalisierung des internationalen Dienstleistungsverkehrs** haben die Bemühungen um eine Stärkung der deutschen Konkurrenzsituation allerdings wieder Auftrieb bekommen. Dies gilt insbesondere seit der europäischen Richtlinie über die gegenseitige Anerkennung von Hochschuldiplomen,[110] der Vollendung des **europäischen Binnenmarktes**[111] am 1.1.1993 sowie seit der weltweiten Öffnung der Dienstleistungsmärkte durch die **GATT**-Uruguay-Runde,[112] die zu einem verstärkten Engagement US-amerikanischer Dienstleistungsunternehmen auf dem europäischen Markt führen wird.[113] Im Rahmen der Europäischen Union ist neben der Freiheit des Dienstleistungsverkehrs nach den Art. 59–66 EGV[114] neuerdings die Niederlassungsrichtlinie für Rechtsanwälte[115] zu beachten. Nach dem Willen der Gesetzgebungsbeteiligten soll das neue Partnerschaftsgesell-

---

103) Näher *Rittner*, DStB 1967, 2.
104) E 1971, BT-Drucks. VI/2047, S. 6.
105) E 1975, BT-Drucks. 7/4089, S. 8.
106) So gleichlautend E 1971, BT-Drucks. VI/2047, S. 6, und E 1975, BT-Drucks. 7/4089, S. 8; ähnlich *v. Bockelberg*, DStB 1971, 65, 66, und auch noch *Leutheusser-Schnarrenberger*, der freie beruf 1–2/1993, 9.
107) Loi no. 66 – 879 v. 29.11.1966, J. O. v. 30.11.1966.
108) *Müller-Gugenberger*, DB 1972, 1517, 1523.
109) Zutreffend *Krejci*, in: Verhandlungen des 10. ÖJT, Bd. I/1, S. 19.
110) Richtlinie über die allgemeine Regelung zur Anerkennung der Hochschuldiplome, die eine mindestens dreijährige Berufsausbildung abschließen, v. 21.12.1988, RL 89/84/EWG, Abl Nr. L 19 v. 24.1.1989, abgedruckt in: *Hartung/Holl*, BerufsO, Anhang Nr. 5; näher hierzu *Hartung/Holl/Lörcher*, BerufsO, Vor § 34 Rz. 58 ff.
111) Zu den Herausforderungen für Freiberufler durch den Binnenmarkt *Ehlermann*, in: Festschrift Budde, 1995, 157, 171 ff; *ders.*, Revue du Marché commun et de l'Union européenne, no. 365, 136, 141 f.
112) GATT = General Agreement on Tariffs and Trade.
113) *Beckmann*, in: Festschrift Kleinert, 1992, S. 210, 215 f; *Leutheusser-Schnarrenberger*, der freie beruf 7–8/1994, 20; *dies.*, der freie beruf 1–2/1993, 9.
114) EuGH, EuZW 1997, 53 – *Broede/Sandker*; EuGHE 1995, 4165 – *Gebhard*; umfassend *Hartung/Holl/Lörcher*, BerufsO, Vor § 34 Rz. 1–43.
115) Hierzu eingehend *Hartung/Holl/Lörcher*, BerufsO, Vor § 34 Rz. 68 ff.

Einführung

schaftsgesetz dazu beitragen, den deutschen Angehörigen freier Berufe eine **angemessene Wettbewerbsposition** zu verschaffen.[116] Diese soll es ihnen nach Möglichkeit erlauben, ihren bisherigen Marktanteil nicht nur zu halten, sondern noch weiter auszubauen.[117]

Die Vorbereitung auf einen verschärften internationalen Wettbewerb ist auch in anderen europäischen Ländern anzutreffen. So wird etwa in Frankreich das Gesetz vom 31.12.1990[118] (dazu unten Rz. 65) vor dem Hintergrund gesehen, dass die Konkurrenz europäischer und amerikanischer Anwaltskanzleien Gefahren mit sich bringe und die Entwicklung zu größeren Einheiten fördere, die wie Handelsgesellschaften organisiert und geführt würden.[119] 32a

3. Spezifisch freiberufliche Alternative zur GmbH

Nach traditioneller, allerdings immer seltener vertretener Ansicht ist die „Leistungserbringung innerhalb einer Kapitalgesellschaft ... mit dem Wesen freiberuflicher Tätigkeit nur schwer zu vereinbaren."[120] Die Kapitalgesellschaft sei „gerade für die rechtsberatenden und die Heilberufe – zumindest heute noch – nicht konsensfähig. Verschwindet der Freiberufler hinter dem Schleier der juristischen Person, so steht dies im Kontrast zu dem persönlich-vertrauensvollen Verhältnis des Freiberuflers zu seinem Mandanten, Patienten etc. Diese Auffassung, die auch in anderen Berufsgruppen, wie z. B. bei den freischaffenden Architekten, viele Anhänger hat, ist von der Politik respektiert worden."[121] Aus diesem Grunde war mit der neuen Rechtsform der Partnerschaft von seiten der Initiatoren die Hoffnung verbunden worden, dass diese „dem bisherigen Streben mancher Freiberufler, auf die GmbH auszuweichen, stark entgegenwirken" werde.[122] 33

Die Partnerschaft ist daher konzipiert als speziell für die Bedürfnisse der freien Berufe „maßgeschneiderte" Gesellschaftsform. Sie soll dem hergebrachten, durch den persönlichen Charakter der Zusammenarbeit mit Mandanten oder Patienten gekennzeichneten Berufsbild der freien Berufe entsprechen, zugleich aber eine moderne und flexible Organisationsform bieten,[123] ohne dabei in die Nähe zum Gewerbe zu geraten.[124] Worin aber konkret die **spezifisch freiberuflichen Elemente** 34

---

116) *Leutheusser-Schnarrenberger*, der freie beruf 7–8/1994, 20, 21; *dies.*, recht 4/95, 61; *Kempter*, BRAK-Mitt. 1994, 122; Rechtsausschuß zum RegE PartGG, BT-Drucks. 12/7642, S. 11 = Anhang, S. 364; *Carl*, StB 1995, 173, 174.
117) *Gres*, der freie beruf 6/1994, 223 24; *ders.*, Handelsblatt v. 19.5.1994.
118) Loi no. 90 – 1258 v. 31.12.1990, J. O. v. 5.1.1991.
119) *Martin*, Déontologie de l'avocat, 1995, Rz. 370.
120) RegE PartGG, BT-Drucks. 12/6152, S. 1; ähnlich *Gres*, der freie beruf 6/1994, 23; *Bösert*, ZAP Fach 15, S. 137, 139.
121) *Seibert*, NWB Fach 18, S. 3365; ähnlich *ders.*, Die Partnerschaft, S. 42; *ders.*, DB 1994, 2381 f; *ders.*, BuW 1995, 100; vgl. auch *Braun*, MDR 1995, 447; dagegen die zutreffende Replik von *Landry*, MDR 1995, 558; *Haas*, BRAK-Mitt. 1994, 1.
122) *Leutheusser-Schnarrenberger*, der freie beruf 7–8/1994, 20, 23; *dies.*, in: Festschrift Helmrich, S. 677, 680; *Bösert*, ZAP Fach 15, S. 137, 150.
123) *Leutheusser-Schnarrenberger*, AnwBl 1994, 334; *Kempter*, BRAK-Mitt. 1994, 122.
124) *Seibert*, Die Partnerschaft, S. 43.

Einführung

des Partnerschaftsgesellschaftsgesetzes bestehen sollen, wird in den Quellen zumeist vage angesprochen.[125] Eindeutige Regelungen enthält das Gesetz in den § 1 Abs. 1 Satz 1, Abs. 2 und § 9 Abs. 3, Abs. 4 Satz 2, die den partnerschaftsfähigen Personenkreis auf Angehörige freier Berufe beschränken. Spezifisch freiberuflich sollen ferner sein § 1 Abs. 1 Satz 3, der nur natürlichen Personen die Mitgliedschaft gestattet, die Namensregelung in § 2 Abs. 1, das Gebot der Beachtung des Berufsrechts in § 1 Abs. 3 und § 6 Abs. 1, die Geschäftsführungsregelung in § 6 Abs. 2 und § 8 mit der Anordnung grundsätzlich unbeschränkter persönlicher Haftung für die jeweils eigene Leistung. Hinzu kommt, dass nach herrschender Meinung die Zugehörigkeit zur Partnerschaft ausschließlich aktiven Freiberuflern vorbehalten ist, eine ebenfalls als spezifisch freiberuflich angesehene Charakteristik.[126] Seit der Einfügung von § 1 Abs. 2 Satz 1 i. d. F. von 1998 erscheint im Gesetz zudem ein politischer Programmsatz, der eine Aussage über freie Berufe ohne normativen Gehalt enthält.

4. Überregionale interprofessionelle Partnerschaften

35 Während des Gesetzgebungsverfahrens wurde darauf verwiesen, dass die Angehörigen freier Berufe ihre Dienste zunehmend überregional und sogar international erbringen, so dass ihnen eine hierfür geeignete Rechtsform zur Verfügung gestellt werden müsse.[127] Ein damit verbundenes weiteres Hauptziel, das von Anfang an mit der Schaffung freiberuflicher Partnerschaften angestrebt wurde, war die Eröffnung neuer Möglichkeiten für interdisziplinäre Zusammenschlüsse.

5. Politische Signalwirkung

36 Unabhängig von den inhaltlichen Zielsetzungen im einzelnen bestand darüber hinaus ein deutliches Interesse an der Verabschiedung eines nationalen Partnerschaftsrechts. Zeitlich parallel zu den deutschen Reformbestrebungen arbeitete auch die EG-Kommission darauf hin, eine **europäische Gesellschaftsform** für die Angehörigen freier Berufe zu schaffen. Die europäische Regelung hatte zum Ziel, im Sinne eines wirtschaftsliberalen Ausbaus des Binnenmarktes die durch verkrustete Standesrechte der Mitgliedstaaten bereiteten Hemmnisse zu beseitigen und so die grenzüberschreitende Zusammenarbeit wesentlich zu fördern.[128] Dieses Vorhaben scheiterte schließlich, was aber während des Gesetzgebungsverfahrens zunächst noch nicht absehbar war. Die deutschen Berufsorganisationen betrachteten die europäische Rechtsentwicklung daher zum Teil mit Sorge, und ihre Hoffnung richtete sich darauf, dass eine nationale Gesetzgebung dazu beitragen könnte, die Bestrebungen hin zu einer europäischen Rechtsform zu bremsen.[129]

---

125) Vgl. *Müller*, FR 1995, 402 ff.
126) Vgl. nur *Gres*, der freie beruf 6/1994, 23, 24.
127) Statt aller *Bösert*, ZAP Fach 15, S. 137, 138; *Lenz*, MDR 1994, 741, 742.
128) Näher *EG-Kommission*, Konsultationsdokument, S. 1 f sowie unten Rz. 67.
129) *Leutheusser-Schnarrenberger*, in: Festschrift Helmrich, S. 677, 682; *Beckmann*, in: Festschrift Kleinert, S. 210, 213.

Einführung

Ebenfalls nicht zuletzt im Hinblick auf die Europäische Union sollte das Partnerschaftsgesellschaftsgesetz offenbar zudem den Gedanken der Freiberuflichkeit als solchen stärken: „Die Partnerschaft ist eine Referenz gegenüber der Bedeutung und Eigenständigkeit der freien Berufe. Der Gesetzgeber hat ein deutliches Signal gegen die Kommerzialisierung und Verwischung des freien Berufs mit dem Gewerbe gesetzt. Das ist auch mit Blick auf Brüssel von Gewicht, wo dieser Unterschied mitunter völlig ausgeblendet wird".[130)]

36a

C. Die Partnerschaft im System des Gesellschaftsrechts

Nach dem Willen der Gesetzesverfasser soll die Partnerschaft als rechtsfähige Personengesellschaft eine **Lücke** zwischen der Gesellschaft bürgerlichen Rechts und den Kapitalgesellschaften schließen. Die außergewöhnlich lange Entwicklungszeit für dieses neue Gesetz und sein im Verhältnis zu früheren Entwürfen vergleichsweise geringes Regelungsvolumen von nur 11 Paragraphen geben indessen Anlass zu kritischen Beobachtungen.

37

I. Bedürfnisprüfung

Es kann mit gutem Grund bezweifelt werden, ob wirklich ein dringendes **Bedürfnis** für eine sektorale Erweiterung der bisherigen Gesellschaftstypen für Angehörige freier Berufe bestand.[131)] Allenfalls die nach früherer Rechtsprechung fehlende **Rechtsfähigkeit** der Gesellschaft bürgerlichen Rechts mochte im Prozess und in Grundbuchangelegenheiten einen gewissen Mehraufwand mit sich bringen. Ferner war bei Grundeigentum schon früher an die Möglichkeit einer GmbH als Besitzgesellschaft zu denken. Daran ändert sich auch durch die Partnerschaft nichts.[132)]

38

Im Übrigen wird die **GmbH** – ebenso wie die Aktiengesellschaft – auch als Berufsausübungsgesellschaft für Angehörige freier Berufe durch die **jüngere Rechtsprechung** immer weitergehender zugelassen.[133)] Damit steht der überwiegenden Zahl der Freiberufler schon seit langem eine rechtsfähige Gesellschaft zur gemeinsamen Be-

39

---

130) *Seibert*, Mitt. dt. Patentanwälte 1996, 107, 108.
131) So auch *Burret*, WPK-Mitt. 1994, 201, 207; *Feddersen/Meyer-Landrut*, Einl. S. 11; ähnlich für Österreich *Kastner*, JBl 1990, 545, 549 f; vgl. ferner *Müller-Gugenberger*, DB 1972, 1517, 1519; *Knoll/Schüppen*, DStR 1995, 608, 610 f; Deregulierungskommission, Marktöffnung, S. 110 Nr. 453.
132) Vgl. die Begründung zum RegE PartGG, BT-Drucks. 12/6152, S. 8 = Anhang, S. 361; *Krieger*, MedR 1995, 95.
133) Zahnbehandlungs-GmbH: BGH ZIP 1994, 381 = BGHZ 124, 224 = AG 1994, 182 = GmbHR 1994, 325 = MedR 1994, 152 = NJW 1994, 786 = WiB 1994, 270; vgl dazu auch die Anmerkungen von *Brötzmann*, WiB 1994, 270, vgl. dazu EWiR 1994, 785 (*Kleine-Cosack*); Ärzte-GmbH: AG Bremen, HReg. Abt. B Nr. 14954, Eintragung v. 27.7.1993, vgl. *Ahlers*, in: Festschrift Rowedder, S. 1, 13 f; hierzu *Laufs*, MedR 1995, 11; die zunehmende Tendenz der Landesgesetzgeber, die Ärzte-GmbH ausdrücklich zu untersagen, ist verfassungsrechtlich äußerst bedenklich, da ohne rechtfertigenden Grund in die Berufsfreiheit eingegriffen wird, vgl. zu dieser Tendenz *Taupitz*, Arztrecht 1995, 123; *ders.*, MedR 1995, 475, 478; *Schirmer*, MedR 1995, 341; *Lenz*, in: Meilicke u. a., PartGG, § 1 Rz. 8; *Salger*, in: Münchener Handbuch, § 36 Rz. 20; *Laufs*, NJW 1995, 1590, 1595.

Einführung

rufsausübung zur Verfügung, so dass die häufig beschworene „Lücke" insoweit schon vor 2001 nicht mehr bestand.[134] Diese neuere Rechtsprechung war im Zeitraum der Konzeption und der Beratung des Partnerschaftsgesellschaftsgesetzes noch kaum abzusehen. Nur so ist wohl das gesetzgeberische Motiv erklärbar, die Angehörigen freier Berufe durch die Gewährung der Partnerschaft von den **Kapitalgesellschaften** „abzulenken". Nachdem jedoch das Bayerische Oberste Landesgericht durch Beschluss vom 24.11.1994 die Rechtsanwalts-GmbH für zulässig erklärt hatte,[135] mussten derartige Bemühungen als gescheitert angesehen werden. Im Zuge dieser Entwicklung musste sich die Partnerschaft nun also – für die Gesetzesverfasser überraschend[136] – hinsichtlich nahezu aller freien Berufe mit der GmbH messen lassen.[137] Die Strategie, die Einführung der Partnerschaft als „politisches Alibi" zu nutzen, „um der kontroversen Diskussion um die Rechtsanwalts-GmbH auszuweichen",[138] hatte sich mit der Entwicklung richterlicher Rechtsfortbildung auch für andere freie Berufe erledigt.

39a Der Gesetzgeber war nun zur Nachbesserung aufgerufen, um die von der Rechtsprechung vollzogene Zulassung freiberuflicher Kapitalgesellschaften im nachhinein in eine gesetzliche Form zu gießen.[139] Dass die Partnerschaft „kein vollwertiger Ersatz für die Kapitalgesellschaft"[140] sein kann, haben die freiberuflichen Organisatoren frühzeitig bemerkt. So hat etwa der Bundesverband praktischer Tierärzte e.V. kurz nach Verabschiedung des Partnerschaftsgesellschaftsgesetzes seinen Vorschlag zur gesetzlichen Regelung der Kapitalgesellschaft für Angehörige freier Berufe damit begründet, dass die Rechtsform der Partnerschaft nicht ausreiche.[141]

40 Für die Freiberufler hingegen, die nicht aufgrund konkreter wirtschaftlicher Gegebenheiten die GmbH anstreben, erweisen sich die weiteren Argumente für die angebliche **Unzulänglichkeit der BGB-Gesellschaft** bei näherem Hinsehen ebenfalls

---

134) So bereits die Vorauflage, Einf. Rz. 39.
135) BayObLG ZIP 1994, 1868 (m. Anm. *Henssler*) = AnwBl 1995, 35 (m. Anm. *Ahlers*, S. 3) = BB 1994, 2433 = BRAK-Mitt. 1995, 34 (m. Anm. *Kempter*, S. 4) = DB 1994, 2540 = DZWir 1995, 110 (m. Anm. *Michalski*) = GmbHR 1995, 42 (m. Anm. *Dauner-Lieb*, S. 259) = MDR 1995, 95 (m. Anm. *Koch*, S. 446) = NJW 1995, 199 (m. Anm. *Taupitz*, S. 369, und *Boin*, S. 371) = Rpfleger 1995, 215 (m. Anm. *Gerken*) = WiB 1995, 115 (m. Anm. *Hommelhoff/Martin Schwab*) = WM 1995, 23; vgl. ferner die Anmerkungen von *Kleine-Cosack*, EWiR 1995, 151, *Hartstang*, ZAP Fach 23, S. 193, und *Emmerich*, JuS 1995, 261.
136) Vgl. z. B. *Bösert*, ZAP Fach 15, S. 137, 139 f; *Seibert*, BuW 1995, 100 f; siehe auch *Glenk*, INF 1995, 691, 692.
137) Vgl. *Hellfrisch*, StB 1995, 253, 257.
138) So zu Recht kritisch v. *Falkenhausen*, AnwBl 1993, 479; ähnlich *Sproß*, AnwBl 1996, 201, 202 („überflüssig geworden") und *Stuber*, WiB 1994, 705, 710: „Vorwand für die Untätigkeit des Gesetzgebers in Sachen Anwalts-GmbH"; so im Anschluß an Stuber auch *Glenk*, INF 1995, 691, 692; *Mahnke*, WM 1996, 1029, 1037; anders allerdings die Darstellung bei *Seibert*, BuW 1995, 100; vgl. ferner *Knoll/Schüppen*, DStR 1995, 608, 646, 651; *Feddersen/Meyer-Landrut*, PartGG, Einl. S. 11.
139) Krit. auch *Sotiropoulos*, ZIP 1995, 1879, 1885 f.
140) *Henssler*, ZIP 1994, 1871, 1872.
141) Näher *Taupitz*, JZ 1994, 1100, 1101 mit Fußn. 3.

Einführung

als wenig stichhaltig.[142] Soweit ersichtlich, versagt kein Berufsrecht seinen Angehörigen die Führung eines bürgerlich-rechtlichen **Namens**, der auch die Namen ausgeschiedener Gesellschafter enthalten kann.

Soweit an der BGB-Gesellschaft eine zu wenig verfestigte und nicht dauerhafte **Innenstruktur** bemängelt wird, bleibt dies in aller Regel eine pauschale Behauptung. Denn wo ein Bedürfnis für eine komplexe Organisationsstruktur besteht, wird sie vertraglich geschaffen.[143] Dem Recht der BGB-Gesellschaft kann im Übrigen eine zeitliche Begrenzung nicht entnommen werden. Die Behauptung der fehlenden Dauerhaftigkeit dieser Gesellschaftsform gründet daher weder in rechtlicher Notwendigkeit, noch wird sie von der Rechtswirklichkeit bestätigt. Wie z. B. die kontinuierliche Existenz einiger – gerade auch größerer – Anwaltssozietäten von der Zeit um die Jahrhundertwende bis heute beweist, hindert das BGB-Gesellschaftsrecht dauerhafte Kooperationsstrukturen nicht.[144] Auch insofern ist keine grundlegende Neuerung durch das Recht der Partnerschaft erkennbar.[145] Die Mitgliedschaftsregelung bei der Partnerschaft ist gegenüber der BGB-Gesellschaft zwar etwas verfestigt, hierdurch aber weniger flexibel. Ein allmähliches „Hineinwachsen" von Partnern in das Unternehmen wird durch das Eintragungserfordernis verhindert.[146] 41

Zuzustimmen ist allerdings der Auffassung, dass die BGB-Gesellschaft praktisch keine geeignete Möglichkeit der **Haftungsbegrenzung** besitzt, obwohl es hierfür durchaus ein dringendes Bedürfnis (auch) bei den Freiberuflern gibt. Das Partnerschaftsgesellschaftsgesetz stellte insoweit zunächst eine rein schuldrechtliche Regelung zur Verfügung, die systematisch besser in das BGB gepasst hätte, jedenfalls aber kein Bedürfnis für eine neue Gesellschaftsform eigener Art begründen konnte. Erst das Änderungsgesetz 1998 brachte insoweit wesentliche Neuerungen durch die Änderung von § 8 Abs. 2 und die damit verbundene praxisgerechte Handelndenhaftung, die rechtsformbedingt nur durch Wahl der Partnerschaft zur Anwendung gelangt. 42

II. Regelungsinhalt

Die Partnerschaft steht **zwischen BGB-Gesellschaft und Kapitalgesellschaft**, in der Nähe zur **OHG**. Regelungstechnisch erfolgte diese Standortbestimmung weitgehend durch integrierende Verweisung auf Vorschriften des HGB und – subsidiär – des BGB. 43

Die neue Gesellschaftsform ist nur als **Angebot** zu verstehen, d. h. angesichts der auch vom Gesetzgeber anerkannten Pluralität der freien Berufe soll kein Zwang zur Bildung einer Partnerschaft bei Vorliegen bestimmter Voraussetzungen begründet 44

---

142) Vgl. *Henssler*, ZIP 1997, 1481, 1490; *Sauren/Haritz*, MDR 1996, 109, 113; *Müller-Gugenberger*, DB 1972, 1517, 1519; *Knoll/Schüppen*, DStR 1995, 608, 646, 651; *Vorbrugg/Salzmann*, AnwBl 1996, 129, 134.
143) Vgl. *Vorbrugg/Salzmann*, AnwBl 1996, 129, 133 mit Fußn. 55.
144) So auch *Lenz*, MDR 1994, 741, 746.
145) Vgl. *v. Falkenhausen*, AnwBl 1993, 479, 480; *Lenz*, MDR 1994, 741, 746.
146) *Vorbrugg/Salzmann*, AnwBl 1996, 129, 134.

Einführung

werden. Den Partnern bleibt nach dem Partnerschaftsgesellschaftsgesetz die Freiheit, für ihre freiberufliche Berufsausübung diese oder eine der anderen zugelassenen Gesellschaftsformen zu wählen.[147] Demgegenüber verfügen aber die Berufsrechte über die Kompetenz, für ihre jeweiligen Berufsangehörigen zu entscheiden, ob und in welcher Weise sie die neue Rechtsform nutzen können.[148] Auch soll die BGB-Gesellschaft nicht von der Partnerschaft verdrängt werden. Lediglich die hergebrachte Bezeichnung bürgerlichrechtlicher Gesellschaften mit dem Zusatz „und Partner" ist gemäß § 11 seit 1995 ausschließlich den Partnerschaftsgesellschaften vorbehalten. Dies begründete für die Gesellschaft bürgerlichen Rechts einen Anpassungszwang (siehe unten § 11 Rz. 5).[149]

1. Zwischen BGB-Gesellschaft und Kapitalgesellschaft

45 Der **BGB-Gesellschaft** hat die Partnerschaft die gesetzlich geregelte Rechtsfähigkeit nach § 7 Abs. 1 i. V. m. § 124 Abs. 1 HGB voraus, was sie in den Genuss der damit verbundenen Vorteile, wie z. B. der Parteifähigkeit im Prozess, kommen lässt. Dieser Vorteil besteht für die Praxis seit Anerkennung der Rechts- und Parteifähigkeit der GbR durch den Bundesgerichtshof im Jahre 2001[150] allerdings nicht mehr. Insbesondere in der Frage der Haftung geht die Partnerschaft allerdings noch nicht so weit wie die **GmbH**, da nach der Konzeption des § 8 ein völliger Ausschluss der persönlichen Haftung aller Gesellschafter nicht möglich sein soll. Gleichzeitig werden Fragen der Kapitalaufbringung, des Kapitalsatzes und der Kapitalerhaltung vermieden.[151] Die Partnerschaft unterliegt auch nicht der Pflicht zur Jahresrechnungslegung nach den §§ 238, 242 HGB. Mit dem Vorteil der Erleichterungen durch die Möglichkeit einer Einnahme-Überschuss-Rechnung nach § 4 Abs. 3 EStG[152] geht allerdings der entscheidende Nachteil einher, keine steuerlich wirksamen Pensionsrückstellungen bilden zu können.[153] Während des Gesetzgebungsverfahrens hatte man zwar erwogen, der Partnerschaft diese Möglichkeit zur Verfügung zu stellen, dies war jedoch wegen des Gedankens der Einheitlichkeit des Personengesellschaftsrechts zugunsten einer umfassenden Reform verworfen wor-

---

147) *Seibert*, AnwBl 1993, 155, 156; *ders.*, NWB Fach 18, S. 3365, 3366; *ders.*, Die Partnerschaft, S. 41 f; *ders.*, DB 1994, 2381; *ders.*, BuW 1995, 100; *Leutheusser-Schnarrenberger*, in: Festschrift Helmrich, S. 677, 681 f.
148) *Bösert*, ZAP Fach 15, S. 137, 144; *Leutheusser-Schnarrenberger*, in: Festschrift Helmrich, S. 677, 681 f; *Krieger*, MedR 1995, 95, 98.
149) *Knoll/Schüppen*, DStR 1995, 608, 609.
150) BGH ZIP 2002, 614; BGH ZIP 2001, 330 (m. Bespr. *Ulmer*, S. 585) = DB 2001, 423 m. Anm. *Römermann*, dazu EWiR 2001, 341 *(Prütting)*.
151) Soweit *Seibert*, NWB Fach 18, S. 3365, 3367, ähnlich *ders.*, BuW 1995, 100, 101; *ders.*, Mitt. dt. Patentanwälte 1996, 107, 110, allerdings als weiteren Vorteil der Partnerschaft gegenüber der Kapitalgesellschaft erwähnt, daß „die Publizität einer Haftungsbeschränkung im Gesellschaftsnamen entbehrlich ... [sei], was sicher ein Seriositäts- und Imagevorteil ist", kann dies nicht überzeugen; vielmehr hat die Partnerschaft, welche keine gesellschaftsrechtliche Haftungsbeschränkung kennt, gar nichts, was insoweit publiziert werden könnte.
152) *Seibert*, Die Partnerschaft, S. 51; *ders.*, DB 1994, 2381, 2382; *Gilgan*, Stbg 1995, 28.
153) Allgemeine Kritik bei *Salger*, in: Münchener Handbuch, § 37 Rz. 14; *ders.*, in: Ebenroth/Boujong/Joost, HGB, § 1 PartGG Rz. 3.

Einführung

den.[154] **Steuerlich günstig** ist hingegen, dass die Partnerschaft weder der Körperschaftsteuer noch aufgrund ihrer Rechtsform der Gewerbesteuer unterliegt (hierzu näher § 1 Rz. 21 f).[155]

Ob die Partnerschaft tatsächlich einen **Image-Vorteil** gegenüber der GmbH für sich buchen kann,[156] ist eher zu bezweifeln. Von der **persönlichen und eigenverantwortlichen Berufsausübung** jedenfalls befreit – einigen Unkenrufen zum Trotz – auch die Rechtsform der Kapitalgesellschaft nicht. Problematisch, weil real möglicherweise nicht verfügbar, wird die Organisation als GmbH allerdings dort, wo das jeweilige **Berufsrecht** dies explizit untersagt oder wo das ärztliche Kassenzulassungsrecht die Wahl dieser Gesellschaftsform den Ärzten aus praktischen Gründen ganz erheblich erschwert.[157] Wohl vor allem aus steuerlichen Gründen scheinen sich zuweilen bestehende freiberufliche GmbHs für eine Umwandlung in die Partnerschaft zu interessieren.[158] 46

Unbeschadet des jeweiligen Berufsrechts ist es der Partnerschaft nicht verwehrt, selbst anderen Gesellschaften beizutreten, z. B. einer GmbH[159] oder einer Gesellschaft bürgerlichen Rechts.[160] Die Partnerschaft kann sich auch an einer Wirtschaftsprüfungs- oder Steuerberatungsgesellschaft beteiligen, sofern bei ihr die jeweiligen Voraussetzungen als Gesellschafterin gegeben sind.[161] Nach Auffassung des Bundesgerichtshof[162] können freiberufliche Unternehmen herrschende Unternehmen im Sinne des **Konzernrechts** sein. Dies gilt auch für die Partnerschaft.[163] 47

Schließlich ist die Aufspaltung in eine Kapitalgesellschaft als Besitzgesellschaft und eine Partnerschaft als Berufsausübungsgesellschaft denkbar.[164] Bei dieser Konstruktion sind – alle oder einige – Partner gleichzeitig Gesellschafter der GmbH, die z. B. als Geräte-GmbH aufgrund eines Nutzungsvertrages einer Ärzte-Partnerschaft die erforderlichen medizinischen Gerätschaften steuerlich absetzbar zur Verfügung 48

---

154) *Seibert*, Die Partnerschaft, S. 51; *Salger,* in: Münchener Handbuch, § 37 Rz. 14; vgl. *Carl,* StB 1995, 173, 174.
155) *Seibert*, DB 1994, 2381, 2382; *Mittelsteiner*, DStR 1994, Beihefter zu Heft 37, S. 37.
156) So *Seibert*, DB 1994, 2381, 2382; *ders.*, BuW 1995, 100, 101; *Salger,* in: Münchener Handbuch, § 36 Rz. 25; vgl. auch *Knoll/Schüppen*, DStR 1995, 608, 646, 651 f; *Stuber*, S. 22.
157) Dazu ausführlich *Bösert*, ZAP Fach 15, S. 137, 140; *Brötzmann*, WiB 1994, 270; *Preißler,* MedR 1995, 100 f.
158) *Seibert*, DB 1994, 2381, 2382; Vergleich von GmbH und Partnerschaft unter steuerrechtlichem Aspekt bei *Sommer*, GmbHR 1995, 249, 256 ff; *Sauren/Haritz*, MDR 1996, 109, 113 und ausführlich bei *Gail/Overlack*, Rz. 371 ff.
159) *Seibert*, NWB Fach 18, S. 3365, 3367; *ders.*, DB 1994, 2381, 2383.
160) *Salger,* in: Münchener Handbuch, § 36 Rz. 12.
161) Bei Wirtschaftsprüfungsgesellschaften also nach §§ 27 ff WPO, vgl. *Burret*, WPK-Mitt. 1994, 201, 203.
162) BGH ZIP 1994, 1690 (m. Anm. *Karsten Schmidt*, S. 1741) = DZWir 1995, 69 (m. Anm. *Kulka*, S. 45); dazu EWiR 1995, 15 *(H. P. Westermann)*.
163) *Karsten Schmidt*, ZIP 1994, 1741, 1742, 1746; vgl. *Meilicke,* in: Meilicke u. a., PartGG, § 6 Rz. 39, 83.
164) Begründung zum RegE PartGG, BT-Drucks. 12/6152, S. 8 = Anhang, S. 361; *Böhringer,* BWNotZ 1995, 1.

Einführung

stellt.[165] Im Grunde ist dies die Umkehrung der ansonsten üblichen Betriebsaufspaltung, bei der der Betrieb durch die Kapitalgesellschaft geführt wird, die das Anlagevermögen (Grundstück, Maschinen) von einer Personengesellschaft als bloßer Besitzgesellschaft pachtet.[166]

2. Nähe zur OHG

49 Die OHG und die KG stehen den Angehörigen freier Berufe nach überwiegender Ansicht[167] grundsätzlich nicht als Rechtsformen für einen Zusammenschluss zur Verfügung. Sie sind auch angeblich wegen ihres Zuschnitts auf die Bedürfnisse **Gewerbetreibender** für den Zusammenschluss von Freiberuflern ungeeignet.[168] Diese Ansicht verwunderte bereits früher, da die OHG beispielsweise für Steuerberater (§ 1 Abs. 3 Satz 1 i. V. m. § 49 Abs. 1 StBerG), Wirtschaftsprüfer (§ 1 Abs. 3 Satz 1 i. V. m. § 27 Abs. 1 WPO) und Apotheker (§ 8 ApG)[169] ausdrücklich gesetzlich zugelassen war.[170] Nach der Verabschiedung des Partnerschaftsgesellschaftsgesetzes ist sie vollkommen hinfällig geworden. Es handelt sich nämlich bei der Partnerschaft um eine „**Schwesterfigur**" der OHG,[171] die einige **strukturelle Gemeinsamkeiten** mit ihr aufweist.[172] Die Partnerschaft wird daher zum Teil sogar als „unechte OHG"[173] bezeichnet. Ein Unterschied liegt nur darin, dass die Partnerschaft keinen Prokuristen bestellen kann und nicht den strengen Rechnungslegungs- und Buchführungspflichten der Personenhandelsgesellschaften unterliegt.[174] Grundlegende Differenzen zwischen der OHG und der Partnerschaft, die zunächst nicht erkennbar waren, sind erst durch das Änderungsgesetz von 1998 geschaffen worden, das die Haftungsstruktur vollständig erneuert und gegenüber der OHG anders ausgestaltet hat.

---

165) *Kosek/Hess*, Ärztliche Praxis Nr. 30 v. 12.4.1994, S. 35.
166) Näher *Bellstedt*, AnwBl 1995, 573, 578.
167) Abweichend allerdings *Michalski*, Gesellschafts- und Kartellrecht, S. 118 ff, 250 f; vgl. *Grüninger*, DB 1990, 1449, 1451; *Raisch*, in: Festschrift Rittner, S. 471, 474 ff; *Bayer/Imberger*, DZWir 1993, 309, 315.
168) *Seibert*, AnwBl 1993, 155; *ders.*, NWB Fach 18, S. 3365.
169) Die fehlende Aufnahme der Apotheker in den Katalog der partnerschaftsfähigen Berufe in § 1 Abs. 2 ist offenbar im Wesentlichen darauf zurückzuführen, dass sich die Apothekerverbände politisch mit ihrer Auffassung durchsetzen konnten, dass die GbR und die OHG für Apotheker die einzigen zulässigen Gesellschaftsformen bleiben sollten; näher *Taupitz/Schelling*, NJW 1999, 1751, 1755.
170) Unzutreffend *Siepmann*, FR 1995, 601, wonach es „den Freiberuflern" verwehrt sei, eine OHG oder KG zu gründen.
171) *Karsten Schmidt*, ZIP 1993, 633, 635; *Leutheusser-Schnarrenberger*, der freie beruf 7–8/1994, 20.
172) *Leutheusser-Schnarrenberger*, der freie beruf 7–8/1994, 20; *Bösert*, DStR 1993, 1332, 1333, *ders.*, ZAP Fach 15, S. 137, 142; *Stuber*, WiB 1994, 705, 710; *Seibert*, NWB Fach 18, S. 3365, 3367; *ders.*, Die Partnerschaft, S. 43.; vgl. auch *Bayer/Imberger*, DZWir 1995, 177, 178.
173) *Oppermann*, AnwBl 1995, 453, 454.
174) Vgl. *Bösert*, DStR 1993, 1332; *ders.*, ZAP Fach 15, S. 137, 141.

Einführung

Übernommen wurden aus dem Recht der OHG: 50
- der Grundsatz der **Selbstorganschaft**,
- die Einzelvertretungsbefugnis,
- die **persönliche Haftung** der Gesellschafter für Fehlleistungen (insoweit seit 1998 unterschiedlich ausgestaltet),
- die weitgehende Annäherung der Gesamthand an eine juristische Person durch die **Rechts- und Parteifähigkeit** sowie die Trägerschaft des Gesellschaftsvermögens und
- die Zulässigkeit von **Zweigniederlassungen**.

Insgesamt wurde somit eine **weitgehende Angleichung** von OHG und Partnerschaft erreicht. Warum die Vorschriften über die **Prokura** nicht im Zuge einer Generalverweisung im Sinne *Karsten Schmidts*[175] mit aufgenommen wurden, ist kaum verständlich,[176] zumal die Freiberufler-GmbH diesen Regeln unterliegt.[177] Im Übrigen können die Wirkungen der Prokura durch eine entsprechende umfassende Bevollmächtigung problemlos erreicht werden.[178] Hiergegen sind auch keine Bedenken ersichtlich, soweit der Prokurist oder der Bevollmächtigte nur über die notwendige berufliche Qualifikation verfügt. 51

Trotz der weitgehenden Übernahme des Rechts der Handelsgesellschaften bedient sich das Gesetz nicht etwa – wie man hätte vermuten können[179] – einer Generalverweisung auf das HGB unter Herausnahme einzelner Bestimmungen. Vielmehr verweist § 1 Abs. 4 subsidiär auf die Vorschriften der **Gesellschaft bürgerlichen Rechts**, während primär die eigenständigen Regelungen des Partnerschaftsgesellschaftsgesetzes sowie über eine Reihe von Verweisungen eine Vielzahl einzelner Paragraphen des HGB zur Anwendung kommen. Dadurch sind von der Globalverweisung des § 1 Abs. 4 tatsächlich nur noch wenige Bestimmungen des BGB erfasst. Diese recht eigenartige Technik[180] soll offenbar zeigen, dass die Partnerschaft als eine **Sonderform der BGB-Gesellschaft** angesehen werden soll, die sich nahtlos in 52

---

175) *Karsten Schmidt*, ZIP 1993, 633.
176) So früher bereits *Raisch*, in: Festschrift Knur, 1972, S. 165, 179; wie hier jetzt auch *Mahnke*, WM 1996, 1029, 1032.
177) Für die Rechtsanwalts-GmbH neuerdings § 59f Abs. 3 BRAO n. F. und dazu auch im Hinblick auf die Partnerschaft *Römermann*, GmbHR 1998, 966, 968; vgl. *Ahlers*, in: Festschrift Rowedder, S. 1, 17; § 45 WPO schreibt sogar vor, daß Wirtschaftsprüfer als Angestellte einer Wirtschaftsprüfungsgesellschaft Prokura erhalten „sollen"; dies zeigt im übrigen deutlich, daß die Prokura keineswegs derart auf Handel und Gewerbe zugeschnitten ist, daß sie im Bereich der freien Berufe nicht verwendbar wäre; a. A. etwa *Bösert*, ZAP Fach 15, S. 137, 141; *Feddersen/Meyer-Landrut*, PartGG, § 7 Rz. 6; *Coester-Waltjen*, Jura 1995, 666, 667; *Schaub*, NJW 1996, 625, 626.
178) Für ausgeschlossen hält es offenbar *Weyand*, INF 1995, 22, 23.
179) Ähnlich *Knoll/Schüppen*, DStR 1995, 608, 610 („überraschend").
180) Kritisch auch *Karsten Schmidt*, NJW 1995, 1, 2 f; *Hornung*, Rpfleger 1995, 481, 484 („schwer durchschaubares Recht").

Einführung

das bestehende System der Personengesellschaften einfügt.[181] In der Literatur wurde der im Partnerschaftsgesellschaftsgesetz gewählte Weg der Einzelverweisungen als „unübersichtlich" kritisiert.[182]

53 Eine angeblich spezifisch freiberufliche Besonderheit der Partnerschaft in Abgrenzung zu Handelsgesellschaften besteht darin, dass nur natürliche Personen, also insbesondere keine Kapitalgesellschaften Gesellschafter sein können (§ 1 Abs. 1 Satz 3). Auch die Haftungsbeschränkung bestimmter Partner auf ihre Einlage („Kommanditpartnerschaft") ist ausgeschlossen.[183]

III. Rechtspolitische Würdigung

54 Im Gegensatz zum Referentenentwurf hatte **das Partnerschaftsgesellschaftsgesetz** in seiner ursprünglichen Fassung weitgehend darauf verzichtet, eigenständige Regelungen oder **Korrekturen** dort einzufügen, wo sich das **Recht der OHG**, auf das verwiesen wird, als **reformbedürftig** erwiesen hat (z. B. § 108 Abs. 2, §§ 117, 127, 133, 140 HGB). Hierdurch wurde im Gegensatz zu früherem Regelungsperfektionismus eine Reduktion auf das Wesentliche, schlankes Recht („**lean law**"), erreicht.[184] Dies war für eine Übergangszeit vertretbar, zumal inzwischen am 1.7.1998 die grundlegende Handelsrechtsreform in Kraft getreten ist.

55 Auf erste Sicht erscheint es verwunderlich, dass von der so lange diskutierten Idee einer **spezifisch freiberuflichen Gesellschaftsform** in der schließlich verabschiedeten Fassung des Gesetzes kaum noch etwas wiederzufinden ist. Dies ist jedoch leicht durch den Umstand erklärlich, dass in der Endphase der Gesetzgebung insbesondere aufgrund der Kritik *Karsten Schmidts*[185] schließlich doch noch eine weitgehende Trennung von **Berufs- und Gesellschaftsrecht** vorgenommen wurde, die berufsrechtlichen Vorschriften also bis auf einige wenige[186] aus dem Entwurf eliminiert worden waren. Wären die Gesetzesverfasser nun konsequent geblieben und hätten sie das Partnerschaftsgesellschaftsgesetz auch von den als schwer begründbarem Torso zurückgebliebenen berufsrechtlichen Regelungen befreit, dann hätte man damit gleichzeitig die Existenzberechtigung des neuen Gesetzes als solches in Frage

---

181) *Bösert*, ZAP Fach 15, S. 137, 146; auf einen gewissen Gegensatz zur gesetzgeberischen Behandlung der EWIV weist *Karsten Schmidt*, NJW 1995, 1, 2 hin; *Raisch*, in: Festschrift Rittner, S. 471, 488 f, will sogar einen Verstoß gegen Art. 3 GG darin sehen, daß auf europäischer Ebene tätige EWIV dem Handelsrecht unterliegen, nationalen Anwaltskanzleien dies aber versagt ist.
182) *Mahnke*, WM 1996, 1029, 1032.
183) Dazu *Bösert*, DStR 1993, 1332, 1336.
184) *Seibert*, Die Partnerschaft, S. 45; *ders.*, Mitt. dt. Patentanwälte 1996, 107, 108; *Schaub*, NJW 1996, 625, 626; zur entsprechenden Situation in Österreich *Krejci*, EGG, Vorb. 11; hierbei ist allerdings nicht zu übersehen, daß dieser Trend – wie bei *Seibert* und *Krejci* deutlich wird – nicht zuletzt auf die Furcht des modernen Gesetzgebers vor der Schaffung von Angriffsflächen und somit zeitraubenden Komplikationen bei der Gesetzgebung zurückzuführen ist.
185) *Karsten Schmidt*, ZIP 1993, 633, 634 ff; vgl. auch *Michalski*, ZIP 1993, 1210, 1211 ff.
186) Z. B. die obligatorische Nennung der Berufe nach § 2 Abs. 1 wird man eher dem Berufsrecht zurechnen müssen; vgl. auch etwa § 9 Abs. 3, § 6 Abs. 1.

Einführung

stellen müssen.[187] Da dies in der Spätphase der Gesetzgebung nicht mehr beabsichtigt war, wurde schließlich ein halbherziges Gesetz verabschiedet. Erst die notwendigen Korrekturen im Jahre 1998 haben dem Partnerschaftsgesellschaftsgesetz zu einer erheblichen Bedeutung verholfen.

So ist das Partnerschaftsgesellschaftsgesetz schließlich ein eindrucksvolles Beispiel für die Tatsache, dass sich das Gesellschaftsrecht nicht für berufsrechtliche Spezifika einer heterogenen Berufsgruppe eignet. Die wenigen verbliebenen berufsrechtlichen Regelungen wie etwa die Beschränkung der Beitrittsmöglichkeit auf natürliche Personen oder die Vorschriften über die Namensführung unter Angabe der Berufsbezeichnungen sind im Gesellschaftsrecht unangebracht. Sie hätten – soweit überhaupt erforderlich – allenfalls im jeweiligen Berufsrecht einen angemessenen Ort gehabt. Das angeblich im Recht der freien Berufe geltende „**Prinzip der persönlichen Haftung**"[188] konnte in Wirklichkeit bereits lange vor der jüngeren Rechtsprechung zugunsten freiberuflicher GmbHs nicht mehr anerkannt werden. Die bloße Tatsache, dass eine Reihe von freien Berufen sich über Jahrzehnte hinweg ausschließlich in Rechtsformen organisiert haben, die eine unbeschränkte persönliche Haftung bedingen, führt noch zu keinem „Prinzip". Ein Prinzip kann zudem schon aus tatsächlichen Gründen dort nicht anerkannt werden, wo – wie schon früher – der Kreis der Ausnahmen sich von Unternehmensberatern über Wirtschaftsprüfer bis hin zu Steuerberatern über eine breite Palette freier Berufe erstreckt. Das gilt um so mehr heutzutage, da nach der Zulassung der GmbH für Rechtsanwälte, Ärzte und Zahnärzte kaum noch ein Beruf existiert, der diesem „Prinzip" unterworfen wäre. 56

Erstaunlicherweise finden sich in den weiteren Artikeln des Gesetzes, deren Gegenstand die Anpassung korrespondierender Normen in anderen Gesetzen ist, **kaum Änderungen berufsrechtlicher Vorschriften**. Auch die parallel zum Gesetzgebungsverfahren des Partnerschaftsgesellschaftsgesetzes überarbeiteten Berufsgesetze, insbesondere das der Rechtsanwälte, enthalten – mit Ausnahme der neugefassten Wirtschaftsprüferordnung – keine weitergehenden, die bisherigen Möglichkeiten der Berufsausübung qualitativ ausdehnenden Öffnungsklauseln. Dies hätte sich vor allem im Hinblick auf die ebenfalls mit dem Gesetz intendierte Förderung **interprofessioneller Zusammenschlüsse** angeboten. Von der seit Beginn des Partnerschaftsgedankens anvisierten Rechtsform, die sich speziell für multiprofessionelle Sozietäten eignen sollte,[189] ist nunmehr im Gesetz an keiner Stelle mehr etwas wiederzufinden. Der allgemeine Berufsrechtsvorbehalt in § 1 Abs. 3 bewirkt vielmehr gerade das Gegenteil. Er stellt sicher, dass das herkömmliche Berufs- und Standesrecht, das interprofessionelle Zusammenarbeit regelmäßig blockiert und möglichst gänzlich zu unterbinden sucht, in keiner Weise beschränkt oder zurück- 57

---

187) Vgl. *Karsten Schmidt*, ZIP 1993, 633, 635 f.
188) So z. B. *Bösert*, ZAP Fach 15, S. 137, 139; *Kulka*, DZWir 1995, 45, 51; *Taupitz*, Arztrecht 1995, 123, 126; *ders.*, MedR 1995, 475, 480.
189) So bereits *v. Bockelberg*, DStB 1971, 65.

Einführung

gedrängt wird.[190] Ein wichtiges und sinnvolles Anliegen des Partnerschaftsgedankens wird dadurch vollständig verfehlt. Dies lässt sich auch nicht durch einen Appell der damaligen Bundesjustizministerin *Leutheusser-Schnarrenberger* kaschieren, wonach „die freiberuflichen Organisationen ... die Chance dieses neuen Gesetzes ... ergreifen und die Anpassung der einzelnen Berufsrechte an die Partnerschaft zugleich zu einer Modernisierung ... nutzen [sollten]. Dies gilt insbesondere für Fragen der interprofessionellen Zusammenarbeit von Freiberuflern verschiedener Berufsbereiche in der Partnerschaft: Auch hierzu soll die Partnerschaft einen Anstoß geben, denn moderne Dienstleistungsunternehmen sollen komplexe Dienstleistungen aus einer Hand liefern können."[191]

58 **Insgesamt** ist festzuhalten, dass die weitreichenden **Hoffnungen**, die früher von seiten der Freiberufler in die neue Gesellschaftsform gesetzt worden waren, sich zumindest bei Verabschiedung des Partnerschaftsgesellschaftgesetzes (und vor Inkrafttreten der Veränderungen zum 1.8.1998) nicht erfüllt hatten.[192] Lediglich in der Frage der Rechtsfähigkeit wurde durch die Übernahme der OHG-Regelung gegenüber der früher für die BGB-Gesellschaft angenommenen Rechtslage eine tatsächliche Verbesserung erzielt. Die Frage der Haftungsbegrenzung wurde zwar behandelt, aber zunächst kaum zu einem befriedigenden und den Ansprüchen der Angehörigen freier Berufe genügenden Ergebnis geführt. Im Hinblick auf § 130 HGB stand die Partnerschaft haftungsrechtlich zunächst sogar schlechter da als die BGB-Gesellschaft.[193] Dieser Unterschied ist inzwischen aufgehoben worden, da der Bundesgerichtshof in seiner jüngsten Rechtsprechung § 130 HGB analog auch auf die BGB-Gesellschaft anwendet.[194] Eine wesentliche Verbesserung konnte allerdings durch das Änderungsgesetz von 1998 erreicht werden, das eine praktikable Art der Haftungsbeschränkung ermöglicht. Die Problemkreise der internationalen und vor allem interprofessionellen Zusammenarbeit blieben hingegen – entgegen allen wortreichen Willensbekundungen – bis heute vollständig ausgeklammert.

---

190) Vgl. *Müller-Gugenberger*, DB 1972, 1517, 1519; *Mahnke*, WM 1996, 1029, 1032 f (Chance einer Liberalisierung verschenkt).
191) *Leutheusser-Schnarrenberger*, recht 4/95, S. 61.
192) Vgl. *v. Falkenhausen*, AnwBl 1993, 479, 480 f; *Stuber*, WiB 1994, 705, 710; *Lenz*, MDR 1994, 741, 746; *Gerken*, Rpfleger 1995, 217, 218; *Sauren/Haritz*, MDR 1996, 109, 113; *Sproß*, AnwBl 1996, 201, 202; *Sommer*, DSWR 1995, 181, 184; *Henssler*, DB 1995, 1549, 1556; *ders.*, GmbHR 1995, 756, 758; *Hellfrisch*, StB 1995, 253, 256; *Lenz*, in: Meilicke u. a., PartGG, § 1 Rz. 13; in der Tendenz positiver *Oppermann*, AnwBl 1995, 453, 456.
193) Krit. daher *Mahnke*, WM 1996, 1029, 1036.
194) BGH ZIP 2003, 899 = ZVI 2003, 273 = NJW 2003, 1803, dazu EWiR 2003, 513 (*Westermann*).

§ 1
Voraussetzungen der Partnerschaft

(1) [1]Die Partnerschaft ist eine Gesellschaft, in der sich Angehörige Freier Berufe zur Ausübung ihrer Berufe zusammenschließen. [2]Sie übt kein Handelsgewerbe aus. [3]Angehörige einer Partnerschaft können nur natürliche Personen sein.

(2) [1]Die Freien Berufe haben im Allgemeinen auf der Grundlage besonderer beruflicher Qualifikation oder schöpferischer Begabung die persönliche, eigenverantwortliche und fachlich unabhängige Erbringung von Dienstleistungen höherer Art im Interesse der Auftraggeber und der Allgemeinheit zum Inhalt. [2]Ausübung eines Freien Berufes im Sinne dieses Gesetzes ist die selbständige Berufstätigkeit der Ärzte, Zahnärzte, Tierärzte, Heilpraktiker, Krankengymnasten, Hebammen, Heilmasseure, Diplom-Psychologen, Mitglieder der Rechtsanwaltskammern, Patentanwälte, Wirtschaftsprüfer, Steuerberater, beratenden Volks- und Betriebswirte, vereidigten Buchprüfer (vereidigte Buchrevisoren), Steuerbevollmächtigten, Ingenieure, Architekten, Handelschemiker, Lotsen, hauptberuflichen Sachverständigen, Journalisten, Bildberichterstatter, Dolmetscher, Übersetzer und ähnlicher Berufe sowie der Wissenschaftler, Künstler, Schriftsteller, Lehrer und Erzieher.

(3) Die Berufsausübung in der Partnerschaft kann in Vorschriften über einzelne Berufe ausgeschlossen oder von weiteren Voraussetzungen abhängig gemacht werden.

(4) Auf die Partnerschaft finden, soweit in diesem Gesetz nichts anderes bestimmt ist, die Vorschriften des Bürgerlichen Gesetzbuchs über die Gesellschaft Anwendung.

Die Bestimmungen des **BGB**, die gemäß Absatz 4 entsprechend anwendbar sind, lauten:

§ 705 Inhalt des Gesellschaftsvertrages
Durch den Gesellschaftsvertrag verpflichten sich die Gesellschafter gegenseitig, die Erreichung eines gemeinsamen Zweckes in der durch den Vertrag bestimmten Weise zu fördern, insbesondere die vereinbarten Beiträge zu leisten.

§ 706 Beiträge der Gesellschafter
(1) Die Gesellschafter haben in Ermangelung einer anderen Vereinbarung gleiche Beiträge zu leisten.

(2) Sind vertretbare oder verbrauchbare Sachen beizutragen, so ist im Zweifel anzunehmen, dass sie gemeinschaftliches Eigentum der Gesellschafter werden sollen. Das Gleiche gilt von nicht vertretbaren und nicht verbrauchbaren Sachen, wenn sie nach einer Schätzung beizutragen sind, die nicht bloß für die Gewinnverteilung bestimmt ist.

(3) Der Beitrag eines Gesellschafters kann auch in der Leistung von Diensten bestehen.

§ 1 Voraussetzungen der Partnerschaft

§ 707 Erhöhung des vereinbarten Beitrags
Zur Erhöhung des vereinbarten Beitrags oder zur Ergänzung der durch Verlust verminderten Einlage ist ein Gesellschafter nicht verpflichtet.

§ 708 Haftung der Gesellschafter
Ein Gesellschafter hat bei der Erfüllung der ihm obliegenden Verpflichtungen nur für diejenige Sorgfalt einzustehen, welche er in eigenen Angelegenheiten anzuwenden pflegt.

§ 712 Entziehung und Kündigung der Geschäftsführung
(1) Die einem Gesellschafter durch den Gesellschaftsvertrag übertragene Befugnis zur Geschäftsführung kann ihm durch einstimmigen Beschluss oder, falls nach dem Gesellschaftsvertrag die Mehrheit der Stimmen entscheidet, durch Mehrheitsbeschluss der übrigen Gesellschafter entzogen werden, wenn ein wichtiger Grund vorliegt; ein solcher Grund ist insbesondere grobe Pflichtverletzung oder Unfähigkeit zur ordnungsmäßigen Geschäftsführung.

(2) Der Gesellschafter kann auch seinerseits die Geschäftsführung kündigen, wenn ein wichtiger Grund vorliegt; die für den Auftrag geltende Vorschrift des § 671 Abs. 2, 3 findet entsprechende Anwendung.

§ 717 Nichtübertragbarkeit der Gesellschafterrechte
Die Ansprüche, die den Gesellschaftern aus dem Gesellschaftsverhältnis gegeneinander zustehen, sind nicht übertragbar. Ausgenommen sind die einem Gesellschafter aus seiner Geschäftsführung zustehenden Ansprüche, soweit deren Befriedigung vor der Auseinandersetzung verlangt werden kann, sowie die Ansprüche auf einen Gewinnanteil oder auf dasjenige, was dem Gesellschafter bei der Auseinandersetzung zukommt.

§ 718 Gesellschaftsvermögen
(1) Die Beiträge der Gesellschafter und die durch die Geschäftsführung für die Gesellschaft erworbenen Gegenstände werden gemeinschaftliches Vermögen der Gesellschafter (Gesellschaftsvermögen).

(2) Zu dem Gesellschaftsvermögen gehört auch, was auf Grund eines zu dem Gesellschaftsvermögen gehörenden Rechtes oder als Ersatz für die Zerstörung, Beschädigung oder Entziehung eines zu dem Gesellschaftsvermögen gehörenden Gegenstandes erworben wird.

§ 719 Gesamthänderische Bindung
(1) Ein Gesellschafter kann nicht über seinen Anteil an dem Gesellschaftsvermögen und an den einzelnen dazu gehörenden Gegenständen verfügen; er ist nicht berechtigt, Teilung zu verlangen.

(2) Gegen eine Forderung, die zum Gesellschaftsvermögen gehört, kann der Schuldner nicht eine ihm gegen einen einzelnen Gesellschafter zustehende Forderung aufrechnen.

§ 720 Schutz des gutgläubigen Schuldners
Die Zugehörigkeit einer nach § 718 Abs. 1 erworbenen Forderung zum Gesellschaftsvermögen hat der Schuldner erst dann gegen sich gelten zu lassen, wenn er von der Zugehörigkeit Kenntnis erlangt; die Vorschriften der §§ 406 bis 408 finden entsprechende Anwendung.

§ 721 Gewinn- und Verlustverteilung
(1) Ein Gesellschafter kann den Rechnungsabschluss und die Verteilung des Gewinns und Verlustes erst nach der Auflösung der Gesellschaft verlangen.

(2) Ist die Gesellschaft von längerer Dauer, so hat der Rechnungsabschluss und die Gewinnverteilung im Zweifel am Schlusse jedes Geschäftsjahrs zu erfolgen.

§ 722 Anteile am Gewinn und Verlust

(1) Sind die Anteile der Gesellschafter am Gewinn und Verluste nicht bestimmt, so hat jeder Gesellschafter ohne Rücksicht auf die Art und Größe seines Beitrags einen gleichen Anteil am Gewinn und Verluste.

(2) Ist nur der Anteil am Gewinn oder am Verluste bestimmt, so gilt die Bestimmung im Zweifel für Gewinn und Verlust.

§ 725 Kündigung durch Pfändungspfandgläubiger

(1) Hat ein Gläubiger eines Gesellschafters die Pfändung des Anteils des Gesellschafters an dem Gesellschaftsvermögen erwirkt, so kann er die Gesellschaft ohne Einhaltung einer Kündigungsfrist kündigen, sofern der Schuldtitel nicht bloß vorläufig vollstreckbar ist.

(2) Solange die Gesellschaft besteht, kann der Gläubiger die sich aus dem Gesellschaftsverhältnis ergebenden Rechte des Gesellschafters, mit Ausnahme des Anspruchs auf einen Gewinnanteil, nicht geltend machen.

§ 732 Rückgabe von Gegenständen

Gegenstände, die ein Gesellschafter der Gesellschaft zur Benutzung überlassen hat, sind ihm zurückzugeben. Für einen durch Zufall in Abgang gekommenen oder verschlechterten Gegenstand kann er nicht Ersatz verlangen.

§ 738 Auseinandersetzung beim Ausscheiden

(1) Scheidet ein Gesellschafter aus der Gesellschaft aus, so wächst sein Anteil am Gesellschaftsvermögen den übrigen Gesellschaftern zu. Diese sind verpflichtet, dem Ausscheidenden die Gegenstände, die er der Gesellschaft zur Benutzung überlassen hat, nach Maßgabe des § 732 zurückzugeben, ihn von den gemeinschaftlichen Schulden zu befreien und ihm dasjenige zu zahlen, was er bei der Auseinandersetzung erhalten würde, wenn die Gesellschaft zur Zeit seines Ausscheidens aufgelöst worden wäre. Sind gemeinschaftliche Schulden noch nicht fällig, so können die übrigen Gesellschafter dem Ausscheidenden, statt ihn zu befreien, Sicherheit leisten.

(2) Der Wert des Gesellschaftsvermögens ist, soweit erforderlich, im Wege der Schätzung zu ermitteln.

§ 739 Haftung für Fehlbetrag

Reicht der Wert des Gesellschaftsvermögens zur Deckung der gemeinschaftlichen Schulden und der Einlagen nicht aus, so hat der Ausscheidende den übrigen Gesellschaftern für den Fehlbetrag nach dem Verhältnis seines Anteils am Verlust aufzukommen.

§ 740 Beteiligung am Ergebnis schwebender Geschäfte

(1) Der Ausgeschiedene nimmt an dem Gewinn und dem Verlust teil, welcher sich aus den zur Zeit seines Ausscheidens schwebenden Geschäften ergibt. Die übrigen Gesellschafter sind berechtigt, diese Geschäfte so zu beendigen, wie es ihnen am vorteilhaftesten erscheint.

(2) Der Ausgeschiedene kann am Schluss jedes Geschäftsjahrs Rechenschaft über die inzwischen beendigten Geschäfte, Auszahlung des ihm gebührenden Betrags und Auskunft über den Stand der noch schwebenden Geschäfte verlangen.

Schrifttum: *Ahlers*, Die GmbH als Zusammenschluß Angehöriger freier Berufe zur gemeinsamen Berufsausübung, in: Festschrift Rowedder, 1994, S. 1; *Appel*, Gesellschaftsvertrag einer Partnerschaft, Stbg 1995, 203; *Bakker*, Rechtsanwaltsgesellschaften in England, AnwBl 1993, 245; *Bayer/Imberger*, Nochmals: Die Rechtsformen freiberuflicher Tätigkeit, DZWir 1995, 177; *dies.*, Die Rechtsformen freiberuflicher Tätigkeit, DZWir 1993, 309; *Beckmann*, Für eine Partnerschaft Freier Berufe, in: Festschrift Kleinert, 1992, S. 210; *Binz*, Betriebsaufspaltung bei Dienstleistungsunternehmen, DStR

1996, 565; v. *Bockelberg*, Die Partnerschaft – Eine Gesellschaftsform für freie Berufe, DStB 1971, 65; *Bogdan*, IPR-Aspekte der schwedischen Eingetragenen Partnerschaft für Homosexuelle, IPRax 1995, 56; *Böhringer*, Das neue Partnerschaftsgesellschaftsgesetz, BWNotZ 1995, 1; *Bösert*, Das Gesetz über Partnerschaftsgesellschaften Angehöriger Freier Berufe (Partnerschaftsgesellschaftsgesetz – PartGG), ZAP Fach 15, S. 137 (= ZAP 1994, 765); *ders.*, Der Regierungsentwurf eines Gesetzes zur Schaffung von Partnerschaftsgesellschaften (Partnerschaftsgesellschaftsgesetz – PartGG), DStR 1993, 1332; *Burret*, Tätigkeitsbericht des Präsidenten der Wirtschaftskammer anläßlich der Beiratssitzung am 21. Juni 1995, WPK-Mitt. 1995, 160; *ders.*, Das Partnerschaftsgesellschaftsgesetz, WPK-Mitt. 1994, 201; *Carl*, Die Partnerschaftsgesellschaft – eine neue Rechtsform für die Freien Berufe, StB 1995, 173; *Coester-Waltjen*, Besonderheiten des neuen Partnerschaftsgesellschaftsgesetzes, Jura 1995, 666; *Dann*, Begrüßungsansprache, in: BSt-BerK (Hrsg.): Steuerberaterkongreßreport 1993; *Depping*, Insolvenzverwalter – freiberufliche oder gewerbliche Tätigkeit?, DStR 1995, 1337; *Ehlermann*, Wettbewerb und freie Berufe: Antagonismus oder Kompatibilität?, Festschrift Budde, 1995, 157; *ders.*, Concurrence et professions libérales: antagonisme ou compatibilité?, Revue du Marché commun et de l'Union européenne, no. 365, février 1993, 136; *Ehmann*, Praxisgemeinschaft/Gemeinschaftspraxis, MedR 1994, 141; *Erdweg*, Zur Abgrenzung der freiberuflichen von der gewerblichen Tätigkeit, FR 1978, 217; *Ewer*, Interdisziplinäre Zusammenarbeit, AnwBl 1995, 161; *v. Falkenhausen*, Brauchen die Rechtsanwälte ein Partnerschaftsgesellschaftsgesetz?, AnwBl 1993, 479; *Felix*, Der freiberuflich tätige beratende Betriebswirt, KÖSDI 1989, 7736; *Feuerich*, Neuordnung des Berufsrechts der Rechtsanwälte, ZAP Fach 23, S. 183 (= ZAP 1994, 1011); *Feuerich/Braun*, BRAO, Kommentar, 4. Aufl., 1999; *Förster*, EDV-Schuler als gewerblich tätiger EDV-Berater?, DStR 1998, 635; *Gilgan*, Auswirkungen des Partnerschafts-Gesellschaftsgesetzes auf die Angehörigen des steuerberatenden Berufs, Stbg 1995, 28; *Glanegger/Güroff*, GewStG, Kommentar, 3. Aufl., 1994; *Gleiss*, Soll ich Rechtsanwalt werden?, 3. Aufl., 1992; *Graf*, § 18 EStG und die Tätigkeit des EDV-Beraters, Inf 1990, 49; *ders.*, Neues zur Tätigkeit des EDV-Beraters, Inf 1990, 457; *Gres*, Die neue Partnerschaftsgesellschaft, der freie beruf 6/1994, 23; *ders.*, Partnerschaftsgesellschaft, Maßgeschneiderte Gesellschaftsform für die Bedürfnisse der Freiberufler, Handelsblatt vom 19.5.1994; *ders.*, Partnerschaftsgesetz für Freie Berufe – Gesetzesvorhaben mit Vorgeschichte, Der Selbständige, 12/1992, 6; *Grunewald*, Zur Verfassungswidrigkeit der Gewerbesteuerpflicht selbständiger EDV-Berater, StB 1998, 221; *Haage*, Berufsrechtliche Beurteilung des neuen Psychotherapeutengesetzes, MedR 1998, 291; *Haurand*, Berufserlaubnis und Approbation im Heilwesen, NWB Fach 30, S. 891 (= NWB 1993, 2065); *Hellfrisch*, Das Partnerschaftsgesellschaftsgesetz und seine Bedeutung für die Berufsstände der Wirtschaftsprüfer, Steuerberater und Rechtsanwälte, StB 1995, 253; *Henssler*, Rechtsanwalts-GmbH oder Partnerschaft?, ZAP Fach 23, S. 285 (= ZAP 1997, 861); *ders.*, Neue Formen anwaltlicher Zusammenarbeit – Anwalts-GmbH und Partnerschaft im Wettbewerb der Gesellschaftsformen, DB 1995, 1549; *ders.*, Rezension zu: Michalski/Römermann, PartGG 1. Aufl., GmbHR 1995, 756; *ders.*, Anwaltsgesellschaften, NJW 1993, 2137; *Heuer*, Qualitätsanforderungen an eine künstlerische Tätigkeit i. S. d. § 18 Abs. 1 Satz 2 EStG, DStR 1983, 638; *Hornung*, Partnerschaftsgesellschaft für Freiberufler (Teil 2), Rpfleger 1996, 1; *ders.*, Partnerschaftsgesellschaft für Freiberufler (Teil 1), Rpfleger 1995, 481; *Jürgenmeyer*, Berufsrechtliche Diskriminierungen der interprofessionell tätigen Rechtsanwälte, BRAK-Mitt. 1995, 142; *Kanzler*, Der Rechtsanwalt als Konkursverwalter oder zu den Gefahren einer gemischten Tätigkeit, FR 1994, 114; *Kempermann*, „Ähnliche Berufe" im Sinne des § 18 Abs. 1 EStG – Zur Problematik des Autodidakten, FR 1990, 535; *Kempter*, Das Partnerschaftsgesellschaftsgesetz, BRAK-Mitt. 1994, 122; *Kleine-Cosack*, BRAO, 3. Aufl., 1997; *Knoll/Schüppen*, Die Partnerschaftsgesellschaft – Handlungszwang, Handlungsalternative oder Schubladenmodell, DStR 1995, 608, 646; *Korn*, Probleme bei der ertragsteuerlichen Abgrenzung zwischen freier Berufstätigkeit und Gewerbe, DStR 1995, 1249; *Kosek/Hess*, Gemeinschaftspraxis: kräftiger Rückenwind aus Bonn, Ärztliche Praxis Nr. 30 vom 12.4.1994, S. 35; *Krejci*, Gutachten: Partnerschaft, Verein, Konzern – Zur Harmonisierung und Modernisierung des Gesellschafts- und Unternehmensrechtes, in: Verhandlungen des 10. Österreichischen Juristentages, 1988, Bd. I/1, S. 3; *Krieger*, Partnerschaftsgesellschaftsgesetz, MedR 1995, 95; *Kupfer*, Freiberufler-Gesellschaften: Partnerschaft, Anwalts- und Ärzte-GmbH, KÖSDI 1995, 10130; *ders.*, Geklärte und strittige Einkommensteuerfragen bei der Abgrenzung zwischen Freiberuf und Gewerbe, KÖSDI 1990, 8066; *Kurtenbach/Horschitz*, Hebammengesetz, 2. Aufl., 1994; *Lach*, Formen freiberuflicher Zusammenarbeit, Diss. München, 1970; *Langen/Bunte*, GWB, Kommentar zum deutschen und europäischen Kartellrecht, 1997; *Lenz*, Die „Ausübung" des Freien Berufes i. S. d. Partnerschaftsgesellschaftsgesetzes, WiB 1995, 529; *ders.*, Die Partnerschaft – alternative Gesellschaftsform für Freiberufler, MDR 1994, 741; *Leutheusser-Schnarrenberger*, „Maßgeschneiderte Gesellschaftsform für Freie Berufe", recht 4/95, S. 61; *dies.*, Partnerschaftsgesellschaftsgesetz – ab 1. Juli ′95 in Kraft, der freie beruf 7–8/1994, 20; *dies.*, Die Partnerschaftsgesellschaft – nationale und EG-rechtliche Bestrebungen zu einem Sondergesellschaftsrecht für die freien Berufe, in: Festschrift Helmrich, 1994, S. 677; *dies.*, Ein wichtiger Tag für die Freien Berufe, AnwBl 1994, 334; *Lichtner/Korfmacher*, Das Dritte Gesetz zur Änderung der Wirtschaftsprüferordnung, WPK-Mitt. 1994, 207; *List*, Unternehmensberater in steuerlicher Sicht, in: Festschrift Karl Beusch, 1993, 495; *ders.*, Neue Berufe aus steuerrechtlicher Sicht, BB 1993, 1488; *Löhr/Richter*, Fortführung einer freiberuflichen Praxis bei fehlender beruflicher Qualifikation des Erben, BB 1980, 673; *Longing*, Steuerliche Besonderheiten der freien Berufe, StKongrRep 1974, 161; *Mahnke*, Das Partnerschaftsgesellschaftsgesetz, WM 1996, 1029; *März*, Die Besteuerung der Bergführer, DStR 1994, 1177; *Maxl*, Die Berufsordnung der Steuerberater, NWB Fach 30, S. 1101 (= NWB 1997, 2837); *Meudt*, Ein neues Berufsrecht ermöglicht Ärzten erweiterte Kooperation, Ärzte-Zeitung vom 26./27.5.1995; *Michalski*, Zur Zulässigkeit von Mehrpersonensozietäten bei Nur-Notaren, ZIP 1996, 11; *ders.*, Unzulässigkeit von Forderungseinziehung durch konzerngebundene Inkassounternehmen, ZIP 1994, 1501; *ders.*, Zum Regierungsentwurf eines Partnerschaftsgesellschaftsgesetzes, ZIP 1993, 1210; *ders.*, Zulässigkeit und „Firmierung" überörtlicher Anwaltssozietäten, ZIP 1991, 1551; *ders.*, Die freiberufliche Zusammenarbeit im Spannungsfeld von Gesellschafts- und Berufsrecht, AnwBl 1989, 65; *Mittelsteiner*, Kommentierung zum PartGG, DStR 1994, Beiheft zu Heft 37, S. 37; *Müller-Dietz*, Allgemeines Berufsrecht für Psychologen, in: Hans-Heiner Kühne (Hrsg.), Berufsrecht für Psychologen, 1987, S. 18 ff; *Müller-Gugenberger*, Bringt die „Partnerschaft" für die freien Berufe Wettbewerbsgleichheit im Gemeinsamen Markt? – Ein Vergleich zwischen der französischen société civile professionnelle und dem Entwurf eines „Partnerschafts"-Gesetzes, DB 1972, 1517; *Nerlich*, Anwaltssozietäten in Europa, AnwBl 1994, 529; *OECD*, Politique de la concurrence et professions libérales, 1985; *Oppermann*, Grenzen der Haftung in der Anwalts-GmbH und der Partnerschaft, AnwBl 1995, 453; *Paus*, Freiberufliche Tätigkeit einer Personengesellschaft, DStZ 1986, 120; *Poll*, Der Begriff der Freien Berufe, JR 1996, 441; *Pump*, Abgrenzungskriterien für die Feststellung des „einem Ingenieur ähnlichen Berufs" gemäß § 18 Abs. 1 EStG in der Rechtsprechung, StBp 1992, 91; *Reischmann*, Die Freiberufler-OHG von Ärzten ist noch mit vielen Fragezeichen versehen, Ärzte-Zeitung vom 10.11.1994; *Reiter/Weyand*, Die Entwicklung der höchstrichterlichen Rechtsprechung zur Qualifikation der Einkünfte des EDV-Beraters, Inf 1995, 553; *Rittner*, Teamarbeit bei freien Berufen – Berufsrecht und Gesellschaftsrecht, DStB 1967, 2; *Römermann*, Verfassungswidrigkeit des Sozietätsverbots zwischen Anwaltsnotaren und Wirtschaftsprüfern, MDR 1998, 821; *ders.*, Anwaltliche Berufsordnung – Ende oder Neuanfang?, NJW 1998, 2249; *ders.*, Berufsordnungen freier Berufe als verbotene Kartelle, MDR 1998, 1149; *Rösener*, Neue Rechtsform für Gemeinschaftspraxen – Partnerschaften, Deutsches Tierärzteblatt 1995, 418; *Roth/Fitz*, Das neue EGG: Absichten löblich, Gesetzeskunst mangelhaft, WBl 1990, 189; *Sauren/Haritz*, Anwalts-GmbH: Gründung oder Einbringung im Steuerrecht, MDR 1996, 109; *Schaper/Neufang*, Beschäftigung von Mitarbeitern durch Freiberufler, Inf 1992, 154; *Schauf*, „Kundschaft" durch Partnerschaft?, DGVZ 1995, 55; *Schick*, Der Konkursverwalter – berufsrechtliche und steuerrechtliche Aspekte, NJW 1991, 1328; *ders.*, Die freien Berufe im Steuerrecht,

1973; *Schirmer*, Berufsrechtliche und kassenarztrechtliche Fragen der ärztlichen Berufsausübung in Partnerschaftsgesellschaften, MedR 1995, 341 (Teil 1), 383 (Teil 2); *ders.*, Regelungen für die Übergangszeit bis zum Inkrafttreten der Begleitregelungen in der ärztlichen Berufsordnung, Deutsches Ärzteblatt vom 19.5.1995, B-1063; *Karsten Schmidt*, Die Freiberufliche Partnerschaft, NJW 1995, 1; *ders.*, Partnerschaftsgesetzgebung zwischen Berufsrecht, Schuldrecht und Gesellschaftsrecht, ZIP 1993, 633; *Schoor*, Zusammenarbeit von Freiberuflern, STwK Gr 7, S. 77 ff (vom 26.11.1987); *Schulze-Wilk*, Neues Gesetz sichert Status der Freien Berufe, zm 84, Nr. 13 vom 1.7.1994; *Schwenter-Lipp*, Die französische Zivilrechtsgesellschaft der Freiberufler, 1984, Diss. Konstanz, 1982; *Seibert*, Das neue Partnerschaftsgesellschaftsgesetz, BuW 1995, 100; *ders.*, Die Partnerschaft für die Freien Berufe, DB 1994, 2381; *ders.*, Das Partnerschaftsgesellschaftsgesetz, NWB Fach 18, 3365 (= NWB 1994, 3831); *ders.*, EG-Gesellschaftsrecht – Die grenzüberschreitende Ausübung freiberuflicher Tätigkeiten in einer besonderen Rechtsform?, WR 1993, 185; *ders.*, Zum neuen Entwurf eines Partnerschaftsgesellschaftsgesetzes, AnwBl 1993, 155; *Sommer*, Die neue Partnerschaftsgesellschaft – Eine zweckmäßige Rechtsform für Steuerberater?, DSWR 1995, 181; *ders.*, Anwalts-GmbH oder Anwalts-Partnerschaft?, GmbHR 1995, 249; *Stober*, Die Berufsfreiheit der freien Berufe, NJW 1981, 1529; *Streck*, Der Steuerberater als Testamentsvollstrecker und Vermögensverwalter, DStR 1991, 592; *Stuber*, Das Partnerschaftsgesellschaftsgesetz unter besonderer Berücksichtigung der Belange der Anwaltschaft, WiB 1994, 705; *Taupitz*, Die Partnerschaft als neue Kooperationsform für Ärzte, Arztrecht 1995, 123; *ders.*, Berufsständische Satzungen als Verbotsgesetze im Sinne des § 134 BGB, JZ 1994, 221; *ders.*, Integrative Gesundheitszentren: neue Formen interprofessioneller ärztlicher Zusammenarbeit, MedR 1993, 367; *ders.*, Die Standesordnungen der freien Berufe, 1991; *Taupitz/Schelling*, Das apothekenrechtliche Verbot des „Mehrbesitzes" – auf ewig verfassungsfest?, NJW 1999, 1751; *Thümmel*, Die Partnerschaft – Eine neue Gesellschaftsform für Freiberufler, WPg 1971, 399; *Torggler*, Partnerschaft für Freie Berufe, ÖJZ 1988, 428; *Voß*, Die Anerkennung als beratender Betriebswirt, FR 1992, 68; *Weyand*, Partnerschaftsgesellschaften als neue Organisationsform für die freiberufliche Praxis, INF 1995, 22; *Withol*, Aus der Rechtsprechung der Finanzgerichte zur Gewerbesteuer, FR 1977, 372; *Wolff-Diepenbrock*, Zur Begriffsbestimmung der „Katalogberufe" und der ihnen ähnlichen Berufe in § 18 Abs. 1 Nr. 1 EStG, DStZ 1981, 333; *Wüst*, Ausbaubedürfnisse im Gesellschaftsrecht, JZ 1989, 270; *o. Verf.*, Partnerschaftsregisterverordnung, WPK-Mitt. 1995, 139.

Übersicht

A. **Überblick** 1	D. **Nur natürliche Personen**
B. **Die Partnerschaft (Abs. 1 Satz 1)** 2	(Abs. 1 Satz 3) 24
I. Begriffsentwicklung 2	I. Motive der Begrenzung der Mitgliedschaft auf natürliche Personen 24
II. Zur Ausübung ihrer Berufe 5	
1. Aktive Berufsausübung erforderlich? 5	II. Kritik 25
a) Herrschende Ansicht 5	E. **Angehörige Freier Berufe**
b) Eigene Stellungnahme 7	(Abs. 2) 29
c) Rechtsvergleichung 14	I. Überblick; § 18 Abs. 1 Nr. 1 EStG 29
2. Ausübung gewerblicher Tätigkeiten 16	II. Der freie Beruf – ein Definitionsproblem 30
3. Wettbewerbsverbot und Mehrfachqualifikation 18	1. Begriffsentwicklung im internationalen Vergleich 30
C. **Kein Handelsgewerbe** (Abs. 1 Satz 2) 20	2. Freie Berufe im Verhältnis zu § 18 Abs. 1 Nr. 1 Satz 2 EStG 34
I. Normentwicklung 20	a) Unterschiede zwischen Gesellschafts- und Steuerrecht 34
II. Rechtswirkungen 21	
1. Gesellschaftsrecht 21	
2. Kartellrecht 22	
3. Steuerrecht 23	b) Anwendungsprobleme 39

Voraussetzungen der Partnerschaft   § 1

III. Die Katalogberufe 42
   1. Heilberufe 43
      a) Ärzte, Zahnärzte, Tierärzte 44
      b) Heilpraktiker, Krankengymnasten, Heilmasseure, Hebammen 46
      c) Diplom-Psychologen 51
      d) Psychotherapeuten 52
   2. Rechts- und wirtschaftsberatende Berufe 53
      a) Rechtsanwälte, Patentanwälte, sonstige Mitglieder der Rechtsanwaltskammern 54
      b) Wirtschaftsprüfer, vereidigte Buchprüfer (vereidigte Buchrevisoren), Steuerberater, Steuerbevollmächtigte 57
      c) Beratende Volks- und Betriebswirte 60
   3. Naturwissenschaftlich orientierte Berufe 63
      a) Ingenieure 64
      b) Architekten 67
      c) Handelschemiker 69
      d) Hauptberufliche Sachverständige 70
   4. Vermittler von geistigen Gütern und Informationen 72
      a) Journalisten, Bildberichterstatter 73
      b) Dolmetscher, Übersetzer 75
   5. Lotsen 77
IV. Die ähnlichen Berufe 78
   1. Abgrenzungsmerkmale 78
   2. Einzelne Berufe in alphabetischer Reihenfolge 83
V. Tätigkeitsfelder 84
   1. Wissenschaftler 85
   2. Künstler 88
   3. Schriftsteller 91
   4. Lehrer 92
   5. Erzieher 94
F. **Berufsrechtsvorbehalt (Abs. 3)** 96
I. Geschichte 96
II. Systematik und Regelungsgehalt 100
   1. Überblick 100
   2. Verbot der Partnerschaftsbeteiligung durch Berufsrecht 105
      a) Regelungsgehalt 105
      b) Problematik bei Wirtschaftsprüfern und Steuerberatern ... 107
   3. Beschränkung der Partnerschaftsbeteiligung durch Berufsrecht 114
      a) Vorbemerkung 114
      b) Regelungsgegenstände berufsrechtlicher Beschränkungen 116
      c) Einzelne berufsrechtliche Regelungen 117
III. Kritische Würdigung 124
IV. Rechtsvergleichung 126
G. **Die subsidiäre Geltung des BGB (Abs. 4)** 130
I. Entwicklung der Norm und Normzweck 130
II. Anzuwendende Vorschriften 131

A. Überblick

Die Bestimmung definiert in ihrem ersten Absatz die Partnerschaft und umreißt sodann in Absatz 1 Satz 3 sowie Absatz 2 grundsätzlich den personellen Anwendungsbereich des Gesetzes. Absatz 3 enthält einen **allgemeinen Berufsrechtsvorbehalt**, der den jeweiligen Standes- und Berufsregeln der Angehörigen freier Berufe hinsichtlich etwaiger weiterer Zugangsvoraussetzungen zu der neuen Gesellschaftsform den Vorrang einräumt. Es handelt sich hierbei um eine **zentrale Bestimmung** des Gesetzes, da hieraus folgt, dass das Partnerschaftsgesellschaftsgesetz niemals isoliert betrachtet werden kann, sondern stets vor dem Hintergrund des jeweiligen **Berufsrechts** gesehen und interpretiert werden muss. In Absatz 4 wird schließlich die subsidiäre Geltung der Vorschriften über die BGB-Gesellschaft angeordnet.

1

B. Die Partnerschaft (Abs. 1 Satz 1)

I. Begriffsentwicklung

Der Begriff der Partnerschaft findet sich bereits zu Beginn der Diskussion über die Einführung einer neuen Gesellschaftsform. Damals wurde er wohl in Anlehnung an

2

die angelsächsische „**partnership**" verwandt.[1] Die Entwürfe der 70er Jahre wurden demgemäß auch jeweils als **Partnerschaftsgesetz** bezeichnet. Erstmalig der **Referentenentwurf** von 1993 trägt die Überschrift „Referentenentwurf eines Gesetzes zur Schaffung von Partnerschaftsgesellschaften ...".[2] Die **neue Bezeichnung** wurde gewählt, um „tatsächliche oder absichtsvolle"[3] missverständnisse derart, dass es sich um eine neue Form nichtehelicher oder gleichgeschlechtlicher Lebensgemeinschaften handeln könne, von vornherein auszuschließen.[4] Nach dem Willen der Gesetzesverfasser soll sich aber in der Praxis nicht der umständliche und „amtsdeutsch"[5] klingende Name „**Partnerschaftsgesellschaft**" durchsetzen, sondern der in dem Gesetz auch ansonsten – wenngleich nicht ganz konsequent – bereits verwandte Begriff der **Partnerschaft**.[6] Daher wurde auch dem Antrag des Bundesrates, den Zusatz „Partnerschaftsgesellschaft" im Namen für verbindlich zu erklären, nicht gefolgt, „da dies die Akzeptanz der neuen Gesellschaftsform verschlechtert hätte, wobei nicht auszuschließen ist, dass das mit diesem Antrag gerade beabsichtigt war."[7] Auch die **österreichische** Diskussion wurde zunächst stets über eine zu ermöglichende Partnerschaft geführt, bis man sich im Zusammenhang mit einer grundlegenden Neuorientierung des Konzepts in der letzten Phase der Gesetzgebung dann für den Begriff der eingetragenen Erwerbsgesellschaft entschieden hat.[8]

3 Die Legaldefinition der Partnerschaft hat sich im Verlauf der Gesetzgebungsgeschichte gewandelt. In dem **Entwurf** aus dem Jahre **1971** war die Partnerschaft noch als *rechtsfähige* Berufsgesellschaft zur gemeinschaftlichen Berufsausübung von Angehörigen freier Berufe definiert (§ 1 Abs. 1), die im Sinne der Steuergesetze als freiberufliche Personengesellschaft gelten sollte (§ 26). Auch der Entwurf von **1975** hielt zunächst an der rechtsfähigen Berufsgesellschaft fest (§ 1 Satz 1 Halbs. 1). In der Fassung von **1976** wurde auf den Begriff der Rechtsfähigkeit verzichtet und eine Formulierung gewählt (§ 1 Abs. 1 Satz 1), die der jetzt geltenden Fassung des Gesetzes bereits sehr nahe kommt.

4 Die Bezeichnung als Gesellschaft zur gemeinschaftlichen Berufsausübung dient der **Abgrenzung** zu anderen möglichen Formen beruflicher Zusammenarbeit, wie sie

---

1) Vgl. *Thümmel*, WPg 1971, 399; *Krejci*, in: Verhandlungen des 10. ÖJT, Bd. I/1, S. 16.
2) In der Begründung des Referentenentwurfes ist allerdings noch von dem „Partnerschaftsgesetz" die Rede, vgl. z. B. Begründung zu § 10 RefE PartGG, ZIP 1993, 153, 155.
3) So *Seibert*, AnwBl 1993, 155.
4) *Leutheusser-Schnarrenberger*, der freie beruf 7–8/1994, 20, 22; *Seibert*, AnwBl 1933, 155; *Bösert*, ZAP Fach 15, S. 137, 142; vgl. *Coester-Waltjen*, Jura 1995, 666; *Salger*, in: Münchener Handbuch, § 32 Rz. 1; in der Tat ermöglicht etwa das schwedische Partnerschaftsgesetz eine eheähnliche gleichgeschlechtliche Familienbildung, vgl. hierzu *Bogdan*, IPRax 1995, 56.
5) Vgl. *Henssler*, NJW 1993, 2137, 2142; ähnlich *v. Falkenhausen*, AnwBl 1993, 479 in Fußn. 1 („Wortmonstrum").
6) *Leutheusser-Schnarrenberger*, der freie beruf 7–8/1994, 20, 22; *Bösert*, ZAP Fach 15, S. 137, 142; *Seibert*, Die Partnerschaft, S. 42 in Fußn. 34 und S. 49; vgl. auch *Knoll/Schüppen*, DStR 1995, 608 in Fußn. 8.
7) *Seibert*, Die Partnerschaft, S. 42 in Fußn. 34 und S. 49.
8) Kritisch zur Beibehaltung der möglichen Bezeichnung „Partnerschaft" gemäß § 6 Abs. 2 Satz 2 EGG für freiberufliche Erwerbsgesellschaften daher *Krejci*, EGG, § 2 Rz. 22.

von Angehörigen freier Berufe etwa in Form von Bürogemeinschaften (so z. B. bei Rechtsanwälten), Arbeitsgemeinschaften (so z. B. bei Architekten und Ingenieuren), Praxisgemeinschaften (so z. B. bei Ärzten), Interessenvereinigungen (so z. B. die EWIV) oder **anderen Kooperationsformen** praktiziert wird.[9] Das maßgebliche Unterscheidungsmerkmal liegt darin, dass die Partnerschaft eine **Berufsausübungsgesellschaft**[10] ist, in der mehrere Berufsangehörige unter gemeinsamem Namen – häufig in gemeinsamen Räumlichkeiten, mit gemeinsamer Praxiseinrichtung und einer Fachbibliothek sowie mit gemeinsamem Hilfspersonal – eine **gemeinsame Klientel** auf Rechnung für die **Gesamtheit** der Gesellschafter, welche sich Gewinn und Verlust teilen, betreuen[11] – bei Rechtsanwälten, Steuerberatern und Wirtschaftsprüfer also in Form einer Sozietät (zum Begriff unten Rz. 108 ff), bei Ärzten als Gemeinschaftspraxis.[12] Dementsprechend definiert die Musterberufsordnung der Ärzte in ihrem § 23 Abs. 1 Satz 1 „... die Berufsausübungsgemeinschaft von Ärzten (Gemeinschaftspraxis, Ärztepartnerschaft)." Demgegenüber präsentieren sich die **übrigen Kooperationsformen**, deren Zweck sich auf die gemeinsame Benutzung der sachlichen und personellen Hilfsmittel beschränkt, als **bloße Betriebsgemeinschaften**.

In der Praxis ist eine exakte Abgrenzung nicht immer möglich, da einige Sozietäten 4a die Einnahmenverteilung an den individuellen Kosten und Leistungen jedes Partners orientieren und sich daher einer Bürogemeinschaft annähern. Um solchen Sozietäten den Zugang zur Partnerschaft nicht zu verschließen, ist bei Absatz 1 eine großzügige Betrachtung angebracht.[13]

II. Zur Ausübung ihrer Berufe

1. Aktive Berufsausübung erforderlich?

a) Herrschende Ansicht

Unter dem Begriff der Ausübung der Berufe der Partner soll nach dem Willen der 5 Gesetzesverfasser nur die **aktive Ausübung**, d. h. die **tatsächliche Mitarbeit** zu verstehen sein.[14] Hierdurch sollen eine bloße Kapitalbeteiligung oder eine Beteiligung als stiller Gesellschafter ausgeschlossen werden.[15] Dieses Anliegen findet sich be-

---

9) Vgl. *Karsten Schmidt*, NJW 1995, 1, 2; *Sommer*, GmbHR 1995, 249, 255; *Stuber*, S. 3.
10) Begründung zum RegE PartGG, BT-Drucks. 12/6152, S. 8 = Anhang, S. 302; *Seibert*, Die Partnerschaft, S. 52; *Carl*, StB 1995, 173, 175; *Henssler*, DB 1995, 1549, 1552; *ders.*, § 1 Rz. 12.
11) Hierzu und zum Folgenden näher *Michalski*, AnwBl 1989, 65 m. w. N.
12) Vgl. *Rösener*, Deutsches Tierärzteblatt 1995, 418; *Taupitz*, Arztrecht 1995, 123, 124; *Schirmer*, MedR 1995, 341, 342, 347.
13) *Meilicke*, in: Meilicke u. a., PartGG, § 6 Rz. 30; *Feddersen/Meyer-Landrut*, PartGG, § 4 Rz. 6.
14) Begründung zum RegE PartGG, BT-Drucks. 12/6152, S. 9 = Anhang, S. 312; *Bösert*, ZAP Fach 15, S. 137, 143.
15) Begründung zum RegE PartGG, BT-Drucks. 12/6152, S. 7, 9 = Anhang, S. 313; *Bösert*, ZAP Fach 15, S. 137, 143; *Leutheusser-Schnarrenberger*, in: Festschrift Helmrich, S. 677, 682.

reits in dem Neun-Punkte-Katalog des Bundeswirtschaftsministeriums von 1991.[16] Ähnliche Formulierungen wie in Absatz 1 Satz 1 sind in den Entwürfen aus den 70er Jahren anzutreffen.[17]

6 Der beabsichtigte Ausschluss jeder anderen Gesellschafterstellung als der einer selbst praktizierenden Mitarbeit wird aus **den Wesensmerkmalen des freien Berufs** gefolgert. Eine bloße Beteiligung wie in einer Kapitalgesellschaft sei den Angehörigen freier Berufe fremd,[18] sie trage zu einer nicht gewünschten **Kommerzialisierung** der freien Berufe bei.[19] Diese Auffassung kann sich auf die Formulierung in einigen Berufsrechten stützen, wonach sich die Berufsangehörigen nur in einer Gesellschaft zusammenschließen dürfen, wenn sie „ihren Beruf ausüben", so § 23 Abs. 2 Satz 3 der Musterberufsordnung der Ärzte; ähnlich § 49 a Abs. 1 BRAO. Die früher herrschende Auffassung stimmte im Grundsatz mit den Gesetzesverfassern darin überein, dass die aktive Berufsausübung Voraussetzung für eine Mitgliedschaft in der Partnerschaft, eine **bloße Beteiligung** somit **unmöglich** sei.[20] Während die Gesetzesverfasser dies aus der Bestimmung des Absatzes 1 Satz 1 folgern,[21] sieht *Kempter* die Begründung für seine zum gleichen Ergebnis gelangende Ansicht in § 1 Abs. 4, § 3 Abs. 2 Nr. 2 und § 4 Abs. 2 Satz 1,[22] *Weyand* in § 6 Abs. 1,[23] *Sommer*, in § 6 Abs. 2.[24] Zwischenzeitlich ist die hier bereits in der 1. Auflage vertretene Gegenmeinung im Vordringen und im neueren Schrifttum herrschend.[25]

b) **Eigene Stellungnahme**

7 Entgegen der Auffassung der Gesetzesverfasser und den ihnen folgenden Literaturstimmen ist eine **bloße Beteiligung** ohne aktive Berufsausübung auch in der Part-

---

16) *Beckmann*, in: Festschrift Kleinert, S. 210, 214.
17) § 1 Abs. 1 E 1971; § 1 Satz 1 Halbs. 1 E 1975; § 1 Abs. 1 Satz 1 E 1976.
18) Vgl. nur *Kempter*, BRAK-Mitt. 1994, 122.
19) *Seibert*, DB 1994, 2381, 2382; *ders.*, in: Münchener Handbuch, § 30 Rz. 12.
20) Vgl. nur *Burret*, WPK-Mitt. 1994, 201, 202; *Kempter*, BRAK-Mitt. 1994, 122; *Stuber*, S. 20; *ders.*, WiB 1994, 705 f, aber auch 707; *Schulze-Wilk*, zm 84, Nr. 13, v. 1.7.1994, S. 1448; *Weyand*, INF 1995, 22, 24; *Krieger*, MedR 199595, 96; *Kupfer*, KÖSDI 1995, 10130, 10132; *Carl*, StB 1995, 173, 175; *Appel*, StbG 1995, 203, 204; *Rösener*, Deutsches Tierärzteblatt 1995, 418; *Bayer/Imberger*, DZWir 1995, 177, 179; *Taupitz*, Arztrecht 1995, 123, 124; *Schauf*, DGVZ 1995, 55, 56; *Schirmer*, MedR 1995, 341, 350; *Böhringer*, BWNotZ 1995, 1; *Feddersen/Meyer-Landrut*, PartGG, § 1 Rz.3, anders aber Rz. 4.
21) Begründung zum RegE PartGG, BT-Drucks. 12/6152, S. 9 = Anhang, S. 313.
22) *Kempter*, BRAK-Mitt. 1994, 122, 123.
23) *Weyand*, INF 1995, 22, 24; dies ist allerdings zu Recht eine Einzelmeinung geblieben, die auf einem Zirkelschluss beruht; in § 6 Abs. 1 ist nämlich nur (deklaratorisch! dazu näher § 6 Rz. 7) die berufsrechtliche Bedingung genannt, *wenn* Leistungen erbracht werden; eine solche Tätigkeit wird aber dadurch nicht verlangt.
24) *Sommer*, DSWR 1995, 181, 182; in § 6 Abs. 2 wird jedoch nur die Kerngeschäftsführungs- und damit die Berufsausübungs-*Befugnis* garantiert, ohne gleichzeitig eine Verpflichtung zu beruflicher Aktivität zu begründen.
25) *Römermann*, S. 106 ff; *Mahnke*, WM 1996, 1029, 1032; *Lenz*, WiB 1995, 529; *Meilicke*, in: Meilicke u. a., PartGG, § 1 Rz. 86 ff; *Gail/Overlack*, Rz. 42 ff; MünchKomm-*Ulmer*, BGB, § 1 Rz. 13 f; *Castan*, S. 63 f; *Feddersen/Meyer-Landrut*, PartGG, § 1 Rz. 4, anders Rz. 3; *Seibert*, in: Ebenroth/Boujong/Joost, HGB, § 1 PartGG Rz. 5.

nerschaft **möglich**. Für einen Teilbereich kommt dies ansatzweise auch bereits in der Begründung des Regierungsentwurfs zum Ausdruck.[26] Dort heißt es, dass ein Partner, der seine **aktive Mitarbeit einstelle**, „unter Umständen" gemäß § 9 Abs. 1 i. V. m. § 140 HGB durch gerichtliche Entscheidung oder – bei entsprechender Gestaltung des Partnerschaftsvertrages – auch durch Beschluss aus der Partnerschaft **ausgeschlossen werden könne**. Es ist dann weiter zu lesen: „Eine **flexible Handhabung** in Fällen, in denen ein Partner sich aus gesundheitlichen oder Altersgründen aus der aktiven Mitarbeit zurückzieht, ist danach möglich."[27] *Burret* formuliert im gleichen Zusammenhang den Rat: „Es empfiehlt sich also eine vertragliche Regelung, um gesundheitlichen Belangen oder Altersgründen der in der Gesellschaft tätigen Partner Rechnung zu tragen."[28] Allerdings wird in beiden Fällen nicht näher präzisiert, wie eine flexible Handhabung oder eine **vertragliche Regelung** im Einzelnen aussehen könnte. Da es auch im Rahmen der Partnerschaft nur eine Selbstverständlichkeit darstellt, dass die Partner in unterschiedlichem Maße beruflich aktiv sind, kann hiermit allerdings nicht eine lediglich quantitative Einschränkung der Berufstätigkeit aufgrund Alters oder Krankheit gemeint sein. Vielmehr wird offenbar auch von der Begründung zum Regierungsentwurf im Grundsatz **anerkannt**, dass zumindest für eine Übergangszeit die **Partnerstellung** selbst bei der **völligen Einstellung der beruflichen Aktivität** aufrechterhalten bleiben kann.

Dies ergibt sich im Übrigen bereits aus der **Systematik** des Gesetzes. § 9 Abs. 2 und 3 nennen abschließend die gesetzlichen Fälle des **automatischen Ausscheidens** aus der Partnerschaft. Hierzu gehört z. B. der Verlust einer erforderlichen Zulassung (§ 9 Abs. 3), jedoch **nicht die Einstellung der Berufstätigkeit**.[29] Zu Recht hebt bereits die Begründung des Regierungsentwurfs daher hervor, dass hier nur die Möglichkeit verbleibt, den betroffenen Partner durch gerichtliche Entscheidung nach § 9 Abs. 1 i. V. m. § 140 HGB oder aber durch Beschluss nach entsprechender gesellschaftsvertraglicher Regelung **auszuschließen**. Die bloße Möglichkeit ist aber **kein Zwang**. Demgemäß haben es die übrigen Partner in der Hand, ob sie einen Ausschluss betreiben wollen oder nicht. Dem Gesetz lässt sich noch nicht einmal eine Vorgabe dergestalt entnehmen, dass etwa ein solches Verfahren notwendig einzuleiten wäre. Etwas anderes ergibt sich auch nicht aus § 9 Abs. 1 i. V. m. § 140 Abs. 1, § 133 HGB, da die Bestimmungen des HGB nur eine **Möglichkeit** einräumen, aber keine Verpflichtung begründen. Auch muss die fehlende Berufsausübung eines Partners nicht zwangsläufig einen **wichtigen Grund** darstellen, der nach § 133 HGB eine Ausschließung rechtfertigt. Dies gilt insbesondere dann nicht, wenn im Part-

8

---

26) Begründung zum RegE PartGG, BT-Drucks. 12/6152, S. 9 = Anhang, S. 313.
27) Begründung zum RegE PartGG, BT-Drucks. 12/6152, S. 9 = Anhang, S. 313; Hervorhebung durch den Verfasser.
28) *Burret*, WPK-Mitt. 1994, 201, 202; so auch *Seibert*, NWB Fach 18, S. 3365, 3370; *ders.*, BuW 1995, 100, 103; *Kupfer*, KÖSDI 1995, 10130, 10132; *Taupitz*, Arztrecht 1995, 123, 124.
29) So auch *Feddersen/Meyer-Landrut*, PartGG, § 1 Rz. 4; *Seibert*, in: Ebenroth/Boujong/Joost, HGB, § 1 PartGG Rz. 5.

nerschaftsvertrag bereits der Fall vorgesehen ist, dass ein Partner seinen Beruf nicht oder nicht mehr aktiv ausübt.[30]

9 Festzuhalten ist daher zunächst, dass ein Mitglied der Partnerschaft auch dann Partner bleiben kann, wenn es – aus welchen Gründen auch immer – seine aktive Berufsausübung aufgibt und die übrigen Partner nichts unternehmen, um seinen Ausschluss aus der Gesellschaft zu bewirken. Darüber hinaus muss dies aber in gleicher Weise gelten, wenn ein Partner die **berufliche Aktivität** in der Partnerschaft **erst gar nicht aufnimmt**. Da es keinen gesetzlichen Mechanismus gibt, der notwendig zum Ausscheiden des **nur „passiven" Mitglieds** führen würde, kommt es nämlich gar nicht darauf an, ob zu Beginn der Mitgliedschaft eine berufliche Aktivität ausgeübt wurde oder überhaupt nicht. Lediglich bei der Aufnahme eines Partners muss wegen § 1 Abs. 1 Satz 1, § 3 Abs. 2 Nr. 2 Alt. 3, § 4 Abs. 1 Satz 2, Abs. 2 Satz 1, § 5 Abs. 1 die **Ausübung** eines Berufs in irgendeiner Weise **intendiert oder zumindest als möglich vorgesehen** sein. Die Formulierung „zur Ausübung ihrer Berufe" bedeutet nämlich, dass im Moment des Abschlusses des Partnerschaftsvertrages oder des Aufnahmevertrages mit einem neuen Partner das Ziel einer gemeinsamen Berufsausübung bestanden haben muss. Dieser Augenblick ist strikt von der Folgezeit zu unterscheiden, in der es nach dem gefundenen Ergebnis ohne zwangsläufige Konsequenz bleibt, wenn es schließlich doch nicht zur vorgesehenen tatsächlichen Berufsausübung kommt.

10 Im Ergebnis gilt also in der Partnerschaft nichts anderes als in der **BGB-Gesellschaft**.[31] In Sozietäten z. B. von Rechtsanwälten ist es nicht außergewöhnlich, dass ein Seniorpartner sich aus der aktiven Berufstätigkeit zurückzieht, ohne aber auf seine Zulassung oder seine Stellung als Sozius in der Gesellschaft zu verzichten. Sein Anteil am Gewinn der Sozietät, der Höhe nach reduziert, rechtfertigt sich auch weiterhin aus der Tatsache, dass er in langen Jahren maßgeblich an der Entwicklung des good will und des Mandantenstammes der Kanzlei mitgewirkt hat, eine Leistung, die sich häufig noch durch die Nennung seines Namens in der Bezeichnung der Sozietät widerspiegelt. Die übrigen Sozien können diesen **Seniorpartner** nun weitgehend von der Führung der Geschäfte der Kanzlei ausschließen, haben aber ansonsten **kein Interesse** daran, ihn aus der Sozietät zu **entfernen**. Steuerrechtlich können allerdings negative Folgen eintreten. Soweit sich ein Freiberufler nur kapitalmäßig beteiligt, liegen nämlich stets gewerbliche Einkünfte vor.[32]

---

30) Vgl. *Rösener*, Deutsches Tierärzteblatt 1995, 418: „Wer nicht (mehr) berufstätig ist, kann aus der Partnerschaft ausgeschlossen werden, sofern der Gesellschaftsvertrag nichts anderes bestimmt."

31) Für die Rechtsanwalts-GmbH verlangt das BayObLG allerdings, dass sich sämtliche Geschäftsanteile in der Hand von Anwälten befinden, die ihren Beruf aktiv in der Gesellschaft ausüben; BayObLG ZIP 1994, 1868, 1871; so auch die am 1.3.1999 in Kraft getretene Vorschrift des § 59e Abs. 1 Satz 2 BRAO, eingefügt durch das Gesetz zur Änderung der Bundesrechtsanwaltsordnung, der Patentanwaltsordnung und anderer Gesetze v. 31.8.1998, BGBl I, 2600.

32) *Schmidt/Wacker*, EStG, § 18 Anm. 8 a; *Siepmann*, FR 1995, 601, 603.

Voraussetzungen der Partnerschaft § 1

Aus Gründen der **Unternehmenskontinuität** kann ein erhebliches Interesse an dem Verbleib des Seniorpartners in der Sozietät bestehen.[33] Ferner müsste der von der Gegenauffassung angenommene Zwang zum Ausscheiden den Verkauf der – regelmäßig erheblichen – Gesellschaftsanteile oder die Zahlung einer **Abfindung** nach sich ziehen, eine für die Finanzkraft der Unternehmung insgesamt äußerst nachteilige Konsequenz.[34] Auch ist die Unabhängigkeit der freiberuflichen Partner durch die Kapitaleinlage eines ehemals aktiven Gesellschafters sicherlich weniger gefährdet als durch externe **Kreditgeber** wie z. B. Banken, welche häufig de facto einen nicht zu unterschätzenden Einfluss auf die unternehmerischen Entscheidungen in der Gesellschaft ausüben. Mit dem endgültigen Weggang eines Partners wird der Rückgriff auf seinen Rat und seine **Erfahrung** für die übrigen Gesellschafter und Mitarbeiter erschwert,[35] und die durch ihn unterhaltenen persönlichen Beziehungen der Gesellschaft zu Dritten drohen ebenfalls darunter zu leiden.[36]

11

Wenn alle Sozien einverstanden sind, kann durch die Beibehaltung der Gesellschafterstellung eine individuell auf die Kanzlei zugeschnittene Form der **Altersvorsorge** getroffen werden. Dies ist vor allem (aber nicht immer) unter einer zeitlichen Begrenzung denkbar, z. B. noch fünf Jahre nach der Aufgabe der aktiven Tätigkeit.[37] Es ist kein Grund ersichtlich, warum eine solche Regelung in der BGB-Gesellschaft unzulässig sein sollte. Sie muss auch im Rahmen der Partnerschaft möglich sein. Nachdem der Gesetzgeber der Partnerschaft wie auch der Gesellschaft bürgerlichen Rechts die Möglichkeit steuerlich relevanter Pensionsrückstellungen versagt hat, besteht für diese Gesellschaftsformen ein Bedarf nach alternativen Gestaltungsvarianten für eine Altersversorgung. Mit dem Status des Freiberuflers hat dies im Übrigen ersichtlich nichts zu tun, da der Partner, der seine Zulassung behält, weiterhin seinem **Berufsstand** angehört.

12

Dass dies nicht nur für den Fall des Ruhestandes eines Partners gilt, sondern ganz allgemein, zeigen im Übrigen auch noch folgende Beispiele, wobei stets von der Beibehaltung der Zulassung ausgegangen wird: Der Partner, welcher für längere Zeit, z. B. über ein Jahr lang, **erkrankt** ist; der Partner, der seine Qualifikation durch ein einjähriges LL.M.-Studium in den USA vergrößert; der Partner, der ein Bundes- oder Landtagsmandat als **Abgeordneter** wahrnimmt; der „**managing partner**", der sich in einer großen Kanzlei ausschließlich dem Management und der Organisation widmet.[38] In allen diesen Fällen liegt es allein am Willen der Partner, ob der Betroffene aus der Gesellschaft ausscheiden soll oder nicht. Es ist nicht Aufgabe des Gesellschaftsrechts, in der Interessenlage zuwiderlaufender Weise in die **autonome Entscheidung der Gesellschafter** einzugreifen.[39] Daran hat sich auch mit dem Partnerschaftsgesellschaftsgesetz nichts geändert. Die Beteiligung nicht selbst akti-

13

---

33) Zutreffend *Bakker*, AnwBl 1993, 245, 248.
34) *Nerlich*, AnwBl 1994, 529, 534.
35) So die Erwägung der *EG-Kommission*, Konsultationsdokument, S. 14.
36) *Nerlich*, AnwBl 1994, 529, 534.
37) Vgl. das Modell der französischen „société d'exercice libérale", Rz. 15.
38) Wie hier *Salger*, in: Münchener Handbuch, § 35 Rz. 2.
39) Zustimmend *Mahnke*, WM 1996, 1029, 1032.

ver Partner ist somit unter den oben (Rz. 9) genannten Voraussetzungen möglich. Jede andere Lösung wäre interessenwidrig und könnte in der Praxis auch nicht gegen den Willen der Partner erzwungen werden.[40] Die **Ausübung des Berufs im Sinne des Gesetzes** ist daher so auszulegen, dass bereits die Möglichkeit der Ausübung, d. h. die entsprechende Qualifikation oder Zulassung zu dem Beruf, mit anderen Worten die **Berufszugehörigkeit** zu einem freien Beruf ausreicht.[41] Dies gilt umso mehr, da auch die Vertreter der Auffassung, eine Mitgliedschaft ohne aktive Berufsausübung sei unmöglich, kein greifbares Kriterium dafür anzugeben wissen, welches das für die aktive Tätigkeit erforderliche Mindestmaß sein könnte.[42] Eine minimale, nur gelegentlich erfolgende Aktivität muss daher in jedem Fall ausreichen. Es wäre aber eine bloße Förmelei, etwa von einem Arzt oder Rechtsanwalt eine Untersuchung oder ein Beratungsgespräch in beliebigem Zeitabstand zu verlangen, damit er seine Partnerstellung aufrechterhalten könne. Auch auf die Absicht, den Beruf weiterhin aktiv auszuüben, sollte grundsätzlich – abgesehen vom Moment des Vertragsabschlusses (dazu Rz. 9 a. E.) – nicht abgestellt werden, da damit nur Manipulationen Tür und Tor geöffnet würde, zumal keine Kontrollmöglichkeit existiert.

c) Rechtsvergleichung

14 Die **EG-Kommission** war im Jahre 1992 zu einer Entscheidung gegen die Verpflichtung zur aktiven Mitarbeit in der europäischen freiberuflichen Gesellschaft gekommen. Nach ihren Vorstellungen[43] sollten die aktiven Partner mindestens 51 % der Gesellschaftsanteile halten, während sich die restlichen maximal 49 % aufteilen sollten primär unter andere Berufsangehörige im Unternehmen (aber ohne Partnerstatus), dann unter andere Berufsangehörige außerhalb der Gesellschaft sowie ehemalige Berufsangehörige (im Ruhestand), und schließlich der (auf die maximal 49 % anzurechnende) Rest unter sonstige Personen.

15 Ähnlich ist die Regelung für die **französische** „société d'exercice libérale".[44] Nach deren Artikel 5 müssen über 50 % der Gesellschaftsanteile von aktiven Partnern gehalten werden, der Rest kann entweder anderen Angehörigen freier Berufe gehören oder ehemaligen Partnern bis zu zehn Jahren nach deren Ausscheiden aus der Gesellschaft. Diese Möglichkeiten bedeuten eine wesentliche Liberalisierung gegenüber der Rechtslage in der „société civile professionnelle", wo zur Verhinderung einer standeswidrigen Verpachtung der freiberuflichen Klientel nach wie vor eine

---

[40] So auch *Lenz*, in: Meilicke u. a., PartGG, § 1 Rz. 95 ff; *Lenz*, WiB 1995, 529, 530; *Bakker*, AnwBl 1993, 245, 248; hinsichtlich der Erzwingbarkeit ebenso *Stuber*, WiB 1994, 705, 706 f; die englische „Solicitors-Incorporated Practice Rules" (SIPR) 1988 der Law Society haben dementsprechend auch auf eine „Mitarbeitsklausel" bewusst verzichtet, vgl. hierzu *Bakker*, AnwBl 1993, 245, 248.
[41] Vgl. *Lenz*, in: Meilicke u. a., PartGG, § 1 Rz. 93 ff; *Lenz*, WiB 1995, 529, 531.
[42] Vgl. *Stuber*, WiB 1994, 705, 707; *Kupfer*, KÖSDI 1995, 10130, 10132; *Carl*, StB 1995, 173, 175; *Lenz*, in: Meilicke u. a., PartGG, § 1 Rz. 95 f,
[43] Hierzu *EG Kommission*, Konsultationsdokument, S. 15.
[44] Vgl. *Laurent/Vallée*, SEL, S. 29.

aktive Mitarbeit gefordert wird.⁴⁵⁾ Vergleichbar ist die Situation in **Dänemark**, wo Mitglieder freiberuflicher Kapitalgesellschaften ebenfalls zur eigenen Mitarbeit gezwungen sind.⁴⁶⁾ Die **englischen** „Solicitors-Incorporated Practice Rules" (SIPR) der „Law Society" haben demgegenüber bewusst auf eine solche Mitarbeitsklausel verzichtet.⁴⁷⁾ Auch der **belgische** Gesetzentwurf stellte nur darauf ab, ob ein Gesellschafter alle gesetzlichen Voraussetzungen für die Berufsausübung, wie etwa eine Zulassung, erfüllte, ohne aber eine aktive Mitarbeit zu fordern.⁴⁸⁾

2. Ausübung gewerblicher Tätigkeiten

Die Partner müssen bei Abschluss des Partnerschaftsvertrages (§ 3 Abs. 2 Nr. 2) und auch bei der Anmeldung der Partnerschaft zur Eintragung (§ 4 Abs. 2 Satz 1) angeben, **welchen freien Beruf** sie in der Gesellschaft ausüben. Dies schließt jedoch nicht aus, dass einzelne Gesellschafter unter Beibehaltung ihrer Stellung in der Partnerschaft tatsächlich **anderen, z. B. gewerblichen Aktivitäten** nachgehen,⁴⁹⁾ sei es nebenberuflich, sei es ausschließlich. Dies ist grundsätzlich zulässig,⁵⁰⁾ solange und soweit die gewerbliche Tätigkeit der freiberuflichen dient und ihr untergeordnet ist; die Problematik ist parallel zu derjenigen des so genannten Nebenzweckprivilegs im Vereinsrecht zu sehen.⁵¹⁾ Solange der Partner seine Zulassung zum freien Beruf behält, ändert sich auch durch eine Veränderung seines Tätigkeitsfeldes an der Eigenschaft als Gesellschafter nichts, das Einverständnis der übrigen Partner natürlich vorausgesetzt. Sofern der Partner entsprechende gewerbliche Geschäfte im Rahmen seiner Vertretungsmacht im Namen der Partnerschaft abschließt, sind auch diese grundsätzlich wirksam. Eine ultra-vires-Lehre des Inhalts, dass eine Überschreitung des freiberuflichen Tätigkeitsbereichs oder des Gegenstandes der Partnerschaft nach § 3 Abs. 2 Nr. 3 die Unwirksamkeit des jeweiligen Geschäftes zur Folge hätte, ist auch hier nicht anzuerkennen.⁵²⁾ 16

Aufgrund des Wortlautes des § 1 Abs. 1 Satz 1 („ ... Angehörige Freier Berufe zur Ausübung ihrer Berufe") muss im Moment des Zusammenschlusses oder Beitritts in jedem Fall zu der bloßen Berufszugehörigkeit die **Absicht** hinzukommen, tatsächlich freiberuflich tätig zu werden. Die ausschließlich gewerbliche Betätigung ist also 16a

---

45) *Schwenter-Lipp*, S. 57 f.
46) *Nerlich*, AnwBl 1994, 529, 534.
47) *Bakker*, AnwBl 1993, 245, 248; *Nerlich*, AnwBl 1994, 529, 535.
48) Entwurf, Chambre des Représentants, sess. 1984–85, doc. 1108-1, Text S. 31 f (Art. 4 Abs. 1, 2) und Begründung auf S. 7.
49) Hierzu und zum Verhältnis der Zugehörigkeit der freiberuflichen Tätigkeit zu einem freien Beruf näher *Michalski*, Der Begriff des freien Berufs, S. 154 ff; vgl. ferner *Stuhrmann*, in: *Kirchhof/Söhn/Mellinghof*, EStG, § 18 Rz. B 43, der darauf hinweist, dass durch die fortschreitende Rationalisierung und Mechanisierung und das damit zusammenhängende Zurücktreten der schöpferischen Persönlichkeit immer weitere, an sich gewerbliche Tätigkeiten in die freie Berufsausübung einbezogen werden.
50) A. A. *Eggesiecker*, Fach D Rz. 1.850 ff (§ 1 Abs. 1 Satz 2 sei ein „Reinheitsgebot").
51) Überzeugend MünchKomm-*Ulmer*, BGB, § 1 Rz. 19 f.
52) Ebenso für den österreichischen Entwurf eines Partnerschaftsgesetzes *Torggler*, ÖJZ 1988, 428, 433.

kein legitimer Zweck der Gründung einer Partnerschaft.[53)] Wenn allerdings einmal eine Partnerschaft gegründet ist, dann bleibt sie unabhängig vom Charakter ihrer wirtschaftlichen Aktivität bis zu einer Löschung als solche bestehen und kann daher selbstverständlich die namens- und haftungsrechtlichen Vorteile dieser Gesellschaftsform in Anspruch nehmen.[54)]

17 Die **Ausübung einer gewerblichen**, von der freiberuflichen Aktivität nicht gedeckten **Tätigkeit** führt daher nur zu folgenden möglichen **Konsequenzen**:

17a **Steuerrechtlich** ist eine gewerbliche Tätigkeit anzunehmen, so dass die entsprechenden (bei untrennbaren gemischten Tätigkeiten sogar die gesamten[55)]) Einkünfte als Einkünfte aus Gewerbebetrieb behandelt werden (näher Rz. 22).[56)] Daraus kann unter den Voraussetzungen des § 141 AO eine Buchführungspflicht unter sinngemäßer Anwendung der wichtigsten Vorschriften der §§ 238 ff HGB resultieren.[57)]

17b Die Berufsaufsicht, z. B. die einschlägige Kammer, kann bei Verstoß gegen das **Berufsrecht** – Inkompatibilität des freien Berufs mit der gewerblichen Tätigkeit – gegebenenfalls einschreiten,[58)] sofern eine Rechtsgrundlage hierfür besteht; sie kann ferner dem Registergericht einen Hinweis nach § 160b Abs. 1, § 126 FGG erteilen. Bei Rechtsanwälten ist beispielsweise gemäß § 14 Abs. 1 i. V. m. § 7 Nr. 8 BRAO die Zulassung im Falle der Ausübung einer unvereinbaren, insbesondere gewerblichen Tätigkeit mit Wirkung für die Zukunft zurückzunehmen.[59)]

17c Das **Registergericht** kann zwar nicht gemäß § 140 FGG, § 37 Abs. 1 HGB im Firmenmissbrauchsverfahren[60)] einschreiten, da der Gesellschaftsname „ ... und Partner" wegen der fortbestehenden Eintragung im Partnerschaftsregister auch bei einer etwaigen Änderung des Gesellschaftszwecks zutreffend ist. In gravierenden Fällen, in denen sich die Gesellschaft nicht mehr als Zusammenschluss zur Ausübung freier Berufe im Sinne des Absatzes 1 Satz 1 darstellt, kann das Gericht jedoch gemäß § 142 Abs. 1 Satz 1 FGG die Löschung aus dem Partnerschaftsregister vornehmen, da dort nur Partnerschaften in diesem Sinne eingetragen sein dürfen.[61)]

---

53) *Lenz*, in: Meilicke u. a., PartGG, § 1 Rz. 77.
54) A. A. *Salger*, in: Münchener Handbuch, § 32 Rz. 5, wonach § 8 Abs. 3 bei gewerblich tätigen Partnerschaften nicht anwendbar sein sollen.
55) Näher *Stuhrmann*, in: Kirchhof/Söhn/Mellinghoff, EStG, § 18 Rz. B 30 ff; *Schmidt/Wacker*, EStG, § 18 Anm. 5; gegen eine Anwendung der steuerrechtlichen Infizierungstheorie auf die Partnerschaft *Knoll/Schüppen*, DStR 1995, 608, 613.
56) Vgl. bereits die Begründung zum RegE PartGG, BT-Drucks. 12/6152, S. 10 = Anhang, S. 314.
57) *Meilicke*, in: Meilicke u. a., PartGG, § 6 Rz. 18; *Lenz*, in: Meilicke u. a., PartGG, § 1 Rz. 79.
58) Vgl. zur österreichischen Rechtslage *Torggler*, ÖJZ 1988, 428, 433.
59) Rechtsprechungsübersicht bei *Henssler*, in: Henssler/Prütting, BRAO, § 7 Rz. 92 f.
60) Dazu näher *Keidel/Schmatz/Stöber*, Registerrecht Bd. 7, Rz. 1347 ff.
61) *Stuber*, S. 81 Anm. 39; entgegen dem missverständlichen Wortlaut des § 142 Abs. 1 Satz 1 FGG ist davon auch der Fall einer Änderung der Verhältnisse nach der Eintragung mit der Folge einer nachträglichen Unzulässigkeit erfasst, vgl. *Bassenge/Herbst/Roth*, FGG, § 142 Anm. 2d.

Die Tätigkeit kann unter Umständen gleichzeitig einen **Wettbewerbsverstoß** i. S. d. §§ 3 und 5 UWG darstellen.[62] Die Partner verschaffen sich nämlich den Anschein der Freiberuflichkeit, einen damit verbundenen Imagevorteil und gegebenenfalls eine Haftungsbeschränkung nach § 8 Abs. 2, obgleich sie als materiell Gewerbetreibende diesen Wettbewerbsvorsprung gegenüber ihren Konkurrenten eigentlich nicht in Anspruch nehmen könnten.

17d

3. Wettbewerbsverbot und Mehrfachqualifikation

Anders als z. B. das französische Gesetz von 1966[63] verlangt das Partnerschaftsgesellschaftsgesetz nicht, dass die Partner ihren Beruf ausschließlich im Rahmen der Partnerschaft ausüben; allerdings gilt das Wettbewerbsverbot der §§ 112, 113 HGB gemäß § 6 Abs. 3 Satz 2 mangels anderweitiger partnerschaftsvertraglicher Regelung entsprechend.

18

Es gibt auch entgegen dem zu engen Wortlaut der § 3 Abs. 2 Nr. 2, § 4 Abs. 2 Satz 1 keine Beschränkung auf nur *einen* freien Beruf. Soweit **Mehrfachqualifikationen** eines Partners vorhanden sind, z. B. als Wirtschaftsprüfer und Steuerberater, steht der Angabe und der Ausübung mehrerer Berufe gesellschaftsrechtlich nichts entgegen. Auch berufsfremde Aktivitäten können, soweit nicht berufs- oder wettbewerbsrechtliche Vorschriften entgegenstehen, verfolgt werden (oben Rz. 16 f).

19

C. Kein Handelsgewerbe (Abs. 1 Satz 2)

I. Normentwicklung

Der Entwurf von 1971 wie auch derjenige von 1975 hatten § 2 Abs. 3 GewStG dahingehend ergänzt, dass die Tätigkeit der Partnerschaft kein Gewerbebetrieb sei.[64] Beide Entwürfe sahen ferner eine Änderung von § 18 Abs. 1 Nr. 1 EStG dahingehend vor, dass Einkünfte aus einer Beteiligung an einer Partnerschaft Einkünfte aus freiberuflicher Tätigkeit sein sollten.[65] Der Entwurf von 1971 ordnete in seinem § 26 darüber hinaus an, dass die Partnerschaft im Sinne der Steuergesetze als freiberufliche Personengesellschaft zu gelten habe. Alle diese steuerrechtlichen Vorschriften entfielen in der Fassung des Entwurfs von 1976. Im Neun-Punkte-Katalog von 1991 wurde lediglich festgestellt, dass die Partnerschaft als solche oder die einzelnen Partner so besteuert werden sollten wie ein einzelner berufstätiger Freiberufler oder ein Angehöriger eines freien Berufs in einer Sozietät.[66]

20

---

62) Vgl. die Begründung zum RegE PartGG, BT-Drucks. 12/6152, S. 20 = Anhang, S. 365; *Sommer*, DSWR 1995, 181; *Salger*, in: Münchener Handbuch, § 32 Rz. 5.
63) Art. 3 und 2 Abs. 3 loi no. 66–879 v. 29.11.1966, J. O. v. 30.11.1966; vgl. *Müller-Gugenberger*, DB 1972, 1517, 1520.
64) § 27 Nr. 6 E 1971, § 26 Nr. 6 E 1975.
65) § 27 Nr. 3 E 1971, § 26 Nr. 3 E 1975.
66) Punkt 9 des Kataloges; hierzu *Beckmann*, in: Festschrift Kleinert, S. 210, 215; *Gres*, Der Selbständige, 12/1992, 6.

20a Die Vorschrift entspricht einer Reihe von berufsrechtlichen Regelungen[67] und wirkt sich auch im Kontext anderer Gesetze aus. Absatz 1 Satz 2 nimmt die in den Entwürfen von 1971 und 1975 enthaltenen Bestimmungen wieder auf. Nach der Begründung im Regierungsentwurf[68] handelt es sich hierbei nur um eine **Klarstellung** des Inhalts, dass die Partnerschaft nicht kraft ihrer Rechtsform der **Gewerbesteuer** unterliegt.[69] Im Einzelfall soll die Partnerschaft aber dann doch gewerbesteuerpflichtig sein können, falls die Partner im Rahmen der Gesellschaft einer gewerblichen Tätigkeit nachgehen (siehe Rz. 17).[70]

II. Rechtswirkungen

1. Gesellschaftsrecht

21 Der Sinn des Absatzes 1 Satz 2 ist nicht eindeutig.[71] In der Literatur wird darüber gestritten, ob die Beachtung dieser Vorschrift Voraussetzung für die **Gründung**[72] oder **Folge** der Rechtsformwahl[73] ist. Richtigerweise wird man zu differenzieren haben. Die Freiberuflichkeit, also grundsätzlich die fehlende Gewerblichkeit, ist bereits nach Absatz 1 Satz 1 die Voraussetzung für die Gründung einer Partnerschaft. Sie ist aber zum Teil auch Folge der Rechtsformwahl. Zwar wird die Einschätzung als gewerbliche Aktivität etwa unter steuerlichen Gesichtspunkten nicht allein durch die bloße Tatsache der Eintragung im Partnerschaftsregister verhindert. Wegen Absatz 1 Satz 2 kann die Gesellschaft aber nicht gemäß § 105 Abs. 1 HGB automatisch als OHG qualifiziert werden, wenn sie (auch) gewerblichen Tätigkeiten nachgeht.[74] Während der fortdauernden Eintragung im Partnerschaftsregister kann daher keine Eintragungspflicht nach § 106 Abs. 1 HGB bestehen. Vielmehr ist – notfalls über § 142 FGG – zunächst die Löschung der Gesellschaft im Partnerschaftsregister herbeizuführen. Die analoge Anwendung weiterer Vorschriften aus dem HGB etwa über die Form von Vertragsschlüssen und Bestätigungsschreiben ist durch Absatz 1 Satz 2 hingegen nicht zwingend ausgeschlossen.[75]

---

67) Vgl. z. B. § 1 Abs. 2 Satz 2 WPO; § 32 Abs. 2 Satz 2 StBerG; § 2 Abs. 2 BRAO; § 2 Abs. 2 HebammenG v. 21.12.1938, RGBl I, 1893; § 1 Abs. 2, Halbs. 1 BTÄO; § 1 Abs. 1 Satz 2 MBO-Ä; § 1 Abs. 1 Satz 2 MBO-ZÄ; § 1 Abs. 4 ZHG; landesrechtliche Berufsordnungen der Öffentlich bestellten Vermessungsingenieure, z. B. § 1 Abs. 1 Satz 3 BerufsO-ÖbVI des Landes Schleswig-Holstein v. 29.6.1982, GVBl, 148.
68) Begründung zum RegE PartGG, BT-Drucks. 12/6152, S. 9 = Anhang, S. 313; vgl. auch *Bösert*, DStR 1993, 1332, 1337.
69) So auch *Bösert*, ZAP Fach 15, S. 137, 143; *Seibert*, Die Partnerschaft, S. 44; *ders.*, DB 1994, 2381, 2382; *Burret*, WPK-Mitt. 1994, 201, 203.
70) *Seibert*, Die Partnerschaft, S. 44 mit Fußn. 51; *Burret*, WPK-Mitt. 1994, 201, 203; Begründung zum RegE PartGG, BT-Drucks. 12/6152, S. 10 = Anhang, S. 314.
71) *Mahnke*, WM 1996, 1029, 1033; *Coester-Waltjen*, Jura 1995, 666.
72) So etwa *Coester-Waltjen*, Jura 1995, 666; *Eggesiecker*, Fach D Rz. 1.853.
73) So etwa MünchKomm-*Ulmer*, BGB, § 1 Rz. 18.
74) *Karsten Schmidt*, NJW 1995, 1, 3; MünchKomm-*Ulmer*, BGB, § 1 PartGG Rz. 19; *Coester-Waltjen*, Jura 1995, 666; a. A. *Lenz*, in: Meilicke u. a., PartGG, § 1Rz. 82 ff; *Knoll/Schüppen*, DStR 1995, 608, 613 in Fußn. 69; *Henssler*, DB 1995, 1549, 1555.
75) *Karsten Schmidt*, NJW 1995, 1, 3; *Coester-Waltjen*, Jura 1995, 666 f; vgl. auch *Meurer*, S. 54.

2. Kartellrecht

Schrifttum: *Ehlermann*, Wettbewerb und freie Berufe: Antagonismus oder Kompatibilität?, in: Festschrift Budde, 1995, S. 157; *ders.*, Concurrence et professions libérales: Antagonisme ou compatibilité?, Revue du Marché commun et de l'Union européenne, no. 365, février 1993, 136; *Hirsch/Burkert*, in: Gleiss/Hirsch (Hrsg.), Kommentar zum EG-Kartellrecht, Bd. 1, 4. Aufl., 1993; *Huber/Baums*, Freie Berufe und ähnliche Tätigkeiten, in: Frankfurter Kommentar zum GWB, § 1 Rz. 58 ff; *Immenga*, Freie Berufe und Künstler, in: Immenga/Mestmäcker (Hrsg.), GWB, § 1 Rz. 84 ff; *Michalski/Römermann*, Preiswettbewerb unter Rechtsanwälten, AnwBl 1996, 242; *dies.*, Das europäische Kartellrecht der Freien Berufe, AnwBl 1996, 191; *dies.*, Wettbewerbsbeschränkungen zwischen Rechtsanwälten, ZIP 1994, 433; *Müller-Henneberg*, Gesetz gegen Wettbewerbsbeschränkungen und Europäisches Kartellrecht, Gemeinschaftskommentar, 4. Aufl., 1981,96; *Langen/Bunte*, Kommentar zum deutschen und europäischen Kartellrecht, GWB, 8. Aufl., 1997; *OECD*, Politique de la concurrence et professions libérales, 1985; *Taupitz*, Das berufsordnende Kammerrecht der freien Berufe in der freiheitswahrenden Zwangsjacke des Kartellrechts, ZHR 153 (1989), 681.

weiterführendes Schrifttum: *Deregulierungskommission*, Marktöffnung und Wettbewerb, 1991; *Esser-Wellié*, Die Anwendung der Artikel 85 und 86 EG-Vertrag durch nationale Gerichte, WuW 1995, 457; *Gugerbauer*, Kommentar zum [österreichischen] Kartellgesetz, 2. Aufl., 1994; *Harms*, Gebührenwettbewerb unter Architekten und Rechtsanwälten? Zur Anwendung des GWB auf Freie Berufe, NJW 1976, 1289; *Hitzler*, Kartellrechtsweg gegen berufsrechtliche Maßnahmen einer Landesapothekerkammer, GRUR 1982, 474; *ders.*, Berufsrechtliche Maßnahmen der Berufsvertretungen der freien Berufe als Problem der Wettbewerbsbeschränkung, GRUR 1981, 110; *Müller/Nacken*, in: Müller/Gießler/Scholz, Wirtschaftskommentar, 4. Aufl., 1981; *Tribunal de Defensa de la Competencia*, Informe sobre el libre ejercicio de las profesiones – Propuesta para adecuar la normativa sobre las profesiones colegiadas al régimen de libre competencia vigente en España, Junio 1992.

Die Bestimmung des Absatzes 1 Satz 2, wonach die Partnerschaft kein Handelsgewerbe betreibt, bedeutet keine Herausnahme aus dem Anwendungsbereich des Kartellrechts. Insoweit gilt für Absatz 1 Satz 2 nichts anderes als für die entsprechenden Vorschriften in einzelnen Berufsrechten, etwa § 2 Abs. 2 BRAO. Der Gewerbebegriff des Kartellrechts ist – anders als in den übrigen Rechtsgebieten – **funktional** zu definieren.[76] Entscheidend ist für die Anwendung, dass ein Freiberufler in erwerbswirtschaftlicher Weise seine Dienstleistung am Markt anbietet und auf diese Weise **am Wirtschaftsverkehr teilnimmt**. In welcher Rechtsform dies geschieht, ob in einer Einzelpraxis oder in einer Partnerschaftsgesellschaft, spielt kartellrechtlich keine Rolle.[77] Es kommt darauf an, dass die Freiberufler **Unternehmer im Sinne des Kartellrechts** sind. Bei Art. 81 Abs. 1 EGV ist dies noch eindeutiger als bei § 1 Abs. 1 Satz 1 GWB, der auf den Verkehr mit Waren oder gewerblichen Leistungen abstellt.[78] Art. 50 Buchst. d. EGV setzt nämlich die freiberufliche Tätigkeit mit den übrigen – gewerblichen, kaufmännischen oder handwerklichen – Dienstleistungen gleich und verhindert jede Sonderrolle der Angehörigen freier Berufe.[79] Auch im

22

---

76) *Huber/Baums*, GWB, § 1 Rz. 59; *Römermann*, MDR 1998, 1149.
77) *Michalski/Römermann*, AnwBl 1996, 191, 192.
78) Zu § 1 GWB *Michalski/Römermann*, ZIP 1994, 433, 438; ausführlich *Michalski*, Das Gesellschafts- und Kartellrecht, S. 417 ff.
79) Vgl. *Hirsch/Burkert*, Art. 85 (1) Rz. 24; *Ehlermann*, in: Festschrift Budde, S. 157, 173 f.

Anwendungsbereich des § 1 GWB geht die inzwischen ganz herrschende Ansicht im Einklang mit der Rechtsprechung davon aus, dass Freiberufler eine „gewerbliche" Tätigkeit im Sinne des Kartellrechts verrichten und daher nicht generell vom Kartellverbot freigestellt sind.[80]

3. Steuerrecht

23 Steuerlich geht es bei der Partnerschaft vor allem um folgende Aspekte:[81] **Einkommensteuer**: Die Gesellschaft als solche unterliegt gemäß § 1 Abs. 1 Satz 1 EStG in keinem Fall der Einkommensteuer. Die Frage, ob die Einnahmen der Partner aus freiberuflicher Tätigkeit i. S. d. § 18 Abs. 1 Nr. 1 Satz 2 EStG resultieren oder aus Gewerbebetrieb,[82] wird durch § 1 Abs. 1 Satz 2 weder entschieden noch präjudiziert.[83] Es muss daher jeweils im **Einzelfall** festgestellt werden, ob die erwirtschafteten Einkünfte gewerblicher Natur sind oder nicht. Aufgrund des nur geringen Umfangs der Prüfungspflichten des Registergerichts bei der Eintragung einer Partnerschaft in das Partnerschaftsregister kommt hierbei den weitaus intensiveren und regelmäßig wiederkehrenden steuerlichen Überprüfungen die entscheidende Bedeutung zu.[84] Die Einkünfte der Partnerschaft werden gemäß den §§ 179 ff AO einheitlich gesondert festgestellt und den Partnern anteilig zugerechnet. Bereits durch nur geringfügige gewerbliche Tätigkeiten wird eine ansonsten freiberufliche Partnerschaft steuerlich insgesamt wie ein Gewerbebetrieb behandelt. Diese so genannte **Abfärbe- oder Infizierungstheorie** ist im Schrifttum[85] umstritten, entspricht aber der für die Praxis entscheidenden ständigen Rechtsprechung des Bundesfinanzhofes.[86]

23a Die **Gewinnermittlung** kann durch eine Einnahmen-Überschussrechnung gemäß § 4 Abs. 3 EStG erfolgen. Diese Ermittlungsart erweist sich häufig als vorteilhaft im Vergleich zur Bilanzierung, da insbesondere bei hohen Außenständen die Liquidität der Gesellschaft geschont wird.[87] Nach Auffassung des Bundesministeriums der Finanzen kann die Partnerschaft den Gewinn nicht nach einem vom Kalenderjahr abweichenden Wirtschaftsjahr ermitteln.[88]

---

80) BGH WuW/E 1474, 1476 ff – „Architektenkammer"; WuW/E 2688, 2690 – „Warenproben in Apotheken"; *Michalski*, Das Gesellschafts- und Kartellrecht, S. 427 m. Nachw. zur früheren Diskussion; *Immenga*, in: Immenga/Mestmäcker, GWB, § 1 Rz. 84 f; *Müller-Henneberg*, in: Gemeinschaftskommentar zum GWB, § 1 Rz. 18; *Bunte*, in: Langen/ Bunte, GWB, § 1 Rz. 14, 41 f; *Taupitz*, ZHR 153 (1989), 681, 682 f.
81) Ausführlich *Gail/Overlack*, Rz. 402 ff; *Castan*, S. 152 ff; *Siepmann*, FR 1995, 601 ff; *Salger*, in: Münchener Handbuch, § 37 Rz. 9 ff.
82) Zur Abgrenzung näher BFH, DB 1995, 2146 f.
83) Begründung des RegE PartGG, BT-Drucks. 12/6152, S. 10 = Anhang, S. 314; *Burret*, WPK-Mitt. 1994, 201, 203; *Hornung*, Rpfleger 1995, 481, 483;
84) Begründung des RegE PartGG, BT-Drucks. 12/6152, S. 10 = Anhang, S. 314.
85) Z. B. *Sauren/Haritz*, MDR 1996, 109, 112.
86) Z. B. BFH DStR 1994, 1649 und 1887; vgl. *Salger*, in: Münchener Handbuch, § 37 Rz. 10.
87) Ebenso *Eggesiecker*, Fach C Rz. 7.410; vgl. *Meilicke*, in: Meilicke u. a., PartGG, § 6 Rz. 17.
88) BMF-Schreiben v. 21.12.1994, DStR 1995, 181; *Stuber*, S. 29 und S. 81 Anm. 45; krit. *Hoffmann* in: Meilicke u. a., PartGG, § 9 Rz. 83; *Lenz/Braun*, S. 7 in Fußn. 10.

Gewerbesteuer: Solange die in der Gesellschaft zusammengeschlossenen Partner 23b
allein ihren jeweiligen freien Berufen nachgehen, unterliegen sie, wie auch die Partnerschaft selbst, wegen der Maßgeblichkeit des Einkommensteuerrechts gemäß § 15
Abs. 2 Satz 1, § 18 Abs. 1 Nr. 1 Satz 2 EStG, § 2 Abs. 1 Satz 2 GewStG nicht der
Gewerbesteuer. Soweit dies tatsächlich anders ist, kann eine Gewerbesteuerpflicht
eintreten; siehe oben zur Einkommensteuer.

Pensionsrückstellungen werden bei Personengesellschaften generell nicht anerkannt, so auch bei der Partnerschaft. In der Literatur stößt dies zum Teil auf heftige Kritik.[89] 23c

Umsatzsteuer: Die Partnerschaft ist Unternehmer und unterliegt daher selbst der 23d
Umsatzsteuer gemäß § 2 Abs. 1 UStG. Einzelne freie Berufe sind allerdings von der
Umsatzsteuer befreit, so etwa Ärzte, Zahnärzte und ähnliche Heilberufe, § 4 Nr. 14
UStG.[90]

D. Nur natürliche Personen (Abs. 1 Satz 3)

I. Motive der Begrenzung der Mitgliedschaft auf natürliche Personen

Absatz 1 Satz 3 begrenzt die Mitgliedschaft in der Partnerschaft auf natürliche Personen.[91] Dies soll nach der Begründung des Regierungsentwurfs[92] „am ehesten dem Leitbild der auf ein persönliches Vertrauensverhältnis zum Auftraggeber ausgerichteten freiberuflichen Berufsausübung" entsprechen.[93] *Bayer/Imberger* schreiben in diesem Zusammenhang: „In seinen [gemeint: des Rechts der Freiberufler] Augen ist der Mensch diejenige ‚Person' oder ‚Form', die am ehesten zur Ausübung einer freiberuflichen Tätigkeit befugt ist ... . Der Freiberufler ist im Zweifel eine natürliche Person, ein Einzel-Freiberufler, der Inhaber einer ‚Einzelpraxis', ein Einzelanwalt usw."[94] Abgesehen von solchen Erwägungen aus dem Charakter der Freiberuflichkeit wird eine weitere Funktion des Absatzes 1 Satz 3 darin gesehen, sicherzustellen, dass die Partnerschaft nicht als gewerblich geprägte Personengesellschaft qualifiziert wird mit der Folge der Anwendbarkeit von § 15 Abs. 3 Nr. 2 EStG.[95] Schließlich sollte auch das Entstehen einer „GmbH & Partner" verhindert werden.[96] 24

---

89) *Henssler*, GmbHR 1995, 756, 758; *ders.*, DB 1995, 1549, 1552; *Salger*, in: Münchener Handbuch, § 37 Rz. 14; a. A. *Sauren/Haritz*, MDR 1996, 109, 113; vgl. näher *Römermann/Spönemann*, NZG 1998, 15, 19 f.
90) Vgl. *Eggesiecker*, Fach C Rz. 7.210.
91) Dies entspricht der Regelung für die „société civile professionnelle" durch Art. 1 des französischen Gesetzes von 1966; vgl. hierzu *Müller-Gugenberger*, DB 1972, 1517, 1518.
92) Begründung zum RegE PartGG, BT-Drucks. 12/6152, S. 9 = Anhang, S. 313 f.
93) Ähnlich *Kempter*, BRAK-Mitt. 1994, 122; *Seibert*, AnwBl 1993, 155, 156; *ders.*, DB 1994, 2381; *ders.*, NWB Fach 18, S. 3365, 3367; *Hornung*, Rpfleger 1995, 481, 482; vgl. auch *Meurer*, S. 52 ff.
94) *Bayer/Imberger*, DZWir 1993, 309, 311.
95) *Kempter*, BRAK-Mitt. 1994, 122; *BRAK*, Stellungnahme zum RefE PartGG, S. 3; *Weyand*, INF 1995, 22 in Fußn. 10.
96) *Kempter*, BRAK-Mitt. 1994, 122, 123.

II. Kritik

25 „Diese Regelung ist überflüssig und ... nur aus der Vermischung von Gesellschafts- und Standesrecht erklärlich".[97] Die Frage, ob eine juristische Person Partner werden kann, gehört zum **Berufsrecht**. Warum sollte eine Wirtschaftsprüfungs-GmbH nicht Mitglied einer Wirtschaftsprüfer-Partnerschaft sein können, zumal ihr ein Zusammenschluss mit einem Wirtschaftsprüfer zu gemeinsamer beruflicher Tätigkeit bereits nach heute geltendem Recht im Rahmen einer Gesellschaft bürgerlichen Rechts möglich ist?[98] Warum soll ein Übersetzer oder ein Bildberichterstatter partnerschaftsfähig sein, eine Übersetzungsbüro-GmbH oder Bildreport-GmbH aber nicht?[99]

26 Die Begründung des Regierungsentwurfs[100] plädiert selbst dafür, dass Angehörigen freier Berufe grundsätzlich auch Kapitalgesellschaften zur Verfügung stehen sollten. Es ist damit von Seiten des Gesetzgebers anerkannt, was in weiten Bereichen der wirtschaftsberatenden Berufe aufgrund der Möglichkeiten der Steuerberatungs- oder Wirtschaftsprüfungsgesellschaft gemäß §§ 49 ff StBerG, §§ 27 ff WPO längst zum Alltag gehört: nämlich die problemlose Vereinbarkeit von freiberuflicher Berufsausübung und der Rechtsform einer Kapitalgesellschaft.[101] Spätestens seit der noch weitergehenden Zulassung der Freiberufler-GmbH durch die jüngere Rechtsprechung (näher hierzu Einführung Rz. 39)[102] kann schlichtweg nicht mehr ernsthaft bestritten werden, dass die gesellschaftsrechtliche Form des Zusammenschlusses mit dem **Wesen des freien Berufs** überhaupt nichts zu tun hat.[103]

27 Insgesamt ist daher festzustellen, dass die Kapitalgesellschaften grundsätzlich eine legitime und den anderen Gesellschaftsformen gleichwertige Rechtsform freiberuflicher Berufsausübung darstellen. Hierfür besteht ein praktisches Bedürfnis bei einer Reihe von freien Berufen. Es wäre daher nur angemessen gewesen, auch den Zusammenschluss freiberuflicher Kapitalgesellschaften mit anderen Freiberuflern in einer Partnerschaft zuzulassen.[104]

---

97) So zu Recht *Karsten Schmidt*, ZIP 1993, 633, 639; *ders.*, NJW 1995, 1, 3; ähnlich *Lenz*, in: Meilicke u. a., PartGG, § 1 Rz. 102.
98) Vgl. § 44b Abs. 1 WPO; Gleiches gilt für die Sozietät eines Steuerberaters mit einer Steuerberatungsgesellschaft, BVerwG DB 1991, 2589; *Gilgan*, Stbg 1995, 28, 29; wie hier *Lenz*, in: Meilicke u. a., PartGG, § 1 Rz. 102.
99) So die Beispiele von *Karsten Schmidt*, NJW 1995, 1, 3.
100) Begründung zum RegE PartGG, BT-Drucks. 12/6152, S. 8 = Anhang, S. 305.
101) Vgl. *Burret*, WPK-Mitt. 1994, 201, 203.
102) BayObLG ZIP 1994, 1868 = WM 1995, 23, dazu EWiR 1995, 151 *(Kleine-Cosack)*; BGHZ 124, 224 = ZIP 1994, 381 = GmbHR 1994, 325 = AG 1994, 182 = MedR 1994, 152.
103) So bereits *Michalski*, Das Gesellschafts- und Kartellrecht, 1989, 120.
104) Ebenso *Burret*, WPK-Mitt. 1994, 201, 204; *Stuber*, WiB 1994, 705, 706 in Fußn. 26; *Gilgan*, Stbg 1995, 28, 29; *Karsten Schmidt*, ZIP 1993, 633, 639; *Lenz*, MDR 1994, 741, 742 in Fußn. 32; *ders.*, in: Meilicke u. a., PartGG, § 1 Rz. 102; *Mahnke*, WM 1996, 1029, 1032; *Feddersen/Meyer-Landrut*, PartGG, § 1 Rz. 6; vgl. bereits *Michalski*, ZIP 1993, 1210, 1211; a. A. aber *Karsten Schmidt*, NJW 1995, 1, 3.

Voraussetzungen der Partnerschaft § 1

Dies gilt insbesondere vor dem Hintergrund der Entwicklung des Gesellschafts- 28
rechts der freien Berufe in einem immer mehr zusammenwachsenden Europa. Bei
ihren Erwägungen zur Schaffung einer europäischen Gesellschaftsform für die
grenzüberschreitende Ausübung freier Berufe musste auch die Kommission der
Europäischen Union feststellen, dass in den Mitgliedstaaten zunehmend freie Berufe in Form von Kapitalgesellschaften ausgeübt werden, so dass es nicht gerechtfertigt wäre, es z. B. einer französischen Ärztegesellschaft zu verwehren, sich mit
einem deutschen Arzt zusammenzuschließen.[105] Nach Ansicht der Kommission
„ist es in einem europäischen Kontext sehr wichtig, auch juristischen Personen die
Möglichkeit zu bieten, der Rechtsform als Mitglieder beizutreten."[106]

E. Angehörige freier Berufe (Abs. 2)

I. Überblick; § 18 Abs. 1 Nr. 1 EStG

Absatz 1 Satz 1 sowie Absatz 2 führen den **Begriff des freien Berufs**,[107] der früher 29
nur im **Steuer- und im Berufsrecht** verwandt worden war,[108] in das **Gesellschaftsrecht** ein. Hierdurch wird an herausgehobener Stelle zu Beginn des Gesetzes der
Charakter einer speziell auf diese Berufsgruppe zugeschnittenen Kodifikation betont. Der Bereich der freien Berufe wird nach einem Versuch einer eigenen Definition in Satz 1 sodann in Satz 2 in nahezu wörtlicher Anlehnung an § 18 Abs. 1 Nr. 1
EStG eingegrenzt, um die Anwendung des neuen Gesetzes durch den weitgehenden
Rückgriff auf die hierzu ergangene Rechtsprechung möglichst zu erleichtern (näher
unten Rz. 34 ff). Diese Vorschrift lautet:

„§ 18 (Selbständige Arbeit)
(1) Einkünfte aus selbständiger Arbeit sind
1. Einkünfte aus freiberuflicher Tätigkeit. ²Zu der freiberuflichen Tätigkeit gehören die
selbständig ausgeübte wissenschaftliche, künstlerische, schriftstellerische, unterrichtende oder erzieherische Tätigkeit, die selbständige Berufstätigkeit der Ärzte, Zahnärzte, Tierärzte, Rechtsanwälte, Notare, Patentanwälte, Vermessungsingenieure, Ingenieure, Architekten, Handelschemiker, Wirtschaftsprüfer, Steuerberater, beratenden Volks- und Betriebswirte, vereidigten Buchprüfer, Steuerbevollmächtigten, Heilpraktiker, Dentisten, Krankengymnasten, Journalisten, Bildberichterstatter, Dolmet-

---

105) *EG-Kommission*, Konsultationsdokument, S. 14.
106) *EG-Kommission*, Konsultationsdokument, S. 14; auch der Entwurf eines belgischen Gesetzes sah vor, dass sich in der geplanten société civile interprofessionelle natürliche und juristische Personen zusammenschließen konnten, Chambre des Représentants, sess. 1984–85, doc. 1108-1, Text des Art. 2 Abs. 1 auf S. 31, Begründung S. 5.
107) Die Großschreibung „Freier Beruf" wurde im Gesetz auf Vorschlag des Rechtsausschusses des Deutschen Bundestages eingeführt; vgl. Rechtsausschuss zum PartGG, BT-Drucks. 12/7642, S. 11 = Anhang, S. 321; sprachwissenschaftlich gibt es für die Großschreibung keine Begründung, wie die Gesellschaft für deutsche Sprache e. V. dem Bundesministerium der Justiz ausdrücklich bescheinigt hatte; näher *Seibert*, Die Partnerschaft, S. 55; die dennoch im Gesetzestext erfolgte Großschreibung soll offenbar als „Wohltat" für die freien Berufe verstanden werden, „die immerhin nichts kostet, was selten vorkommt", so *Seibert*, Die Partnerschaft, S. 55.
108) *Michalski*, Der Begriff des freien Berufs, S. 15.

scher, Übersetzer, Lotsen und ähnlicher Berufe. ³Ein Angehöriger eines freien Berufes im Sinne der Sätze 1 und 2 ist auch dann freiberuflich tätig, wenn er sich der Mithilfe fachlich vorgebildeter Arbeitskräfte bedient; Voraussetzung ist, dass er auf Grund eigener Fachkenntnisse leitend und eigenverantwortlich tätig wird. ⁴Eine Vertretung im Fall vorübergehender Verhinderung steht der Annahme einer leitenden und eigenverantwortlichen Tätigkeit nicht entgegen; … ."

29a Dem Steuerrecht entnimmt Absatz 2 die Unterteilung der freien Berufe in die so genannten Katalogberufe, die bestimmten Tätigkeitsfeldern zuzuordnenden Berufe und schließlich die ähnlichen Berufe.

II. Der freie Beruf – ein Definitionsproblem

1. Begriffsentwicklung im internationalen Vergleich

30 Obgleich sich der Begriff des freien Berufs bereits seit dem Mittelalter (artes liberales) in der Berufsterminologie feststellen lässt,[109] ist eine allgemein akzeptierte **Definition bis heute nicht gelungen**.[110] Dies gilt auch für die im Jahre 1995 vom Bundesverband der Freien Berufe (BFB) verabschiedete Begriffsbildung, wonach die Freiberufler „aufgrund besonderer beruflicher Qualifikation persönlich, eigenverantwortlich und fachlich unabhängig geistig-ideelle Leistungen im Interesse ihrer Auftraggeber und der Allgemeinheit" erbringen.[111] Hinsichtlich der Merkmale der Freiberuflichkeit werden verschiedene Ansätze vertreten. Am bedeutendsten erscheint das Charakteristikum des besonderen **Vertrauensverhältnisses** zwischen dem Angehörigen eines freien Berufs und demjenigen, der seine Dienste in Anspruch nimmt.[112] Andere, insbesondere früher betonte Merkmale, wie etwa die wissenschaftliche oder künstlerische **Ausbildung** oder die Verfolgung mehr ideeller als materieller **Ziele**,[113] treffen entweder nicht auf sämtliche freien Berufe zu[114] oder sind Ausdruck der längst überholten, realitätsfremden Meinung, dass den Angehörigen freier Berufe das Erwerbsstreben fehle.[115] Die Feststellung, dass freiberufliche Tätigkeit eher durch den Einsatz der **persönlichen Arbeitskraft** oder des eigenen Wissens als durch Kapitalinvestition gekennzeichnet sei,[116] ist inzwischen

---

109) Zum Begriff und seiner geschichtlichen Entwicklung eingehend *Michalski*, Das Gesellschafts- und Kartellrecht S. 6–19; *ders.*, Der Begriff des freien Berufs, S. 17 ff; vgl. auch *Krejci*, in: Verhandlungen des 10. ÖJT, Bd. I/1, S. 12 mit Fußn. 1.
110) Vgl. die Begründung zum RegE PartGG, BT-Drucks. 12/6152, S. 10 = Anhang, S. 314; *Karsten Schmidt*, NJW 1995, 1, 2; *ders.*, ZIP 1993, 633, 639; *Bayer/Imberger*, DZWir 1993, 309, 310; ein Definitionsansatz findet sich bei *Michalski*, Der Begriff des freien Berufs, S. 156; vgl. hierzu ferner *Taupitz*, S. 22 f.
111) *BFB*, BRAK-Mitt. 1995, 157; krit. MünchKomm-*Ulmer*, BGB, § 1 PartGG Rz. 28 in Fußn. 44; *Mahnke*, WM 1996, 1029, 1031.
112) Vgl. *Michalski*, Der Begriff des freien Berufs, S. 80 ff, 156.
113) So z. B. *Bayer/Imberger*, DZWir 1993, 309, 310.
114) Z. B. fehlt es bei Physiotherapeuten oder Bildberichterstattern an einer solchen Ausbildung; vgl. *Schmidt/Wacker*, EStG, § 18 Anm. 9; zudem spielt die höhere Qualifikation zunehmend auch in der gewerblichen Wirtschaft eine wichtige Rolle, vgl. *Krejci*, EGG, § 1 Rz. 92.
115) Vgl. bereits *Michalski*, ZIP 1991, 1551, 1557; ferner *Krejci*, EGG, § 1 Rz. 91.
116) So *Bayer/Imberger*, DZWir 1993, 309, 310.

Voraussetzungen der Partnerschaft §1

ebenfalls kaum noch als Abgrenzungskriterium geeignet,[117] denn einerseits ist für einige freie Berufe (insbesondere ärztliche Heilberufe, aber auch z. B. Architekten) ein ganz erheblicher Kapitaleinsatz für moderne Hilfsmittel typisch geworden,[118] andererseits ist das persönliche Engagement des Freiberuflers durch Arbeitsteilung und Substitution weitgehend relativiert.[119] Angesichts dieser Schwierigkeiten ist es verständlich, dass der Gesetzgeber es bei Verabschiedung der ursprünglichen Fassung des Partnerschaftsgesellschaftsgesetzes zunächst vermieden hat, eine eigenständige gesellschaftsrechtliche Definition zu versuchen.

So hatte bereits der **Entwurf von 1971** auf eine gesetzliche Definition des Begriffs der freien Berufe verzichtet. § 1 Abs. 1 Satz 2 des Entwurfes **1975** bestimmte: „Freie Berufe im Sinne dieses Gesetzes sind solche, deren Angehörige in Körperschaften des öffentlichen Rechts (Berufskammern) auf Bundesebene direkt oder indirekt zusammengeschlossen sind." § 1 Abs. 2 des Entwurfs 1976 zählte ähnlich wie das Gesetz eine Reihe von Katalogberufen auf, verzichtete aber auf die Tätigkeitsbereiche der Wissenschaftler usw. Diese wurden erst durch den **Referentenentwurf** 1993 in noch weitergehender Anlehnung an § 18 Abs. 1 Nr. 1 EStG eingefügt. Während des Gesetzgebungsverfahrens wurde über die Aufnahme bestimmter Berufe heftig diskutiert, als problematisch erwiesen sich insbesondere die Berufe der Ärzte, Zahnärzte und Tierärzte.[120] 31

Nachdem durch die Übernahme der Grundgedanken des § 18 Abs. 1 Nr. 1 Satz 2 EStG die Frage der Eingrenzung der Freien Berufe für die Praxis weitgehend geklärt erschien, wurde durch das **Änderungsgesetz 1998** während der Beratungen im Rechtsausschuss des Deutschen Bundestages völlig überraschend noch die **Legaldefinition** des Absatzes 2 Satz 1 in das Gesetz eingefügt. Es handelt sich hierbei um einen politischen Programmsatz ohne eigenen normativen Gehalt. Die Legaldefinition orientiert sich offenbar im Wesentlichen an dem Vorschlag des Bundesverbandes der Freien Berufe (oben Rz. 30). Ihre rechtliche Bedeutung wird vor allem dadurch begrenzt, dass die Begriffsbestimmung deutlich zum Ausdruck bringt, keinen Anspruch auf Allgemeingültigkeit zu erheben („ ... im Allgemeinen ..."). Die Registergerichte werden sich bei ihren Entscheidungen hinsichtlich der Partnerschaftsfähigkeit daher kaum auf Satz 1, sondern eher auf den konkreteren Satz 2 und die hierzu bereits ergangene (Steuer-) Rechtsprechung stützen. Problematisch sind in der Praxis nämlich nicht die Berufe, bei denen sämtliche in Absatz 2 Satz 1 genannten Merkmale vorliegen, sondern diejenigen, bei denen dies nicht zwingend der Fall ist (zu einzelnen Merkmalen siehe bereits Rz. 30). 31a

---

117) Kritisch bereits *Michalski*, Der Begriff des freien Berufs, S. 71.
118) Vgl. nur *Bösert*, ZAP Fach 15, S. 137, 138.
119) *Krejci*, EGG, § 1 Rz. 92.
120) Vgl. näher Punkt 2 des Neun-Punkte-Kataloges des Bundeswirtschaftsministeriums v. November 1991; hierzu *Beckmann*, in: Festschrift Kleinert, S. 210, 214; *Gres*, Der Selbständige, 12/1992, 6.

32 Auch im **Ausland** ist eine allgemein gültige und anerkannte Definition des Begriffs der freien Berufe nicht anzutreffen. Es besteht zwar ein weitgehender internationaler Grundkonsens über einige als freiberuflich einzuordnende Hauptcharakteristika, jedoch musste der OECD in einer umfassenden Studie im Jahre 1985 feststellen, dass in den jeweiligen Staaten häufig erhebliche Unterschiede bei der konkreten Zurechnung von Berufen zu dem Kreis der freien Berufe auftreten.[121] Der Entwurf des **österreichischen** Partnerschaftsgesetzes hatte seinen Geltungsbereich ähnlich wie der deutsche Entwurf 1975 auf die verkammerten freien Berufe beschränkt.[122] In dem verabschiedeten, praktisch nur noch aus einer ergänzten Generalverweisung bestehenden Erwerbsgesellschaftengesetz wurde dann allerdings auf eine eigene Definition verzichtet, so dass man sich in Österreich vergleichbaren Abgrenzungsschwierigkeiten gegenübersieht wie in Deutschland durch die Generalklausel der „ähnlichen Berufe".[123] Auch das **französische** Gesetz über die Einführung der „société civile professionnelle" von 1966 richtet sich gemäß seinem Artikel 1 Abs. 1 nur an Berufe, die besonders rechtlich geregelt sind oder wenigstens über eine durch eine Rechtsnorm geschützte Berufsbezeichnung verfügen; der Begriff der freien Berufe brauchte danach nicht mehr selbst definiert zu werden.[124] Das Gesetz vom 31.12.1990 verzichtet ebenfalls auf eine solche Definition für die „société d'exercice libérale". Es gibt allerdings eine Aufzählung der betroffenen Berufe durch einen interministeriellen Ausschuss für freie Berufe.[125] Der **belgische** Gesetzentwurf für eine neue Gesellschaftsform stellte in seinen Artikeln 1 Abs. 1 sowie 2 Abs. 1 ab auf „professions intellectuelles à caractère non commercial, soumises à un statut légal ou réglementaire".[126] Dieser Begriff ist weiter als der der traditionellen freien Berufe und sollte nach der Gesetzesbegründung jede autonome intellektuelle Leistung umfassen, die nicht gewerblicher Natur und deren Träger einer beruflichen Kontrolle unterworfen war.[127]

33 Auch die Kommission der **Europäischen Gemeinschaft** sah sich bei den Vorüberlegungen für eine europäische Rechtsform für Angehörige freier Berufe mit der Schwierigkeit einer einheitlichen Definition des freien Berufs konfrontiert.[128]

---

121) *OECD*, Politique de la concurrence et professions libérales, S. 86 Nr. 259.
122) *Krejci*, EGG, § 1 Rz. 84.
123) Zu den Einzelheiten vgl. *Krejci*, EGG, § 1 Rz. 83 ff, 90 ff.
124) Näher *Müller-Gugenberger*, DB 1972, 1517, 1517 f.
125) *Laurent/Vallée*, SEL, S. 10 f; vgl. auch *Schwenter-Lipp*, S. 24, 27 mit einer Übersicht über die als freie Berufe in Frankreich bzw. in Deutschland anerkannten Professionen.
126) Gesetzentwurf, Chambre des Représentants, sess. 1984–1985, doc. 1108-1, 31.
127) Begründung zum Gesetzentwurf, Chambre des Représentants, sess. 1984–1985, doc. 1108-1, 5.
128) Hierzu eingehend *EG-Kommission*, Konsultationsdokument, S. 8 ff; ausführlich noch die 1. Auflage, 1995, § 1 Rz. 33; zur Begriffsbestimmung des freien Berufs auf der Ebene der Europäischen Union *Ehlermann*, in: Festschrift Budde 1995, 157, 160 f; *ders.*, Revue du Marché commun et de l'Union européenne, no. 365, 136, 138 f.

2. Freie Berufe im Verhältnis zu § 18 Abs. 1 Nr. 1 Satz 2 EStG

a) Unterschiede zwischen Gesellschafts- und Steuerrecht

Die Festlegung des personellen Anwendungsbereiches in Absatz 2 lehnt sich bewusst weitgehend an die entsprechende Definition in § 18 Abs. 1 Nr. 1 EStG[129] an (Wortlaut bei Rz. 29).[130] Dies soll es ermöglichen, die hierzu ergangene Rechtsprechung auch für den gesellschaftsrechtlichen Bereich fruchtbar zu machen und damit die Anwendung des neuen Gesetzes erleichtern.[131]

34

Einige Entwicklungen aus der finanzgerichtlichen Rechtsprechung sind bereits im Wortlaut des Absatzes 2 berücksichtigt worden. Insbesondere wurden aus diesem Grunde auch die **Hebammen** und **Heilmasseure** ausdrücklich in den Katalog aufgenommen.[132] Das Partnerschaftsgesellschaftsgesetz nennt nunmehr ferner die **Diplom-Psychologen, Mitglieder der Rechtsanwaltskammern** sowie die **hauptberuflichen Sachverständigen**. Demgegenüber verzichtet es auf die in § 18 Abs. 1 Nr. 1 EStG genannten Berufe der Notare, Vermessungsingenieure und Dentisten. Hinsichtlich der **Dentisten** ist dies dadurch gerechtfertigt, dass es sich hierbei um einen „auslaufenden" Beruf handelt,[133] der während der Übergangszeit unter den „ähnlichen Beruf" subsumiert werden kann. Während der bestehenden Kurierfreiheit war die Zahnheilkunde von den zwei nebeneinander bestehenden Berufen der Zahnärzte und der Dentisten wahrgenommen worden, wobei die Dentisten in Fachschulen in praktischer und manueller Hinsicht ausgebildet wurden. Durch das Zahnheilkundegesetz (ZHG) von 1952 wurden beide Berufe zusammengefasst, der Zahnarzt zum rein akademischen Beruf ausgestaltet und aus der Gewerbeordnung herausgenommen.[134]

35

Die **Vermessungsingenieure** fallen unter den weiterhin in Absatz 2 erfassten Bereich der Ingenieure, so dass auch insoweit durch den Verzicht auf die ausdrückliche Nennung kein inhaltlicher Unterschied zu der einkommensteuerlichen Definition entsteht.[135] Sie wurden deswegen nicht ausdrücklich in den Katalog des Absatzes 2 mit aufgenommen, weil den öffentlich bestellten Vermessungsingenieuren in landesrechtlichen Normen ein öffentliches Amt zuerkannt wird und sie insoweit keinen partnerschaftsfähigen freien Beruf ausüben. Sie sind in diesem Fall nur hinsichtlich ihrer freien Ingenieurtätigkeit partnerschaftsfähig.[136] Lediglich dem Beruf des No-

35a

---

129) § 18 Abs. 1 Nr. 1 EStG ist verfassungsrechtlich unbedenklich; BFHE 170, 88; *Glanegger/Güroff*, GewStG, § 2 Rz. 88.
130) Dies wird allerdings noch als zu wenig deckungsgleich kritisiert von *Mittelsteiner*, DStR 1994, Beihefter zu Heft 37, S. 37.
131) Begründung zum RegE PartGG, BT-Drucks. 12/6152, S. 10 = Anhang, S. 314; vgl. bereits *Michalski*, ZIP 1993, 1210, 1211.
132) Begründung zum RegE PartGG, BT-Drucks. 12/6152, S. 10 = Anhang, S. 314.
133) *Michalski*, Der Begriff des freien Berufs, S. 75 mit Fußn. 340; vgl. §§ 8 bis 11a ZHG.
134) *Deutsch*, S. 19 f.
135) Vgl. Begründung zum RegE PartGG, BT-Drucks. 12/6152, S. 10 = Anhang, S. 314, und näher unten Rz. 66.
136) MünchKomm-*Ulmer*, BGB, § 1 Rz. 29 in Fußn. 47; *Seibert*, in: Münchener Handbuch, § 33 Rz. 16.

tars soll die Partnerschaft als mögliche Zusammenschlussform verschlossen bleiben.[137)] Dies wird mit der Ausübung eines öffentlichen Amtes durch den Notar gerechtfertigt.[138)] Der Gesetzgeber wollte damit offenbar der offiziellen Kammerpolitik der Notare Rechnung tragen.[139)] Für den Anwaltsnotar gilt das Verbot nur hinsichtlich seiner Eigenschaft als Notar, während er in seiner Funktion als Rechtsanwalt ohne weiteres partnerschaftsfähig ist.[140)] Für die Partnerschaft gilt damit dieselbe Rechtslage wie bislang bei einer Sozietät in Form der Gesellschaft bürgerlichen Rechts.[141)]

36 Wie im Steuerrecht, so gelten auch im Bereich des Partnerschaftsgesellschaftsgesetzes die **Apotheker** im Ergebnis nicht als freie Berufe im Sinne des Absatzes 2. In § 8 Satz 1 ApG, der über Absatz 3 eingreift, ist nämlich festgelegt, dass für Zusammenschlüsse von Apothekern ausschließlich die Gesellschaft bürgerlichen Rechts und die OHG zur Verfügung stehen.[142)] Deswegen hat der Gesetzgeber darauf verzichtet, den Apotheker als Katalogberuf in Absatz 2 aufzuführen,[143)] wenngleich sie – von ihrem Charakter her – dieser Berufsgruppe zuzurechnen sind. Falls es in Zukunft zu einer Öffnung des § 8 Satz 1 ApG kommen sollte, wäre es nahe liegend, die Apotheker den „ähnlichen Berufen" im Sinne des Absatzes 2 zuzurechnen.[144)]

37 Insgesamt zeigt sich daher, dass die etwas abweichende Begriffsbestimmung im Partnerschaftsgesellschaftsgesetz gegenüber dem Einkommensteuergesetz mit der einzigen Ausnahme des Notars nur auf einer **Anpassung des Wortlauts** an die zwischenzeitliche Entwicklung insbesondere der Rechtsprechung beruht. Dies gilt weitgehend auch für die neu in den Katalog aufgenommenen Berufe. Inhaltliche Bedeutung etwa im Sinne einer abweichenden Begriffsbildung im Steuer- und im Gesellschaftsrecht kommt der etwas unterschiedlichen textlichen Fassung daher nicht zu.[145)]

---

137) Kritisch *Knoll/Schüppen*, DStR 1995, 608, 610; zur Sozietätsbildung von Nur-Notaren näher *Michalski*, ZIP 1996, 11 ff.
138) Begründung zum RegE PartGG, BT-Drucks. 12/6152, S. 10 = Anhang, S. 315; *Ahlers*, in: Festschrift Rowedder, S. 1, 2 f ; zur Rechtslage in Österreich *Krejci*, EGG, § 1 Rz. 87.
139) *Seibert*, in: Münchener Handbuch, § 33 Rz. 15.
140) So auch § 59a Abs. 1 Satz 3 BRAO als berufliche Vorschrift bei Anwaltssozietäten; zur Partnerschaft vgl. *Seibert*, DB 1994, 2381, 2383; *BRAK*, Stellungnahme zum RefE PartGG, S. 3; zur rechtlichen Konstruktion einer Einbeziehung der Notartätigkeit in die Rechtsanwaltssozietät siehe *Ahlers*, in: Festschrift Rowedder, S. 1, 16 f.
141) A. A. *Feddersen/Meyer-Landrut*, PartGG, § 1 Rz. 12, wonach die Soziierungsmöglichkeiten in der Partnerschaft restriktiver geworden sein sollen.
142) Begründung zum RegE PartGG, BT-Drucks. 12/6152, S. 10 = Anhang , S. 315; *Ahlers*, in: Festschrift Rowedder, S. 1, 3 ff bejaht die Frage der Verfassungsmäßigkeit des § 8 ApG im Anschluss an ein unveröffentlichtes Rechtsgutachten von *Henssler*.
143) Begründung zum RegE PartGG, BT-Drucks. 12/6152, S. 10 = Anhang, S. 315; darauf haben während des Gesetzgebungsverfahrens offenbar auch die Apothekerverbände gedrungen, hierzu *Seibert*, Die Partnerschaft, S. 42 in Fußn. 36; zur Rechtslage in Österreich *Krejci*, EGG, § 1 Rz. 85 f; kritisch zur Regelung des PartGG *Knoll/Schüppen*, DStR 1995, 608, 610; *Lenz*, in: Meilicke u. a., PartGG, § 1 Rz. 45; *Taupitz/Schelling*, NJW 1999, 1751, 1755.
144) Wohl a. A. *Bayer/Imberger*, DZWir 1995, 177, 181.
145) Der Kritik von *Mittelsteiner*, DStR 1994, Beihefter zu Heft 37, S. 37, kann daher nicht gefolgt werden.

Voraussetzungen der Partnerschaft § 1

Andererseits ist es nicht ausgeschlossen, dass in Einzelfällen **Differenzen** auftreten können. In solchen Fällen kommt weder dem **Steuer-** noch dem **Gesellschaftsrecht** präjudizielle Wirkung zu. So kann es z. B. vorkommen, dass die Einkünfte aus einer – gemäß Absatz 1 Satz 2 grundsätzlich nicht gewerblichen – Partnerschaft steuerrechtlich als Einkünfte aus einem Gewerbebetrieb angesehen werden.[146] Eine solche steuerliche Einordnung ändert nichts am gesellschaftsrechtlichen Fortbestand der Partnerschaft.

38

b) Anwendungsprobleme

Die vom Gesetzgeber gewählte Regelungstechnik beseitigt bei der praktischen Anwendung des Gesetzes zwar nicht vollständig die besonderen Schwierigkeiten, Angehörige eines freien Berufes von Gewerbetreibenden abzugrenzen,[147] wie sie z. B. in der problematischen Unterscheidung des freiberuflichen Künstlers vom Kunstgewerbetreibenden zutage treten.[148] Aber die insoweit in das Partnerschaftsgesellschaftsgesetz übernommene Formulierung des § 18 Abs. 1 Nr. 1 EStG bietet doch den Vorteil, dass eine allgemein gültige Definition des freien Berufs entbehrlich ist. Aufgrund der Generalklausel der „ähnlichen Berufe" sind vielmehr lediglich Übereinstimmungen der nicht in dem Katalog erwähnten Berufsbilder mit den dort explizit genannten Berufen zu untersuchen. Auch hier ist aber natürlich nicht zu verkennen, dass die Feststellung von Ähnlichkeiten vor allem dann relevant wird, wenn es sich um gemeinsame Wesensmerkmale spezifisch freiberuflicher Natur handelt.

39

Ebenfalls nicht verkannt werden sollte, dass die Rechtsprechung zu § 18 Abs. 1 Nr. 1 Satz 2 selbst von erheblichen Unsicherheiten geprägt ist. Sie neigt wegen der generalklauselartigen Anwendbarkeit auch auf „ähnliche Berufe" tendenziell zu fortschreitender Ausweitung der betroffenen Berufsgruppen.[149] Diese Schwierigkeit hat bereits dazu geführt, dass das Partnerschaftsgesellschaftsgesetz als **nicht mit hinreichender Sicherheit handhabbar** kritisiert wurde.[150] *Karsten Schmidt* brachte die Kritik auf die Formel: „Das Sammelsurium des § 18 Abs. 1 Nr. 1 EStG ist keine gute Grundlage für eine gesellschaftsrechtliche Zusammenfassung."[151]

40

---

146) So bereits die Begründung zum RegE PartGG, BT-Drucks. 12/6152, S. 10 = Anhang, S. 314; *Burret*, WPK-Mitt. 1994, 201, 203.

147) *Krejci*, EGG, § 1 Rz. 83; *Michalski*, Der Begriff des freien Berufs, S. 38 ff; *Karsten Schmidt*, ZIP 1993, 633, 639.

148) Kritisch daher mit weiteren Beispielen *Karsten Schmidt*, NJW 1995, 1, 2, der die Unbestimmtheit des Begriffs der Freien Berufe als eine Schwäche des Gesetzes bezeichnet; vgl. bereits *ders.*, ZIP 1993, 633, 639; ihm folgend *Knoll/Schüppen*, DStR 1995, 608, 609; ferner die Kritik von *Bayer/Imberger*, DZWir 1993, 309, 310 f, welche jedoch verkennt, dass der freie Beruf als Oberbegriff für die Katalogberufe und die ähnlichen Berufe zu betrachten ist.

149) Näher hierzu *Michalski*, Der Begriff des freien Berufs, S. 170 ff („Die inflationäre Entwicklung des Begriffs des freien Berufs"); vgl. ferner *Weyand*, INF 1995, 22, 23; *Stuhrmann*, in: Kirchhof/Söhn/Mellinghoff, EStG, § 18 Rz. B 15 ff, 24.

150) *Bayer/Imberger*, DZWir 1993, 309, 310 f; *Karsten Schmidt*, ZIP 1993, 633, 639; vgl. näher unten bei der Erörterung der ähnlichen Berufe, Rz. 78 ff.

151) *Karsten Schmidt*, ZIP 1993, 633, 637; vgl. auch *Knoll/Schüppen*, DStR 1995, 608, 609 f.

41 Andererseits ist der Ausgangspunkt des Gesetzes, nicht durch abweichende Begriffsbildungen im Gesellschaftsrecht die bisherigen Probleme im Steuerrecht noch zu vermehren, durchaus begrüßenswert. Die „**Einheitlichkeit der Probleme**" kann für die praktische Rechtsanwendung einen nicht zu unterschätzenden Vorteil darstellen.[152] Zwar gibt es auch im Steuerrecht keinen einheitlichen Oberbegriff der freien Berufe. Auch kann dem § 18 EStG ein allgemeiner Grundsatz für die Bestimmung der darunter fallenden Berufe nicht entnommen werden.[153] Andererseits aber existiert inzwischen eine **umfangreiche Kasuistik**, der für die überwiegende Zahl der von den Registergerichten zu lösenden Abgrenzungsprobleme entscheidende Kriterien entnommen werden können.[154]

III. Die Katalogberufe

42 Die in Absatz 2 aufgeführten Katalogberufe lassen sich in **fünf Bereiche** unterteilen:[155]

- **Heilberufe:** Ärzte, Zahnärzte, Tierärzte, Heilpraktiker, Krankengymnasten, Hebammen, Heilmasseure, Diplom-Psychologen;
- **rechts- und wirtschaftsberatende Berufe:** Rechtsanwälte, Patentanwälte, Mitglieder der Rechtsanwaltskammern, Wirtschaftsprüfer, vereidigte Buchprüfer (vereidigte Buchrevisoren), Steuerberater, Steuerbevollmächtigte, beratende Volks- und Betriebswirte;
- **naturwissenschaftlich orientierte Berufe:** Ingenieure, Architekten, Handelschemiker, hauptberufliche Sachverständige;
- **Vermittler von geistigen Gütern und Informationen:** Journalisten, Bildberichterstatter, Dolmetscher, Übersetzer;
- Lotsen.

Zu den Katalogberufen im Einzelnen:

1. Heilberufe

43 Ärzte, Zahnärzte und Tierärzte bedürfen zur Führung dieser Berufsbezeichnung sowie zur Berufsausübung der **Approbation**. Ärzte aus dem Bereich der Europäischen Union dürfen aufgrund der Dienstleistungsfreiheit nach Art. 60 EGV ihren Beruf vorübergehend im Bundesgebiet ausüben und sind insoweit partnerschaftsfähig; die übrigen Ausländer können im Einzelfall eine Erlaubnis nach § 10 BÄO erlangen und dann einer Partnerschaft beitreten.[156] Heilpraktiker, Krankengym-

---

152) Zustimmend *Mahnke*, WM 1996, 1029, 1032.
153) BFHE 101, 367; *Schmidt/Wacker*, EStG, § 18 Anm. 9.
154) Vgl. einerseits *Karsten Schmidt*, ZIP 1993, 633, 639; andererseits *Michalski*, ZIP 1993, 1210, 1211; ferner *Stuhrmann*, in: Kirchhof/Söhn/Mellinghoff, EStG, § 18 Rz. B 19.
155) BVerfGE 46, 224, 242; *Stuhrmann*, in: Kirchhof/Söhn/Mellinghoff, EStG, § 18 Rz. B 47.
156) *Feddersen/Meyer-Landrut*, PartGG, § 1 Rz. 13.

nasten, Hebammen und Heilmasseure benötigen eine **Erlaubnis**.[157] Diplom-Psychologen sind ein Sonderfall, da für sie lediglich ein mit Abschluss des Studiums der Psychologie erlangtes Diplom erforderlich ist. Personen, welche einen der genannten zulassungsbedürftigen Berufe ausüben und nicht über die erforderliche Berufszulassung verfügen, fallen nicht unter Absatz 2.[158] Dies ergibt sich von selbst, soweit die Berufsbezeichnung gesetzlich geschützt ist, da dort Personen ohne die Erlaubnis zur Berufsausübung bereits nicht eine der in dem Katalog aufgeführten Berufsbezeichnungen führen dürfen.

a) Ärzte, Zahnärzte, Tierärzte

Berufsrechtliche Regelung für **Ärzte** finden sich in der Bundesärzteordnung vom 16.4.1987[159] und den landesspezifischen Berufsordnungen, häufig nach dem Muster der Musterberufsordnung für die deutschen Ärztinnen und Ärzte in der Fassung der Beschlüsse des 107. Deutschen Ärztetages 2004 in Bremen (MBO-Ä 2004). Die Berufstätigkeit der Ärzte ist die selbständige Ausübung der Heilkunde. Dazu gehören alle Maßnahmen, die der Vorbeugung von Krankheiten oder der Feststellung, Heilung oder Linderung von Krankheiten, Leiden oder Körperschäden bei Menschen dienen.[160] Zu den heilberuflichen Tätigkeiten zählen aber auch die laufende Anfertigung von Gutachten oder Attesten über den Gesundheitszustand der von ihnen untersuchten Personen für Gerichte und Versicherungsanstalten.[161] Ferner sind zu nennen das Beobachten und Registrieren der Verträglichkeit und möglicher Nebenwirkungen von Medikamenten bei Patienten, auch wenn dies für ein pharmazeutisches Unternehmen geschieht.[162] Zur Ausübung dieser freiberuflichen Tätigkeiten können sich Ärzte in einer Partnerschaft zusammenschließen. Die MBO-Ä sieht dies in Kap. B § 22 i. V. m. Kap. D II Nr. 8 ausdrücklich vor.

44

Grundsätzlich wird nur Ärzten (§ 95 SGB V, § 18 Ärzte-ZV), nicht aber der Partnerschaft als solche die kassenärztliche Zulassung erteilt.[163] Jeder ärztliche Partner muss sich also gesondert um seine persönliche Zulassung bemühen. Der Zulassungsausschuss der kassenärztlichen Vereinigung hat bei der Neuvergabe der Kassenzulassung besondere Umstände zu berücksichtigen. Hierzu kann beispielsweise

44a

---

157) Zu der „Berufserlaubnis und Approbation im Heilwesen" vgl. den Überblick bei *Haurand*, NWB Fach 30, S. 891 ff.
158) So auch die Steuerrechtsprechung und die dort inzwischen h. L., vgl. *Brandt*, in: Herrmann/Heuer/Raupauch, § 18 Rz. 67 m. umfangr. Nachw.
159) Bundesärzteordnung, BÄO, v. 16.4.1987, BGBl I, 1219.
160) *Steinhauff*, in: Littmann/Bitz/Pust, EStG, § 18 Rz. 150; *Stuhrmann*, in: Kirchhof/Söhn/Mellinghoff, EStG, § 18 Rz. B 86; für die Zahnheilkunde vgl. § 1 Abs. 3 ZHG.
161) *Schmidt/Wacker*, EStG, § 18 Rz. 88; *Fitsch*, in: Lademann, EStG, § 18 Anm. 115; *Stuhrmann*, in: Kirchhof/Söhn/Mellinghoff, EStG, § 18 Rz. B 87; *Nieland*, in: Littmann/Bitz/Pust, EStG, § 18 Rz. 150a.
162) *Fitsch*, in: Lademann, EStG, § 18 Anm. 115; *Stuhrmann*, in: Kirchhof/Söhn/Mellinghoff, EStG, § 18 Rz. B 87; dies ist jedoch zweifelhaft für reine Laborärzte, vgl. *Steinhauff*, in: Littmann/Bitz/Pust, EStG, § 18 Rz. 151 m. w. N.; *Brötzmann*, WiB 1994, 270, 271.
163) *Schirmer*, MedR 1995, 383, 388 ff; *Salger*, in: Münchener Handbuch, § 39 Rz. 4.

gehören, ob der betreffende Kandidat im Rahmen der Partnerschaft tätig werden soll und kann. Bei einer Altersbeschränkung nach § 90 Abs. 7 SGB V kann der Partnerschaftsvertrag die Umstände des Ausscheidens und der Honorarverteilung regeln. Nach einer in der Literatur vertretenen Auffassung muss analog § 33 Ärzte-ZV der Zusammenschluss in der Partnerschaft als gemeinschaftliche Berufsausübung genehmigt werden.[164] In Ausnahmefällen ist eine Ermächtigung der Partnerschaft selbst denkbar.[165]

44b Berufsrechtliche Grundlagen für **Zahnärzte** finden sich im Zahnheilkundegesetz (ZHG) vom 16.4.1987[166] und in den landesrechtlichen Vorschriften nach dem Vorbild der Musterberufsordnung für Zahnärzte und Zahnärztinnen in der Fassung des Beschlusses des Vorstandes vom 27.6.1996. Trotz der seit langem bestehenden Musterberufsordnung sind zum Teil erhebliche sprachliche und inhaltliche Abweichungen der Landesnormen voneinander festzustellen.[167] § 16 Abs. 1 MBO-ZÄ gestattet den Zusammenschluss niedergelassener Zahnärzte in einer Partnerschaft. Die Tätigkeit des Zahnarztes besteht in der auf wissenschaftliche Erkenntnisse begründeten Feststellung und Behandlung von Zahn-, Mund- und Kieferkrankheiten, § 1 Abs. 2 ZHG.

44c Die berufsrechtlichen Normen für **Tierärzte** sind in der Bundestierärzteordnung (BTÄO) in der Fassung der Bekanntmachung vom 20.11.1981[168] und landesrechtlichen Bestimmungen nach dem Vorbild der Musterberufsordnung der Bundestierärztekammer e. V. in der Fassung des Beschlusses der Delegiertenversammlung der Bundestierärztekammer vom 24.11.1994 enthalten. Die früher handwerkliche Tätigkeit ist im Jahre 1965 durch die damalige Verabschiedung der Bundestierärzteordnung zu einem akademischen Beruf geworden. Die Berufsausübung besteht in der Untersuchung von Tieren, Beratung des Vertragspartners über die nach den veterinärmedizinischen Kenntnissen und Erfahrungen anzuwendenden therapeutischen Maßnahmen sowie der Durchführung der danach erforderlichen Therapien.[169] Nach der Definition der Heilkunde als Tätigkeiten zur Heilung und Linderung von Krankheiten bei Menschen zählt die Berufsausübung der Tierärzte streng genommen nicht zum Bereich der Heilkunde; in der Praxis werden die Tierärzte jedoch ebenfalls überwiegend diesem Bereich zugeordnet.[170]

45 Wenn ausschließlich **gewerblichen Tätigkeiten** nachgegangen werden soll, sind die Berufsangehörigen insoweit nicht partnerschaftsfähig. Als gewerblich ist etwa die entgeltliche Abgabe von Medikamenten durch Ärzte oder Tierärzte anzusehen, sofern es nicht um Praxisbedarf, stationäre Aufnahme oder Notfallbehandlung

---

164) *Schirmer*, MedR 1995, 383, 388.
165) Näher *Schirmer*, MedR 1995, 383, 388 f.
166) Zahnheilkundegesetz, ZHG, v. 16.4.1987, BGBl I, 1225.
167) *Deutsch*, S. 20.
168) Bundestierärzteordnung, BTÄO, v. 20.11.1981, BGBl I, 1193.
169) *Deutsch*, S. 107.
170) *Lenz*, in: Meilicke u. a., PartGG, § 1 Rz. 39 m. w. N.

geht[171]; ferner die Herstellung von Prothesen durch einen Zahnarzt nicht für Patienten, sondern für Berufskollegen.[172] Fraglich ist die Rechtslage bei Augenärzten, die sich auf die Anpassung und den Verkauf von Kontaktlinsen spezialisiert haben.[173] Falls der Arzt gewerbliche Aktivitäten verfolgt, ist näher zu prüfen, ob er daneben auch die Heilkunde betreibt. Nur bei ausschließlich gewerblicher Betätigung ist der Zusammenschluss in einer Partnerschaft nach Absatz 1 Satz 1 ausgeschlossen. Wenn hingegen mehrere voneinander zu trennende Tätigkeiten ausgeübt werden, kann sich der Arzt zur freiberuflichen Berufstätigkeit mit anderen in der Gesellschaft vereinigen.

b) Heilpraktiker, Krankengymnasten, Heilmasseure, Hebammen

Das **Heilpraktikergesetz** vom 17.2.1939 beendete die Epoche der allgemeinen Kurierfreiheit durch die Einführung eines generellen Erlaubniszwanges für die Ausübung der Heilkunde ohne Approbation.[174] Das gesetzgeberische Ziel bestand darin, auf längere Frist ein Monopol der Ärzte zu begründen und bis dahin nur den Besitzstand der bereits aktiven Heilpraktiker zu wahren. Unter der Geltung des Grundgesetzes mit der allgemeinen Berufsfreiheit des Art. 12 GG konnte dieses Ziel nicht mehr erreicht werden, stattdessen verfestigte sich der neu geschaffene Berufsstand.[175] § 1 Abs. 1 HeilpraktikerG statuiert einen **generellen Erlaubniszwang**. Die Ausübung der Heilkunde ohne Erlaubnis wird durch § 5 Abs. 1 HeilpraktikerG unter Strafe gestellt. In dem Bestreben, auch unseriöse und vorgebliche Heiler dem Anwendungsbereich des Heilpraktikergesetzes zu unterwerfen, versteht der Bundesgerichtshof durch einen weiten Heilkundebegriff unter der Heilkunde auch solches Handeln, das bei dem Behandelten lediglich den Eindruck erweckt, als ziele es darauf ab, ihn zu heilen oder ihm eine gesundheitliche Erleichterung zu verschaffen (**Eindruckstheorie**).[176] Die Erlaubnis zur Ausübung des Heilpraktikerberufes setzt keine eigentliche Fachprüfung voraus, sondern nur einige **heilkundliche Kenntnisse** vor allem im Bereich des Seuchenrechts und der Grenzen der Heilbefugnisse eines Heilpraktikers.[177] Verboten sind dem Heilpraktiker beispielsweise die Verschreibung von Medikamenten, die Geburtshilfe und die Verabreichung von Betäubungsmitteln.[178] Die privatrechtlich organisierten Heilpraktikerverbände, bei denen allerdings kein Mitgliedschaftszwang besteht, haben sich eine gemeinsame Berufsordnung gegeben, die eine gewisse Anerkennung als Standesauffassung gefunden hat.[179]

46

---

171) *Schmidt/Wacker*, EStG, § 18 Rz. 51; *Stuhrmann*, in: Kirchhof/Söhn/Mellinghoff, EStG, § 18 Rz. B 110; *Fitsch*, in: Lademann, EStG, § 18 Rz. 121 f; *Rösener*, Deutsches Tierärzteblatt 1995, 418.
172) *Stuhrmann*, in: Kirchhof/Söhn/Mellinghoff, EStG, § 18 Rz. B 110; *Fitsch*, in: Lademann, EStG, § 18 Rz. 126.
173) Näher *Fitsch*, in: Lademann, EStG, § 18 Rz. 125.
174) Näher *Laufs/Uhlenbruck*, § 10 Rz. 1 f; *Deutsch*, S. 21.
175) *Lenz*, in: Meilicke u. a., § 1 Rz. 40.
176) BGH, NJW 1956, 313; 1978, 599; *Laufs/Uhlenbruck*, § 10 Rz. 6.
177) *Laufs/Uhlenbruck*, § 10 Rz. 10.
178) *Deutsch*, S. 21.
179) *Laufs/Uhlenbruck*, § 10 Rz. 7; *Deutsch*, S. 22; vgl. aber auch LG Tübingen, NJW 1983, 2093.

§ 1   Voraussetzungen der Partnerschaft

46a   **Chiropraktiker,** die Wirbelsäule und Gelenke behandeln, werden als Heilpraktiker angesehen und bedürfen der Erlaubnis.[180] In Anlehnung an den Beruf des Tierarztes sind seit einiger Zeit **Tierheilpraktiker** in Erscheinung getreten, die einen privatrechtlich organisierten Berufsverband als „Deutsche Gesellschaft für Tierheilpraktiker e. V." gegründet haben. Einer staatlichen Erlaubnis bedarf es hierfür nicht, da der Beruf des Heilpraktikers in der Veterinärmedizin im Gegensatz zur Humanmedizin nicht gesetzlich geregelt ist. Allerdings wurde in der Rechtsprechung[181] in dem Auftreten als Tierheilpraktiker eine irreführende Werbung i. S. d. § 3 UWG gesehen, sofern der Berufsangehörige nicht über vergleichbare Kenntnisse und Fähigkeiten verfügt, wie sie der Rechtsverkehr von einem Heilpraktiker im Sinne des Heilpraktikergesetzes erwartet, und zugleich darauf hinweist, dass die Ausübung des Berufes als Tierheilpraktiker keiner Approbation bedarf.

47   Die Berufsbezeichnung des **Krankengymnasten** war bei Inkrafttreten des Gesetzes bereits veraltet, da das Masseur- und Physiotherapeutengesetz (MPhG)[182] nur noch die Berufe „Masseur und medizinischer Bademeister" sowie „Physiotherapeut" kennt (§ 1). Diese neue Berufsbezeichnung des **Physiotherapeuten** war im Hinblick auf den Sprachgebrauch in der DDR sowie in den EU-Mitgliedstaaten eingeführt worden, und man hatte während des Gesetzgebungsverfahrens zum Partnerschaftsgesellschaftsgesetz noch über die Verwendung der neuen Begriffe diskutiert.[183] Auch wenn dies schließlich nicht verwirklicht wurde, ist doch zweifelsfrei die Subsumtion des Physiotherapeuten unter den Begriff des Krankengymnasten möglich.[184] Die Ausübung des Berufes als Krankengymnast bedarf der Erlaubnis nach § 1 MPhG.

48   Auch die Berufsbezeichnung des **Heilmasseurs** findet sich so im Masseur- und Physiotherapeutengesetz nicht. Sie ist vielmehr der Rechtsprechung des Bundesfinanzhofes[185] zu § 18 Abs. 1 Nr. 1 EStG entnommen.[186] Dies wird damit begründet, dass die Berufsbezeichnung „Masseur und medizinischer Bademeister" in § 1 MPhG den Bereich freiberuflicher Berufsausübung verlassen könne, soweit die Ver-

---

180) BGH MDR 1981, 992.
181) OLG Hamm, EWiR § 3 UWG 1/95, 399 (*Ring*).
182) Gesetz über die Berufe in der Physiotherapie, Masseur- und Physiotherapeutengesetz, MPhG, v. 26.5.1994, BGBl I, 1084.
183) Gegenäußerung der Bundesregierung zum RegE PartGG, BT-Drucks. 12/6152, S. 28 = Anhang, S. 318; für eine Aufnahme der Masseure und Physiotherapeuten in den Katalog: Bundesrat: S. 25.
184) Gegenäußerung der Bundesregierung zum RegE PartGG, BT-Drucks. 12/6152, S. 28 = Anhang, S. 318; durch § 16 Abs. 1 Satz 2 MPhG wird eine vor Inkrafttreten dieses Gesetzes (1.6.1994) erteilte Erlaubnis als Krankengymnast nach dem mit Inkrafttreten des MPhG außer Kraft getretenen Gesetz über die Ausübung der Berufe des Masseurs, des medizinischen Bademeisters und des Krankengymnasten, BGBl III, 2124-7, zuletzt geändert gemäß Art. 14 der Verordnung v. 26.2.1993, BGBl I, 278, der Erlaubnis nach dem MPhG gleichgestellt.
185) BFH BStBl 1971 II, 249.
186) Begründung zum RegE PartGG und Gegenäußerung der Bundesregierung, BT-Drucks. 12/6152, S. 10 und 28 f = Anhang, S. 314 und 318; im Katalog des § 18 Abs. 1 Nr. 1 EStG findet sich der Beruf hingegen nicht.

Voraussetzungen der Partnerschaft § 1

abreichung von Bädern über die reine Hilfsmaßnahme für die Tätigkeit eines Masseurs hinausgehe, da dann statt der persönlichen Dienstleistung die Nutzung von Einrichtungen und Hilfsmitteln im Vordergrund stünde.[187] Diese Begründung vermag allerdings kaum zu überzeugen, zumal auch der Beruf des Heilmasseurs nicht frei von der Gefahr ist, in den Bereich gewerblichen Handelns zu geraten, so z. B. bei der Veräußerung von Massageöl usw. (hierzu unten Rz. 50). Das geringe Maß an zusätzlicher Sicherung der Zugehörigkeit zu einer freiberuflichen Aktivität erkauft das Gesetz durch eine neue Begriffsbildung und damit eine Zersplitterung der Berufsbezeichnungen im heilkundlichen Bereich. Heilmasseure verabreichen Massagen und Bäder, unter anderem um Verspannungen der Muskulatur zu lösen.[188] Sie unterscheiden sich von sonstigen Masseuren dadurch, dass ihre Dienstleistungen Heilmittel im sozialversicherungsrechtlichen Sinne sind und es sich nicht lediglich um kosmetische Darreichungen oder einen allgemeinen Badebetrieb handelt.[189] Der Beruf bedarf der Genehmigung nach § 1 MPhG.

Ein **medizinischer Bademeister** kann dem Heilmasseur ähnlich sein. Dies gilt insbesondere, wenn die Verabreichung von Bädern eine Zusatz- oder Hilfsmaßnahme zur Berufstätigkeit des Masseurs darstellt und die persönliche Dienstleistung des Berufsangehörigen im Vordergrund steht.[190] 48a

Der Beruf der **Hebamme** ist im Unterschied zu § 18 Abs. 1 Nr. 1 Satz 2 EStG in Absatz 2 ausdrücklich mit aufgenommen worden; inhaltlich bedeutet dies aber keinen Unterschied, da die Hebamme im Steuerrecht den „ähnlichen Berufen" zugerechnet wird.[191] Hebammen haben die Aufgabe, Frauen während der Schwangerschaft Rat zu erteilen und die notwendige Fürsorge zu gewähren, normale Geburten zu leiten, Neugeborene zu versorgen und den Verlauf des Wochenbetts zu überwachen. Den Hebammen gleichgestellt sind die **Entbindungspfleger**.[192] Die berufsrechtliche Regelung findet sich in dem Gesetz über den Beruf der Hebamme und des Entbindungspflegers vom 4.6.1985.[193] Dieser Beruf ist nach § 1 Abs. 1 HebammenG erlaubnispflichtig. 49

Sofern über die eigentliche Heilbehandlung hinaus Waren oder Erzeugnisse (z. B. Massageöl) an Patienten oder Dritte entgeltlich abgegeben werden, führt dies steuerrechtlich zur Einschätzung als **gewerbliche Tätigkeit**.[194] Gesellschaftsrechtlich 50

---

187) Gegenäußerung der Bundesregierung zum RegE PartGG, BT-Drucks. 12/6152, S. 29 = Anhang, S. 320, unter Bezugnahme auf die Rechtsprechung des BFH; *Salger*, in: Münchener Handbuch, § 39 Rz. 14.
188) *Lenz*, in: Meilicke u. a., PartGG, § 1 Rz. 43.
189) *Feddersen/Meyer-Landrut*, PartGG, § 1 Rz. 19; BFH BStBl II 1985, S. 676 m. w. N.
190) *Lenz*, in: Meilicke u. a., PartGG, § 1 Rz. 75.
191) *Fitsch*, in: Lademann, EStG, § 18 Anm. 115; *Stuhrmann*, in: Kirchhof/Söhn/Mellinghoff, EStG, § 18 Rz. B 166.
192) Begründung zum RegE PartGG, BT-Drucks. 12/6152, S. 10 = Anhang, S. 314; vgl. hierzu *Kurtenbach/Horschitz*, S. 23.
193) Gesetz über den Beruf der Hebamme und des Entbindungspflegers, HebammenG, v. 4.6.1985, BGBl I, 902.
194) *Schmidt/Wacker*, EStG, § 18 Rz. 96; *Stuhrmann*, in: Kirchhof/Söhn/Mellinghoff, EStG, § 18 Rz. B 114.

schließt dies die Gründung einer Partnerschaft nicht aus, sofern sich die im Rahmen der Gesellschaft auszuübende Tätigkeit als eine solche freiberuflicher Natur erweist.

c) Diplom-Psychologen

51 Die Psychologie ist keine spezifisch heilkundliche Wissenschaft.[195] Nicht alle Diplom-Psychologen können dem Bereich der Heilkunde zugerechnet werden. Lediglich für den **Psychotherapeuten** war bislang im Steuerrecht eine arztähnliche Tätigkeit angenommen worden.[196] Unter die Diplom-Psychologen fallen insbesondere ferner die **beratenden Psychologen**, die sich mit der Beratung von Individuen sowie Organisationen der Wirtschaft und Verwaltung beschäftigen und diese mit Methoden der angewandten Wissenschaftlichen Psychologie z. B. im Personalwesen unterstützen.[197] Sofern ein **Gerichtspsychologe** sich der laufenden Erstellung von Gutachten widmet, wurde seine Berufstätigkeit bislang als wissenschaftlich und damit ebenfalls freiberuflich eingestuft.[198]

d) Psychotherapeuten

52 Nach mehreren gescheiterten Vorhaben wurde am 16.6.1998 das Psychotherapeutengesetz verabschiedet.[199] Nach § 1 Abs. 1 PsychThG setzt die Führung der Berufsbezeichnung „Psychologischer Psychotherapeut" oder „Kinder- und Jugendlichenpsychotherapeut" grundsätzlich eine entsprechende **Approbation** voraus. Die vorübergehende Berufsausübung ist auch aufgrund einer befristeten Erlaubnis zulässig. Andere Personen als die Angehörigen der Berufe des psychologischen Psychotherapeuten oder des Kinder- und Jugendlichenpsychotherapeuten oder Ärzte dürfen die Berufsbezeichnung „Psychotherapeut" nicht mehr führen. Die Approbation setzt eine **Ausbildung** und eine **staatliche Prüfung** voraus, § 2 Abs. 1 PsychThG. Zugangsvoraussetzungen für die Ausbildung ist grundsätzlich ein Studium der Psychologie oder Pädagogik, § 5 Abs. 2 PsychThG. Unter der Ausübung von Psychotherapie im Sinne des Psychotherapeutengesetzes ist gemäß § 1 Abs. 3 dieses Gesetzes jede mittels wissenschaftlich anerkannten psychotherapeutischer Verfahren vorgenommene Tätigkeit zur Feststellung, Heilung oder Linderung von Störungen mit Krankheitswert, bei denen Psychotherapie indiziert ist, zu verstehen. Im Rahmen einer psychotherapeutischen Behandlung ist eine somatische Abklärung herbeizuführen. Eine negative Abgrenzung führt § 1 Abs. 3 Satz 3 PsychThG herbei, wonach zur Ausübung von Psychotherapie nicht psychologische Tätigkeiten gehören, die die Aufarbeitung und Überwindung sozialer Konflikte oder sonstige

---

195) *Fitsch*, in: Lademann, EStG, § 18 Anm. 115; *Steinhauff*, in: Littmann/Bitz/Pust, EStG, § 18 Rz. 153.
196) *Steinhauff*, in: Littmann/Bitz/Pust, EStG, § 18 Rz. 153; *Stuhrmann*, in: Kirchhof/Söhn/Mellinghoff, EStG, § 18 Rz. B 166.
197) Begründung zum RegE PartGG, BT-Drucks. 12/6152, S. 10 = Anhang, S. 314.
198) *Steinhauff*, in: Littmann/Bitz/Pust, EStG, § 18 Rz. 153.
199) Gesetz über die Berufe des Psychologischen Psychotherapeuten und des Kinder- und Jugendlichenpsychotherapeuten, Psychotherapeutengesetz, PsychThG, v. 16.6.1998, BGBl I, 1311; dazu eingehend *Haage*, MedR 1998, 291 ff.

Zwecke außerhalb der Heilkunde zum Gegenstand haben. Innerhalb der psychotherapeutischen Berufe haben die Kinder- und Jugendlichenpsychotherapeuten die Berechtigung zur Berufsausübung im Hinblick auf solche Patienten, die das 21. Lebensjahr noch nicht vollendet haben; Ausnahmen sind unter bestimmten Umständen gemäß § 1 Abs. 2 Satz 2 PsychThG zulässig.

2. Rechts- und wirtschaftsberatende Berufe

Für die im Katalog aufgezählten Berufe dieser Kategorie besteht regelmäßig ein Zulassungserfordernis, den Ausnahmefall bildet die Gruppe der beratenden Volks- und Betriebswirte. Soweit eine Zulassung notwendig ist, stellt sie die Grundbedingung für die Partnerschaftsfähigkeit dar.   53

a) Rechtsanwälte, Patentanwälte, sonstige Mitglieder der Rechtsanwaltskammern

Der **Rechtsanwalt** ist unabhängiger Berater und Vertreter in allen Rechtsangelegenheiten, § 3 Abs. 1 BRAO. Hierzu gehört insbesondere die Vertretung vor Gericht. Zu der **Berufsausübung eines Rechtsanwalts** zählen ferner insbesondere die Konkurs- und Vergleichsverwaltung und die Testamentsvollstreckung.[200] Die Tätigkeit als Vormund oder Betreuer sowie als Aufsichtsratsmitglied gehören zur Berufsausübung, wenn der Rechtsanwalt gerade in dieser Eigenschaft hierzu bestellt wurde.[201] Da es kein feststehendes Berufsbild der Rechtsanwälte gibt, kommt es zum Teil auf den Einzelfall an, ob eine Tätigkeit noch zur Ausübung des Berufs gehört oder nicht.[202] Das Berufsrecht ergibt sich aus der **Bundesrechtsanwaltsordnung** (BRAO) vom 1.8.1959[203] und der **Berufsordnung** vom 11.3.1997.[204] Anwaltsnotare sind nur in ihrer Eigenschaft als Rechtsanwalt partnerschaftsfähig (oben Rz. 35).   54

Die berufsrechtlichen Grundlagen des **Patentanwalts** finden sich in der Patentanwaltsordnung vom 7.9.1966[205] und hinsichtlich der Zulassungsvoraussetzungen in der Ausbildungs- und Prüfungsordnung vom 8.12.1977.[206] Am 21.4.1997 hat die Versammlung der Patentanwaltskammer zudem eine Berufsordnung beschlossen, die am 5.8.1997 in Kraft trat.[207] Patentanwälte beraten gemäß § 3 PAO auf den   55

---

200) Dabei kann dahingestellt bleiben, ob diese Fähigkeiten für den Rechtsanwalt als berufstypisch anzusehen sind; vgl. zu dieser Frage *Stuhrmann*, in: Kirchhof/Söhn/Mellinghoff, EStG, § 18 Rz. B 116; *Fitsch*, in: Lademann, EStG, § 18 Rz. 135.
201) *Fitsch*, in: Lademann, EStG, § 18 Rz. 135; *Stuhrmann*, in: Kirchhof/Söhn/Mellinghoff, EStG, § 18 Rz. B 116.
202) Einzelheiten bei *Brandt,* in: Herrmann/Heuer/Raupauch, § 18 Rz. 153 m. w. N.; *Blümich/Hutter*, EStG, § 18 Rz. 125 ff.
203) Bundesrechtsanwaltsordnung, BRAO, v. 1.8.1959, BGBl I, 565; dazu *Henssler/Prütting* (Hrsg.), BRAO; *Kleine-Cosack*, BRAO.
204) Dazu *Hartung/Holl* (Hrsg.), BerufsO.
205) Patentanwaltsordnung, PAO, v. 7.9.1966, BGBl I, 557.
206) Ausbildungs- und Prüfungsordnung v. 8.12.1977, BGBl I, 2491.
207) Berufsordnung der Patentanwälte, Mitt. der deutschen Patentanwälte 1997, 243.

§ 1   Voraussetzungen der Partnerschaft

Gebieten es Patent-, Gebrauchs-, Muster-, Geschmacksmuster-, Warenzeichen- und Sortenschutzrechts. Sie sind zur Vertretung vor dem Patentamt, dem Bundespatentgericht, dem Bundesgerichtshof in Patentnichtigkeits-, Patentzurücknahme- und Zwangslizenzverfahren, dem Amtsgericht bei der Anmeldung und Verlängerung von Geschmacksmustern, dem Bundessortenamt, den Schiedsgerichten und Verwaltungsbehörden in Fragen des gewerblichen Rechtsschutzes befugt.

56 **Mitglieder der Rechtsanwaltskammern** sind neben den Rechtsanwälten gemäß § 60 Abs. 1 BRAO auch die Inhaber einer Erlaubnis nach dem Rechtsberatungsgesetz, die auf Antrag in die Kammer aufgenommen wurden, § 209 Abs. 1 BRAO,[208] sowie **ausländische Rechtsanwälte** nach der Aufnahme in die Kammer gemäß § 206 BRAO. Die zur Berufsausübung zählende Tätigkeit ergibt sich demnach einerseits aus dem Rechtsberatungsgesetz selbst, andererseits aus § 206 BRAO. In der zuletzt genannten Vorschrift wird differenziert nach Angehörigen der Europäischen Union sowie des Europäischen Wirtschaftsraumes, die im jeweiligen ausländischen sowie im internationalen Recht beraten, und solchen aus anderen Staaten, deren Befugnis sich auf die Beratung im Recht ihres Herkunftslandes beschränkt. § 1 Abs. 1 Satz 2 RBerG erwähnt die **Renten- und Versicherungsberater, Frachtführer, vereidigten Versteigerer, Inkassounternehmen** sowie **Rechtskundigen in einem ausländischen Recht**; diese Personen haben, soweit sie über eine unbeschränkte Erlaubnis nach § 1 RBerG verfügen, gemäß § 4 Abs. 1 Satz 1 der 2. RBerVO die Berufsbezeichnung „**Rechtsbeistand**" zu führen. Die Einordnung des Rechtsbeistandes als freier Beruf war früher umstritten,[209] und im Steuerrecht werden Teilbereiche dieser Tätigkeit als gewerblich qualifiziert.[210] Soweit diese Aktivität allerdings in § 1 Abs. 1 Satz 2 RBerG explizit aufgeführt ist, wird man für den Bereich des Partnerschaftsgesellschaftsgesetzes solchen Mitgliedern einer Rechtsanwaltskammer den Charakter der Freiberuflichkeit mit der daraus resultierenden Partnerschaftsfähigkeit nicht versagen können.[211]

b) **Wirtschaftsprüfer, vereidigte Buchprüfer (vereidigte Buchrevisoren), Steuerberater, Steuerbevollmächtigte**

57 Die berufsrechtlichen Grundlagen der **Wirtschaftsprüfer** und **vereidigten Buchprüfer** finden sich in dem Gesetz über die Berufsordnung der Wirtschaftsprüfer (WPO) in der Fassung der Bekanntmachung vom 5.11.1975[212] sowie in der Berufssatzung der Wirtschaftsprüferkammer vom 11.6.1996,[213] die am 15.9.1996 in Kraft getreten ist. Der **Wirtschaftsprüfer** bedarf der Bestellung nach § 15 WPO, nur dann darf gemäß § 18 Abs. 1 WPO diese Berufsbezeichnung geführt werden. Der Inhalt

---

208) Dazu eingehend *Hartung*, in: Henssler/Prütting, BRAO, § 209 Rz. 1 ff.
209) Ausführlich hierzu *Michalski*, ZIP 1994, 1501, 1508 ff; *Borggreve*, S. 36 ff.
210) Zu „Rechtsbeistand" und „Frachtprüfer" unten Rz. 83.
211) A. A. *Salger*, in: Münchener Handbuch, § 39 Rz. 21.
212) Gesetz über die Berufsordnung der Wirtschaftsprüfer, WPO, v. 5.11.1975, BGBl I, 2803.
213) Satzung über die Rechte und Pflichten bei der Ausübung der Berufe des Wirtschaftsprüfers und des vereidigten Buchprüfers, BAnz. S. 11077.

der Tätigkeit richtet sich nach § 2 WPO. Wirtschaftsprüfer führen betriebswirtschaftliche Prüfungen, insbesondere solche von Jahresabschlüssen wirtschaftlicher Unternehmen, durch. Über die Vornahme und das Ergebnis dieser Prüfungen wird ein Bestätigungsvermerk erteilt. Zudem sind sie zur steuerlichen Beratung und Vertretung befugt. An die Bestellung als **vereidigter Buchprüfer** nach § 128 Abs. 1 und 2 WPO (die frühere Bezeichnung „vereidigter Buchrevisor" ist überholt) werden etwas geringere Anforderungen gestellt. Vereidigte Buchprüfer führen gemäß § 129 Abs. 1 WPO Prüfungen auf dem Gebiet des betrieblichen Rechnungswesens, insbesondere Buch- und Bilanzprüfungen, durch (zur Gründung so genannter **einfacher Partnerschaften** durch Wirtschaftsprüfer siehe Rz. 107 ff).

Die berufsrechtlichen Regeln der **Steuerberater** und **Steuerbevollmächtigten** ergeben sich aus dem Steuerberatungsgesetz in der Fassung der Bekanntmachung vom 4.11.1975[214)] sowie aus der Satzung über die Rechte und Pflichten bei der Ausübung der Berufe der Steuerberater und der Steuerbevollmächtigten vom 2.6.1997, in Kraft getreten am 1.9.1997.[215)] Gemäß § 32 Abs. 1 StBerG leisten Steuerberater und Steuerbevollmächtigte geschäftsmäßig **Hilfe in Steuersachen**. Nach § 33 StBerG haben sie die Aufgabe, im Rahmen ihres Auftrags ihre Auftraggeber in Steuersachen zu beraten, sie zu vertreten und ihnen bei der Bearbeitung ihrer Steuerangelegenheiten und bei der Erfüllung ihrer steuerlichen Pflichten Hilfe zu leisten. Dazu gehört auch die Hilfeleistung in **Steuerstrafsachen** und in **Bußgeldsachen** wegen einer Steuerordnungswidrigkeit sowie die Hilfeleistung bei der Erfüllung von Buchführungspflichten aufgrund von Steuergesetzen, insbesondere die Aufstellung von Steuerbilanzen und deren steuerrechtliche Beurteilung. Die Tätigkeit als Steuerberater oder Steuerbevollmächtigter setzt eine entsprechende Bestellung nach den § 40 Abs. 1, § 41 Abs. 1, § 42 StBerG voraus. Die Berufsbezeichnungen sind gemäß § 43 Abs. 1, 4 Satz 1 StBerG geschützt (zur Gründung **einfacher Partnerschaften** durch Steuerberater siehe Rz. 107 ff). 58

Zur Ausübung eines der in dieser Gruppe erfassten steuerberatenden Berufes können auch die Prüfung der laufenden Eintragungen in die Geschäftsbücher, die Prüfung der Inventur, die Durchführung des Hauptabschlusses sowie die Aufstellung der Steuererklärungen gehören.[216)] 59

c) Beratende Volks- und Betriebswirte

Der Beruf ist **nicht gesetzlich geregelt**, und es hat sich bislang auch noch kein typisches Berufsbild entwickelt.[217)] Die in der steuerrechtlichen Praxis anzutreffenden 60

---

214) Steuerberatungsgesetz, StBerG, v. 4.11.1975, BGBl I, 2735.
215) Berufsordnung der Bundessteuerberaterkammer, BOStB; Veröffentlichung der BOStB als Beihefter zu Heft 26/1997 der DStR; zur Berufsordnung näher *Maxl*, Die Berufsordnung der Steuerberater, NWB Fach 30, S. 1101 (= NWB 1997, 2837).
216) *Schmidt/Wacker*, EStG, § 18 Rz. 105; *Stuhrmann*, in: Kirchhof/Söhn/Mellinghoff, EStG, § 18 Rz. B 121; *Fitsch*, in: Lademann, EStG, § 18 Anm. 142.
217) *Stuhrmann*, in: Kirchhof/Söhn/Mellinghoff, EStG, § 18 Rz. B 125; *Brandt*, in: Herrmann/Heuer/Raupach, § 18 Rz. 191 ff; *List*, BB 1993, 1488 m. w. N.

Definitions- und **Abgrenzungsschwierigkeiten**[218] werden sich somit auch im Gesellschaftsrecht fortsetzen, da für die Feststellung der Partnerschaftsfähigkeit die Klärung der Zugehörigkeit zu diesem Beruf unverzichtbare Voraussetzung ist.[219] Die Berufstätigkeit als beratender Volks- oder Betriebswirt bedarf weder einer Zulassung noch eines abgeschlossenen Studiums der Volks- oder Betriebswirtschaftslehre. Ausreichend ist vielmehr ein Selbststudium, sofern dieses die Inhalte der entsprechenden Hochschulstudien in ihren wesentlichen Teilen abdeckt und der Berufstätige die hierbei gewonnenen Kenntnisse in ihrer fachlichen Breite auch in der Praxis umsetzt.[220] Dies betrifft insbesondere die Bereiche der Führung, Fertigung, Materialwirtschaft, des Vertriebs, Verwaltungs- und Rechnungswesens, Personalwesens sowie des Unternehmensbestandes.[221]

61 Ein **Unternehmensberater**, der sich auf die Beratung in Grundsatzfragen beschränkt, kann danach stets zu dieser Gruppe gerechnet werden.[222] Nach der Satzung der Berufsorganisation, nämlich des Verbandes Deutscher Unternehmensberater (BDU) e. V., sind bei den Unternehmensberatern insbesondere die drei Fachbereiche Managementberatung, Personalberatung und Software/Informationstechnik zu beobachten. Besonders umstritten ist regelmäßig die Zuordnung von EDV-Beratern. Nach ständiger Rechtsprechung des Bundesfinanzhofes soll der mathematisch vorgebildete EDV-Berater kein beratender Betriebswirt sein.[223] Bei einer gemischten Tätigkeit als Berater in Fragen der Organisation und der EDV ist entscheidend, ob die Gesamttätigkeit ihr Gepräge durch die EDV-Beratung erhält.[224] Mangels einer berufsrechtlichen Reglementierung kann sich ein Unternehmensberater in jeder Rechtsform, mono- wie multiprofessionell ohne Einschränkungen, zusammenschließen.[225]

62 Zu den beratenden Volks- und Betriebswirten werden im Übrigen möglicherweise auch die **Finanzanalysten** und **Anlageberater** zu rechnen sein; der Bundesfinanzhof lehnt dieses jedoch grundsätzlich ab.[226]

---

218) *Steinhauff*, in: Littmann/Bitz/Pust, EStG, § 18 Rz. 180; *Karsten Schmidt*, NJW 1995, 1, 2, nennt die beratenden Volks- und Betriebswirte daher einen „diffusen Bereich".
219) Kritisch daher *Karsten Schmidt*, NJW 1995, 1, 2, der einen „Run etwa der Unternehmens-, Kredit- und EDV-Berater auf die adelnde Rechtsform der Freiberuflichen Partnerschaft" als möglich ansieht.
220) *Schmidt/Wacker*, EStG, § 18 Rz. 107; *Stuhrmann*, in: Kirchhof/Söhn/Mellinghoff, EStG, § 18 Rz. B 125; näher *List*, BB 1993, 1488, 1489.
221) *Steinhauff*, in: Littmann/Bitz/Pust, EStG, § 18 Rz. 180.
222) *Steinhauff*, in: Littmann/Bitz/Pust, EStG, § 18 Rz. 180; ähnlich *List*, BB 1993, 1488.
223) Kritisch hierzu *List*, BB 1993, 1488, 1490 ff; *Schmidt/Wacker*, EStG, § 18 Rz. 107; *Fitsch*, in: Lademann, EStG, § 18 Anm. 148; *Glanegger/Güroff*, GewStG, § 2 Rz. 94.
224) FG Hannover, CoR 1995, 483; *Förster*, DStR 1998, 635.
225) *Borggreve*, S. 115, 169.
226) BFHE 154, 332; dagegen ausführlich *List*, BB 1993, 1488, 1490.

3. Naturwissenschaftlich orientierte Berufe

Die Berufe des Ingenieurs und des Architekten sind in Landesgesetzen, die Berufe 63
des Handelschemikers und des hauptberuflichen Sachverständigen bislang gar nicht
normiert. Während die zuerst genannten Berufe seit längerer Zeit als freiberuflich
angesehen werden, hat der Gesetzgeber erstmals im Partnerschaftsgesellschaftsgesetz den hauptberuflichen Sachverständigen in diese Gruppe aufgenommen, was insoweit eine im Vergleich zum Steuerrecht unterschiedliche Begriffsbildung zur
Folge haben wird.

a) Ingenieure

Nachdem ein Bundes-Ingenieurgesetz[227] im Jahre 1969 wegen mangelnder Ge- 64
setzgebungskompetenz des Bundes für verfassungswidrig erklärt worden war, wurden in den Jahren 1970/71 Landesgesetze erlassen,[228] welche den Zugang zu diesem Beruf und seine Ausübung regeln. Für die vor Inkrafttreten begründeten Besitzstände sind dort Übergangsregelungen vorgesehen, nach welchen weitere Personen befugt sind, die **Bezeichnung Ingenieur** zu führen; hierbei handelt es sich aber grundsätzlich nicht um freiberuflich tätige Ingenieure.[229] Gleiches gilt für Personen, denen der Titel behördlich verliehen wurde.[230]

Freiberuflich tätiger Ingenieur ist vielmehr nur, wer aufgrund der vorgeschriebe- 65
nen Berufsausbildung berechtigt ist, diese Bezeichnung zu führen und wer auf der
Grundlage naturwissenschaftlicher und technischer Erkenntnisse technische Gegenstände, Verfahren, Anlagen oder Systeme plant, konstruiert und die Ausführung des
Geplanten leitend anordnet und überwacht.[231] Hierzu gehört auch die im Wesentlichen beratende und begutachtende Tätigkeit für ein Wirtschaftsunternehmen.[232]
Unter den Oberbegriff des Ingenieurs fallen unter anderem:[233] Agraringenieur, Ingenieur für Baustatik, Revisionsingenieur, Sicherheitsingenieur, beratender Ingenieur (verkammert) und in der Wasser- und Abfallwirtschaft tätiger Ingenieur. Die
erforderlichen Fachkenntnisse müssen nicht unbedingt durch das Studium an einer
Hochschule, Fachhochschule, privaten Ingenieurschule oder Bergschule, sondern
sie können im Ausnahmefall auch einmal im Wege des Selbststudiums erworben

---

227) Ingenieurgesetz, IngenieurG, v. 7.7.1965, BGBl I, 601.
228) Zusammenstellung in BFHE 132, 16; *Feddersen/Meyer-Landrut*, PartGG, § 1 Rz. 28.
229) BFHE 148, 140; *Schmidt/Wacker*, EStG, § 18 Rz. 108; *Stuhrmann*, in: Kirchhof/Söhn/Mellinghoff, EStG, § 18 Rz. B 126; *Steinhauff*, in: Littmann/Bitz/Pust, EStG, § 18 Rz. 197; *Brandt*, in: Herrmann/Heuer/Raupach, § 18 Rz. 161; vgl. *Feddersen/Meyer-Landrut*, PartGG, § 1 Rz. 28; MünchKomm-*Ulmer*, BGB, § 1 PartGG Rz. 45; *Lenz*, in: Meilicke u. a., PartGG § 1 Rz. 55.
230) *Steinhauff*, in: Littmann/Bitz/Pust, EStG, § 18 Rz. 197; *Brandt*, in: Herrmann/Heuer/Raupauch, § 18 Rz. 161; *Feddersen/Meyer-Landrut*, PartGG, § 1 Rz. 28; MünchKomm-*Ulmer*, BGB, § 1 PartGG Rz. 45; *Lenz*, in: Meilicke u. a., PartGG, § 1 Rz. 55.
231) *Fitsch*, in: Lademann, EStG, § 18 Anm. 150 m. w. N.; *Schmidt/Wacker*, EStG, § 18 Rz. 108; *Brandt*, in: Herrmann/Heuer/Raupauch, § 18 Rz. 161.
232) *Stuhrmann*, in: Kirchhof/Söhn/Mellinghoff, EStG, § 18 Rz. B 127.
233) *Eggesiecker*, Fach E – Ingenieuer, Rz. 1.030; *Lenz*, in: Meilicke u. a., PartGG § 1 Rz. 55.

werden, wobei dann eine Vergleichbarkeit der Kenntnisse nachgewiesen werden muss.[234] Ein Ingenieur, der Computerhardware verkauft, ist nicht mehr freiberuflich, sondern gewerblich tätig.[235]

66 Der **Vermessungsingenieur** ist im Gegensatz zu § 18 Abs. 1 Nr. 1 EStG nicht explizit unter den Katalogberufen genannt; er ist jedoch ohne weiteres unter den Begriff des Ingenieurs zu subsumieren.[236] Der Beruf des Vermessungsingenieurs ist in der Vermessungsordnung vom 31.1.1944[237] geregelt und umfasst Landmesser und die so genannten Markscheider, denen im Bergbau die Vermessungen über und unter Tage obliegen.[238] Landesrechtliche Regelungen, die gemäß Absatz 3 zu beachten sind, schließen öffentlich bestellte Vermessungsingenieure,[239] soweit sie Träger eines öffentlichen Amtes als Organ des öffentlichen Vermessungswesens sind, von der Mitgliedschaft in einer Partnerschaft aus.[240] Soweit diese Ingenieure hingegen privatrechtliche Aufgaben auf dem Gebiet des Vermessungswesens erfüllen, muss ihnen der Zusammenschluss auch im Rahmen der Partnerschaft gestattet sein.[241] Fraglich ist insoweit, ob die Bezeichnung „öffentlich bestellter Vermessungsingenieur" in diesem Fall in den Namen der Partnerschaft nach § 2 Abs. 1 aufgenommen werden kann und muss.[242] Diese Frage ist zu bejahen, soweit das Berufsrecht nicht im Einzelfall entgegensteht; ansonsten ist die Bezeichnung „Vermessungsingenieur" zu führen.

b) Architekten

67 Der Beruf des Architekten ist ebenfalls in Landesgesetzen geregelt, welche weitgehend auch die **Berufsbezeichnung** schützen,[243] jedoch nicht die Berufsausübung, so dass die Architekten im nationalen wie internationalen Bereich mit einer Vielzahl gewerblicher Anbieter konkurrieren müssen.[244] Die Führung der Berufsbezeichnung setzt die Eintragung in die Architektenliste der jeweiligen Architektenkammer aufgrund einschlägiger Vorbildung voraus. Die Berufsausübung ist geprägt durch die künstlerische, auf technischen und wirtschaftlichen Grundlagen basierende Planung und Gestaltung von Bauwerken sowie auf den Gebieten der Städte- und Landesplanung; ferner durch die Beratung und Betreuung des Bauherrn in allen mit der Pla-

---

234) *Schmidt/Wacker*, EStG, § 18 Rz. 109.
235) BFH DStR 1997, 1201.
236) So auch *Hornung*, Rpfleger 1995, 481, 483; *Salger*, in: Münchener Handbuch, § 39 Rz. 8.
237) Vermessungsordnung v. 31.1.1944, RGBl I, 53.
238) *Stuhrmann*, in: Kirchhof/Söhn/Mellinghoff, EStG, § 18 Rz. B 128.
239) Hierzu vgl. die landesrechtlichen Berufsordnungen, wie z. B. die Berufsordnung für die Öffentlich bestellten Vermessungsingenieure des Landes Schleswig-Holstein v. 29.6.1982, GVOBl, 148.
240) Begründung zum RegE PartGG, BT-Drucks. 12/6152, S. 10 = Anhang, S. 315.
241) *Salger*, in: Münchener Handbuch, § 39 Rz. 8.
242) *Salger*, in: Münchener Handbuch, § 39 Rz. 8.
243) *Schmidt/Wacker*, EStG, § 18 Rz. 110; Übersicht in BFHE 135, 421; *Feddersen/Meyer-Landrut*, PartGG, § 1 Rz. 29; z. B. Bayerisches Architektengesetz vom 31.8.1994, GVBl, 934.
244) Vgl. Der Architekt 8/1994, 42.

nung und Bauausführung zusammenhängenden Fragen sowie durch die Erstellung von Gutachten auf diesen Gebieten.[245]

Aufgabe der **Innenarchitekten** ist gemäß den jeweiligen landesrechtlichen Bestimmungen die gestaltende, technische, wirtschaftliche, ökologische und soziale Planung von Innenräumen. **Landschaftsarchitekten** nehmen die Garten- und Landschaftsplanung vor, **Stadtplaner** die Raumplanung, insbesondere die Erarbeitung städtebaulicher Pläne. 67a

Einem **Gewerbe** geht der Architekt nach, wenn er selbst die Herstellung von Bauwerken und deren Verkauf oder die Vermittlung von Baugrundstücken gegen Provision übernimmt.[246] 68

c) Handelschemiker

Der Beruf ist gesetzlich **nicht geregelt**. Er hat eine wissenschaftliche Vorbildung zur Voraussetzung.[247] Die **Tätigkeit** besteht in der Erstellung quantitativer und qualitativer Analysen von Stoffen aller Art, ihrer chemischen Zusammensetzung und ihrem Verhalten.[248] Erforderlich ist die eigene Vornahme dieser Analysen; der Verweis auf Gutachten von dritter Seite ist nicht ausreichend.[249] Nach der Rechtsprechung des Bundesfinanzhofes[250] soll das Probennehmen von Erzen und anderen Stoffen weder eine wissenschaftliche noch eine dem Beruf des Handelschemikers ähnliche Tätigkeit sein; dies wird zum Teil in der Literatur im Hinblick auf das Recht der Partnerschaft als zu eng kritisiert.[251] 69

d) Hauptberufliche Sachverständige

Die berufsrechtliche Regelung findet sich in Satzungen der jeweiligen **Industrie- und Handelskammer** auf Grundlage des § 36 Abs. 3 und 4 GewO. Der Arbeitskreis Sachverständigenwesen beim Deutschen Industrie- und Handelstag, in dem sämtliche Industrie- und Handelskammern vertreten sind, hat im Januar 2002 eine neue Fassung der Muster-Sachverständigenordnung (Muster-SVO) und Richtlinien zur Anwendung und Auslegung dieser Sachverständigenordnung (Richtl.-SVO) verabschiedet. Nach § 21 Satz 1 Muster-SVO darf sich ein öffentlich bestellter und vereidigter Sachverständiger in jeder Rechtsform zusammenschließen. Nummer 21.1 Satz 2 der Richtlinien erwähnt ausdrücklich die Möglichkeit der Gründung einer 70

---

245) BFHE 83, 237; *Fitsch*, in: Lademann, EStG, § 18 Anm. 155; *Stuhrmann*, in: Kirchhof/Söhn/Mellinghoff, EStG, § 18 Rz. B 129.
246) *Stuhrmann*, in: Kirchhof/Söhn/Mellinghoff, EStG, § 18 Rz. B 131; *Schmidt/Wacker*, EStG, § 18 Rz. 111 f; *Fitsch*, in: Lademann, EStG, § 18 Anm. 156.
247) BFHE 83, 256; BFHE 108, 26.
248) *Schmidt/Wacker*, EStG, § 18 Rz. 113; *Steinhauff*, in: Littmann/Bitz/Pust, EStG, § 18 Rz. 199.
249) *Brandt*, in: Herrmann/Heuer/Raupauch, § 18 Rz. 171.
250) BFH NV 1987, 156; FG Düsseldorf EFG 1992, 744; zustimmend *Brandt*, in: Herrmann/Heuer/Raupauch, § 18 Rz. 171.
251) *Feddersen/Meyer-Landrut*, PartGG, § 1 Rz. 30.

Partnerschaft. Diese Berufsgruppe, welche sich in dem Katalog des § 18 Abs. 1 Nr. 1 EStG nicht findet, wurde erst auf Vorschlag des Rechtsausschusses des Deutschen Bundestages in Absatz 2 aufgenommen,[252] „weil sie sich dies offenbar besonders nachdrücklich gewünscht haben".[253] Damit sollte der Bedeutung sowie der regelmäßig hohen erworbenen Qualifikation der hauptberuflichen Sachverständigen Rechnung getragen werden.[254] Hauptberuflicher Sachverständiger soll sein, wer zumindest **70 % seiner Berufseinkünfte** aus der Gutachtertätigkeit erzielt.[255] Auf die öffentliche Vereidigung als Sachverständiger im Sinne des Verpflichtungsgesetzes[256] wird es für den Bereich der Partnerschaft nicht ankommen.[257]

71 Eine allgemeine gesetzliche Regelung des Sachverständigenwesens gibt es nicht. Öffentlich bestellte Sachverständige müssen indes nach den **Bestellungsrichtlinien** der Industrie- und Handelskammern einen Hochschul- oder zumindest Fachhochschulabschluss vorweisen.[258] Eine freiberufliche Tätigkeit liegt dann vor, wenn der Sachverständige auf der Grundlage von wissenschaftlichen Disziplinen, welche an Hochschulen gelehrt werden, nach sachlichen und objektiven Gesichtspunkten zu komplizierten Fragen Stellung nimmt.[259] Bei einem **Kfz-Sachverständigen** ist dies dann der Fall, wenn er über die von einem Ingenieur geforderten mathematisch-physikalischen Fachkenntnisse verfügt und die Ermittlung von Schadensursachen seiner Berufstätigkeit das Gepräge gibt.[260] Im Gegensatz zur Rechtslage im Steuerrecht wird es darüber hinaus nach der Aufnahme der hauptberuflichen Sachverständigen in Absatz 2 für das Partnerschaftsgesellschaftsgesetz wohl nicht mehr darauf ankommen, ob er sich auf eigene Marktkenntnisse oder gewerblich/handwerkliche Erfahrungen stützt.[261]

---

252) *Gres*, der freie beruf 6/94, 23, 24; Rechtsausschuss zum PartGG, BT-Drucks. 12/7642, S. 4 = Anhang, S. 321.
253) So die etwas eigentümliche Begründung von *Salger*, in: Münchener Handbuch, § 39 Rz. 22, dem die politischen Hintergründe offenbar gut bekannt sind.
254) Rechtsausschuss zum PartGG, BT-Drucks. 12/7642, S. 11 f = Anhang, S. 321; vgl. auch Begründung zum RegE PartGG, BT-Drucks. 12/6152, S. 10 = Anhang, S. 315.
255) So der Abgeordnete *Gres* in der Debatte des Deutschen Bundestages v. 26.5.1994, Sten. Ber. Plenarprotokoll 12/230, 20016 (D).
256) Verpflichtungsgesetz, VerpflG, v. 2.3.1974, BGBl I, 469.
257) *Feddersen/Meyer-Landrut*, PartGG, § 1 Rz. 32.
258) *Steinhauff*, in: Littmann/Bitz/Pust, EStG, § 18 Rz. 205.
259) BFHE 58, 618; *Fitsch*, in: Lademann, EStG, § 18 Anm. 171 und *Schmidt/Wacker*, EStG, § 18 Rz. 155, jeweils zu dem Stichwort „Sachverständiger".
260) BFHE 169, 402; *Schmidt/Wacker*, EStG, § 18 Rz. 155 zum Stichwort „Kfz-Sachverständiger"; *Steinhauff*, in: Littmann/Bitz/Pust, EStG, § 18 Rz. 205; *Lenz*, in: Meilicke u. a., PartGG, § 1 Rz. 58; etwas anderer Ansatz, aber im Ergebnis wohl ähnlich *Feddersen/Meyer-Landrut*, PartGG, § 1 Rz. 32.
261) Zur Rechtslage im Steuerrecht vgl. BFHE 103, 77; *Stuhrmann*, in: Kirchhof/Söhn/Mellinghoff, EStG, § 18 Rz. B 55; *Schmidt/Wacker*, EStG, § 18 Rz. 155 zum Stichwort „Sachverständiger".

4. Vermittler von geistigen Gütern und Informationen

Die Berufsgruppe ist **gesetzlich nicht geregelt.** Sie zerfällt in zwei Untergruppen, wovon die eine die Medienberufe Journalist und Bildberichterstatter, die andere die Kommunikationsberufe Dolmetscher und Übersetzer erfasst.

72

a) Journalisten, Bildberichterstatter

Journalist ist, wer Informationen sammelt, sich damit kritisch auseinander setzt und zu politischen, gesellschaftlichen, wirtschaftlichen oder kulturellen Ereignissen schriftlich oder mündlich in einem Medium (Zeitung, Zeitschrift, Rundfunk, Fernsehen) Stellung nimmt.[262] Im steuerrechtlichen Schrifttum umstritten ist dabei die Rechtsprechung des Bundesfinanzhofes, die in erster Linie auf Informationen über *gegenwartsbezogene* Geschehnisse abstellt[263]. Nach einem Teil der Literatur soll es nicht auf den Inhalt, sondern lediglich auf die Art und Weise einer Veröffentlichung ankommen, „nämlich auf das Erscheinen im redaktionellen Teil einer Zeitung oder Zeitschrift oder die Veröffentlichung in Rundfunk und Fernsehen".[264] Da die journalistische Tätigkeit sich in den Medien (z. B. Fernsehen, Radio) auch mündlich äußern kann, handelt es sich nicht notwendig um eine schriftstellerische Aktivität.[265] **Werbeberater** und Public-Relations-Berater bezwecken keine Information der Öffentlichkeit, sondern die Werbung für eine Ware oder ein Anliegen zum Nutzen des Auftraggebers und sind daher keine Journalisten.[266] Von besonderer Bedeutung ist bei den Journalisten die Abgrenzung zwischen selbständiger Tätigkeit, z. B. als Korrespondent für verschiedene Tageszeitungen, und unselbständiger Berufsausübung in einem Angestelltenverhältnis.[267] Die Grenzen sind zum Teil fließend und für die Registergerichte kaum erkennbar, insbesondere wenn ein „freier Journalist" ausschließlich für eine Zeitung tätig werden darf. Partner kann aber in jedem Fall nur der Selbständige, niemals der Angestellte sein.

73

Die Tätigkeit des **Bildberichterstatters** ist journalistischer Natur.[268] Es handelt sich um die Vermittlung von Informationen durch Bilder oder Bildserien in Zeitungen, Zeitschriften, Filmen oder Fernsehen.[269] Maßgebend für den journalistischen Charakter ist die individuelle Erfassung des Bildmotivs und seines Nachrichtenwertes.[270] Nach der neueren Rechtsprechung des Bundesfinanzhofes kommt es auf die

74

---

262) BFHE 104, 334; *Schmidt/Wacker*, EStG, § 18 Rz. 120; *Fitsch*, in: Lademann, EStG, § 18 Anm. 163.
263) BFHE 104, 334; vgl. *Stuhrmann*, in: Kirchhof/Söhn/Mellinghoff, EStG, § 18 Rz. B 135.
264) *Steinhauff*, in: Littmann/Bitz/Pust, EStG, § 18 Rz. 217.
265) *Stuhrmann*, in: Kirchhof/Söhn/Mellinghoff, EStG, § 18 Rz. B 135; wohl a. A. *Nieland*, in: Littmann/Bitz/Pust, EStG, § 18 Rz. 216; *Fitsch*, in: Lademann, EStG, § 18 Anm. 163.
266) BFHE 125, 369; *Fitsch*, in: Lademann, EStG, § 18 Anm. 163.
267) Vgl. *Eggesiecker*, Fach E – Journalist, Rz. 1.030; *Feddersen/Meyer-Landrut*, PartGG, § 1 Rz. 33.
268) *Fitsch*, in: Lademann, EStG, § 18 Anm. 164.
269) *Schmidt/Wacker*, EStG, § 18 Rz. 121; *Fitsch*, in: Lademann, EStG, § 18 Anm. 164.
270) *Stuhrmann*, in: Kirchhof/Söhn/Mellinghoff, EStG, § 18 Rz. 136.

Erläuterung der Bilder durch beigefügte Texte nicht mehr an.[271] Wie bei dem Beruf des Journalisten handelt es sich um eine **gewerbliche Tätigkeit**, wenn die Bilder dem individuellen Interesse eines Abnehmers, wie etwa einem Werbezweck, dienen.[272] Gewerblich handelt auch derjenige, der für Zeitschriften Objekte auswählt und zum Zweck der Ablichtung arrangiert, um die von einem Fotografen dann hergestellten Aufnahmen zu veröffentlichen.[273]

b) Dolmetscher, Übersetzer

75 Zu der Bestimmung dieser Berufsbilder können die Lehrinhalte der an Fachhochschulen oder Fachschulen eingerichteten Ausbildungen zum staatlich geprüften Dolmetscher/Übersetzer oder Diplom-Dolmetscher/Übersetzer herangezogen werden.[274]

76 Ein **Dolmetscher** vermittelt die Verständigung zwischen Menschen verschiedener Sprachen. Unterschieden wird zwischen dem Simultandolmetscher, der die Ausführungen des Redners fast gleichzeitig in eine andere Sprache übersetzt, und dem Konsekutivdolmetscher, der den Text überträgt, nachdem der Redner einen Redeabschnitt oder die gesamte Rede beendet hat.[275] Ein **Übersetzer** überträgt schriftliche Gedankenäußerungen von einer Sprache in die andere.[276] Bei letzterem kann es sich auch um eine schriftstellerische Tätigkeit handeln; die Unterscheidung ist jedoch wegen der Aufnahme des Schriftstellerberufs in Absatz 2 ohne praktische Bedeutung.[277] Zu den Übersetzern gehören insbesondere Terminologen (Aufgabe: Erfassung und Bereitstellung fachsprachlicher Ausdrücke und Formulierungen), Computerlinguisten (Aufgabe: Entwicklung von Terminologiedatenbank und Programmen für maschinelles und maschinengestütztes Übersetzen) sowie Rundfunk-, Funk-, Programm- und Presseauswerter.[278]

5. Lotsen

77 Lotsen sind behördlich zugelassene Berater, die Schiffe auf Schifffahrtsstraßen leiten und die Schiffsführung auf bestimmten, schwierig zu befahrenden Wasserstraßen begleiten. Der Begriff des Lotsen umfasst sowohl den See- als auch den Binnen-

---

271) Zur Entwicklung der BFH-Rechtsprechung *Fitsch*, in: Lademann, EStG, § 18 Anm. 164.
272) *Fitsch*, in: Lademann, EStG, § 18 Anm. 164.
273) BFH DStR 1998, 1048.
274) *Steinhauff*, in: Littmann/Bitz/Pust, EStG, § 18 Rz. 227.
275) *Eggesiecker*, Fach E – Dolmetscher, Rz. 0.010.
276) *Schmidt/Wacker*, EStG, § 18, Anm. 17; entgegen *Stuhrmann*, in: Kirchhof/Söhn/Mellinghoff, EStG, § 18 Rz. B 137 muss es sich nicht um die Übertragung in die Muttersprache des Übersetzers handeln.
277) Gleiches gilt nach dem Wegfall der Tarifermäßigung des § 34 Abs. 4 EStG a. F. im Steuerrecht, vgl. *Fitsch*, in: Lademann, EStG, § 18 Anm. 167; *Stuhrmann*, in: Kirchhof/Söhn/Mellinghoff, EStG, § 18 Rz. B 137.
278) *Eggesiecker*, Fach E – Übersetzer, Rz. 1.040 ff.

(Hafen-)Lotsen.[279] Die Lotsen waren von der Rechtsprechung des Bundesfinanzhofes als Gewerbetreibende angesehen worden, bis der Gesetzgeber sie im Jahre 1960 ausdrücklich in den Katalog des § 18 Abs. 1 Nr. 1 EStG aufnahm.[280] Lotsen bedürfen der **amtlichen Bestallung**,[281] die den höchsten Befähigungsnachweis – **Kapitänspatent** – für das jeweils zu führende Schiff sowie eine Sonderausbildung bezüglich des jeweiligen Einsatzbereiches voraussetzt.[282] Die Seelotsen sind in Lotsenbrüderschaften zusammengeschlossen, die wiederum die Bundeslotsenkammer bilden.[283]

IV. Die ähnlichen Berufe

1. Abgrenzungsmerkmale

Die Abgrenzung der den Katalogberufen ähnlichen Berufe von den gewerblichen bildet die größte Schwierigkeit bei der Anwendung des Gesetzes.[284] Auch hier kann allerdings auf die umfangreiche Rechtsprechung der Finanzgerichtsbarkeit zurückgegriffen werden. 78

Aus der Stellung der ähnlichen Berufe im Satzgefüge des Absatzes 2 folgt, dass die **Ähnlichkeit** nur **im Vergleich zu den Katalogberufen** gegeben sein kann und nicht zu den fünf Tätigkeitsbereichen.[285] Ein Gesamtvergleich derart, dass ein Beruf die für sämtliche im Katalog erwähnten Berufe typischen charakteristischen Merkmale gleichermaßen aufweist, ist ausgeschlossen, da sich aus dem Katalog kein allgemeiner Grundsatz und auch keine allgemeine begriffliche Umschreibung freiberuflicher Tätigkeiten herleiten lassen.[286] 79

Erforderlich für die Zuordnung ist vielmehr die Feststellung einer Ähnlichkeit mit einem bestimmten oder mehreren konkreten Katalogberufen, so genanntes **Prinzip der Einzelähnlichkeit**.[287] Hierbei ist allerdings zu beachten, dass der Bundesfinanzhof dieses Prinzip nicht immer konsequent anwendet und stattdessen bei einigen ähnlichen Berufen auf eine **Gruppenähnlichkeit** abstellt.[288] Die Vergleichbar- 80

---

279) *Lenz*, in: Meilicke u. a., PartGG, § 5 Rz. 1 Rz. 59; etwas anders *Feddersen/Meyer-Landrut*, PartGG, § 1 Rz. 31 (ähnlicher Beruf).
280) *Stuhrmann*, in: Kirchhof/Söhn/Mellinghoff, EStG, § 18 Rz. B 138; *Brandt*, in: Herrmann/Heuer/Raupauch, § 18 Rz. 210; näher *Fitsch*, in: Lademann, EStG, § 18 Anm. 159; unzutreffend *Lenz*, in: Meilicke u. a., PartGG, § 1 Rz. 59 („1964").
281) Vgl. § 7 des Gesetzes über das Seelotsenwesen (SeeLG) i. d. F. der Bekanntmachung v. 13.9.1984, BGBl I, 1213, zuletzt geändert durch Art. 3 des Gesetzes v. 15.7.1994.
282) *Steinhauff*, in: Littmann/Bitz/Pust, EStG, § 18 Rz. 232; §§ 9, 10 SeeLG.
283) §§ 27 Abs. 1, 34 Abs. 1 Satz 1 SeeLG.
284) Kritisch daher *Karsten Schmidt*, ZIP 1993, 633, 639.
285) Dies gilt auch für § 18 Abs. 1 Nr. 1 EStG, hierzu *Stuhrmann*, in: Kirchhof/Söhn/Mellinghoff, EStG, § 18 Rz. B 150.
286) *Fitsch*, in: Lademann, EStG, § 18 Anm. 168; *Schmidt/Wacker*, EStG, § 18 Rz. 125.
287) *Fitsch*, in: Lademann, EStG, § 18 Anm. 168.
288) Näher *Fitsch*, in: Lademann, EStG, § 18 Anm. 168.

keit eines Berufes[289)] wird ermittelt durch eine Aufzählung der jeweiligen prägenden Merkmale unter Berücksichtigung des Gesamtbildes der beruflichen Tätigkeiten. Übereinstimmungen müssen hinsichtlich der fachlichen Voraussetzungen sowie der konkreten Umstände der Berufsausübung bestehen.

81 Falls der Katalogberuf eine **wissenschaftliche Ausbildung** voraussetzt, muss auch bei dem ähnlichen Beruf ein vergleichbares Ausbildungsniveau bestehen. Dies wird im Schrifttum zum Partnerschaftsrecht zum Teil bestritten, „da andernfalls das gesetzliche Merkmal der Ähnlichkeit in die Anforderung der ‚Gleichheit' droht verändert zu werden".[290)] Diese Kritik überzeugt jedoch nicht, da es im Gesellschaftsrecht wie im Steuerrecht auf die Ähnlichkeit des Berufes ankommt, die wesentlich von einer vergleichbaren Vorbildung abhängt. Besonderheiten der partnerschaftsrechtlichen Betrachtung im Unterschied zu § 18 EStG sind insoweit nicht erkennbar. Dies muss, wenn es sich bei dem Katalogberuf um einen akademischen Beruf handeln sollte, nicht unbedingt durch ein Hochschulstudium erworben worden sein, sondern die Kenntnisse können auch im Selbststudium oder bei der Berufstätigkeit gewonnen werden,[291)] wobei dann allerdings an die Vergleichbarkeit mit dem fachlichen Wissen und Können eines Hochschulabsolventen des Katalogberufs strenge Anforderungen zu stellen sind.

82 Sofern der vergleichbare Katalogberuf eine Ausbildung oder Prüfung nicht voraussetzt oder in seiner Berufsbezeichnung ungeschützt ist, dürfen auch an die Vorbildung des ähnlichen Berufs keine höheren Anforderungen gestellt werden.[292)] Maßgebend ist in solchen Fällen allein die **Berufstätigkeit**.[293)] Diese muss nach ihrer fachlichen Breite und ihrer Ausgestaltung dem Katalogberuf nahe kommen.[294)] Auf einen bestimmten Erfolg kommt es dabei nicht an, da auch den Katalogberufen zuweilen der Bezug zu einem konkreten Arbeitsergebnis fehlt.[295)] Besonders umstritten ist im steuerrechtlichen Schrifttum, ob ein ähnlicher Beruf dort angenommen werden kann, wo die Ausübung eines Katalogberufs einer **Erlaubnis** bedürfte. Mit der wohl herrschenden Meinung wird man dies ablehnen müssen, so dass die Ausübung von Tätigkeiten, deren Ausübung ohne Erlaubnis berufsrechtlich unzulässig oder mit Strafe bedroht ist, bei Fehlen dieser Erlaubnis nicht zum Vorliegen eines ähnlichen Berufes führen kann.[296)] Anders liegt der Fall, wenn sich die Erlaubnis

---

289) *Schmidt/Wacker*, EStG, § 18 Rz. 126; *Stuhrmann*, in: Kirchhof/Söhn/Mellinghoff, EStG, § 18 Rz. B 151 f; zur Entwicklung der Rechtsprechung siehe *Fitsch*, in: Lademann, EStG, § 18 Anm. 169.
290) *Feddersen/Meyer-Landrut*, PartGG, § 1 Rz. 10.
291) BFHE 169, 402; *Stuhrmann*, in: Kirchhof/Söhn/Mellinghoff, EStG, § 18 Rz. B 153; *Fitsch*, in: Lademann, EStG, § 18 Anm. 169.
292) *Stuhrmann*, in: Kirchhof/Söhn/Mellinghoff, EStG, § 18 Rz. B 154; *Fitsch*, in: Lademann, EStG, § 18 Anm. 169.
293) BFHE 83, 530; 108, 26; kritisch *Wolff-Diepenbrock*, DStZ 1981, 333, 339 f.
294) *Stuhrmann*, in: Kirchhof/Söhn/Mellinghoff, EStG, § 18 Rz. B 155.
295) *Stuhrmann*, in: Kirchhof/Söhn/Mellinghoff, EStG, § 18 Rz. B 155.
296) So auch *Lenz*, in: Meilicke u. a., PartGG, § 1 Rz. 73; *Schmidt/Wacker*, EStG, § 18 Rz. 130 und *Brandt*, in: Herrmann/Heuer/Raupauch, § 18 Rz. 216 mit Nachweisen zum Streitstand.

Voraussetzungen der Partnerschaft § 1

nicht auf die eigentliche Berufsausübung, sondern nur auf das Führen einer bestimmten Berufsbezeichnung bezieht; insoweit kann je nach den konkreten Umständen durchaus einmal ein ähnlicher Beruf vorliegen.[297]

2. Einzelne Berufe in alphabetischer Reihenfolge

Anlageberater (Finanzanalyst). Ist gewerblich tätig, dem beratenden Betriebswirt nicht vergleichbar (siehe bereits oben Rz. 62). 83

Bademeister, medizinischer. Kein ähnlicher Beruf, sondern Gewerbe, sofern die Bäder nicht lediglich Hilfsmittel für die Ausübung eines freien Berufs als Arzt o. ä. sind.

Bauingenieur, beratender. Grundsätzlich freiberuflich tätig.[298]

Bauleiter. Keine dem Architekten ähnliche Tätigkeit, sofern eine diesem vergleichbare Ausbildung fehlt.[299] Anders ist es, wenn ein Bautechniker durch langjährige Praxis in der Bauplanung einem Architekten vergleichbare theoretische Kenntnisse erworben hat.[300]

Bauschätzer (Schadensschätzer). Dem Architekten ähnlicher freier Beruf, da die Tätigkeit als Gutachter zum Berufsbild eines Architekten gehört.[301]

Baustatiker. Ebenfalls dem Architekten ähnlich und somit freiberuflich.[302]

Beschäftigungs- und Arbeitstherapeuten. Frühere Berufsbezeichnung für Ergotherapeuten, siehe dort.

Bewegungstherapeut. Siehe Heileurhythmist.

Blutgruppengutachter. Erstellt als Mediziner Blutgruppengutachten zur Vaterschaftsfeststellung, dem Arzt ähnlich.[303]

Buchhalter. Erledigt selbständig die laufenden Buchführungsarbeiten, soweit er aber nicht über die Qualifikation eines steuerberatenden Berufes verfügt, ist der Buchhalter gewerblich tätig.[304]

Datenschutzbeauftragter i. S. d. §§ 28 f BDSG. Keinem Katalogberuf ähnlich.

Detektiv. Gewerbliche Tätigkeit.[305] Eine Ähnlichkeit mit Journalisten ist abzulehnen, da der Detektiv keine Veröffentlichung in einem Medium vornehmen will.[306]

---

297) MünchKomm-*Ulmer*, BGB, § 1 PartGG Rz. 56.
298) BFHE 93, 468.
299) BFHE 135, 421.
300) BFH BStBl II 1990, 64.
301) BFHE 69, 16.
302) BFH BStBl II 1976, 380.
303) BFH NV 1987, 367.
304) *Schmidt/Wacker*, EStG, § 18 Rz. 106.
305) RFH RStBl 1942, 989; *Brandt*, in: Herrmann/Heuer/Raupauch, § 18 Rz. 600 – Detektiv.
306) Z. T. a. A. *Lenz*, in: Meilicke u. a., PartGG, § 1 Rz. 76 wegen ähnlicher Recherche-Tätigkeit.

Dispacheur. Ermittelt und verteilt bei einer großen Havarie den Schaden, dem Wirtschaftsprüfer nicht ähnlich und nicht freiberuflich.[307]

EDV-Berater (siehe bereits oben Rz. 61). Nach der Rechtsprechung des Bundesfinanzhofes dem beratenden Betriebswirt nicht ähnlich, da sich die Tätigkeit nicht auf einem der Hauptgebiete der Betriebswirtschaft bewegt.[308] Der EDV-Berater kann allerdings Ingenieur sein oder als Diplom-Chemiker, Diplom-Informatiker oder Diplom-Mathematiker einem dem Ingenieur ähnlichen Beruf nachgehen.

Elektroanlagenplaner. Dem Ingenieur ähnlich, sofern vergleichbare mathematisch-technische Kenntnisse und eine entsprechende fachliche Breite festgestellt werden können.[309]

Ergotherapeut. Durch Art. 8 des Gesetzes vom 16.6.1998[310] neu geregelte Berufsbezeichnung (früher: Beschäftigungs- und Arbeitstherapeut).[311] Den Heilberufen ähnlich[312] und damit partnerschaftsfähig.[313]

Finanzanalyst. Siehe Anlageberater.

Finanz- und Kreditberater. Nicht dem beratenden Betriebswirt ähnlich, da die Tätigkeit vor allem auf der Grundlage kaufmännischer Kenntnisse ausgeübt wird.[314]

Fleischbeschauer. Dem Tierarzt ähnliche Tätigkeit, sofern selbständig ausgeübt.[315]

Frachtprüfer. Im Steuerrecht als dem Rechtsanwalt ähnlich angesehen.[316] Da Absatz 2 jedoch anders als § 18 Abs. 1 Nr. 1 Satz 2 EStG die Mitglieder der Rechtsanwaltskammern ausdrücklich erwähnt und ein Frachtprüfer i. S. d. § 1 Abs. 1 Satz 2 Nr. 3 RBerG nach § 209 Abs. 1 BRAO die Möglichkeit hat, auf Antrag in die zuständige Rechtsanwaltskammer aufgenommen zu werden, wird man für das Partnerschaftsgesellschaftsgesetz die Ähnlichkeit ablehnen und die Erlaubnisinhaber nach dem Rechtsberatungsgesetz ausschließlich unter den entsprechenden Katalogberuf fassen müssen, wobei nur diese partnerschaftsfähig sind.

Fußpfleger. Siehe medizinischer Fußpfleger.

---

307) BFHE 170, 235.
308) Näher *Steinhauff*, in: Littmann/Bitz/Pust, EStG, § 18 Rz. 236 mit zahlr. Nachw.; aus der neueren Rspr. etwa BFH DStR 1995, 1909.
309) BFHE 132, 22.
310) Gesetz über die Berufe des Psychologischen Psychotherapeuten und des Kinder- und Jugendlichenpsychotherapeuten, zur Änderung des Fünften Buches Sozialgesetzbuch und anderer Gesetze v. 16.6.1998, BGBl I, 1311.
311) Beschäftigungs- und Arbeitstherapeutengesetz v. 25.5.1976, BGBl I, 1246, geändert durch Art. 8 des Gesetzes v. 16.6.1998, BGBl I, 1311.
312) Gegenäußerung der Bundesregierung zur Stellungnahme des Bundesrates zum RegE PartGG, BT-Drucks. 12/6152, S. 29 = Anhang, S. 319.
313) *Salger*, in: Münchener Handbuch, § 39 Rz. 8; *Hornung*, Rpfleger 1995, 481, 483.
314) BFH BStBl 1988 II, 666.
315) RFH RStBl 1938, 429.
316) FG Berlin EFG 1970, 343; zweifelnd allerdings *Fitsch*, in: Lademann, EStG, § 18 Anm. 171.

Gartenarchitekt. Grundsätzlich freiberuflich.[317]

Gebäudeschätzer. Dem Architekten ähnlich, sofern entsprechende gutachterliche Tätigkeit.

Heilerziehungspfleger. Keine Ähnlichkeit mit den Heilberufen.[318]

Heileurhythmist (Bewegungstherapeut). Nicht mit einem Krankengymnasten vergleichbar, da es keine berufsrechtliche Regelung gibt.[319]

Heilmagnetiseur. Keine Ähnlichkeit mit den Heilberufen.[320]

Heilpädagoge. Keine Ähnlichkeit mit den Heilberufen, keine berufsrechtliche Regelung.[321]

Hochbautechniker. Dem Architekten ähnlich, sofern vergleichbare theoretische Kenntnisse.[322]

Innenarchitekt. Übt den Architektenberuf aus.[323]

Innenraumgestalter. Kann dem Architekten ähnlich sein.[324]

Insolvenzverwalter. Im Steuerrecht nicht als freiberufliche (§ 18 Abs. 1 Nr. 1 EStG), sondern als vermögensverwaltende Tätigkeit angesehen (§ 18 Abs. 1 Nr. 3 EStG).[325] Dies dürfte im Bereich des Partnerschaftsgesellschaftsgesetzes, wo es eine solche Unterscheidung nicht gibt, die Ähnlichkeit zu den wirtschaftsberatenden Berufen nicht ausschließen.

Kfz-Sachverständiger. Im Steuerrecht als dem Ingenieur ähnliche oder sonst gewerbliche Tätigkeit angesehen. Durch die Aufnahme der hauptberuflichen Sachverständigen in Absatz 2 ist für das Partnerschaftsgesellschaftsgesetz vorrangig auf die Zugehörigkeit zu diesem Beruf abzustellen.

Konkurs- und Vergleichsverwalter. Siehe jetzt Insolvenzverwalter.

Kommunalberater. Kann einem beratenden Betriebswirt ähnlich sein bei Beratung von Kommunen in Hauptbereichen ihrer Haushalts- und Vermögensführung.[326]

Krankenschwester (Krankenpfleger). Den Heilberufen ähnliche Tätigkeit, sofern eine gesetzliche Erlaubnis erforderlich ist.[327]

Landschaftsarchitekt. Siehe Architekt, Rz. 67.

---

317) Näher *Steinhauff*, in: Littmann/Bitz/Pust, EStG, § 18 Rz. 236.
318) *FinMin. Bayern*, Erl. v. 13.11.1997, 36 – S7170-32/12 – 58794, DStR 1998, 125.
319) BFH BStBl II 1990, 804.
320) FG Niedersachsen EFG 1995, 735; vgl. *Steinhauff*, in: Littmann/Bitz/Pust, EStG, § 18 Rz. 155.
321) *FinMin. Bayern*, Erl. v. 13.11.1997, 36 – S7170-32/12 – 58794, DStR 1998, 125.
322) BFHE 158, 413.
323) BFH BStBl II 1985, 15.
324) FG Hannover EFG 1977, 15.
325) *Steinhauff*, in: Littmann/Bitz/Pust, EStG, § 18 Rz. 236 m. w. N.
326) FG Nürnberg EFG 1982, 379.
327) BFH NV 1993, 238; zweifelnd *Schmidt/Wacker*, EStG, § 18 Rz. 155.

Logopäde. Dem Krankengymnasten ähnlich, sofern eine Erlaubnis nach dem Logopädengesetz vorliegt.[328]

Marketing-Berater. Dem beratenden Betriebswirt ähnlich.[329]

Markscheider. Sachverständiger im Bergbau. Kann entweder den (Vermessungs-)Ingenieuren oder für den Bereich des Partnerschaftsgesellschaftsgesetzes wohl besser den hauptberuflichen Sachverständigen zugerechnet werden.

Medizinisch-diagnostische Assistentin. Bei selbständiger Tätigkeit ein dem Arzt ähnlicher Beruf.[330]

Medizinischer Fußpfleger. Eine ähnliche heilberufliche Tätigkeit.[331]

Netzplantechniker. Bei Koordinierung der Arbeiten zur Herstellung komplexer Anlagen dem Ingenieursberuf ähnlich.

Orthopist. Ein Orthopist unterstützt Augenärzte bei deren Tätigkeit und ist den Heilberufen ähnlich.[332]

Personalberater. Findet für seinen Auftraggeber geeignete Kandidaten für eine zu besetzende Stelle. Ist nicht freiberuflich tätig, insbesondere einem beratenden Betriebswirt nicht ähnlich.[333]

Privatdetektiv. Siehe Detektiv.

Probennehmer für Erze, Metalle und Hüttenerzeugnisse. Keine Ähnlichkeit mit einem Handelschemiker (vergleiche oben Rz. 69).

Projektierer technischer Anlagen. Kann einem Ingenieur ähnlich sein, sofern vergleichbare, normalerweise durch die Berufsausbildung zum Ingenieur vermittelte Kenntnisse nachgewiesen werden.[334]

Psychoanalytiker, Psychologe, Psychotherapeut. Im steuerrechtlichen Schrifttum ist die Einordnung bei Fehlen einer ärztlichen Qualifikation umstritten.[335] Angesichts der ausdrücklichen Aufnahme des Diplom-Psychologen in Absatz 2 wird man gesellschaftsrechtlich jedenfalls diese Ausbildung fordern müssen.

Raumgestalter. Siehe Innenraumgestalter.

Rechtsbeistand. Siehe Frachtprüfer. Bei einer Spezialisierung auf Inkasso oder auf Anfertigung von Aktenauszügen für Versicherungen wird im Steuerrecht die freibe-

---

328) Gesetz über den Beruf des Logopäden v. 7.5.1980, BGBl I, 529; BFH NV 1989, 201; Begründung zum RegE PartGG, BT-Drucks. 12/6152, S. 10 = Anhang, S. 315.
329) Näher *Steinhauff*, in: Littmann/Bitz/Pust, EStG, § 18 Rz. 236; unzutreffend wegen mangelnder Differenzierung zwischen dem Marketing-Berater und dem Marktforschungsberater *Fitsch*, in: Lademann, EStG, § 18 Anm. 171.
330) BFHE 57, 704; *Fitsch*, in: Lademann, EStG, § 18 Anm. 115.
331) *Steinhauff*, in: Littmann/Bitz/Pust, EStG, § 18 Rz. 236.
332) Rundverfügung der OFD Frankfurt/M. v. 20.6.1996, BB 1996, 1752.
333) Hess. FG EFG 1987, 620.
334) BFHE 132, 20; zur neueren Rechtsprechung vgl. *Steinhauff*, in: Littmann/Bitz/Pust, EStG, § 18 Rz. 236.
335) *Schmidt/Wacker*, EStG, § 18 Rz. 155.

rufliche Tätigkeit verneint.[336] Nach der Aufnahme der Mitglieder der Rechtsanwaltskammern in Absatz 2 kommt es für die Partnerschaftsfähigkeit darauf nicht mehr an, da der Rechtsbeistand nur noch als Mitglied der Rechtsanwaltskammer, nicht jedoch als ähnlicher Beruf dem Absatz 2 unterfällt.

Rettungsassistent. Der durch das Rettungsassistentengesetz[337] vom 10.7.1989 in der Fassung vom 8.3.1994 geregelte Beruf ist den Heilberufen ähnlich.[338]

Schiffssachverständiger, Schiffseichaufnehmer und Ladungssachverständiger. Am ehesten den hauptberuflichen Sachverständigen zuzurechnen, im Übrigen wird in der Regel eine Ähnlichkeit mit dem Ingenieursberuf – wie im Steuerrecht – vorliegen.[339]

Städteplaner. Siehe Architekt, Rz. 67.

Systemanalytiker. Projektierung von Förderanlagen unter Einsatz von Prozessrechnern, bei entsprechenden mathematisch-technischen Kenntnissen eine dem Ingenieur ähnliche Tätigkeit.[340]

Treuhänder. Die Tätigkeit ist grundsätzlich gewerblich; ausnahmsweise aber freiberuflich, sofern sie von einem Rechtsanwalt, Steuerberater oder Wirtschaftsprüfer vorgenommen wird.

Umweltgutachter. § 2 Abs. 3 UZSG lässt die Partnerschaft ausdrücklich als Umweltgutachterorganisation zu.

Unternehmensberater. Siehe den Katalogberuf der beratenden Volks- und Betriebswirte (Rz. 61).

Viehkastrierer. Kein ähnlicher Beruf.[341]

Wirtschaftsberater auf dem Gebiet des Rechnungswesens ohne Studienabschluss als Betriebswirt. Ist dem beratenden Betriebswirt nicht ähnlich.[342]

Zahnarztpraktiker. Stellt Zahnersatz her und setzt ihn ein, ist dem Dentisten ähnlich.[343]

Zahntechniker, der lediglich für Zahnärzte und Dentisten zahntechnische Arbeiten ausführt, ist mit diesen Berufen nicht vergleichbar und daher nicht ähnlich.[344]

Zolldeklarent. Weder einem Rechtsanwalt noch einem Steuerberater ähnlich.[345]

---

336) FG Bremen EFG 1973, 464; BFHE 98, 497.
337) Rettungsassistentengesetz v. 10.7.1989, BGBl I, 1384 i. d. F. v. 8.3.1994, BGBl I, 446.
338) Rundverfügung der OFD Frankfurt/M. v. 20.6.1996, BB 1996, 1752.
339) BFHE 101, 367.
340) FG Berlin EFG 1982, 227.
341) BFH BStBl 1956 II, S. 90.
342) FG Bremen EFG 1994, 41.
343) BFHE 83, 530.
344) BFH BStBl 1965 III, S. 692.
345) BFHE 158, 372.

V. Tätigkeitsfelder

84 Neben den Katalogberufen und den ähnlichen Berufen sind in Absatz 2 die fünf in § 18 Abs. 1 Nr. 1 Satz 2 EStG aufgezählten Tätigkeitsbereiche[346] der Wissenschaftler, Künstler, Schriftsteller, Lehrer sowie Erzieher erfasst.

1. Wissenschaftler

85 Ein Wissenschaftler übt eine Tätigkeit aus, die eine schwierige Fragestellung nach wissenschaftlichen Grundsätzen, d. h. nach streng sachlichen und objektiven Gesichtspunkten anhand einer überprüfbaren Methode zu lösen versucht, indem die Ursachen erforscht, begründet und in einen Verständniszusammenhang gebracht werden.[347] Eine akademische Vorbildung ist hierfür nicht unbedingt erforderlich,[348] sondern die wissenschaftlichen Kenntnisse können auch im Selbststudium erworben werden.[349] Rein praktische Erfahrungen reichen allerdings nicht aus. Soweit eine Disziplin nicht an den Hochschulen gelehrt wird, ist zudem ein gewisses wissenschaftliches Niveau der Tätigkeit zu fordern.[350] Andererseits genügt eine akademische Ausbildung (z. B. Ärzte, Rechtsanwälte) nicht zur Begründung der Tätigkeit als Wissenschaftler; vielmehr kommt es auf die **Art der Berufsausübung** an.[351] Insoweit werden unterschieden die schöpferische oder forschende Arbeit an grundsätzlichen Fragen (**reine Wissenschaft**) und die Anwendung des bereits durch die Forschung vorhandenen Wissens auf konkrete Lebensvorgänge (**angewandte Wissenschaft**), wobei neben der bloßen Anwendung aber jedenfalls auch stets eine wissenschaftliche Vorgehensweise erforderlich ist.[352]

86 Ein **freier Erfinder** ist Wissenschaftler, wenn er planmäßig und zielgerichtet mit wissenschaftlicher Methodik vorgeht und seine Ergebnisse nicht nur auf Zufallserfindungen beruhen.[353] Die Tätigkeit als **hauptberuflicher Sachverständiger** ist nach dem Partnerschaftsgesellschaftsgesetz ein eigener Katalogberuf, so dass eine Subsumtion unter die Tätigkeit als Wissenschaftler hier nicht in Betracht kommt. Von Bedeutung ist ferner, dass Absatz 2 auf den „Wissenschaftler" etc. abstellt, während in § 18 Abs. 1 Nr. 1 Satz 2 EStG von der wissenschaftlichen Tätigkeit die Rede ist. Im Gegensatz zum Steuerrecht kann daher für die Begründung der Freiberuflichkeit im Gesellschaftsrecht z. B. eine nur gelegentliche Erstellung wissenschaftlicher Gutachten keinesfalls ausreichen.[354] Dieser Unterschied erklärt sich daraus, dass es dem Steuerrecht auf die fiskalische Einordnung auch einmaliger his-

---

346) Sog. reine freie Berufe, vgl. *Bayer/Imberger*, DZWir 1995, 177, 181.
347) Grundlegend BFHE 56, 425; 82, 46; 118, 473; ferner BFH, NV 1993, 360.
348) BFHE 82, 46; anders noch RFHE 21, 245.
349) *Fitsch*, in: Lademann, EStG, § 18 Anm. 68.
350) *Fitsch*, in: Lademann, EStG, § 18 Anm. 69 m. w. N.
351) *Stuhrmann*, in: Kirchhof/Söhn/Mellinghoff, EStG, § 18 Rz. B 52.
352) BFHE 56, 425; 82, 46; *Schmidt/Wacker*, EStG, § 18 Rz. 62; *Stuhrmann*, in: Kirchhof/Söhn/Mellinghoff, EStG, § 18 Rz. B 51.
353) BFHE 125, 280; ausführlich hierzu *Fitsch*, in: Lademann, EStG, § 18 Anm. 69 ff; *Steinhauff*, in: Littmann/Bitz/Pust, EStG, § 18 Rz. 89 f.
354) Zur steuerrechtlichen Beurteilung vgl. *Fitsch*, in: Lademann, EStG, § 18 Anm. 68.

torischer Vorgänge ankommt, während für das Recht der Partnerschaft die dauerhafte, zukunftsgerichtete Zugehörigkeit zu einem bestimmten Beruf entscheidend ist.

Der selbständige **Schriftleiter** als Herausgeber einer Fachzeitschrift oder wissenschaftlichen Buchreihe kann als Wissenschaftler angesehen werden.[355] Auch der selbständige **Geologe** kann Wissenschaftler sein.[356] Er beschäftigt sich wissenschaftlich mit dem Aufbau der Erde, ihrer Entstehung und der Entwicklung des Lebens. Der **Mineraloge** untersucht die Zusammensetzung der Gesteine, Mineralien und Erze. Der **Geophysiker** analysiert die Erde und ihren Aufbau mit physikalischen Methoden. Geologen, Mineralogen und Geophysiker fallen unter den Begriff der **Geowissenschaftler**.[357]

87

2. Künstler

Eine allgemeine Definition dessen, was **Kunst** ausmacht, gibt es nicht. Die Rechtsprechung verlangt eine freie, schöpferische Gestaltung auf der Grundlage einer gewissen Begabung und mit einer gewissen Gestaltungshöhe,[358] in der Eindrücke, Erfahrungen und Erlebnisse des Künstlers durch das Medium einer gewissen Formensprache zu unmittelbarer Anschauung gebracht werden.[359] Auch in einer nur reproduktiven Tätigkeit wie der eines Musikers und Sängers ist der Ausdruck der individuellen Persönlichkeit des Künstlers und damit eine eigenschöpferische Leistung zu sehen.[360] Dort, wo das Ergebnis der Arbeitstätigkeit keinen Gebrauchszweck erfüllt, also im Bereich der so genannten freien Kunst, kann eine ausreichende Gestaltungshöhe ohne weitergehende Prüfung im Regelfall unterstellt werden, sofern nach der allgemeinen Verkehrsauffassung die Werke denjenigen Arbeiten, die von anerkannten Künstlern hergestellt wurden, vergleichbar sind.[361]

88

Die Verfolgung eines **Gebrauchszwecks** schließt das Vorliegen einer künstlerischen Betätigung nicht generell aus. Die bloße Herstellung eines Gebrauchsgegenstandes des täglichen Lebens, wie z. B. Reklamebilder, Schaufensterauslagen, ist allerdings kein Kunstwerk; hierzu bedarf es vielmehr einer eigenschöpferischen Aktivität, bei welcher der Kunstwert den reinen Gebrauchswert übersteigt.[362] Die Abgrenzung

89

---

355) *Steinhauff*, in: Littmann/Bitz/Pust, EStG, Rz. 87.
356) Begründung zum RegE PartGG, BT-Drucks. 12/6152, S. 10 = Anhang, S. 315.
357) *Eggesiecker*, Fach E – Wissenschaftler, Rz. 2.100.
358) Kritisch zu diesen Qualitätsanforderungen wohl zu Recht *Heuer*, DStR 1983, 638, 640; *Schmidt/Wacker*, EStG, § 18 Rz. 67; *Stuhrmann*, in: Kirchhof/Söhn/Mellinghoff, EStG, § 18 Rz. B 62; für die Auffassung des BFH hingegen z. B. *Fitsch*, in: Lademann, EStG, § 18 Anm. 100
359) BVerfGE 30, 173, 188 f; BFH in ständiger Rechtsprechung, z. B. BFHE 149, 231; weitere Nachw. bei *Steinhauff*, in: Littmann/Bitz/Pust, EStG, § 18 Rz. 91; *Stuhrmann*, in: Kirchhof/Söhn/Mellinghoff, EStG, § 18 Rz. B 59 mit Fußn. 77.
360) BFHE 136, 474.
361) So *Stuhrmann*, in: Kirchhof/Söhn/Mellinghoff, EStG, § 18 Rz. B 61; *Schmidt/Wacker*, EStG, § 18 Rz. 66; a. A. *Fitsch*, in: Lademann, EStG, § 18 Anm. 103.
362) BFHE 94, 210; 121, 410.

im Einzelnen ist in einer Gesamtwürdigung vorzunehmen[363]; in diesem Grenzbereich zwischen Kunst und Gewerbe[364] finden sich insbesondere die Berufe der (Foto-,[365] Grafik-, Industrie-, Mode-, Schmuck-, Textil-) **Designer**,[366] **Kunstschmiede, Keramiker, Redner**.[367] Es ist kein Grund dafür ersichtlich, warum im Anwendungsbereich des Absatzes 2 – anders als im Steuerrecht – reine Gebrauchswerke als Kunst angesehen werden sollten.[368] Hierdurch werden ohne überzeugende Begründung Unterschiede in der Begriffsbildung des Künstlers hervorgerufen. Die Abgrenzung muss in Grenzfällen danach vorgenommen werden, ob das künstlerische oder das handwerkliche Element den Charakter des Werkes überwiegend prägen.[369]

90 Die **Feststellung der Künstlereigenschaft** obliegt bei der Finanzverwaltung speziellen, bei den Oberfinanzdirektionen eingerichteten Gutachterausschüssen.[370] Die Finanzgerichte bedienen sich regelmäßig eingeholter Sachverständigengutachten. Dies ist im Kunstbereich nicht unproblematisch.[371] Während die beurteilende Wertung einzelner Tätigkeiten im Steuerrecht so eine erhebliche Rolle spielt, kommt es für die Zugehörigkeit zum Beruf des Künstlers nach Absatz 2 auf eine Gesamtwürdigung der beruflichen Aktivität als solche an. Die Zahl und künstlerische Qualität der Arbeitsergebnisse haben hier nur indizielle Wirkung; im Übrigen ist ein großzügiger Maßstab anzulegen.

3. Schriftsteller

91 Ein Schriftsteller drückt eigene Gedanken mit den Mitteln der Sprache schriftlich aus und wendet sich damit an die **Öffentlichkeit**.[372] Das bloße Verfassen eines nicht zur Veröffentlichung bestimmten Tagebuches reicht demnach nicht aus.[373] Auf einen etwaigen wissenschaftlichen oder künstlerischen Inhalt kommt es ebenso wenig an wie darauf, ob sich das Ergebnis der Tätigkeit in einem Zeitschriftenbeitrag, einem Buch oder anderen Schriftmedien niederschlägt. Es kommt nur darauf an, dass das Werk überhaupt publiziert wird oder zumindest zur Veröffentlichung

---

363) BFHE 149, 231.
364) *Fitsch*, in: Lademann, EStG, § 18 Anm. 100; zu den vergleichbaren Problemen im österreichischen Recht vgl. mit zahlreichen Beispielen *Krejci*, EGG, § 1 Rz. 93.
365) Der Fotograf wird allerdings z. T. bereits unter den Beruf des Bildberichtstatters fallen, sofern er sich gegenwarts- und informationsbezogenen Motiven widmet, dazu oben Rz. 74; nach der ständigen Rechtsprechung des BFH ist ein Fotograf kein Künstler; näher hierzu *Steinhauff*, in: Littmann/Bitz/Pust, EStG, § 18 Rz. 93 m. w. N.
366) Begründung zum RegE PartGG, BT-Drucks. 12/6152, S. 10 = Anhang, S. 314; abweichend *Feddersen/Meyer-Landrut*, PartGG, § 1 Rz. 37 mit Fußn. 43.
367) Zu den einzelnen Berufen vgl. z. B. *Fitsch*, in: Lademann, EStG, § 18 Anm. 106.
368) A. A. *Feddersen/Meyer-Landrut*, PartGG, § 1 Rz. 37 a. E.
369) Wie hier *Lenz*, in: Meilicke u. a., PartGG, § 1 Rz. 68.
370) *Stuhrmann*, in: Kirchhof/Söhn/Mellinghoff, EStG, § 18 Rz. B 65a.
371) *Steinhauff*, in: Littmann/Bitz/Pust, EStG, § 18 Rz. 106; *Stuhrmann*, in: Kirchhof/Söhn/Mellinghoff, EStG, § 18 Rz. B 65a.
372) BFHE 67, 115; BFHE 117, 456.
373) *Eggesiecker*, Fach E – Schriftsteller, Rz. 1.010.

bestimmt war. Im Gegensatz zum Kunstbereich fordert die Rechtsprechung des Bundesfinanzhofes für die schriftstellerische Tätigkeit keinen Mindest-Qualitätsstandard.[374] Die eigenen Gedanken des Schriftstellers können sich auch auf rein tatsächliche Vorgänge beschränken. Hier ergeben sich Überschneidungen mit dem Beruf des Journalisten, wobei aufgrund der Aufnahme auch des Journalistenberufs in den Katalog eine exakte Differenzierung nur von geringer praktischer Bedeutung ist.[375] In diesem Grenzbereich mag es dem jeweiligen Partner überlassen bleiben, ob er seinen Beruf als den eines Schriftstellers oder eines Journalisten versteht und demgemäß bei dem Abschluss des Partnerschaftsvertrages gemäß § 3 Abs. 2 Nr. 2 angibt. Gleiches gilt gegebenenfalls für einen Übersetzer, insbesondere, soweit er Werke der Weltliteratur in eine andere Sprache überträgt.[376]

Die lediglich vorbereitende oder unterstützende Tätigkeit wie etwa die Materialsammlung, das Korrekturlesen oder die Erstellung eines Stichwortverzeichnisses reicht nicht aus, um den Beruf des Schriftstellers anzunehmen.[377] Der **Ghostwriter**, der inhaltlich eigenständig Texte erstellt, die später nur unter anderem Namen veröffentlicht werden, ist Schriftsteller.[378] **Redner** können niemals Schriftsteller sein, da sie ihre möglicherweise schriftlichen Manuskripte gerade nicht in dieser Form publizieren, sondern nur mündlich vortragen.[379]

91a

4. Lehrer

Die unterrichtende Tätigkeit des Lehrers ist auf das **Vermitteln von Kenntnissen und Fähigkeiten** gerichtet.[380] Unerheblich ist dabei der Gegenstand des Unterrichts oder dessen z. B. wissenschaftliche oder sonstige Qualität. Deshalb können Lehrer auch das Reiten, Tanzen, Turnen oder Fahren unterrichten.[381] Typische Anwendungsfälle des Absatzes 2 sind aber eher der Fremdsprachen-, Förder- und Nachhilfeunterricht.[382] Notwendig ist jeweils die persönliche Beziehung des Lehrers zum Schüler; eine bloße Demonstration des eigenen Könnens ohne die unmittelbare Einbeziehung anderer Personen reicht nicht aus. Partnerschaftsfähig sind nur die **privat** unterrichtenden, selbständig tätigen Lehrer.[383]

92

---

374) *Fitsch*, in: Lademann, EStG, § 18 Anm. 107; *Stuhrmann*, in: Kirchhof/Söhn/Mellinghoff, EStG, § 18 Rz. B 67 mit Fußn. 102; *Steinhauff*, in: Littmann/Bitz/Pust, EStG, § 18 Rz. 112.
375) Im Steuerrecht ist sie gänzlich bedeutungslos, vgl. *Schmidt/Wacker*, EStG, § 18 Rz. 77.
376) Vgl. BFHE 117, 456; *Steinhauff*, in: Littmann/Bitz/Pust, EStG, § 18 Rz. 109.
377) *Feddersen/Meyer-Landrut*, PartGG, § 1 Rz. 38.
378) *Brandt*, in: Herrmann/Heuer/Raupauch, § 18 Rz. 113.
379) BFH BStBl 1982 II, S. 22; *Brandt*, in: Herrmann/Heuer/Raupauch, § 18 Rz. 112; im Ergebnis zutreffend *Feddersen/Meyer-Landrut*, PartGG, § 1 Rz. 38.
380) Vgl. statt aller *Stuhrmann*, in: Kirchhof/Söhn/Mellinghoff, EStG, § 18 Rz. B 75.
381) *Fitsch*, in: Lademann, EStG, § 18 Anm. 109 mit Nachweisen zur Rechtsprechung; a. A. – ohne Begründung – für Tennis-, Surf-, Reit- und Tanzlehrer *Lenz*, in: Meilicke u. a., PartGG, § 1 Rz. 70.
382) *Lenz*, in: Meilicke u. a., PartGG, § 1 Rz. 70.
383) *Lenz*, in: Meilicke u. a., PartGG, § 1 Rz. 70.

§ 1   Voraussetzungen der Partnerschaft

93   Eine besondere Vorbildung des Lehrers ist grundsätzlich nicht zu verlangen.[384] Soweit allerdings eine staatliche Zulassung zur Berufsausübung erforderlich ist – z. B. die Fahrlehrererlaubnis (Fahrlehrerschein) –, sind wegen § 9 Abs. 3 nur Personen mit dieser Zulassung partnerschaftsfähig.[385] Umstritten ist die Einordnung des **Bergführers**.[386] Ein **Verkaufstrainer** wird als Lehrer zu betrachten sein, sofern er sich ausschließlich der Schulung von Verkäufern widmet.[387] Der Fahrlehrer wird im Verwaltungsrecht regelmäßig dem Gewerberecht zugerechnet.[388] Gesellschaftsrechtlich ist er wie im Bereich des § 18 EStG jedoch als partnerschaftsfähiger Freiberufler anzusehen.[389]

5. Erzieher

94   Erziehung ist die planmäßige Tätigkeit zur körperlichen, geistigen und sittlichen Formung von Heranwachsenden zu mündigen Personen, die in der Lage sind, selbständig und verantwortlich die Aufgaben des Lebens zu bewältigen.[390] Hierdurch werden also sowohl die Wissensvermittlung (insoweit Überschneidungen mit der Tätigkeit des Lehrers) als auch die Charakter- und Persönlichkeitsbildung umfasst.

95   Einer erzieherischen Tätigkeit kann grundsätzlich aufgrund eigener praktischer Erfahrungen ohne spezielle **Fachausbildung** nachgegangen werden. Wie auch sonst, kann allerdings, falls für den Erzieher in bestimmten Bereichen eine Prüfung vorgeschrieben ist, dieser Beruf wegen § 9 Abs. 3 ohne die Prüfung nicht im Rahmen der Partnerschaft ausgeübt werden.[391] Jedenfalls **Diplom-Pädagogen** werden im Regelfall unter die Erzieher zu rechnen sein.[392] Soweit sie als „Erziehungswissenschaftler" auftreten, kommt eine Subsumtion unter das Tätigkeitsgebiet der Wissenschaftler in Betracht.[393] Eine selbständige Kindergärtnerin ist in der Regel Erzieherin.[394] Das bloße Betreiben einer Kindertagesstätte soll nicht darunter fallen,[395] kann aber einen ähnlichen Beruf darstellen.[396]

---

384) BFHE 112, 474.
385) Anders nach h. M. die Rechtslage im Steuerrecht; vgl. *Stuhrmann*, in: Kirchhof/Söhn/ Mellinghoff, EStG, § 18 Rz. B 76; *Schmidt/Wacker*, EStG, § 18 Rz. 83 f; *Fitsch*, in: Lademann, EStG, § 18 Rz. 109; *Steinhauff*, in: Littmann/Bitz/Pust, EStG, § 18 Rz. 118.
386) Dazu *Steinhauff*, in: Littmann/Bitz/Pust, EStG, § 18 Rz. 117 m. w. N.
387) Vgl. *Fitsch*, in: Lademann, EStG, § 18 Anm. 109; *Steinhauff*, in: Littmann/Bitz/Pust, EStG, § 18 Rz. 191 f.
388) BVerwGE 21, 203; *Salger*, in: Münchener Handbuch, § 39 Rz. 12 m. w. N.
389) *Schmidt/Wacker*, EStG, § 18 Rz. 83; *Eggesiecker*, Fach E – Lehrer, Rz. 1.010; in der Tendenz auch *Salger*, in: Münchener Handbuch, § 39 Rz. 12.
390) BFHE 84, 503; 115, 64.
391) Anders wiederum nach h. M. die Rechtslage im Steuerrecht, vgl. nur *Steinhauff*, in: Littmann/Bitz/Pust, EStG, § 18 Rz. 123.
392) Begründung zum RegE PartGG, BT-Drucks. 12/6152, S. 10 = Anhang, S. 315.
393) *Salger*, in: Münchener Handbuch, § 39 Rz. 10.
394) *Eggesiecker*, Fach E – Erzieher, Rz. 0.010.
395) *Feddersen/Meyer-Landrut*, PartGG, § 1 Rz. 40.
396) *Lenz*, in: Meilicke u. a., PartGG, § 1 Rz. 76.

F. Berufsrechtsvorbehalt (Abs. 3)

I. Geschichte

Die Vorschrift wurde auf die Intervention verschiedener **freiberuflicher Organisationen** während des Gesetzgebungsverfahrens hin aufgenommen. Der Referentenentwurf hatte in einer mutigen, wenngleich wegen der zahlreichen Länderkompetenzen verfassungsrechtlich nicht unbedenklichen[397] Bestimmung (Absatz 3 Satz 2) versucht, den Spielraum der Berufsrechte wesentlich einzuengen, indem diese nur noch in den ausdrücklich zugelassenen Fällen von den Vorschriften des Gesetzes hätten abweichen dürfen. Wie zu erwarten war, traf dies auf den energischen Widerstand freiberuflicher Organisationen und wurde daher aus politischen Gründen später aufgegeben.[398] Insbesondere die Verbände der Ärzte[399] und Zahnärzte,[400] aber auch z. B. der Steuerberater[401] hatten den Berufsrechtsvorbehalt zur Voraussetzung für ihre Zustimmung zu dem Gesetz gemacht.

96

Dies hat vor allem hinsichtlich der **fächerübergreifenden Zusammenarbeit** erhebliche Konsequenzen. Das Ziel der Verbesserung der Möglichkeiten interprofessioneller Berufsausübung ist so alt wie die Idee der Schaffung eines Partnerschaftsgesetzes. Das dringende Bedürfnis insbesondere auch der Angehörigen freier Berufe, durch die Zusammenlegung von Kenntnissen und Fertigkeiten von Spezialisten[402] verschiedener Fachrichtungen ein umfassendes Beratungs- und Betreuungsangebot aus einer Hand anzubieten, war letztlich nicht zu übersehen. Denn nur so kann die wachsende Nachfrage nach komplexen Dienstleistungen befriedigt und nicht zuletzt auch die Konkurrenzfähigkeit im internationalen Kontext erhalten werden.[403]

97

Bereits in der Diskussion um die Gesetzentwürfe der 70er Jahre hatte diese Frage eine erhebliche Rolle gespielt.[404] In § 1 Abs. 4 des Entwurfes aus dem Jahre **1971** wurde zwar ebenfalls ein Berufsrechtsvorbehalt aufgenommen,[405] aus dem Wortlaut des § 1 Abs. 1 („Angehörige freier Berufe können sich ... zusammenschlie-

98

---

397) Insoweit zutreffend *Seibert*, Die Partnerschaft, S. 52.
398) *Seibert*, Die Partnerschaft, S. 52.
399) Vgl. *Schirmer*, MedR 1995, 341, 342; *Beckmann*, in: Festschrift Kleinert, S. 210, 214.
400) Vgl. *Beckmann*, in: Festschrift Kleinert, S. 210, 214; *Schulze-Wilk*, zm 84, Nr. 13, v. 1.7.1994, S. 1447.
401) *Bösert*, DStR 1993, 1332, 1336; *Dann*, in: BStBerK (Hrsg.), S. 8.
402) Näher zum Trend zum freiberuflichen Spezialisten *Michalski*, Das Gesellschafts- und Kartellrecht, S. 102 f.
403) Vgl. bereits *Michalski/Römermann*, NJW 1996, 3233 ff; ferner *Beckmann*, in: Festschrift Kleinert, S. 210, 215 f; *Gres*, Handelsblatt v. 19.5.1994; *ders.*, der freie beruf 6/1994, 23, 24; *Bösert*, ZAP Fach 15, S. 137, 138; Rechtsausschuss zum PartGG, BT-Drucks. 12/7642, S. 11 = Anhang, S. 308.
404) Vgl. den E 1971, BT-Drucks. VI/2047, S. 1; E 1975, BT-Drucks. 7/4089, S. 1; E 1976, BT-Drucks. 7/5402, S. 1; Rechtsausschuss zum E 1976, BT-Drucks. 7/5413, S. 2; *v. Bockelberg*, DStB 1971, 65; *Müller-Gugenberger*, DB 1972, 1517, 1519; hierzu ferner *Wüst*, JZ 1989, 270, 276.
405) „Berufsrechtliche Vorschriften bleiben unberührt", § 1 Abs. 4 E 1971.

ßen.") folgerten aber dennoch einige Autoren[406] die uneingeschränkte Zulässigkeit interprofessioneller Zusammenschlüsse. In der daraufhin erst richtig einsetzenden Diskussion gewannen die Einwände hiergegen mehr und mehr an Zuspruch, so beispielsweise gegen die Verbindung von Rechtsanwälten, Steuerberatern und Wirtschaftsprüfern in einer gemeinsamen Berufsausübungsgesellschaft, durch welche man eine „Ökonomisierung des Anwaltsstandes" befürchtete.[407] Auch die Verbindung zu einer Zusammenarbeit von Angehörigen verschiedener Ausbildungsstufen wurde kritisch betrachtet, dies betraf z. B. Rechtsanwälte und Rechtsbeistände, Rechtsanwälte und Steuerbevollmächtigte usw.[408]

99   In den **Entwürfen von 1975/76** gab man daher – trotz grundsätzlicher Beibehaltung des genannten Ziels[409] – die liberale Interpretation auf; die Dominanz der restriktiven Berufsrechte unterlag im weiteren Verlauf der Geschichte des Partnerschaftsgesellschaftsgesetzes keinerlei Zweifeln mehr.[410] Obgleich nunmehr allgemein anerkannt war, dass das Ziel weitergehender Interprofessionalität ohne Eingriffe in das Berufsrecht nicht erreicht werden konnte, finden sich auch danach erstaunlicherweise keine nennenswerten Initiativen für derartige Änderungsbestimmungen.[411]

II. Systematik und Regelungsgehalt

1. Überblick

100 Nach dem unzweideutigen Wortlaut des Absatzes 3 können die Berufsrechte die Berufsausübung in der Partnerschaft nicht nur begrenzen, sondern sogar ganz ausschließen. Bei sich widersprechenden Regelungen im Partnerschaftsgesellschaftsgesetz und in der berufsrechtlichen Norm gilt stets die jeweils engere Fassung; das Partnerschaftsgesellschaftsgesetz verfolgt also das **Prinzip des kleinsten gemeinsamen Nenners**.[412] Entweder stellt also das Partnerschaftsgesellschaftsgesetz die engeren Voraussetzungen auf (z. B. können Wirtschaftsprüfer gemäß Absatz 1 Satz 3 nicht mit einer Wirtschaftsprüfungs-GmbH eine Partnerschaft bilden) oder aber das Berufsrecht (z. B. sind Zweigniederlassungen für Zahnärzte unzulässig);[413] jeweils sind beide Rechtsbereiche zu prüfen und zu beachten. Interprofessionelle Zusammenschlüsse sind demnach nur dann zulässig, wenn die beabsichtigte Kombination mit den berufsrechtlichen Vorschriften aller Beteiligten vereinbart werden kann (**Kompatibilität**)[414] – insoweit hat sich also de facto durch das neue Gesetz

---

406) Vgl. nur *Beckmann*, in: Festschrift Kleinert, S. 210 ff; *Wüst*, JZ 1989, 270, 276; a. A. zutreffend *Müller-Gugenberger*, DB 1972, 1517, 1519.
407) Vgl. *Wüst*, JZ 1989, 270, 276; zur früheren Diskussion ausführlich *Lach*, S. 46 ff.
408) Vgl. *Wüst*, JZ 1989, 270, 276.
409) Vgl. nur Rechtsausschuss zum E 1976, BT-Drucks. 7/5413, S. 2.
410) *Beckmann*, in: Festschrift Kleinert, S. 210, 212.
411) Vgl. bereits *Müller-Gugenberger*, DB 1972, 1517, 1519.
412) Begründung zum RegE PartGG, BT-Drucks. 12/6152, S. 11 = Anhang, S. 317; *Burret*, WPK-Mitt. 1994, 201, 202, 204; MünchKomm-*Ulmer*, BGB, § 1 Rz. 66.
413) Vgl. *Schulze-Wilk*, zm 84, Nr. 13, v. 1.7.1994, S. 1448.
414) Begründung zum RegE PartGG, BT-Drucks. 12/6152, S. 10 = Anhang, S. 316.

nicht die geringste Veränderung gegenüber den bestehenden Gestaltungsmöglichkeiten in den anderen Rechtsformen ergeben.

Es handelt sich bei Absatz 3 um die bloße **Klarstellung**,[415] dass – wie auch bei allen übrigen Gesellschaftsformen – das jeweilige Berufsrecht für die Angehörigen eines bestimmten freien Berufs durch spezielle Vorschriften die Anwendbarkeit der durch das Partnerschaftsgesellschaftsgesetz eröffneten Gestaltungsfreiräume ausschließen oder – erst recht – begrenzen kann. Das Partnerschaftsgesellschaftsgesetz kann[416] und will die Berufsrechte nicht ersetzen oder als „**Super-Berufsrecht**" Regeln für alle gegenwärtigen und zukünftigen Besonderheiten der Rechte der einzelnen Berufe aufstellen.[417]   101

Dieser allgemein anerkannte Grundsatz wurde **früher** von der herrschenden Meinung[418] im für das Partnerschaftsgesellschaftsgesetz wesentlichen Bereich der Haftungsbegrenzung durchbrochen. § 8 Abs. 2 a. F. sollte demnach in jedem Fall Vorrang vor berufsrechtlichen Haftungsbegrenzungsmöglichkeiten haben, auch wenn diese speziellere Anforderungen stellen und daher nach dem Prinzip des kleinsten gemeinsamen Nenners im Grunde vorgehen müssten. Darin wurde eine partielle Durchbrechung des Berufsrechtsvorbehaltes aus Absatz 3 gesehen. Diese Auffassung, die von der herrschenden Meinung zumeist apodiktisch ohne nähere Begründung aufgestellt wurde, ist durch die **Neufassung** des § 8 Abs. 2 im Jahre 1998 hinfällig geworden, da sich seitdem das frühere Konkurrenzproblem nicht mehr in der gleichen Weise stellt.   102

Absatz 3 wird ergänzt durch § 6 Abs. 1 und § 8 Abs. 3. Während die zuletzt genannte Vorschrift ausdrücklich die Regelung durch ein (formelles) Gesetz ermöglicht, ist in den anderen Bestimmungen lediglich von den „Vorschriften über die einzelnen Berufe" oder dem Berufsrecht die Rede. Daraus ist zu folgern, dass für Regelungen im Sinne des Absatzes 3 und § 6 Abs. 1 grundsätzlich auch z. B. **berufsrechtliche Satzungen** ausreichen.[419] Insoweit stellt der Bundesgesetzgeber die durch ihn getroffene Regelung zur Disposition durch die Landesgesetzgeber und untergesetzliche Normgeber wie z. B. freiberufliche Satzungsversammlungen und gegebenenfalls Kammern.[420] Dies schließt natürlich nicht aus, dass es Einzelfälle gibt, in denen wegen der Wesentlichkeit der Beschränkung des Grundrechts auf die freie Berufs-   103

---

415) Begründung zum RegE PartGG, BT-Drucks. 12/6152, S. 11 = Anhang, S. 317; *Bösert*, DStR 1993, 1332, 1336; *ders.*, ZAP Fach 15, S. 137, 144; *Feddersen/Meyer-Landrut*, PartGG, § 1 Rz. 41.
416) Schon aus Gründen der Gesetzgebungskompetenz, soweit die Berufsrechte in die Kompetenz der Länder fallen; vgl. die Begründung zum RegE PartGG, BT-Drucks. 12/6152, S. 11 = Anhang, S. 317; *Beckmann*, in: Festschrift Kleinert, S. 210, 213.
417) Begründung zum RegE PartGG, BT-Drucks. 12/6152, S. 8 = Anhang, S. 305; *Bösert*, DStR 1993, 1332, 1336; *ders.*, ZAP Fach 15, S. 137, 144.
418) Z. B. MünchKomm-*Ulmer*, BGB, § 1 PartGG Rz. 65; *Feddersen/Meyer-Landrut*, Einl. S. 12.
419) *Stuber*, WiB 1994, 705, 706; Begründung zum RegE PartGG, BT-Drucks. 12/6152, S. 11 = Anhang, S. 317; *Mahnke*, WM 1996, 1029, 1033.
420) *Schirmer*, MedR 1995, 341, 345.

ausübung nach Art. 12 Abs. 1 GG aus verfassungsrechtlichen Gründen allein der Gesetzgeber zur Schaffung berufsrechtlicher Reglementierungen befugt sein kann.[421] Zu diesen „statusbildenden" Bestimmungen gehören regelmäßig auch solche, die die gemeinsame Berufsausübung mit Angehörigen anderer freier Berufe zum Gegenstand haben.[422] Zum Teil wurde inzwischen die Regelung des Absatzes 3 spiegelbildlich in das Berufsrecht übernommen. So heißt es unter D II – Formen der Zusammenarbeit – der MBO-Ä 2000 zu Nr. 7: „Berufsrechtsvorbehalt. Soweit Vorschriften dieser Berufsordnung Regelungen des Partnerschaftsgesellschaftsgesetzes ... einschränken, sind sie vorrangig aufgrund von § 1 Abs. 3 PartGG."

104 Welche Folgerungen aus einem **Normenverstoß** zu ziehen sind, ist nach den allgemeinen Auslegungsregeln zu ermitteln. Ein Verstoß gegen Vorschriften des Partnerschaftsgesellschaftsgesetzes führt in aller Regel zur Unwirksamkeit der jeweiligen Maßnahme oder Vereinbarung; bei einem Verstoß gegen berufsrechtliche Normen richtet sich die Rechtswirkung vorrangig nach dem jeweiligen Normzweck, so dass allgemeine Aussagen hierzu kaum getroffen werden können.[423] Möglich sind insbesondere Sanktionen durch die Berufskammer bis hin zum Widerruf der Zulassung.[424] Beispielsweise hat die Wirtschaftsprüferkammer in Eintragungsverfahren von Wirtschaftsprüfern, die eine so genannte einfache Partnerschaft ohne Anerkennung als Wirtschaftsprüfungsgesellschaft eingehen wollten, mit dem Widerruf der Bestellung gedroht, da die Kammer darin – zu Unrecht – einen Verstoß gegen das Berufsrecht meinte erkennen zu können.[425] In bestimmten Fällen können echte Verstöße auch zur Nichtigkeit des Partnerschaftsvertrages führen, so etwa bei fehlender Sozietätsfähigkeit nach § 59a BRAO.[426]

2. Verbot der Partnerschaftsbeteiligung durch Berufsrecht

a) Regelungsgehalt

105 Zwar kann nach dem Wortlaut von Absatz 3 die Berufsausübung in der Partnerschaft ausgeschlossen werden. Dies liefe allerdings in der Wirkung auf eine Streichung einzelner Berufe aus dem Katalog des Absatzes 2 qua Berufsrecht hinaus. Diese wesentliche Einschränkung der Berufsfreiheit könnte nur durch eine eindeutige gesetzliche Regelung erfolgen.[427] Dort, wo es eine solche Bestimmung nicht

---

421) Vgl. die Begründung zum RegE PartGG, BT-Drucks. 12/6152, S. 11 = Anhang, S. 317; *Bösert,* DStR 1993, 1332, 1335; *Mahnke,* WM 1996, 1029, 1033.
422) *Bösert,* DStR 1993, 1332, 1335; wohl a. A. *Seibert,* in: Münchener Handbuch, § 34 Rz. 10 mit Fußn. 21.
423) Ausführlich hierzu *Taupitz,* JZ 1994, 221; zur vergleichbaren Rechtslage in Österreich vgl. *Krejci,* EGG, § 6 Rz. 9.
424) *Lenz,* in: Meilicke u. a., PartGG, § 1 Rz. 122.
425) *Eggesiecker,* Fach E – Wirtschaftsprüfer, Rz. 2.230
426) Vgl. *Lenz,* in: Meilicke u. a., PartGG, § 1 Rz. 124.
427) *Bösert,* ZAP Fach 15, S. 137, 145; *Kupfer,* KÖSDI 1995, 10130, 10133; a. A. *Rösener,* Deutsches Tierärzteblatt 1995, 418.

gibt, folgt das Zugangsrecht der Berufsangehörigen ohne weiteres aus Art. 12 Abs. 1 GG.[428]

Bislang ist noch für keinen freien Beruf die Berufsausübung in der Partnerschaft gesetzlich ausgeschlossen worden. Dies ist auch kaum zu erwarten. Zum einen sind der Verabschiedung des Gesetzes intensive Konsultationen der verschiedenen freiberuflichen Organisationen vorausgegangen, um einen weitgehenden Konsens darüber zu erzielen. Und zum anderen kann ein Ausschluss von der speziell für die Angehörigen freier Berufe neu geschaffenen Rechtsform kaum gerechtfertigt werden, da die Partnerschaft sich als Personengesellschaft in ihrem Charakter von den bisherigen Sozietäten und Gemeinschaftspraxen nicht unterscheidet und so die Bedenken einiger freiberuflicher Verbände gegen die Kapitalgesellschaft für die Berufsausübung gerade vermeidet.[429]

106

b) Problematik bei Wirtschaftsprüfern und Steuerberatern

Bereits kurz nach der Verabschiedung des neuen Gesetzes ist in der Literatur ein Streit darüber entbrannt, ob aufgrund von Absatz 3 in Verbindung mit dem jeweiligen Berufsrecht der Zusammenschluss in einer Partnerschaft für **einzelne** Steuerberater und Wirtschaftsprüfer ausgeschlossen und der Zugang stattdessen lediglich Steuerberatungs- oder **Wirtschaftsprüfungsgesellschaften** eröffnet ist oder ob z. B. Wirtschaftsprüfungsgesellschaften wie auch selbständige Wirtschaftsprüfer gleichermaßen Mitglieder einer Partnerschaft werden können.

107

Die Wirtschaftsprüferkammer[430] hatte sich bei Inkrafttreten des Partnerschaftsgesellschaftsgesetzes im Jahre 1995 auf den Standpunkt gestellt, dass nur anerkannte **Wirtschaftsprüfungsgesellschaften** für eine Partnerschaft unter Beteiligung von Wirtschaftsprüfern in Betracht kämen. Sie konnte sich hierbei auf den damals unverändert fortbestehenden § 44b Abs. 1 WPO stützen, der die Sozietät von Wirtschaftsprüfern als Gesellschaft bürgerlichen Rechts definierte und die Rechtsform der Partnerschaft hierdurch auszuschließen schien.

108

Die ganz herrschende Meinung in der Literatur ist dieser allein am Wortlaut verhafteten Auslegung von Anfang an entgegengetreten und plädierte unter Hinweis auf den im Gesetzgebungsverfahren an mehreren Stellen zum Ausdruck gekommenen Willen des Gesetzgebers für eine großzügige Interpretation.[431] In ersten Gerichtsentscheidungen sprachen sich das AG Mannheim[432] gegen, das LG München I[433]

109

---

428) *Bösert*, DStR 1993, 1332, 1337.
429) *Bösert*, ZAP Fach 15, S. 137, 145.
430) Vgl. nur *Burret*, WPK-Mitt. 1994, 201, 206 f; 1995, 160, 161.
431) So hier in der 1. Auflage, 1995, § 1 Rz. 113 vertretene Auffassung; siehe auch *Michalski/Römermann*, Vertrag der Partnerschaftsgesellschaft, 1. Aufl., Rz. 32 f mit umfangreichen Nachweisen.
432) AG Mannheim BRAK-Mitt. 1997, 93 m. abl. Anm. *Seibert*.
433) LG München I NJW 1998, 1156 = NZG 1998, 260 m. Anm. *Römermann*.

und das AG Essen[434] für die Zulässigkeit der einfachen Partnerschaft unter Beteiligung von Wirtschaftsprüfern aus.

110 Die frühere Kontroverse ist inzwischen überholt. Im Gesetzgebungsverfahren des Dritten Gesetzes zur Änderung der Bundesnotarordnung und anderer Gesetze wurde auf Vorschlag des Bundestags-Rechtsausschusses[435] eine Ergänzung von § 44b Abs. 1 WPO durch die Worte „sowie in Partnerschaftsgesellschaften, die nicht als Wirtschaftsprüfungsgesellschaft, Buchprüfungsgesellschaft, Steuerberatungsgesellschaft anerkannt sind" vorgenommen. Nach der Begründung dieses Änderungsvorschlags durch den Rechtsausschuss handelt es sich hierbei um die bloße „Klarstellung des ... vom Gesetzgeber Gewollten"[436] Den Hintergrund bildeten die „anhaltenden Auslegungsstreitigkeiten mit der Wirtschaftsprüferkammer".[437] Während im Berufsrecht der Wirtschaftsprüfer also der Sozietätsbegriff allein mit der Gesellschaft bürgerlichen Rechts verbunden wird, ist durch § 44b Abs. 1 WPO n. F. die **Mitgliedschaft von Wirtschaftsprüfern in einfachen Partnerschaften** ausdrücklich gestattet worden.

111 Parallel zu der Problematik bei Wirtschaftsprüfern hatte sich auch für **Steuerberater** frühzeitig eine Kontroverse darüber ergeben, ob sie sich an einer einfachen Partnerschaft oder nur an einer solchen beteiligen dürften, die als Steuerberatungsgesellschaft anerkannt ist. Die Steuerberaterkammern und ein Teil der Literatur[438] vertraten die restriktive Ansicht und argumentierten mit dem Wortlaut des § 56 Abs. 1 Satz 1 StBerG, der eine Sozietät nur in der Rechtsform der Gesellschaft bürgerlichen Rechts vorsah.

112 Die in der Literatur herrschende Auffassung[439] sah demgegenüber angesichts des erkennbaren Willens des Gesetzgebers die einfache Partnerschaft auch für Steuerberater als zulässig an. Die einschlägigen Gerichtsentscheidungen des FG Köln[440] und des LG Zweibrücken[441] haben sich dieser herrschenden Meinung angeschlossen.

113 In § 35 Nr. 6 der am 1.9.1997 in Kraft getretenen Berufsordnung der Steuerberater[442] fand sich bereits die Verpflichtung, der Steuerberaterkammer unaufgefordert und unverzüglich die Begründung, Änderung oder Beendigung „einer Partner-

---

434) AG Essen, abgedruckt bei *Eggesiecker*, Fach G – AG Essen 29.7.1996.
435) Rechtsausschuss zum RegE 3. Gesetz zur Änderung der BNotO, BT-Drucks. 13/11034, S. 41.
436) Rechtsausschuss zum RegE 3. Gesetz zur Änderung der BNotO, BT-Drucks. 13/11034, S. 62.
437) So der Referatsleiter im Bundesministerium der Justiz *Seibert*, in: Ebenroth/Boujong/Joost, HGB, § 1 PartGG Rz. 44.
438) *Mittelsteiner*, DStR 1994, Beihefter zu Heft 37, S. 37; *Hellfrisch*, StB 1995, 253, 256; *Gehre*, StBerG, Einl. Rz. 14; *Meng*, SteuerStud. 1995, 55.
439) So bereits die 1. Auflage, 1995, § 1 Rz. 113; zuletzt mit Nachweisen zum Streitstand *Michalski/Römermann*, Vertrag der Partnerschaftsgesellschaft, Rz. 36 f.
440) FG Köln EFG 1998, 241.
441) LG Zweibrücken NZG 1998, 548 m. Anm. *Römermann*.
442) Berufsordnung der Bundessteuerberaterkammer, (BOStB), veröffentlicht als Beihefter zu Heft 26/1997 der DStR.

schaftsgesellschaft, die nicht als Steuerberatungsgesellschaft anerkannt ist", anzuzeigen. Damit war schon frühzeitig in einer berufsrechtlichen Norm die **Möglichkeit der** so genannten **einfachen Partnerschaft** ausdrücklich **anerkannt.**

In einer Entscheidung aus dem Jahr 1998 hat der **Bundesfinanzhof**[443] die Regelung durch § 35 Nr. 6 BOStB übersehen und entschieden, dass nur eine als Steuerberatungsgesellschaft anerkannte Partnerschaft zur geschäftsmäßigen Hilfe in Steuersachen befugt sei, da § 3 StBerG die so genannte einfache (der Bundesfinanzhof nennt sie zum Teil „normale") nicht ausdrücklich erwähne. Die Entscheidung scheint sich nur auf die Befugnis zur Steuerberatung zu beziehen, betrifft aber in Wirklichkeit die Zulässigkeit der einfachen Partnerschaft als solche. Die Partnerschaft muss nämlich gemäß § 1 Abs. 1 Satz 1 auf die gemeinsame Berufsausübung gerichtet sein, so dass ein Steuerberater, der von vorneherein seinem Beruf im Rahmen der Gesellschaft nicht nachgehen darf, kein Partner werden kann.

113a

Diese Rechtsprechung ist jedoch seit Inkrafttreten der Neufassung von § 3 StBerG zum 1. Juli 2000 überholt. Nach § 3 Nr. 2 StBerG dürfen Partnerschaftsgesellschaften unbeschränkt Hilfeleistungen in Steuersachen erbringen, wenn die Partner ausschließlich Personen sind, die selbst solche Hilfeleistungen erbringen dürfen. Die Zulässigkeit der „einfachen" Steuerberater-Partnerschaft ist damit gesetzlich unzweifelhaft anerkannt.

113b

3. Beschränkung der Partnerschaftsbeteiligung durch Berufsrecht

a) Vorbemerkung

Berufsrechtliche Beschränkungen betreffen neben berufsständischen Fragen sehr häufig Probleme der berufsübergreifenden Zusammenarbeit. Es ist in diesem Rahmen nicht möglich, eine umfassende Darstellung sämtlicher berufsrechtlicher Bestimmungen über die **interprofessionelle Zusammenarbeit** zu geben. Dies beruht einerseits auf der unbestimmten Weite der betroffenen Berufsfelder mit Abgrenzungsproblemen im Einzelnen, welche Berufe noch grundsätzlich unter Absatz 2 fallen, andererseits auf der Vielzahl unterschiedlichster Rechtsquellen (Gesetze, Satzungen, Berufsordnungen) und Anwendungsgebiete (Bundesrecht, Landesrecht, Regionalrecht), wobei erschwerend hinzukommt, dass sich viele Berufsrechte der Freiberufler seit einigen Jahren in einer Phase des Umbruchs befinden. Die folgenden Hinweise (unten Rz. 116 ff) beziehen sich aus diesen Gründen nur auf einige Berufsgruppen, ohne einen Anspruch auf Vollständigkeit zu erheben.

114

Keine berufsrechtlichen Reglementierungen existieren zurzeit insbesondere für folgende Berufe, denen damit die Möglichkeit interprofessioneller Zusammenarbeit in vollem Umfang zuteil wird, soweit es das Berufsrecht des jeweiligen Zusammenschlusspartners erlaubt:

115

- Unternehmensberater,
- Handelschemiker,

---

443) BFH NZG 1998, 900 m Anm. *Römermann* auf S. 943 = DStR 1998, 1630, vgl. dazu EWiR 1998, 1103 (*Bärwaldt*)

§ 1   Voraussetzungen der Partnerschaft

- Journalisten und Bildberichterstatter,
- Dolmetscher und Übersetzer.[444]

b) Regelungsgegenstände berufsrechtlicher Beschränkungen

116 Berufsrechtliche Limitierungen im Bereich des Rechts der Partnerschaft sind in vielfältiger Weise denkbar, so dass hier nur auf **einige besonders bedeutsame Regelungsgegenstände** hingewiesen werden kann.[445]

- Beschränkungen der Möglichkeiten eines Zusammenschlusses mit anderen in Absatz 2 genannten freien Berufen (dazu – im Zusammenhang mit **interprofessionellen Partnerschaften** – näher Rz. 118).
- Für den **Namen der Partnerschaft** können weitere Regeln aufgestellt werden, so z. B. die obligatorische Nennung sämtlicher Gesellschafter. Die Namensfortführung ausgeschiedener Partner kann ausgeschlossen oder zeitlich begrenzt werden (siehe hierzu § 2 Rz. 7).
- Für den Inhalt des **Partnerschaftsvertrages** können über § 3 Abs. 2 hinaus weitere Regelungen vorgeschrieben werden (siehe § 3 Rz. 21).
- Durch die Verpflichtung zu entsprechenden Angaben bei einer berufsrechtlichen Registrierung z. B. i. S. d. §§ 37 ff WPO kann die **berufsrechtliche Kontrolle** der Gründung von Partnerschaften verschärft werden, beispielsweise durch eine obligatorische Vorlage des Partnerschaftsvertrages (siehe unten Rz. 122 und § 3 Rz. 21).[446]
- Die Errichtung von **Zweigniederlassungen** kann ausgeschlossen oder beschränkt werden (siehe § 5 Rz. 14 ff).
- Für das **Innenverhältnis** der Partner können weitere Regeln aufgestellt werden.
- Der Ausschluss eines Partners von der **Vertretungsmacht** kann untersagt werden.
- Das Berufsrecht kann die **Vererblichkeit** einer Beteiligung gänzlich ausschließen (siehe § 9 Rz. 25).
- Es können nähere Einzelheiten einer **Liquidation** der Partnerschaft geregelt werden (siehe § 10 Rz. 1).

c) Einzelne berufsrechtliche Regelungen

117 Die Partnerschaft von **Rechtsanwälten** ist möglich gemäß § 59a Abs. 1 und 2 BRAO, der sowohl für BGB-Gesellschaften als auch für die Partnerschaft gilt,[447] mit

- Mitgliedern einer Rechtsanwaltskammer,
- Mitgliedern der Patentanwaltskammer,

---

444) Insoweit existieren bereits Berufsausübungsgesellschaften; vgl. *Lenz*, MDR 1994, 741, 746.
445) Vgl. *Leutheusser-Schnarrenberger*, in: Festschrift Helmrich, S. 677, 681 f; zu entsprechenden Überlegungen in Österreich siehe die Hinweise von *Krejci*, in: Verhandlungen des 10. ÖJT, Bd. I/1, S. 21–35.
446) Vgl. hierzu §§ 4 und 6 PRV.
447) *Hartung/Holl/Römermann*, BerufsO, Vor § 30 Rz. 9 ff.

Voraussetzungen der Partnerschaft § 1

- Steuerberatern,
- Steuerbevollmächtigten,[448]
- Wirtschaftsprüfern,
- vereidigten Buchprüfern

aus dem Inland und unter den Voraussetzungen des § 59a Abs. 3 BRAO auch aus dem Ausland. **Anwaltsnotare**[449] dürfen die Partnerschaft nur bezogen auf ihre anwaltliche Berufsausübung eingehen, § 59a Abs. 1 Satz 3 BRAO (siehe auch Rz. 35). Nach einer jüngeren Entscheidung des Bundesverfassungsgerichts[450] steht der Verbindung eines Anwaltsnotars mit einem Wirtschaftsprüfer nach geltendem Recht kein Verbot entgegen; der Bundesgerichtshof hatte dies bis dahin in ständiger Rechtsprechung anders gesehen.[451] Der Gesetzgeber hat rasch reagiert und auf Vorschlag des Rechtsausschusses des Bundestages[452] in der Neufassung von § 9 Abs. 2 BNotO den Zusammenschluss von Anwaltsnotaren mit Wirtschaftsprüfern und vereidigten Buchprüfern ausdrücklich gestattet.

Die **Berufsordnung** der Rechtsanwälte stellt an die Sozietäten von Rechtsanwälten 117a einige ergänzende Voraussetzungen. Nach § 30 BerufsO müssen auch die Angehörigen der übrigen Berufe das anwaltliche Berufsrecht beachten. Die Berufsangehörigen dürfen gemäß § 31 BerufsO keine anderweitige Sozietät eingehen (**Verbot der Sternsozietät**).[453] Nach § 33 Abs. 2 BerufsO hat der Rechtsanwalt bei einer Zusammenarbeit in Form der Partnerschaft zu gewährleisten, dass die Regeln der Berufsordnung auch von der Gesellschaft eingehalten werden. Der AGH Baden-Württemberg hat im Januar 1995 die Sozietät zwischen einem Rechtsanwalt und einem Unternehmensberater wegen des abschließenden Charakters von § 59a BRAO untersagt.[454]

Patentanwälte dürfen sich gemäß § 52a Abs. 1 Satz 1 PAO zur gemeinschaftlichen 117b Berufsausübung im Rahmen der eigenen beruflichen Befugnisse verbinden mit

- Mitgliedern der Patentanwaltkammer,
- Mitgliedern der Rechtsanwaltskammern,
- Steuerberatern,

---

448) Dies ist durch die Neufassung der BRAO im Jahre 1994 hinzugekommen, vgl. *Feuerich*, ZAP Fach 23, S. 183, 190.
449) Zu den Zusammenschlussmöglichkeiten des (Anwalts-)Notars eingehend *Michalski*, Das Gesellschafts- und Kartellrecht, S. 160 ff.
450) BVerfG ZIP 1998, 1068 = NJW 1998, 2269, vgl. dazu EWiR 1998, 603 (Kleine-Cosack); hierzu *Römermann*, MDR 1998, 821 ff.
451) Zuletzt BGH NotZ 45/94, WPg 1996, 26; ebenso noch *Feuerich/Braun*, BRAO, § 59 a Rz. 14.
452) Rechtsausschuss zum RegE 3. Gesetz zur Änderung der BNotO, BT-Drucks. 13/11034, S. 7 mit Begründung auf S. 53.
453) Näher – auch zu den durchgreifenden verfassungsrechtlichen Bedenken gegen diese Vorschrift – *Hartung/Holl/Römermann*, BerufsO, § 59a BRAO Rz. 8 ff; vgl. auch AGH Nordrhein-Westfalen, NJW 1999, 66.
454) AGH Baden-Württemberg BRAK-Mitt. 1995, 169.

– Steuerbevollmächtigten,
– Wirtschaftsprüfern,
– vereidigten Buchprüfern

aus dem Inland und unter den Voraussetzungen des § 52a Abs. 3 PAO aus dem Ausland. Bei Anwaltsnotaren richtet sich die Verbindung nach den Bestimmungen des notariellen Berufsrechts. Gemäß § 16 Abs. 4 Satz 3 der Berufsordnung der Patentanwälte hat der Patentanwalt auch die Berufspflichten der anderen Partner zu beachten.

118 **Steuerberater und Steuerbevollmächtigte** können analog § 56 Abs. 1 StBerG (näher oben Rz. 107 f) die Partnerschaft eingehen mit

– Wirtschaftsprüfern,
– vereidigten Buchprüfern,
– Mitgliedern einer Rechtsanwaltskammer,
– Patentanwälten sowie
– Rechtsanwälten (bei Anwaltsnotaren nur bezogen auf die anwaltliche Tätigkeit; § 56 Abs. 1 Satz 3 StBerG entspricht inhaltlich § 59a Abs. 1 Satz 3 BRAO).

Die Partnerschaftsfähigkeit ausländischer Berufsangehöriger ist in § 56 Abs. 2 StBerG, § 51 Abs. 3 BOStB geregelt. Die Gründung der Partnerschaft ist nach § 56 Abs. 3 StBerG der Berufskammer anzuzeigen. Auf deren Verlangen sind Auskünfte zu erteilen und der Partnerschaftsvertrag vorzulegen. Mit Anwaltsnotaren darf eine Partnerschaft nur bezogen auf die anwaltliche Tätigkeit eingegangen werden, § 56 Abs. 1 Satz 3 StBerG, § 51 Abs. 1 Satz 2 BOStB.

119 Für **Wirtschaftsprüfer** und **vereidigte Buchprüfer** wurde durch die §§ 44b, 130 Abs. 1 WPO mit Wirkung vom 1.1.1995 das Recht des Zusammenschlusses wesentlich liberalisiert:[455] Während es sich vorher auf eine enumerative Aufzählung der sozietätsfähigen Berufe beschränkte, findet sich nun die grundsätzliche Freiheit, sich mit Professionen zu verbinden, die der Berufsaufsicht einer freiberuflichen **Kammer**[456] unterliegen und denen ein **Zeugnisverweigerungsrecht** nach § 53 Abs. 1 Nr. 3 StPO zusteht. Dies betrifft

– Rechtsanwälte (auch ausländische, § 44b Abs. 2 Satz 2 WPO),
– Patentanwälte (auch ausländische, § 44b Abs. 2 Satz 2 WPO),
– Notare (die jedoch vom Anwendungsbereich des Absatzes 2 ausgenommen sind),
– Steuerberater (auch ausländische, § 44b Abs. 2 Satz 2 WPO),
– Steuerbevollmächtigte,
– Ärzte,
– Zahnärzte und
– Apotheker (die aber nicht partnerschaftsfähig sind, siehe Rz. 36).

---

455) *Lichtner/Korfmacher*, WPK-Mitt. 1994, 207, 217.
456) Zur Verkammerung als Kriterium der Zusammenschlussfähigkeit bereits ausführlich *Michalski*, Das Gesellschafts- und Kartellrecht, S. 156 ff.

Voraussetzungen der Partnerschaft § 1

Anzumerken ist jedoch, dass die Liberalisierung für Wirtschaftsprüfer und vereidigte Buchprüfer in der Praxis weitgehend leerläuft, da die Angehörigen dieses Berufes sehr häufig über eine **Mehrfachqualifikation** zugleich als Steuerberater und/oder Rechtsanwalt verfügen und daher auch dem jeweils **anderen Berufsrecht** unterworfen sind.[457] § 44b Abs. 3 WPO billigt der Wirtschaftsprüferkammer das Recht zu, Einsicht in den Partnerschaftsvertrag zu nehmen sowie weitere Auskünfte einzuholen. Nach § 44b Abs. 4 WPO müssen grundsätzlich sämtliche Partner über eine Berufshaftpflichtversicherung verfügen, die derjenigen für Wirtschaftsprüfer entspricht. Falls die Berufsangehörigen in ihren beruflichen Pflichten beeinträchtigt werden, haben sie gemäß § 44b Abs. 5 WPO die Partnerschaft aufzukündigen. Nach § 38 Abs. 1 Nr. 1 Buchst. d WPO ist die Gründung einer Partnerschaft in das Berufsregister einzutragen.

120

Die früher geltende Muster-Berufsordnung für die deutschen **Ärzte**[458] sah lediglich in § 23 Abs. 1 die Verpflichtung vor, einen Zusammenschluss zur gemeinsamen Berufsausübung der Ärztekammer anzuzeigen. Seit den Beschlüssen des 98. Deutschen Ärztetages in Stuttgart vom 23. bis 27.5.1995 sind ergänzende Bestimmungen in die Muster-Berufsordnung aufgenommen worden, die die interdisziplinäre Zusammenarbeit näher regeln und auch den Kreis der verbindungsfähigen Berufe eingrenzen.[459] Diese Muster-Berufsordnung bedarf der Umsetzung in die jeweiligen einzelnen Berufsordnungen, so dass es bis dahin bei dem bisherigen Rechtszustand bleibt. Es bestehen daher weitgehende Möglichkeiten, sich mit anderen Berufen in einer Partnerschaft zusammenzuschließen. Im Gegensatz zum früheren Berufsrecht sind **interdisziplinäre Partnerschaften** für Ärzte grundsätzlich zulässig;[460] allerdings hat trotz vielfacher Vorteile gemeinsamer Berufsausübung die Ärzteschaft von den Möglichkeiten der Errichtung von (fachübergreifenden) Gemeinschaftspraxen noch verhältnismäßig wenig Gebrauch gemacht.[461] Erst in den letzten Jahren scheint der Gedanke an integrative Gesundheitszentren an Attraktivität zu gewinnen.[462]

121

Die aktuelle Rechtslage seit dem 100. Deutschen Ärztetag in Eisenach im Jahre 1997 stellt sich wie folgt dar: Nach Kap. B § 22 i. V. m. Kap. D II Nr. 9 der Musterberufsordnung 1997 dürfen sich Ärzte mit Angehörigen anderer Fachberufe zur kooperativen Berufsausübung in einer so genannten medizinischen Kooperationsgemeinschaft zusammenschließen. Hierfür steht nach Kap. D II Nr. 9 Abs. 1 Satz 2

121a

---

457) *Lichtner/Korfmacher*, WPK-Mitt. 1994, 207, 216 f mit genauen Zahlenangaben.
458) MBO aufgrund der Beschlüsse des 79. Deutschen Ärztetages von 1976 mit der letzten Änderung von 1993.
459) Beschlussvorlage für den 98. Deutschen Ärztetag abgedruckt im Deutschen Ärzteblatt v. 19.5.1995, B-1064; hierzu *Schirmer*, ebda. B-1063; zu den Beschlüssen des 98. Deutschen Ärztetages *Meudt*, Ärzte-Zeitung v. 26./27.5.1995.
460) *Ehmann*, MedR 1994, 141, 145; unklar *Krieger*, MedR 1995, 95, 96; a. A. *Schirmer*, Deutsches Ärzteblatt v. 19.5.1995, B-1063, der verkennt, dass es aufgrund der grundsätzlichen Berufsfreiheit für Art. 12 GG keiner ausdrücklichen Zulassung bedarf, sondern vielmehr ein Verbot ausdrücklich geregelt sein müsste; vgl. BSGE 55, 97.
461) *Narr*, Rz. 1137.
462) Eingehend hierzu *Taupitz*, MedR 1993, 367.

§ 1 Voraussetzungen der Partnerschaft

MBO-Ä 1997 die Partnerschaft als Gesellschaftsform zur Verfügung. Der Zusammenschluss ist gemäß Kap. D II Nr. 9 Abs. 2 Satz 1 MBO-Ä 1997 mit folgenden Berufen möglich:

- Zahnärzte;
- Psychologische Psychotherapeuten, Kinder- und Jugendlichenpsychotherapeuten, Diplompsychologen;
- Klinische Chemiker, Ernährungswissenschaftler und andere Naturwissenschaftler;
- Diplom-Sozialpädagogen, Diplom-Heilpädagogen;
- Hebammen;[463]
- Logopäden und Angehörige gleichgestellter sprachtherapeutischer Berufe;
- Ergotherapeuten;
- Angehörige der Berufe in der Physiotherapie;[464]
- Medizinisch-technische Assistenten;
- Angehörige staatlich anerkannter Pflegeberufe;
- Diätassistenten.

121b Kap. D II Nr. 9 Abs. 1 Satz 3 und 4, Abs. 2 Satz 2 MBO-Ä 1997 stellt weitere Anforderungen an eine **interprofessionelle Ärztepartnerschaft**. Danach müssen die übrigen Partner in ihrer Verbindung mit dem Arzt einen gleichgerichteten oder integrierenden diagnostischen oder therapeutischen Zweck bei der Heilbehandlung, auch auf dem Gebiete der Prävention und Rehabilitation, durch räumlich nahes und koordiniertes Zusammenwirken aller beteiligten Berufsangehörigen erfüllen können. Der Kooperationsvertrag muss unter anderem gewährleisten, dass die Verantwortungsbereiche der Partner gegenüber den Patienten getrennt bleiben, dass ausschließlich der Arzt medizinische Entscheidungen trifft und dass auch die übrigen Partner die Einhaltung der berufsrechtlichen Bestimmungen der Ärzte beachten. Zusammenschließen dürfen sich nur Angehörige solcher Berufe, die mit dem Arzt entsprechend dem jeweiligen Fachgebiet einen gemeinschaftlich erreichbaren medizinischen Zweck nach der Art ihrer beruflichen Kompetenz zielbezogen erfüllen können. Wenn ein Arzt zusätzlich einen **anderen partnerschaftsfähigen Beruf** i. S. d. § 1 Abs. 2 ausübt, darf er sich gemäß Kap. D II Nr. 10 MBO-Ä 1997 auch mit anderen als den in der Nr. 9 dieser Vorschrift genannten Berufsangehörigen zusammenschließen, sofern er in der Partnerschaft nicht die Heilkunde am Menschen ausübt. Die Partner müssen in diesem Fall auf die zutreffende Angabe des im Rahmen der Partnerschaft ausgeübten Berufs bei der Abfassung des Partnerschaftsvertrages achten, siehe § 3 Abs. 2 Nr. 2.

122 Nach einigen ärztlichen Berufsordnungen muss bzw. soll der beteiligte Arzt den Partnerschaftsvertrag der Ärztekammer vor dem Abschluss vorlegen.[465] Die ei-

---

463) Vgl. *Karsten Schmidt*, ZIP 1993, 633, 639; *Lenz*, MDR 1994, 741, 746.
464) Vgl. *Karsten Schmidt*, ZIP 1993, 633, 639; *Lenz*, MDR 1994, 741, 746; *Taupitz*, MedR 1993, 367.
465) Näher *Taupitz*, MedR 1993, 367, 377 f.

gentliche Schwierigkeit interprofessioneller ärztlicher Zusammenschlüsse wird nach alledem weniger im Gesellschafts- oder im Berufsrecht zu suchen sein, sondern sich vielmehr aus der – zurzeit wohl noch negativ zu beantwortenden – Frage ergeben, ob die Partnerschaft eine **kassenärztliche Gesamtzulassung** erhalten wird.[466]

Für niedergelasssene **Zahnärzte** besteht gemäß § 17 Abs. 2 MBO-ZÄ in der Fassung vom 16.2.2005 die Möglichkeit zur Gründung einer Partnerschaft mit selbständig tätigen und zur eigenverantwortlichen Berufsausübung berechtigten Angehörigen anderer Heilberufe oder staatlicher Ausbildungsberufe, darüber hinaus aber auch mit Angehörigen anderer Berufe, wenn sie in der Partnerschaft nicht die Zahnheilkunde am Menschen ausüben. 123

§ 25 Abs. 2 MBO-TÄ in der zwischenzeitlich nicht geänderten Fassung vom 24.11.1994 schreibt vor, dass **Tierärzten** der Betrieb einer Gemeinschaftspraxis auch in der Rechtsform der Partnerschaft nur mit Tierärzten erlaubt ist. Die interprofessionelle Partnerschaft kommt demnach für Tierärzte nicht in Frage. 123a

Der **öffentlich bestellte und vereidigte Sachverständige** darf sich gemäß § 21 der Muster-SVO (dazu oben Rz. 70) mit anderen Personen und damit auch mit nicht öffentlich bestellten und vereidigten Sachverständigen und selbst Nicht-Sachverständigen in jeder Rechtsform zusammenschließen. Dabei hat er jedoch darauf zu achten, dass seine Glaubwürdigkeit, sein Ansehen in der Öffentlichkeit und die Einhaltung seiner Pflichten nach der SVO gewährleistet sind. 123b

III. Kritische Würdigung

Das Bedürfnis, für die freien Berufen eine international konkurrenzfähige Organisationsform zu schaffen, war vom Gesetzgeber richtig erkannt worden. Hervorzuheben ist insoweit etwa der Bereich der rechts- und wirtschaftsberatenden Berufe mit einer zunehmenden Entwicklung hin zu einem „one stop shopping", also einer den gesamten Betreuungsbedarf eines Klienten abdeckenden Angebotspalette. Neben der **Unternehmensberatung** mit denkbaren Kombinationen etwa der klassischen Verbindung Rechtsanwalt/Steuerberater/Wirtschaftsprüfer mit beratenden Volks- und Betriebswirten oder Ingenieuren[467] bieten sich hierfür das **Bauwesen** (Architekten, Ingenieure, Betriebswirte, Rechtsanwälte, Finanzberater, Steuerberater etc.)[468] oder auch das **Gesundheitswesen** an (Ärzte, Zahnärzte, Psychotherapeuten, Physiotherapeuten, Heilpraktiker, Hebammen).[469] In diesem Bedürfnis liegt eine der grundlegenden Rechtfertigungen für die Einrichtung einer neuen Gesell- 124

---

466) *Lenz*, MDR 1994, 741, 746; *Reischmann*, Ärzte-Zeitung v. 10.11.1994; näher hierzu *Kosek/Hess*, Ärztliche Praxis Nr. 30 v. 12.4.1994, S. 35.
467) Vgl. bereits *Rittner*, DStB 1967, 2; ferner *Michalski*, Das Gesellschafts- und Kartellrecht, S. 145; *Gilgan*, Stbg 1995, 28, 29.
468) Vgl. bereits die Begründung zum E 1971, BT-Drucks. VI/2047, S. 6; *Rittner*, DStB 1967, 2; *Michalski*, Das Gesellschafts- und Kartellrecht, S. 99.
469) *Michalski*, Das Gesellschafts- und Kartellrecht, S. 99; *Kosek/Hess*, Ärztliche Praxis Nr. 30 v. 12.4.1994, S. 35; *Laufs*, NJW 1995, 1590, 1595.

schaftsform „für die interprofessionelle, überregionale und auch grenzüberschreitende Zusammenarbeit"[470] der Freiberufler.

125 Dieses Ziel des Gesetzgebers ist im Partnerschaftsgesellschaftsgesetz noch nicht einmal ansatzweise verwirklicht worden.[471] Es wurde vielmehr während eines langen Gesetzgebungsverfahrens mit einer (womöglich zu) intensiven Befragung und Beteiligung **freiberuflicher Organisationen** schließlich deren Zustimmung zu dem Gesetz geopfert. Für die in der Literatur anzutreffende Bemerkung, „Dem Anliegen der Koalitionsvereinbarung entsprechend ist die Partnerschaftsgesellschaft interprofessionell ausgestaltet"[472], lassen sich jedenfalls dem Gesetz keine Anhaltspunkte entnehmen.

IV. Rechtsvergleichung

126 Auch der **französische** Gesetzgeber hatte sich bereits bei Erlass des Gesetzes (näher Einführung Rz. 65 ff) über die Einführung der „société civile professionelle" die Ermöglichung interprofessioneller Berufsausübungsgesellschaften zum Ziel gesetzt. „Es gelang ihm jedoch nicht, seine als revolutionär bezeichnete Intention in die Rechtswirklichkeit umzusetzen."[473] Vielmehr wurde die entscheidende Initiative der Exekutive überlassen, die daraufhin aber die Frage der interdisziplinären Gesellschaft auf unbestimmte Zeit verschob.

127 In **Österreich** (näher Einführung Rz. 60 ff) hatte der Entwurf für ein Partnerschaftsgesetz in seinem § 3 lediglich den Zusammenschluss von Zahnärzten und Dentisten gebilligt, im Übrigen aber die interprofessionelle Verbindung gänzlich untersagt.[474] Angesichts des auch in Österreich erkannten Bedürfnisses verstärkter Kooperation über die Berufsgrenzen hinweg[475] war dieses Verbot während des Gesetzgebungsverfahrens erheblicher Kritik ausgesetzt.[476] Das schließlich verabschiedete Erwerbsgesellschaftengesetz enthält in seinem § 6 Abs. 1 nur noch einen Vorbehalt zugunsten des Berufsrechts, so dass sich nun wie in Deutschland von dort her wesentliche Beschränkungen der möglichen Zusammenarbeit ergeben.[477]

128 Der **belgische** Gesetzentwurf hatte vorgesehen, die Gründung von „sociétés civiles interprofessionnelles" durch verschiedene, aber „komplementäre" Berufe zuzulassen.[478] Was komplementär bedeutet, wurde im Gesetzentwurf nicht definiert. Die

---

470) *Gres*, der freie beruf 6/1994, 23, 24; *ders.*, Handelsblatt v. 19.5.1994.
471) Vgl. auch *Karsten Schmidt*, NJW 1995, 1, 2; *Lenz*, MDR 1994, 741, 743; vgl. *Knoll/Schüppen*, DStR 1995, 608, 610.
472) *Seibert*, NWB Fach 18, S. 3365, 3369; kritisch zu dem „Eigenlob des Gesetzgebers für seinen vermeintlich interprofessionellen Ansatz" auch *Knoll/Schüppen*, DStR 1995, 608, 610.
473) *Schwenter-Lipp*, S. 72.
474) *Krejci*, in: Verhandlungen des 10. ÖJT, Bd. I/1, S. 81 f.
475) Vgl. *Krejci*, in: Verhandlungen des 10. ÖJT, Bd. I/1, S. 14.
476) Z. B. *Krejci*, in: Verhandlungen des 10. ÖJT, Bd. I/1, S. 83 („befremdend").
477) Dazu *Krejci*, EGG, § 6 Rz. 11–44.
478) Art. 2 Abs. 1 des Gesetzentwurfes, Chambre des Représentants, sess. 1984–85, doc. 1108-1, 5.

Begründung führte hierzu aus, dass damit nicht nur Verstöße gegen Inkompatibilitätsvorschriften vermieden, sondern auch gewährleistet werden sollte, dass sich nur solche Berufe vereinen, von denen tatsächlich anzunehmen ist, dass sich dies für die Praxis als nutzbringend erweist.[479] Das Nähere sollte den noch zu erlassenden Ausführungsverordnungen überlassen bleiben.

Bei den Beratungen der EG-Kommission anlässlich von Planungen zur Einführung einer **europäischen Freiberufler-Gesellschaft** stellte sich die interdisziplinäre Zusammenarbeit als ganz besonderes Problem dar.[480] Während die Dienststellen der Kommission auch dieser Form eines Zusammenschlusses auf europäischer Ebene grundsätzlich positiv gegenüberstanden, vermochten sie sich doch keine abschließende Meinung zu bilden, zumal die praktische Handhabung solcher Gesellschaften wegen der Vielzahl und der grundlegenden Unterschiede der betroffenen Berufsrechte auf erhebliche Schwierigkeiten stoßen würde. Die Frage besonderer Verhaltenspflichten, wie insbesondere der Schweigepflicht, sollte nach den Vorstellungen der Kommission so gelöst werden, dass jeweils die zwingendste Vorschrift (z. B. die Schweigepflicht) von sämtlichen Partnern, also auch denen aus anderen Berufen, beachtet werden müsste.

129

G. Die subsidiäre Geltung des BGB (Abs. 4)

I. Entwicklung der Norm und Normzweck

Die Entwürfe von **1971 und 1975** hatten vor allem in dem Bemühen, das Recht der Partnerschaft umfassend selbst zu regeln, auf eine vergleichbare Generalverweisung verzichtet; erstmals der Entwurf von **1976** enthält eine ähnliche Bestimmung.[481] In den ersten Entwürfen für das Partnerschaftsgesellschaftsgesetz bis einschließlich zum **Regierungsentwurf** war man davon wieder abgegangen, da man eine ausdrückliche Normierung der subsidiären Geltung der §§ 705 ff BGB für nicht erforderlich hielt, zumal die Partnerschaft als Personengesellschaft wie die OHG nur eine Sonderform der Gesellschaft bürgerlichen Rechts und nicht etwa ein Verein ist.[482] Bereits durch die Stellungnahme mehrerer freiberuflicher Verbände[483] während des Gesetzgebungsverfahrens war jedoch deutlich geworden, dass diese Auffassung auf Widerstand stoßen würde. Den abweichenden Stimmen schloss sich schließlich auch der Bundesrat an,[484] auf dessen Vorschlag hin der Rechtsausschuss des Deut-

130

---

479) Begründung zum RegE, Chambre des Représentants, sess. 1984–85, doc. 1108-1, 5.
480) Ausführlich hierzu *EG-Kommission*, Konsultationsdokument, S. 24 ff.
481) § 2 E 1976, BT-Drucks. 7/5402, S. 4.
482) Begründung zum RegE PartGG, BT-Drucks. 12/6152, S. 9 = Anhang, S. 312; *Bösert*, DStR 1993, 1332, 1335, vgl. auch dort Fußn. 38, S. 1336, zur damals abweichenden Auffassung von *Karsten Schmidt*, ZIP 1993, 633, 635, 638.
483) So insbesondere *BRAK*, Stellungnahme zum RefE PartGG, S. 4; *DAV*, Stellungnahme zum RefE PartGG, S. 2; *Patentanwaltskammer*, Rundschreiben 2–3/93, S. 32.
484) Stellungnahme des Bundesrates zum RegE PartGG, BT-Drucks. 12/6152, S. 25 = Anhang, S. 318.

schen Bundestages den Absatz 4 in das Gesetz einfügte.[485] Während der **Bundesrat** in seiner Stellungnahme[486] vor allem auf das Fehlen subsidiärer Gewinnverteilungsvorschriften nach dem Verzicht auf eine Verweisung auf die §§ 120 bis 122 HGB[487] sowie auf die unvollständige Regelung des Ausscheidens von Partnern verweist, kam es den **freiberuflichen Organisationen** auch darauf an, die Anwendung weiterer Vorschriften des HGB auszuschließen.[488] Ob dieses Ziel durch Absatz 4 tatsächlich erreicht wurde, ist indessen fraglich (siehe oben Rz. 21). Der Verzicht auf einen Generalverweis auf die Vorschriften des HGB anstatt der subsidiären Anwendung von BGB-Regelungen ist in der Literatur kritisch aufgenommen worden.[489]

II. Anzuwendende Vorschriften

131 Entsprechend anzuwenden sind

- die §§ 705–707 BGB über die Beiträge und die Pflicht zur Förderung des Gesellschaftszwecks. Bei den freien Berufen ist vor allem die Verpflichtung zur Einbringung der eigenen Arbeitskraft von Bedeutung.[490]

- § 708 BGB über den Maßstab für die Haftung der Partner (eigenübliche Sorgfalt).

- § 712 **Abs. 2** BGB, wonach der Gesellschafter bei Vorliegen eines wichtigen Grundes die Geschäftsführung kündigen kann; die Kündigung der Geschäftsführung kann allerdings nur hinsichtlich der sonstigen Geschäfte i. S. d. § 6 Abs. 2 erfolgen, nicht jedoch bezogen auf die zur Berufsausübung gehörende Geschäftsführungstätigkeit; falls bei der Kündigung tatsächlich kein wichtiger Grund vorgelegen hat, macht sich der Partner schadensersatzpflichtig.

- § 717 BGB. Das Abspaltungsverbot des § 717 Satz 1 BGB bestimmt, dass Verwaltungsrechte nicht übertragen werden können. Die **Anteilsübertragung** ist hierdurch nicht berührt. Sie ist nach allgemeinen Grundsätzen des Personengesellschaftsrechts möglich, sofern alle übrigen Partner der Übertragung zustimmen.[491] Wegen der Absätze 1 und 2 kann die Übertragung der Beteiligung allerdings nur an solche Personen erfolgen, die partnerschaftsfähig sind.[492] Die

---

485) Rechtsausschuss zum RegE PartGG, BT-Drucks. 12/7642, S. 4, 12 = Anhang, S. 321; *Lenz*, MDR 1994, 741, 743.
486) Stellungnahme des Bundesrates zum RegE PartGG, BT-Drucks. 12/6152, S. 25 = Anhang, S. 318.
487) Hierzu kritisch bereits *Michalski*, ZIP 1993, 1210, 1212; *Feddersen/Meyer-Landrut*, PartGG, § 6 Rz. 8.
488) *BRAK*, Stellungnahme zum RefE PartGG, S. 4; vgl. *Weyand*, INF 1995, 22, 23 in Fußn. 28.
489) Siehe auch Einführung Rz. 52; *Karsten Schmidt*, NJW 1995, 1, 7; ihm folgend *Lenz*, in: Meilicke u. a., PartGG, § 1 Rz. 126; *Hornung*, Rpfleger 1995, 481, 484.
490) Näher *Michalski/Römermann*, Vertrag der Partnerschaftsgesellschaft, Rz. 286 ff; *Meilicke*, in: Meilicke u. a., PartGG, 6 2 Rz. 6 ff.
491) Begründung zum RegE PartGG, BT-Drucks. 12/6152, S. 21 = Anhang, S. 367 unter Hinweis auf BGHZ 13, 179, 185 f; BGHZ 24, 106, 114; ferner *Carl*, StB 1995, 173, 176.
492) Begründung zum RegE PartGG, BT-Drucks. 12/6152, S. 21 = Anhang, S. 367; *Schirmer*, MedR 1995, 341, 343 f; *Hornung*, Rpfleger 1996, 1, 6.

Übertragung von Vermögensrechten nach § 717 Satz 2 BGB ist hingegen unbeschränkt zulässig, da dies nicht den Erwerb von Kontroll- oder Informationsrechten durch den Dritten mit sich bringt.[493] Der Partnerschaftsvertrag kann die Übertragung an partnerschaftsfähige Personen generell gestatten.[494] Der **Übertragungsvertrag** mitsamt der Zustimmung der übrigen Partner bedarf der Schriftform nach § 3 Abs. 1, da hierdurch der Partnerschaftsvertrag geändert wird.

- Die Vorschriften der **§§ 718–720 BGB** über das Gesellschaftsvermögen.
- Die Gewinn- und Verlustbeteiligungsregeln der **§§ 721 und 722 BGB**, und zwar im Unterschied zu den Personenhandelsgesellschaften, wo die §§ 721, 722 Abs. 1 BGB durch die §§ 120–122 HGB verdrängt werden. Die Regelung der Gewinn- und Verlustbeteiligung nimmt in den Partnerschaftsverträgen zumeist breiten Raum ein. Bei den freien Berufen lassen sich grundlegend verschiedene Gewinnverteilungsmodelle feststellen, die sich zum Teil an bestimmten Quoten, zum Teil am Dienstalter und zum Teil an der individuellen Leistung des Partners orientieren.[495]
- **§ 725 Abs. 2 BGB** über die Kündigung durch Pfändungspfandgläubiger in Ergänzung zu § 135 HGB i. V. m. § 9 Abs. 1.
- **§ 732 BGB** über die Rückgabe von Gegenständen.
- Die **§§ 738–740 BGB** über die Auseinandersetzung bei dem Ausscheiden eines Partners.

Die Anwendbarkeit der §§ 713 und 714 BGB ist umstritten, ohne dass dies aber bislang thematisiert worden wäre. Teile der Literatur gehen ohne nähere Begründung von der Anwendbarkeit aus,[496] andere Autoren vom Gegenteil.[497] Nach richtiger Auffassung dürfte § 713 BGB von den §§ 110 ff HGB verdrängt werden, die gemäß § 6 Abs. 2 Satz 2 auf die Partnerschaft entsprechend anwendbar sind.[498]

---

493) Vgl. *Baumbach/Hopt*, HGB, § 109 Rz. 19 f.
494) *Feddersen/Meyer-Landrut*, PartGG, § 9 Rz. 12.
495) Ausführlich *Michalski/Römermann*, Vertrag der Partnerschaftsgesellschaft, Rz. 208 ff; *Römermann*, S. 58 ff.
496) *Eggesiecker*, Fach D Rz. 713.001 ff; *Meilicke*, in: Meilicke u. a., PartGG, § 6 Rz. 21, § 7 Rz. 9 ff.
497) *Ring*, § 1 Rz. 50 ff; MünchKomm-*Ulmer*, BGB, § 1 Rz. 74; *Henssler*, PartGG, § 1 Rz. 23.
498) *Henssler*, PartGG, § 1 Rz. 23.

§ 2
Name der Partnerschaft

(1) [1]Der Name der Partnerschaft muss den Namen mindestens eines Partners, den Zusatz „und Partner" oder „Partnerschaft" sowie die Berufsbezeichnungen aller in der Partnerschaft vertretenen Berufe enthalten. [2]Die Beifügung von Vornamen ist nicht erforderlich. [3]Die Namen anderer Personen als der Partner dürfen nicht in den Namen der Partnerschaft aufgenommen werden.

(2) § 18 Abs. 2, §§ 21, 22 Abs. 1, §§ 23, 24, 30, 31 Abs. 2, §§ 32 und 37 des Handelsgesetzbuchs sind entsprechend anzuwenden; § 24 Abs. 2 des Handelsgesetzbuchs gilt auch bei Umwandlung einer Gesellschaft bürgerlichen Rechts in eine Partnerschaft.

Die Vorschriften des **HGB**, auf die Absatz 2 Bezug nimmt, lauten:

§ 18 (Firma des Einzelkaufmanns)
(1) ... .
(2) Die Firma darf keine Angaben enthalten, die geeignet sind, über geschäftliche Verhältnisse, die für die angesprochenen Verkehrskreise wesentlich sind, irrezuführen. Im Verfahren vor dem Registergericht wird die Eignung zur Irreführung nur berücksichtigt, wenn sie ersichtlich ist.

§ 21 (Fortführung bei Namensänderung)
Wird ohne eine Änderung der Person der in der Firma enthaltene Name des Geschäftsinhabers oder eines Gesellschafters geändert, so kann die bisherige Firma fortgeführt werden.

§ 22 (Fortführung bei Erwerb des Handelsgeschäfts)
(1) Wer ein bestehendes Handelsgeschäft unter Lebenden oder von Todes wegen erwirbt, darf für das Geschäft die bisherige Firma, auch wenn sie den Namen des bisherigen Geschäftsinhabers enthält, mit oder ohne Beifügung eines das Nachfolgeverhältnis andeutenden Zusatzes fortführen, wenn der bisherige Geschäftsinhaber oder dessen Erben in die Fortführung der Firma ausdrücklich willigen.
(2) ... .

§ 23 (Veräußerungsverbot)
Die Firma kann nicht ohne das Handelsgeschäft, für welches sie geführt wird, veräußert werden.

§ 24 (Fortführung bei Änderungen im Gesellschafterbestand)
(1) Wird jemand in ein bestehendes Handelsgeschäft als Gesellschafter aufgenommen oder tritt ein neuer Gesellschafter in eine Handelsgesellschaft ein oder scheidet aus einer solchen ein Gesellschafter aus, so kann ungeachtet dieser Veränderung die bisherige Firma fortgeführt werden, auch wenn sie den Namen des bisherigen Geschäftsinhabers oder Namen von Gesellschaftern enthält.
(2) Bei dem Ausscheiden eines Gesellschafters, dessen Name in der Firma enthalten ist, bedarf es zur Fortführung der Firma der ausdrücklichen Einwilligung des Gesellschafters oder seiner Erben.

Name der Partnerschaft §2

§ 30 (Unterscheidbarkeit)

(1) Jede neue Firma muss sich von allen an demselben Ort oder in derselben Gemeinde bereits bestehenden und in das Handelsregister oder in das Genossenschaftsregister eingetragenen Firmen deutlich unterscheiden.

(2) Hat ein Kaufmann mit einem bereits eingetragenen Kaufmann die gleichen Vornamen und den gleichen Familiennamen und will auch er sich dieser Namen als seiner Firma bedienen, so muß er der Firma einen Zusatz beifügen, durch den sie sich von der bereits eingetragenen Firma deutlich unterscheidet.

(3) Besteht an dem Ort oder in der Gemeinde, wo eine Zweigniederlassung errichtet wird, bereits eine gleiche eingetragene Firma, so muß der Firma für die Zweigniederlassung ein der Vorschrift des Absatzes 2 entsprechender Zusatz beigefügt werden.

(4) Durch die Landesregierungen kann bestimmt werden, dass benachbarte Orte oder Gemeinden als ein Ort oder als eine Gemeinde im Sinne dieser Vorschriften anzusehen sind.

§ 31 (Änderungen der Firma; Erlöschen)

(1) ... .

(2) Das Gleiche gilt, wenn die Firma erlischt. Kann die Anmeldung des Erlöschens einer eingetragenen Firma durch die hierzu Verpflichteten nicht auf dem in § 14 bezeichneten Wege herbeigeführt werden, so hat das Gericht das Erlöschen von Amts wegen einzutragen.

§ 32 (Insolvenzverfahren)

(1) Wird über das Vermögen eines Kaufmanns das Insolvenzverfahren eröffnet, so ist dies von Amts wegen in das Handelsregister einzutragen. Das Gleiche gilt für

1. die Aufhebung des Eröffnungsbeschlusses,
2. die Bestellung eines vorläufigen Insolvenzverwalters, wenn zusätzlich dem Schuldner ein allgemeines Verfügungsverbot auferlegt oder angeordnet wird, dass Verfügungen des Schuldners nur mit Zustimmung des vorläufigen Insolvenzverwalters wirksam sind, und die Aufhebung einer derartigen Sicherungsmaßnahme,
3. die Anordnung der Eigenverwaltung durch den Schuldner und deren Aufhebung sowie die Anordnung der Zustimmungsbedürftigkeit bestimmter Rechtsgeschäfte des Schuldners,
4. die Einstellung und die Aufhebung des Verfahrens und
5. die Überwachung der Erfüllung eines Insolvenzplans und die Aufhebung der Überwachung.

(2) Die Eintragungen werden nicht bekannt gemacht. Die Vorschriften des § 15 sind nicht anzuwenden.

§ 37 (Unzulässiger Firmengebrauch)

(1) Wer eine nach den Vorschriften dieses Abschnitts ihm nicht zustehende Firma gebraucht, ist von dem Registergericht zur Unterlassung des Gebrauchs der Firma durch Festsetzung von Ordnungsgeld anzuhalten.

(2) Wer in seinen Rechten dadurch verletzt wird, dass ein anderer eine Firma unbefugt gebraucht, kann von diesem die Unterlassung des Gebrauchs der Firma verlangen. Ein nach sonstigen Vorschriften begründeter Anspruch auf Schadensersatz bleibt unberührt.

Schrifttum: *Appel*, Gesellschaftsvertrag einer Partnerschaft, Stbg 1995, 203; *Beckmann*, Für eine Partnerschaft Freier Berufe, in: Festschrift Kleinert, 1992, S. 210; *Bösert*, Das Gesetz über Partnerschaftsgesellschaften Angehöriger Freier Berufe (Partnerschaftsgesellschaftsgesetz – PartGG), ZAP Fach 15, S. 137 (= ZAP 1994, 765); *Burret*, Das Partnerschaftsgesellschaftsgesetz, WPK-Mitt. 1994, 201; *Edlbacher*, Die Anwaltssozietät und ihr Name – Im Besonderen: Darf der Name eines ausgeschiedenen Rechtsanwalts in der Bezeichnung der Sozietät beibehalten werden?, 3. Aufl., 1992; *Gres*, Partnerschaftsgesetz für Freie Berufe – Gesetzesvorhaben mit Vorgeschichte, Der Selbständige, 12/1992, 6; *Hornung*, Partnerschaftsgesellschaft für Freiberufler (Teil 2), Rpfleger 1996, 1; *ders.*, Partnerschaftsgesellschaft für Freiberufler (Teil 1), Rpfleger 1995, 481; *Jürgenmeyer*, Berufsrechtliche Diskriminierungen der interprofessionell tätigen Rechtsanwälte, BRAK-Mitt. 1995, 142; *Kempter*, Das Partnerschaftsgesellschaftsgesetz, BRAK-Mitt. 1994, 122; *Knoll/Schüppen*, Die Partnerschaftsgesellschaft – Handlungszwang, Handlungsalternative oder Schubladenmodell, DStR 1995, 608; *Kupfer*, Freiberufler-Gesellschaften: Partnerschaft, Anwalts- und Ärzte-GmbH, KÖSDI 1995, 10130; *Lingenberg/Hummel/Zuck/Eich*, Kommentar zu den Grundsätzen des anwaltlichen Standesrechts, 2. Aufl., 1988 (zit.: *Bearbeiter*, in: Lingenberg/Hummel/Zuck/Eich); *Mahnke*, Das Partnerschaftsgesellschaftsgesetz, WM 1996, 1029; *Michalski*, Zum Regierungsentwurf eines Partnerschaftsgesellschaftsgesetzes, ZIP 1993, 1210; *ders.*, Zulässigkeit und „Firmierung" überörtlicher Anwaltssozietäten, ZIP 1991, 1551; *Michalski/Römermann*, Wettbewerbsbeschränkungen zwischen Rechtsanwälten, ZIP 1994, 433; *Oppenhoff*, Anwaltsgemeinschaften, ihr Sinn und Zweck, AnwBl 1967, 267; *Römermann*, Die Firma der Steuerberater-, Wirtschaftsprüfer- und Anwaltssozietät, INF 2001, 181; *ders.*, Namensfortführung in der Freiberuflersozietät und Partnerschaft, NZG 1998, 121; *Schirmer*, Regelungen für die Übergangszeit bis zum Inkrafttreten der Begleitregelungen in der ärztlichen Berufsordnung, Deutsches Ärzteblatt vom 19.5.1995, B-1063, B-1064; *ders.*, Berufsrechtliche und kassenarztrechtliche Fragen der ärztlichen Berufsausübung in Partnerschaftsgesellschaften, MedR 1995, 341 (Teil 1), 383 (Teil 2); *Karsten Schmidt*, Partnerschaftsgesetzgebung zwischen Berufsrecht, Schuldrecht und Gesellschaftsrecht, ZIP 1993, 633; *Schmuck*, Die Anwalts-AG nach französischem Recht, RIW 1993, 983; *Schockenhoff*, Blickfangwerbung auf dem Anwaltsbrief?, NJW 1991, 1158; *Schulze-Wilk*, Neues Gesetz sichert Status der Freien Berufe, zm 84, Nr. 13 vom 1.7.1994; *Seibert*, Das neue Partnerschaftsgesellschaftsgesetz, BuW 1995, 100; *ders.*, Die Partnerschaft für die Freien Berufe, DB 1994, 2381; *ders.*, Regierungsentwurf eines Partnerschaftsgesellschaftsgesetzes, ZIP 1993, 1197; *Sommer*, Die neue Partnerschaftsgesellschaft – Eine zweckmäßige Rechtsform für Steuerberater?, DSWR 1995, 181; *Stuber*, Das Partnerschaftsgesellschaftsgesetz unter besonderer Berücksichtigung der Belange der Anwaltschaft, WiB 1994, 705; *Weyand*, Partnerschaftsgesellschaften als neue Organisationsform für die freiberufliche Praxis, INF 1995, 22.

Übersicht

A. **Normentwicklung** 1	3. Steuerberater, Steuerbevollmächtigte 21a
B. **Die Mindestbestandteile des Namens der Partnerschaft (Abs. 1 Satz 1)** 3	4. Wirtschaftsprüfer, vereidigte Buchprüfer 22
I. Überblick 3	5. Ärzte 23a
II. Die Namensbestandteile 5	6. Zahnärzte 23b
1. Die Benennung mindestens eines Partners 6	7. Tierärzte 24
2. Die Namenszusätze 8	8. Hauptberufliche Sachverständige 24a
3. Die Berufsbezeichnungen aller vertretenen Berufe 13	IV. Kritik 25
a) Verpflichtung zur Aufnahme der Berufsbezeichnungen 13	C. **Grundsätze des Namensrechts (Abs. 1 Satz 2 und 3, Abs. 2)** 26
b) Alle vertretenen Berufsbezeichnungen 15	I. Firmenwahrheit, Firmenausschließlichkeit 27
III. Vorgaben der Berufsrechte 20	II. Firmenbeständigkeit 37
1. Rechtsanwälte 20	1. Regelungsgegenstände 37
2. Patentanwälte 21	a) Namensänderung eines Partners (§ 21 HGB) 38

b) Vollständiger Partnerwechsel
   (§ 22 Abs. 1 HGB) 39
c) Zeitweiliger Partnerwechsel
   ohne Unternehmensveräuße-
   rung 41
d) Zustimmungserfordernis
   der ausgeschiedenen Gesellschafter 43
e) Änderungen im Gesellschaf-
   terbestand (§ 24 HGB) 44
f) Namensfortführung bei Umwandlung (Abs. 2 Halbs. 2
   i. V. m. § 24 Abs. 2 HGB) 47
2. Problemfälle 48
   a) Anwendung von § 24 HGB
      bei Umwandlung einer Ein-
      zelpraxis und Auflösung einer
      Partnerschaft 48
   b) Unzulässiger Namensge-
      brauch 50
III. Erlöschen und Insolvenz der
     Partnerschaft 52

A. Normentwicklung

Die Entwürfe aus den 70er Jahren waren hinsichtlich des Namens der Partnerschaft mehrfachen Änderungen unterworfen. Einig waren sie sich in der Forderung, dass der Name mindestens eines Partners und zwingend der Zusatz „Partnerschaft" aufgenommen werden müssten.[1] Sofern nicht die Namen aller Gesellschafter genannt würden, konnte[2] oder musste[3] stattdessen der Zusatz „und Partner" im Namen geführt werden. Die beiden ersten Entwürfe enthielten insoweit allerdings noch eine **Sonderregelung für Ärzte**, deren Partnerschaften stets die Namen sämtlicher Partner anführen mussten.[4]

Die Weiterführung des **Namens ausgeschiedener Partner** war nach allen Entwürfen im Grundsatz zulässig, gemäß den Entwürfen von 1975/76 jedoch nur bis zu acht Jahren nach dem Ausscheiden des betroffenen Gesellschafters.[5] Auch insoweit galten nach den beiden ersten Entwürfen Ausnahmeregeln für Ärzte, denen die Namensfortführung untersagt war.[6] Der erste Entwurf ermöglichte der Partnerschaft ferner die Aufnahme tätigkeitsbezogener Sachzusätze in den Partnerschaftsnamen.[7] In den folgenden Entwürfen entfiel diese Bestimmung zugunsten der obligatorischen Nennung der **Berufsbezeichnungen** aller Partner.[8] Von der zuletzt genannten Regelung war man auch im Gesetzgebungsverfahren des Partnerschaftsgesellschaftsgesetzes von Anfang an ausgegangen.[9] Lediglich bei anerkannten Steuerberatungs- und Wirtschaftsprüfungsgesellschaften sollte nach § 31 WPO in der Fassung des Art. 8 des Gesetzes zur Schaffung von Partnerschaftsgesellschaften und § 53 StBerG in der Fassung dieses Gesetzes diese Verpflichtung entfallen.[10]

1

2

---

1) § 1 Abs. 2 Sätze 1 und 2 E 1971, BT-Drucks. VI/2047, S. 1; § 2 Abs. 1 E 1975, BT-Drucks. 7/4089, S. 3; § 3 Abs. 1 E 1976, BT-Drucks. 7/5402, S. 4.
2) § 1 Abs. 2 Satz 2 E 1971; § 2 Abs. 1 Satz 2 E 1975.
3) § 3 Abs. 1 Satz 2 E 1976.
4) § 1 Abs. 2 Satz 5 E 1971, § 2 Abs. 3 Satz 1 E 1975.
5) § 2 Abs. 2 Satz 1 E 1975, § 3 Abs. 2 E 1976; der Entwurf von 1971 sah in seinem § 1 Abs. 2 Satz 3 keine zeitliche Beschränkung vor.
6) § 1 Abs. 2 Satz 6 E 1971, § 2 Abs. 3 Satz 1 E 1975.
7) § 1 Abs. 2 Satz 4 E 1971.
8) § 2 Abs. 2 Satz 2 E 1975, § 3 Abs. 1 Satz 1 E 1976.
9) So bereits Punkt 5 des Neun-Punkte-Kataloges von 1991, hierzu *Beckmann*, in: Festschrift Kleinert, S. 210, 214; *Gres*, Der Selbständige, 12/1992, 6.
10) Ausführliche Kommentierung der Art. 7 und 8 des Gesetzes zur Schaffung von Partnerschaftsgesellschaften noch in der 1. Auflage, 1995, Anhang I = S. 323 ff.

§ 2

2a Durch das Handelsrechtsreformgesetz vom 22.6.1998[11]) wurden § 19 Abs. 3 und 4 HGB gestrichen, so dass der frühere Verweis auf diese Vorschriften in Absatz 2 entfallen musste. Inhaltlich wurden die Bestimmungen des § 19 Abs. 3 und 4 HGB a. F. im Wesentlichen auf die neu eingefügten Sätze 2 und 3 des Absatzes 1 übernommen. Weitere Veränderungen brachte das insoweit am 1.7.1998 in Kraft getretene Handelsrechtsreformgesetz hinsichtlich einzelner Vorschriften des HGB, auf die § 2 Abs. 2 HGB Bezug nimmt.

B. Die Mindestbestandteile des Namens der Partnerschaft (Abs. 1 Satz 1)

I. Überblick

3 Der Name einer Gesellschaft ist das entscheidende Identifikationsmerkmal für das Publikum, ihm haftet der gute Ruf und damit der good will einer Freiberufler-Gesellschaft an.[12]) Für die Gesellschaft bürgerlichen Rechts ist seit langem anerkannt, dass sie sich einen **bürgerlich-rechtlichen Namen** i. S. d. § 12 BGB zulegen kann.[13]) Dieser konnte schon bislang – wie nunmehr auch bei der Partnerschaft – aus dem oder den Namen nur einzelner Gesellschafter (Sozien) gebildet werden.[14])

4 Die neue Vorschrift kodifiziert daher im Wesentlichen das geltende Namensrecht für freiberufliche Gesellschaften bürgerlichen Rechts und überträgt es auf die Partnerschaft. Für die Details wird auf einige Bestimmungen aus dem **Firmenrecht des HGB** verwiesen. Auch hinsichtlich des Namensrechts wird damit vom Gesetzgeber die Annäherung freiberuflicher Gesellschaften an die Personenhandelsgesellschaften vollzogen (siehe Rz. 49 ff).[15]) Darüber hinaus enthält die Vorschrift berufsrechtliche Elemente – Angabe der Berufsbezeichnung, deren Regelung im Gesellschaftsrecht auch hier als nicht geglückt erscheint (siehe Einführung Rz. 49 ff).

II. Die Namensbestandteile

5 Nach Absatz 1 muss der Name der Partnerschaft drei Elemente enthalten:

1. Den Namen mindestens eines **Partners**,
2. alternativ einen der **Zusätze**
   – „und Partner" oder
   – „Partnerschaft" sowie
3. die **Berufsbezeichnungen** aller vertretenen Berufe.

---

11) Handelsrechtsreformgesetz, HRefG, v. 22.6.1998, BGBl I, 1474.
12) Für Rechtsanwälte vgl. *Zuck,* in: Lingenberg/Hummel/Zuck/Eich, § 28 Rz. 26; *Oppenhoff,* AnwBl 1967, 267, 275.
13) *Palandt/Heinrichs,* BGB, § 12 Rz. 9; *Michalski,* ZIP 1991, 1551, 1556; *Edlbacher,* ÖJZ 1988, 289, zur Rechtslage nach deutschem und österreichischem Recht.
14) Zu den verschiedenen hergebrachten Varianten bei Rechtsanwaltssozietäten vgl. *Gleiss,* S. 122; *Zuck,* in: Lingenberg/Hummel/Zuck/Eich, § 28 Rz. 26.
15) Vgl. *Salger,* in: Münchener Handbuch, § 38 Rz. 12.

1. Die Benennung mindestens eines Partners

Wie bislang in der Gesellschaft bürgerlichen Rechts, so können auch zukünftig in der Partnerschaft die Gesellschafter frei wählen, ob sie einen, mehrere oder alle Namen der Partner in den Namen der Partnerschaft aufnehmen wollen. Wenn mehrere Partnernamen aufgenommen werden, müssen sämtliche von ihnen richtig und vollständig sein.[16]

6

Gemäß Absatz 1 Satz 2 n. F. ist die Beifügung von Vornamen nicht erforderlich. Name i. S. d. § 12 BGB ist auch der Berufs- oder Künstlername (**Pseudonym**).[17] Im Rahmen des § 2 ist umstritten, ob ein solches Pseudonym als Name angesehen werden kann.[18] Allerdings handelt es sich bei § 2 im Grunde um eine Parallelvorschrift zu § 19 Abs. 1 HGB. Hier wie dort wird man daher den Künstlernamen zur Firmenbildung mit der im Handelsrecht herrschenden Auffassung[19] zulassen müssen. Der Künstlername ist schließlich der Name, unter dem der Partner im Rechtsverkehr auftritt und mit dem er identifiziert wird.

7

Für die Angabe des Nachnamens ist der **bürgerliche Name** des Partners maßgeblich, wie er sich aus dem Personenstandsregister ergibt.[20] Führt ein Partner einen **Doppelnamen**, so reicht es daher nicht aus, wenn nur ein Bestandteil des Doppelnamens – z. B. der Geburtsname – in den Namen der Partnerschaft einfließt.[21]

7a

Unzulässig ist hingegen der **Deckname**, der die wahre Identität verschleiern soll. Alle weiteren Probleme der Namensführung, insbesondere der beim Ausscheiden von Gesellschaftern auftretende Konflikt zwischen Firmenwahrheit und Firmenbeständigkeit, wurden durch Verweisung auf Vorschriften des HGB geregelt (dazu unten Rz. 26 ff).

7b

2. Die Namenszusätze

Für die bisher in BGB-Gesellschaften kooperierenden Freiberufler war ein das Gesellschaftsverhältnis andeutender Zusatz, wie z. B. „Rechtsanwaltssozietät", nicht erforderlich, da bei gemeinschaftlichem Auftreten von Angehörigen freier Berufe grundsätzlich die Organisationsform einer **Gesellschaft bürgerlichen Rechts vermutet** wurde, sofern nicht gewichtige Anhaltspunkte entgegenstanden. Diese Indizien konnten beispielsweise bei der Angabe „EWIV" im Namen gegeben sein.

8

---

16) OLG Karlsruhe NJW 1999, 2284.
17) *Palandt/Heinrichs*, BGB, § 12 Rz. 8.
18) Dafür etwa *Eggesiecker*, Fach D Rz. 2.230; MünchKomm-*Ulmer*, BGB, § 2 PartGG Rz. 9; grds. ablehnend *Meilicke*, in: Meilicke u. a., PartGG, § 2 Rz. 2; offen gelassen von OLG Karlsruhe NJW 1999, 2284, 2285.
19) MünchKommHGB-*Bokelmann*, HGB, § 19 Rz. 121; *Staub/Hüffer*, HGB, § 19 Rz. 13; a. A. *Karsten Schmidt*, Handelsrecht, § 12 III 1 e aa.
20) OLG Karlsruhe NJW 1999, 2284.
21) OLG Karlsruhe NJW 1999, 2284.

9 Das durch Einführung der neuen Gesellschaftsform geschaffene Unterscheidungsproblem löst das Gesetz, indem es den Zusätzen „und Partner" sowie „Partnerschaft" eine **rechtsformbezeichnende Bedeutung** beilegt. Alle Partnerschaften sind verpflichtet, einen dieser Zusätze im Namen zu führen. Anstatt „und Partner" ist bei einer weiblichen Gesellschafterin „und Partnerin" zulässig (im Plural: „und Partnerinnen"). Der Zusatz „Partnerschaft" kann ebenso wie „und Partner" in leicht modifizierter Form geführt werden, sofern er im Kern erhalten bleibt und seine die Rechtsform kennzeichnende Funktion erfüllt. Nach einer solchen vorsichtig erweiternden Auslegung sind etwa die Abkürzung „PartG"[22]) und die Langform „Partnerschaftsgesellschaft" zulässig.[23]) Gleiches gilt für „Rechtsanwaltspartnerschaft".

10 In der Wahl des Zusatzes sind die Gesellschafter – entgegen früheren Entwürfen eines Partnerschaftsgesetzes (dazu oben Rz. 1 f) – grundsätzlich frei. Diese **Auswahlmöglichkeit** reduziert sich allerdings in dem Fall, dass sämtliche Gesellschafter auch Namenspartner sind, auf den Zusatz „Partnerschaft", denn die Bezeichnung „und Partner" deutet auf das Vorhandensein weiterer, nicht namentlich in der Partnerschaftsbezeichnung erwähnter Gesellschafter hin. Falls tatsächlich keine weiteren Partner existieren, wäre der Zusatz „und Partner" somit eine irreführende und daher unzulässige Angabe.[24]) Dies ergibt sich bereits aus den in Absatz 2 in Bezug genommenen Grundsätzen der Firmenwahrheit und Firmenklarheit.[25]) Absatz 1 spricht von dem Zusatz „und Partner" oder „Partnerschaft", woraus folgt, dass der Gesetzgeber sich den Begriff alternativ, nicht **kumulativ** verwandt vorstellte. Gleichwohl erscheint es nicht ausgeschlossen, beides zu kombinieren, z. B. „Müller & Partner – Partnerschaft".

10a An einer derartigen Klarstellung konnte insbesondere in den ersten Jahren seit dem Auslaufen der Übergangsregelung des § 11 Satz 2 und 3 am 1.7.1997 ein legitimes Interesse bestehen. Seitdem müssen die vor dem 1.7.1995 gegründeten Gesellschaften in anderer Rechtsform (wie insbesondere BGB-Gesellschaften) einen ausdrücklichen Hinweis auf ihren abweichenden Gesellschaftstypus im Namen führen, so etwa „Meier und Partner Gesellschaft bürgerlichen Rechts". Zumindest in der Anfangszeit wurde dieser Zwang zur Angabe jedoch noch nicht überall befolgt und die Partnerschaft war dem Publikum nicht ohne weiteres geläufig. Eine präzisierende Klarstellung durch die Angabe „Partnerschaft" neben dem bislang vor allem bei BGB-Gesellschaften gebräuchlichen Zusatz „& Partner" konnte in dieser Situation einen legitimen Zweck verfolgen. Ein gesetzliches Verbot lässt sich der Vorschrift des Absatzes 1 nicht entnehmen. Angesichts der verfassungsrechtlichen Berufsfreiheit wären an ein solches Verbot strenge Anforderungen zu stellen.

---

22) Dagegen *Seibert*, in: Ebenroth/Boujong/Joost, HGB, § 2 PartGG Rz. 3.
23) So auch *Meilicke*, in: Meilicke u. a., PartGG, § 2 Rz. 4; derzeit noch a. A. MünchKomm-*Ulmer*, BGB, § 2 Rz. 11, solange diese Zusätze noch keine Verkehrsgeltung erlangt haben; ähnlich auch *Salger*, in: Münchener Handbuch, § 32 Rz. 18.
24) *Seibert*, Die Partnerschaft, S. 49; *Meilicke*, in: Meilicke u. a., PartGG, § 2 Rz. 4; *Feddersen/Meyer-Landrut*, PartGG, § 2 Rz. 2.
25) Vgl. zu § 19 HGB mit dem parallelen Problem MünchKommHGB-*Bokelmann*, HGB, § 19 Rz. 16.

Name der Partnerschaft §2

Weitere Zusätze, die dem Namen der Gesellschafter oder dem Gegenstand der 10b
Partnerschaft entlehnt sein könnten, sind nicht von vornherein ausgeschlossen. Beispiele sind etwa „MMP – Müller, Meier und Partner" oder „Müller & Partner – Rechtsberatungs-Partnerschaft".[26] Familiennamen von Partnern sind keine „weiteren Zusätze", so dass die Eintragung des Namensbestandteils eines Doppelnamens, der also den Anforderungen an den bürgerlichen Partnernamen i. S. d. Absatzes 1 nicht genügt, auch nicht als „weiterer Zusatz" in Betracht kommt (vgl. oben Rz. 7a).[27] Auch **Sachzusätze** sind partnerschaftsrechtlich zulässig, so etwa „Telekanzlei"[28] und „artax".[29] Bei einer ärztlichen Partnerschaft wurde zu Recht folgende Bezeichnung gebilligt: „Gemeinschaftspraxis für Anästhesie – Partnerschaft – Dr. med. B., Dr. med. M.".[30]

Anstatt der Verknüpfung „und" Partner können – neben der Abkürzung „u. Part- 11
ner" – auch das **Zeichen „&"** oder ein ähnliches Zeichen (z. B. „+") verwendet werden.[31] Dies wurde in Österreich (näher Einführung Rz. 60 ff) ausdrücklich für das Zeichen „&" so normiert (§ 6 Abs. 2 Satz 2 EGG). Für Absatz 1 folgt dieses Ergebnis aus Sinn und Zweck der Vorschrift. Gemäß § 11 Satz 1 sind nach dem 1.7.1997 nur noch Partnerschaften im Sinne dieses Gesetzes zur Führung der Zusätze nach Absatz 1 berechtigt. Diese Exklusivität des Partnerzusatzes für die nach den Vorschriften des Partnerschaftsgesellschaftsgesetzes gegründeten freiberuflichen Gesellschaften könnte jedoch allzu leicht umgangen werden, falls man die Bezeichnungen „und Partner" sowie „& Partner" als aliud betrachten wollte. Die vor allem früher anzutreffende Auffassung, nach welcher das Zeichen „&" für das Publikum auf Vollkaufleute oder die OHG hinweise,[32] ist überholt, da dieses Zeichen seit langem auch bei freiberuflichen Zusammenschlüssen üblich geworden ist.[33] Die hier bereits seit der 1. Auflage vertretene großzügige Auffassung wurde inzwischen durch eine Entscheidung des Bundesgerichtshof[34] bestätigt, der dabei unter anderem darauf abstellt, dass die Zeichen „+" oder „&" wie „und" ausgesprochen werden.

Offen wäre dann noch der Fall, dass die **Verknüpfung** im Namen gänzlich **wegfällt** 11a
(„Müller Partner"). Auch diese Variante wird man im Bereich des Partnerschaftsge-

---

26) Vgl. *Salger*, in: Münchener Handbuch, § 38 Rz. 21; *Meilicke*, in: Meilicke u. a., PartGG, § 2 Rz. 7.
27) OLG Karlsruhe NJW 1999, 2284, 2285.
28) AnwG Hamburg NJW 2000, 2827: „Telekanzlei L & Partner".
29) BGH NJW 2004, 1651, dazu EWiR 2004, 651 *(Römermann)*; hierzu näher *Römermann* INF 2001, 181.
30) OLG Schleswig MDR 2003, 540.
31) *Seibert*, Die Partnerschaft, S. 49 mit Fußn. 88; *ders.*, BuW 1995, 100, 103; *Meilicke*, in: Meilicke u. a., PartGG, § 2 Rz. 4; *Feddersen/Meyer-Landrut*, PartGG, § 2 Rz. 2; *Salger*, in: Münchener Handbuch, § 38 Rz. 18; *Hornung*, Rpfleger 1995, 481, 484.
32) So noch *Eggesiecker*, Fach D Rz. 2.320; *Feddersen/Meyer-Landrut*, PartGG, § 2 Rz. 2; *Baumbach/Hopt*, HGB, § 17 Rz. 3; OLG Düsseldorf ZIP 1991, 1625; vgl. auch *Borggreve*, S. 76.
33) *Michalski*, ZIP 1991, 1551, 1557; *Schockenhoff*, NJW 1991, 1158, 1159.
34) BGH WiB 1997, 752 m. Anm. *Römermann*.

sellschaftsgesetzes zulassen müssen, denn letztlich entscheidend ist der Zusatz „Partner", der sich in beiden von Absatz 1 angeführten Gestaltungsvarianten wiederfinden lässt, und nicht die – wie auch immer geartete – Art und Weise der Verbindung.

12 Insoweit ergeben sich durch § 11 bedeutsame Änderungen mit erheblichen Auswirkungen insbesondere auf das Namensrecht der Gesellschaft bürgerlichen Rechts. War der Zusatz „Partnerschaft" vor Inkrafttreten des Gesetzes nur vereinzelt in Sozietätsbezeichnungen anzutreffen,[35] so kam doch dem Zusatz **„und Partner"** früher eine erhebliche Bedeutung zu. Dies galt durchaus nicht nur für den Bereich freiberuflicher Zusammenarbeit, sondern gleichfalls in Teilen der gewerblichen Wirtschaft. Der Bezeichnung „und Partner" konnte daher bislang lediglich das Vorhandensein mindestens eines weiteren Partners entnommen werden, während Rückschlüsse auf die Rechtsform, den Tätigkeitsbereich, die Zusammensetzung der Gesellschafter etc. nicht möglich waren.[36]

3. Die Berufsbezeichnungen aller vertretenen Berufe

a) Verpflichtung zur Aufnahme der Berufsbezeichnungen

13 Die Verpflichtung, sämtliche Berufsbezeichnungen im Namen zu führen, gilt für alle Partnerschaften mit **Ausnahme** der Steuerberatungs- und Wirtschaftsprüfungsgesellschaften (vergleiche § 53 Satz 2 StBerG, § 31 Satz 2 WPO in der Fassung der Artikel 7 Nr. 2b sowie 8 Nr. 2b).[37] Die Vorschrift hat den Sinn, das Publikum „über die tatsächliche Bandbreite der in der Partnerschaft angebotenen freiberuflichen Dienstleistungen" hinreichend aufzuklären.[38] Sie bedeutet eine wesentliche Neuerung im Vergleich zum Namensrecht bisheriger freiberuflicher Sozietäten.[39]

14 Eine vergleichbare Regelung findet sich in **Österreich** (näher Einführung Rz. 60) in § 6 Abs. 2 Satz 1 EGG, wonach Angehörige freier Berufe den Berufszusatz in der Gesellschaft zu führen haben.[40]

---

35) Der Bundesrat hatte in seiner Stellungnahme zum Regierungsentwurf, BT-Drucks. 12/6152, S. 26 = Anhang, S. 326, noch für den Zusatz „Partnerschaftsgesellschaft" anstatt „Partnerschaft" plädiert, um den Besitzstand der bisher als „Partnerschaft" auftretenden Gesellschaften bürgerlichen Rechts zu wahren; der Zusatz sollte auch obligatorisch sein, um dauerhaft die Unterscheidbarkeit zu den BGB-Gesellschaften zu gewährleisten; dagegen *Seibert*, Die Partnerschaft, S. 49.

36) Teilweise wurde (vor Inkrafttreten der Handelsrechtsreform) allerdings die Ansicht vertreten, dass Minderkaufleuten der Zusatz „und Partner" verschlossen sei; hierzu vgl. nur *Baumbach/Hopt*, HGB, § 17 Rz. 3; zur Rechtslage bis zum 30.6.1997 und zu den Abgrenzungsschwierigkeiten zu bestehenden Gesellschaften mit Partnerzusatz vgl. noch ausführlich unten § 11 Rz. 3 f.

37) Steuerberater und Wirtschaftsprüfer, die sich als Einzelperson mit anderen Freiberuflern zusammenschließen, unterliegen hingegen weiterhin dieser Pflicht, vgl. abweichend *Weyand*, INF 1995, 22, 23; *Appel*, Stbg 1995, 203, 203.

38) So die Begründung zum RegE PartGG, BT-Drucks. 12/6152, S. 11 = Anhang, S. 322; vgl. auch *Burret*, WPK-Mitt. 1994, 201, 204; *Kempter*, BRAK-Mitt. 1994, 122, 123.

39) Begründung zum RegE PartGG, BT-Drucks. 12/6152, S. 23 = Anhang, S. 372.

40) Vgl. *Krejci*, EGG, § 2 Rz. 14.

b) Alle vertretenen Berufsbezeichnungen

Nach dem insoweit eindeutigen Wortlaut der Vorschrift ist die Partnerschaft gezwungen, in ihrem Namen sämtliche vertretenen Berufe anzuführen. Unter „Berufsbezeichnung" ist die berufsrechtlich für jeden freien Beruf normierte Bezeichnung der jeweiligen Berufstätigkeit gemeint, so z. B. „Zahnarzt" gemäß § 1 Abs. 1 Satz 2 ZHG. Die „in der Partnerschaft vertretenen Berufe" sind sämtliche in der Partnerschaft ausgeübten Berufe aller Partner, wobei durchaus auch mehrere Berufe durch einen Partner vertreten sein können, z. B. bei der Mehrfachqualifikation als Wirtschaftsprüfer und Steuerberater.   15

Probleme treten auf, wenn die vorhandenen **Qualifikationen** oder Berufe sich nicht mit den im Rahmen der Partnerschaft **ausgeübten freiberuflichen Tätigkeiten** decken. Abweichungen sind insoweit in zwei Richtungen denkbar. Einerseits kann der Partner über mehr freiberufliche Berufsqualifizierungen verfügen als er Berufe im Rahmen der Partnerschaft ausübt; so wird z. B. der Wirtschaftsprüfer/Steuerberater/Rechtsanwalt nur noch in seinem Beruf als Rechtsanwalt tätig, ohne aber die anderen Qualifikationen aufzugeben. Andererseits kann der Partner über weitere Berufe verfügen als die nach § 1 Abs. 1 Satz 1 und Abs. 2 partnerschaftsfähigen; so kann etwa der Rechtsanwalt und Notar im Rahmen der Partnerschaft nur als Rechtsanwalt tätig sein, da er als Notar keinen freien Beruf i. S. d. § 1 Abs. 2 ausübt (zum Anwaltsnotar siehe bereits § 1 Rz. 35).   16

In der Begründung zum Regierungsentwurf ist das Problem des **Anwaltsnotars** erkannt und dazu ausgeführt worden, dass im Namen der Gesellschaft „der betroffene Partner nur als Rechtsanwalt geführt werden kann, nicht zugleich als Notar. Es erscheint aber möglich, dass ein Hinweis auf den weiter ausgeübten Beruf des Partners außerhalb der Partnerschaft auf dem Briefkopf der Partnerschaft geführt wird."[41] Diese Einteilung ist künstlich, unpraktikabel,[42] widerspricht dem Zweck der Vorschrift und folgt auch nicht zwingend aus deren Wortlaut. Künstlich und unpraktikabel ist die Abgrenzung, weil es keinen Sinn ergibt, der Partnerschaft die Nennung anderer Berufe der Partner in der Spalte unter den Namen zu verbieten, sie ihr an anderer Stelle (wo?) auf dem gleichen Briefkopf aber dann wieder zu gestatten. Der Zweck der Vorschrift besteht nach der Begründung zum Regierungsentwurf in der möglichst umfassenden Aufklärung des Publikums über die Breite angebotener Dienstleistungen (dazu oben Rz. 13). Dem kann es nicht dienlich sein, die Nennung tatsächlich ausgeübter Berufe zu untersagen. Schließlich folgt ein solches Verbot auch nicht aus dem **Wortlaut** der Vorschrift, da diesem nichts über eine Exklusivität der partnerschaftlichen Berufe zu entnehmen ist. Etwa für den Bereich der Anwaltsnotare war es bisher bei den Sozietätsbezeichnungen häufig bereits üblich, die Eigenschaft als Notar anzuführen, obgleich diese nicht vollständig in die Berufsausübungsgesellschaft integriert werden konnte. Es ist angesichts einer identischen Interessenlage kein Grund dafür ersichtlich, warum diese Handhabung nicht im Rah-   17

---

41) Begründung zum RegE PartGG, BT-Drucks. 12/6152, S. 10 = Anhang, S. 315; vgl. auch *Seibert*, DB 1994, 2381, 2383; *Salger*, in: Münchener Handbuch, § 39 Rz. 17.
42) So auch *Feddersen/Meyer-Landrut*, PartGG, § 1 Rz. 12.

men der Partnerschaft fortgeführt werden sollte. Eine andere Frage ist es aber, ob das Amt des Notars oder weitere Qualifikationen, die nicht den Charakter eines eigenständigen Berufs haben – z. B. eine Fachanwaltsbezeichnung – auch in das Partnerschaftsregister eingetragen werden können. Das OLG Bremen[43] hat die Eintragungsfähigkeit der Amtsbezeichnung „Notar" sowie von Fachanwaltsbezeichnungen unter Hinweis auf den eindeutigen Wortlaut von § 5 Abs. 3 PRV verneint.

17a Das Gleiche muss gelten, wenn ein Partner z. B. Rechtsanwalt und Steuerberater ist, im Rahmen der Partnerschaft aber nur Rechtsberatung betrieben werden soll. Es darf auf **beide Berufsqualifikationen** hingewiesen werden.[44] Dies ist keine Irreführung, soweit die Qualifikationen vorhanden sind.[45] In einer ersten Gerichtsentscheidung hat das OLG Bremen die Eintragung der Notarbezeichnung und einer Fachanwaltsbezeichnung in das Handelsregister abgelehnt, da der Wortlaut des § 5 Abs. 3 PRV eine solche Eintragung untersage.[46]

18 Die Problematik des scheinbaren Zwangs, auch tatsächlich nicht ausgeübte Berufe im Namen der Partnerschaft zu erwähnen, ist ebenfalls unter Heranziehung von Sinn und Zweck der Vorschrift zu lösen. Nach dem Wortlaut des Absatzes 1 wäre nämlich zu vermuten, dass alle vorhandenen Berufsqualifikationen ohne Rücksicht auf die tatsächliche Berufsausübung obligatorisch zu nennen seien.[47] Dies gilt umso mehr, da § 3 Abs. 2 Nr. 2 im Gegensatz zu Absatz 1 von dem „in der Partnerschaft ausgeübten Beruf" spricht. Eine systematische Auslegung könnte daher zu dem Ergebnis gelangen, dass der Begriff der ausgeübten Berufe im Vergleich zu den vertretenen Berufen den engeren darstellt, so dass im Namen der Partnerschaft alle Berufsbezeichnungen unabhängig von der Ausübung anzuführen wären. Andererseits ist auch denkbar, unter den in der Partnerschaft „vertretenen" nur diejenigen Berufe zu verstehen, welche in der Gesellschaft ausgeübt werden; § 3 Abs. 2 Nr. 2 soll nach dem Willen der Gesetzesverfasser gerade dazu dienen, unter **mehreren vorhandenen Berufsqualifikationen** die auszuwählen, die Gegenstand der Partnerschaft sein sollen.[48]

19 Der Wortlaut wie auch die Systematik der Vorschrift führen somit zu keiner eindeutigen Lösung. Nach teleologischen Gesichtspunkten kommt nur die **einheitliche Auslegung** sowohl des Absatzes 1 als auch des § 3 Abs. 2 Nr. 2 in Betracht. Auch im Namen der Partnerschaft kann sinnvollerweise kein Zwang zur Nennung nicht in der Partnerschaft konkret ausgeübter Berufe bestehen.[49] Für den mehrfach qualifizierten Wirtschaftsprüfer/Steuerberater/Rechtsanwalt etwa, der nur seinen Anwaltsberuf ausübt, würde es eine wesentliche Verschärfung seines Haftungsrisikos darstellen, wenn man ihn gegen seinen Willen zur Anführung auch der „ruhen-

---

43) OLG Bremen AnwBl 1998, 158 = MDR 1997, 1172.
44) So auch *Salger*, in: Münchener Handbuch, § 38 Rz. 19.
45) A. A. *Meilicke*, in: Meilicke u. a., PartGG, § 2 Rz. 5.
46) OLG Bremen AnwBl 1998, 158 = MDR 1997, 1172.
47) Diese Auffassung vertritt *Jürgenmeyer*, BRAK-Mitt. 1995, 143, 144 in Fußn. 10.
48) Begründung zum RegE PartGG, BT-Drucks. 12/6152, S. 13 = Anhang, S. 331.
49) A. A. *Jürgenmeyer*, BRAK-Mitt. 1995, 143, 144 in Fußn. 10.

den" Berufsbezeichnungen zwingen wollte. Ein Aufklärungsinteresse des Publikums ist ebenfalls nicht ersichtlich, zumal die weiteren Dienstleistungen von dem Partner gar nicht aktuell angeboten werden.

III. Vorgaben der Berufsrechte

1. Rechtsanwälte

§ 9 Abs. 1 Satz 1 BerufsO stellt klar, dass bei beruflicher Zusammenarbeit in Form einer Partnerschaft mit sozietätsfähigen Personen i. S. d. § 59a BRAO eine Kurzbezeichnung geführt werden darf. Insoweit gibt es eine inhaltliche Abweichung zwischen Gesellschaftsrecht und Berufsrecht. Nach Absatz 1 Satz 3 dürfen nämlich nur die Namen von Partnern in der Bezeichnung der Partnerschaft enthalten sein; § 9 Abs. 1 Satz 1 BerufsO würde darüber hinaus die Namen Angestellter und freier Mitarbeiter gestatten. Es gilt nach dem Prinzip des kleinsten gemeinsamen Nenners die engere Regelung durch Absatz 1 Satz 3. Im Übrigen können die gemäß § 1 Abs. 3 BerufsO unberührt bleibenden Vorschriften des Berufsrechts **zusätzliche Anforderungen** aufstellen. Im Einzelnen gelten insbesondere die folgenden Regeln:

20

Die Kurzbezeichnung muss gemäß § 9 Abs. 1 Satz 2 BerufsO bei der Unterhaltung mehrerer Kanzleien einheitlich sein. Dies betrifft die **überörtlichen Anwaltssozietäten** mit mehreren Standorten. Als das Phänomen der überörtlichen Sozietät zu Beginn der 90er Jahre zum ersten Mal aufkam, wurde die Namensgebung teilweise so gehandhabt, dass der jeweils am Ort ansässige Rechtsanwalt auf den dort verwandten Briefbogen an erster Stelle genannt wurde, so dass dieselbe Sozietät an den verschiedenen Standorten mit unterschiedlichem Erscheinungsbild am Rechtsverkehr teilnahm. Das OLG Hamm hatte dies in einer Entscheidung aus dem Jahre 1994[50] für irreführend und somit unzulässig gehalten; in anderen OLG-Bezirken wurde die Handhabung hingegen von den Rechtsanwaltskammern bewusst toleriert. Die Satzungsversammlung schloss sich der Auffassung des OLG Hamm an.[51] § 9 Abs. 2 BerufsO gestattet ausdrücklich die **Weiterführung der Namen** früherer Gesellschafter. § 71 der früheren anwaltlichen Standesrichtlinien, der die Namensfortführung nur bis zu fünf Jahren nach dem Ausscheiden des Rechtsanwalts gestatten wollte – jedoch in der Praxis kaum beachtet wurde[52] – ist damit endgültig abgelöst. Eine **zeitliche Begrenzung** besteht nach dem heutigen Berufsrecht nicht mehr.

20a

Nach § 9 Abs. 3 BerufsO a. F. durfte die Kurzbezeichnung im Übrigen, also über die in § 9 Abs. 1 und 2 BerufsO genannten Fälle hinaus, nur einen auf die gemeinschaftliche Berufsausübung hinweisenden **Zusatz** enthalten. Diese bis zum 1.11.2004 gültige Regelung ist ersatzlos entfallen. Nach dem nunmehr geltenden § 9 BerufsO sind Kurzbezeichnungen ganz freigegeben, d. h. auch reine Sachbezeichnungen sind zulässig. Möglich ist z. B. die Hinzunahme weiterer, etwa der Namenskontinuität dienender Zusätze, z. B. „Meier & Kollegen – Partnerschaft Rechts-

20b

---

50) OLG Hamm NJW 1994, 868.
51) Krit. *Hartung/Holl/Römermann*, § 9 Rz. 33.
52) *Römermann*, S. 75 f m. w. N.

anwälte". § 10 Abs. 1 Satz 1 BerufsO schreibt vor, dass auf **Briefbögen** auch bei Verwendung einer Kurzbezeichnung die Namen sämtlicher Gesellschafter mit mindestens einem ausgeschriebenen **Vornamen** aufgeführt werden müssen. Wenn der Name der Partnerschaft – zulässigerweise – bereits die Vornamen enthält („Franz Meier & Peter Müller – Partnerschaft Rechtsanwälte"), ist diese Bestimmung ohne Bedeutung. Werden hingegen – wie in den meisten Fällen – im Partnerschaftsnamen nur die Familiennamen der Gesellschafter genannt, dann sind die vollständigen Namen einschließlich der Vornamen noch gesondert an anderer Stelle des Briefbogens zu erwähnen, etwa in einer Randspalte. Nach § 10 Abs. 1 Satz 3 BerufsO muss mindestens eine der Kurzbezeichnung entsprechenden Zahl von Partnern auf den Briefbögen namentlich aufgeführt werden. Dies betrifft das im Bereich der Partnerschaft in Absatz 2 i. V. m. § 18 Abs. 2 HGB normierte Prinzip der **Firmenwahrheit**. Bei der Partnerschaft „Müller, Meier und Partner – Rechtsanwälte" müssen demnach mindestens drei Anwälte auf den Briefbögen namentlich genannt werden. § 10 Abs. 2 BerufsO statuiert die Verpflichtung, bei einer beruflichen Zusammenarbeit mit Angehörigen anderer Berufe die jeweiligen Berufsbezeichnungen anzugeben. Dies deckt sich mit der entsprechenden Verpflichtung aus Absatz 1, so dass die gesellschafts- und die berufsrechtlichen Pflichten gleichlauten.

20c Nach § 10 Abs. 4 BerufsO dürfen **ausgeschiedene Partner** auf den Briefbögen nur dann weitergeführt werden, wenn ihr Ausscheiden kenntlich gemacht wird. Das gilt grundsätzlich auch, wenn der Ausgeschiedene zwischenzeitlich anderweitig als Rechtsanwalt tätig ist; der Bundesgerichtshof[53] verlangt dann allerdings, dass zur Vermeidung von Irreführungen in der Namensliste auf diesen besonderen Umstand hingewiesen wird. § 9 Abs. 2 BerufsO bleibt nach der ausdrücklichen Klarstellung in § 10 Abs. 4 Halbs. 2 BerufsO unberührt. Diese Klarstellung beruht auf der Abgrenzung zwischen der Kurzbezeichnung der Gesellschaft und dem sonstigen Bereich (Randspalte). In der Kurzbezeichnung, also im Partnerschaftsnamen, kann der Name des Partners unverändert bestehen bleiben. In der Randspalte ist das Ausscheiden hingegen zu kennzeichnen, damit das Publikum nicht über die in der Partnerschaft tätigen Personen getäuscht wird. Eine mögliche Kennzeichnung i. S. d. § 10 Abs. 4 BerufsO besteht darin, den Namen des ausgeschiedenen Partners in der Randspalte erst gar nicht wieder aufzunehmen.

2. Patentanwälte

21 In § 16 Abs. 1 Satz 2 der Berufsordnung wird die Zulässigkeit einer **Kurzbezeichnung** für die Sozietät von Patentanwälten vorausgesetzt. Dort ist geregelt, dass auch dann, wenn für den Zusammenschluss eine Kurzbezeichnung verwendet wird, alle Sozien mit ihrer beruflichen Qualifikation und bei mehreren Kanzleien deren Anschriften sowie die Zugehörigkeit der einzelnen Mitglieder zu diesen Kanzleien anzugeben sind. Gemäß § 16 Abs. 2 BerufsO darf eine Sozietät nicht unter unterschiedlichen Bezeichnungen in Erscheinung treten. Diese Bestimmung betrifft die insbesondere die von den Rechtsanwälten bekannte Problematik, dass **überörtliche**

---

[53] BGH ZIP 2002, 1501 = NJW 2002, 2093, dazu EWiR 2002, 1033 *(Kleine-Cosack)*.

(Außen-) Sozietäten zum Teil an verschiedenen Standorten unter unterschiedlichen Namen oder Namenskombinationen auftreten.

3. Steuerberater, Steuerbevollmächtigte

§ 15 BOStB stellt klar, dass Sozietäten eine **Kurzbezeichnung** auf dem Praxisschild verwenden dürfen. Auf den **Briefbögen** einer Sozietät müssen die Sozien mit Namen und Berufsbezeichnungen aufgeführt werden, § 19 Abs. 4 Satz 1 BOStB. Dies gilt gemäß § 19 Abs. 4 Satz 2 BOStB auch bei Verwendung einer Kurzbezeichnung, z. B. durch die Nennung einzelner Namen von Steuerberatern mit den gemäß § 43 StBerG zulässigen Zusätzen. **Überörtliche Sozietäten** dürfen auf die in der Sozietät vertretenen Berufe (Steuerberater, Steuerbevollmächtigte, Rechtsanwälte, Wirtschaftsprüfer, vereidigte Buchprüfer) auch dann hinweisen, wenn nicht alle Berufsqualifikationen an allen Standorten vertreten sind. Diese Vorschrift beugt einer möglichen Rechtsauffassung vor, wonach bei einer überörtlichen Sozietät auf den Briefbögen eines Standortes nur die Bezeichnungen der dort ausgeübten Berufe aufgeführt werden dürften. Nach der berufsrechtlichen Klarstellung kann die zuletzt genannte, früher zuweilen auzutreffende Ansicht auch im Bereich des Wettbewerbsrechts nicht mehr vertreten werden.

21a

Hinsichtlich der Firmierung einer Steuerberatungsgesellschaft ist § 56 BOStB zu beachten. Nach § 56 Abs. 1 BOStB dürfen grundsätzlich als **Firmenbestandteile** Namen von Partnern, allgemein gehaltene Tätigkeitsbezeichnungen, geographische oder frei gestaltete Bezeichnungen geführt werden. § 56 Abs. 2 BOStB schreibt vor, dass es sich bei einem in der Firma aufgenommenen Personennamen um den Namen eines Steuerberaters handeln soll. Daneben dürfen die Namen anderer Partner i. S. d. § 3, § 50a Abs. 1 Nr. 1 StBerG aufgenommen werden, wenn deren Zahl die Namen von Steuerberatern nicht überschreitet. Wenn einer Partnerschaft außer den namentlich aufgeführten Partnern noch mindestens eine weitere Person i. S. d. § 3 StBerG (Steuerberater, Steuerbevollmächtigte, Rechtsanwälte, Wirtschaftsprüfer, vereidigte Buchprüfer) angehört, sind gemäß § 56 Abs. 2 Satz 3 BOStB entsprechende **Zusätze** zulässig. Die Vorschriften benennen beispielhaft „u. a." sowie „und Kollegen"; im Bereich der Partnerschaften gelten indes die Zusätze nach Absatz 1: „und Partner" oder „Partnerschaft". Nach § 56 Abs. 2 Satz 4 BOStB dürfen die Namen **ausgeschiedener Partner** ohne zeitliche Begrenzung weitergeführt werden. Dies soll nicht gelten, wenn das Ansehen des Berufes gefährdet werden kann, weil der ausgeschiedene Partner aus dem Beruf ausgeschlossen wurde oder sich dem Ausschluss durch Verzicht auf die Bestellung entzogen hat. In derartigen Fällen wird es allerdings häufig bereits im eigenen Interesse der aktuellen Partner liegen, den Namen des betroffenen Steuerberaters aus dem Partnerschaftsnamen zu streichen. Überraschenderweise[54] entfällt gemäß § 53 Satz 2 StBerG für die als **Steuerberatungsgesellschaft** anerkannten Partnerschaften die Verpflichtung nach Absatz 1, sämtliche Berufsbezeichnungen der in der Gesellschaft vertretenen Berufe in den Namen aufzunehmen. Stattdessen muss gemäß § 53 Satz 1 StBerG die Bezeich-

21b

---

54) So zu Recht *Salger*, in: Münchener Handbuch, § 38 Rz. 20.

nung „Steuerberatungsgesellschaft" genannt werden. § 56 Abs. 7 BOStB präzisiert diese Verpflichtung dahingehend, dass das Wort „Steuerberatungsgesellschaft" ungekürzt und ungebrochen in der Firma zu führen sei. Wortverbindungen wie z. B. „Steuerberatungs- und Wirtschaftsprüfungsgesellschaft" sind unzulässig. Die Bezeichnung „Steuerberatungsgesellschaft" darf nur einmal im Namen geführt werden.

4. Wirtschaftsprüfer, vereidigte Buchprüfer

22 § 28 der Berufssatzung der Wirtschaftsprüferkammer trifft namensrechtliche Regelungen für die Sozietät, worunter in diesem Zusammenhang ausnahmsweise auch die nicht als Wirtschaftsprüfungsgesellschaft anerkannte Partnerschaft fällt (siehe § 1 Rz. 107 ff). Nach § 28 Abs. 1 der Berufssatzung müssen die Partner unter ihrem Namen und ihren Berufsbezeichnungen auftreten. Gemäß § 28 Abs. 2 der Berufssatzung ist die Wahl einer einheitlichen **Kurzbezeichnung** zulässig. Sie darf neben den Namen von Sozietätspartnern nur die Angaben nach den §§ 18, 128 WPO (Berufsbezeichnungen „Wirtschaftsprüfer", „vereidigter Buchprüfer", akademische Grade und Titel usw.) und die Berufsbezeichnung von Sozietätspartnern, die nicht Wirtschaftsprüfer oder vereidigte Buchprüfer sind, sowie einen die Sozietät kennzeichnenden Zusatz enthalten. Als **Zusätze** kommen gemäß Absatz 1 nur „und Partner" oder „Partnerschaft" in Betracht. Alle Sozietätspartner müssen mit ihren **Berufsbezeichnungen** angeführt werden, eine Regelung, die inhaltlich der des Absatzes 1 entspricht. Für Wirtschaftsprüfungs- oder Buchprüfungsgesellschaften gibt es nach § 31 Satz 1 WPO, § 29 Abs. 1 Satz 1 Berufssatzung die Pflicht, die Bezeichnungen „**Wirtschaftsprüfungsgesellschaft**" oder „Buchprüfungsgesellschaft" nach der Rechtsformbezeichnung in den Namen der Berufsgesellschaft aufzunehmen. Unter einer Rechtsformbezeichnung im Sinne des Partnerschaftsgesellschaftsgesetzes ist neben „Partnerschaft" auch der Zusatz „und Partner" zu verstehen.[55] Nach § 29 Abs. 1 Satz 2 der Berufssatzung sind Wortverbindungen der Bezeichnung „Wirtschaftsprüfungsgesellschaft" mit anderen Namensbestandteilen unzulässig.

23 Der Partnerschaftsname darf auch keine **Hinweise** auf Spezialisierungen, Branchen sowie berufsfremde Unternehmen oder Unternehmensgruppen enthalten. Hierdurch sollen nach der Satzungsbegründung der Wirtschaftsprüferkammer Spezialisierungshinweise im weitesten Sinne, die auf keiner externen Überprüfung beruhen, verhindert werden.[56] Gemäß § 29 Abs. 3 der Berufssatzung dürfen in den Namen von Wirtschaftsprüfungsgesellschaften nur Namen von Personen aufgenommen werden, die die Voraussetzungen des § 28 Abs. 4 Satz 1 Nr. 1 WPO erfüllen und Partner sind. Die Zahl der aufgenommenen Namen von Personen, die nicht Wirtschaftsprüfer sind, darf die Zahl der Wirtschaftsprüfer nicht erreichen; besteht der Partnerschaftsname nur aus zwei Namen von Partnern, so muss ein Name eines Wirtschaftsprüfers verwendet werden. § 29 Abs. 3 Satz 3 der Berufssatzung stellt klar, dass der Name einer Wirtschaftsprüfungsgesellschaft nach dem **Ausscheiden** namensgebender Partner fortgeführt werden darf. Eine zeitliche Beschränkung fin-

---

55) Vgl. BGH WiB 1997, 752 m. Anm. *Römermann*.
56) Begründung der Berufssatzung der Wirtschaftsprüferkammer, S. 51.

det sich nicht. Die Fortführungsbefugnis steht aber selbstverständlich stets unter der Voraussetzung der Einhaltung der allgemeinen Regeln der Firmenwahrheit. Nach § 29 Abs. 4 der Berufssatzung bleiben die bei Inkrafttreten der Berufssatzung am 15.9.1996 zulässigen Namen unberührt, sie genießen also **Bestandsschutz**.[57] Dies gilt wegen der Umwandlungsvorschrift des Absatzes 2 Halbs. 2 auch für die Wirtschaftsprüfungsgesellschaften in Form einer Gesellschaft bürgerlichen Rechts, die später in eine Partnerschaft umgewandelt werden. § 29 Abs. 5 der Berufssatzung erklärt Absatz 1 bis 4 dieser Bestimmung für die **Buchprüfungsgesellschaften** entsprechend anwendbar mit der Maßgabe, dass die an vereidigte Buchprüfer gestellten Anforderungen auch durch Wirtschaftsprüfer erfüllt werden können.

5. Ärzte

Eine **medizinische Kooperationsgemeinschaft** muss sich gemäß § 23b Abs. 1 Satz 4 Buchst. g) MBO-Ä 2004 im Partnerschaftsvertrag dazu verpflichten, im Rechtsverkehr die Namen aller Partnerinnen und Partner und ihre Berufsbezeichnungen anzugeben. Die eingetragene Partnerschaftsgesellschaft hat den Zusatz „**Partnerschaft**" zu führen. Eine Wahlmöglichkeit nach Absatz 1 besteht demnach aufgrund des gemäß § 1 Abs. 3 PartGG vorrangigen Berufsrechts nicht. Andererseits ist der Musterberufsordnung nicht mit hinreichender Deutlichkeit zu entnehmen, ob hierdurch die **Kurzbezeichnung** für Ärztepartnerschaften ausgeschlossen werden soll. Schließen sich beispielsweise fünfzehn Ärzte und ein Zahnarzt zu einer Partnerschaft zusammen, dann könnten sie sich „Dr. Müller & Kollegen – Partnerschaft – Ärzte Zahnarzt" nennen, es sei denn, § 23b Abs. 1 Satz 4 Buchst. g) MBO-Ä 2004 stünde dem entgegen. Wenn dort verlangt wird, im Rechtsverkehr die Namen sämtlicher Partner anzugeben, dann muss dies aber nicht unbedingt die Verwendung im Namen der Gesellschaft bedeuten, sondern diese Verpflichtung könnte auch durch die Aufführung auf dem Praxisschild sowie an geeigneter Stelle des Briefbogens erfüllt werden. Angesichts der Bedeutung der verfassungsmäßigen Berufsfreiheit hätte das Verbot von Kurzbezeichnungen klar zum Ausdruck kommen müssen, wenn dies Inhalt der Musterberufsordnung hätte sein sollen. Die medizinische Kooperationsgemeinschaft in Form der Partnerschaft kann demnach unter einer Kurzbezeichnung im Rechtsverkehr auftreten. Eine ärztliche Partnerschaftsgesellschaft darf gleichzeitig die Bezeichnung „Gemeinschaftspraxis" im Namen führen, sich also nennen: „Gemeinschaftspraxis für Anästhesie – Partnerschaft – Dr. med. B., Dr. med. M.".[58]

23a

6. Zahnärzte

Gemäß § 22 Abs. 2 Satz 2 MBO-ZÄ sind auf **dem Praxisschild** bei gemeinsamer Berufsausübung von Zahnärzten die Namen aller Partner anzugeben. Berufsrechtliche Vorschriften zur Namensgebung bei Partnerschaften finden sich nicht.

23b

---

57) Begründung der Berufssatzung der Wirtschaftsprüferkammer, S. 52.
58) OLG Schleswig MDR 2003, 540.

7. Tierärzte

24 Im Namen der in Form einer Partnerschaft geführten Gemeinschaftspraxis von Tierärzten dürfen gemäß § 25 Abs. 6 Satz 1 MBO-TÄ nur die Namen der beruflich tätigen Partner enthalten sein. Eine Fortführung der Partnerschaft unter dem Namen **ausgeschiedener oder verstorbener Partner** ist nicht zulässig. Dieses generelle Verbot der Namensfortführung begegnet allerdings im Hinblick auf den im Namen einer Gesellschaft verkörperten wirtschaftlichen Wert erheblichen verfassungs- und kartellrechtlichen Bedenken, da kein bedeutendes Gemeinwohlinteresse ersichtlich wäre, das ein derartiges Verbot rechtfertigen könnte. Hierbei ist zu berücksichtigen, dass – soweit ersichtlich – den anderen freien Berufen ein solches Verbot unbekannt ist und die Berufsrechte mehrerer freier Berufe (Rechtsanwälte, Steuerberater, Wirtschaftsprüfer) die (unbefristete) Namensfortführung sogar ausdrücklich gestatten. Gemäß § 25 Abs. 6 Satz 3 MBO-TÄ hat die Tierärztepartnerschaft den Namen mindestens eines Partners, den Zusatz „und Partner" oder „Partnerschaft" sowie die Berufsbezeichnung zu enthalten. Für die **Berufsbezeichnung** kommt nur „Tierärzte" in Betracht, da § 25 Abs. 2 MBO-TÄ die interprofessionelle Gesellschaft untersagt. Weitere Zusätze im Partnerschaftsnamen sind gemäß § 25 Abs. 6 Satz 4 MBO-TÄ nicht zulässig.

8. Hauptberufliche Sachverständige

24a Nach § 12 Abs. 1 Muster-SVO hat der Sachverständige bei Leistungen in elektronischer und schriftlicher Form auf dem Sachgebiet, für das er öffentlich bestellt und vereidigt ist, die Bezeichnung „von der Ingenieurkammer öffentlich bestellter und vereidigter Sachverständiger für … (Angabe des Sachgebiets gemäß der Bestellungsurkunde)" zu führen. Bei einem Zusammenschluss in Form der Partnerschaft hat der Sachverständige gemäß § 21 Satz 2 Muster-SVO darauf zu achten, dass seine Glaubwürdigkeit, sein Ansehen in der Öffentlichkeit und die Einhaltung seiner Pflichten nach der SVO gewährleistet sind.

IV. Kritik

25 Die Vorschrift ist wegen des unterschiedlichen Sprachgebrauchs im Vergleich mit § 3 Abs. 2 Nr. 2 **gesetzestechnisch missglückt**. Vor allem aber lässt sich keine überzeugende Begründung dafür finden, warum die Nennung aller vertretenen Berufsbezeichnungen im Rahmen des Namens der Partnerschaft – im Unterschied etwa zur Gesellschaft bürgerlichen Rechts – überhaupt vorgeschrieben wird.[59]

---

59) Hierzu und zum Folgenden vgl. – bezüglich der vergleichbaren Rechtslage in Österreich – *Krejci*, EGG, § 2 Rz. 15; ausführlich zur rechtspolitischen Kritik noch die 1. Auflage, 1995, § 2 Rz. 20–25.

C. Grundsätze des Namensrechts (Abs. 1 Satz 2 und 3, Abs. 2)

Absatz 2 erklärt die auf die Partnerschaft problemlos übertragbaren Grundsätze des handelsrechtlichen Firmenrechts für entsprechend anwendbar.[60] Dies gilt insbesondere für die Firmenwahrheit, Firmenbeständigkeit und Firmenausschließlichkeit. Teilregelungen daraus, die früher in § 19 Abs. 3 und 4 HGB a. F. enthalten waren, wurden durch Art. 11 HRefG als Absatz 1 Satz 2 und 3 in das Partnerschaftsgesellschaftsgesetz eingefügt. 26

I. Firmenwahrheit, Firmenausschließlichkeit

Absatz 2 verweist auf die § 18 Abs. 2, §§ 23 sowie 30 HGB. Insbesondere aus § 18 Abs. 2 HGB wird ein allgemeiner Grundsatz der **Firmenwahrheit** abgeleitet.[61] Danach ist es der Partnerschaft untersagt, durch ihren Namen die Öffentlichkeit über Art, Umfang oder sonstige Verhältnisse der Gesellschaft zu täuschen. Dies wird zum Teil etwa angenommen, wenn ein Doktortitel im Namen der Partnerschaft geführt wird, obwohl keiner der beruflich aktiven Partner promoviert hat, oder wenn der nicht näher präzisierte Titel einer fachfremden Fakultät entstammt (Dr. phil. bei einer Ärztepartnerschaft).[62] Unzulässig soll nach einer Auffassung stets die Beifügung des Namens eines Nichtpartners sein.[63] Dies ist jedoch zweifelhaft, soweit das Berufsrecht eine derartige Handhabung ausdrücklich gestattet (siehe § 9 Abs. 1 BerufsO-RA). 27

Die Begründung des Regierungsentwurfs[64] führt hierzu aus: „Auch die Führung des Namens der Partnerschaft unterliegt dem allgemeinen Grundsatz der Firmenwahrheit, insbesondere darf der Name nicht über den Umfang der Partnerschaft und die beteiligten Partner täuschen. Ersterem dient die Angabe aller in der Partnerschaft ausgeübten Berufe, letzterem die ‚wahrheitsgemäße' Angabe der tatsächlich in der Gesellschaft aktiven Partner, wobei diesem Umstand aufgrund der auf persönliche Leistungserbringung ausgerichteten Tätigkeit der Partnerschaft besonderes Gewicht zukommt (Absatz 2 i. V. m. § 18 Abs. 2, § 19 Abs. 4 HGB)." 27a

Die Auffassung der Gesetzesverfasser, dass der Zwang zur **Angabe sämtlicher Berufe** zu einer wahrheitsgemäßen Darstellung des Umfanges der Partnerschaft beitrage, geht fehl. Der firmenrechtliche Grundsatz soll nicht sämtliche Umstände der Partnerschaft der Öffentlichkeit bekannt machen; er will vielmehr nur dafür Sorge tragen, dass solche Kennzeichnungen, die sich die Gesellschaft selbst – aus welchen Gründen auch immer – beilegt, der Wahrheit entsprechen. Ob zudem eine Partner- 28

---

60) Begründung zum RegE PartGG, BT-Drucks. 12/6152, S. 11 = Anhang, S. 323; *Kempter*, BRAK-Mitt. 1994, 122, 123.
61) *Ammon*, in: Röhricht/Graf v. Westphalen, HGB, § 18 Rz. 26.
62) *Salger*, in: Münchener Handbuch, § 38 Rz. 23
63) *Feddersen/Meyer-Landrut*, PartGG, § 2 Rz. 7.
64) Begründung zum RegE PartGG, BT-Drucks. 12/6152, S. 11 = Anhang, S. 323; die Verweisung bezieht sich auf die §§ 18 Abs. 2, 19 Abs. 4 HGB a. F. vor Inkrafttreten des HRefG am 1.7.1998.

schaft „X und Partner – Rechtsanwälte, Steuerberater, Wirtschaftsprüfer" aus zwei oder zweihundert Partnern besteht, über diesen Umfang vermag die bloße Aufzählung der Berufsbezeichnungen ohnehin nichts Aussagekräftiges mitzuteilen.

29 Der zweite Teil der Erläuterungen der Gesetzesverfasser ist unklar, wonach die „wahrheitsgemäße" Angabe der **aktiven Partner** ebenfalls aus dem Prinzip der Firmenwahrheit folge. Im Kern dürfte hier Einigkeit darüber bestehen, dass völlig fremde Personen, die also nicht Partner sind oder waren, nicht in den Namen der Partnerschaft aufgenommen werden dürfen. Andererseits ist aber die tatsächliche Aktivität der Partner hier – wie auch in § 1 Abs. 1 – kein entscheidendes Kriterium. Wenn nämlich – unstreitig angesichts der Verweisung auf § 22 Abs. 1 HGB – die Fortführung des Namens ausgeschiedener und sogar verstorbener Partner zulässig ist, dann muss erst recht die Namensfortführung bei der Aufgabe der aktiven Berufstätigkeit eines gleichwohl in der Partnerschaft verbleibenden Gesellschafters möglich sein.

30 Wenn allerdings ein **Partner ausscheidet**, dann darf zwar sein Name weitergeführt werden, jedoch muss die Berufsbezeichnung, die er allein in der Partnerschaft vertrat, aus dem Partnerschaftsnamen gestrichen werden. Denn dort dürfen sich nur solche Berufsbezeichnungen finden, die tatsächlich in der Gesellschaft aktuell vertretene Professionen benennen. Sofern insoweit mit der Zeit Änderungen eintreten, insbesondere Berufsbezeichnungen hinzukommen oder entfallen, dann ist der Partnerschaftsname entsprechend anzupassen. Für das Hinzukommen folgt dies aus Absatz 1, für das Entfallen darüber hinaus aus Absatz 2 in Verbindung mit dem Grundsatz der Firmenwahrheit.

31 Die Begründung des Regierungsentwurfs will darüber hinausgehend noch weitere Schlussfolgerungen aus dem Prinzip der **Firmenwahrheit** ziehen. Es heißt dort:[65] „Wird bei einer interprofessionellen Partnerschaft durch den Austausch der Unternehmensinhaber oder das Ausscheiden eines Partners eine angegebene Berufsbezeichnung unrichtig, d. h. wird der angegebene Beruf zukünftig nicht mehr von einem aktiven Partner in der Partnerschaft ausgeübt, so ist dieser zu streichen. Gleiches wird regelmäßig für den Namen des Partners gelten, der bisher für den ausgeübten Beruf stand; auch dessen Fortführung entsprechend § 22 Abs. 1, § 24 HGB steht grundsätzlich unter dem Vorbehalt, dass der von der genannten Person ausgeübte Beruf auch zukünftig in der Partnerschaft vertreten ist."

32 Dieser letzten Bemerkung kann nicht gefolgt werden. Ein Grund für die **Entfernung des Namens eines Partners** aus der Partnerschaft nur deswegen, weil dessen früher ausgeübter Beruf in der Partnerschaft seit dem Ausscheiden nicht mehr vertreten ist, ist nicht erkennbar.[66] Wie bereits dargelegt, darf die Berufsbezeichnung

---

65) Begründung zum RegE PartGG, BT-Drucks. 12/6152, S. 12 = Anhang, S. 325; dem folgend *Hornung*, Rpfleger 1995, 481, 485; *Sommer*, DSWR 1995, 181, 182.
66) Grundsätzlich wie hier MünchKomm-*Ulmer*, BGB, § 2 PartGG Rz. 18 = „Die Regierungsbegründung verdiene allenfalls in besonders gelagerten Extremfällen Beachtung."

selbst nicht mehr erwähnt werden, da das Publikum sonst über die Bandbreite der angebotenen Dienstleistungen getäuscht würde. Der Name des Partners kann jedoch fortgeführt werden, ohne dass es darauf ankäme, ob ein von ihm ausgeübter Beruf nunmehr von einem anderen Partner wahrgenommen wird oder nicht. Der Namenspartner steht als Identitätsmerkmal für das Unternehmen, hier also die Partnerschaft, aber nicht etwa für einen bestimmten – von ihm ausgeübten – Beruf. Wollte man die Partnerschaft zur Streichung dieses Namens zwingen, dann würde dies einen erheblichen Eingriff in ihren **namensrechtlichen Besitzstand** darstellen. Dementsprechend müsste sich diese Anordnung mit hinreichender Deutlichkeit aus dem Gesetz ergeben. Hierfür ist jedoch auch im Wortlaut kein Anzeichen ersichtlich.

Die frühere Verweisung auf § 19 HGB a. F. in Absatz 2 a. F. ist durch das Handelsrechtsreformgesetz vom 22.6.1998 gestrichen worden. Inhaltlich finden sich diese Vorschriften jetzt im Wesentlichen in Absatz 1 Satz 2 und 3, die neu eingefügt wurden. Die Beifügung der Vornamen der Partner im Partnerschaftsnamen ist danach nicht erforderlich. 33

Sofern **mehrere Partnerschaften** am Ort den **gleichen Namen** (z. B. „Meier und Partner") führen, müssen sie Zusätze zur Unterscheidung aufnehmen (§ 18 Abs. 2 Satz 1, § 30 HGB) – Grundsatz der **Firmenausschließlichkeit**.[67] Üblich ist etwa bei **Rechtsanwälten** die Hinzufügung römischer Zahlen entsprechend der Reihenfolge der Zulassung im jeweiligen Gerichtsbezirk, so z. B. Müller I, Müller II usw.[68] Die Unterscheidung kann sich auch aus der Angabe verschiedener Berufsbezeichnungen ergeben.[69] Allein die Bezeichnung „Anwaltssozietät" wurde durch das OLG Braunschweig[70] allerdings als ebenso wenig unterscheidungskräftig angesehen wie die Hinzufügung eines Doktortitels oder eine abweichende Schreibweise des Familiennamens („Schäfer – Schaefer"). 34

In **§ 2 Abs. 1 Satz 3 HGB** ist angeordnet, dass nur die Namen der Partner in den Partnerschaftsnamen aufgenommen werden dürfen.[71] 35

Schließlich verweist Absatz 2 auf **§ 23 HGB**. Der Name der Partnerschaft kann demnach nicht isoliert, d. h. ohne die Partnerschaft selbst, veräußert werden. Auch diese Bestimmung dient dem **Schutz des Publikums** vor Täuschungen über den Unternehmensträger durch so genannte Leerübertragungen des Partnernamens mit dem Auseinanderfallen von Namen und Unternehmen.[72] 36

---

67) Vgl. *Baumbach/Hopt*, HGB, § 18 Rz. 3.
68) *BRAK*, Stellungnahme zum RefE PartGG, S. 5.
69) *Hornung*, Rpfleger 1995, 481, 486.
70) OLG Braunschweig, AnwBl 1998, 161 = BRAK-Mitt. 1997, 266.
71) Näher hierzu die 1. Auflage, 1995, § 2 Rz. 35; früher galt dieselbe Regelung aufgrund Absatz 2 a. F. i. V. m. § 19 Abs. 4 HGB a. F.
72) Begründung zum RegE PartGG, BT-Drucks. 12/6152, S. 12 = Anhang, S. 325; vgl. allgemein *Baumbach/Hopt*, HGB, § 23 Rz. 1.

II. Firmenbeständigkeit

1. Regelungsgegenstände

37 Absatz 2 verweist weiter auf die Vorschriften der §§ 21, 22 Abs. 1 und § 24 HGB. Dies betrifft die Fälle, in denen aufgrund bestimmter Ereignisse der Grundsatz der Firmenwahrheit im Grunde der **Weiterführung des Partnerschaftsnamens** entgegenstünde, diese aber dann nach dem Grundsatz der Firmenbeständigkeit doch ermöglicht werden soll, um der Partnerschaft den in ihrem Namen verkörperten Wert zu erhalten.[73]

a) Namensänderung eines Partners (§ 21 HGB)

38 § 21 HGB betrifft den Fall, dass sich der Name eines Partners z. B. durch Heirat, Adoption, Wiederannahme des früheren Namens durch den verwitweten oder geschiedenen Ehegatten, Annahme eines neuen Namens,[74] Aufhebung der Adoption von Amts wegen (§§ 1763, 1765 BGB) oder auf gemeinsamen Antrag (§ 1771 BGB) ändert.[75] Im Interesse der Namenskontinuität ist der Partnerschaft in allen diesen Fällen die Namensfortführung gestattet, da die Person des Partners identisch bleibt.[76] Der tatsächlich geführte bisherige Partnerschaftsname kann auch noch nach der Änderung des Partnernamens in das Partnerschaftsregister eingetragen werden.[77]

b) Vollständiger Partnerwechsel (§ 22 Abs. 1 HGB)

39 Durch die Verweisung auf § 22 Abs. 1 HGB wird die Namensfortführung der Partnerschaft auch im Falle des vollständigen Partnerwechsels ermöglicht.[78] Voraussetzung ist demnach, dass mehrere Erwerber die Gesellschaft von mehreren anderen Personen, den Partnern, übernehmen, da die Partnerschaft stets die Existenz mehrerer Gesellschafter bedingt. Der in § 22 Abs. 1 HGB vorgesehene Fall des Erwerbs durch **Erbschaft** wird für die Partnerschaft kaum praktisch werden, da hier das gleichzeitige Ableben der Partner den gleichzeitigen Eintritt mehrerer partnerschaftsfähiger Erben gemäß einer im Partnerschaftsvertrag vorgesehenen Nachfolgeklausel (§ 9 Abs. 4 Satz 2, dazu näher unten § 9 Rz. 26 ff) nach sich ziehen müsste.

40 Anders ist es mit dem **Erwerb unter Lebenden**.[79] Hier ist beispielsweise an den Fall zu denken, dass zwei **Steuerberater** die Steuerberatungskanzlei zweier älterer Kollegen übernehmen, wobei die bisherigen Partner sich entweder vollständig zurückzie-

---

73) Begründung zum RegE PartGG, BT-Drucks. 12/6152, S. 11 = Anhang, S. 323.
74) Gesetz v. 5.1.1938, RGBl I, 9.
75) *Baumbach/Hopt*, HGB, § 21 Rz. 1.
76) Begründung zum RegE PartGG, BT-Drucks. 12/6152, S. 12 = Anhang, S. 324.
77) Vgl. *Baumbach/Hopt*, HGB, § 21 Rz. 1.
78) Begründung zum RegE PartGG, BT-Drucks. 12/6152, S. 12 = Anhang, S. 324.
79) Zum Verkauf einer Anwaltskanzlei ausführlich: *Michalski/Römermann*, NJW 1996, 1305 ff; *Hartung/Holl/Römermann*, BerufsO, Anh. § 27.

hen oder aber – ohne weiterhin als Partner zu fungieren – nur noch stundenweise in der Kanzlei beschäftigt werden, um einen reibungslosen Praxisübergang zu gewährleisten. Trotz des Partnerwechsels könnte hier durch die Beibehaltung des bisherigen Namens der vorhandene good will und damit der entscheidende Praxiswert erhalten bleiben. Für den **Unternehmensübergang** ist zu fordern, dass die Partnerschaft im Großen und Ganzen veräußert wird, also nicht nur Teile des freiberuflichen Unternehmens.[80] Erforderlich ist daher jedenfalls die Übertragung des Klienten- oder Patientenstammes, zudem regelmäßig die Übergabe der Praxisräume. Unschädlich ist es hingegen, wenn die bisherigen Partner etwa Teile ihrer Fachbibliothek behalten oder anderweitig veräußern, da diese das Unternehmen nicht entscheidend prägen. Die bloße Übertragung des Partnerschaftsnamens ohne gleichzeitige Veräußerung der Gesellschaft ist bereits durch Absatz 2 i. V. m. § 23 HGB ausgeschlossen (dazu oben Rz. 36).

c) Zeitweiliger Partnerwechsel ohne Unternehmensveräußerung

Die Fortführung des Namens bei nur zeitweiliger Überlassung der Partnerschaft an andere Gesellschafter in Form des Nießbrauchs oder der Pacht ist nicht möglich. § 22 Abs. 2 HGB wurde von der Verweisung bewusst ausgenommen.[81]   41

Die Gesetzesverfasser begründen dies damit, dass „bei der Partnerschaft der ‚wahrheitsgemäßen' Angabe der tatsächlich in der Gesellschaft aktiven Partner erhöhte Bedeutung" zukomme und auch ein „Bedürfnis", die bloße Nutzungsüberlassung von Partnerschaften „auch namensrechtlich zu fördern, ... nicht ersichtlich" sei.[82] Diese Begründung überzeugt nicht. Sie stützt sich auf eine unzulässige Vermischung von Gesellschaftsrecht und Berufsrecht. Wenn die dauerhafte Fortführung des Namens endgültig ausgeschiedener Partner gemäß Absatz 2 i. V. m. § 22 Abs. 1, § 24 HGB möglich ist, dann muss dies erst recht für den Namen nur zeitweilig ausgeschiedener Partner gelten.[83]   42

d) Zustimmungserfordernis der ausgeschiedenen Gesellschafter

Der bisherige Partner oder dessen Erben müssen mit der Fortführung des Namens nach dem Ausscheiden einverstanden sein.[84] Dafür ist entgegen dem zu engen Wortlaut des § 22 Abs. 1 HGB keine ausdrückliche Erklärung erforderlich, sondern diese kann durchaus auch konkludent erfolgen, sofern nur die Einwilligung zweifelsfrei feststeht.[85] Dies ist nicht notwendig der Fall bei einer bloßen Übertragung des Partnerschaftsanteils,[86] hingegen anzunehmen bei einer gemeinsamen Anmel-   43

---

80) Vgl. *Baumbach/Hopt*, HGB, § 22 Rz. 4.
81) Begründung zum RegE PartGG, BT-Drucks. 12/6152, S. 12 = Anhang, S. 324.
82) Begründung zum RegE PartGG, BT-Drucks. 12/6152, S. 12 = Anhang, S. 325.
83) Näher zur rechtspolitischen Kritisch noch die 1. Auflage, 1995, § 2 Rz. 42; im Ergebnis wie hier MünchKomm-*Ulmer*, BGB, § 2 Rz. 17, *Meilicke*, in: Meilicke u. a., PartGG, § 2 Rz. 21.
84) Dies entspricht der bisherigen Rechtslage auch im Bereich freiberuflicher Sozietäten aufgrund § 12 BGB; vgl. nur *Wollny*, Rz. 2111 sowie unten die Nachweise bei Rz 45.
85) Vgl. *Baumbach/Hopt*, HGB, § 22 Rz. 8.
86) Vgl. OLG Hamm ZIP 1983, 1201.

dung des Ausscheidens gemäß § 4 Abs. 1 Satz 3 zusammen mit den verbleibenden Partnern.[87] Wenn das Mitglied einer in Form einer BGB-Gesellschaft geführten Anwaltssozietät im Gesellschaftsvertrag in die Weiterführung seines Familiennamens in der Sozietätsbezeichnung für den Fall seines Ausscheidens ohne Einschränkung einwilligt, dann erstreckt sich diese Einwilligung bei Umwandlung der Sozietät in eine Partnerschaft in der Regel auch auf die Fortführung der Sozietätsbezeichnung als Name der Partnerschaft.[88]

e) Änderungen im Gesellschafterbestand (§ 24 HGB)

44 Durch den Verweis auf § 24 HGB wird die Fortführung des Namens der Partnerschaft in **zwei Fällen** ermöglicht, nämlich 1. beim Eintritt weiterer Partner die bestehende Partnerschaft und 2. beim Ausscheiden eines Partners. Der Befugnis beim **Eintritt neuer Partner** kommt kaum praktische Bedeutung zu, da nach Absatz 1 ohnehin nicht die Namen sämtlicher Partner in den Gesellschaftsnamen aufgenommen werden müssen.[89]

45 Von ganz erheblicher praktischer Bedeutung ist hingegen die **Fortführung des Namens** des **ausgeschiedenen Partners**. Grundsätzlich ist die Fortführung nur in der bisherigen Form möglich, da sich die Einwilligung des Ausgeschiedenen in die Namensweiterführung im Zweifel nicht auf Veränderungen erstreckt.[90] Das LG Essen hat allerdings für den Fall des Ausscheidens zweier namensgebender Partner und einer fehlenden Zustimmung eines dieser beiden Partner zu der Fortführung seines Namens entschieden, dass dann der Name der Partnerschaft ohne den Namen des nicht zustimmenden Partners (Restname) fortgeführt werden dürfe.[91]

45a Frühere Entwürfe, auch noch der Referentenentwurf,[92] hatten die Fortführungsbefugnis teilweise zeitlich begrenzt. Diese der Interessenlage widersprechende und eindeutig dem Berufsrecht zuzurechnende Regelung wurde nach erheblicher Kritik während des Gesetzgebungsverfahrens[93] gestrichen. Nunmehr ist daher – vorbehaltlich einer abweichenden Regelung in den Berufsrechten[94] – eine **zeitlich unbegrenzte** Namensfortführung möglich.[95] Dies entspricht einem dringenden Bedürfnis, den good will des Unternehmens bei wechselnden Gesellschaftern zu erhalten,[96] und auch der seit Jahrzehnten zum Teil trotz abweichender berufsrechtlicher

---

87) Vgl. BGHZ 68, 276.
88) BGH NJW 2002, 2093, 2096; BayObLG NZG 1998, 146 m. Bespr. *Römermann* auf S. 121 ff = AnwBl 1998, 159.
89) Begründung zum RegE PartGG, BT-Drucks. 12/6152, S. 12 = Anhang, S. 325.
90) *Meilicke*, in: Meilicke u. a., PartGG, § 2 Rz. 29; *Römermann*, NZG 1998, 121, 125.
91) LG Essen DStRE 2003, 443.
92) § 2 Abs. 2 RefE: Begrenzung auf zehn Jahre.
93) *Karsten Schmidt*, ZIP 1993, 633, 641.
94) § 1 Abs. 3; vgl. *Seibert*, ZIP 1993, 1197, 1198; Begründung zum RegE PartGG, BT-Drucks. 12/6152, S. 12 = Anhang, S. 326.
95) Begründung zum RegE PartGG, BT-Drucks. 12/6152, S. 11 f = Anhang, S. 326; *Stuber*, WiB 1994, 705, 707.
96) *Stuber*, WiB 1994, 705, 707; *Michalski/Römermann*, ZIP 1994, 433, 441; Begründung zum RegE PartGG, BT-Drucks. 12/6152, S. 12 = Anhang, S. 324.

Normen[97] bestehenden Übung freiberuflicher Sozietäten.[98] Auch bislang stand daher der Fortführung des Namens ausgeschiedener Gesellschafter bei Vorliegen der Einwilligung des Ausgeschiedenen oder seiner Erben nichts im Wege.[99] Das Erfordernis der Einwilligung folgte daraus, dass sonst Namensanmaßung durch die Fortführenden vorläge.[100] Die Einwilligung wurde häufig bereits im Sozietätsvertrag erteilt.[101]

Die Entwicklung der bürgerlich-rechtlichen Praxisnamen hin zu „Firmen" wurde im Bereich der freien Berufe wesentlich durch das vermehrte Auftreten **ausländischer Sozietäten** in Deutschland beschleunigt, bei denen diese Unterscheidung zum Teil unbekannt ist und die häufig seit langen Jahren den Gesellschaftsnamen führen.[102] Dies gilt insbesondere für die großen angloamerikanischen Anwaltskanzleien, deren Namenspartner häufig verstorben oder zumindest ausgeschieden sind. In anderen Ländern gab es hingegen bislang noch keine Fortführungsmöglichkeit. Die **französische** „société civile professionnelle"[103] sowie die „sociétés d'exercice libéral" haben die Möglichkeit, den Namen eines ausgeschiedenen Gesellschafters mit dem Zusatz „anciennement" so lange weiterzuführen wie noch andere Gesellschafter aktiv sind, die zusammen mit dem Namenspartner gearbeitet haben.[104] Diese wenig praktische Regelung[105] beruht auf der Erwägung, dass das Publikum bei einer Namensfortführung erwarte, dass die verbleibenden Berufsträger das gleiche Vertrauen verdienten wie der Ausgeschiedene, weil sie von diesem (mit) geprägt worden seien. Ein solcher Eindruck sei nicht mehr gerechtfertigt, wenn keiner der gegenwärtigen Partner den Beruf mit dem ausgeschiedenen gemeinsam ausgeübt hat, da es dann selbst an einem indirekten Fortwirken des früheren Partners fehle.[106] In **Österreich** entsprach die Rechtslage bei Gesellschaften bürgerlichen Rechts bislang der in Deutschland.[107]

46

f) Namensfortführung bei Umwandlung (Abs. 2 Halbs. 2 i. V. m. § 24 Abs. 2 HGB)

Absatz 2 Halbs. 2 schreibt die Anwendung von § 24 Abs. 2 HGB auch bei der Umwandlung einer BGB-Gesellschaft in eine Partnerschaft vor. Die Gesellschaft bürgerlichen Rechts, welche bislang den Namen ausgeschiedener Gesellschafter in ihrer

47

---

97) Z. B. § 71 RichtlRA; hierzu *Michalski/Römermann*, ZIP 1994, 433, 441 mit Fußn. 105 .
98) Begründung zum RegE PartGG, BT-Drucks. 12/6152, S. 11 = Anhang, S. 323; *Seibert*, ZIP 1993, 1197, 1198.
99) Ausführlich zur Rechtslage in Deutschland und Österreich *Edlbacher*, ÖJZ 1988, 289.
100) *Edlbacher*, ÖJZ 1988, 289, 291; *Palandt/Heinrichs*, BGB, § 12 Rz. 22.
101) *Michalski/Römermann*, ZIP 1994, 433, 441; vgl. Begründung zum RegE PartGG, BT-Drucks. 12/6152, S. 12 = Anhang, S. 323; *Appel*, Stbg 1995, 203, 204, der dies zutreffend auch für die Partnerschaft empfiehlt.
102) Begründung zum RegE PartGG, BT-Drucks. 12/6152, S. 11 = Anhang, S. 323.
103) *Schmuck*, RIW 1993, 983, 986; *Schwenter-Lipp*, S. 82.
104) *Schmuck*, RIW 1993, 983, 986.
105) Krit. auch *Schmuck*, RIW 1993, 983, 986.
106) Ausführlich hierzu *Schwenter-Lipp*, S. 99.
107) *Edlbacher*, ÖJZ 1988, 289.

Sozietätsbezeichnung führte, kann diesen Namen somit auch nach Eintragung als Partnerschaft fortführen, obgleich der Namenspartner zu keinem Zeitpunkt Gesellschafter der Partnerschaftsgesellschaft war.[108] Die ausdrückliche Anordnung in Absatz 2 war erforderlich, da § 24 HGB nicht analog auf freiberufliche Sozietäten angewandt wird.[109] Sie soll die Umwandlung bestehender Gesellschaften in Partnerschaften erleichtern.[110] Die im Rahmen der BGB-Gesellschaft erteilte Einwilligung zur Namensfortführung erstreckt sich im Zweifel auch auf die Partnerschaft,[111] zumindest soweit der bisherige Name ohne Veränderungen weiterbestehen kann. Grundsätzlich dürfte eine Erklärung der Partner nach § 4 Abs. 2 Satz 2 ausreichen, dass eine Einwilligung vorliegt. Einige Registergerichte fordern jedoch einen konkreten Nachweis. Zum Nachweis ist vor allem der Gesellschaftsvertrag geeignet, notfalls reichen z. B. eidesstattliche Erklärungen und die Vorlage bisher benutzter Briefbögen.[112]

2. Problemfälle

a) Anwendung von § 24 HGB bei Umwandlung einer Einzelpraxis und Auflösung einer Partnerschaft

48 Die Begründung zum Regierungsentwurf[113] führt aus: „Generell nicht einschlägig ist § 24 HGB bei einer Umwandlung einer Einzelpraxis in eine Partnerschaft und dem umgekehrten Fall, da es keine namensrechtsfähigen Einzelpraxen von Freiberuflern entsprechend den §§ 17 ff HGB gibt; dies soll durch diesen Entwurf nicht geändert werden." Es ist nicht leicht erkennbar, welchen Fall die Gesetzesverfasser hier im Auge haben. Selbstverständlich kann ein einzelner Freiberufler nicht eine Partnerschaft gründen, da hierfür stets mehrere Personen erforderlich sind. Nach einem Zusammenschluss kann die Partnerschaft auch problemlos den Namen eines Gesellschafters fortführen, der früher seine Einzelpraxis bezeichnete; es sind lediglich der Partnerzusatz sowie die Berufsbezeichnungen hinzuzufügen.

49 Problematisch ist hingegen der umgekehrte Fall, ob nämlich bei Ausscheiden der übrigen Partner der **letzte verbleibende Gesellschafter** das Unternehmen unter der bisherigen Bezeichnung fortführen kann. Z. B. fragt sich, ob die Anwaltskanzlei „Meier & Partner", deren Gesellschafter früher die Rechtsanwälte Meier und Müller waren, nach dem Versterben des Rechtsanwaltes Meier unter dem bisherigen Namen von Anwalt Müller in der Einzelpraxis fortgeführt werden darf. Das wird man

---

108) *Bösert*, ZAP Fach 15, S. 137, 143.
109) Begründung zum RegE PartGG, BT-Drucks. 12/6152, S. 12 = Anhang, S. 324; *Edlbacher*, ÖJZ 1988, 289, 291; der österreichische Gesetzgeber hatte dies offenbar übersehen, so dass sich in dem neuen EGG keine entsprechende Vorschrift findet; näher hierzu *Krejci*, EGG, § 2 Rz. 24 a. E.
110) Begründung zum RegE PartGG, BT-Drucks. 12/6152, S. 12 = Anhang, S. 324.
111) BGH NJW 2002, 2093, 2096; BayObLG NZG 1998, 146 m. Bespr. *Römermann* auf S. 121 ff.
112) *Meilicke*, in: Meilicke u. a., PartGG, § 2 Rz. 37.
113) Begründung zum RegE PartGG, BT-Drucks. 12/6152, S. 12 = Anhang, S. 325; ähnlich *Sommer*, DSWR 1995, 181, 182.

grundsätzlich verneinen müssen, da die genannte Firmierung auf das Vorhandensein von mindestens zwei Partnern hindeutet, was aber nicht den Tatsachen entspricht. Dies muss auch bei Auflösung einer Partnerschaft gelten.

b) Unzulässiger Namensgebrauch

Ebenfalls in der Begründung zum Regierungsentwurf[114] findet sich die folgende Bemerkung: „Dass die Fortführungsbefugnis dann nicht gilt, wenn ein **Strohmann** nur für kurze Zeit in die Partnerschaft aufgenommen worden ist mit dem Ziel, seinen Namen missbräuchlich als Wettbewerbsvorteil einzusetzen, bedarf keiner ausdrücklichen Regelung im Gesetz." Die Gesetzesverfasser haben insoweit zu Recht von einer Bestimmung im Partnerschaftsgesellschaftsgesetz abgesehen,[115] da es sich hier nicht um ein gesellschaftsrechtliches Problem handelt. Wenn nämlich der Namensgeber zu irgendeinem Zeitpunkt Partner war, steht gesellschaftsrechtlich der Fortführung seines Namens auch nach dem Ausscheiden nichts entgegen, da es **gesellschaftsrechtlich** auf die Dauer der Mitgliedschaft insoweit nicht ankommt.[116] Ein Verbot könnte sich daher allenfalls aus dem jeweiligen **Berufsrecht** ergeben oder – eher noch – aus den §§ 3, 5 UWG. Diese Bestimmungen dürften allerdings nur in Ausnahmefällen, nämlich bei offensichtlichem missbrauch, eingreifen.[117] Dieser könnte gegebenenfalls anzunehmen sein, wenn der Partner im Partnerschaftsvertrag weitgehend rechtlos gestellt wird, seinen Beruf praktisch nicht in der Gesellschaft ausübt, an deren Gewinn keinen direkten erheblichen Anteil hat und auch nur kurz in der Partnerschaft verbleibt, wobei das Ausscheiden zudem bereits bei Eintritt feststehen muss.[118]

50

Nach Absatz 2 i. V. m. § 37 Abs. 1 HGB gibt es gegenüber dem ungerechtfertigten Gebrauch eines Partnerschaftsnamens das Mittel des durch das **Registergericht** festzusetzenden **Ordnungsgeldes**. Für das Verfahren des Registergerichts sind gemäß § 160b Abs. 1 Satz 2 FGG in der Fassung des Art. 2 Nr. 2 die §§ 132 bis 140 FGG entsprechend anzuwenden. Dem in seinen Rechten verletzten Dritten steht (auch) gemäß § 37 Abs. 2 HGB die Unterlassungsklage zur Verfügung.

51

III. Erlöschen und Insolvenz der Partnerschaft

Falls die Partnerschaft ihre Aktivität einstellt, ohne dass sie durch Gesellschafter oder Dritte fortgeführt würde, erlischt der Name der Partnerschaft. Dies ist gemäß Absatz 2 i. V. m. § 31 Abs. 2 HGB **zur Eintragung** im Partnerschaftsregister **anzumelden**. Anmeldepflichtig sind die bisherigen Partner oder gegebenenfalls deren

52

---

114) Begründung zum RegE PartGG, BT-Drucks. 12/6152, S. 12 = Anhang, S. 323 f; Hervorhebung durch den Verfasser.
115) A. A. *Knoll/Schüppen*, DStR 1995, 608, 611.
116) So auch *Salger*, in: Münchener Handbuch, § 38 Rz. 16; vgl. auch *Meilicke*, in: Meilicke u. a., PartGG, § 2 Rz. 40.
117) Ähnlich *Meilicke*, in: Meilicke u. a., PartGG, § 2 Rz. 40.
118) Ein weitgehenderes Verbot nehmen an *Stuber*, WiB 1994, 705, 706; *Kupfer*, KÖSDI 1995, 10130, 10132; auf praktische Schwierigkeiten, einen Verstoß nachzuweisen, weisen zutreffend hin *Knoll/Schüppen*, DStR 1995, 608, 611.

Erben[119]). Das Registergericht kann die Anmeldung gemäß § 5 Abs. 2 PartGG i. V. m. § 14 HGB durch die Festsetzung eines **Zwangsgeldes** erzwingen, wobei das einzelne Zwangsgeld den Betrag von 5 000 Euro nicht übersteigen darf. Sofern auch dieses Zwangsmittel nicht zum Erfolg führt, hat das Gericht notfalls die Löschung **von Amts wegen** einzutragen.[120]) Bei einem Fortbestand der Partnerschaft kommt die Anwendung von § 31 Abs. 2 HGB niemals in Betracht, da die Gesellschaft stets einen Namen hat. Insoweit könnten sich lediglich Änderungen ergeben, die jedoch unter § 3 Abs. 1 Satz 3 fallen und nicht unter Absatz 2 i. V. m. § 31 Abs. 2 HGB.

53 Nach Absatz 2 i. V. m. § 32 HGB ist die Eröffnung des Insolvenzverfahrens über die Partnerschaft generell **von Amts wegen** in das Partnerschaftsregister **einzutragen**, dies gilt auch für die Aufhebung des Eröffnungsbeschlusses und für Einstellung oder Aufhebung des Insolvenzverfahrens. In diesem Fall entfällt die ansonsten durch § 9 Abs. 1 i. V. m. § 143 Abs. 1 HGB vorgeschriebene Pflicht der Gesellschafter zur Anmeldung der Auflösung der Partnerschaft.[121])

---

119) Hinsichtlich der Erben str.; wie hier *Baumbach/Hopt*, HGB, § 31 Rz. 3.
120) Vgl. Begründung zum RegE PartGG, BT-Drucks. 12/6152, S. 11 = Anhang, S. 323.
121) Vgl. Begründung zum RegE PartGG, BT-Drucks. 12/6152, S. 19 = Anhang, S. 360.

§ 3
Partnerschaftsvertrag

(1) Der Partnerschaftsvertrag bedarf der Schriftform.

(2) Der Partnerschaftsvertrag muss enthalten
1. den Namen und den Sitz der Partnerschaft;
2. den Namen und den Vornamen sowie den in der Partnerschaft ausgeübten Beruf und den Wohnort jedes Partners;
3. den Gegenstand der Partnerschaft.

Schrifttum: *Bayer/Imberger*, Nochmals: Die Rechtsformen freiberuflicher Tätigkeit, DZWir 1995, 177; *Beckmann*, Für eine Partnerschaft Freier Berufe, in: Festschrift Kleinert, 1992, S. 210; *Burret*, Das Partnerschaftsgesellschaftsgesetz, WPK-Mitt. 1994, 201; *Carl*, Die Partnerschaftsgesellschaft – eine neue Rechtsform für die Freien Berufe, StB 1995, 173; *Gilgan*, Auswirkungen des Partnerschafts-Gesellschaftsgesetzes auf die Angehörigen des steuerberatenden Berufs, Stbg 1995, 28; *Kempter*, Das Partnerschaftsgesellschaftsgesetz, BRAK-Mitt. 1994, 122; *Knoll/Schüppen*, Die Partnerschaftsgesellschaft – Handlungszwang, Handlungsalternative oder Schubladenmodell, DStR 1995, 608, 646; *Lenz*, Die Partnerschaft – alternative Gesellschaftsform für Freiberufler, MDR 1994, 741; *Mahnke*, Das Partnerschaftsgesellschaftsgesetz, WM 1996, 1029; *Michalski*, Zum Regierungsentwurf eines Partnerschaftsgesellschaftsgesetzes, ZIP 1993, 1210; *Römermann*, Der neue Regierungsentwurf zum AnwaltsGmbH-Gesetz, NZG 1998, 81; *ders.*, Schriftformerfordernisse bei Gesellschaftsverträgen, NZG 1998, 978; *Schirmer*, Berufsrechtliche und kassenarztrechtliche Fragen der ärztlichen Berufsausübung in Partnerschaften, MedR 1995, 341 (Teil 1), 383 (Teil 2); *Karsten Schmidt*, Die Freiberufliche Partnerschaft, NJW 1995, 1; *ders.*, Partnerschaftsgesetzgebung zwischen Berufsrecht, Schuldrecht und Gesellschaftsrecht, ZIP 1993, 633; *Stuber*, Das Partnerschaftsgesellschaftsgesetz unter besonderer Berücksichtigung der Belange der Anwaltschaft, WiB 1994, 705; *Taupitz*, Die Partnerschaft als neue Kooperationsform für Ärzte, Arztrecht 1995, 123; *Weyand*, Partnerschaftsgesellschaften als neue Organisationsform für die freiberufliche Praxis, INF 1995, 22; *ders.*, Aktuelle Entscheidungen zum Einsatz moderner Kommunikationsmittel in der Beraterpraxis, INF 1996, 118.

Übersicht

A. Normentwicklung 1	II. Berufsrechtliche Formvorschriften ... 22
B. **Das Schriftformerfordernis** **(Abs. 1)** 5	1. Steuerberater, Steuerbevollmächtigte 23
I. Bedeutung 5	2. Wirtschaftsprüfer, vereidigte Buchprüfer 24
II. Umfang 11	3. Tierärzte 25
III. Formverstoß; fehlerhafte Gesellschaft 12	III. Vorgaben der Berufsrechte zum Vertragsinhalt 26
C. **Mindestinhalt des Vertrages** **(Abs. 2)** 13	1. Steuerberater, Steuerbevollmächtigte 26
I. Name und Sitz der Partnerschaft (Nr. 1) 14	2. Wirtschaftsprüfer, vereidigte Buchprüfer 27
II. Name, Vorname, ausgeübter Beruf, Wohnort (Nr. 2) 16	3. Ärzte 28
III. Gegenstand der Partnerschaft (Nr. 3) 18	4. Zahnärzte 29
D. **Vorgaben der Berufsrechte** 21	5. Tierärzte 30
I. Vorrang des Berufsrechts 21	6. Hauptberufliche Sachverständige 31

§ 3   Partnerschaftsvertrag

A. Normentwicklung

1   Alle **früheren Entwürfe** für ein Partnerschaftsgesetz hatten bereits die Schriftform für den Partnerschaftsvertrag angeordnet.[1)] Auch fanden sich jeweils Vorschriften über den **Mindestinhalt** des Vertrages. Die Entwürfe von 1971 und 1975 (jeweils § 4 Abs. 2) waren in ihren Anforderungen über das Partnerschaftsgesellschaftsgesetz noch hinausgegangen und verlangten die **folgenden Angaben:**

– den Namen der Partnerschaft und ihren Hauptsitz,

– Namen, Vornamen, Beruf und Wohnort der Partner,

– den Tätigkeitsbereich der Partnerschaft,

– das Beteiligungsverhältnis der Partner untereinander
  (nur in E 1971: „und ihre Stimmrechte"),

– die Bestimmung der geschäftsführenden Partner sowie ihre Rechte und Pflichten,[2)]

– Namen, Vornamen, Beruf und Wohnort der Leiter der Nebensitze,

– Bestimmungen über die Rechnungslegung,

– den Zeitpunkt des Beginns und die Dauer der Partnerschaft.

2   Der **Entwurf von 1976** (§ 4 Abs. 2) entspricht dann im Wesentlichen bereits den Anforderungen des Absatzes 2.

3   Die Entwürfe von 1971 und 1975 **begründeten** das **Schriftformerfordernis** im Wesentlichen damit, dass die gesetzlichen Vorschriften nicht ausreichten, um gegebenenfalls einen Vertrag zu ersetzen; ferner diene ein schriftlicher Vertrag dem Rechtsfrieden und der **Rechtssicherheit**.[3)] Diese Begründungen sind in ihrem ersten Teil damit zu erklären, dass es in den beiden ersten Entwürfen noch keine Auffangnorm mit einer Generalverweisung gab, wie sie sich erstmals in § 2 des Entwurfs von 1976 und nunmehr endgültig in § 1 Abs. 4 findet. Die Begründung des Entwurfes von 1976[4)] stellte daher bezüglich des Schriftformerfordernisses konsequenterweise nur noch auf die Schaffung einer hinreichenden **Beweisgrundlage** ab. Für den Entwurf von 1971 wird zusätzlich noch die Tatsache eine Rolle gespielt haben, dass nach dessen § 2 Abs. 1 Satz 1 der Partnerschaftsvertrag der Anmeldung zur Eintragung der Gesellschaft in das Partnerschaftsregister beizufügen war. Eine solche Verpflichtung findet sich in den späteren Entwürfen nicht mehr.

4   Der Gedanke noch weitergehender Anforderungen äußerte sich kurzzeitig im Rahmen des Gesetzgebungsverfahrens, als der **Neun-Punkte-Katalog** des Bundeswirtschaftsministeriums vom November 1991 die **notarielle Beurkundung** des Partner-

---

1) § 1 Abs. 3 E 1971, BT-Drucks. VI/2047, S. 1; § 4 Abs. 1 E 1975, BT-Drucks. 7/4089, S. 3; § 4 Abs. 1 E 1976, BT-Drucks. 7/5402, S. 4.
2) E 1975 stattdessen: „5. Bestimmungen über Rechte und Pflichten der Partner sowie etwaige Beschränkungen der Geschäftsführungsbefugnis".
3) Begründung zum E 1971, BT-Drucks. VI/2047, S. 7; Begründung zum E 1975, BT-Drucks. 7/4089, S. 9.
4) Begründung zum E 1976, BT-Drucks. 7/5413, S. 3.

schaftsvertrages vorsah.[5)] Während des Gesetzgebungsverfahrens war die Einführung des Schriftformerfordernisses umstritten.[6)]

B. Das Schriftformerfordernis (Abs. 1)

I. Bedeutung

Die Bedeutung der Anordnung der Schriftform für den Partnerschaftsvertrag[7)] ist 5
unklar.[8)] Die Begründung des Regierungsentwurfs[9)] stellt allein auf das **Innenverhältnis** der Partner ab, nur hierfür habe der Partnerschaftsvertrag Bedeutung bei der Schaffung einer hinreichend sicheren **Beweisgrundlage**.[10)] Im Außenverhältnis der Partnerschaft spiele der Vertrag keine Rolle, er sei der Anmeldung zur Eintragung nicht beizufügen (siehe oben Rz. 3)[11)] und daher auch **nicht** durch das **Registergericht** zu prüfen. Aus diesem Grunde sei auch eine notarielle Beurkundung des Partnerschaftsvertrages entbehrlich.[12)] In seiner Kritik an dem Gesetzentwurf wies demgegenüber *Karsten Schmidt* darauf hin, dass die „praktische Bedeutung des § 3 Abs. 1 ... darin bestehen [wird], dass der Registerrichter von Fall zu Fall die Vorlegung eines schriftlichen Vertrages verlangen kann."[13)] Danach läge die Bedeutung des Schriftformerfordernisses in der Schaffung einer weitergehenden Kontrollmöglichkeit für das Registergericht.

Beide Begründungen für eine Bedeutsamkeit des Schriftformerfordernisses vermö- 6
gen allerdings nicht zu überzeugen.[14)] Das Schriftformerfordernis muss in engem Zusammenhang mit § 4 Abs. 1 Satz 2 gesehen werden. Dort ist angeordnet, dass sämtliche Partner bei der **Anmeldung** zur **Registereintragung** die in § 3 Abs. 2 vorgeschriebenen Angaben zu machen haben.[15)] Wenn der Vertrag also nicht mehr als die Anmeldung zum Mindestinhalt hat, dann ist kein Interesse des Registergerichts erkennbar, dessen Vorlage zu verlangen. Der über dieses Minimum hinausgehende Inhalt hat nämlich mit der Eintragung nichts zu tun, so dass dem Gericht insoweit eine Prüfung ohnehin versagt sein muss. Abgesehen davon hat sich während des Gesetzgebungsverfahrens mehrfach und zweifelsfrei der **gesetzgeberische Wille**

---

5) *Beckmann*, in: Festschrift Kleinert, S. 210, 214.
6) Dafür z. B. *BRAK*, Stellungnahme zum RefE PartGG, S. 6; *Patentanwaltskammer*, Stellungnahme, Rundschreiben 2–3/93, S. 33; dagegen *DAV*, Stellungnahme zum RefE PartGG, S. 5; *Michalski*, ZIP 1993, 1210, 1212.
7) Allgemein zu Schriftformgeboten im Gesellschaftsrecht *Römermann*, NZG, 1998, 81.
8) So bereits *Michalski*, ZIP 1993, 1210, 1212; *Karsten Schmidt*, ZIP 1993, 633, 640; *ders.*, NJW 1995, 1, 3; *Stuber*, WiB 1994, 705, 707.
9) Begründung zum RegE PartGG, BT-Drucks. 12/6152, S. 13 = Anhang, S. 330.
10) Vgl. auch *Kempter*, BRAK-Mitt. 1994, 122, 123.
11) Insoweit noch anders der Entwurf von 1971.
12) Vgl. *Burret*, WPK-Mitt. 1994, 201, 204.
13) *Karsten Schmidt*, ZIP 1993, 633, 640; ähnlich *Feddersen/Meyer-Landrut*, PartGG, § 3 Rz. 1; wohl anders allerdings *Karsten Schmidt*, NJW 1995, 1, 3.
14) Vgl. bereits *Michalski*, ZIP 1993, 1210, 1212; krit. auch MünchKomm-*Ulmer*, § 3 Rz. 3.
15) Man könnte dies als „faktischen Schriftformzwang" bezeichnen, vgl. *Karsten Schmidt*, NJW 1995, 1, 3 zu § 106 Abs. 2 HGB.

geäußert, die **Prüfungspflichten** der Registergerichte auf das unabdingbar Notwendige zu **reduzieren**, also keinesfalls über das ausdrücklich Normierte hinausgehende Prüfungstätigkeiten zu veranlassen (siehe § 4 Rz. 2). Schließlich **fehlt** es zudem an einer **Rechtsgrundlage** für das Registergericht, die Partner zur Offenlegung ihrer **internen** Vertragsbeziehungen über das in § 4 angeordnete Maß hinaus zu zwingen. Auch in der Partnerschaftsregisterverordnung findet sich eine solche Rechtsgrundlage nicht. Da außer dem Registergericht kein weiterer Dritter in Betracht kommt, in dessen Interesse das Schriftformgebot erlassen worden sein könnte, ist der Begründung des Regierungsentwurfs insoweit zu folgen, als die schriftliche Form des Vertrages jedenfalls für das **Außenverhältnis** der Partnerschaft **keine Bedeutung** hat.[16]

7 Doch auch für das **Innenverhältnis** kommt der Schriftform des Vertrages nicht in jedem Fall eine entscheidende Relevanz zu. *Karsten Schmidt* hat zutreffend bemerkt, dass auch bei Verstoß gegen die Formvorschrift eine **wirksame** Gesellschaft entsteht, zumal auch die „fehlerhafte Gesellschaft" als Verband und Subjekt existiert.[17] Da bei der Anmeldung zur Eintragung der Partnerschaft der Vertrag nicht vorzulegen ist, kann es zur Eintragung „**fehlerhafter Partnerschaften**" (dazu näher unten Rz. 12) kommen.[18] Gemäß § 125 Satz 1 BGB ist davon auszugehen, dass ein Partnerschaftsvertrag bei dem Mangel der vorgeschriebenen Form nichtig ist.[19] Dies gilt auch dann, wenn die Partner nur inhaltlich unwesentliche Angaben, wie z. B. den Wohnsitz eines Gesellschafters, vergessen haben; nach den allgemeinen Grundsätzen muss nämlich die Urkunde stets das gesamte von dem Formzwang umfasste Rechtsgeschäft enthalten,[20] und es ist kein Grund ersichtlich, hiervon für den Bereich der Partnerschaft eine Ausnahme zu machen. Gegebenenfalls kann mit § 242 BGB geholfen werden.[21]

8 Zudem hat *Karsten Schmidt* auf die mögliche Wirksamkeit interner Abreden der Partner hingewiesen, auch wenn diese nicht dem Formerfordernis genügen.[22] Auch die **interne Rechtssicherheit** kann demnach mit dem Schriftformzwang nicht in befriedigendem Maße hergestellt werden. Schließlich ist die **Beweisfunktion** hinsichtlich des in § 3 Abs. 2 angeführten Mindestinhalts nur von relativ geringer Bedeutung, da dieser ohnehin durch sämtliche Partner zur Eintragung anzumelden ist; dies gilt gemäß § 4 Abs. 1 Satz 3 auch für Änderungen.

---

16) Begründung zum RegE PartGG, BT-Drucks. 12/6152, S. 13 = Anhang, S. 330; wie hier *Meilicke,* in: Meilicke u. a., PartGG, § 3 Rz. 9; *Lenz,* in: Meilicke u. a., PartGG, § 4 Rz. 31.
17) *Karsten Schmidt,* ZIP 1993, 633, 640 mit Fußn. 75.
18) Dies sieht auch die Begründung zum RegE PartGG, BT-Drucks. 12/6152, S. 13 = Anhang, S. 330; vgl. ferner *Knoll/Schüppen,* DStR 1995, 608, 612; *Carl,* StB 1995, 173, 175.
19) So wohl auch die Begründung zum RegE PartGG, BT-Drucks. 12/6152, S. 13 = Anhang, S. 330; ferner *Knoll/Schüppen,* DStR 1995, 608, 612; *Carl,* StB 1995, 173, 175; a. A. *Karsten Schmidt,* NJW 1995, 1, 3.
20) *Palandt/Heinrichs,* BGB, § 126 Rz. 3, § 125 Rz. 7.
21) *Palandt/Heinrichs,* BGB, § 125 Rz. 16 ff.
22) *Karsten Schmidt,* ZIP 1993, 633, 640; vgl. auch *Meilicke,* in: Meilicke u. a., PartGG, § 3 Rz. 38 ff; *Lenz/Braun,* S. 9 in Fußn. 17.

Nach einer neueren Auffassung *Karsten Schmidts* sollen systematische Überlegungen dazu führen, den Partnerschaftsvertrag bei fehlender Einhaltung der Schriftform weder für nichtig zu erklären noch eine Umdeutung nach § 140 BGB in eine Gesellschaft bürgerlichen Rechts vorzunehmen.[23] Vielmehr sei der Vertrag lediglich „vorbehaltlich der Registereintragung ungeeignet, aus der Gesellschaft bürgerlichen Rechts eine Partnerschaft im Sinne des neuen Gesetzes zu machen." Dies verkennt die Funktion des § 7 Abs. 1, nach welchem die BGB-Gesellschaft erst durch die Eintragung zur Partnerschaft wird; der Abschluss des Partnerschaftsvertrages hat indes damit gar nichts zu tun.

Falls hingegen ein Vertrag zur Gründung einer Partnerschaft geschlossen wird, wird man diesen Vertrag in der Tat als Gründung einer Gesellschaft bürgerlichen Rechts ansehen müssen. Diese Vereinigung ist zunächst auf die Begründung einer Partnerschaft durch die Registereintragung gerichtet (**Vorgesellschaft** bzw. Vor-Partnerschaft[24]) und, wenn die Berufe bereits vor der Eintragung gemeinsam ausgeübt werden, auch auf diese Berufsausübung. Kommt es nicht zu einer Eintragung – aus welchen Gründen auch immer –, dann fällt dieser Gesellschaftszweck weg und die Berufsausübungsgesellschaft bleibt als solche bestehen, ohne dass es hierzu der Anwendung von § 140 BGB bedürfte.

Für den Zeitraum der mündlichen oder schriftlichen Vereinbarung, einen Partnerschaftsvertrag i. S. d. § 3 abzuschließen (Vorvertrag), wird man eine **Vorgründungsgesellschaft** anzunehmen haben. Zu seiner Wirksamkeit bedarf ein Vorvertrag, der bereits eine verbindliche Verpflichtung zur Eingehung eines Partnerschaftsvertrages enthält, ebenfalls der Schriftform.[25]

Angesichts der fehlenden Relevanz der Schriftform im Außenverhältnis der Partnerschaft und der nur in begrenztem Maße anzuerkennenden Bedeutung im Innenverhältnis wäre eine isolierte Vorschrift im Partnerschaftsgesellschaftsgesetz – im Gegensatz zur weiterhin geltenden Formfreiheit bei OHG und KG – wohl besser unterblieben.[26] Es hätte den einzelnen Partnerschaften überlassen werden können, ob sie im Einzelfall die Schriftform wählen oder nicht. Angesichts der Weite des Begriffs der freien Berufe war eine generelle Regelung nicht erforderlich; so ist es durchaus nahe liegend, dass z. B. Zusammenschlüsse von Hebammen oder Heilmasseuren ohne eine schriftliche Vereinbarung auskommen könnten.

II. Umfang

Anzuwenden ist § 126 BGB. Es müssen daher grundsätzlich **sämtliche** Vereinbarungen der Partner einschließlich etwaiger **Nebenabreden** – soweit sie echter Bestandteil des Vertrages sein sollen[27] – in die einheitliche, von allen Gesellschaftern

---

23) *Karsten Schmidt*, NJW 1995, 1, 3; ihm folgend *Carl*, StB 1995, 173, 175.
24) Vgl. *Bayer/Imberger*, DZWir 1995, 177, 179; ferner unten § 7 Rz. 4 ff.
25) A. A. MünchKomm-*Ulmer*, BGB, § 3 PartGG Rz. 5.
26) *Michalski*, ZIP 1993, 1210, 1212; *Karsten Schmidt*, ZIP 1993, 633, 640; *Stuber*, WiB 1994, 705, 707; *Lenz*, MDR 1994, 741, 743 in Fußn. 37; *Knoll/Schüppen*, DStR 1995, 608, 612; *Meilicke*, in: Meilicke u. a., PartGG, § 3 Rz. 3 ff; MünchKomm-*Ulmer*, BGB, § 3 Rz. 3.
27) Dazu näher MünchKomm-*Förschler*, BGB, § 125 Rz. 19.

regelmäßig eigenhändig zu unterzeichnende Vertragsurkunde aufgenommen werden.[28] Die Unterschrift muss nicht leserlich sein, erfordert aber zumindest einen individuellen Schriftzug. Unerheblich sind die Art der Erstellung der Schrift (per Hand geschrieben, mit der Schreibmaschine oder mittels Computer, gedruckt oder vervielfältigt) und das verwendete Material. Nach der jüngeren Rechtsprechung des Bundesgerichtshofes müssen mehrere Blätter nicht mehr körperlich zusammengeheftet sein, sofern sich die Zusammengehörigkeit aus dem Umständen (insbesondere Durchnummerierung der Seiten) ergibt.[29] Der Mindestinhalt des Vertrages ergibt sich aus Absatz 2. Nicht erfasst sind vor allem die in Absatz 2 Nr. 2 genannten Identifikationsmerkmale wie Name und Wortart. Fehlerhafte Angaben führen nicht zur Nichtigkeit des Vertrages, sie können formlos berichtigt werden.[30] Auch für spätere **Änderungen** des Vertrages gilt das Schriftformerfordernis, ohne dass dies ausdrücklich geregelt werden müsste.[31]

III. Formverstoß; fehlerhafte Gesellschaft

12 Der Verstoß gegen die Formvorschrift müsste grundsätzlich nach § 125 Satz 1 BGB zur **Nichtigkeit** der Gründung der Partnerschaft führen. Falls jedoch die Gesellschaft in Vollzug gesetzt, ein – wenn auch formungültiger – Vertrag als solcher geschlossen wurde und schließlich keine vorrangigen Schutzrechte Dritter entgegenstehen, ist die Partnerschaft nach der **Lehre von der fehlerhaften Gesellschaft**[32] als bestehend zu betrachten.[33] In Vollzug gesetzt ist die Gesellschaft, wenn sie in das Partnerschaftsregister eingetragen ist und die Partner Beiträge geleistet, partnerschaftsvertragliche Rechte ausgeübt oder die Geschäftsführung aufgenommen haben.[34] Da die Partnerschaft existiert, ist auch für eine etwaige **Umdeutung** in eine Gesellschaft bürgerlichen Rechts kein Raum.[35] Die Mangelhaftigkeit des Partnerschaftsvertrages kann nur noch für die Zukunft (ex nunc) geltend gemacht werden und nur noch durch die **Auflösungsklage** nach § 9 i. V. m. § 133 HGB, da lediglich die gerichtliche Klärung Rechtssicherheit über den Bestand der Partnerschaft und gegebenenfalls den Zeitpunkt des Erlöschens schaffen kann, nicht jedoch die bloße Kündigung aus wichtigem Grunde.[36] Der **wichtige Grund**, welcher nach § 133

---

28) Vgl. *Palandt/Heinrichs*, BGB, § 126 Rz. 3, § 125 Rz. 7.
29) BGH ZIP 1997, 2085 = NJW 1998, 58 = BGHZ 136, 357, vgl. dazu EWiR 1997, 1121 *(H.-G., Eckert)*.
30) *Feddersen/Meyer-Landrut*, PartGG, § 3 Rz. 2; vgl. auch *Meilicke*, in: Meilicke u. a., PartGG, § 3 Rz. 26.
31) Begründung zum RegE PartGG, BT-Drucks. 12/6152, S. 13 = Anhang, S. 330.
32) Vgl. nur *Karsten Schmidt*, Gesellschaftsrecht, § 6; *Palandt/Thomas*, BGB, § 705 Rz. 11; vgl. *Römermann*, NZG 1998, 978, 979.
33) So auch *Stuber*, S. 80 An. 30; im Ergebnis ebenso *Salger*, in: Münchener Handbuch, § 38 Rz. 11.
34) Vgl. BGH ZIP 1992, 247 = NJW 1992, 1501; dazu EWiR 1992, 449 *(H. Wiedemann)*.
35) A. A. *Stuber*, WiB 1994, 705, 707; *Meilicke*, in: Meilicke u. a., PartGG, § 3 Rz. 33; wie hier *Knoll/Schüppen*, DStR 1995, 608, 612; *Bayer/Imberger*, DZWiR 1995, 177, 180; *Mahnke*, WM 1996, 1029, 1035; MünchKomm-*Ulmer*, BGB, § 3 PartGG Rz. 8; im Ergebnis wie hier *Feddersen/Meyer-Landrut*, PartGG, § 3 Rz. 3.
36) *G. Hueck*, § 13 III 2 b bb, S. 100; *Karsten Schmidt*, Gesellschaftsrecht, § 6 III 2.

HGB stets die Voraussetzung für eine Auflösungsklage darstellt, ist in dem Formmangel zu sehen.[37]

C. Mindestinhalt des Vertrages (Abs. 2)

Im Gegensatz zu den Entwürfen von 1971 und 1975 beschränkt sich Absatz 2 auf einige unabdingbar notwendige Regelungsgegenstände als Grundlage für den Zusammenschluss zur gemeinsamen Berufsausübung. Die Vorschrift soll bewirken, dass sich die Partner zu Beginn der Gesellschaft über die wichtigsten **Grundlagen ihrer Zusammenarbeit** einig werden.[38] Dabei darf allerdings nicht verkannt werden, dass der Mindestinhalt des Absatzes 2 in der Praxis kaum jemals ausreichen dürfte. Er wird vielmehr nur **Ausgangspunkt** und möglicherweise Anstoß für die Partner sein, sich über weitere notwendige Regelungen klar zu werden,[39] für die dann eine weitgehende **Gestaltungsfreiheit** besteht (siehe auch § 6 Abs. 3 Satz 1).[40] Eines solchen Denkanstoßes für die Partner hätte es eigentlich nicht bedurft, da die Elemente des Partnerschaftsvertrags nach Absatz 2 sämtlich von den Gegenständen der Registeranmeldung umfasst sind. Absatz 2 enthält daher eine überflüssige Regelung.[41]

13

I. Name und Sitz der Partnerschaft (Nr. 1)

Der **Name** der Partnerschaft muss den in § 2 Abs. 1 aufgestellten Voraussetzungen genügen.

14

Der **Sitz** der Partnerschaft ist entscheidend für die örtliche Zuständigkeit des Registergerichts (siehe § 4 Rz. 12; § 5 Rz. 9) und den allgemeinen Gerichtsstand nach § 17 Abs. 1 Satz 1 ZPO, ferner – jedenfalls nach der herkömmlich in Deutschland vorherrschenden Sitztheorie – für das Gesellschaftsstatut und das international anzuwendende Recht. Er ist zunächst abzugrenzen von einer **Zweigniederlassung** i. S. d. § 5 Abs. 2. Es wird nicht selten vorkommen, dass sich bei einer Gesellschaft bürgerlichen Rechts, die sich in eine Partnerschaft umwandeln will, kein eindeutiger (Haupt-) Sitz feststellen lässt. Dies gilt etwa im Falle **überörtlicher Sozietäten** mit mehreren gleichermaßen bedeutsamen Niederlassungen in verschieden Städten.[42] Bei einer solchen Gesellschaft können und müssen sich die Partner **frei** für einen der verschiedenen Orte **entscheiden**, den sie für den Vertrag und für registerrechtliche

15

---

[37] So die Rechtsprechung des BGH – z. B. BGHZ 3, 285 – sowie die h. M.; vgl. nur *G. Hueck*, § 13 III 2 b bb; die a. A. kommt regelmäßig zum gleichen Ergebnis, vgl. *Karsten Schmidt*, Gesellschaftsrecht, § 6 III 2; ungenau *Feddersen/Meyer-Landrut*, PartGG, § 9 Rz. 12, wonach die Kündigung der fehlerhaften Gesellschaft „ohne wichtigen Grund" möglich sei.
[38] Begründung zum RegE PartGG, BT-Drucks. 12/6152, S. 13 = Anhang, S. 330; *Kempter*, BRAK-Mitt. 1994, 122, 123.
[39] *Kempter*, BRAK-Mitt. 1994, 122, 123.
[40] *Weyand*, INF 1995, 22, 24.
[41] So auch *Meilicke*, in: Meilicke u. a., PartGG, § 3 Rz. 7 f; MünchKomm-*Ulmer*, BGB, § 3 Rz. 4; in der Tendenz auch *Feddersen/Meyer-Landrut*, PartGG, § 3 Rz. 4 in Fußn. 64.
[42] Vgl. *BRAK*, Stellungnahme zum RefE PartGG, S. 6.

Zwecke zum Sitz erklären.[43] Die weiteren Niederlassungen werden dann automatisch zu Zweigniederlassungen im Sinne dieser Bestimmung. Einen **Doppelsitz**, wie z. B. bei Kapitalgesellschaften bei Vorliegen eines besonderen Bedürfnisses, gibt es für die Partnerschaft wie auch für die Personenhandelsgesellschaften nicht.

II. Name, Vorname, ausgeübter Beruf, Wohnort (Nr. 2)

16 Mit dem **Namen** ist der Familienname gemeint (siehe § 2 Rz. 6 f); hinsichtlich des **Vornamens** genügt jeweils die Angabe des Rufnamens.[44] Die Formulierung „den Vornamen" (Singular) im Unterschied zu § 18 Abs. 1 HGB, wonach mindestens ein ausgeschriebener Vorname anzugeben ist, hat im Schrifttum[45] für Interpretationsschwierigkeiten gesorgt und beruht offenbar auf einem gesetzgeberischen missgeschick. Die Praxis sollte sich davon nicht beeindrucken lassen und ebenso verfahren wie bei § 18 Abs. 1 HGB.

17 Anzugeben ist sodann der in der Gesellschaft ausgeübte **Beruf**. Diese Formulierung des Absatzes 2 Nr. 2 wurde bewusst gewählt, um einem Partner, der **mehrere** freie Berufe ausübt, die Möglichkeit zu geben, nur die Ausübung eines oder mehrerer seiner Berufe in die Partnerschaft einzubeziehen.[46] Im Übrigen kann der Partner daher außerhalb der Partnerschaft, allein oder in einer anderen Gesellschaft, tätig werden. Dies gilt auch für freiberufliche Sozietäten; die Formulierung „in einer Sozietät" in § 59a Abs. 1 Satz 1 BRAO beinhaltet keine Beschränkung in dem Sinne, dass der Rechtsanwalt etwa nur in *einer* Gesellschaft Mitglied sein könnte.[47] Die Eintragung des Berufs im Partnerschaftsregister dient zudem der **Information** darüber, welcher Partner welchem Beruf nachgeht.[48] Aus diesem Grunde wurde für das Partnerschaftsgesellschaftsgesetz ursprünglich auch nicht der Vorschlag der Arbeitsgruppe „Handelsrecht und Handelsregister" (für das Handelsrecht) befolgt, anstelle des Berufes das Geburtsdatum eintragen zu lassen.[49] Die Pflicht zur Anmeldung und Eintragung des Geburtsnamens wurde erst 2001 durch Änderungen der §§ 4 und 5 eingeführt.

17a **Wohnort** ist der Ort des tatsächlichen Aufenthalts[50] und nicht unbedingt mit dem Ort nach § 7 BGB[51] und erst recht nicht mit dem nach § 8 AO identisch.[52]

---

43) Vgl. *Salger*, in: Münchener Handbuch, § 38 Rz. 3 f; *Meilicke*, in: Meilicke u. a., PartGG, § 3 Rz. 20.
44) Vgl. *Baumbach/Hopt*, HGB, § 106 Rz. 6.
45) *Meilicke*, in: Meilicke u. a., PartGG, § 3 Rz. 21; *Salger*, in: Münchener Handbuch, § 38 Rz. 7.
46) Begründung zum RegE PartGG, BT-Drucks. 12/6152, S. 13 = Anhang, S. 330; ein praktisches Bedürfnis hierfür bezweifeln *Feddersen/Meyer-Landrut*, § 3 Rz. 6 in Fußn. 66; rechtspolitische Kritik bei *Meilicke*, in: Meilicke u. a., PartGG, § 3 Rz. 8.
47) Ausführlich *Hartung/Holl/Römermann*, BerufsO, § 59a BRAO Rz. 8 ff; a. A. die h. M., vgl. nur *Hartung*, in: Henssler/Prütting, BRAO, § 59a Rz. 20.
48) *Seibert*, Die Partnerschaft, S. 48.
49) *Seibert*, Die Partnerschaft, S. 48.
50) Wie hier MünchKomm-*Ulmer*, BGB, § 3 Rz. 17.
51) So aber *Salger*, in: Münchener Handbuch, § 38 Rz. 8.
52) Offen gelassen von *Ring*, § 3 Rz. 10; *Meilicke*, in: Meilicke u. a., PartGG, § 3 Rz. 24.

III. Gegenstand der Partnerschaft (Nr. 3)

Ziel des Absatzes 2 Nr. 3 ist es nach der Begründung des Regierungsentwurfs, sicherzustellen, dass die ausgeübten Berufe von Anfang an klar und eindeutig festgelegt werden.[53]

18

Unproblematisch ist – abgesehen von der Möglichkeit, entgegen dem Anliegen des Gesetzes die Berufe gar nicht zu erwähnen und sich stattdessen mit einem allgemein gehaltenen Gesellschaftszweck zu begnügen – lediglich der Fall, dass sich die Angabe des Gegenstandes in Nr. 3 mit derjenigen der **ausgeübten Berufe** in Nr. 2 deckt, wobei dann die Angabe nach Nr. 3 natürlich überflüssig ist. Sobald hingegen **Abweichungen** auftreten, fragt sich, was daraus folgt. So können etwa als Gegenstand der Partnerschaft weniger berufliche Aktivitäten angegeben worden sein als schließlich in der Gesellschaft ausgeübt werden. Wenn die Ausübung eines weiteren freien Berufs dem Vertrage entspricht, kann die **fehlende Angabe** (bzw. Wiederholung) nach Nr. 3 sicherlich **kein Hindernis** für die Aktivität darstellen. Auch die Vertretungsmacht wird durch die Angabe des Gesellschaftszwecks nicht beschränkt, es gilt keine „ultra vires"-Lehre.[54]

19

Umgekehrt bleibt die Aufnahme **weiterer Berufe** in den Gegenstand nach Nr. 3, die nicht (mehr) durch einen Freiberufler in der Partnerschaft vertreten sind, selbstverständlich **folgenlos**, da die übrigen Partner diese Aktivität ohne die entsprechende berufliche Qualifikation nicht für die Gesellschaft wahrnehmen können. Zu den Rechtsfolgen, wenn im Gegenstand Tätigkeiten angeführt sind, die keinem freien Beruf zuzurechnen sind oder gegen das jeweilige Berufsrecht verstoßen siehe § 1 Rz. 20 ff.

20

D. Vorgaben der Berufsrechte

I. Vorrang des Berufsrechts

Berufsrechtliche Vorschriften bleiben gemäß § 1 Abs. 3 unberührt. Sofern von allgemeinen Rechtsvorschriften für spezielle Berufe in anderem Zusammenhang **weitergehende Erfordernisse** aufgestellt werden, wird dies durch § 3 nicht ausgeschlossen.[55]

21

II. Berufsrechtliche Formvorschriften

Soweit ersichtlich, fordern die Berufsrechte keine strengere Form als den schriftlichen Vertrag. Regelungen finden sich insbesondere für folgende Berufe:

22

---

53) Begründung zum RegE PartGG, BT-Drucks. 12/6152, S. 13 = Anhang, S. 330; vgl. auch Taupitz, Arztrecht 1995, 123, 124; zur rechtspolitischen Kritik siehe die 1. Auflage, 1995, § 3 Rz. 18.
54) So auch *Salger*, in: Münchener Handbuch, § 38 Rz. 5.
55) Begründung zum RegE PartGG, BT-Drucks. 12/6152, S. 13 = Anhang, S. 330; oder auch die Bestimmungen für Tierärzte in einigen Bundesländern, wonach der Vertrag über die Gründung einer Gemeinschaftspraxis Vorschriften über deren Veränderung oder Auflösung zu enthalten hat; vgl. nur § 22 Abs. 2 BerufsO Bayern; regelmäßig ist dies allerdings nur eine „Soll"-Vorschrift, so auch § 25 Abs. 2 MBO.

§ 3

1. Steuerberater, Steuerbevollmächtigte

23 Eine Steuerberatungsgesellschaft (siehe § 1 Rz. 110 f) in Form der Partnerschaft kann nur durch einen schriftlichen Partnerschaftsvertrag gegründet werden, der der Anerkennungsbehörde gemäß § 49 Abs. 4 StBerG vorzulegen ist. Dieses Schriftformerfordernis gilt auch für Änderungen des ursprünglichen Partnerschaftsvertrages.

2. Wirtschaftsprüfer, vereidigte Buchprüfer

24 Der Vertrag zur Gründung einer als Wirtschaftsprüfungsgesellschaft (siehe § 1 Rz. 107 ff) anzuerkennenden Partnerschaft bedarf der Schriftform; er ist gemäß § 29 Abs. 2 WPO dem Zulassungsausschuss einzureichen. Dieses Schriftformerfordernis gilt auch für Vertragsänderungen.

3. Tierärzte

25 Gemäß § 25 Abs. 3 MBO-TÄ soll der Vertrag zur Gründung einer Gemeinschaftspraxis schriftlich abgeschlossen werden.

III. Vorgaben der Berufsrechte zum Vertragsinhalt

1. Steuerberater, Steuerbevollmächtigte

26 Der Vertrag zur Gründung einer Steuerberatungsgesellschaft in Form einer Partnerschaft muss den Voraussetzungen der §§ 50, 50a StBerG genügen. Die § 50 Abs. 1 Satz 1, Abs. 2 und 3, § 50a Abs. 1 Nr. 1 StBerG legen den Kreis der möglichen **Partner** fest. Gemäß § 50 Abs. 4 StBerG muss mindestens die Hälfte der Partner über die Qualifikation als Steuerberater verfügen. Im Partnerschaftsvertrag muss gemäß § 50a Abs. 1 Nr. 6 StBerG, § 55 Abs. 4 Satz 2 BOStB bestimmt sein, dass zur Ausübung von Gesellschafterrechten nur Partner bevollmächtigt werden können, die Steuerberater, Rechtsanwälte, Wirtschaftsprüfer, vereidigte Buchprüfer oder Steuerbevollmächtigte sind. Eine wichtige Ergänzung des § 53 StBerG wurde durch Art. 7 des Gesetzes zur Schaffung von Partnerschaftsgesellschaften und zur Änderung anderer Gesetze eingefügt. Bei anerkannten Steuerberatungsgesellschaften, die die Bezeichnung „Steuerberatungsgesellschaft" im **Namen** führen müssen, entfällt die Verpflichtung nach § 2 Abs. 1, zusätzlich die Berufsbezeichnungen aller in der Partnerschaft vertretenen Berufe in den Namen aufzunehmen. Im Zusammenhang mit Absatz 1 Nr. 3 bestimmt § 55 Abs. 1 BOStB, dass als **Gegenstand** der Partnerschaft keine nach § 57 StBerG mit dem Beruf nicht zu vereinbarenden Tätigkeiten im Partnerschaftsvertrag festgelegt werden dürfen. Als nicht vereinbar gelten gemäß § 57 Abs. 4 StBerG insbesondere eine gewerbliche Tätigkeit und eine Tätigkeit als Arbeitnehmer mit Ausnahme der § 57 Abs. 3 Nr. 4, §§ 58 und 59 StBerG. Gemäß § 55 Abs. 8 BOStB haben Partner einer Partnerschaftsgesellschaft auf die Einhaltung der Grundsätze über die **Vertretung** der Gesellschaft im Partnerschaftsvertrag hinzuwirken.

2. Wirtschaftsprüfer, vereidigte Buchprüfer

Bei Verträgen über die Gründung einer Wirtschaftsprüfungsgesellschaft in Form der Partnerschaft müssen die Partner die Vorgaben des § 28 WPO beachten. **Partner** können nur Wirtschaftsprüfer oder Angehörige der in § 28 Abs. 2 und 3, Abs. 4 Nr. 1 WPO bezeichneten Berufe sein. Die Mehrheit muss bei den Wirtschaftsprüfern liegen. Im Partnerschaftsvertrag muss gemäß § 28 Abs. 4 Nr. 6 WPO bestimmt sein, dass zur Ausübung von Gesellschafterrechten nur Partner bevollmächtigt werden können, die Wirtschaftsprüfer sind. Bei einer als Wirtschaftsprüfungsgesellschaft anerkannten Partnerschaft, die gemäß § 31 Satz 1 WPO verpflichtet ist, die Bezeichnung „Wirtschaftsprüfungsgesellschaft" im **Namen** zu führen, entfällt die Verpflichtung nach § 2 Abs. 1, zusätzlich die Berufsbezeichnungen aller in der Partnerschaft vertretenen Berufe in den Namen aufzunehmen.

27

3. Ärzte

Der Vertrag über die Gründung einer medizinischen Kooperationsgemeinschaft muss den Anforderungen nach § 23b Abs. 1 Satz 4 MBO-Ä 2004 genügen. Er hat nach dieser Vorschrift zu gewährleisten, dass

28

- die eigenverantwortliche und selbständige Berufsausübung des Arztes gewahrt ist;
- die Verantwortungsbereiche der Partner gegenüber den Patienten getrennt bleiben;
- medizinische Entscheidungen, insbesondere über Diagnostik und Therapie, ausschließlich der Arzt trifft, sofern nicht der Arzt nach seinem Berufsrecht den in der Gemeinschaft selbständig tätigen Berufsangehörigen eines anderen Fachberufs solche Entscheidungen überlassen darf;
- der Grundsatz der freien Arztwahl gewahrt bleibt;
- der behandelnde Arzt zur Unterstützung in seinen diagnostischen Maßnahmen oder zur Therapie auch andere als die in der Gemeinschaft kooperierenden Berufsangehörigen hinzuziehen kann;
- die Einhaltung der berufsrechtlichen Bestimmungen der Ärzte, insbesondere die Pflicht zur Dokumentation, das Verbot der Werbung und die Regeln zur Erstellung einer Honorarforderung, von den übrigen Partnern beachtet werden;
- sich die medizinische Kooperationsgemeinschaft verpflichtet, im Rechtsverkehr die Namen aller Partnerinnen und Partner und ihre Berufsbezeichnungen anzugeben und – sofern es sich um eine eingetragene Partnerschaftsgesellschaft handelt – den Zusatz „Partnerschaft" zu führen.

4. Zahnärzte

Bei der Gründung einer Partnerschaft unter Beteiligung von Zahnärzten gilt § 16 Abs. 1 Satz 1 MBO-ZÄ. Danach muss ihre eigenverantwortliche, medizinisch unabhängige sowie nicht gewerbliche Berufsausübung gewährleistet sein.

29

5. Tierärzte

30 Gemäß § 25 Abs. 3 MBO-TÄ in der Fassung vom 24.11.1994 soll der Vertrag zur Gründung einer Gemeinschaftspraxis in der Rechtsform der Partnerschaft Bestimmungen über die Rechte und Pflichten der Partner, das Verfahren bei der Gewinnermittlung und -verteilung sowie die Änderung oder Auflösung der Gemeinschaftspraxis enthalten. Ein Verstoß gegen diese Soll-Vorschrift bleibt rechtlich folgenlos.

6. Hauptberufliche Sachverständige

31 Nach § 21 Abs. 2 Satz 2 Muster-SVO hat der öffentlich bestellte Sachverständige bei einem Zusammenschluss mit anderen Sachverständigen darauf zu achten, dass seine Glaubwürdigkeit, sein Ansehen in der Öffentlichkeit und die Einhaltung seiner Pflichten nach der SVO gewährleistet sind.

§ 4
Anmeldung der Partnerschaft

(1) ¹Auf die Anmeldung der Partnerschaft in das Partnerschaftsregister sind § 106 Abs. 1 und § 108 des Handelsgesetzbuchs entsprechend anzuwenden. ²Die Anmeldung hat die in § 3 Abs. 2 vorgeschriebenen Angaben, das Geburtsdatum jedes Partners und die Vertretungsmacht der Partner, zu enthalten. ³Änderungen dieser Angaben sind gleichfalls zur Eintragung in das Partnerschaftsregister anzumelden.

(2) ¹In der Anmeldung ist die Zugehörigkeit jedes Partners zu dem Freien Beruf, den er in der Partnerschaft ausübt, anzugeben. ²Das Registergericht legt bei der Eintragung die Angaben der Partner zugrunde, es sei denn, ihm ist deren Unrichtigkeit bekannt.

Die Vorschriften des HGB, auf die Absatz 1 Bezug nimmt, lauten:

§ 106 (Anmeldung zum Handelsregister)
(1) Die Gesellschaft ist bei dem Gericht, in dessen Bezirk sie ihren Sitz hat, zur Eintragung in das Handelsregister anzumelden.
(2) ... .

§ 108 (Anmeldung durch alle Gesellschafter; Unterschriften)
(1) Die Anmeldungen sind von sämtlichen Gesellschaftern zu bewirken.
(2) Die Gesellschafter, welche die Gesellschaft vertreten sollen, haben ihre Namensunterschrift unter Angabe der Firma zur Aufbewahrung bei dem Gericht zu zeichnen.

Schrifttum: *Beckmann,* Für eine Partnerschaft Freier Berufe, in: Festschrift Kleinert, 1992, S. 210; *Böhringer,* Das neue Partnerschaftsgesellschaftsrecht, BWNotZ 1995, 1; *Bösert,* Der Regierungsentwurf eines Gesetzes zur Schaffung von Partnerschaftsgesellschaften (Partnerschaftsgesellschaftsgesetz – PartGG), DStR 1993, 1332; *Burret,* Das Partnerschaftsgesellschaftsgesetz, WPK-Mitt. 1994, 201; *Carl,* Die Partnerschaftsgesellschaft – eine neue Rechtsform für die Freien Berufe, StB 1995, 173; *v. Falkenhausen,* Brauchen die Rechtsanwälte ein Partnerschaftsgesellschaftsgesetz?, AnwBl 1993, 479; *Gres,* Partnerschaftsgesellschaft, Maßgeschneiderte Gesellschaftsform für die Bedürfnisse der Freiberufler, Handelsblatt vom 19.5.1994; *dies.,* Partnerschaftsgesetz für Freie Berufe – Gesetzesvorhaben mit Vorgeschichte, Der Selbständige, 12/1992, 6; *Hoffmann,* Diskussionsbeitrag, in: Verhandlungen des 10. Österreichischen Juristentages, 1988, Bd. II/1; *Hornung,* Partnerschaftsgesellschaft für Freiberufler (Teil 2), 1996, 1; *ders.,* Partnerschaftsgesellschaft für Freiberufler (Teil 1), Rpfleger 1995, 481; *Kempter,* Das Partnerschaftsgesellschaftsgesetz, BRAK-Mitt. 1994, 122; *Krejci,* Gutachten: Partnerschaft, Verein, Konzern – Zur Harmonisierung und Modernisierung des Gesellschafts- und Unternehmensrechtes, Verhandlungen des 10. Österreichischen Juristentages, 1988, Bd. I/1; *Leutheusser-Schnarrenberger,* Partnerschaftsgesellschaftsgesetz – ab 1. Juli ´95 in Kraft, der freie beruf 7–8/1994, 20; *Michalski,* Zum Regierungsentwurf eines Partnerschaftsgesellschaftsgesetzes, ZIP 1993, 1210; *ders.,* Zulässigkeit und „Firmierung" überörtlicher Anwaltssozietäten, ZIP 1991, 1551; *Mittelsteiner,* Kommentierung zum PartGG, DStR 1994, Beihefter zu Heft 37, S. 37; *Niederleithinger,* Handels- und Wirtschaftsrecht in der 13. Legislaturperiode, ZIP 1995, 597; *Raisch*, Handelsgesellschaft auf Einlagen als neue Gesellschaftsform für Vereinigungen von Handelsgewerbetreibenden, Landwirten und Angehörigen freier Berufe, in: Festschrift Knur, 1972, S. 165; *Schaub*, Das neue Partnerschaftsregister, NJW 1996, 625; *Schirmer*, Berufsrechtliche und kassenarztrechtliche Fragen der ärztlichen Berufsausübung in Partnerschaftsgesellschaften, MedR 1995, 341 (Teil 1), 383 (Teil 2); *Karsten Schmidt*, Die Freiberufliche Partnerschaft, NJW 1995, 1; *ders.*, Partnerschaftsgesetzgebung zwischen Berufsrecht, Schuldrecht und Gesellschaftsrecht, ZIP 1993, 633; *Stucken*, Die Partnerschaftsregisterverordnung, WiB 1995, 823; *Taupitz*, Die Partnerschaft als neue Kooperationsform für Ärzte, Arztrecht 1995, 123; *Weyand*, Partnerschaftsgesellschaften als neue Organisationsform für die freiberufliche Praxis, INF 1995, 22.

Übersicht

A. Normentwicklung 1	E. **Form und Inhalt der Anmeldung** 13
B. Systematik 4	I. Form; erforderliche Angaben 13
C. Bedeutung des Partnerschaftsregisters 5	II. Vorzulegende Nachweise 18
I. Zweck der Registrierung 5	III. Weitere anmeldungspflichtige Tatsachen 20
II. Diskussion während des Gesetzgebungsverfahrens 6	F. **Prüfung durch das Registergericht** 21
III. Stellungnahme 8	I. Freiberuflichkeit 21
D. **Registerverfahren** 12	II. Im Zweifel Eintragung 25
I. Regelung durch die Partnerschaftsregisterverordnung 12	III. Wirksamer Vertragsschluss 26
II. Zuständiges Registergericht 12a	IV. Berufsrecht 27
III. Anmeldung durch den Partner 12b	G. **Verhältnis zu sonstigen Registern** 29
IV. Anmeldepflichtige Vorgänge 12c	

A. Normentwicklung

1 Sämtliche früheren Entwürfe hatten bereits die Einrichtung eines **Partnerschaftsregisters** vorgesehen.[1] Dieser Gedanke findet sich auch schon zu Beginn des Gesetzgebungsverfahrens in Punkt 6 des Neun-Punkte-Katalogs des Bundeswirtschaftsministeriums vom November 1991.[2] **Registergericht** sollte das Amtsgericht sein.[3] Erst bei der Behandlung des Gesetzentwurfs im **Bundesrat** stieß die Schaffung eines zusätzlichen (Partnerschafts-) Registers auf erhebliche **Kritik** (siehe näher unten Rz. 9 f sowie Einführung Rz. 20, 22).[4] Der Entwurf drohte fast an dieser Frage zu scheitern, dann hat die Ländervertretung aber schließlich doch ihre Auffassung geändert und dem Gesetz zugestimmt (zum Ablauf näher oben Einführung Rz. 22).[5]

---

1) § 2 Abs. 1 Satz 1 E 1971, BT-Drucks. VI/2047, S. 1; § 5 Abs. 1 E 1975, BT-Drucks. 7/4089, S. 3; § 5 Abs. 1 E 1976, BT-Drucks. 7/5402, S. 4; vgl. auch *Beckmann*, in: Festschrift Kleinert, S. 210, 211.
2) *Beckmann*, in: Festschrift Kleinert, S. 210, 214; *Gres*, Der Selbständige, 12/1992, 6.
3) So ausdrücklich § 2 Abs. 1 Satz 1 E 1971, BT-Drucks. VI/2047, S. 1; nach dem Neun-Punkte-Katalog sollte das Register entweder pro Bundesland oder pro OLG-Bezirk bei einem Amtsgericht geführt werden, vgl. *Beckmann*, in: Festschrift Kleinert, S. 210, 214.
4) Bereits gegen den Entwurf von 1976 waren entsprechende Einwände von seiten des Bundesrates vorgebracht worden; vgl. BR-Ausschüsse zum E 1976, BR-Drucks. 444/1/76, S. 3.
5) Vgl. ferner *Leutheusser-Schnarrenberger*, der freie beruf 7–8/1994, 20, 21.

Inhaltlich wurden die Anforderungen an die einzutragenden Daten durch das Part- 2
nerschaftsgesellschaftsgesetz gegenüber den früheren Entwürfen weiter zurückgenommen, nicht zuletzt in der Absicht, den **Prüfungsaufwand** der Gerichte zu **reduzieren** und hierdurch der Kritik der Länder, die hauptsächlich auf einen unzumutbaren Mehraufwand für die Registergerichte abstellte,[6] die Grundlage zu entziehen.[7] Hierzu gehört insbesondere die Herausnahme der noch im Regierungsentwurf vorgesehenen Verpflichtung, auch den Partnerschaftsvertrag bei der Anmeldung zur Eintragung vorzulegen.[8] Diese Änderung erfolgte auf Vorschlag des Bundesrates sowie des Rechtsausschusses des Deutschen Bundestages.[9]

Auch hinsichtlich des Nachweises einer etwaigen **Haftpflichtversicherung** der 3
Partnerschaft oder einer Beteiligung der zuständigen Berufskammer bei der Eintragung finden sich im Gegensatz zu früheren Entwürfen[10] keine Regelungen mehr im Gesetz; die Beteiligung der Kammern ist allerdings zum Teil nun in der Partnerschaftsregisterverordnung angeordnet. Ferner entfielen zunächst Angaben über die **Geschäftsführungs-** und **Vertretungsbefugnis** (siehe aber jetzt Rz. 3a) der Partner.[11] Angaben über die Dauer[12] sind ebenso wenig erforderlich wie über den Zeitpunkt des Beginns der Partnerschaft.[13]

Zum 15.12.2001 wurde Absatz 1 Satz 2 insoweit erweitert, als seitdem auch die **Ge-** 3a
burtsdaten aller Partner und die **Vertretungsverhältnisse** anzugeben sind.[14] Im Hinblick auf die Geburtsdaten entspricht dies § 106 Abs. 2 Nr. 1 HGB. Die Vertretungsverhältnisse mussten vor der Neuregelung gemäß § 7 Abs. 3 PartGG a. F. i. V. m. § 125 Abs. 4 HGB a. F. nur dann zur Eintragung im Partnerschaftsregister angemeldet werden, wenn sie von der gesetzlichen Regelung abwichen. Wegen der

---

6) *Gres*, Handelsblatt v. 19.5.1994.
7) *Leutheusser-Schnarrenberger*, der freie beruf 7–8/1994, 20, 21.
8) Die Vorlage hatte noch § 2 Abs. 1 Satz 1 E 1971 vorgeschrieben. Soweit es im Bericht des Rechtsausschusses zum PartGG heißt, die schließlich verabschiedete Fassung bringe gegenüber dem Wortlaut des Regierungsentwurfs lediglich „das Gewollte ... klarer zum Ausdruck" (BT-Drucks. 12/7642, S. 12 = Anhang, S. 338), ist dies offensichtlich unzutreffend.
9) Rechtsausschuss zum RegE PartGG, BT-Drucks. 12/7642, S. 5, 12 = Anhang, S. 338; *Seibert*, Die Partnerschaft, S. 45.
10) Zum Nachweis der Haftpflichtversicherung vgl. noch § 2 Abs. 3 E 1971, § 5 Abs. 2 E 1975; zur Beteiligung der Berufskammern § 5 Abs. 2 E 1975 und Punkt 6 des Neun-Punkte-Kataloges, *Beckmann*, in: Festschrift Kleinert, S. 210, 214; in Frankreich kann seit dem Gesetz v. 31.12.1990 die Eintragung einer société civile professionnelle nur nach Zustimmung der zuständigen Behörde oder Einschreibung in die Liste oder Tafel der Berufskammer erfolgen, vgl. *Laurent/Vallée*, SEL, S. 17.
11) Vgl. § 2 Abs. 1 Satz 3 Nr. 3 E 1971; § 5 Abs. 2 Satz 1 Nr. 5 E 1976; Punkt 6 des Neun-Punkte-Kataloges, *Beckmann*, in: Festschrift Kleinert, S. 210, 214.
12) So noch § 5 Abs. 2 Satz 1 Nr. 4 E 1976.
13) Hierfür besteht keine Notwendigkeit mehr, da die Eintragung gemäß § 7 Abs. 1 konstitutive Wirkung hat; vgl. die Begründung zum RegE PartGG, BT-Drucks. 12/6152, S. 13 = Anhang, S. 333; zu den früheren Entwürfen § 2 Abs. 1 Satz 3 Nr. 5 E 1971, § 5 Abs. 1 Satz 2 Nr. 3 E 1975, § 5 Abs. 2 Satz 1 Nr. 3 E 1976.
14) Gesetz über elektronische Register und Justizkosten für Telekommunikation (ERJuKoG) vom 10.12.2001, BGBl I, 3422.

größeren Klarheit ist bei allen Personenhandelsgesellschaften und der Partnerschaft nun in jedem Fall die Eintragung erforderlich.

B. Systematik

4 Absatz 2 Satz 2 ist wie ein **eigener Absatz** zu lesen. Der zweite Absatz wurde während des Gesetzgebungsverfahrens aufgrund der Kritik des Bundesrates vollständig verändert (oben Rz. 2). Nur so wird nachvollziehbar, dass Absatz 2 **Satz 1** als nun inhaltsleerer **Torso** bestehen blieb – sein Inhalt deckt sich (was nach dem Regierungsentwurf[15] noch nicht der Fall war) mit der Regelung nach Absatz 1 Satz 2 i. V. m. § 3 Abs. 2 Nr. 2. Dies hat man inzwischen offenbar auch im Bundesministerium der Justiz erkannt. In der Begründung zu § 3 Abs. 1 PRV heißt es, dass die Antragsteller hinsichtlich ihrer Freiberuflereigenschaft eine Darlegungslast treffe. „Andernfalls wäre § 4 Abs. 2 überflüssig, da sich die Pflicht zur bloßen Nennung des in der Partnerschaft ausgeübten Berufs bereits aus § 3 Abs. 2 Nr. 2, § 4 Abs. 1 Satz 2 § 5 Abs. 1 ergibt. Soweit ein Nachweis der Freiberuflichkeit ohne weiteres möglich ist, soll er – zur präventiven Vermeidung fehlerhafter Eintragungen – auch erfolgen."[16] Die möglicherweise bewusst etwas unklar formulierte Auffassung, aus Absatz 2 Satz 1 folge eine über die sonstigen genannten Bestimmungen hinausgehende Darlegungslast, widerspricht dem eindeutigen Wortlaut („ ... ist die Zugehörigkeit ... zu dem Beruf ... anzugeben") wie auch den Gesetzesmotiven, aus denen sich ergibt, dass der Gesetzgeber eine Darlegungs- und Prüfungsverpflichtung gerade einzudämmen suchte. Sie ist daher wohl nur aus dem Bemühen heraus verständlich, einerseits in die Norm nachträglich wieder einen Sinn hineinzuinterpretieren und andererseits die Verschärfung der Vorlagepflichten durch die Partnerschaftsregisterverordnung aus dem Gesetz „abzuleiten". Der zweite Satz des Absatzes 2, der während des Gesetzgebungsverfahrens anstelle des früheren Absatzes 2, welcher noch eine Nachweispflicht vorgesehen hatte,[17] neu formuliert worden war, bezieht sich nicht nur, wie man aus seiner systematischen Stellung folgern könnte, auf Absatz 2 Satz 1, sondern auch auf Absatz 1.[18] Dies ergibt sich einerseits aus dem **Wortlaut** des Absatzes 2 Satz 2, wo allgemein von den „Angaben der Partner" die Rede ist und nicht etwa nur von (den Angaben bezüglich) der Zugehörigkeit der Partner zu dem jeweiligen freien Beruf. Andererseits folgt dies aus dem mehrfach zweifelsfrei geäußerten **Willen** der Gesetzesväter, eine Prüfung des Gesellschaftsvertrages durch das Registergericht zu vermeiden.[19]

---

15) Hierzu vgl. zustimmend *Michalski*, ZIP 1993, 1210, 1212; ablehnend *Karsten Schmidt*, ZIP 1993, 633, 641.
16) Begründung zum Entwurf einer PRV, BR-Drucks. 213/95, S. 14.
17) Zur früheren Fassung *Hornung*, Rpfleger 1995, 481, 487.
18) Wie hier *Feddersen/Meyer-Landrut*, PartGG, § 4 Rz. 16.
19) Begründung zum RegE PartGG, BT-Drucks. 12/6152, S. 8, 13 = Anhang, S. 306 und 332; *Seibert*, Die Partnerschaft, S. 45.

C. Bedeutung des Partnerschaftsregisters

I. Zweck der Registrierung

Einer der hauptsächlichen Kritikpunkte an den freiberuflichen Gesellschaften bürgerlichen Rechts von Seiten der Bundesregierung war deren fehlende **Transparenz**. Es wurde bemängelt, dass sich der Rechtsverkehr in keinem amtlichen Register über die Rechtsverhältnisse der Gesellschaft erkundigen könne.[20] Für die neu geschaffene Partnerschaft sollte daher entgegen der Kritik insbesondere des Bundesrates eine **Pflicht zur gerichtlichen Registrierung** eingeführt werden, um die Sicherheit des Rechtsverkehrs zu gewährleisten.[21] Für die (potentiellen) Mandanten, Patienten, aber auch andere Geschäftspartner, wie Lieferanten oder Kreditgeber, sei es „nützlich, wenn sie sich über die grundlegenden Rechtsverhältnisse einer Partnerschaft informieren können, insbesondere bevor sie die Dienstleistungen der in der Partnerschaft verbundenen Partner in Anspruch nehmen."[22] Durch die Angaben nach § 4 werde dem **Informationsbedürfnis** des Publikums Genüge getan.[23] Ein weiterer Vorteil sei, dass sich Dritte gemäß § 5 Abs. 2 i. V. m. § 15 HGB auf die Richtigkeit der Angaben der Partner berufen könnten.[24] In der Literatur wird die Frage einer Registrierung als „Schicksalsfrage des Gesetzentwurfs" bezeichnet; ein Verzicht auf das Partnerschaftsregister hätte danach zum „Scheitern des Gesetzvorhabens" geführt.[25]

II. Diskussion während des Gesetzgebungsverfahrens

Die **Kritik** an der Einrichtung eines zusätzlichen Registers bei den Amtsgerichten stützte sich von Seiten des **Bundesrates** praktisch ausschließlich auf den hierdurch zu erwartenden unzumutbaren **Mehraufwand für die Registergerichte**.[26] Angesichts der großen Zahl von Angehörigen freier Berufe und der erheblichen Fluktuation bei freiberuflichen Zusammenschlüssen sei mit einer Vielzahl von Änderungseintragungen und daher mit einer wesentlichen Mehrarbeit für die Amtsgerichte zu rechnen, „die angesichts der bereits jetzt bestehenden Überlastung nicht bewältigt werden kann".[27]

---

20) *Leutheusser-Schnarrenberger*, der freie beruf 7–8/1994, 20, 21; Gegenäußerung der Bundesregierung zum RegE PartGG, BT-Drucks. 12/6152, S. 30 = Anhang, S. 336.
21) *Gres*, Handelsblatt v. 19.5.1994; Gegenäußerung der Bundesregierung zum RegE PartGG, BT-Drucks. 12/6152, S. 30 = Anhang, S. 336.
22) Begründung zum RegE PartGG, BT-Drucks. 12/6152, S. 13 = Anhang, S. 332.
23) *Kempter*, BRAK-Mitt. 1994, 122, 123.
24) Gegenäußerung der Bundesregierung zum RegE PartGG, BT-Drucks. 12/6152, S. 30 = Anhang, S. 336; vgl. auch *Carl*, StB 1995, 173, 176.
25) So *Hornung*, Rpfleger 1995, 481, 486; ähnlich *Henssler*, PartGG, § 4 Rz. 1, abwägend MünchKomm-*Ulmer*, BGB, §§ 4, 5 PartGG Rz. 19 ff.
26) Stellungnahme des Bundesrates zum RegE PartGG, BT-Drucks. 12/6152, S. 26 f = Anhang, S. 334; vgl. ferner *Leutheusser-Schnarrenberger*, der freie beruf 7–8/1994, 20, 21; *Bösert*, DStR 1993, 1332, 1334 in Fußn. 18; *Hornung*, Rpfleger 1995, 481, 487 („Spiegelgefecht, das auf seiten des Bundesrats zudem noch halbherzig geführt worden ist").
27) Stellungnahme des Bundesrates zum RegE PartGG, BT-Drucks. 12/6152, S. 26 = Anhang, S. 334; ähnlich bereits BR-Ausschüsse zum E 1976, BR-Drucks. 444/1/76, S. 3.

7 Die **Bundesregierung** wies demgegenüber darauf hin, dass nach dem Verzicht auf Nachweise der Zugehörigkeit zu einem freien Beruf[28] und nach dem Verzicht auf die Vorlage des Partnerschaftsvertrages nur noch eine **beschränkte Prüfung** stattfinde, deren Aufwand wegen der Einführung eines großzügigen Mindestgeschäftswertes für die Eintragung in Art. 4 Nr. 1 durch entsprechende **Gebühreneinnahmen** kompensiert werde.[29] In der Tat ist nach Einschätzung des zuständigen Referatsleiters im Bundesjustizministerium wohl sogar davon ausgehen, dass die Länder an der Registrierung verdienen werden.[30] Der **Bundesrat** vertrat daraufhin zwar noch die Auffassung, dass auch zusätzliche Gebühreneinnahmen an dem weiterhin unabdingbaren Personalabbau nichts ändern würden und die Mehrarbeit für die Gerichte daher nicht vertretbar sei,[31] zog sich aber im weiteren Gesetzgebungsverfahren bei **grundsätzlichem Einverständnis** mit dem Gesetzesvorhaben auf die Erwartung zurück, dass die Kostenordnung angepasst werden müsse, wenn sich herausstellen sollte, dass die Mehrkosten durch das Partnerschaftsregister nicht von den Gebühreneinnahmen gedeckt seien.[32] Dem stimmte auch die Bundesregierung zu, wobei sie jedoch davon ausging, dass sich auf absehbare Zeit kein Anpassungsbedarf ergeben würde.[33] In der Tat ist eine maßgebliche Änderung der Kostenordnung erst im Zuge der allgemeinen Kostenrechtsreform zum 1.7.2004 erfolgt.

III. Stellungnahme

8 In der seit Jahrzehnten andauernden Diskussion über die Partnerschaft wurde es offenbar weitestgehend als selbstverständlich akzeptiert, für die freien Berufe **ein eigenes Register** außerhalb des Handelsregisters einzurichten.[34] Ein überzeugendes Argument dafür gibt es jedoch nicht.[35] Die ausgesprochene Nähe der Partnerschaft zu den Handelsgesellschaften durchzieht das gesamte Partnerschaftsgesellschaftsgesetz, und es hätte daher nahe gelegen, auch die Partnerschaften in das – gegebenenfalls umzubenennende – Handelsregister einzutragen. Eine **Wesensverschiedenheit** dergestalt, dass die Eintragung freiberuflicher Gesellschaften gemein-

---

28) Die Nachweispflicht der Berufszugehörigkeit wurde nach der erteilten Zustimmung des Bundesrates und (somit) der Verabschiedung des Gesetzes in § 3 Abs. 1 Satz 2, Abs. 3 und 4 PRV allerdings „durch die Hintertür" wieder eingeführt.
29) Gegenäußerung der Bundesregierung zum RegE PartGG, BT-Drucks. 12/6152, S. 30, ähnlich bereits die Begründung zum RegE PartGG, BT-Drucks. 12/6152, S. 8, beides Anhang, S. 337, 305; Begründung zum Entwurf einer PRV, BR-Drucks. 213/95, S. 2, 12; vgl. auch *Bösert*, DStR 1993, 1332, 1334 in Fußn. 18.
30) *Seibert*, Die Partnerschaft, S. 46 in Fußn. 61.
31) Stellungnahme des Bundesrates zum RegE PartGG, BT-Drucks. 12/6152, S. 26 = Anhang, S. 334; dies liegt nach der Erklärung von *Seibert*, Die Partnerschaft, S. 46 in Fußn. 61, daran, dass die Gebühren nach Angaben der Ländervertretungen von den Finanzministern vereinnahmt, neue Rechtspflegerstellen aber trotzdem nicht geschaffen würden.
32) Stellungnahme des Bundesrates zum RegE PartGG, BT-Drucks. 12/6152, S. 27 = Anhang, S. 334.
33) Gegenäußerung der Bundesregierung zum RegE PartGG, BT-Drucks. 12/6152, S. 31 = Anhang, S. 355.
34) Vgl. bereits *Raisch*, in: Festschrift Knur, S. 165, 177 f.
35) Ähnlich *Krejci*, in: Verhandlungen des 10. ÖJT, Bd. I/1, S. 102 f, sowie *Hoffmann*, in: Verhandlungen des 10. ÖJT, Bd. II/1, S. 45, 54 jeweils zur Rechtslage in Österreich.

sam mit den Handelsgesellschaften nicht in Betracht käme, kann schon deswegen nicht anerkannt werden, weil sich im Handelsregister bereits eine Vielzahl von Gesellschaften der Angehörigen freier Berufe findet. Die Bandbreite erstreckt sich seit der Zulässigkeit der Zahnarzt- und Rechtsanwalts-GmbH[36] sowie der Steuerberatungs- und Wirtschaftsprüfungsgesellschaften und der freiberuflichen Europäischen wirtschaftlichen Interessenvereinigung (EWIV)[37] über alle Rechtsformen des Handelsrechts mit nahezu sämtlichen freien Berufen. Die vor allem früher[38] anzutreffende Ansicht, den Angehörigen freier Berufe fehle das **Erwerbsstreben** und deswegen sei ein von den Handelsgesellschaften getrenntes Register einzurichten, ist realitätsfern und überholt.[39] Die Einrichtung spezieller Partnerschaftsregister ist daher nur durch den längst überholten „**Standesdünkel**" einiger freiberuflicher Berufsorganisationen[40] zu erklären.[41]

Nach einer Gesetzgebungsgeschichte, die von einer Reihe von Streichungen und Reduzierungen geprägt war, sind praktisch keine Angaben mehr verblieben, deren Einsichtnahme sich für den Rechtsverkehr noch lohnen könnte. Die Vermutung, Patienten und Klienten würden vor Vergabe eines Auftrags erst in das Partnerschaftsregister sehen und nach den dort gefundenen Informationen ihre Entscheidung über die Auswahl einer geeigneten Praxis treffen, kann nicht überzeugen.[42]   9

Name und Sitz einer Partnerschaft sind dem potentiellen Klienten, der sich für die Aufnahme vertraglicher Beziehungen interessiert, zwangsläufig bekannt. Im Außenverhältnis ist die registerrechtliche Unterscheidung zwischen Sitz und Zweigstelle ohne Bedeutung. Die Angabe des **Gegenstandes** der Partnerschaft hat gegenüber der Angabe der Berufe der Partner praktisch keine eigene Funktion, jedenfalls hindert sie nicht darüber hinausgehende Aktivitäten. Die Namen und **Berufe der Partner** entnimmt der interessierte Mandant am ehesten dem Türschild oder dem **Briefkopf** der Partnerschaft, zumal auch nur diese den aktuellen Stand wiedergeben. Die Eintragung im Partnerschaftsregister ist, von dem Fall der erstmaligen Eintragung einmal abgesehen, stets deklaratorisch und hinkt daher der tatsächlichen Rechtslage hinterher, auch Abweichungen der Eintragung von der wirklichen Situation sind möglich. Über § 1 Abs. 3 in Verbindung mit den jeweiligen Berufsordnungen sind ohnehin eine Reihe von Angehörigen freier Berufe gezwungen, die Namen und Berufe sämtlicher Partner auf Türschild und Briefbögen anzuführen.[43]   10

---

36) BGH MedR 1994, 152; BayObLG WM 1995, 23.
37) Hierzu überzeugend *Karsten Schmidt*, NJW 1995, 1, 3.
38) So noch die Begründung zum E 1971, BT-Drucks. VI/2047, S. 7; Begründung zum E 1975, BT-Drucks. 7/4089, S. 9.
39) *Michalski*, ZIP 1991, 1551, 1557.
40) Dazu bereits *Michalski*, ZIP 1991, 1551, 1552.
41) Ähnlich *Karsten Schmidt*, NJW 1995, 1, 3: „... die Sorge einer privilegierten Berufsgruppe, nur ja nicht in die Nähe der Gewerbetreibenden (und Gewerbesteuerpflichtigen) gebracht zu werden, war offenbar stärker als rechtssystematische Einsicht"; ähnlich die Situation in Österreich vor Verabschiedung des EGG, vgl. hierzu *Hoffmann*, in: Verhandlungen des 10. ÖJT, Bd. II/1, S. 45, 54.
42) So auch *Schwenter-Lipp*, S. 140 („gekünstelt").
43) Z. B. Ärzte; vgl. auch *v. Falkenhausen*, AnwBl 1993, 479, 480.

11 Bei einer näheren Betrachtung reduziert sich der Zweck der Registereintragung auf die konstitutive Wirkung gemäß § 7 Abs. 1 und damit die Unterscheidbarkeit zwischen der BGB-Gesellschaft und einer Partnerschaft.[44] Es handelt sich im Übrigen um ein **isoliertes Register** für freiberufliche Partnerschaften, während die weiterhin bestehenden Gesellschaften bürgerlichen Rechts wie bisher keinem Registerzwang unterfallen.[45] Insgesamt vermögen die für dieses Register angeführten Gründe nicht zu überzeugen.[46]

D. Registerverfahren

I. Regelung durch die Partnerschaftsregisterverordnung

12 Das Verfahren wird durch die **Partnerschaftsregisterverordnung** geregelt, welche in enger Abstimmung mit den Ländern bereits frühzeitig erarbeitet worden war[47] und gemäß § 10 PRV am 1.7.1995 in Kraft getreten ist (siehe Einführung Rz. 24).

II. Zuständiges Registergericht

12a Die Anmeldung zur Eintragung im Partnerschaftsregister ist bei dem zuständigen Registergericht vorzunehmen. Dies ist gemäß § 4 Abs. 1 Satz 1 PartGG i. V. m. § 106 Abs. 1 HGB und § 160b Abs. 1 Satz 1 FGG, § 1 Abs. 1 PRV i. V. m. § 1 HRV grundsätzlich das **Amtsgericht**, in dessen Bezirk die Gesellschaft ihren Sitz hat. Einige Bundesländer haben allerdings von ihrer durch § 160b Abs. 1 Satz 2 i. V. m. § 125 Abs. 2 FGG eröffneten Möglichkeit Gebrauch gemacht, bestimmten Amtsgerichten die Führung des Partnerschaftsregisters für mehrere Amtsgerichtsbezirke zu übertragen. In Nordrhein-Westfalen wird das Partnerschaftsregister für alle Amtsgerichtsbezirke zentral beim Amtsgericht Essen geführt,[48] in Berlin beim Amtsgericht Charlottenburg,[49] in Hamburg beim Amtsgericht Hamburg,[50] im Saarland beim Amtsgericht Saarbrücken.[51] In Baden-Württemberg,[52] Bayern,[53]

---

44) Vgl. Gegenäußerung der Bundesregierung zum RegE PartGG, BT-Drucks. 12/6152, S. 30 = Anhang, S. 336.
45) So bereits die Kritik des Bundesrates im Jahre 1976, dazu *Schwenter-Lipp*, S. 138; kritisch ferner *v. Falkenhausen*, AnwBl 1993, 479, 480 f.
46) Näher zur rechtspolitischen Kritik noch die 1. Auflage, 1995, § 4 Rz. 6–8.
47) *Leutheusser-Schnarrenberger*, der freie beruf 7–8/1994, 20, 22.
48) Verordnung über die Führung des Partnerschaftsregisters v. 20.6.1995, GVBl NW 1995, 576.
49) 4. Verordnung zur Änderung der 1. Verordnung über die Konzentration amtsgerichtlicher Zuständigkeiten v. 20.6.1995, GVBl 1995, 376.
50) 3. VO zur Änderung der VO über die Zuständigkeit des AG Hamburg in Zivil- und Handelssachen sowie für die Erledigung inländischer Rechtshilfesachen v. 4.7.1995, GVBl 1995, 154.
51) VO über die Zuständigkeit in Partnerschaftsregistersachen v. 3.7.1995, ABl 1995, 611.
52) VO der Landesregierung über die gerichtliche Zuständigkeit zur Führung des Partnerschaftsregisters und zur Übertragung von Ermächtigungen zum Erlass von Rechtsverordnungen für das Partnerschaftsregister v. 19.6.1995, GVBl 1995, 455.
53) VO zur Änderung der Gerichtlichen Zuständigkeitsverordnung Justiz v. 6.7.1995, GVBl 1995, 343.

Brandenburg,[54)] Bremen,[55)] Mecklenburg-Vorpommern,[56)] Rheinland-Pfalz,[57)] Sachsen,[58)] Sachsen-Anhalt[59)] und Thüringen[60)] existieren mehr oder weniger komplizierte Zuständigkeitsregelungen.[61)] Bislang haben nur die Bundesländer Hessen und Niedersachsen von einer besonderen Zuständigkeitsregelung abgesehen, so dass es dort bei der Zuständigkeit des jeweiligen Amtsgerichts am Sitz der Partnerschaft bleibt.

III. Anmeldung durch die Partner

Die Anmeldung erfolgt gemäß Absatz 1 Satz 1 i. V. m. § 108 Abs. 1 HGB durch sämtliche **Partner** gemeinsam, wobei allerdings die Vertretung von Gesellschaftern durch andere Partner möglich ist.[62)]   12b

IV. Anmeldepflichtige Vorgänge

Bei folgenden Umständen oder Ereignissen sind die Partner zur Anmeldung beim Registergericht verpflichtet:[63)]   12c

– Neueintragung (§ 4 Abs. 1 Satz 1 PartGG i. V. m. § 106 Abs. 1 HGB);
– Änderungen folgender Umstände:
    – Name der Partnerschaft,
    – Sitz der Partnerschaft,
    – Name eines Partners,
    – Vorname eines Partners,
    – in der Partnerschaft ausgeübter Beruf eines Partners,
    – Wohnort eines Partners,
    – Gegenstand der Partnerschaft
(§ 4 Abs. 1 Satz 3 PartGG, § 3 Abs. 4 PRV);

---

54) VO v. 5.4.1995 zur Änderung der Gerichtszuständigkeitsverordnung, GVBl 1994 II, 40.
55) VO über die Führung des Partnerschaftsregisters in den Bezirken der Amtsgerichte Bremen und Bremen-Blumenthal v. 20.6.1995, GVBl 1995, 329.
56) 2. VO zur Änderung der VO über die Konzentration v. 7.4.1995, GVBl 1995, 226.
57) 8. Länderverordnung zur Änderung der Landesverordnung über die gerichtliche Zuständigkeit in Zivilsachen und Angelegenheiten der freiwilligen Gerichtsbarkeit v. 28.6.1995, GVBl 1995, 192.
58) VO des sächsischen Staatsministeriums der Justiz zur Änderung der gerichtlichen Zuständigkeitsverordnung v. 8.3.1995, GVBl 1995, 105.
59) 2. VO zur Änderung der VO über Zuständigkeiten der Amtsgerichte und Landgerichte in Zivilsachen v. 23.6.1995, GVBl 1995, 186.
60) 2. VO zur Änderung der Thüringer VO über gerichtliche Zuständigkeiten in der ordentlichen Gerichtsbarkeit v. 29.11.1994, GVBl 1994, 1231.
61) Einzelheiten bei *Bösert/Braun/Jochem*, Leitfaden, S. 137–142.
62) Näher *Lenz*, in: Meilicke u. a., PartGG, § 5 Rz. 31.
63) Vgl. *Eggesiecker*, Fach D Rz. 4.230.

- Eintritt eines Partners
  (§ 4 Abs. 1 Satz 3 PartGG, § 3 Abs. 4 PRV);
- Ausscheiden eines Partners
  (§ 9 Abs. 1 PartGG i. V. m. § 143 Abs. 2 HGB);
- Änderungen der Vertretung, Gesamtvertretung, Ausschluss von der Vertretung
  (§ 7 Abs. 3 PartGG i. V. m. § 125 Abs. 4 HGB);
- Errichtung, Aufhebung, Veränderung bei einer Niederlassung
  (§ 5 Abs. 2 PartGG i. V. m. § 13 HGB, § 4 Abs. 1 Satz 3 PartGG);
- Auflösung, Liquidatoren und deren Vertretung, Vollbeendigung, Fortsetzung nach Insolvenz
  (§ 9 Abs. 1 PartGG i. V. m. den § 143 Abs. 1, § 144 Abs. 2 HGB; § 10 Abs. 1 PartGG i. V. m. den §§ 148, 150 Abs. 1, § 157 HGB).

E. Form und Inhalt der Anmeldung

I. Form; erforderliche Angaben

13   Gemäß § 5 Abs. 2 i. V. m. § 12 HGB haben sowohl die Anmeldung als auch die bei Gericht aufzubewahrenden Zeichnungen von Unterschriften in öffentlich beglaubigter **Form** zu erfolgen;[64] Gleiches gilt für eine Vollmacht zur Anmeldung. Eine Rechtsnachfolge ist möglichst durch öffentliche Urkunden nachzuweisen. Der Beginn der Partnerschaft ist – anders als bei der OHG – nicht anzumelden, da insoweit gemäß § 7 Abs. 1 die Eintragung konstitutiv wirkt.[65]

14   Es sind die in **§ 3 Abs. 2** genannten Angaben zu machen (Absatz 1 Satz 2).[66] Die Anordnung der Angabe der Zugehörigkeit zu dem in der Partnerschaft ausgeübten freien Beruf in **Absatz 2 Satz 1** geht nicht über die Angabe nach Absatz 1 Satz 2 i. V. m. § 3 Abs. 2 Nr. 2 hinaus und ist daher nur eine – überflüssige – **Klarstellung**.[67] Unter – unzutreffender (dazu bereits oben Rz. 4) – Berufung auf Absatz 2 Satz 1 wurde allerdings in der Partnerschaftsregisterverordnung eine wesentliche Verschärfung der Darlegungspflichten der Partner bei der Anmeldung eingeführt.[68]

14a Seit dem 15.12.2001 sind ferner die Geburtsdaten sämtlicher Partner und die Vertretungsverhältnisse der Partnerschaft zur Eintragung im Partnerschaftsregister anzumelden (vgl. oben Rz. 3a).

15   § 3 Abs. 1 Satz 2 PRV statuiert eine Verpflichtung zur **Vorlage** etwaiger Zulassungs- oder Prüfungsurkunden (dazu noch sogleich bei Rz 18). Falls dies nicht

---

64) Näher *Lenz,* in: Meilicke u. a., PartGG, § 5 Rz. 30.
65) Vgl. *Schaub,* NJW 1996, 625, 626 f.
66) Formulierungsvorschläge für eine Anmeldung zum Partnerschaftsregister bei *Michalski/Römermann,* Vertrag der Partnerschaftsgesellschaft, Rz. 359 f.
67) So auch *Feddersen/Meyer-Landrut,* PartGG, § 4 Rz. 10.
68) Kritisch auch *Feddersen/Meyer-Landrut,* PartGG, § 4 Rz. 10, 13.

möglich ist, weil es für den Beruf[69] keine anerkannte Ausbildung oder ein sonstiges Zulassungsverfahren gibt, „können" die Partner „die Ausübung freiberuflicher Tätigkeit auf sonstige Weise, notfalls auch durch schlichte Erklärung, darlegen" (§ 3 Abs. 1 Satz 3 PRV). Dies soll ausweislich der Begründung[70] vor allem die Tätigkeitsfelder (z. B. Abgrenzung des freiberuflichen Künstlers vom Kunstgewerbetreibenden) sowie die „ähnlichen Berufe" betreffen. In diesen Fällen soll den Partnern die Verpflichtung zu schriftlichen Angaben obliegen.[71] Offenbar geht die Begründung zur Partnerschaftsregisterverordnung auch hier davon aus, dass den Gesellschaftern eine über die bloße Berufsangabe hinausgehende **Darlegungslast** zufalle. Diese Auffassung ist jedoch zweifelhaft. In Absatz 2 Satz 1 ist ersichtlich nur von der Angabe des Berufs selbst die Rede und nicht davon, dass die Partner zu weitergehenden Darlegungen verpflichtet wären. Zwar heißt es dort, die Gesellschafter müssten die Berufsauslegung „darlegen". Damit ist kein schlüssiger Tatsachenvortrag gemeint; dies würde die Freiberufler wie auch die Gerichte überfordern und den Prüfungsaufwand entgegen der Absicht des Gesetzgebers in unvertretbarer Weise vermehren.[72]

Schließlich normiert § 4 Satz 2 und 3 PRV noch weitere **Mitteilungspflichten** bei der Anmeldung. Danach haben die Partner das Registergericht darüber zu informieren, ob und gegebenenfalls welche Berufskammern für die von ihnen ausgeübten Berufe bestehen. Im letzteren Fall sollen ferner die Anschriften der Kammern genannt werden. Dies dient nach der Begründung zur Partnerschaftsregisterverordnung dazu, „den Registergerichten die Ermittlung der jeweils zuständigen Berufskammern zu erleichtern".[73] Da es sich bei § 4 Satz 3 PRV nur um eine Soll-Bestimmung handelt, wird bei den voraussichtlich häufiger in Form von Partnerschaften organisierten Berufen das Fehlen der – ohnehin gerichtsbekannten – Kammeranschrift kein Eintragungshindernis darstellen können. Wesentlich bedeutsamer ist demgegenüber die nach § 3 Abs. 2 PRV erforderliche **Erklärung der Partner** über die Einhaltung der berufsrechtlichen Vorgaben bei der Eintragung der Partnerschaft. Vor allem die interprofessionellen Gesellschaften haben hierbei anzugeben, dass der Zusammenarbeit der verschiedenen Berufe nach keinem der Berufsrechte etwas entgegensteht.

16

Die Angaben bei der Anmeldung müssen mit denen im **Partnerschaftsvertrag** übereinstimmen, ansonsten wird das Register insoweit unrichtig und muss berichtigt werden. Ferner haben (nur) die vertretungsberechtigten Partner ihre Unterschrift zur Aufbewahrung beim Registergericht handschriftlich[74] zu zeichnen

17

---

69) Die Begründung zum Entwurf einer PRV, BR-Drucks. 213/95, S. 2, spricht ungenau von der „angestrebten Tätigkeit". Gemeint ist damit offenbar, dass der Partner anstrebt, seinen Beruf in der Partnerschaft auszuüben; die Berufszugehörigkeit selbst wird hingegen regelmäßig bereits vor Eintragung der Partnerschaft vorliegen.
70) Begründung zum Entwurf einer PRV, BR-Drucks. 213/95, S. 15.
71) Begründung zum Entwurf einer PRV, BR-Drucks. 213/95, S. 14 f.
72) Vgl. *Lenz*, in: Meilicke u. a., PartGG, § 4 Rz. 27 (allerdings noch auf dem Rechtsstand vor Erlass der PRV); wie hier *Henssler*, PartGG, § 4 Rz. 31.
73) Begründung zum Entwurf einer PRV, BR-Drucks. 213/95, S. 18.
74) Hierzu *Baumbach/Hopt*, HGB, § 108 Rz. 7.

(Absatz 1 Satz 1 i. V. m. § 108 Abs. 2 HGB n. F.). Die Zeichnung ist keine Eintragungsvoraussetzung und kann daher nachgereicht werden.[75] Bei Veränderungen der in § 3 Abs. 2 genannten Daten sind auch die jeweiligen **Änderungen** zur Eintragung anzumelden (Absatz 1 Satz 3).

II. Vorzulegende Nachweise

18 Bei der Anmeldung sind nach § 4 **keinerlei Nachweise** mehr vorzulegen, da das Gesetz im Gegensatz zu früheren Entwürfen sowohl auf die Einreichung des Partnerschaftsvertrages (siehe oben Rz. 2, § 3 Rz. 5 f)[76] als auch auf den Nachweis der Zugehörigkeit der Partner zu dem von ihnen in der Gesellschaft ausgeübten freien Beruf[77] verzichtet hat. Teilweise anderes gilt nun allerdings nach der Partnerschaftsregisterverordnung. Nach deren § 3 Abs. 1 Satz 2 soll die **Urkunde** über eine etwaige staatliche **Zulassung oder Prüfung** im Original, einer Ausfertigung oder einer öffentlich beglaubigten Abschrift eingereicht werden. Die Zulassung betrifft sowohl die verkammerten Berufe als auch den Fall der berufsrechtlichen Anerkennung von Berufsbezeichnungen wie etwa bei den Architekten.[78] Bei den Berufen ohne eine staatliche Zulassung kann die erforderliche Prüfung relevant sein, sofern es sich um eine notwendige und staatlich anerkannte Ausbildung handelt, wie insbesondere bei den Diplom-Psychologen. Die Formulierung des § 3 Abs. 1 Satz 2 PRV als Soll-Bestimmung ermöglicht es dem Gericht, auf den Nachweis zu verzichten, falls „insofern keine vernünftigen Zweifel bestehen, zum Beispiel, wenn die Ausübung des Freien Berufes dem Gericht ohnehin bekannt ist",[79] was wohl vor allem auf die im Gerichtsbezirk zugelassenen Rechtsanwälte zutreffen dürfte.[80]

19 Gemäß § 3 Abs. 3 PRV besteht eine **besondere Nachweispflicht** für Partnerschaften, die aufgrund berufsrechtlicher Vorschriften einer staatlichen Zulassung bedürfen. Das betrifft zurzeit lediglich die Steuerberatungs-, Wirtschaftsprüfungs- und Buchprüfungsgesellschaften (siehe § 49 Abs. 1 StBerG, § 27 Abs. 1, § 130 Abs. 2 WPO). In diesen Fällen soll die jeweilige Anerkennungsbehörde zunächst eine Unbedenklichkeitsbescheinigung ausstellen, welche die Partner bei der Anmeldung der Partnerschaft dem Registergericht einzureichen haben.[81] Nach der Eintragung im Partnerschaftsregister erfolgt dann die endgültige Anerkennung gemäß den Vorschriften des Berufsrechts.[82]

---

75) *Schaub*, NJW 1996, 625, 627.
76) Wie hier *Lenz*, in: Meilicke u. a., PartGG, § 4 Rz. 31.
77) Vgl. § 5 Abs. 2 Satz 3 E 1976, BT-Drucks. 7/5402, S. 4; § 4 Abs. 2 RegE PartGG, BT-Drucks. 12/6152, S. 4 = Anhang, S. 332, der erst auf die eingehend begründete ablehnende Stellungnahme des Bundesrates (S. 27 = Anhang, S. 334) abgeändert wurde; indirekt auch § 5 Abs. 2 Satz 2 E 1975, BT-Drucks. 7/4089, S. 3.
78) Begründung zum Entwurf einer PRV, BR-Drucks. 213/95, S. 14.
79) Begründung zum Entwurf einer PRV, BR-Drucks. 213/95, S. 15.
80) Wie hier *Feddersen/Meyer-Landrut*, PartGG, § 1 Rz. 21.
81) *Hornung*, Rpfleger 1996, 1, 9.
82) Zum Ablauf vgl. die Begründung zum Entwurf einer PRV, BR-Drucks. 213/95, S. 16.

Anmeldung der Partnerschaft § 4

III. Weitere anmeldungspflichtige Tatsachen

- Die **Auflösung der Partnerschaft**, sofern sie nicht durch die Insolvenzeröffnung über das Gesellschaftsvermögen eintritt, § 9 Abs. 1 i. V. m. § 143 Abs. 1 HGB;
- das **Ausscheiden eines Partners**, § 9 Abs. 1 i. V. m. § 143 Abs. 2 HGB.

20

F. Prüfung durch das Registergericht

I. Freiberuflichkeit

Das Gericht prüft, ob die Angaben der Partner die Eintragung der Partnerschaft rechtfertigen. **Primär** bedeutet dies die Prüfung, ob die mitgeteilten Berufe der Partner **freie Berufe** i. S. d. § 1 Abs. 2 sind[83]) und der **Gegenstand** der Partnerschaft derjenige der Ausübung dieser freien Berufe in der Gesellschaft ist. Nach den Vorlagebestimmungen des § 3 PRV wird das Gericht sich dabei bei den zulassungspflichtigen Berufen an der eingereichten Zulassungsurkunde, bei Berufen mit einem anerkannten Ausbildungsweg an der Prüfungsurkunde und im Übrigen gegebenenfalls an etwaigen weiteren Darlegungen der Partner orientieren, wobei das Letztere nach der hier vertretenen Auffassung (oben Rz. 15) wegen der begrenzten Darlegungspflicht nicht immer möglich sein wird.

21

Entscheidend ist jeweils die **Abgrenzung zur gewerblichen Tätigkeit**. Bei nicht vom Katalog und von den Tätigkeitsfeldern des § 1 Abs. 2 erfassten Berufen wird es hierbei auf die Subsumtion unter die „ähnlichen Berufe" ankommen.[84]) Falls das Gericht Zweifel an der Freiberuflereigenschaft eines Partners hat, soll es gemäß § 4 Satz 1 PRV der zuständigen Berufskammer Gelegenheit zur Stellungnahme geben. Dies konkretisiert die Mitwirkungspflichten der berufsständischen Organe nach § 160b Abs. 1 Satz 3, § 126 FGG.[85])

22

Es verwundert zunächst, dass ausschließlich die Beteiligung der Berufskammern im Eintragungsverfahren normiert wurde, zumal es doch in aller Regel gerade nicht die verkammerten Berufe sind, deren Einordnung als freiberuflich oder gewerblich besondere Schwierigkeiten bereitet, sondern vielmehr das weite Feld der nicht oder nur privatrechtlich organisierten Tätigkeiten. Die Begründung zur Partnerschaftsregisterverordnung weist allerdings wohl zu Recht auf mehrere Probleme hin, die sich mit der Einbeziehung der übrigen freiberuflichen Verbände in das Eintragungsverfahren gestellt hätten und die letztlich dazu geführt haben, dass man auf diese Einbeziehung verzichtete.[86]) Dies betrifft zum einen Zweifel darüber, ob § 126

23

---

83) Begründung zum RegE PartGG, BT-Drucks. 12/6152, S. 14 = Anhang, S. 339.
84) Zu den sich dabei den Amtsgerichten stellenden Problemen vgl. einerseits *Karsten Schmidt*, ZIP 1993, 633, 639, und andererseits *Michalski*, ZIP 1993, 1210, 1211.
85) Begründung zum Entwurf einer PRV, BR-Drucks. 213/95, S. 16.
86) Begründung zum Entwurf einer PRV, BR-Drucks. 213/95, S. 17.

FGG als Rechtsgrundlage für die **Einbeziehung privater Berufsvertretungen** ausreicht. Zum anderen ist die Mitgliedschaft in derartigen Organisationen zum Teil freiwillig und daher eine institutionelle, umfassende Repräsentation und Sachkunde nicht zwangsläufig gegeben. Auch könnten mehrere private Verbände existieren, zwischen denen das Gericht gegebenenfalls auswählen müsste. Im Ergebnis führt dies jedenfalls dazu, dass das Gericht lediglich im Falle der Zuständigkeit einer Berufskammer zu deren Befragung in Zweifelsfällen verpflichtet ist, im Übrigen aber nicht.

24 Falls mehrere Gegenstände bzw. Berufe angeführt sind, die teils freiberuflicher, teils gewerblicher Natur sind, ist die Eintragung insgesamt abzulehnen, da eine nur **teilweise Ablehnung** der Eintragung in der Regel nicht als möglich angesehen wird.[87] Vor einer Ablehnung kann das Registergericht gemäß § 2 Abs. 1 PRV i. V. m. § 26 Satz 2 HRV eine Frist zur Beseitigung des Eintragungshindernisses setzen.

II. Im Zweifel Eintragung

25 **Abzulehnen** ist die Eintragung nach der auch für Absatz 1 geltenden Vorschrift (oben Rz. 4) des Absatzes 2 Satz 2 jedoch nur im Falle der **positiven Kenntnis**[88] des Gerichts von der Unrichtigkeit der Angaben der Partner, insbesondere von dem gewerblichen Charakter des ausgeübten Berufs bzw. des angegebenen Gegenstandes der Partnerschaft. Ein etwaiges Kennenmüssen reicht nicht aus, da das Gericht nicht verpflichtet werden soll, Nachforschungen anzustellen.[89] Im Zweifelsfall muss eingetragen werden. Wie bereits erwähnt, ist das Gericht allerdings durch § 4 Satz 1 PRV insofern zu Nachforschungen verpflichtet, als es in Zweifelsfällen die Berufskammer zu einer Stellungnahme auffordern muss. Diese Stellungnahme ist jedoch nicht verbindlich. Nur hat das Gericht eine abweichende Entscheidung gemäß § 4 Satz 4 PRV, der Berufskammer unter Angabe der Gründe mitzuteilen.

III. Wirksamer Vertragsschluss

26 Das Gericht prüft, ob nach den ihm vorliegenden Angaben ein **wirksamer Vertragsschluss** erfolgt ist, da dies nach § 3 eine der Voraussetzungen für die Gründung einer Partnerschaft darstellt. Dies gilt zweifelsfrei im Hinblick auf die ordnungsgemäße Vertretung Minderjähriger und die Genehmigung durch das Vormundschaftsgericht,[90] wobei wegen der für die freien Berufe regelmäßig vorausgesetzten Qualifikation eine Beteiligung Minderjähriger allerdings nur in Ausnahmefällen praktisch werden wird.

---

87) BayObLG WM 1987, 502; dazu EWiR 1987, 497 *(Schulze-Osterloh)*; *Baumbach/Hopt,* HGB, § 8 Rz. 8.
88) So auch *Weyand,* INF 1995, 22, 24; vgl. MünchKomm-*Ulmer,* BGB, § 5 PartGG Rz. 12.
89) Wie hier *Lenz,* in: Meilicke u. a., PartGG, § 4 Rz. 33.
90) *Baumbach/Hopt,* HGB, § 106 Rz. 4

IV. Berufsrecht

Fraglich ist hingegen der Prüfungsumfang hinsichtlich **berufsrechtlicher Vorschriften**. Dies gilt insbesondere für **interprofessionelle** Zusammenschlüsse, deren Zulässigkeit sich gemäß § 1 Abs. 3 nach dem jeweiligen Berufsrecht richtet, das möglicherweise nicht in jedem Fall unmittelbar für das Registergericht zugänglich ist. Die Begründung des Regierungsentwurfs[91] stellt insoweit fest, dass die Überprüfung der Einhaltung berufsrechtlicher Reglementierungen „keine primäre Aufgabe des Registergerichts" darstelle. Diese recht vage Formulierung darf jedoch nicht darüber hinwegtäuschen, dass über § 134 BGB der Verstoß gegen gesetzliche Vorschriften – allerdings nicht gegen berufsständische Satzungen[92] – zur **Nichtigkeit** des Rechtsgeschäfts, hier also des **Partnerschaftsvertrages**, führt, so dass die Einhaltung der einschlägigen berufsrechtlichen Vorgaben durchaus vom Umfang der gerichtlichen Prüfung umfasst ist, zumal es hier um eine reine Rechtsanwendung geht. Es obliegt daher nicht nur der jeweiligen Berufsorganisation – soweit vorhanden –, die Kompatibilität der Partnerberufe zu überprüfen,[93] sondern dies ist grundsätzlich ebenso Sache des Partnerschaftsregistergerichts.[94] Allerdings geht die Prüfung der Berufsorganisationen insoweit über diejenige des Registergerichts hinaus, als Letzteres nicht die Vereinbarkeit mit berufsständischen **Satzungen** zu kontrollieren hat,[95] da diese die Gültigkeit des Vertrages nicht berühren.

27

Die Prüfung durch das Gericht erfolgt zunächst anhand der nach § 3 Abs. 2 Satz 1 PRV abzugebenden **Erklärung der Partner** darüber, dass die berufsrechtlichen Vorschriften – insbesondere über die Zusammenarbeit von Angehörigen verschiedener freier Berufe – der Eintragung nicht entgegenstehen. Im **Zweifelsfall** hat das Gericht nach § 4 Satz 1 PRV die Stellungnahme der Berufskammern einzuholen, sofern solche vorhanden sind. Im Übrigen gilt auch hier nach § 3 Abs. 2 Satz 2 i. V. m. Abs. 1 Satz 4 PRV, dass das Gericht grundsätzlich seiner Entscheidung die Angaben der Partner zugrunde zu legen hat, soweit ihm nicht deren Unrichtigkeit positiv bekannt ist. Erfolgte Eintragungen hat das Gericht gemäß § 6 den Berufskammern mitzuteilen, um diesen eine nachträgliche Prüfung zu ermöglichen. Falls die freiberuflichen Organisationen Unrichtigkeiten des Partnerschaftsregisters feststellen, haben sie gemäß § 160b Abs. 1 Satz 3 i. V. m. § 125 FGG die Pflicht und auch das Recht, dem Registergericht hiervon Mitteilung zu machen und gegebenenfalls durch

28

---

[91] Begründung zum RegE PartGG, BT-Drucks. 12/6152, S. 8 = Anhang, S. 306; ähnlich auf S. 14 (keine Prüfung von Amts wegen).
[92] *Palandt/Heinrichs*, BGB, § 134 Rz. 2.
[93] Zur Rechtslage in Frankreich, wo den Berufsorganisationen eine umfassende präventive Überprüfung auch anhand des Gesellschaftsvertrages zugestanden wird, vgl. *Schwenter-Lipp*, S. 139 f, die eine solche Regelung de lege ferenda auch für Deutschland befürwortet.
[94] Wie hier *Schaub*, NJW 1996, 625, 627; *Hornung*, Rpfleger 1995, 481, 487 f: *Feddersen/Meyer-Landrut*, PartGG, § 4 Rz. 13; a. A. *Burret*, WPK-Mitt. 1994, 201, 205; *Seibert*, Die Partnerschaft, S. 45; *Salger*, in: Münchener Handbuch, § 40 Rz. 4; *Taupitz*, Arztrecht 1995, 123, 126; *Böhringer*, BWNotZ 1995, 1, 3; *Lenz*, in: Meilicke u. a., PartGG, § 4 Rz. 31; *Ring*, § 4 Rz. 12; undeutlich *Henssler*, PartGG, § 4 Rz. 25; MünchKomm-*Ulmer*, BGB, § 5 PartGG Rz. 39.
[95] So auch *Hornung*, Rpfleger 1995, 481, 488.

eine eigene Antragstellung auf das Gericht einzuwirken, damit dieses von seiner Möglichkeit des Einschreitens Gebrauch macht.[96] Im Ergebnis können die Berufskammern aufgrund ihrer beschränkten Mitwirkungsrechte eine Eintragung nicht verhindern. Sie können jedoch berufsrechtliche Sanktionen verhängen, falls sie der Auffassung sind, dass die in der Partnerschaft zusammengeschlossenen Berufsangehörigen gegen ihr Berufsrecht verstoßen. So hat etwa die Wirtschaftsprüferkammer (näher dazu § 1 Rz. 107 ff) nach Eintragung von ihr nicht gebilligter einfacher (nicht als Wirtschaftsprüfungsgesellschaft anerkannter) Partnerschaften den beteiligten Wirtschaftsprüfern den Entzug ihrer beruflichen Zulassung angedroht.[97]

G. Verhältnis zu sonstigen Registern

29 Die Vorschrift lässt **sonstige Registrierungspflichten** aus anderen Gründen, so z. B. für Steuerberatungs-[98] und Wirtschaftsprüfungsgesellschaften[99] in Form der Partnerschaft, unberührt (näher § 5 Rz. 24 ff).

---

96) Vgl. Rechtsausschuss zum RegE PartGG, BT-Drucks. 12/7642, S. 12 = Anhang, S. 338; Begründung zum RegE PartGG, BT-Drucks. 12/6152, S. 14 = Anhang, S. 339.
97) Vgl. *Eggesiecker-Keuenhof,* Fach E-Wirtschaftsprüfer, Rz. 2.420 ff.
98) *Mittelsteiner,* DStR 1994, Beihefter zu Heft 37, S. 38; §§ 45 ff DVStB mit den Vorschriften über das Berufsregister.
99) *Burret,* WPK-Mitt. 1994, 201, 205; § 38 Abs. 1 Nr. 2 WPO.

§ 5
Inhalt der Eintragung; anzuwendende Vorschriften

(1) Die Eintragung hat die in § 3 Abs. 2 genannten Angaben, das Geburtsdatum jedes Partners und die Vertretungsmacht der Partner zu enthalten.

(2) Auf das Partnerschaftsregister und die registerrechtliche Behandlung von Zweigniederlassungen sind die §§ 8 bis 12, 13, 13c, 13d, 13h, 14 bis 16 des Handelsgesetzbuchs über das Handelsregister entsprechend anzuwenden.

Die Vorschriften des HGB, auf die Absatz 2 Bezug nimmt, lauten:

§ 8 (Führung des Registers)
Das Handelsregister wird von den Gerichten geführt.

§ 8a (Ermächtigung der Landesregierungen; automatisierte Dateien)
(1) Die Landesregierungen können durch Rechtsverordnungen bestimmen, dass und in welchem Umfang das Handelsregister einschließlich der zu seiner Führung erforderlichen Verzeichnisse in maschineller Form als automatisierte Datei geführt wird. Hierbei muss gewährleistet sein, dass

1. die Grundsätze einer ordnungsgemäßen Datenverarbeitung eingehalten, insbesondere Vorkehrungen gegen einen Datenverlust getroffen sowie die erforderlichen Kopien der Datenbestände mindestens tagesaktuell gehalten und die originären Datenbestände sowie deren Kopien sicher aufbewahrt werden,
2. die vorzunehmenden Eintragungen alsbald in einen Datenspeicher aufgenommen und auf Dauer inhaltlich unverändert in lesbarer Form wiedergegeben werden können,
3. die nach der Anlage zu § 126 Abs. 1 Satz 2 Nr. 3 der Grundbuchordnung erforderlichen Maßnahmen getroffen werden.

Die Landesregierungen können ferner durch Rechtsverordnung bestimmen, dass die Einreichung von Jahres- und Konzernabschlüssen, von Lageberichten sowie sonstiger einzureichender Schriftstücke in einer maschinell lesbaren und zugleich für die maschinelle Bearbeitung durch das Registergericht geeigneten Form zu erfolgen hat; die Bestimmung kann auch für einzelne Handelsregister getroffen werden. Die Landesregierungen können durch Rechtsverordnung die Ermächtigung nach den Sätzen 1 oder 3 auf die Landesjustizverwaltungen übertragen.

(2) Eine Eintragung wird wirksam, sobald sie in den für die Handelsregistereintragungen bestimmten Datenspeicher aufgenommen ist und auf Dauer inhaltlich unverändert in lesbarer Form wiedergegeben werden kann.

(3) Die zum Handelsregister eingereichten Schriftstücke können zur Ersetzung der Urschrift auch als Wiedergabe auf einem Bildträger oder anderen Datenträgern aufbewahrt werden, wenn sichergestellt ist, dass die Wiedergaben oder die Daten innerhalb angemessener Zeit lesbar gemacht werden können. Bei der Herstellung der Bild- oder Datenträger ist ein schriftlicher Nachweis über ihre inhaltliche Übereinstimmung mit der Urschrift anzufertigen.

(4) Das Gericht kann gestatten, dass die zum Handelsregister einzureichenden Jahresabschlüsse und Konzernabschlüsse und die dazugehörigen Unterlagen sowie sonstige einzureichende Schriftstücke in der in Absatz 3 Satz 1 bezeichneten Form eingereicht werden.

§ 5 Inhalt der Eintragung; anzuwendende Vorschriften

(5) Die näheren Anordnungen über die maschinelle Führung des Handelsregisters, die Aufbewahrung von Schriftstücken nach Absatz 3 und die Einreichung von Abschlüssen und Schriftstücken nach Absatz 4 trifft die Landesjustizverwaltung, soweit nicht durch Rechtsverordnung nach § 125 Abs. 3 des Gesetzes über die Angelegenheiten der freiwilligen Gerichtsbarkeit Vorschriften erlassen werden.

§ 9 (Einsicht des Handelsregisters; Abschriften; Bescheinigungen)

(1) Die Einsicht des Handelsregisters sowie der zum Handelsregister eingereichten Schriftstücke ist jedem zu Informationszwecken gestattet.

(2) Von den Eintragungen und den zum Handelsregister eingereichten Schriftstücken kann eine Abschrift gefordert werden. Werden die Schriftstücke nach § 8a Abs. 3 aufbewahrt, so kann eine Abschrift nur von der Wiedergabe gefordert werden. Die Abschrift ist von der Geschäftsstelle zu beglaubigen, sofern nicht auf die Beglaubigung verzichtet wird. Wird das Handelsregister in maschineller Form als automatisierte Datei geführt, so tritt an die Stelle der Abschrift der Ausdruck und an die Stelle der beglaubigten Abschrift der amtliche Ausdruck.

(3) Der Nachweis, wer der Inhaber einer in das Handelsregister eingetragenen Firma eines Einzelkaufmanns ist, kann Behörden gegenüber durch ein Zeugnis des Gerichts über die Eintragung geführt werden. Das Gleiche gilt von dem Nachweis der Befugnis zur Vertretung eines Einzelkaufmanns oder einer Handelsgesellschaft.

(4) Das Gericht hat auf Verlangen eine Bescheinigung darüber zu erteilen, dass bezüglich des Gegenstandes einer Eintragung weitere Eintragungen nicht vorhanden sind oder dass eine bestimmte Eintragung nicht erfolgt ist.

§ 9a (Zulässigkeit des automatisierten Verfahrens; Genehmigung; Datenschutz; Gebühren)

(1) Die Einrichtung eines automatisierten Verfahrens, das die Übermittlung der Daten aus dem maschinell geführten Handelsregister durch Abruf ermöglicht, ist zulässig, soweit die Einsicht des Handelsregisters sowie der zum Handelsregister eingereichten Schriftstücke nach § 9 Abs. 1 gestattet ist

(2) Der Nutzer ist darauf hinzuweisen, dass er die übermittelten Daten nur zu Informationszwecken verwenden darf. Die zuständige Stelle hat (z. B. durch Stichproben) zu prüfen, ob sich Anhaltspunkte dafür ergeben, dass die nach Satz 1 zulässige Einsicht überschritten oder übermittelte Daten missbraucht werden.

(3) Die zuständige Stelle kann einen Nutzer, der die Funktionsfähigkeit der Abrufeinrichtung gefährdet, die nach Absatz 2 Satz 1 zulässige Einsicht überschreitet oder übermittelte Daten missbraucht, von der Teilnahme am automatisierten Abrufverfahren ausschließen; dasselbe gilt bei drohender Überschreitung oder drohendem Missbrauch.

(4) Zuständige Stelle ist die Landesjustizverwaltung. Örtlich zuständig ist die Behörde, in deren Bezirk das betreffende Gericht liegt. Die Zuständigkeit kann durch Rechtsverordnung der Landesregierung abweichend geregelt werden. Sie kann diese Ermächtigung durch Rechtsverordnung auf die Landesjustizverwaltung übertragen.

§ 10 (Bekanntmachung der Eintragungen)

(1) Das Gericht hat die Eintragungen in das Handelsregister durch den Bundesanzeiger und durch mindestens ein anderes Blatt bekannt zu machen. Soweit nicht das Gesetz ein anderes vorschreibt, werden die Eintragungen ihrem ganzen Inhalte nach veröffentlicht.

(2) Mit dem Ablaufe des Tages, an welchem das letzte der die Bekanntmachung enthaltenden Blätter erschienen ist, gilt die Bekanntmachung als erfolgt.

§ 11 (Bezeichnung der Amtsblätter)

(1) Das Gericht hat jährlich im Dezember die Blätter zu bezeichnen, in denen während des nächsten Jahres die in § 10 vorgesehenen Veröffentlichungen erfolgen sollen.

(2) Wird das Handelsregister bei einem Gerichte von mehreren Richtern geführt und einigen sich diese über die Bezeichnung der Blätter nicht, so wird die Bestimmung von dem im Rechtszug vorgeordneten Landgericht getroffen; ist bei diesem Landgericht eine Kammer für Handelssachen gebildet, so tritt diese an die Stelle der Zivilkammer.

§ 12 (Anmeldungen; Zeichnung von Unterschriften; Nachweis der Rechtsnachfolge)

(1) Die Anmeldungen zur Eintragung in das Handelsregister sowie die zur Aufbewahrung bei dem Gericht bestimmten Zeichnungen von Unterschriften sind in öffentlich beglaubigter Form einzureichen.

(2) Die gleiche Form ist für eine Vollmacht zur Anmeldung erforderlich. Rechtsnachfolger eines Beteiligten haben die Rechtsnachfolge soweit tunlich durch öffentliche Urkunden nachzuweisen.

§ 13 Zweigniederlassungen von Unternehmen mit Sitz im Inland

(1) Die Errichtung einer Zweigniederlassung ist von einem Einzelkaufmann oder einer juristischen Person beim Gericht der Hauptniederlassung, von einer Handelsgesellschaft beim Gericht des Sitzes der Gesellschaft zur Eintragung in das Handelsregister des Gerichts der Zweigniederlassung anzumelden. Das Gericht der Hauptniederlassung oder des Sitzes hat die Anmeldung unverzüglich mit einer beglaubigten Abschrift seiner Eintragungen, soweit sie nicht ausschließlich die Verhältnisse anderer Niederlassungen betreffen, an das Gericht der Zweigniederlassung weiterzugeben.

(2) Die gesetzlich vorgeschriebenen Unterschriften sind zur Aufbewahrung beim Gericht der Zweigniederlassung zu zeichnen; für die Unterschriften der Prokuristen gilt dies nur, soweit die Prokura nicht ausschließlich auf den Betrieb einer anderen Niederlassung beschränkt ist.

(3) Das Gericht der Zweigniederlassung hat zu prüfen, ob die Zweigniederlassung errichtet und § 30 beachtet ist. Ist dies der Fall, so hat es die Zweigniederlassung einzutragen und dabei die mitgeteilten Tatsachen nicht zu prüfen, soweit sie im Handelsregister der Hauptniederlassung oder des Sitzes eingetragen sind. Die Eintragung hat auch den Ort der Zweigniederlassung zu enthalten; ist der Firma für die Zweigniederlassung ein Zusatz beigefügt, so ist auch dieser einzutragen.

(4) Die Eintragung der Zweigniederlassung ist von Amts wegen dem Gericht der Hauptniederlassung oder des Sitzes mitzuteilen und in dessen Register zu vermerken; ist der Firma für die Zweigniederlassung ein Zusatz beigefügt, so ist auch dieser zu vermerken. Der Vermerk wird nicht veröffentlicht.

(5) Die Vorschriften über die Errichtung einer Zweigniederlassung gelten sinngemäß für ihre Aufhebung.

(6) Die Bekanntmachung von Eintragungen im Handelsregister des Gerichts der Zweigniederlassung beschränkt sich auf

1. die Errichtung und Aufhebung der Zweigniederlassung,

2. die Firma,

3. den Zusatz, wenn der Firma für die Zweigniederlassung ein Zusatz beigefügt ist,

4. den Ort der Zweigniederlassung,

5. den Ort der Hauptniederlassung oder den Sitz und

6. die Tatsachen, die nur die Verhältnisse der Zweigniederlassung betreffen.

§ 13c Bestehende Zweigniederlassungen von Unternehmen mit Sitz im Inland

(1) Ist eine Zweigniederlassung in das Handelsregister eingetragen, so sind alle Anmeldungen, die die Hauptniederlassung oder die Niederlassung am Sitz der Gesellschaft oder die eingetragenen Zweigniederlassungen betreffen, beim Gericht der Hauptniederlassung oder des Sitzes zu bewirken; es sind so viel Stücke einzureichen, wie Niederlassungen bestehen.

§ 5 Inhalt der Eintragung; anzuwendende Vorschriften

(2) Das Gericht der Hauptniederlassung oder des Sitzes hat seine Eintragung unverzüglich mit einem Stück der Anmeldung von Amts wegen den Gerichten der Zweigniederlassungen mitzuteilen. Die Gerichte der Zweigniederlassungen haben die Eintragungen ohne Nachprüfung in ihr Handelsregister zu übernehmen. Eintragungen im Register der Zweigniederlassungen werden von den Gerichten der Zweigniederlassungen nur bekannt gemacht, soweit sie die in § 13 Abs. 6 angeführten Tatsachen betreffen. Im Bundesanzeiger wird die Eintragung im Handelsregister der Zweigniederlassung nicht bekanntgemacht. Sind für mehrere Zweigniederlassungen von demselben Gericht übereinstimmende Eintragungen bekannt zu machen, ist in der Bekanntmachung die Eintragung nur einmal wiederzugeben und anzugeben, für welche einzelnen Zweigniederlassungen sie vorgenommen worden ist.

(3) Betrifft die Anmeldung ausschließlich die Verhältnisse einzelner Zweigniederlassungen, so sind außer dem für das Gericht der Hauptniederlassung oder des Sitzes bestimmten Stück nur so viel Stücke einzureichen, wie Zweigniederlassungen betroffen sind. Das Gericht der Hauptniederlassung oder des Sitzes teilt seine Eintragung nur den Gerichten der Zweigniederlassungen mit, deren Verhältnisse sie betrifft. Die Eintragung im Register der Hauptniederlassung oder des Sitzes wird in diesem Fall nur im Bundesanzeiger bekannt gemacht.

(4) Absätze 1 bis 3 gelten sinngemäß für die Einreichung von Schriftstücken und die Zeichnung von Unterschriften.

§ 13d Sitz oder Hauptniederlassung im Ausland

(1) Befindet sich die Hauptniederlassung eines Einzelkaufmanns oder einer juristischen Person oder der Sitz einer Handelsgesellschaft im Ausland, so haben alle eine inländische Zweigniederlassung betreffenden Anmeldungen, Zeichnungen, Einreichungen und Eintragungen bei dem Gericht zu erfolgen, in dessen Bezirk die Zweigniederlassung besteht.

(2) Die Eintragung der Errichtung der Zweigniederlassung hat auch den Ort der Zweigniederlassung zu enthalten; ist der Firma der Zweigniederlassung ein Zusatz beigefügt, so ist auch dieser einzutragen.

(3) Im Übrigen gelten für die Anmeldungen, Zeichnungen, Einreichungen, Eintragungen und Bekanntmachungen, die die Zweigniederlassung eines Einzelkaufmanns, einer Handelsgesellschaft oder einer juristischen Person mit Ausnahme von Aktiengesellschaften, Kommanditgesellschaften auf Aktien und Gesellschaften mit beschränkter Haftung betreffen, die Vorschriften für Hauptniederlassungen oder Niederlassungen am Sitz der Gesellschaft sinngemäß, soweit nicht das ausländische Recht Abweichungen nötig macht.

§ 13h Verlegung des Sitzes einer Hauptniederlassung im Inland

(1) Wird die Hauptniederlassung eines Einzelkaufmanns oder einer juristischen Person oder der Sitz einer Handelsgesellschaft im Inland verlegt, so ist die Verlegung beim Gericht der bisherigen Hauptniederlassung oder des bisherigen Sitzes anzumelden.

(2) Wird die Hauptniederlassung oder der Sitz aus dem Bezirk des Gerichts der bisherigen Hauptniederlassung oder des bisherigen Sitzes verlegt, so hat dieses unverzüglich von Amts wegen die Verlegung dem Gericht der neuen Hauptniederlassung oder des neuen Sitzes mitzuteilen. Der Mitteilung sind die Eintragungen für die bisherige Hauptniederlassung oder den bisherigen Sitz sowie die bei dem bisher zuständigen Gericht aufbewahrten Urkunden beizufügen. Das Gericht der neuen Hauptniederlassung oder des neuen Sitzes hat zu prüfen, ob die Hauptniederlassung oder der Sitz ordnungsgemäß verlegt und § 30 beachtet ist. Ist dies der Fall, so hat es die Verlegung einzutragen und dabei die ihm mitgeteilten Eintragungen ohne weitere Nachprüfung in sein Handelsregister zu übernehmen. Die Eintragung ist dem Gericht der bisherigen Hauptniederlassung oder des bisherigen Sitzes mitzuteilen. Dieses hat die erforderlichen Eintragungen von Amts wegen vorzunehmen.

(3) Wird die Hauptniederlassung oder der Sitz an einen anderen Ort innerhalb des Bezirks des Gerichts der bisherigen Hauptniederlassung oder des bisherigen Sitzes verlegt,

so hat das Gericht zu prüfen, ob die Hauptniederlassung oder der Sitz ordnungsgemäß verlegt und § 30 beachtet ist. Ist dies der Fall, so hat es die Verlegung einzutragen.

§ 14 (Festsetzung von Zwangsgeld)
Wer seiner Pflicht zur Anmeldung, zur Zeichnung der Unterschrift oder zur Einreichung von Schriftstücken zum Handelsregister nicht nachkommt, ist hierzu von dem Registergericht durch Festsetzung von Zwangsgeld anzuhalten. Das einzelne Zwangsgeld darf den Betrag von fünftausend Euro nicht übersteigen.

§ 15 (Publizität des Handelsregisters)
(1) Solange eine in das Handelsregister einzutragende Tatsache nicht eingetragen und bekannt gemacht ist, kann sie von demjenigen, in dessen Angelegenheiten sie einzutragen war, einem Dritten nicht entgegengesetzt werden, es sei denn, dass sie diesem bekannt war.

(2) Ist die Tatsache eingetragen und bekannt gemacht worden, so muss ein Dritter sie gegen sich gelten lassen. Dies gilt nicht bei Rechtshandlungen, die innerhalb von fünfzehn Tagen nach der Bekanntmachung vorgenommen werden, sofern der Dritte beweist, dass er die Tatsache weder kannte noch kennen musste.

(3) Ist eine einzutragende Tatsache unrichtig bekannt gemacht, so kann sich ein Dritter demjenigen gegenüber, in dessen Angelegenheiten die Tatsache einzutragen war, auf die bekannt gemachte Tatsache berufen, es sei denn, dass er die Unrichtigkeit kannte.

(4) Für den Geschäftsverkehr mit einer in das Handelsregister eingetragenen Zweigniederlassung ist im Sinne dieser Vorschriften die Eintragung und Bekanntmachung durch das Gericht der Zweigniederlassung entscheidend. Für Zweigniederlassungen von Unternehmen mit Sitz im Inland gilt dies nur für die in § 13 Abs. 6 angeführten Tatsachen.

§ 16 (Entscheidung des Prozessgerichts)
(1) Ist durch eine rechtskräftige oder vollstreckbare Entscheidung des Prozessgerichts die Verpflichtung zur Mitwirkung bei einer Anmeldung zum Handelsregister oder ein Rechtsverhältnis, bezüglich dessen eine Eintragung zu erfolgen hat, gegen einen von mehreren bei der Vornahme der Anmeldung Beteiligten festgestellt, so genügt zur Eintragung die Anmeldung der übrigen Beteiligten. Wird die Entscheidung, auf Grund deren die Eintragung erfolgt ist, aufgehoben, so ist dies auf Antrag eines der Beteiligten in das Handelsregister einzutragen.

(2) Ist durch eine rechtskräftige oder vollstreckbare Entscheidung des Prozessgerichts die Vornahme einer Eintragung für unzulässig erklärt, so darf die Eintragung nicht gegen den Widerspruch desjenigen erfolgen, welcher die Entscheidung erwirkt hat.

Zu beachten sind ferner die Vorschriften der Partnerschaftsregisterverordnung und gemäß § 2 Abs. 1 PRV subsidiär die Bestimmungen der Handelsregisterverfügung.[1]

Schrifttum: *Bösert*, Das Gesetz über Partnerschaftsgesellschaften Angehöriger Freier Berufe (Partnerschaftsgesellschaftsgesetz – PartGG), ZAP Fach 15, S. 137 (= ZAP 1994, 765); *Burret*, Das Partnerschaftsgesellschaftsgesetz, WPK-Mitt. 1994, 201; *Hornung*, Partnerschaftsgesellschaft für Freiberufler (Teil 2), Rpfleger 1996, 1; *ders.*, Partnerschaftsgesellschaft für Freiberufler (Teil 1), Rpfleger 1995, 481; *Kempter*, Das Partnerschaftsgesellschaftsgesetz, BRAK-Mitt. 1994, 122; *Knoll/Schüppen*, Die Partnerschaftsgesellschaft – Handlungszwang, Handlungsalternative oder Schubladenmodell, DStR 1995, 608, 646; *Michalski*, Zulässigkeit und „Firmierung" überörtlicher Anwaltssozietäten, ZIP 1991, 1551; *Schulze-Wilk*, Neues Gesetz sichert Status der Freien Berufe, zm 84, Nr. 13

---

1) Handelsregisterverfügung (HRV), v. 12.8.1937, RMBl, 515, zuletzt geändert durch Gesetz v. 8.12.1998, BGBl I, S. 3580.

vom 1.7.1994; *Seibert*, Regierungsentwurf eines Partnerschaftsgesellschaftsgesetzes, ZIP 1993, 1197; *Schaub*, Das neue Partnerschaftsregister, NJW 1996, 625; *Schirmer*, Berufsrechtliche und kassenarztrechtliche Fragen der ärztlichen Berufsausübung in Partnerschaftsgesellschaften, MedR 1995, 341 (Teil 1), 383 (Teil 2); *Stuber*, Das Partnerschaftsgesellschaftsgesetz unter besonderer Berücksichtigung der Belange der Anwaltschaft, WiB 1994, 705; *Theißen*, Die überörtliche Anwaltssozietät, MDR 1993, 1; *Walter*, Registerverfahren-Beschleunigungsgesetz: Die Zukunft hat auch im Handels- und Genossenschaftsregister begonnen, MDR 1994, 429.

Übersicht

A. Inhalt der Eintragung (Abs. 1) 1
B. Entsprechend anwendbare Vorschriften über das Handelsregister (Abs. 2) 2
I. Verfahrensrechtliche Vorschriften 2
II. Registerpublizität 6
III. Zweigniederlassungen 7
  1. Allgemeines 7
  2. Anmeldung zum Partnerschaftsregister 9
  3. Name der Zweigniederlassung 10
  4. Sonstige Eintragungen 11
IV. Berufsrechtliche Beschränkungen der Zweigniederlassungen 14
  1. Allgemeines 14
  2. Rechtsanwälte 15
  3. Patentanwälte 16
  4. Steuerberater, Steuerbevollmächtigte 17
  5. Wirtschaftsprüfer, vereidigte Buchprüfer 18
  6. Ärzte 19
  7. Zahnärzte 20

  8. Tierärzte 21
  9. Hauptberufliche Sachverständige 23
V. Prüfung durch die Berufsaufsicht; Anzeigepflichten 24
  1. Rechtsanwälte, Patentanwälte 25
  2. Steuerberater, Steuerbevollmächtigte 27
  3. Wirtschaftsprüfer, vereidigte Buchprüfer 31
  4. Ärzte 35
  5. Zahnärzte 37
  6. Tierärzte 38
  7. Hauptberufliche Sachverständige 39
C. Vorschriften des FGG über das Registerverfahren 40
I. Zuständigkeit des Gerichts 42
II. Mitwirkungspflichten von Behörden und Berufsorganisationen 43
III. Einschreiten des Registergerichts 45
IV. Löschung 46
V. Liquidation 47

A. Inhalt der Eintragung (Abs. 1)

1 Der Inhalt der Eintragung entspricht dem der Anmeldung (§ 4 Abs. 1 Satz 2) und enthält somit vor allem die in § 3 Abs. 2 angeführten Mindestregelungspunkte des Partnerschaftsvertrages. Während die Entwürfe von 1971 und 1975 noch keine ausdrücklichen Bestimmungen über den Inhalt der Eintragung enthielten, wurde im Entwurf von 1976 erstmals explizit geregelt, dass sich der Inhalt der Eintragung mit demjenigen der Anmeldung decken sollte.[1] Die Pflichtangaben Geburtsdatum und Vertretungsmacht wurden in Absatz 1 mit Wirkung zum 15.12.2001 durch das Gesetz über elektronische Register und Justizkosten für Telekommunikation[2] eingeführt (vgl. § 4 Abs. 1 Satz 2).

---

1) § 5 Abs. 5 E 1976, BT-Drucks. 7/5402, S. 5.
2) Gesetz über elektronische Register und Justizkosten für Telekommunikation (ERJuKoG) vom 10.12.2001, BGBl I, 3422.

Inhalt der Eintragung; anzuwendende Vorschriften §5

B. Entsprechend anwendbare Vorschriften über das Handelsregister (Abs. 2)

I. Verfahrensrechtliche Vorschriften

Die Vorschrift übernimmt einige registerrechtliche Vorschriften des HGB, so insbesondere § 8 HGB über die **Zuständigkeit** der Gerichte zur Führung des Registers[3] und § 9 HGB über die **Einsichtnahme** und die Fertigung von Abschriften. Danach kann auch in das Partnerschaftsregister jedermann Einsicht nehmen, ohne ein berechtigtes Interesse nachweisen zu müssen. Dies kann gemäß Absatz 2 i. V. m. § 9a HGB auch im automatisierten Verfahren[4] mittels Online-Abrufs geschehen. Das Recht auf Registereinsicht ermöglicht es somit allen Interessierten, insbesondere potentiellen Klienten oder Geschäftspartnern, sich – gegebenenfalls schon vor Abschluss eines Vertrages – über die Verhältnisse der Gesellschaft zu informieren,[5] soweit sich diese dem Partnerschaftsregister überhaupt entnehmen lassen. Die Einsichtnahme umfasst die zum Register eingereichten Schriftstücke. Falls die Partner also ihren Partnerschaftsvertrag eingereicht haben – ohne jedoch hierzu verpflichtet zu sein (oben § 3 Rz. 5 f) –, kann jedermann darin Einblick erhalten.[6] Abschriften, Auszüge und Fotokopien dürfen gegen entsprechende Gebühren hergestellt werden. Auch für die Partnerschaft selbst kann das Recht auf **Abschrifterteilung** Bedeutung erlangen. Z. B. kann etwa im Grundbuchverfahren der gemäß § 32 Abs. 2 GBO erforderliche Nachweis der Vertretungsbefugnis der Partner durch eine Bescheinigung des Registergerichts nach § 9 Abs. 3 HGB erbracht werden.[7]

2

Nach Absatz 2 i. V. m. **§ 10 HGB**, § 2 Abs. 1 PRV i. V. m. § 32 HRV ist grundsätzlich jede Eintragung in das Partnerschaftsregister unverzüglich **öffentlich bekannt zu machen**. Dies gilt nicht für die **Insolvenz** der Gesellschaft (§ 32 Satz 3 HGB), da in diesem Fall die Bekanntmachung durch das Insolvenzgericht erfolgt. Eine fehlerhafte Bekanntmachung kann zur Staatshaftung gemäß Art. 34 GG, § 839 BGB führen.[8] Die Partner sind grundsätzlich verpflichtet, das über sie Veröffentlichte auf seine Richtigkeit hin zu überprüfen. Die für die Bekanntmachung **vorgesehenen Blätter** sind gemäß Absatz 2 i. V. m. **§ 11 HGB** jeweils im Voraus zu bezeichnen. Nach § 2 Abs. 1 PRV i. V. m. § 11 Abs. 1 HRV hat dies jeweils bis zum 6. 12. eines jeden Jahres für das Folgejahr zu geschehen.[9] Nach § 7 Abs. 2 Satz 1 PRV sind die Berufskammern vor der Auswahl zu hören; dies wie auch die Bezeichnung der Blätter durch einen einwöchigen Aushang an der Gerichtstafel gemäß § 7 Abs. 2 Satz 2 PRV entspricht inhaltlich dem § 11 Abs. 2 Satz 2 HRV. Die Begründung zur Part-

3

---

3) Vgl. hierzu auch § 4 Abs. 1 Satz 1 i. V. m. § 106 Abs. 1 HGB; § 160b Abs. 1 Satz 1 FGG i. d. F. des Art. 2 Nr. 2.
4) Vgl. § 8a HGB; zu den durch das Registerverfahrenbeschleunigungsgesetz (RegVBG) v. 20.12.1993, BGBl I, 2182, neu geschaffenen Möglichkeiten siehe etwa *Walter*, MDR 1994, 429; bei einem maschinell geführten Register sind gemäß § 2 Abs. 2 PRV die der Partnerschaftsregisterverordnung als Anlagen 1–3 beigegebenen Muster zu verwenden.
5) Vgl. *Burret*, WPK-Mitt. 1994, 201, 205.
6) *Lenz*, in: Meilicke u. a., PartGG, § 5 Rz. 23.
7) Begründung zum RegE PartGG, BT-Drucks. 12/6152, S. 16 = Anhang, S. 347.
8) *Lenz*, in: Meilicke u. a., PartGG, § 5 Rz. 28; *Baumbach/Hopt*, HGB, § 10 Rz. 1.
9) Zur Wahl der Veröffentlichungsblätter für das 2. Halbjahr 1995 siehe noch die 1. Auflage, 1995, § 5 Rz. 3.

nerschaftsregisterverordnung geht davon aus, dass die Veröffentlichungen des Handels- und des Partnerschaftsregisters regelmäßig in den gleichen Blättern vorgenommen werden.[10] Für die Veröffentlichungen in einem besonderen Teil des Bundesanzeigers nach § 7 Abs. 1 Satz 1 PRV ist das Muster nach Anlage 4 zur Partnerschaftsregisterverordnung zu verwenden. Mit § 12 HGB wird schließlich noch auf eine Formvorschrift für Anmeldungen zum Handelsregister verwiesen, die des Sachzusammenhanges wegen eigentlich besser zu § 4 gehört hätte und deswegen dort behandelt wird (siehe § 4 Rz. 13).

4 Durch die Verweisung auf § 14 HGB erhält das Partnerschaftsregistergericht die Befugnis, erforderliche Anmeldungen oder Unterschriften notfalls durch die Festsetzung eines **Zwangsgeldes** zu erzwingen.[11] Die Vorschrift betrifft vor allem die nach § 4 Abs. 1 Satz 3 ebenfalls zur Eintragung anzumeldenden Änderungen aufgrund neuer Tatsachen.[12] Das **Verfahren** einschließlich des Rechtsbehelfsverfahrens wird durch die §§ 132–140 FGG geregelt, siehe § 160b Abs. 1 Satz 2 FGG.[13]

5 Entsprechend anwendbar ist schließlich noch § 16 HGB, demzufolge das Registergericht an rechtskräftige Gestaltungsurteile, einstweilige Verfügungen sowie rechtskräftige Urteile auf Abgabe einer Willenserklärung **gebunden** wird. Die generelle Bindung an verurteilende oder feststellende Prozessentscheidungen ist in den Einzelheiten umstritten.[14]

II. Registerpublizität

6 Durch den Verweis auf § 15 HGB soll wie bei den Handelsgesellschaften die Sicherheit und Leichtigkeit des Rechtsverkehrs gefördert werden.[15] Hier wie dort treten die in den Einzelheiten umstrittenen **Publizitätswirkungen** ein, so dass sich nun auch der Geschäftspartner oder Klient der Partnerschaft auf das Schweigen und ausnahmsweise (§ 15 Abs. 3 HGB) auf die Eintragungen des Partnerschaftsregisters verlassen kann.[16] Die Anwendung der Grundsätze der **Rechtsscheinhaftung** wird durch § 15 HGB nicht ausgeschlossen, ihnen kommt allerdings über die genannte Vorschrift hinaus nur noch eine **Auffangfunktion** zu.[17] Dies kann sich im Einzelfall auch einmal nachteilig für die Gesellschaftsgläubiger auswirken, die sich bei eingetragenem und bekannt gemachtem Entzug der Vertretungsbefugnis eines Partners

---

10) Begründung zum Entwurf einer PRV, BR-Drucks. 213/95, S. 22.
11) Vgl. *Stuber*, WiB 1994, 705, 707; näher *Lenz*, in: Meilicke u. a., PartGG, § 5 Rz. 46–49.
12) Vgl. *Baumbach/Hopt*, HGB, § 88 Rz. 6, 14.
13) § 160b FGG eingefügt durch Art. 2 Nr. 2 des Gesetzes zur Schaffung von Partnerschaftsgesellschaften und bereits geändert durch Art. 5 Abs. 3 Nr.1 Ausführungsgesetz Seerechtsübereinkommen 1982/1994; dazu Einf. Rz. 24.
14) Vgl. dazu *Baumbach/Hopt*, HGB, § 16 Rz. 1; *Ammon*, in: Röhricht/Graf v. Westphalen, HGB, § 16 Rz. 2 ff.
15) Vgl. *Baumbach/Hopt*, HGB, § 15 Rz. 1.
16) Vgl. *Baumbach/Hopt*, HGB, § 15 Rz. 2.
17) *Baumbach/Hopt*, HGB, § 15 Rz. 2, 17.

unter Umständen nicht mehr auf eine Anscheinsvollmacht berufen können.[18] In aller Regel übt jedoch § 15 HGB i. V. m. den § 7 Abs. 3, §§ 8, 10 Abs. 2 erheblichen Druck auf die Partner aus und hält sie an, eintretende Veränderungen zur Eintragung anzumelden.[19]

III. Zweigniederlassungen

1. Allgemeines

Absatz 2 verweist auf die einschlägigen registerrechtlichen Bestimmungen über die Zweigniederlassung, §§ 13, 13c, 13d und 13h HGB. Nach der Umsetzung der Elften gesellschaftsrechtlichen (Zweigniederlassungs-)Richtlinie der Europäischen Union durch Gesetz vom 22.7.1993[20] ist das Zweigniederlassungsrecht auch EU-rechtlich ausgerichtet.[21] Durch die Bezugnahme im Partnerschaftsgesellschaftsgesetz wird die Errichtung von Zweigniederlassungen auch für die Angehörigen freier Berufe grundsätzlich für **zulässig** erklärt,[22] Besonderheiten resultieren aus dem **Berufsrechtsvorbehalt** in § 1 Abs. 3 (siehe dazu näher Rz. 14 ff). Der Eintragung einer Zweigniederlassung kommt lediglich eine deklaratorische Bedeutung zu. Die Zweigniederlassung entsteht bereits mit ihrer tatsächlichen Errichtung oder Aufnahme des Geschäftsbetriebes.[23]

7

Bei **überörtlichen Gesellschaften** stellt sich häufig die Frage, welcher **der Standorte** registerrechtlich als **Hauptniederlassung** zu betrachten ist, zumal eine berufsrechtliche Betrachtung häufig zu einer Bewertung als **gleichberechtigte** Niederlassungen gelangen wird (siehe bereits § 3 Rz. 15).[24] In diesen Fällen haben die Partner dennoch einen der Standorte als Hauptsitz anzumelden, die übrigen Niederlassungen werden dann in der **registerrechtlichen** Einordnung zu Zweigniederlassungen, ohne dass sich hierdurch allerdings **berufsrechtlich** etwas verändern würde.[25] Der erste anzumeldende Sitz muss gemäß § 3 Abs. 2 Nr. 1 Alt. 2 bereits im Partnerschaftsvertrag bezeichnet werden.

8

---

18) *Stuber*, WiB 1994, 705, 707, hält daher die Geltung des § 15 HGB im Bereich der Partnerschaft für unangemessen; dagegen *Knoll/Schüppen*, DStR 1995, 608, 612; *Lenz*, in: Meilicke u. a., PartGG, § 5 Rz. 50.
19) *Lenz*, in: Meilicke u. a., PartGG § 5 Rz. 50 ff.
20) Gesetz zur Durchführung der 11. EG-Richtlinie v. 22.7.1993, BGBl I, 1282.
21) *Bösert*, ZAP 1994, Fach 15, S. 137, 142; Begründung zum RegE PartGG, BT-Drucks. 12/6152, S. 14 = Anhang, S. 339.
22) *Kempter*, BRAK-Mitt. 1994, 122, 123; Begründung zum RegE PartGG, BT-Drucks. 12/6152, S. 14 = Anhang, S. 339.
23) *Lenz*, in: Meilicke u. a., PartGG, § 5 Rz. 38; *Staub/Hüffer*, Vor § 13 Rz. 16; *Salger*, in: Münchener Handbuch, § 32 Rz. 34
24) So z. B. § 59a Abs. 2 BRAO; zu diesem Problem siehe auch die Begründung zum RegE PartGG, BT-Drucks. 12/6152, S. 14 = Anhang, S. 339; ferner *Salger*, in: Münchener Handbuch, § 32 Rz. 33; *Lenz*, in: Meilicke u. a., PartGG, § 5 Rz. 34–37.
25) Begründung zum RegE PartGG, BT-Drucks. 12/6152, S. 14 = Anhang, S. 339; *Seibert*, ZIP 1993, 1197, 1198.

2. Anmeldung zum Partnerschaftsregister

9 **§ 13 Abs. 1 HGB** bestimmt, dass die Errichtung der Zweigniederlassung beim **Registergericht des Sitzes** zur Eintragung in das Register des Gerichts der Zweigniederlassung anzumelden ist. Das Gericht des Sitzes leitet die Anmeldung sowie eine Abschrift seiner Eintragungen an das Gericht der Zweigniederlassung weiter. Dieses prüft dann nur noch, ob die Zweigniederlassung wirklich besteht und ob sich der Partnerschaftsname der Zweigniederlassung von den älteren Namen am Ort unterscheidet, § 13 Abs. 3 i. V. m. § 30 HGB.[26] Hinsichtlich der übrigen Angaben legt es die Eintragung beim Gericht des Sitzes der Partnerschaft zugrunde. Sache dieses Gerichts ist es, die Anmeldung in formeller und materieller Hinsicht zu prüfen, insbesondere auch im Hinblick auf die Firmenwahrheit sowie daraufhin, ob überhaupt eine Zweigniederlassung rechtlich in Betracht kommt.[27] Hierbei sind auch die berufsrechtlichen Vorschriften zu berücksichtigen (siehe § 4 Rz. 27). Eine an das Gericht der Zweigniederlassung gerichtete Anmeldung ist nicht ordnungsgemäß und daher zurückzuweisen.[28]

3. Name der Zweigniederlassung

10 Der **Name** der Zweigniederlassung wird in der Regel demjenigen am Sitz der Partnerschaft entsprechen; dies muss aber nicht so sein. **Abweichungen** können insbesondere durch § 30 Abs. 3 HGB geboten sein, sie sind zum Teil aber auch aus anderen Gründen anzutreffen. Erforderlich ist jedenfalls, dass entweder der **Namenskern** der Partnerschaft am Sitz und am Ort der Zweigniederlassung übereinstimmt oder aber die Zweigniederlassung bei selbständigem Namenskern die Zugehörigkeit zur Partnerschaft durch einen entsprechenden **Zusatz** klarstellt.[29]

4. Sonstige Eintragungen

11 Während § 13 HGB die **Errichtung** oder **Aufhebung** (§ 13 Abs. 5 HGB) von Zweigniederlassungen betrifft, regelt § 13c HGB die **sonstigen Anmeldungen** und Eintragungen bei Bestehen mehrerer Niederlassungen. Anmeldungen sind nach § 13c Abs. 1 HGB in jedem Fall beim Gericht des Sitzes vorzunehmen, so dass dessen Register alles entnommen werden kann, was die Partnerschaft (auch nur eine Zweigniederlassung) betrifft.[30]

12 Anders ist es allerdings, wenn sich der **Sitz** der Partnerschaft **im Ausland** befindet. In diesem Falle sind nach § 13d HGB die Anforderungen des deutschen Registerrechts vollständig beim Gericht der deutschen Zweigniederlassung zu erfüllen.[31] Dieses prüft daher auch selbständig alle Voraussetzungen der Eintragung, auch jene nach ausländischem Recht, wie z. B. die wirksame Gründung einer Partnerschaft im

---

26) § 30 HGB ist gemäß § 2 Abs. 2 auch auf die Partnerschaft anwendbar.
27) *Baumbach/Hopt*, HGB, § 13 Rz. 11.
28) *Lenz*, in: Meilicke u. a., PartGG, § 5 Rz. 38.
29) BayObLG BB 1992, 944; heute h. L., vgl. nur *Baumbach/Hopt*, HGB, § 13 Rz. 7.
30) Vgl. *Baumbach/Hopt*, HGB, § 13c Rz. 1.
31) *Baumbach/Hopt*, HGB, § 13d Rz. 2; vgl. *Salger*, in: Münchener Handbuch, § 38 Rz. 34.

Ausland.[32] Dies führt zu der Frage, welcher **ausländische Gesellschaftstyp** als der deutschen Partnerschaftsgesellschaft entsprechend anerkannt werden kann. Die Begründung des Regierungsentwurfs[33] nennt die **französische** „société civile professionnelle" sowie eine Gesellschaftsform, welche sich zum damaligen Zeitpunkt scheinbar in **Belgien** in der Vorbereitung befand (dazu Einführung Rz. 70 ff).[34] Nachdem der belgische Gesetzentwurf aber gescheitert ist und sich vergleichbare Freiberufler-Gesellschaften nur noch in Frankreich finden, während sich in den übrigen Ländern andere Konzeptionen durchgesetzt haben, wird man in großzügiger Auslegung sämtliche Personengesellschaften, in denen sich Angehörige freier Berufe zusammenschließen können, als der deutschen Partnerschaft entsprechend ansehen können.

Schließlich verweist Absatz 2 noch auf § **13h HGB**. Dort ist das Verfahren zur Registrierung der **Sitzverlegung** der Partnerschaft geregelt. Die Verlegung des Sitzes ist beim Partnerschaftsregister des Sitzes anzumelden. Die Eintragung ist allerdings wie stets bei Personengesellschaften keine Voraussetzung für die Wirksamkeit der Verlegung.[35] Sofern die Partnerschaft eine Zweigniederlassung unterhält, gilt hinsichtlich des Gerichtsstandes § 21 ZPO.[36] 13

IV. Berufsrechtliche Beschränkungen der Zweigniederlassungen

1. Allgemeines

Wie stets, so ist auch im Bereich des Absatzes 2 der allgemeine **Berufsrechtsvorbehalt** des § 1 Abs. 3 zu beachten.[37] Dies gilt insbesondere hinsichtlich der Frage der Zweigniederlassungen.[38] Denkbar ist zudem, dass einzelne Berufsrechte die internationale Kooperation untersagen, so dass dann keine deutsche Zweigstelle einer ausländischen Partnerschaft errichtet werden könnte.[39] Das Registergericht prüft auch im Hinblick auf Zweigniederlassungen die berufsrechtliche Zulässigkeit (siehe bereits § 4 Rz. 27 f).[40] 14

2. Rechtsanwälte

Die herrschende Meinung war über Jahrzehnte von der Unzulässigkeit überörtlicher Sozietäten ausgegangen, bis nach einer kurzen, aber heftig geführten Diskussion im 15

---

32) Vgl. *Baumbach/Hopt*, HGB, § 13d Rz. 7; BayObLG WM 1985, 1205.
33) Begründung zum RegE PartGG, BT-Drucks. 12/6152, S. 14 = Anhang, S. 339.
34) Die derzeitige Gesellschaftsrechtsreform hat allerdings mit einer partnerschaftsähnlichen Gesellschaftsform nichts mehr zu tun; der entsprechende Versuch einer Gesetzgebung war in Belgien 1985 gescheitert.
35) Vgl. *Baumbach/Hopt*, HGB, § 13h Rz. 1.
36) *Kempter*, BRAK-Mitt. 1994, 122, 123; vgl. *BRAK*, Stellungnahme zum RefE PartGG, S. 7.
37) A. A. – unhaltbar – *Stuber*, 1. Aufl., S. 79 Anm. 10.
38) Begründung zum RegE PartGG, BT-Drucks. 12/6152, S. 14 = Anhang, S. 339; *Kempter*, BRAK-Mitt. 1994, 122, 123; *Burret*, WPK-Mitt. 1994, 201, 205; *Bösert*, ZAP Fach 15, S. 137, 145.
39) Begründung zum RegE PartGG, BT-Drucks. 12/6152, S. 14 = Anhang, S. 339.
40) A. A. auch hier *Lenz*, in: Meilicke u. a., PartGG, § 5 Rz. 2.

Schrifttum zum Ende der 80er Jahre[41] der Bundesgerichtshof in einer Entscheidung von 1989 feststellte, dass **der überörtlichen Sozietät** kein berufsrechtliches Verbot entgegenstünde.[42] Durch die Einfügung von § 59a Abs. 2 BRAO erkannte der Gesetzgeber die Zulässigkeit dieser Gestaltungsvariante einer Gesellschaftsform an. Dort ist geregelt, dass bei einer Sozietät mit mehreren Kanzleien an jedem Ort verantwortlich zumindest ein Mitglied der Partnerschaft tätig sein muss, für das die Kanzlei den Mittelpunkt seiner beruflichen Tätigkeit bildet. § 10 Abs. 3 der anwaltlichen Berufsordnung legt für die Briefbögen überörtlicher Sozietäten fest, dass für jeden auf den Briefbögen Genannten seine Kanzleianschrift anzugeben ist. Der einzelne Rechtsanwalt darf gemäß § 28 Abs. 1 BRAO grundsätzlich **keine Zweigstelle** einrichten. Die Landesjustizverwaltung kann nach Anhörung des Vorstandes der Rechtsanwaltskammer in besonderen Fällen Ausnahmen zulassen. In anderen Staaten ist die Errichtung einer Zweigstelle gemäß § 29a BRAO möglich.

3. Patentanwälte

16 Nach § 52a Abs. 2 PAO ist eine **überörtliche Sozietät** mit mehreren Kanzleien zulässig, in denen verantwortlich zumindest ein Partner tätig ist, für den diese Kanzlei den Mittelpunkt seiner beruflichen Tätigkeit bildet. Auf den Briefbögen müssen gemäß § 16 Abs. 1 Satz 1 BerufsO bei mehreren Kanzleien deren Anschriften sowie die Zugehörigkeit der einzelnen Partner zu diesen Kanzleien angegeben werden. Nach der Klarstellung in § 16 Abs. 1 Satz 2 BerufsO gilt diese Verpflichtung auch dann, wenn die Partnerschaft eine **Kurzbezeichnung** nach § 2 Abs. 1 verwendet. Die Partnerschaft darf gemäß § 16 Abs. 2 BerufsO an den verschiedenen Standorten nicht unter unterschiedlichen Bezeichnungen in Erscheinung treten.

4. Steuerberater, Steuerbevollmächtigte

17 Für die einfache, nicht als Steuerberatungsgesellschaft anerkannte Partnerschaft gilt die Vorschrift des § 51a BOStB (zur Zulässigkeit der einfachen Partnerschaft mit Steuerberatern siehe § 1 Rz. 110 f). § 51a Abs. 1 Satz 2, § 51 Abs. 1 Satz 1 BOStB stellt klar, dass sich Steuerberater in einer **überörtlichen Partnerschaft** zusammenschließen dürfen. In diesem Fall muss gemäß § 51 Abs. 2 BOStB in jeder Kanzlei zumindest ein Mitglied der Partnerschaft verantwortlich tätig sein, für das die Kanzlei den Mittelpunkt seiner beruflichen Aktivität bildet. Die als Steuerberatungsgesellschaft anerkannte Partnerschaft ist in § 55 BOStB geregelt. Nach § 55 Abs. 2 BOStB muss mindestens ein Partner im Sinne des Partnerschaftsgesellschaftsgesetzes, der Steuerberater ist, seine berufliche Niederlassung am Sitz der Gesellschaft oder in dessen Nahbereich haben. § 48 Abs. 1 Satz 1 BOStB definiert als **berufliche Niederlassung** diejenige Beratungsstelle, von der aus der Steuerberater seinen Beruf selbständig ausübt. Gemäß § 48 Abs. 1 Satz 2 BOStB dürfen Steuerberater keine weiteren beruflichen Niederlassungen unterhalten. Ausnahmen re-

---

41) Näher *Hartung*, in: Henssler/Prütting, BRAO, § 59 a Rz. 1 ff; *Teichmann*, AnwBl 1991, 323.
42) BGH AnwBl 1989, 390.

gelt § 49 Abs. 1 Satz 1 BOStB, wonach weitere Beratungsstellen i. S. d. § 34 Abs. 2 StBerG unterhalten werden können, soweit dadurch die Erfüllung der Berufspflichten nicht beeinträchtigt wird. Zweigniederlassungen von Steuerberatungsgesellschaften gelten gemäß § 49 Abs. 1 Satz 3 BOStB als **weitere Beratungsstellen** im Sinne des Gesetzes. Nach § 49 Abs. 2 BOStB muss Leiter einer weiteren Beratungsstelle ein anderer Steuerberater sein, der seine berufliche Niederlassung am Ort der Beratungsstelle oder in deren Nahbereich hat. Eine Ausnahme gilt für weitere Beratungsstellen in einem anderen Staat der Europäischen Union oder des Europäischen Wirtschaftsraumes. Weitere Beratungsstellen sollen gemäß § 49 Abs. 3 i. V. m. § 48 Abs. 2 BOStB nach außen kenntlich gemacht werden.

5. Wirtschaftsprüfer, vereidigte Buchprüfer

Gemäß § 19 Abs. 1 der Berufssatzung der Wirtschaftsprüferkammer begründet jede 18 kundgemachte berufliche Anschrift eine Niederlassung oder **Zweigniederlassung** i. S. d. §§ 3, 47 WPO. In einer Wirtschaftsprüfungsgesellschaft muss gemäß § 19 Abs. 2 Satz 1 der Berufssatzung mindestens ein Wirtschaftsprüfer, der Partner ist, seine berufliche Niederlassung unter der Anschrift der Partnerschaft haben. In einer Buchprüfungsgesellschaft muss mindestens ein vereidigter Buchprüfer oder Wirtschaftsprüfer, der Partner ist, seine berufliche Niederlassung unter der Anschrift der Partnerschaft unterhalten. Zweigniederlassungen von Wirtschaftsprüfern und Wirtschaftsprüfungsgesellschaften müssen nach § 19 Abs. 3 der Berufssatzung jeweils von mindestens einem Wirtschaftsprüfer **verantwortlich geleitet** werden, der seine berufliche Niederlassung unter der Anschrift der Zweigniederlassung hat. Zweigniederlassungen von vereidigten Buchprüfern und Buchprüfungsgesellschaften müssen jeweils von mindestens einem vereidigten Buchprüfer oder Wirtschaftsprüfer verantwortlich geleitet werden, der seine berufliche Niederlassung unter der Anschrift der Zweigniederlassung unterhält. Bei einer **überörtlichen Sozietät** sind gemäß § 28 Abs. 3 Satz 1 der Berufssatzung alle Sozietätspartner mit ihren Berufsbezeichnungen und beruflichen Niederlassungen auf den Briefbögen aufzuführen. Auf den Praxisschildern kann darauf bei Verwendung einer Kurzbezeichnung verzichtet werden (§ 28 Abs. 4).

6. Ärzte

Die Berufsausübungsgemeinschaft in Form der Ärztepartnerschaft erfordert gemäß 19 § 18 Abs. 3 Satz 1 MBO-Ä 2004 einen **gemeinsamen Praxissitz**. Eine Ärztepartnerschaft mit mehreren Praxissitzen ist nach § 18 Abs. 3 Satz 2 MBO-Ä 2004 allerdings dann zulässig, wenn an dem jeweiligen Praxissitz verantwortlich mindestens ein Mitglied der Partnerschaft hauptberuflich tätig ist. Auch bei nur einem Praxissitz dürfen Ärztinnen und Ärzte nach § 17 Abs. 2 Satz 1 MBO-Ä 2004 an zwei weiteren Orten tätig sein; sie sind dann nach § 17 Abs. 2 Satz 2 MBO-Ä 2004 verpflichtet, Vorkehrungen für eine ordnungsgemäße Versorgung ihrer Patientinnen und Patienten an jedem Ort ihrer Tätigkeit zu treffen.

7. Zahnärzte

20 Partnerschaften von Zahnärzten sind gemäß § 16 Abs. 2 Satz 3 MBO-ZÄ an einen gemeinsamen Praxissitz gebunden. Partnerschaften mit mehreren Praxissitzen sind allerdings zulässig, wenn an dem jeweiligen Praxissitz verantwortlich mindestens ein Mitglied der Partnerschaft hauptberuflich tätig ist.

8. Tierärzte

21 Die Gemeinschaftspraxis von Tierärzten darf gemäß § 25 Abs. 1 Satz 2 MBO-TÄ grundsätzlich nur von **einem Praxissitz** aus betrieben werden. Bei Zusammenschlüssen bereits bestehender Praxen zu einer Gemeinschaftspraxis kann die Tierärztekammer in besonderen Härtefällen widerruflich und befristet Ausnahmen von der Forderung nach einer gemeinsamen Praxisstelle zulassen. Eine **Zweig- oder Zweitpraxis** eines Tierarztes ist gemäß § 12 Abs. 3 MBO-TÄ unzulässig. Die Niederlassung ist an den Praxissitz gebunden, der durch § 12 Abs. 1 Satz 2 MBO-TÄ als Ort definiert wird, der mit den notwendigen räumlichen, sachlichen und personellen Voraussetzungen für die Begründung einer selbständigen freiberuflichen tierärztlichen Tätigkeit ausgestattet ist.

22 Ausnahmen von dem Verbot der Zweitpraxis kann gemäß § 12 Abs. 4 Satz 2 MBO-TÄ die Tierärztekammer befristet für bestehende Praxen zulassen, wenn es der Vermeidung unzumutbarer Härten im Einzelfall dient oder der Förderung von Zusammenschlüssen, wenn mindestens eine der Praxen bereits mindestens ein Jahr bestanden hat.

9. Hauptberufliche Sachverständige

23 § 21 der Muster-SVO enthält kein Verbot einer **überörtlichen Partnerschaft**, was sich ausschließlich aus § 17 Abs. 2 Muster-SVO ergibt, wonach die Errichtung von Zweigniederlassungen der Ingenieurkammer nur anzuzeigen ist. Dies gilt auch für Zusammenschlüsse von Sachverständigen (§ 17 Abs. 4 Muster-SVO). Die **Hauptniederlassung** des Sachverständigen befindet sich gemäß § 17 Abs. 1 Muster-SVO im Bezirk der Ingenieurkammer, in dem der Sachverständige den Mittelpunkt seiner Sachverständigentätigkeit hat.

V. Prüfung durch die Berufsaufsicht; Anzeigepflichten

24 Das Partnerschaftsgesellschaftsgesetz beinhaltet selbst keinerlei Anzeigepflichten gegenüber der jeweiligen Berufsaufsicht. Durch den allgemeinen Berufsrechtsvorbehalt in § 1 Abs. 3 legen die Berufsrechte die Einzelheiten fest.

1. Rechtsanwälte, Patentanwälte

25 Rechtsanwälte haben gemäß § 24 Abs. 1 Nr. 4 BerufsO dem Vorstand der Rechtsanwaltskammer die Eingehung oder Auflösung einer Partnerschaftsgesellschaft unaufgefordert und unverzüglich anzuzeigen. Durch § 56 BRAO und ergänzend § 24 Abs. 2 BerufsO wird ferner die Pflicht begründet, dem Vorstand Auskünfte zu er-

Inhalt der Eintragung; anzuwendende Vorschriften §5

teilen und Urkunden, z. B. den Partnerschaftsvertrag, vorzulegen, soweit dies in einer Aufsichts- oder Beschwerdeangelegenheit erforderlich ist.

Gemäß § 14 Abs. 1 BerufsO sind dem Vorstand der **Patentanwaltskammer** die Bildung, Veränderung oder Auflösung einer Partnerschaftsgesellschaft unaufgefordert und unverzüglich schriftlich **anzuzeigen**. Das Gleiche gilt für die Begründung, den Wechsel der Bezeichnung oder der Anschrift einer Kanzlei. In **Aufsichtssachen** hat der Patentanwalt dem Vorstand der Patentanwaltskammer gemäß § 14 Abs. 3 BerufsO auf dessen Verlangen vertragliche Abmachungen über eine berufliche Zusammenarbeit (hier also: den Partnerschaftsvertrag) in dem für diese Aufsichtsangelegenheit relevanten Umfang zur Kenntnis zu bringen. 26

2. Steuerberater, Steuerbevollmächtigte

Wenn eine Partnerschaft die Anerkennung als **Steuerberatungsgesellschaft** erlangen möchte, muss sie dies gemäß § 49 Abs. 3, 4 StBerG bei der für die Finanzverwaltung zuständigen jeweiligen obersten Landesbehörde beantragen. Dem Antrag ist eine Ausfertigung oder eine öffentlich beglaubigte Abschrift des Partnerschaftsvertrages beizufügen. Jede Änderung des Partnerschaftsvertrages oder der Partner oder in der Person der Vertretungsberechtigten ist der für die Finanzverwaltung zuständigen obersten Landesbehörde unverzüglich und unter Beifügung einer beglaubigten Abschrift der jeweiligen Urkunde anzuzeigen. Wird die Änderung im Partnerschaftsregister eingetragen, ist analog § 49 Abs. 4 Satz 4 StBerG, der aufgrund eines gesetzgeberischen Versehens noch immer nur vom Handelsregister spricht, eine beglaubigte Abschrift der Eintragung nachzureichen. 27

Die Berufsordnung statuiert in § 35 Nr. 6 BOStB die Verpflichtung, der Steuerberaterkammer unaufgefordert und unverzüglich die Begründung, Änderung oder Beendigung einer Partnerschaftsgesellschaft, die nicht als Steuerberatungsgesellschaft anerkannt ist, **anzuzeigen**. Diese Vorschrift steht in einem deutlichen Widerspruch zu der ansonsten unzutreffenden Auffassung der Bundessteuerberaterkammer, dass nicht als Steuerberatungsgesellschaften anerkannte Partnerschaften per se unzulässig sein sollten (oben § 1 Rz. 110 f). Hierbei handelt es sich allerdings nur um eine unverbindliche Rechtsansicht, wohingegen § 35 Nr. 6 BOStB eine Berufsrechtsnorm beinhaltet. Der inhaltliche Widerspruch muss daher zugunsten der Norm aufgelöst werden, die die „einfache" Partnerschaft ausdrücklich anerkennt. 28

Die §§ 45–50 DVStB enthalten Vorschriften über das **Berufsregister**. Nach den § 46 Nr. 2, § 48 Abs. 1 Nr. 2 DVStB sind die vertretungsberechtigten Partner verpflichtet, die in das Berufsregister einzutragenden Tatsachen der zuständigen Berufskammer mitzuteilen. Diese Tatsachen sind: 29

(1) Name der Partnerschaft;

(2) Rechtsform;

(3) Tag der Anerkennung als Steuerberatungsgesellschaft;

(4) oberste Landesbehörde, die die Anerkennung ausgesprochen hat;

§ 5 Inhalt der Eintragung; anzuwendende Vorschriften

(5) Befugnis zur Führung der Bezeichnung „Landwirtschaftliche Buchstelle";
(6) Sitz;
(7) Anschrift;
(8) Namen der vertretungsberechtigten Partner;
(9) sämtliche auswärtigen Beratungsstellen und die Namen der die auswärtigen Beratungsstellen leitenden Personen

sowie alle Veränderungen zu den oben genannten Nummern (1), (2), (5) bis (9).

30 Weitere Mitteilungspflichten bestehen gemäß § 47 Abs. 1 Nr. 2b, § 48 Abs. 2 Nr. 2 DVStB für die vertretungsberechtigten Partner, wenn der Sitz der Partnerschaft aus dem Registerbezirk hinausverlegt wird. Gemäß § 50 DVStB haben die vertretungsberechtigten Partner einer als Steuerberatungsgesellschaft anerkannten Partnerschaft jede Änderung des Partnerschaftsvertrages alsbald nach der Beschlussfassung zum Berufsregister anzuzeigen. Die vertretungsberechtigten Partner haben zudem jährlich in doppelter Ausfertigung eine von ihnen unterschriebene **Liste der Partner** zum Berufsregister einzureichen, aus der Name, Vorname, Beruf und Wohnort sowie der Kapitalanteil jedes Gesellschafters zu ersehen sind, § 50 DVStB. Falls seit Einreichung der letzten Liste keine Veränderungen der Partner oder ihrer Kapitalanteile eingetreten sind, genügt die Einreichung einer entsprechenden Erklärung. Soweit eine Liste eingereicht wird, übersendet die registerführende Stelle eine Ausfertigung der zuständigen obersten Landesbehörde.

3. Wirtschaftsprüfer, vereidigte Buchprüfer

31 Partnerschaften, die als **Wirtschaftsprüfungsgesellschaften** anerkannt werden wollen, müssen dies gemäß den § 29 i. V. m. § 7 WPO beantragen. Dem Antrag sind gemäß § 29 Abs. 2 WPO eine Ausfertigung oder eine öffentlich beglaubigte Abschrift des Partnerschaftsvertrages beizufügen. Jede Änderung des Partnerschaftsvertrages ist der obersten Landesbehörde unter Beifügung einer öffentlich beglaubigten Abschrift der jeweiligen Urkunde anzuzeigen. Wird eine Änderung im Partnerschaftsregister eingetragen, ist analog § 29 Abs. 2 Satz 4 WPO, der aufgrund eines Versäumnisses des Gesetzgebers immer noch nur von dem Handelsregister spricht, eine öffentlich beglaubigte Abschrift der Eintragung nachzureichen.

32 Das **Berufsregister** ist in den §§ 37–40 WPO normiert. Gemäß den § 38 Abs. 1 Nr. 2, § 40 Abs. 1 Nr. 2 WPO haben die vertretungsberechtigten Partner einer als Wirtschaftsprüfungsgesellschaft anerkannten Partnerschaft unter Beifügung einer Liste der vertretungsberechtigten Partner bei der Wirtschaftsprüferkammer die Eintragung folgender Tatsachen zu der Gesellschaft zu beantragen:

(1) Name der Partnerschaft;
(2) Rechtsform;
(3) Tag der Anerkennung als Wirtschaftsprüfungsgesellschaft;
(4) oberste Landesbehörde, die die Anerkennung ausgesprochen hat;
(5) Anschrift der Hauptniederlassung (Sitz);

(6) Namen, Berufe und Anschriften der Partner;
(7) Namen, Berufe und Anschriften der vertretungsberechtigten Partner;
(8) Namen und Anschrift der im Namen der Partnerschaft tätigen Wirtschaftsprüfer

sowie alle Veränderungen zu den oben genannten Nummern (1), (2), (5) bis (8).

Zweigniederlassungen sind nach den Vorschriften der § 38 Abs. 1 Nr. 3, § 40 Abs. 1 Nr. 3 WPO von dem Wirtschaftsprüfer oder den vertretungsberechtigten Partnern der Gesellschaft anzuzeigen. Die Löschung von Wirtschaftsprüfungsgesellschaften und Zweigniederlassungen muss gemäß den § 39 Nr. 2 und 3, § 40 Abs. 2 WPO durch die vertretungsberechtigten Partner oder – im Falle der Zweigniederlassungen zusätzlich – durch den Wirtschaftsprüfer beantragt werden. Die Anträge nach § 40 Abs. 1 oder 2 WPO sind gemäß § 40 Abs. 4 WPO unverzüglich zu stellen. 33

Soweit der Wirtschaftsprüfer Partner einer nicht als Wirtschaftsprüfungsgesellschaft anerkannten Partnerschaft ist, hat er entsprechend § 40 Abs. 1 Nr. 1 i. V. m. 34

- § 38 Abs. 1 Nr. 1 Buchst. d) WPO die Art der beruflichen Tätigkeit (selbständig in einer Sozietät),
- § 38 Abs. 1 Nr. 1 Buchst. e) WPO die Namen, Vornamen, Berufe und beruflichen Niederlassungen der Partner,
- den Namen der Partnerschaft und alle Veränderungen dieser Daten unverzüglich anzuzeigen.

4. Ärzte

Die Gründung einer Ärztepartnerschaft ist gemäß Kap. D II Nr. 8 Abs. 4 MBO-Ä 1997 von den beteiligten Ärzten ihrer Ärztekammer **anzuzeigen**. Wenn für die beteiligten Ärzte mehrere Ärztekammern zuständig sind, ist jeder Arzt verpflichtet, die für ihn zuständige Kammer auf alle an der Partnerschaft beteiligten Ärzte hinzuweisen. 35

Die Mitwirkung eines Arztes in einer medizinischen **Kooperationsgemeinschaft** bedarf gemäß Kap. D II Nr. 9 Abs. 5 MBO-Ä 1997 der Genehmigung der Ärztekammer. Ihr ist der Partnerschaftsvertrag vorzulegen. Auf Anforderung müssen die Ärzte ergänzende Auskünfte erteilen. Sofern die Voraussetzungen des Kap. D II Nr. 9 MBO-Ä erfüllt sind, besteht gemäß Kap. D II Nr. 9 Abs. 5 Satz 3 MBO-Ä ein Rechtsanspruch auf die Erteilung der Genehmigung. Wenn der Arzt in eine so genannte sonstige Partnerschaft eintritt, ohne in ihr die Heilkunde am Menschen auszuüben, ist dieser Eintritt gemäß Kap. D II Nr. 10 Satz 2 MBO-Ä 1997 der Ärztekammer anzuzeigen. 36

5. Zahnärzte

Der Zusammenschluss eines Zahnarztes mit anderen Partnern im Rahmen einer Partnerschaft ist gemäß § 3 Abs. 2 MBO-ZÄ der Zahnärztekammer anzuzeigen. 37

6. Tierärzte

38 Die Eröffnung und die Beendigung einer Gemeinschaftspraxis in Form der Partnerschaft sind gemäß § 25 Abs. 5 Satz 1 MBO-TÄ in der Fassung vom 24.11.1994 unverzüglich der Tierärztekammer mitzuteilen. Gleiches gilt für die Änderung der Gesellschaftsform. Der Partnerschaftsvertrag muss der Tierärztekammer auf Verlangen vorgelegt werden (§ 25 Abs. 5 Satz 2 MBO-TÄ). Vor dem Abschluss von Verträgen über die Eröffnung oder Auflösung einer Gemeinschaftspraxis soll sich der Tierarzt gemäß § 3 Abs. 4 MBO-TÄ zur Wahrung der beruflichen Belange „und im eigenen Interesse" von der Tierärztekammer beraten lassen. Ein Verstoß gegen diese Soll-Bestimmung ist rechtlich folgenlos.

7. Hauptberufliche Sachverständige

39 Nach § 12 Abs. 2 Muster-SVO hat der Sachverständige der für ihn zuständigen Ingenieurkammer unverzüglich die Gründung einer Partnerschaft nach § 21 Muster-SVO oder den Eintritt in einen solchen Zusammenschluss **anzuzeigen**. Dies soll gemäß Nummer 19.2 der Richtlinien unter anderem der Gefahr von Interessenkollisionen und der Beeinträchtigung der Objektivität und Unabhängigkeit des Sachverständigen vorbeugen. § 20 Muster-SVO unterwirft die Berufsangehörigen einer weitgehenden **Auskunftspflicht** auf Verlangen der Ingenieurkammer. Der Sachverständige muss auf Verlangen angeforderte Unterlagen vorlegen. Die von der Kammer beauftragten Personen sind sogar befugt, die Geschäftsräume des Sachverständigen zu betreten, sich dort die geschäftlichen Unterlagen vorlegen zu lassen und Einsicht zu nehmen.

C. Vorschriften des FGG über das Registerverfahren

40 § 160b Abs. 1 Satz 2 FGG in der Fassung des Gesetzes zur Schaffung von Partnerschaftsgesellschaften und zur Änderung anderer Gesetze[43] lautete: „Auf die Eintragungen in das Partnerschaftsregister …". Die Worte „die Eintragungen in" wurden durch Art. 5 Abs. 3 Nr. 1 Ausführungsgesetz Seerechtsübereinkommen 1982/1994 gestrichen; durch dessen Art. 5 Abs. 3 Nr. 2 (Einfügung von Satz 2 in Art. 9) wurde das Inkrafttreten von Artikel 2, soweit er eine Ermächtigungsgrundlage zum Erlass einer Rechtsverordnung enthält, auf den 1.5.1995 vorgezogen.

41 Die Vorschrift erweitert den Achten Abschnitt des FGG um eine Bestimmung über das **Partnerschaftsregister**, welche eine Reihe von Regelungen des FGG aus dem Siebenten Abschnitt für anwendbar erklärt.

I. Zuständigkeit des Gerichts

42 Nach § **160b Abs. 1 Satz 1 FGG** sind die **Amtsgerichte** für die Führung des Partnerschaftsregisters zuständig (zu den Einzelheiten siehe § 4 Rz. 12a).

---

[43] Gesetz zur Schaffung von Partnerschaftsgesellschaften und zur Änderung anderer Gesetze v. 25.7.1994, BGBl I, 1744.

II. Mitwirkungspflichten von Behörden und Berufsorganisationen

§ 125a FGG begründet **Mitteilungspflichten** der Gerichte und Behörden, falls sie 43
Kenntnis von der Unrichtigkeit oder Unvollständigkeit einer Anmeldung erhalten.
Durch § **126** i. V. m. § 160 b Abs. 1 Satz 3 FGG wird die Mitwirkung der Organe
der freien Berufe, also insbesondere der **Berufskammern**, im Registerverfahren sichergestellt. Die Mitwirkung der Berufskammern wird dabei durch § 4 PRV näher
geregelt, wonach das Gericht sie in zweifelhaften Fällen um die Abgabe einer Stellungnahme ersuchen soll. Die **Verhütung unrichtiger Eintragungen** wird hierbei in
der Praxis nur eine geringe Rolle spielen, zumal, anders als zum Teil nach früheren
Gesetzentwürfen,[44] nur die freiberuflichen Kammern bei der Eintragung einer
Partnerschaft beteiligt sind, jedoch nicht die zahlreichen sonstigen Organisationen,
in denen auch gerade diejenigen Berufe zusammengeschlossen sind, deren Einstufung als freiberuflich größere Schwierigkeiten bereitet. Wenn es um die Frage geht,
ob ein angegebener Beruf (z. B. EDV-Berater), insbesondere, wenn es sich um einen
neuen Beruf handelt, als freier Beruf anzusehen ist, **kann** das Gericht allerdings
durchaus einmal nach eigenem Ermessen die Berufsorganisationen beteiligen und
entsprechende Gutachten bei ihnen einholen.[45]

Das Berufsorgan hat das Registergericht auch bei der **Berichtigung** und Vervoll- 44
ständigung des Partnerschaftsregisters und beim **Einschreiten** gegen einen unzulässigen Namensgebrauch zu unterstützen. Diese grundsätzliche Verpflichtung ergibt
sich aus den § 160b Abs. 1 Satz 3, § 126 FGG, wobei allerdings bei privaten Berufsvertretungen (nicht bei Berufskammern) jeweils im Einzelfall geprüft werden muss,
ob § 126 FGG eine hinreichende Rechtsgrundlage für die Einbeziehung bietet und
ob wegen der etwaigen Freiwilligkeit der Mitgliedschaft die den gesamten Berufsstand umfassende Sachkunde gewährleistet ist.[46] Eine Berichtigung und Vervollständigung wird beispielsweise bei einem Wechsel von Partnern relevant (§ 4 Abs. 1
Satz 3). Die umfangreichen Mitwirkungs- und Informationspflichten der Berufsorganisationen waren einer der vorrangigen Beweggründe, die den Gesetzgeber dazu
veranlasst haben, sich in § 4 Abs. 2 Satz 2 mit der bloßen Angabe durch die Partner
zu begnügen, da so die notwendigen Korrekturen veranlasst werden könnten.[47] § 6
PRV ordnet eine vollständige Information der Berufskammern über sämtliche Eintragungen, die ihren Beruf betreffen, an, so dass eine vollständige Kontrolle gegeben ist.

III. Einschreiten des Registergerichts

Im Falle des § 5 Abs. 2 i. V. m. § 14 HGB, also wenn die Partner gegenüber dem 45
Registergericht nicht ihre Verpflichtungen zur Anmeldung, Zeichnung von Unterschriften oder Einreichung von Schriftstücken erfüllen, hat das Gericht gemäß § 132

---

44) Z. B. § 5 Abs. 2 Sätze 1 und 2 E 1975, BT-Drucks. 7/4089, S. 3.
45) Vgl. *Bassenge/Herbst*, FGG, § 126 Anm. 2a.
46) Dazu die Begründung zum Entwurf einer PRV, BR-Drucks. 213/95, S. 17 unter Hinweis auf BVerfGE 15, 235, 243.
47) Stellungnahme des Bundesrates zum RegE PartGG, BT-Drucks. 12/6152, S. 27 = Anhang, S. 334.

Abs. 1 Satz 1 FGG den Beteiligten unter **Fristsetzung** und **Androhung** eines Zwangsgeldes **aufzugeben**, ihren Pflichten nachzukommen oder mittels Einspruchs gegen die Verfügung ihr Verhalten zu rechtfertigen.[48] Für das weitere Verfahren sind die §§ 133 bis 139 FGG entsprechend anwendbar. Gemäß § 140 FGG i. V. m. § 37 Abs. 1 HGB und § 2 Abs. 2 Halbs. 1 gilt dies auch bei einem unzulässigen Namensgebrauch (zum Firmenmissbrauchsverfahren bereits § 11 Rz. 6).[49]

IV. Löschung

46 Vor der Eintragung des **Erlöschens eines Partnerschaftsnamens** ist von Amts wegen nach § 2 Abs. 2 Halbs. 1 i. V. m. § 31 Abs. 2 HGB und § 141 FGG den eingetragenen Partnern **Gelegenheit zum Widerspruch** zu geben. Unzulässigerweise[50] erfolgte Eintragungen können ebenfalls nach Benachrichtigung der Beteiligten von Amts wegen gelöscht werden, § 142 FGG. Auch das dem Registergericht übergeordnete Landgericht kann gemäß § 143 FGG eine Löschung verfügen. § 8 PRV bestimmt, dass bei einer Löschung des Partnerschaftsnamens wegen der Nichtausübung einer freiberuflichen Tätigkeit auf Antrag der Partner dieser Grund in der Bekanntmachung erwähnt werden kann. Trotz des Wortlautes („kann") wird man hierzu eine Verpflichtung anzunehmen haben, sofern die entsprechenden Voraussetzungen vorliegen und dem auch sonst nichts entgegensteht.

V. Liquidation

47 Für die im Rahmen der Liquidation einer Partnerschaft erforderlichen Tätigkeiten des Gerichts nach §§ 146 Abs. 2, 147, 157 Abs. 2 HGB ist gemäß § 160b Abs. 2 Satz 1 FGG das Amtsgericht zuständig. Für das Verfahren bestimmt **§ 146 Abs. 1** FGG, dass, sofern ein Gegner des Antragstellers vorhanden ist, dieser regelmäßig vom Gericht angehört werden muss. Nach § 146 Abs. 2 Satz 1 ist gegen die Verfügung, durch welche über den Antrag entschieden wird, die sofortige Beschwerde zulässig.

---

48) Zu den Einzelheiten des Verfahrens *Keidel/Schmatz/Stöber*, Rz. 1332 ff; *Bassenge/Herbst*, FGG, § 132 Anm. 3.
49) Vgl. die Begründung zum RegE PartGG, BT-Drucks. 12/6152, S. 12 = Anhang, S. 322.
50) Die Unzulässigkeit kann sich z. B. aus einer falschen Namensbildung oder Verfahrensmängeln ergeben; *Bassenge/Herbst*, FGG, § 142 Anm. 2.

§ 6
Rechtsverhältnis der Partner untereinander

(1) Die Partner erbringen ihre beruflichen Leistungen unter Beachtung des für sie geltenden Berufsrechts.

(2) Einzelne Partner können im Partnerschaftsvertrag nur von der Führung der sonstigen Geschäfte ausgeschlossen werden.

(3) ¹Im Übrigen richtet sich das Rechtsverhältnis der Partner untereinander nach dem Partnerschaftsvertrag. ²Soweit der Partnerschaftsvertrag keine Bestimmungen enthält, sind die §§ 110 bis 116 Abs. 2, §§ 117 bis 119 des Handelsgesetzbuchs entsprechend anzuwenden.

Die Vorschriften des HGB, auf die Absatz 3 Satz 2 Bezug nimmt, lauten:

§ 110 (Ersatz für Aufwendungen und Verluste)
(1) Macht der Gesellschafter in den Gesellschaftsangelegenheiten Aufwendungen, die er den Umständen nach für erforderlich halten darf, oder erleidet er unmittelbar durch seine Geschäftsführung oder aus Gefahren, die mit ihr untrennbar verbunden sind, Verluste, so ist ihm die Gesellschaft zum Ersatze verpflichtet.

(2) Aufgewendetes Geld hat die Gesellschaft von der Zeit der Aufwendung an zu verzinsen.

§ 111 (Verzinsungspflicht)
(1) Ein Gesellschafter, der seine Geldeinlage nicht zur rechten Zeit einzahlt oder eingenommenes Gesellschaftsgeld nicht zur rechten Zeit an die Gesellschaftskasse abliefert oder unbefugt Geld aus der Gesellschaftskasse für sich entnimmt, hat Zinsen von dem Tage an zu entrichten, an welchem die Zahlung oder die Ablieferung hätte geschehen sollen oder die Herausnahme des Geldes erfolgt ist.

(2) Die Geltendmachung eines weiteren Schadens ist nicht ausgeschlossen.

§ 112 (Wettbewerbsverbot)
(1) Ein Gesellschafter darf ohne Einwilligung der anderen Gesellschafter weder in dem Handelszweige der Gesellschaft Geschäfte machen noch an einer anderen gleichartigen Handelsgesellschaft als persönlich haftender Gesellschafter teilnehmen.

(2) Die Einwilligung zur Teilnahme an einer anderen Gesellschaft gilt als erteilt, wenn den übrigen Gesellschaftern bei Eingehung der Gesellschaft bekannt ist, dass der Gesellschafter an einer anderen Gesellschaft als persönlich haftender Gesellschafter teilnimmt, und gleichwohl die Aufgabe dieser Beteiligung nicht ausdrücklich bedungen wird.

§ 113 (Verletzung des Wettbewerbsverbots)
(1) Verletzt ein Gesellschafter die ihm nach § 112 obliegende Verpflichtung, so kann die Gesellschaft Schadensersatz fordern; sie kann stattdessen von dem Gesellschafter verlangen, dass er die für eigene Rechnung gemachten Geschäfte als für Rechnung der Gesellschaft eingegangen gelten lasse und die aus Geschäften für fremde Rechnung bezogene Vergütung herausgebe oder seinen Anspruch auf die Vergütung abtrete.

(2) Über die Geltendmachung dieser Ansprüche beschließen die übrigen Gesellschafter.

(3) Die Ansprüche verjähren in drei Monaten von dem Zeitpunkt an, in welchem die übrigen Gesellschafter von dem Abschluss des Geschäfts oder von der Teilnahme des Gesellschafters an der anderen Gesellschaft Kenntnis erlangen oder ohne grobe Fahrlässigkeit erlangen müssten; sie verjähren ohne Rücksicht auf diese Kenntnis in fünf Jahren von ihrer Entstehung an.

(4) Das Recht der Gesellschafter, die Auflösung der Gesellschaft zu verlangen, wird durch diese Vorschriften nicht berührt.

§ 114 (Geschäftsführung)

(1) Zur Führung der Geschäfte der Gesellschaft sind alle Gesellschafter berechtigt und verpflichtet.

(2) Ist im Gesellschaftsvertrage die Geschäftsführung einem Gesellschafter oder mehreren Gesellschaftern übertragen, so sind die übrigen Gesellschafter von der Geschäftsführung ausgeschlossen.

§ 115 (Geschäftsführung durch mehrere Gesellschafter)

(1) Steht die Geschäftsführung allen oder mehreren Gesellschaftern zu, so ist jeder von ihnen allein zu handeln berechtigt; widerspricht jedoch ein anderer geschäftsführender Gesellschafter der Vornahme einer Handlung, so muss diese unterbleiben.

(2) Ist im Gesellschaftsvertrage bestimmt, dass die Gesellschafter, denen die Geschäftsführung zusteht, nur zusammen handeln können, so bedarf es für jedes Geschäft der Zustimmung aller geschäftsführenden Gesellschafter, es sei denn, dass Gefahr im Verzug ist.

§ 116 (Umfang der Geschäftsführungsbefugnis)

(1) Die Befugnis zur Geschäftsführung erstreckt sich auf alle Handlungen, die der gewöhnliche Betrieb des Handelsgewerbes der Gesellschaft mit sich bringt.

(2) Zur Vornahme von Handlungen, die darüber hinausgehen, ist ein Beschluss sämtlicher Gesellschafter erforderlich.

(3) ... .

§ 117 (Entziehung der Geschäftsführungsbefugnis)

Die Befugnis zur Geschäftsführung kann einem Gesellschafter auf Antrag der übrigen Gesellschafter durch gerichtliche Entscheidung entzogen werden, wenn ein wichtiger Grund vorliegt; ein solcher Grund ist insbesondere grobe Pflichtverletzung oder Unfähigkeit zur ordnungsmäßigen Geschäftsführung.

§ 118 (Kontrollrecht der Gesellschafter)

(1) Ein Gesellschafter kann, auch wenn er von der Geschäftsführung ausgeschlossen ist, sich von den Angelegenheiten der Gesellschaft persönlich unterrichten, die Handelsbücher und die Papiere der Gesellschaft einsehen und sich aus ihnen eine Bilanz und einen Jahresabschluss anfertigen.

(2) Eine dieses Recht ausschließende oder beschränkende Vereinbarung steht der Geltendmachung des Rechtes nicht entgegen, wenn Grund zu der Annahme unredlicher Geschäftsführung besteht.

§ 119 (Beschlussfassung)

(1) Für die von den Gesellschaftern zu fassenden Beschlüsse bedarf es der Zustimmung aller zur Mitwirkung bei der Beschlussfassung berufenen Gesellschafter.

(2) Hat nach dem Gesellschaftsvertrage die Mehrheit der Stimmen zu entscheiden, so ist die Mehrheit im Zweifel nach der Zahl der Gesellschafter zu berechnen.

Rechtsverhältnis der Partner untereinander   § 6

Schrifttum: *Appel*, Gesellschaftsvertrag einer Partnerschaft, Stbg 1995, 203; *Beckmann*, Für eine Partnerschaft Freier Berufe, in: Festschrift Kleinert, 1992, S. 210; *Berger*, Die Abtretung ärztlicher Honorarforderungen, NJW 1995, 1584; *ders.*, Zur Neuregelung der Zession anwaltlicher Gebührenforderungen in § 49b Abs. 4 BRAO, NJW 1995, 1406; *Bösert*, Das Gesetz über Partnerschaftsgesellschaften Angehöriger Freier Berufe (Partnerschaftsgesellschaftsgesetz – PartGG), ZAP Fach 15, S. 137 (= ZAP 1994, 765); *ders.*, Der Regierungsentwurf eines Gesetzes zur Schaffung von Partnerschaftsgesellschaften (Partnerschaftsgesellschaftsgesetz – PartGG), DStR 1993, 1332; *Bruckner*, Nachvertragliche Wettbewerbsverbote zwischen Rechtsanwälten, 1987; *Burhoff*, Mandantenschutz und Mandantenschutzklauseln, NWB Fach 30, S. 907 (= NWB 1993, S. 4043); *Burret*, Das Partnerschaftsgesellschaftsgesetz, WPK-Mitt. 1994, 201; *Carl*, Die Partnerschaftsgesellschaft – eine neue Rechtsform für die Freien Berufe, StB 1995, 173; *Ewer*, Interdisziplinäre Zusammenarbeit, AnwBl 1995, 161; *Gres*, Partnerschaftsgesetz für Freie Berufe – Gesetzesvorhaben mit Vorgeschichte, Der Selbständige, 12/1992, 6; *Hornung,* Partnerschaftsgesellschaft für Freiberufler (Teil 2), Rpfleger 1996, 1; *ders,* Partnerschaftsgesellschaft für Freiberufler (Teil 1), Rpfleger 1995, 481; *Kempter*, Das Partnerschaftsgesellschaftsgesetz, BRAK-Mitt. 1994, 122; *Knoll/Schüppen*, Die Partnerschaftsgesellschaft – Handlungszwang, Handlungsalternative oder Schubladenmodell, DStR 1995, 608, 646; *Lenz*, Die Partnerschaft – alternative Gesellschaftsform für Freiberufler, MDR 1994, 741; *Melullis*, Zu Zulässigkeit und Wirksamkeit von Wettbewerbsverboten anläßlich von Vereinbarungen über das Ausscheiden eines Gesellschafters, WRP 1994, 686; *Mennicke/Radtke*, Die Abtretung von Honorarforderungen aus strafrechtlicher Sicht, MDR 1993, 400; *Michalski*, Zum Regierungsentwurf eines Partnerschaftsgesellschaftsgesetzes, ZIP 1993, 1210; *ders.*, Anm. zu BGH, Urt. v. 14.4.1994 – I ZR 12/92 –, EWiR § 1 UWG 2/95, 191; *ders.*, Das Gesellschafts- und Kartellrecht der berufsrechtlich gebundenen freien Berufe, 1989; *Michalski/Römermann*, Wettbewerbsbeschränkungen zwischen Rechtsanwälten, ZIP 1994, 433; *Mittelsteiner*, Kommentierung zum PartGG, DStR 1994, Beihefter zu Heft 37, S. 37; *Raisch*, Handelsgesellschaft auf Einlagen als neue Gesellschaftsform für Vereinigungen von Handelsgewerbetreibenden, Landwirten und Angehörigen freier Berufe, in: Festschrift Knur, 1972, 165; *Ranft*, Strafprozeßrecht, 1991; *Römermann*, Nachvertragliche Wettbewerbsverbote bei Freiberuflern, BB 1998, 1489; *Röttger*, Die Kernbereichslehre im Recht der Personenhandelsgesellschaften, 1989; *Schirmer*, Berufsrechtliche und kassenarztrechtliche Fragen der ärztlichen Berufsausübung in Partnerschaftsgesellschaften, MedR 1995, 341 (Teil 1), 383 (Teil 2); *Karsten Schmidt*, Die Freiberufliche Partnerschaft, NJW 1995, 1; *ders.*, Partnerschaftsgesetzgebung zwischen Berufsrecht, Schuldrecht und Gesellschaftsrecht, ZIP 1993, 633; *ders.*, Gesellschaftsrecht, 3. Aufl., 1994; *Staehle/Conrad/Sydow*, Management, 7. Aufl., 1994; *Steinmann/Schreyögg*, Management, 3. Aufl., 1993; *Stuber*, Das Partnerschaftsgesellschaftsgesetz unter besonderer Berücksichtigung der Belange der Anwaltschaft, WiB 1994, 705; *Taub*, „Geltungserhaltende Reduktion" bei nichtigen vertraglichen Wettbewerbsverboten?, WRP 1994, 802; *Taupitz*, Integrative Gesundheitszentren: neue Formen interprofessioneller ärztlicher Zusammenarbeit, MedR 1993, 367; *Weyand*, Partnerschaftsgesellschaften als neue Organisationsform für die freiberufliche Praxis, INF 1995, 22.

Übersicht

A. Normentwicklung 1	3. Steuerberater, Steuerbevollmächtigte 7c
B. Leistungen nach Maßgabe des Berufsrechts (Abs. 1) 5	4. Wirtschaftsprüfer, vereidigte Buchprüfer 7d
I. Keine Freistellung von Berufspflichten 5	5. Ärzte 7e
II. Zweck der Vorschrift 7	6. Zahnärzte 7f
III. Vorgaben der Berufsrechte 7a	7. Hauptberufliche Sachverständige 7g
1. Rechtsanwälte 7a	
2. Patentanwälte 7b	

C. Ausschluss von der Geschäftsführung (Abs. 2) ... 8	cc) Ärzte, Zahnärzte ...24c
I. Überblick ... 8	dd) Tierärzte ... 24e
II. Ausschluss „einzelner Partner" ... 9	2. Nachvertragliche Wettbewerbsverbote ... 25
III. Ausschluss von der Führung „sonstiger Geschäfte" ... 11	III. Beschlussfassung (§ 119 HGB) ... 27
1. Sonstige und Kerngeschäfte ... 11	1. Gesetzliche Regelung ... 27
2. Einzelgeschäftsführung bei Kerngeschäften ... 16	2. Vertragliche Gestaltung ... 29
D. Gesetzliche und vertragliche Regelungen des Innenverhältnisses (Abs. 3) ... 17	IV. Kontrollrechte der Partner (§ 118 HGB) ... 33
	1. Inhalt und Umfang des Informationsrechts ... 33
I. Umfang und Entzug der Geschäftsführungsbefugnis (§§ 116 f HGB) ... 17	2. Informationsrecht gegenüber schweigepflichtigem Partner ... 34
1. Gesellschafterklage nach § 117 HGB ... 17	3. Abweichende Vereinbarungen ... 38
2. Zulässige Dauer des Entzugs ... 18	4. Sonstige Informationsrechte ... 39
3. Umfang der Geschäftsführungsbefugnis (§ 116 HGB) ... 22	V. Ersatz für Aufwendungen und Verluste (§ 110 Abs. 1 HGB) ... 40
II. Wettbewerbsverbote ... 23	VI. Verzinsung (§ 110 Abs. 2, § 111 HGB) ... 41
1. Zeitraum während der bestehenden Partnerschaft ... 23	E. Berufsrechtliche Vorgaben zur Geschäftsführung ... 43
a) Gesetzliches Wettbewerbsverbot (§ 112 HGB) ... 23	I. Steuerberater ... 43
b) Vorgaben der Berufsrechte ... 24a	II. Wirtschaftsprüfer, vereidigte Buchprüfer ... 44
aa) Rechtsanwälte ...24a	III. Ärzte ... 45
bb) Patentanwälte ... 24b	IV. Zahnärzte ... 46
	V. Hauptberufliche Sachverständige ... 47

A. Normentwicklung

1 Die **früheren Entwürfe** zeichneten sich jeweils durch erheblich ausführlichere eigene Regelungen aus, die im Gesetz durch einen weitergehenden Verweis in Absatz 3 Satz 2 ersetzt werden. Dies gilt insbesondere für die Bereiche **Geschäftsführung, Wettbewerb** sowie **Kontrollrechte** der Partner. Eine dem Absatz 1 entsprechende Regelung findet sich in den Entwürfen nicht, lediglich die Vorschläge von 1971[1]) und 1975[2]) sahen die eigenverantwortliche Berufstätigkeit der Partner oder – bei Ärzten – die selbständige, eigenverantwortliche und leitende Berufsausübung vor.

2 Bei der Frage der **Geschäftsführung** unterschieden die Entwürfe von 1971 und 1975 nicht – wie Absatz 2 – zwischen der **hauptsächlichen** und der **sonstigen Geschäftsführung**, sondern behandelten die Geschäftsführung getrennt von der Berufsausübung.[3]) In § 5 des Entwurfs von **1971** heißt es hierzu lapidar: „Die geschäftsführenden Partner führen die Geschäfte der Partnerschaft." Der Entwurf von **1975** räumte demgegenüber grundsätzlich allen Partnern die **Geschäftsführungsbefugnis** ein, allerdings unter dem Vorbehalt einer abweichenden Regelung im Partnerschaftsvertrag.[4]) Wiederum anders regelte der Entwurf von **1976** dieses Problem.

---

1) § 4 Abs. 1 Sätze 1 und 3 E 1971, BT-Drucks. VI/2047, S. 2.
2) § 6 E 1975, BT-Drucks. 7/4089, S. 3.
3) *Schwenter-Lipp*, S. 157.
4) § 7 E 1975.

In seinem § 9 Abs. 1 ist bestimmt: „Zur Ausübung seiner Berufstätigkeit und Führung der sonstigen Geschäfte der Partnerschaft ist jeder Partner allein berechtigt und verpflichtet." § 9 Abs. 2 des Entwurfs ordnete an, dass bei Vorliegen eines wichtigen Grundes durch gerichtliche Entscheidung einem Partner die Geschäftsführungsbefugnis entzogen werden könne. Der **Neun-Punkte-Katalog** von 1991 sah zur Geschäftsführung vor, dass diese nur durch Partner wahrgenommen werden dürfe, wobei jeder Partner zur Alleinvertretung der Partnerschaft ermächtigt werden könne.[5]

Auch für den Fall des Ausschlusses eines Partners von der Geschäftsführung sprachen ihm sämtliche früheren Gesetzesentwürfe ein **Kontrollrecht** zu, welches in etwa dem nach § 118 HGB entsprach.[6] Der Entwurf von 1976 hielt es allerdings für angezeigt, ausdrücklich zu bestimmen, dass die berufs- und standesrechtlichen **Verschwiegenheitspflichten** hierdurch nicht berührt würden.[7] 3

Sämtliche Entwürfe sprachen schließlich ein **Wettbewerbsverbot** aus, durch das den Partnern die Berufsausübung außerhalb der Partnerschaft ohne Einwilligung der Gesellschafter untersagt wurde.[8] § 12 Abs. 2 und 3 des Entwurfs von 1976 regelte zudem die Konsequenzen eines Verstoßes gegen das Verbot in einer dem § 113 Abs. 1 bis 3 HGB ähnlichen Weise. 4

B. Leistungen nach Maßgabe des Berufsrechts (Abs. 1)

I. Keine Freistellung von Berufspflichten

Die Partner haben ihre beruflichen Leistungen unter Einhaltung der berufsrechtlichen Regeln zu erbringen. „Ihre" Leistungen ist hier im Sinne des allgemeinen Sprachgebrauchs zu verstehen und meint daher die individuelle Leistung jedes einzelnen Partners. Das ändert aber nichts daran, dass es sich rechtlich im Verhältnis nach außen, insbesondere zum Klienten, um die **vertraglichen Leistungen der Partnerschaft** als (teil-)rechtsfähiger Gesamthand handelt. dass der Zusammenschluss mit anderen Berufsangehörigen zu einer Berufsausübungsgesellschaft nicht von der Beachtung des Berufsrechts freistellt, versteht sich von selbst. Für die Berufstätigkeit in einer Kapitalgesellschaft ist dies bereits höchstrichterlich so entschieden worden,[9] und es entspricht auch in der Literatur der allgemeinen Meinung.[10] 5

---

5) Vgl. zu Punkt 3 des Katalogs *Beckmann*, in: Festschrift Kleinert, S. 210, 214; *Gres*, Der Selbständige, 12/1992, 6.
6) § 6 E 1971, § 8 E 1975, § 11 E 1976.
7) § 11 Abs. 3 E 1976.
8) § 7 E 1971, § 9 E 1975, § 12 E 1976.
9) Grundlegend BGHZ 70, 158, 167; ferner BGH WiB 1994, 270 mit Anm. *Brötzmann*; OLG München MedR 1993, 24; OLG Hamburg MedR 1994, 451.
10) Vgl. nur *Kempter*, BRAK-Mitt. 1994, 122, 123; *Michalski*, ZIP 1993, 1210, 1212; Münch-Komm-*Ulmer*, BGB, § 6 PartGG Rz. 3 f; für Österreich vgl. *Krejci*, EGG, § 6 Rz. 4.

6 Der Bundesgerichtshof[11] hat im Zusammenhang mit einer Klinik-AG festgestellt, dass die bei ihr angestellten Ärzte in ihrer **Berufsausübung unabhängig** und weisungsfrei bleiben.[12] Die Gesellschaft dürfe die Ärzte auch nicht daran hindern, ihre gesetzlichen Berufspflichten zu erfüllen. „Vielmehr muss auch sie wegen der berufsrechtlichen Bindung der bei ihr angestellten Ärzte, die keine Anweisungen beachten dürfen, die mit ihren beruflichen Aufgaben nicht vereinbar sind oder deren Befolgung sie nicht verantworten können ..., mittelbar die insoweit maßgeblichen Vorschriften wahren."[13] Verstöße waren insoweit vor allem im Bereich unerlaubter Werbung zu verzeichnen.[14]

II. Zweck der Vorschrift

7 Die Vorschrift des Absatzes 1 soll im Wesentlichen nur die bislang zu den freiberuflichen Kapitalgesellschaften ergangene **Rechtsprechung kodifizieren**,[15] dient daher lediglich der **Klarstellung**[16] und ist im Prinzip überflüssig.[17] Systematisch ist sie als eine spezielle Ausformung des bereits in § 1 Abs. 3 enthaltenen generellen **Berufsrechtsvorbehalts** zu verstehen.

III. Vorgaben der Berufsrechte

1. Rechtsanwälte

7a Gemäß § 59a Abs. 1 Satz 1 BRAO dürfen sich Rechtsanwälte mit Angehörigen anderer Berufe in einer Sozietät zur gemeinschaftlichen Berufsausübung im Rahmen der eigenen beruflichen Befugnisse verbinden. Unter einer **Sozietät** in diesem Sinne ist auch die Partnerschaft zu verstehen. Gemäß § 33 Abs. 2 BerufsO hat jeder Rechtsanwalt bei beruflicher Zusammenarbeit, gleich in welcher Rechtsform, zu gewährleisten, dass die Regeln der anwaltlichen Berufsordnung auch von der Organisation eingehalten werden.

2. Patentanwälte

7b Nach § 52a Abs. 1 Satz 1 PAO ist eine Sozietätsgründung von Patentanwälten mit Angehörigen der dort genannten Berufe „im Rahmen der eigenen beruflichen Befugnisse" zulässig. Diese Regelung wird durch § 16 Abs. 4 der **Berufsordnung** näher ausgestaltet. Danach hat der Patentanwalt, der einer Partnerschaft angehört, darauf hinzuwirken, dass die anderen Partner nur diejenige Tätigkeit ausüben, für die sie kraft Gesetzes die Befugnis besitzen. Er muss insbesondere darauf achten, dass ihm übertragene Tätigkeiten und Befugnisse nur von solchen Partnern wahrgenommen

---

11) BGHZ 70, 158, 167.
12) Vgl. *Lenz*, MDR 1994, 741, 743.
13) BGHZ 70, 158, 167.
14) Vgl. nur OLG Hamburg MedR 1994, 451; BGH EWiR 1995, 191 (*Michalski*).
15) Begründung zum RegE PartGG, BT-Drucks. 12/6152, S. 15 = Anhang, S. 342.
16) *Bösert*, DStR 1993, 1332, 1334; *ders.*, ZAP Fach 15, S. 137, 149; *Karsten Schmidt*, NJW 1995, 1, 4; *Meilicke*, in: Meilicke u. a., PartGG, § 6 Rz. 1, 3.
17) *Karsten Schmidt*, ZIP 1993, 633, 643; *Michalski*, ZIP 1993, 1210, 1212.

werden, die dazu befugt sind. Der Patentanwalt hat die Berufspflichten der übrigen Partner zu beachten.

3. Steuerberater, Steuerbevollmächtigte

Gemäß § 56 Abs. 1 Satz 2 StBerG dürfen sich Steuerberater und Steuerbevollmächtigte mit Angehörigen anderer Berufe „zur gemeinschaftlichen Berufsausübung im Rahmen der eigenen beruflichen Befugnisse" in einer Sozietät verbinden; ob darunter auch Partnerschaften fallen, ist streitig (näher § 1 Rz. 107 ff). Nach § 55 Abs. 6 BOStB haben die Steuerberatungsgesellschaften sowie die Geschäftsführer und persönlich haftenden Gesellschafter, die nicht Steuerberater oder Steuerbevollmächtigte sind, bei ihrer Tätigkeit die sich aus den §§ 34, 57, 57a, 62 bis 64 und 66 bis 69 StBerG sowie die sich aus der Berufsordnung ergebenden Berufspflichten sinngemäß zu beachten. 7c

4. Wirtschaftsprüfer, vereidigte Buchprüfer

Gemäß § 44b Abs. 5 WPO haben Wirtschaftsprüfer die gemeinsame Berufsausübung mit anderen Berufsangehörigen unverzüglich zu beenden, wenn sie aufgrund des Verhaltens eines Sozietätspartners ihren beruflichen Pflichten nicht mehr uneingeschränkt nachkommen können. Im Bereich der Wirtschaftsprüfungsgesellschaften gibt es eine vergleichbare ausdrückliche Vorschrift nicht. 7d

5. Ärzte

Bei der Gründung einer medizinischen **Kooperationsgemeinschaft** muss der Partnerschaftsvertrag gemäß § 23b Abs. 1 Satz 4 Buchst. f) MBO-Ä 2004 gewährleisten, dass die Einhaltung der berufsrechtlichen Bestimmungen der Ärzte, insbesondere die Pflicht zur Dokumentation, das Verbot der Werbung und die Regeln zur Erstellung einer Honorarforderung, von den übrigen Partnern beachtet wird. Ähnlich wie bei der anwaltlichen Berufsordnung (§ 32 BORA) versucht hier die Musterberufsordnung der Ärzte, indirekt Angehörige anderer Berufe dem ärztlichen Berufsrecht zu unterwerfen. 7e

6. Zahnärzte

Zahnärzte dürfen ihren Beruf gemäß § 15 Abs. 6 Satz 2 MBO-ZÄ gemeinsam ausüben, wenn ihre eigenverantwortliche, medizinisch unabhängige und nicht gewerbliche Tätigkeit gewährleistet ist. 7f

7. Hauptberufliche Sachverständige

Öffentlich bestellte und vereidigte Sachverständige dürfen sich gemäß § 21 der Muster-SVO unter anderem in einer Partnerschaft zusammenschließen, wenn ihre Glaubwürdigkeit, ihr Ansehen in der Öffentlichkeit und die Einhaltung ihrer Pflichten nach der SVO gewährleistet sind. 7g

C. Ausschluss von der Geschäftsführung (Abs. 2)

I. Überblick

8 Regelmäßig obliegt es den Partnern selbst, im **Partnerschaftsvertrag**[18] Regeln für die internen Rechtsbeziehungen aufzustellen (Absatz 3 Satz 1). Dies betrifft auch die Geschäftsführungsbefugnis. Absatz 2 beinhaltet eine Ausnahme von dieser Vertragsfreiheit. Die Besonderheit ist hier, dass der Gesetzgeber die Ausnahme, aber nicht den Regelfall normiert hat. Von der Ausnahme muss daher auf den Regelfall zurückgeschlossen werden. Die Ausnahme konkretisiert sich in den Begriffen „einzelne" Partner und „sonstige Geschäfte". Dieser letzte Begriff wirft die entscheidende Auslegungsfrage auf, nämlich die Abgrenzung zu den Kerngeschäften.

II. Ausschluss „einzelner Partner"

9 Nach dem Wortlaut von Absatz 2 können zwar mehrere, aber nicht aber sämtliche Partner von der Geschäftsführung der sonstigen Geschäfte ausgeschlossen werden.[19] Dies betont den **Grundsatz der Selbstorganschaft**.[20] Die Führung der sonstigen Geschäfte der Partnerschaft darf somit nicht ausschließlich einem Dritten übertragen werden.[21] „Einzelne Partner" ist daher im Sinne von „nur" einzelne Partner zu verstehen. Neben mindestens einem Partner können Dritte als Mitgeschäftsführer tätig werden. Die Delegation einzelner Geschäftsführungsaufgaben auf speziell Bevollmächtigte ist ebenfalls ohne weiteres möglich.[22] Da Absatz 3 nicht auf § 116 Abs. 3 HGB verweist, kann jedoch kein Prokurist bestellt werden (dazu Einführung Rz. 49, 51).

10 Die Übertragung der Führung der sonstigen Geschäfte auf Dritte ist, soweit zusätzlich noch **mindestens ein Partner** zur Geschäftsführung berechtigt bleibt, möglich.[23] Die teilweise in größeren freiberuflichen Zusammenschlüssen bereits heute spürbare Tendenz, **professionellen Managern** die Leitung der gewöhnlichen Geschäfte des Unternehmens zu übertragen, wird sich noch verstärken.

---

18) Mustervertrag einer Partnerschaftsgesellschaft mit Erläuterungen bei *Michalski/Römermann*, Vertrag der Partnerschaftsgesellschaft, passim; *Eggesiecker,* Fach F; *Ring,* S. 199; *Feddersen/Meyer-Landrut,* PartGG, S. 99 ff; *ders.,* WiB 1994, 744; *Appel,* Stbg 1995, 203; einzelne Musterklauseln bei *Carl,* StB 1995, 173.

19) Begründung zum RegE PartGG, BT-Drucks. 12/6152, S. 15 = Anhang, S. 342; *Kempter,* BRAK-Mitt. 1994, 122, 123.

20) *Burret,* WPK-Mitt. 1994, 201, 205; Begründung zum RegE PartGG, BT-Drucks. 12/6152, S. 15 = Anhang, S. 343; *Kempter,* BRAK-Mitt. 1994, 122, 123; *Knoll/Schüppen,* DStR 1995, 608, 612; MünchKomm-*Ulmer,* BGB, § 6 PartGG Rz. 9 i. V. m. § 709 BGB Rz. 5f.

21) Begründung zum RegE PartGG, BT-Drucks. 12/6152, S. 15 = Anhang, S. 343.

22) *Hornung,* Rpfleger 1996, 1.

23) *Raisch,* in: Festschrift Knur, S. 165, 178; anders die Rechtslage für die freiberuflichen Gesellschaften in Frankreich; vgl. *Laurent/Vallée,* SEL, S. 18.

III. Ausschluss von der Führung „sonstiger Geschäfte"

1. Sonstige und Kerngeschäfte

Nach Absatz 2 können Partner nur von der Führung der „sonstigen Geschäfte" ausgeschlossen werden. Eigenartigerweise erwähnt das Gesetz an keiner Stelle die „hauptsächlichen Geschäfte" oder **Kerngeschäfte**, und der Wortlaut liefert auch keinen inhaltlichen Ansatz für eine irgendwie geartete Differenzierung. Die **Bedeutung** des Absatzes 2 erschließt sich daher erst unter Heranziehung der gesetzgeberischen Motive.[24] In der Begründung des Regierungsentwurfs[25] heißt es hierzu: „Ein ... Ausschluss einzelner Partner vom **Hauptinhalt ihrer Geschäftsführung**, nämlich ihrer freien **Berufsausübung**, stünde ... im Widerspruch ... zum Grundsatz der aktiven Mitarbeit aller Partner; ein vollständiger Ausschluss von der Geschäftsführung würde im Ergebnis die Möglichkeit einer bloßen Kapitalbeteiligung eröffnen." (dazu näher unten Rz. 18).

11

Die „sonstigen Geschäfte" („neutralen Geschäfte"[26]/„gewöhnlichen Geschäfte"[27]) sind in daher **Abgrenzung** zu der hiervon nicht erfassten freiberuflichen **Berufstätigkeit** zu definieren[28] und umfassen beispielsweise den Einkauf von Büromaterial, die Einstellung von Mitarbeitern, die Anmietung von Geschäftsräumen oder den Erwerb eines Grundstücks.[29] Eine exakte Abgrenzung ist jedoch nur unter Schwierigkeiten möglich.[30] Sicherlich gehört zur Berufsausübung beispielsweise eines **Rechtsanwalts** das Gespräch mit dem Mandanten sowie die Korrespondenz und die Wahrnehmung von Gerichtsterminen. Allerdings kann sich darin die Berufsausübung nicht erschöpfen. Würde man nämlich den großen Bereich der zur zweckentsprechenden Berufsausübung **erforderlichen Rechtsgeschäfte** (Hilfsgeschäfte), wie z. B. den Ankauf von nur für ein Mandat benötigter Fachliteratur, der Anfertigung von Kopien oder Geschäfte im Rahmen der Wahrnehmung auswärtiger Termine (Reise- und Übernachtungskosten usw.),[31] den „sonstigen Geschäften" zuordnen, dann könnte das Verbot des Absatzes 2, den Partner von der Berufsausübungs-Geschäftsführung auszuschließen, leicht ausgehöhlt werden.[32] Zur eigent-

12

---

24) Vgl. auch *Kempter*, BRAK-Mitt. 1994, 122, 123; *Mittelsteiner*, DStR 1994, Beihefter zu Heft 37, S. 38; *Bösert*, DStR 1993, 1332, 1334; *ders.*, ZAP Fach 15, S. 137, 149; *Hornung*, Rpfleger 1996, 1.
25) Begründung zum RegE PartGG, BT-Drucks. 12/6152, S. 15 (Hervorhebung durch Verfasser) = Anhang, S. 343.
26) MünchKomm-*Ulmer*, BGB, § 6 Rz. 10.
27) *Hornung*, Rpfleger 1996, 1.
28) A. A. *Feddersen/Meyer-Landrut*, PartGG, § 6 Rz. 10, die eine Abgrenzung zu den gewöhnlichen Geschäften i. S. d. § 116 Abs. 1 HGB vornehmen wollen; diese Auffassung ist unhaltbar und steht in krassem Widerspruch zur Konzeption des Gesetzes, wie sie in den Gesetzesmaterialien zum Ausdruck kommt.
29) Vgl. *Weyand*, INF 1995, 22, 24; *Mittelsteiner*, DStR 1994, Beihefter zu Heft 37, S. 38; *Raisch*, in: Festschrift Knur, S. 165, 178; näher *Römermann*, S. 39 ff.
30) So auch *Burret*, WPK-Mitt. 1994, 201, 204 f; *Lenz*, MDR 1994, 741, 743.
31) Weitere Beispiele bei *Salger*, in: Münchener Handbuch, § 41 Rz. 14.
32) Hierzu und zum Folgenden bereits *Michalski*, Das Gesellschafts- und Kartellrecht, S. 310 f; ferner *Schirmer*, MedR 1995, 341, 343; MünchKomm-*Ulmer*, BGB, § 6 PartGG Rz. 12.

§ 6 Rechtsverhältnis der Partner untereinander

lichen Berufstätigkeit wird man auch die Erstellung der Rechnung an den Auftraggeber zu zählen haben, soweit hierbei ein fachliches Ermessen auszuüben ist wie z. B. bei Rahmengebühren nach dem Rechtsanwaltsvergütungsgesetz.[33] Hinsichtlich der Durchsetzung der Honorarforderungen ist es umstritten, ob dies als berufliche Leistung anzusehen ist.[34]

13 Unzweifelhaft war bereits vor Inkrafttreten des Gesetzes für die bis dahin bestehenden freiberuflichen Sozietäten, dass ein Sozius nicht von der Berufsausübung ausgeschlossen oder über die nach organisatorischen und qualifikativen Gesichtspunkten gestaltete Geschäftsverteilung oder die im Einzelfall durch das Kriterium des persönlichen Vertrauens begründete Zuständigkeitsverteilung hinaus beschränkt werden durfte.[35]

14 Umstritten war hingegen die Frage, ob die Ausübung eines Mandats nur als der an die Gesellschaft zu leistende **Beitrag** des tätigen Sozius **oder** bereits als eine **Maßnahme der Geschäftsführung** i. S. d. § 709 BGB anzusehen ist.[36] Für die Einordnung als Geschäftsführungsmaßnahme spricht der Umstand, dass sich der Zweck der freiberuflichen Gesellschaft auf die Betreuung der Klientel erstreckt.[37] Die **Geschäftsführung** ist nämlich „die auf Verwirklichung des Gesellschaftszwecks im Innenverhältnis gerichtete Tätigkeit. Rein tatsächliche Maßnahmen (Gespräche, Korrespondenz, Organisation, Werbung etc.) gehören hierzu ebenso wie etwa die Bilanzaufstellung. Auch Rechtsgeschäfte sind Geschäftsführungsmaßnahmen. Im Außenverhältnis sind sie Vertretungsgeschäfte, aber sie stellen zugleich Maßnahmen im Innenverhältnis dar."[38] Der **Meinungsstreit** ist für das Partnerschaftsgesellschaftsgesetz durch Absatz 2 im Sinne der wohl herrschenden Meinung[39] dahingehend **entschieden**, dass die Berufsausübung zur Geschäftsführung zählt.[40] Der Begriff der Geschäftsführung im Gesellschaftsrecht ist damit wesentlich umfassender als der Begriff des **Management**[41] in der Betriebswirtschaft, der nur die zur eigentlichen Leitung des Unternehmens zählenden Aufgaben bezeichnet.

15 Der Übergang von der Berufsausübung zu den sonstigen Geschäften definiert sich anhand des **Kriteriums** der **zweckdienlichen, notwendigen Maßnahmen**, die stets dann vorliegen, wenn diese im Auftrage oder auf Rechnung des Klienten erfolgen. Im Übrigen wird darauf abzustellen sein, ob ihr **Nutzeffekt** auf die Ausübung eines **einzelnen** Mandats beschränkt ist. Falls er darauf beschränkt ist, muss der betref-

---

33) Ebenso *Salger*, in: Münchener Handbuch, § 41 Rz. 18.
34) Näher *Meilicke*, in: Meilicke u. a., PartGG, § 6 Rz. 44 ff; *Henssler,* PartGG, § 6 Rz. 41.
35) *Michalski,* Das Gesellschafts- und Kartellrecht, S. 310.
36) *Michalski,* Das Gesellschafts- und Kartellrecht, S. 202 m. w. N.; *Schwenter-Lipp*, S. 154 ff.
37) *Michalski,* Das Gesellschafts- und Kartellrecht, S. 202.
38) *Karsten Schmidt*, Gesellschaftsrecht, § 47 V 1; ähnlich *G. Hueck*, § 8 I 1 („Der Begriff ist im weitesten Sinn zu verstehen").
39) Vgl. *Bösert,* DStR 1993, 1332, 1334 mit Fußn. 24.
40) So auch MünchKomm-*Ulmer*, BGB, § 6 PartGG Rz. 13, anders die Beurteilung durch die französische Rechtswissenschaft, vgl. hierzu näher *Schwenter-Lipp*, S. 145 f; so auch die *EG-Kommission*, Konsultationsdokument, S. 17.
41) Hierzu *Staehle/Conrad/Sydow*, S. 69 ff; *Steinmann/Schreyögg*, S. 8 ff.

fende Partner unabhängig von dem Umfang des einzelnen Geschäfts dazu befugt sein. Er muss dann allerdings das haftungsmäßige Risiko für den **Nachweis** tragen, dass es sich um ein **notwendiges Rechtsgeschäft** gehandelt hat, sofern er von der Geschäftsführung im Übrigen ausgeschlossen war.

2. Einzelgeschäftsführung bei Kerngeschäften

Innerhalb des zur Berufsausübung zählenden Bereichs muss jeder Partner grundsätzlich **allein** zur Geschäftsführung befugt sein; die Einzelgeschäftsführungsbefugnis umfasst die Annahme von Patienten oder Mandaten mit Wirkung für die Partnerschaft.[42] § 114 Abs. 2 HGB ist insoweit nicht anwendbar,[43] die Gesamtgeschäftsführung ist nach der hier vertretenen, allerdings sehr umstrittenen Auffassung mit dem freiberuflichen Charakter grundsätzlich unvereinbar.[44] Die Begründung des Regierungsentwurfs führt insoweit im Ansatz zu Recht aus, dass der Ausschluss eines Partners von der Geschäftsführung im Bereich der Berufstätigkeit mit den Grundsätzen der **selbständigen und eigenverantwortlichen Berufsausübung** der Angehörigen freier Berufe im Widerspruch steht;[45] dies gilt in gleicher Weise auch von einer Bindung des einzelnen Partners an eine **Gesamtgeschäftsführung**.[46] Die Verpflichtung zur persönlichen und weisungsunabhängigen Tätigkeit verlangt nämlich, dass die anderen Partner der Wahrnehmung eines einem anderen Sozietätsmitglied übertragenen Mandats nicht widersprechen können.[47] Das den Tatbestand der Einzelgeschäftsführung ergänzende Widerspruchsrecht des § 115 Abs. 1 HGB ist daher für Partnerschaften in Bezug auf den die Berufsausübung erfassenden Teil der Geschäftsführung grundsätzlich ebenso inakzeptabel wie die Gesamtgeschäftsführung und der Ausschluss oder die Beschränkung der Einzelgeschäftsführung.

16

Diese Ansicht gilt uneingeschränkt für gewöhnliche Geschäftsführungsmaßnahmen. Derartige Maßnahmen muss jeder Berufsangehörige allein vornehmen können, weil dies auch jeder andere Partner hätte machen müssen. Eine durch ein Mitwirkungserfordernis bzw. ein Widerspruchsrecht eines Partners oder mehrerer Partner begründete Abhängigkeit ist allerdings dann gerechtfertigt, wenn die von nur einem Partner getroffene Entscheidung die Interessen der anderen zu weitgehend beeinträchtigen und damit deren Eigenverantwortlichkeit und Selbständigkeit dadurch zumindest mittelbar tangieren würde, so dass sie diese Maßnahme selbst nicht oder nicht so getroffen hätten und demnach dazu den anderen Partnern gegenüber auch nicht verpflichtet gewesen wären. Diese Voraussetzungen aber treffen gerade auf außergewöhnliche Geschäftsführungsmaßnahmen i. S. d. § 116 Abs. 2 HGB zu. Insoweit

16a

---

42) Hierzu und zum Folgenden *Michalski*, Das Gesellschafts- und Kartellrecht, S. 202, 310.
43) So auch *Burret*, WPK-Mitt. 1994, 201, 204 f; *Mittelsteiner*, DStR 1994, Beihefter zu Heft 37, S. 38.
44) A. A. *Henssler*, PartGG, § 6 Rz. 42; MünchKomm-*Ulmer*, BGB, § 6 PartGG Rz. 15 f m. w. N. in Fn. 13.
45) Begründung zum RegE PartGG, BT-Drucks. 12/6152, S. 15 = Anhang, S. 343.
46) *Michalski*, Das Gesellschafts- und Kartellrecht, S. 310.
47) *Meilicke*, in: Meilicke u. a., PartGG, § 6 Rz. 45 f; *Henssler*, PartGG, § 6 Rz. 42.

empfiehlt es sich, einen nicht abschließenden Katalog in den Partnerschaftsvertrag aufzunehmen. Um ein „ungewöhnliches Mandat" handelt es sich zum Beispiel dann, wenn es in einer allein gesellschafts- und kapitalmarktrechtlich ausgerichteten Kanzlei um einen Fall aus dem allgemeinen Straf- oder Familienrecht geht oder ein Mandat die Kapazität beziehungsweise das Haftungsvolumen erkennbar überschreitet.

D. Gesetzliche und vertragliche Regelungen des Innenverhältnisses (Abs. 3)

I. Umfang und Entzug der Geschäftsführungsbefugnis (§§ 116 f HGB)

1. Gesellschafterklage nach § 117 HGB

17 Nach Absatz 3 Satz 2 i. V. m. § 117 HGB kann einem Partner bei Vorliegen eines **wichtigen Grundes** die Geschäftsführungsbefugnis auf Antrag aller übrigen Gesellschafter[48] durch eine **gerichtliche Entscheidung** entzogen werden. Ausweislich der Begründung des Regierungsentwurfs[49] soll dies auch in Bezug auf die **Berufsausübung** gelten, „insbesondere wenn anders ein drohender Schaden von der Partnerschaft nicht abzuwenden ist ... ein **dauerhafter** Ausschluss von der berufsausübenden Geschäftsführungstätigkeit wird aber nur im Wege der Ausschließung des Partners möglich sein." In der Tat muss auch bei der freiberuflichen Gesellschaft in besonderen Ausnahmefällen[50] die Unterbindung der Berufsausübung durch den zu einer ordentlichen Ausübung seiner beruflichen Aktivität nicht fähigen oder nicht gewillten Partner zum Schutz der Gesellschaft und der übrigen Gesellschafter erfolgen können.[51] Der Partnerschaftsvertrag kann anstelle der schwerfälligen Gesellschafterklage den Entzug der Geschäftsführungsbefugnis durch Beschluss der Partner ermöglichen.[52]

2. Zulässige Dauer des Entzugs

18 Nach der oben (Rz. 17) bereits zitierten Begründung des Regierungsentwurfs darf der **Entzug** der zur Berufsausübung erforderlichen Geschäftsführungsbefugnis **nicht auf Dauer** erfolgen.[53] Dies entspricht der Ansicht, als Partner kämen nur aktiv den Beruf ausübende Angehörige freier Berufe in Betracht. Diese Auffassung ist unzutreffend (siehe ausführlich § 1 Rz. 5 ff). Auch die daraus von der Begründung des Regierungsentwurfs im Zusammenhang mit dem Entzug der Geschäftsführungsbefugnis gezogene Schlussfolgerung ist abzulehnen.[54] Sie muss auch in diesem

---

48) *Baumbach/Hopt*, HGB, § 117 Rz. 6.
49) Begründung zum RegE PartGG, BT-Drucks. 12/6152, S. 15 = Anhang, S. 343.
50) Vgl. die Beispiele bei *Baumbach/Hopt*, HGB, § 117 Rz. 4 zum wichtigen Grund.
51) *Stuber*, S. 82 Anm. 66.
52) Vorschlag zur Vertragsgestaltung bei *Michalski/Römermann*, Vertrag der Partnerschaftsgesellschaft, Rz. 300.
53) Der Begründung des Regierungsentwurfs folgend etwa *Hornung*, Rpfleger 1996, 1, 2; *Sommer*, GmbHR 1995, 249, 252; *Henssler*, PartGG, § 6 Rz. 45; wie hier hingegen MünchKomm-*Ulmer*, BGB, § 6 PartGG Rz. 22.
54) MünchKomm-*Ulmer*, BGB, § 6 PartGG Rz. 19.

Zusammenhang zu erheblichen **Abgrenzungsschwierigkeiten** führen, welche Dauer noch als vorübergehend und damit zulässig angesehen werden kann und welche das **zulässige Höchstmaß** überschreitet. Ein Vergleich mit § 9 Abs. 3 hilft ebenfalls nicht weiter, da dort eine Behörde die Zulassung durch einen Bescheid entzieht, der nach seiner Bestands- oder Rechtskraft grundsätzlich nicht mehr aufgehoben werden kann (zu den Einzelheiten § 9 Rz. 23). Im vorliegenden Zusammenhang liegt es aber in der Hand der Partner, ob und gegebenenfalls wann sie dem betroffenen Gesellschafter wieder die Geschäftsführungsbefugnis einräumen. Dies gibt den Partnern die Möglichkeit, **flexible Lösungen** auf dem Klagewege durchzusetzen. Soweit die Klage auf einen bestimmten Zeitraum abstellt, wird man abwarten müssen, bis zu welcher Grenze die herrschende Meinung den Entzug toleriert.

Die **Gegenmeinung**[55)] führt zu **weiteren Problemen** in Bezug auf die Gesellschafterstellung. Soll etwa, falls ein Gericht den Entzug der Geschäftsführungsbefugnis auf Dauer angeordnet hat, nun automatisch die **Ausschließungsklage** der Partner Erfolg haben, muss nötigenfalls auch das **Partnerschaftsregistergericht** aktiv werden, um die Entfernung des Partners aus der Gesellschaft zu erzwingen? Muss, wenn die Klage über einen sechsmonatigen Entzug Erfolg hatte, die anschließende Klage auf weitergehenden Entzug abgewiesen werden, da dann die Ausschließungsklage allein in Frage käme? 19

Die bisherige **Rechtsprechung zu § 117 HGB** kann für die Partnerschaft nur in begrenztem Maße herangezogen werden. Insbesondere wird die Problematik der **Verhältnismäßigkeit** bei den Angehörigen freier Berufe anders zu beurteilen sein, z. B. kommt die Beschränkung auf Gesamt- statt Einzelgeschäftsführung hier nicht in Betracht (siehe oben Rz. 16).[56)] 20

Soweit man der **hier vertretenen Ansicht** (siehe § 1 Rz. 7) folgt, dass die Partnerstellung nicht von der aktiven beruflichen Tätigkeit des Freiberuflers abhängt, vermeidet man derartige Probleme, da der Gesellschafter auch dann in der Partnerschaft verbleiben kann, wenn ihm die Möglichkeit der Berufsausübung im Rahmen der Gesellschaft genommen wird. 21

3. Umfang der Geschäftsführungsbefugnis (§ 116 HGB)

Gemäß Absatz 3 Satz 2 ist **§ 116 Abs. 1 und 2 HGB** entsprechend anzuwenden. Zu den **gewöhnlichen Geschäften** zählt dabei aufgrund der freiberuflichen Unabhängigkeit der Partner der Bereich der Berufsausübung, soweit es sich nicht um in der Partnerschaft ungewöhnliche Mandate handelt (siehe oben Rz. 16a), einschließlich der notwendigen akzessorischen Geschäfte (siehe oben Rz. 12) gezählt werden, der somit dem direkten Vetorecht der übrigen Gesellschafter entzogen ist. Dies gilt unabhängig von dem – im Einzelfall möglicherweise „ungewöhnlichen" – Umfang z. B. des Mandats. **Außergewöhnliche Geschäfte** sind insbesondere solche, die den Ge- 22

---

55) Vgl. die Nachweise in Fußnote 54.
56) Vgl. *Baumbach/Hopt*, HGB, § 117 Rz. 5.

genstand der Partnerschaft verlassen.[57] Das wird vor allem dann der Fall sein, wenn es sich um Geschäfte handelt, die nicht freiberuflicher, sondern **gewerblicher Natur** sind. Auch die Errichtung von Zweigniederlassungen gehört zu dem Bereich der außergewöhnlichen Geschäfte.[58] Nach § 116 Abs. 2 HGB ist für solche Geschäfte stets ein **Beschluss sämtlicher Partner** erforderlich. Die Partner sind zur Beschlussfassung verpflichtet, die Verhinderung des Beschlusses durch grundlose Abwesenheit oder Enthaltung ist pflichtwidrig.[59]

II. Wettbewerbsverbote

1. Zeitraum während der bestehenden Partnerschaft

a) Gesetzliches Wettbewerbsverbot (§ 112 HGB)

23 Kein Partner darf ohne Einwilligung der übrigen Gesellschafter durch eine gleichartige Berufsausübung als einzeln praktizierender Freiberufler oder im Rahmen einer anderen freiberuflichen Gesellschaft seiner Partnerschaft Konkurrenz machen (§ 112 HGB).[60] Insoweit entspricht die Rechtslage bei der Partnerschaft derjenigen bei freiberuflichen Gesellschaften bürgerlichen Rechts, wo das gleiche Ergebnis aus der gesellschaftsrechtlichen Treuepflicht[61] gefolgert wird.[62] Wenn der betreffende Partner nach Erteilung der Einwilligung seine Konkurrenztätigkeit aufgenommen hat, kann das Einverständnis nur aufgrund eines Vorbehalts oder aber bei Vorliegen eines **wichtigen Grundes** widerrufen werden.[63] Unter den Voraussetzungen des § 112 Abs. 2 HGB wird die Einwilligung unwiderleglich **vermutet**, d. h. bei Kenntnis der übrigen Partner von einer Konkurrenztätigkeit bei Gründung der Partnerschaft, ohne dass die übrigen Gesellschafter die Aufgabe der anderweitigen Berufsausübung fordern. Vor dem Ende der Laufzeit des Wettbewerbsverbots sind gewisse Vorbereitungshandlungen für die weitere Tätigkeit danach zulässig, z. B. der Abschluss eines anderweitigen Partnerschaftsvertrags mit Wirkung für die Zeit nach dem Ausscheiden.[64] § 112 HGB ist vollständig **dispositiv**,[65] so dass der Partnerschaftsvertrag das gesetzliche Wettbewerbsverbot sowohl verschärfen als auch lockern oder gar aufheben kann.[66]

24 Die **Folgen des Verstoßes** gegen ein Wettbewerbsverbot sind in § 113 HGB geregelt. Danach kann die Partnerschaft in jedem Fall Unterlassung und zudem bei Ver-

---

57) *Baumbach/Hopt*, HGB, § 116 Rz. 2.
58) *Baumbach/Hopt*, HGB, § 116 Rz. 2.
59) Vgl. zu den Einzelheiten *Baumbach/Hopt*, HGB, § 116 Rz. 5.
60) Vgl. Begründung zum RegE PartGG, BT-Drucks. 12/6152, S. 15 = Anhang, S. 343; näher *Salger*, in: Münchener Handbuch, § 41 Rz. 6 f; *Meilicke,* in: Meilicke u. a., PartGG, § 6 Rz. 52 ff.
61) MünchKomm-*Ulmer,* BGB, § 705 Rz. 181 ff, 194.
62) *Michalski/Römermann,* ZIP 1994, 433, 434 f.
63) Im Einzelnen str., vgl. *Baumbach/Hopt*, HGB, § 112 Rz. 9.
64) *Salger,* in: Münchener Handbuch, § 41 Rz. 9.
65) *Baumbach/Hopt*, HGB, § 112 Rz. 12.
66) Zu den Einzelheiten vgl. *Baumbach/Hopt*, HGB, § 112 Rz. 12 f, und unten Rz. 25 f.

schulden **Schadensersatz** verlangen.[67] Problematisch ist hingegen die Durchsetzung der durch § 113 Abs. 1 Halbs. 2 HGB darüber hinaus eröffneten Möglichkeit des **Eintritts** in die anderweitig getätigten Geschäfte, soweit es sich um Geschäfte im Rahmen der **Berufstätigkeit** eines der **Schweigepflicht** unterliegenden Partners handelt. In diesem Fall hat die Partnerschaft weder einen Anspruch auf Abtretung der Vergütung noch auf Nennung der angefallenen Honorare in den jeweiligen Angelegenheiten, da sich daraus regelmäßig Rückschlüsse auf die der Schweigepflicht unterliegende **Tätigkeit** ziehen lassen.[68] Soweit die Schweigepflicht reicht, sind daher gegen den Willen des betreffenden Partners die sonstigen in § 113 Abs. 1 Halbs. 2 HGB genannten Alternativen nicht realisierbar. Gleichzeitig wird es hier auch in der Regel auf erhebliche Schwierigkeiten stoßen, den bestehenden Schadensersatzanspruch der Partnerschaft zu beziffern. Für die **Vertragspraxis** empfiehlt es sich aus diesen Gründen, für den Fall eines Wettbewerbsverstoßes eine Vertragsstrafe zu vereinbaren, wobei für deren Höhe Pauschalbeträge bereits im Vertrag vereinbart werden sollten.[69]

b) Vorgaben der Berufsrechte

aa) Rechtsanwälte

Nach § 59a Abs. 1 Satz 1 BRAO dürfen sich Rechtsanwälte zur gemeinschaftlichen Berufsausübung mit Angehörigen anderer Berufe in „einer" Sozietät zusammenfinden. Die herrschende Literaturansicht entnimmt dieser Bestimmung das so genannte **Verbot der Sternsozietät**,[70] das besagt, dass kein Rechtsanwalt mehr als einer Berufsausübungsgesellschaft gleichzeitig angehören darf. Diese Auffassung ist allerdings nicht zwingend, da der Wortlaut der Vorschrift keine eindeutige Interpretation erlaubt und ein Verbot angesichts der Berufsfreiheit des Art. 12 GG einer besonderen Rechtfertigung bedürfte, die aber nicht erkennbar ist.[71]

24a

bb) Patentanwälte

Nach § 52a Abs. 1 Satz 1 PAO dürfen sich Patentanwälte „in einer Sozietät" zur gemeinschaftlichen Berufsausübung verbinden. Ähnlich wie bei § 59a Abs. 1 Satz 1 BRAO stellt sich hier das Auslegungsproblem, ob die Wortwahl „einer" Sozietät ein gesetzliches Verbot der Sozietät beinhaltet (siehe oben Rz. 24a). Wie bei den Rechtsanwälten, so ist auch im Bereich der Patentanwälte eine solche restriktive Interpretation angesichts der verfassungsmäßigen Berufsausübungsfreiheit abzulehnen. Von dieser hier vertretenen Auffassung geht ersichtlich auch die **Berufsordnung** der Patentanwälte aus, die aus diesem Grunde in § 16 Abs. 3 BerufsO aus-

24b

---

67) *Salger*, in: Münchener Handbuch, § 41 Rz. 11.
68) Eingehend hierzu *Michalski/Römermann*, ZIP 1994, 433, 445; *Mennicke/Radtke*, MDR 1993, 400; *Berger*, NJW 1995, 1584; *ders.*, NJW 1995, 1406.
69) Näher dazu *Michalski/Römermann*, ZIP 1994, 433, 445 f.
70) Vgl. die Begründung des Regierungsentwurfs der BRAO-Novelle, BT-Drucks. 12/4993, S. 33; für die herrschende Auffassung etwa *Hartung*, in: Henssler/Prütting, BRAO, § 59 a Rz. 20.
71) Ausführlich *Hartung/Holl/Römermann*, § 59a BRAO Rz. 8.

drücklich regelt, dass der Patentanwalt mit Berufsangehörigen gemäß § 52a Abs. 1 PAO nur einen Zusammenschluss eingehen und daneben keine Einzelpraxis führen darf.

cc) Ärzte, Zahnärzte

24c Gemäß § 18 Abs. 3 Satz 1 MBO-Ä 2004 dürfen Ärzte mehreren Berufsausübungsgemeinschaften angehören, nicht dagegen mehreren medizinischen Kooperationsgemeinschaften und Praxisverbünden.

24d Zahnärzte dürfen gemäß § 16 Abs. 2 Satz 1, § 9 Abs. 2 MBO-ZÄ mehreren Berufsausübungsgemeinschaft angehören, wenn die ordnungsgemäße Versorgung der Patienten sichergestellt wird.

dd) Tierärzte

24e Jeder Tierarzt darf gemäß § 25 Abs. 1 Satz 3 MBO-TÄ nur einer Gemeinschaftspraxis angehören.

2. Nachvertragliche Wettbewerbsverbote

25 Ohne besondere Vereinbarungen besteht nach dem Ausscheiden eines Gesellschafters aus der Partnerschaft für diesen nur das speziell für die meisten Angehörigen freier Berufe geltende **Abwerbungsverbot**.[72] Häufig werden allerdings nachvertragliche Wettbewerbsverbote vereinbart,[73] deren **Wirksamkeit** anhand **berufsrechtlicher** Vorschriften[74] und **§ 138 Abs. 1 BGB** zu überprüfen ist. Die zuweilen auch genannten Bestimmungen des Art. 12 GG sowie § 1 GWB spielen hier keine Rolle.[75] Auch die §§ 74 ff HGB oder § 90a HGB sind auf Partner nicht anwendbar.[76] Das Wettbewerbsverbot ist wegen § 138 Abs. 1 BGB hinsichtlich Gegenstand, Ort und Zeit auf das notwendige Maß zu **begrenzen** und darf den betroffenen Partner nicht unangemessen in seiner wirtschaftlichen Bewegungsfreiheit beschränken.[77] Hinsichtlich der **zeitlichen** Begrenzung wird man im Allgemeinen den Zeitraum von zwei Jahren nach dem Ausscheiden noch für angemessen halten können;[78] bei zu langer Laufzeit nimmt der Bundesgerichtshof eine geltungserhaltende Reduktion vor.[79] Die **örtliche** Beschränkung ist je nach Beruf unterschiedlich zu

---

72) *Michalski/Römermann*, ZIP 1994, 433, 434, 437.
73) Näher *Römermann*, BB 1998, 1489; *Melullis*, WRP 1994, 686.
74) Für Anwälte siehe *Michalski/Römermann*, ZIP 1994, 433, 442.
75) *Michalski/Römermann*, ZIP 1994, 433, 442 m. w. N.; *Michalski*, Das Gesellschafts- und Kartellrecht, S. 435 ff, 453 f; zu § 1 GWB vgl. *Melullis*, WRP 1994, 686 ff.
76) *Michalski/Römermann*, ZIP 1994, 433, 443; *Bruckner*, S. 31 ff.
77) BGH WiB 1997, 1028 m. Anm. *Römermann*; ZIP 1990, 586, dazu EWiR 1990, 65 *(Meyer-Landrut)*.
78) BGH ZIP 1990, 586, 588 m. w. N; LG Hannover BB 1998, 1501.
79) BGH StB 1991, 97, 98 m. w. N.; *Melullis*, WRP 1994, 686, 691 ff; *Taub*, WRP 1994, 802 ff; a. A. unzutreffend *Salger*, in: Münchener Handbuch, § 35 Rz. 10.

beurteilen. Auch insoweit deutet der Bundesgerichtshof[80] an, dass eine geltungserhaltende Reduktion eingreifen könnte.

In der **Vertragspraxis** sind insbesondere – vor allem im Bereich der Anwaltschaft – **drei Arten** grundsätzlich zulässiger Klauseln[81] anzutreffen: 26

- Die **allgemeine Mandantenschutzklausel** ist eine Vereinbarung, die dem ausscheidenden Partner die weitere Betreuung von Mandanten der Kanzlei untersagt. Sie ist mit der erwähnten Beschränkung wirksam.

- Die **beschränkte Mandantenschutzklausel** bezeichnet lediglich die Vereinbarung eines – im Bereich der freien Berufe meist ohnehin geltenden und daher überflüssigen – Abwerbungsverbotes.

- Die **Gewinnabführungs-** oder **Mandantenübernahmeklausel** lässt die Betreuung von Klienten der Partnerschaft zu, im Gegenzug ist jedoch ein Teil des Honorars des jeweils übernommenen Mandates an die Partnerschaft abzuführen. Die Klausel ist grundsätzlich zulässig, gestritten wird im Wesentlichen nur über die mögliche Höchstdauer der Bindung und über die Höhe der zu zahlenden Honoraranteile. Man wird insoweit von einer zulässigen Honorarbeteiligung von maximal 25 % über den Zeitraum von vier Jahren ausgehen dürfen.[82]

III. Beschlussfassung (§ 119 HGB)

1. Gesetzliche Regelung

Nach § 119 Abs. 1 HGB bedarf es zur Beschlussfassung der Zustimmung sämtlicher Partner. Dies gilt insbesondere in den Fällen:[83] 27

- **Außergewöhnliche Geschäftsführungsmaßnahmen**, Absatz 3 Satz 2 i. V. m. § 116 Abs. 2 HGB.

- Einvernehmliche **Auflösung** der Partnerschaft, § 9 Abs. 1 i. V. m. § 131 Nr. 2 HGB.

- Verschiedene Maßnahmen in und nach der **Liquidation**, § 10 Abs. 1 i. V. m. den § 146 Abs. 1, §§ 147, 152, 157 Abs. 2 Satz 2 HGB.

- **Änderung des Partnerschaftsvertrages**, die der Schriftform bedarf,[84] und alle sonstigen Grundlagengeschäfte, wie etwa die Einwilligung in den Wettbewerb nach § 6 Abs. 3 Satz 2 i. V. m. § 112 Abs. 2 HGB, die Einleitung eines Verfahrens auf Ausschluss von der Geschäftsführung nach § 6 Abs. 3 Satz 2 i. V. m. § 117 HGB oder auf Entziehung der Vertretungsbefugnis nach § 7 Abs. 3 i. V. m. § 127 HGB.

---

80) BGH WiB 1997, 1028 m. Anm. *Römermann.*
81) Ausführlich zum Folgenden *Römermann,* BB 1998, 1489; *Michalski/Römermann,* ZIP 1994, 433, 442 ff; *dies.,* Vertrag der Partnerschaftsgesellschaft, Rz. 326 ff, 355 f mit Formulierungsbeispielen; *Burhoff,* NWB Fach 30, S. 907.
82) *Michalski/Römermann,* ZIP 1994, 433, 440.
83) Vgl. *Baumbach/Hopt,* HGB, § 119 Rz. 1.
84) *Salger,* in: Münchener Handbuch, § 41 Rz. 21; *Meilicke,* in: Meilicke u. a., PartGG, § 6 Rz. 82 f.

– **Abweichung vom Partnerschaftsvertrag** im Einzelfall, soweit die trotz des Schriftformgebotes nach § 3 Abs. 1 wirksam möglich ist. Im Einzelfall ist stets zu prüfen, ob der Beschluss formfrei gefasst werden kann oder ob es sich inhaltlich um eine Änderung des Partnerschaftsvertrages handelt.[85]
– In anderen vom **Partnerschaftsvertrag** vorgesehenen Fällen.

28 Aus dem Stimmrecht des Partners wird regelmäßig aufgrund der gesellschaftsrechtlichen Treuepflicht eine Mitwirkungspflicht folgen, in Einzelfällen auch die **Pflicht zur Abstimmung** in einem bestimmten Sinne.[86] Andererseits gilt ein **Stimmverbot** bei einem Interessenkonflikt zwischen unmittelbaren Vermögensinteressen des Partners und der Partnerschaft, wenn also das Mitstimmen bei dem Beschluss als Richten in eigener Sache anzusehen wäre.[87]

2. Vertragliche Gestaltung

29 § 119 HGB ist dispositiv.[88] Für das Recht der Personenhandelsgesellschaften wird daher ein vertraglicher **Stimmrechtsausschluss** für **möglich** gehalten. Davon ausgenommen sind Beschlüsse, welche unmittelbar in die Rechtsstellung des Gesellschafters eingreifen (**Kernbereichslehre**),[89] z. B. durch eine Änderung der Gewinnbeteiligung. Für die freiberuflichen Partner ist in noch größerem Maße, als es durch die bisher anzutreffende Kernbereichslehre geschieht, auf die Wahrung der Unabhängigkeit und Eigenverantwortlichkeit des einzelnen Gesellschafters zu achten.[90] Der **Kernbereich** wird dementsprechend bei der Partnerschaft **weitergehend** anzunehmen sein als im Handelsrecht. Auch bezüglich derjenigen Beschlüsse, die die **unabhängige Berufsausübung** der Partner beeinträchtigen könnten, ist daher ein vertraglich vereinbarter Stimmrechtsausschluss unzulässig und nichtig.

30 Bei **Stimmbindungsverträgen** ist zu differenzieren: Die schuldrechtliche Verpflichtung eines Partners gegenüber einem **Mitgesellschafter**, in einem bestimmten Sinne oder nach jeweiliger Weisung abzustimmen, ist (ebenso wie das Vorhandensein ungleicher Stimmrechte in der Partnerschaft) grundsätzlich – insbesondere bei Beachtung der sich aus § 138 Abs. 1 BGB ergebenden Grenzen – unbedenklich,[91] da dies nur auf den gleichen Effekt hinausläuft wie die ohne weiteres zulässige Mehrheitsbeteiligung eines Partners. Ein Stimmbindungsvertrag zwischen einem Partner und einem **Dritten** ist hingegen stets unwirksam, da die Fremdbestimmung im Bereich freiberuflicher Partnerschaften wegen der damit verbundenen Gefahr für die Unabhängigkeit der Partner grundsätzlich als unzulässig angesehen werden muss.[92] Aus

---

85) *Meilicke*, in: Meilicke u. a., PartGG, § 6 Rz. 82 f.
86) *v. Gerkan*, in: Röhricht/Graf v. Westphalen, HGB, § 119 Rz. 36 ff.
87) *v. Gerkan*, in: Röhricht/Graf v. Westphalen, HGB, § 119 Rz. 33.
88) *Baumbach/Hopt*, HGB, § 119 Rz. 12.
89) BGHZ 20, 363, 367 ff; *Röttger*, S. 148 ff; *Meurer*, S. 87 f.
90) So auch MünchKomm-*Ulmer*, BGB, § 6 PartGG Rz. 39.
91) Vgl. *Baumbach/Hopt*, HGB, § 119 Rz. 14, 17.
92) Ebenso die h. L. im Bereich der Personenhandelsgesellschaften, vgl. *Baumbach/Hopt*, HGB, § 119 Rz. 18 m. w. N.; a. A. jedoch der BGH , vgl. BGHZ 48, 163, 167; *v. Gerkan*, in: Röhricht/Graf v. Westphalen, HGB, § 119 Rz. 38.

diesem Grunde kommt erst recht keine **Stimmrechtsübertragung** auf Dritte durch einen Partner in Betracht. Die Partner können sich bei der Stimmabgabe auch nicht durch Außenstehende vertreten lassen.

Der **Beschluss** kommt durch die **Stimmabgabe der Partner**, welche nicht unbedingt gleichzeitig erfolgen muss, zustande.[93] **Fehlerhafte** Beschlüsse sind **nichtig**, nicht etwa nur anfechtbar.[94] Die Nichtigkeit ist durch Feststellungsklage geltend zu machen.[95]

Mehrheitsbeschlüsse sind zulässig. Der **Partnerschaftsvertrag** kann vorsehen, dass bei Beschlüssen statt des Einstimmigkeitsprinzips das **Mehrheitsprinzip** gelten soll, § 119 Abs. 2 HGB.[96] Es gilt wegen der daraus resultierenden Gefahr für die Minderheitsgesellschafter der von der Rechtsprechung postulierte **Bestimmtheitsgrundsatz**.[97] Danach muss sich, soweit das Mehrheitsprinzip generell gelten soll, bei Vertragsänderungen mit ungewöhnlichem Inhalt der Beschlussgegenstand eindeutig – wenn auch durch Auslegung – bereits aus dem Gesellschaftsvertrag ermitteln lassen. Dieser Grundsatz sah sich bereits in der Vergangenheit wegen des dadurch hervorgerufenen Mangels an Flexibilität heftiger Kritik ausgesetzt.[98] Es war daher zum Teil die Hoffnung geäußert worden, dass er im Bereich der Partnerschaften für nicht anwendbar erklärt werden würde.[99] Mangels gegenteiliger Anhaltspunkte im Gesetz ist nun jedoch von seiner Geltung auszugehen, was insbesondere bei mitgliederstarken Partnerschaften eine flexible Verwaltung erschweren kann.[100] Bei Einführung von Mehrheitsentscheidungen ist nach § 119 Abs. 2 HGB die **Mehrheit** im Zweifel nach Köpfen zu berechnen.[101] Davon kann der Partnerschaftsvertrag jedoch abweichen und – wie dies auch in einer Gesellschaft bürgerlichen Rechts möglich ist – eine Abstimmung nach Kapitalanteilen vorsehen.[102]

IV. Kontrollrechte der Partner (§ 118 HGB)

1. Inhalt und Umfang des Informationsrechts

Gemäß § 118 HGB können sich auch die im Rahmen des Absatzes 2 von der sonstigen Geschäftsführung **ausgeschlossenen Partner** über die Angelegenheiten der Partnerschaft **informieren** und **Einsicht** in die Unterlagen der Gesellschaft nehmen.

---

93) *Baumbach/Hopt*, HGB, § 119 Rz. 26.
94) H. M.; *Baumbach/Hopt*, HGB, § 119 Rz. 31.
95) *Baumbach/Hopt*, HGB, § 119 Rz. 32.
96) Formulierungsvorschlag bei *Michalski/Römermann*, Vertrag der Partnerschaftsgesellschaft, Rz. 304.
97) Vgl. hierzu nur *Baumbach/Hopt*, HGB, § 119 Rz. 37 ff mit vielen Beispielen; *v. Gerkan*, in: Röhricht/Graf v. Westphalen, HGB, § 119 Rz. 17 ff; *Stuber*, WiB 1994, 705, 707; *Meurer*, S. 88.
98) Vgl. *Baumbach/Hopt*, HGB, § 119 Rz. 39 m. w. N.
99) Vgl. *Stuber*, WiB 1994, 705, 707.
100) Ebenso *Stuber*, WiB 1994, 705, 707.
101) *Baumbach/Hopt*, HGB, § 119 Rz. 41.
102) *Michalski/Römermann*, Vertrag der Partnerschaftsgesellschaft, Rz. 192; *Meilicke*, in: Meilicke u. a., PartGG, § 6 Rz. 85.

Der Anspruch richtet sich gegen die Partnerschaft, aber auch unmittelbar gegen die geschäftsführenden Partner. Dies sind die nicht nach Absatz 2 in der Geschäftsführung beschränkten Gesellschafter hinsichtlich der allgemeinen Angelegenheiten der Partnerschaft sowie hinsichtlich der die freie **Berufsausübung** der Partner betreffenden Geschäfte. Der Anspruch geht primär auf Duldung und Gewährung des **Zugangs**.[103] Der Gesellschafter kann selbst Einsicht nehmen und auf eigene Kosten Abschriften und Fotokopien fertigen.[104] Nur wenn dies z. B. wegen Lückenhaftigkeit oder Widersprüchlichkeit der Unterlagen nicht ausreicht, um sich einen vollständigen und hinreichenden Überblick über die Angelegenheiten der Partnerschaft zu verschaffen, kann daraus ein weitergehendes **Auskunftsrecht** des Partners resultieren.[105]

2. Informationsrecht gegenüber schweigepflichtigem Partner

34 Dies gilt ebenso für die Akten, die für die **Berufstätigkeit** einzelner Partner angelegt werden, und zwar auch, wenn diese der **Schweigepflicht** unterliegen, da in einem solchen Falle die Partnerschaft insgesamt einschließlich sämtlicher Gesellschafter von der Schweigepflicht umfasst ist.[106] Dies ergibt sich aus § 203 Abs. 3 Satz 1 StGB, wonach neben den in § 203 Abs. 1 und 2 StGB genannten Berufe auch die „**berufsmäßig tätigen Gehilfen**" der Schweigepflicht unterliegen. Dazu gehört nach der im Strafrecht herrschenden Auffassung „jeder, der innerhalb des beruflichen Wirkungsbereichs eines Schweigepflichtigen eine auf dessen berufliche Tätigkeit bezogene **unterstützende Tätigkeit** ausübt, welche die Kenntnis fremder Geheimnisse mit sich bringt oder ohne Überwindung besonderer Hindernisse ermöglicht. Das Merkmal ‚berufsmäßiger' Tätigkeit bedeutet also nicht, dass der Gehilfe sie als seinen Beruf ausüben muss ..., sondern das Erfordernis eines inneren **Zusammenhanges mit der beruflichen Tätigkeit** des Schweigepflichtigen nach Absatz 1 ... Da es für die Begründung der Schweigepflicht nur auf die Beziehung seiner Tätigkeit zu der des Schweigepflichtigen ankommt, ist für den Begriff des Gehilfen **nicht erforderlich**, dass der Betreffende zu dem Schweigepflichtigen in einem **Dienstverhältnis** steht oder in anderer Weise ihm gegenüber weisungsgebunden ist."[107] Wenn sich somit z. B. in einer **interprofessionellen** Sozietät ein Partner, der einem der in

---

103) *Baumbach/Hopt*, HGB, § 118 Rz. 1.
104) *Baumbach/Hopt*, HGB, § 118 Rz. 5 f.
105) H. M., *Baumbach/Hopt*, HGB, § 118 Rz. 7; *v. Gerkan*, in: Röhricht/Graf v. Westphalen, HGB, § 119 Rz. 7.
106) Zum Folgenden eingehend *Römermann*, S. 90 ff; offenbar a. A. ohne Angabe von Gründen die Begründung zum RegE PartGG, BT-Drucks. 12/6152, S. 15 = Anhang, S. 343, nach welcher sich das Kontroll- und Einsichtsrecht auf die wirtschaftlichen Verhältnisse der Partnerschaft beschränkt, ohne z. B. persönliche Patientendaten zu berühren; wie hier hingegen die Konzeption der EG-Kommission für eine interdisziplinäre freiberufliche Gesellschaft auf europäischer Ebene; vgl. *EG-Kommission*, Konsultationsdokument, S. 25; vgl. ferner *Ewer*, AnwBl 1995, 161, 164 für Umweltgutachten durch interdisziplinäre (BGB-)Gesellschaften.
107) *Schönke/Schröder/Lenckner*, StGB, § 203 Rz. 34 (Hervorhebung durch den Verfasser); vgl. hierzu auch *Taupitz*, MedR 1993, 367, 374 f.

§ 203 Abs. 1 StGB genannten Berufe angehört, des Sachverstandes eines Angehörigen eines dort nicht angeführten Berufes bedient, dann ist auch dieser zur Verschwiegenheit gemäß § 203 Abs. 3 Satz 1 StGB verpflichtet.

Für das **strafprozessuale Zeugnisverweigerungsrecht** ergibt sich gemäß den § 53 Abs. 1, § 53a Abs. 1 StPO im Ergebnis dasselbe, wenn auch die Anwendungsbereiche dieser Vorschriften mit der Schweigepflicht nach § 203 StGB nicht identisch sind.[108] Für die Annahme der zur Zeugnisverweigerung gemäß § 53a Abs. 1 StPO berechtigten[109] Hilfspersonen wird nämlich weder ein soziales Abhängigkeitsverhältnis noch eine berufsmäßige Tätigkeit vorausgesetzt,[110] so dass insoweit in ständiger **gemeinsamer Berufsausübung** stehende Personen **ohne weiteres** erfasst sind.

35

Schließlich sind die übrigen Partner auch in die **Beschlagnahmefreiheit** eines Sozius hinsichtlich dessen zur Berufsausübung angelegter Akten mit eingeschlossen. Insoweit gelten gemäß § 97 Abs. 1 und 4 StPO gegenüber den §§ 53, 53a StPO keine Besonderheiten für die Freiberufler und deren Hilfspersonen. Darüber hinaus gilt die Beschlagnahmefreiheit nach herrschender Meinung[111] auch für die Fälle des **Mitgewahrsams** von dem Zeugnisverweigerungsberechtigten und einer dritten Person, also z. B. auch einem Sozius.[112] Bei einer gemischten **Partnerschaft** ist es demnach unerheblich, ob eine Akte sich im Büro des bearbeitenden zeugnisverweigerungsberechtigten Partners befindet oder in dem gemeinsam mit soziierten, nicht dazu berechtigten Personen genutzten Aktenschrank oder aber im Büro einer dieser Personen selbst, die gerade in der Angelegenheit für ihr Fachgebiet eine sachverständige Stellungnahme erarbeitet oder von ihrem Einsichtsrecht nach § 118 HGB Gebrauch macht – in jedem dieser Fälle unterfällt die Akte der Beschlagnahmefreiheit.

36

Da Gründe der Schweigepflicht, der Zeugnisverweigerung und der Beschlagnahmefreiheit somit bei Partnern keine Rolle spielen, da insoweit regelmäßig sämtliche Gesellschafter einheitlichen Regeln unterliegen, steht dem **Einsichtsrecht** des Partners in alle Akten der Partnerschaft unter diesem Aspekt nichts entgegen.[113] Gleichzeitig folgt daraus aber, dass das Einsichtsrecht grundsätzlich nur **höchstper-**

37

---

108) *Kleinknecht/Meyer-Goßner,* StPO, § 53 Rz. 4; *Ranft,* S. 104.
109) Vorausgesetzt wird die entsprechende Entscheidung des Rechtsanwalts, Arztes usw. gemäß § 53a Abs. 1 Satz 2 StPO, da die Rechte der Hilfsperson natürlich nicht weiter gehen können als die des Haupttätigen selbst.
110) *Kleinknecht/Meyer-Goßner,* StPO, § 53a Rz. 2.
111) *Ranft,* S. 193 m. w. N.
112) Wobei allerdings die h. M. eine Ausnahme macht, wenn es sich um Mitgewahrsam mit dem Beschuldigten handelt; vgl. *Ranft,* S. 193, der selbst abweichender Ansicht ist.
113) Ähnlich wie hier im Ergebnis MünchKomm-*Ulmer,* BGB, § 6 PartGG Rz. 34 f; *Salger,* in: Münchener Handbuch, § 41 Rz. 23; *Meilicke,* in: Meilicke u. a., PartGG, § 6 Rz. 73, 76 ff; *Feddersen/Meyer-Landrut,* PartGG, § 6 Rz. 45; a. A. die Begründung zum RegE PartGG, BT-Drucks. 12/6152, S. 15 = Anhang, S. 344; *Bösert/Braun/Jochem,* Leitfaden, S. 150; *Schirmer,* MedR 1995, 383, 385 f, der im Partnerschaftsvertrag einen Ausschluss des mandatsbezogenen Einsichtsrechts für erforderlich hält.

sönlich wahrgenommen werden kann, d. h. also weder durch Bevollmächtigte[114] noch unter Hinzuziehung dritter Personen, wobei für die der Schweigepflicht unterliegenden Berater (vor allem Rechtsanwälte und Steuerberater) eine Ausnahme zu machen ist.[115] Ausnahmen sind in besonders gelagerten Einzelfällen zuzulassen, wenn der Partner z. B. wegen einer längeren Krankheit persönlich an der Einsichtnahme gehindert ist.[116] Nur dieses Ergebnis wird im Übrigen der **Interessenlage** gerecht und verhilft dem gesetzlichen Informations- und Einsichtsrecht der Partner auch gegenüber einem schweigepflichtigen Mitgesellschafter zur Geltung. Wie sollte es schließlich möglich sein, z. B. bei einer Partnerschaft von Rechtsanwälten Einblick in die wirtschaftlichen Verhältnisse zu nehmen, ohne in die Mandatsakten zu sehen; wie sollte die wirtschaftliche Situation einer Partnerschaft (auch) mit Ärzten feststellbar sein, ohne die Patientendaten zu kennen? Die wirtschaftlich erheblichen Leistungen der Freiberufler werden durch die Betreuung von Mandanten und Patienten erbracht und somit kann auch nur aus den dazu gehörigen Unterlagen ein zuverlässiges Bild über die wirtschaftlichen Umstände gewonnen werden. Die Ansicht, welche dies unter Berufung auf die Schweigepflicht verwehrt,[117] lässt das Einsichtsrecht der Partner praktisch leerlaufen.

3. Abweichende Vereinbarungen

38 § 118 Abs. 1 HGB ist **dispositiv**. Der Partnerschaftsvertrag oder ein einstimmiger Beschluss der Partner können das Informationsrecht daher allgemein oder ad hoc ausschließen oder einschränken.[118] Nach § 118 Abs. 2 HGB ist eine solche Vereinbarung unwirksam, sofern Grund zur Annahme **unredlicher Geschäftsführung** besteht. Solche Verdachtsmomente sind z. B. Vertuschungsversuche, die grundlose Verweigerung des Informationsrechts, Lückenhaftigkeit oder Fehlen wichtiger Unterlagen in der Buchführung usw.

4. Sonstige Informationsrechte

39 **Nach dem Ausscheiden** steht den Partnern nicht mehr der Anspruch nach § 118 HGB, sondern nur noch der nach § **810 BGB** zu.[119] Dieser umfasst auch die Zeit **vor ihrem Ausscheiden**, was z. B. für die Berechnung der Abfindung und für die Beteiligung an schwebenden Geschäften der Partnerschaft von Bedeutung ist.[120]

---

114) Bei den Handelsgesellschaften ist dies nur ausnahmsweise bei Vorliegen eines wichtigen Grundes möglich, *Baumbach/Hopt*, HGB, § 118 Rz. 8.
115) Grundsätzlich anders ist die Rechtslage bei den Personenhandelsgesellschaften, vgl. dazu *Baumbach/Hopt*, HGB, § 118 Rz. 9; zur Rechtslage bei der Partnerschaft wie hier MünchKomm-*Ulmer*, BGB, § 6 PartGG Rz. 33.
116) *Salger*, in: Münchener Handbuch, § 41 Rz. 25.
117) So offenbar die Begründung zum RegE PartGG, BT-Drucks. 12/6152, S. 15 = Anhang, S. 344.
118) *Baumbach/Hopt*, HGB, § 118 Rz. 17; für erforderlich im Hinblick auf Patientendaten hält dies sogar *Schirmer*, MedR 1995, 383, 385 f.
119) *Baumbach/Hopt*, HGB, § 118 Rz. 2 m. w. N.; a. A. betreffend die Zeit vor dem Ausscheiden *Heymann/Emmerich*, HGB, § 118 Rz. 4.
120) *Baumbach/Hopt*, HGB, § 118 Rz. 2.

Unabhängig von den sonstigen Einsichtsrechten kann in Ausnahmefällen zudem ein **Auskunftsanspruch aus § 242 BGB** folgen, sofern ein Partner entschuldbar über seine Rechte im Ungewissen ist und ein anderer Partner hierüber unschwer Auskunft erteilen kann.[121] Zu beachten ist ferner ein **allgemein gültiges Auskunftsrecht** gemäß §§ 713, 666 BGB jedes Partners gegen die geschäftsführenden Gesellschafter auf Auskunft gegenüber der Partnerschaft (**actio pro socio**).[122]

V. Ersatz für Aufwendungen und Verluste (§ 110 Abs. 1 HGB)

Jeder Partner hat gemäß § 110 Abs. 1 HGB einen Anspruch auf Ersatz seiner erforderlichen Aufwendungen und auf Ausgleich seiner im Rahmen der Geschäftsführung erlittenen Verluste. In der Partnerschaft betrifft dies in erster Linie Aufwendungen, die zur sachgemäßen Berufsausübung unabdingbar sind, wie z. B. Anschaffung der erforderlichen Fachliteratur. Hierzu gehören auch die Prämien einer berufsrechtlich vorgeschriebenen Haftpflichtversicherung. Verluste, d. h. **unfreiwillige Vermögensnachteile**, sind dagegen z. B. diejenigen aus dem Schadensersatzanspruch eines Klienten (auch) gegen einen Partner aufgrund unsachgemäßer Berufsausübung eines anderen Gesellschafters. Wenn der Partner, den kein eigenes Verschulden trifft, dann den Anspruch des Klienten erfüllt, kann er die Partnerschaft in Regress nehmen.[123] Falls die Partner auch bei einer Haftungsbeschränkung nach außen gemäß § 8 Abs. 2 im Innenverhältnis dann doch bei einer stets solidarischen Schadensverteilung unabhängig von dem Verschulden im konkreten Einzelfall bleiben wollen, ist dies wegen der **Abdingbarkeit** des § 110 HGB ohne weiteres möglich.[124]

VI. Verzinsung (§ 110 Abs. 2, § 111 HGB)

Gemäß § 111 HGB muss jeder Partner in drei Fällen unbefugten Vorenthaltens von Geldern der Gesellschaft auch **ohne Mahnung** Zinsen entrichten:

- **Nichtzahlung von Geldeinlagen**, sofern solche bei der Gründung der Partnerschaft oder bei Eintritt eines Gesellschafters („Einkauf" in die Partnerschaft) vereinbart waren;

- **Nichtablieferung von Geldern** der Partnerschaft. Dies gilt insbesondere für die Einnahmen aus der jeweiligen Berufstätigkeit der Partner. Fremdgelder (z. B. bei Rechtsanwälten) zählen hierzu nicht, da sie nicht der Partnerschaft zustehen, sondern dem Mandanten direkt.

- **Unbefugte Geldentnahmen** aus der Kasse oder Umbuchung von Geldern der Partnerschaft auf ein privates Konto.

---

121) H. M., *Baumbach/Hopt*, HGB, § 118 Rz. 13.
122) Hierzu näher *Baumbach/Hopt*, HGB, § 114 Rz. 14.
123) Begründung zum RegE PartGG, BT-Drucks. 12/6152, S. 18 = Anhang, S. 352.
124) *Baumbach/Hopt*, HGB, § 110 Rz. 18.

42 Umgekehrt muss die Partnerschaft in den Fällen des § 110 Abs. 1 HGB das durch den Partner aufgewendete Geld ebenfalls ohne Mahnung verzinsen, § 110 Abs. 2 HGB. Da die Partnerschaft kein Handelsgeschäft i. S. d. § 352 HGB betreibt, gilt grundsätzlich der gesetzliche Zinssatz des § 246 BGB.[125] Die Geltendmachung eines höheren Schadens ist bei Verschulden nicht ausgeschlossen.

E. Berufsrechtliche Vorgaben zur Geschäftsführung

I. Steuerberater

43 Voraussetzung für die Anerkennung einer Partnerschaft als **Steuerberatungsgesellschaft** ist es gemäß § 50 Abs. 1 Satz 1 und Abs. 2 StBerG, dass die Geschäftsführer Steuerberater sind, wobei neben Steuerberatern auch Rechtsanwälte, Wirtschaftsprüfer, vereidigte Buchprüfer und Steuerbevollmächtigte Geschäftsführer sein können. Mit Genehmigung der obersten Landesbehörde können gemäß § 50 Abs. 3 StBerG zusätzlich besonders befähigte Personen Geschäftsführer sein. Die Zahl der anderen Geschäftsführer nach § 50 Abs. 2 und 3 StBerG darf die Zahl der geschäftsführenden Steuerberater nicht übersteigen, § 50 Abs. 4 StBerG. § 55 Abs. 7 BOStB wiederholt im Wesentlichen den Regelungsgehalt von § 50 Abs. 3 StBerG, wonach besonders befähigte Personen in bestimmten Fällen Geschäftsführer von Steuerberatungsgesellschaften werden können. Darüber hinaus enthält **§ 57 BOStB** umfangreiche Vorschriften über die Geschäftsführung einer Steuerberatungsgesellschaft. Danach müssen Steuerberatungsgesellschaften verantwortlich von Steuerberatern geführt werden. § 57 Abs. 2 Satz 1 bis 3 Halbs. 1 BOStB wiederholen inhaltlich § 50 Abs. 1 Satz 1, Abs. 2 bis 4 StBerG. Gemäß § 57 Abs. 2 Satz 3 Halbs. 2 BOStB sind die Stimmen der Steuerberater ausschlaggebend, wenn in einer interprofessionellen Gesellschaft bei der Willensbildung keine Einigung erzielt werden kann.

II. Wirtschaftsprüfer, vereidigte Buchprüfer

44 Voraussetzung für die Anerkennung einer Partnerschaft als Wirtschaftsprüfungsgesellschaft ist es, dass die Geschäftsführer Wirtschaftsprüfer sind, § 28 Abs. 1 Satz 1 WPO. Daneben können gemäß § 28 Abs. 2 WPO auch vereidigte Buchprüfer und Steuerberater sowie mit Genehmigung der obersten Landesbehörde besonders befähigte sonstige Personen Geschäftsführer sein. Die Zahl der geschäftsführenden Wirtschaftsprüfer muss größer sein als die Zahl der Geschäftsführer aus anderen Berufen. Wenn es nur zwei Geschäftsführer gibt, muss einer von ihnen Wirtschaftsprüfer sein. Für die Zusammenarbeit mit Berufsangehörigen, die über eine ausländische Berufsqualifikation verfügen, gilt § 28 Abs. 3 WPO.

III. Ärzte

45 Ärzte dürfen sich nur in solchen Berufsausübungsgemeinschaften zusammenschließen, die die eigenverantwortliche, medizinisch unabhängige und nicht gewerbliche

---

125) *Meilicke,* in: Meilicke u. a., PartGG, § 6 Rz. 6.

Berufsausübung gewährleisten (§ 18 Abs. 2 Satz 1 MBO-Ä 2004). Bei einer medizinischen **Kooperationsgemeinschaft** muss der Partnerschaftsvertrag gemäß § 23b Abs. 1 Satz 4 Buchst. a bis c MBO-Ä 2004 unter anderem gewährleisten, dass (a) die eigenverantwortliche und selbständige Berufsausübung der Ärztin oder des Arztes gewahrt ist, (b) die Verantwortungsbereiche der Partner gegenüber den Patienten getrennt bleiben und (c) medizinische Entscheidungen, insbesondere über Diagnostik und Therapie, ausschließlich der Arzt trifft, sofern nicht der Arzt nach seinem Berufsrecht den in der Gemeinschaft selbständig tätigen Berufsangehörigen eines anderen Fachberufs solche Entscheidungen überlassen darf. Wenn man im Bereich der Partnerschaft überhaupt die Vereinbarung von Mitgeschäftsführung zulassen will, dann wird dies jedenfalls bei einer interprofessionellen Zusammenarbeit eines Arztes mit Angehörigen anderer Berufe aufgrund der genannten beruflichen Bestimmungen regelmäßig ausgeschlossen sein.

IV. Zahnärzte

Bei einer Partnerschaft mit Zahnärzten ist die eigenverantwortliche, medizinisch unabhängige und nicht gewerbliche Berufsausübung jedes Berufsangehörigen zu wahren, § 16 Abs. 1 Satz 1 MBO-ZÄ. Die Vereinbarung von Mitgeschäftsführung ist, soweit es sich nicht um ungewöhnliche Geschäftsführungsmaßnahmen handelt, mit diesem Gebot unvereinbar. 46

V. Hauptberufliche Sachverständige

Der Sachverständige hat gemäß § 8 Abs. 1–4 Muster-SVO seine Aufgaben unabhängig, gewissenhaft, unparteiisch und weisungsfrei zu erfüllen. Nach § 8 Abs. 5 Muster-SVO ist es dem Sachverständigen insbesondere untersagt, Gutachten in eigener Sache oder für Objekte und Leistungen seines Dienstherrn oder Arbeitgebers zu erstatten, im Rahmen seiner Gutachtertätigkeit begutachtete Gegenstände zu erwerben oder deren Erwerb zu vermitteln, sofern er dazu nicht nach der Gutachtenerstattung vom Auftraggeber veranlasst worden ist, und eine Sanierung oder Regulierung zu planen, zu leiten oder durchzuführen, wenn er über das betreffende Objekt ein Gutachten erstattet hat, es sei denn, das Gutachten wurde zuvor abgeschlossen und die Glaubwürdigkeit und Objektivität des Sachverständigen werden durch die Leistungsübernahme nicht in Frage gestellt. 47

§ 7
Wirksamkeit im Verhältnis zu Dritten; rechtliche Selbständigkeit; Vertretung

(1) Die Partnerschaft wird im Verhältnis zu Dritten mit ihrer Eintragung in das Partnerschaftsregister wirksam.

(2) § 124 des Handelsgesetzbuchs ist entsprechend anzuwenden.

(3) Auf die Vertretung der Partnerschaft sind die Vorschriften des § 125 Abs. 1 und 2 sowie der §§ 126 und 127 des Handelsgesetzbuchs entsprechend anzuwenden.

(4) [1]Die Partnerschaft kann als Prozess- oder Verfahrensbevollmächtigte beauftragt werden. [2]Sie handelt durch ihre Partner und Vertreter, in deren Person die für die Erbringung rechtsbesorgender Leistungen gesetzlich vorgeschriebenen Voraussetzungen im Einzelfalle vorliegen müssen, und ist in gleichem Umfang wie diese postulationsfähig. [3]Verteidiger im Sinne der §§ 137 ff der Strafprozessordnung ist nur die für die Partnerschaft handelnde Person.

(5) Für die Angaben auf Geschäftsbriefen der Partnerschaft ist § 125a Abs. 1 Satz 1, Abs. 2 des Handelsgesetzbuchs entsprechend anzuwenden.

Die Vorschriften des **HGB**, auf die Absatz 2 und 3 Bezug nehmen, lauten:

§ 37a (Angaben auf Geschäftsbriefen)
[(1) *– in § 125a Abs. 2 HGB nicht in Bezug genommen und für die Partnerschaft daher grundsätzlich nicht anwendbar –* Auf allen Geschäftsbriefen des Kaufmanns, die an einen bestimmten Empfänger gerichtet werden, müssen seine Firma, die Bezeichnung nach § 19 Abs. 1 Nr. 1, der Ort seiner Handelsniederlassung, das Registergericht und die Nummer, unter der die Firma in das Handelsregister eingetragen ist, angegeben werden.]

(2) Der Angaben nach Absatz 1 bedarf es nicht bei Mitteilungen oder Berichten, die im Rahmen einer bestehenden Geschäftsverbindung ergehen und für die üblicherweise Vordrucke verwendet werden, in denen lediglich die im Einzelfall erforderlichen besonderen Angaben eingefügt zu werden brauchen.

(3) Bestellscheine gelten als Geschäftsbriefe im Sinne des Absatzes 1. Absatz 2 ist auf sie nicht anzuwenden.

(4) Wer seiner Pflicht nach Absatz 1 nicht nachkommt, ist hierzu von dem Registergericht durch Festsetzung von Zwangsgeld anzuhalten. § 14 Satz 2 gilt entsprechend.

§ 124 (Rechtliche Selbständigkeit; Zwangsvollstreckung in Gesellschaftsvermögen)
(1) Die offene Handelsgesellschaft kann unter ihrer Firma Rechte erwerben und Verbindlichkeiten eingehen, Eigentum und andere dingliche Rechte an Grundstücken erwerben, vor Gericht klagen und verklagt werden.

(2) Zur Zwangsvollstreckung in das Gesellschaftsvermögen ist ein gegen die Gesellschaft gerichteter vollstreckbarer Schuldtitel erforderlich.

§ 125 (Vertretung der Gesellschaft)
(1) Zur Vertretung der Gesellschaft ist jeder Gesellschafter ermächtigt, wenn er nicht durch den Gesellschaftsvertrag von der Vertretung ausgeschlossen ist.

Wirksamkeit im Verhältnis zu Dritten; rechtliche Selbständigkeit; Vertretung   § 7

(2) Im Gesellschaftsvertrag kann bestimmt werden, dass alle oder mehrere Gesellschafter nur in Gemeinschaft zur Vertretung der Gesellschaft ermächtigt sein sollen (Gesamtvertretung). Die zur Gesamtvertretung berechtigten Gesellschafter können einzelne von ihnen zur Vornahme bestimmter Geschäfte oder bestimmter Arten von Geschäften ermächtigen. Ist der Gesellschaft gegenüber eine Willenserklärung abzugeben, so genügt die Abgabe gegenüber einem der zur Mitwirkung bei der Vertretung befugten Gesellschafter.

(3) ...

§ 125a (Angaben auf Geschäftsbriefen)

(1) Auf allen Geschäftsbriefen der Gesellschaft, die an einen bestimmten Empfänger gerichtet werden, müssen die Rechtsform und der Sitz der Gesellschaft, das Registergericht und die Nummer, unter der die Gesellschaft in das Handelsregister eingetragen ist, angegeben werden. ...

(2) Für Vordrucke und Bestellscheine ist § 37a Abs. 2 und 3, für Zwangsgelder gegen die zur Vertretung der Gesellschaft ermächtigten Gesellschafter oder deren organschaftliche Vertreter und die Liquidatoren ist § 37a Abs. 4 entsprechend anzuwenden.

§ 126 (Umfang der Vertretungsmacht)

(1) Die Vertretungsmacht der Gesellschafter erstreckt sich auf alle gerichtlichen und außergerichtlichen Geschäfte und Rechtshandlungen einschließlich der Veräußerung und Belastung von Grundstücken sowie der Erteilung und des Widerrufs einer Prokura.

(2) Eine Beschränkung des Umfanges der Vertretungsmacht ist Dritten gegenüber unwirksam; dies gilt insbesondere von der Beschränkung, dass sich die Vertretung nur auf gewisse Geschäfte oder Arten von Geschäften erstrecken oder dass sie nur unter gewissen Umständen oder für eine gewisse Zeit oder an einzelnen Orten stattfinden soll.

(3) In betreff der Beschränkung auf den Betrieb einer von mehreren Niederlassungen der Gesellschaft finden die Vorschriften des § 50 Abs. 3 entsprechende Anwendung.

§ 127 (Entziehung der Vertretungsmacht)

Die Vertretungsmacht kann einem Gesellschafter auf Antrag der übrigen Gesellschafter durch gerichtliche Entscheidung entzogen werden, wenn ein wichtiger Grund vorliegt; ein solcher Grund ist insbesondere grobe Pflichtverletzung oder Unfähigkeit zur ordnungsgemäßen Vertretung der Gesellschaft.

Schrifttum: *Bartodziej*, Neukodifikation des deutschen Umwandlungsrechts: Das Umwandlungsbereinigungsgesetz, BuW 1994, 788; *Bayer/Imberger*, Nochmals: Die Rechtsformen freiberuflicher Tätigkeit, DZWir 1995, 177; *dies.*, Die Rechtsformen freiberuflicher Tätigkeit, DZWir 1993, 309; *Beckmann*, Für eine Partnerschaft Freier Berufe, in: Festschrift Kleinert, 1992, S. 210; *Beuthien*, Die Vorgesellschaft im Privatrechtssystem, ZIP 1996, 305 (Teil I), 360 (Teil II); *Böhringer*, Das neue Partnerschaftsgesellschaftsgesetz, BWNotZ 1995, 1; *Bösert*, Das Gesetz über Partnerschaftsgesellschaften Angehöriger Freier Berufe (Partnerschaftsgesellschaftsgesetz – PartGG), ZAP Fach 15, S. 137 (= ZAP 1994, 765); *ders.*, Der Regierungsentwurf eines Gesetzes zur Schaffung von Partnerschaftsgesellschaften (Partnerschaftsgesellschaftsgesetz – PartGG), DStR 1993, 1332; *Burret*, Das Partnerschaftsgesellschaftsgesetz, WPK-Mitt. 1994, 201; *Carl*, Die Partnerschaftsgesellschaft – eine neue Rechtsform für die Freien Berufe, StB 1995, 173; *Coester-Waltjen*, Besonderheiten des neuen Partnerschaftsgesellschaftsgesetzes, Jura 1995, 666; *v. Falkenhausen*, Brauchen die Rechtsanwälte ein Partnerschaftsgesellschaftsgesetz?, AnwBl 1993, 479; *Gres*, Partnerschaftsgesetz für Freie Berufe – Gesetzesvorhaben mit Vorgeschichte, Der Selbständige, 12/1992, 6; *ders.*, Die neue Partnerschaftsgesellschaft, der freie beruf 6/1994, 23; *Henssler*, Neue Formen anwaltlicher Zusammenarbeit – Anwalts-GmbH und Partnerschaft im Wettbewerb der Gesellschaftsformen, DB 1995, 1549; *Hornung*, Partnerschaftsgesellschaft für Freiberufler (Teil 2), Rpfleger 1996, 1; *ders.*,

§ 7 Wirksamkeit im Verhältnis zu Dritten; rechtliche Selbständigkeit; Vertretung

Partnerschaftsgesellschaft für Freiberufler (Teil 1), Rpfleger 1995, 481; *Kempter*, Das Partnerschaftsgesellschaftsgesetz, BRAK-Mitt. 1994, 122; *Knoll/Schüppen*, Die Partnerschaftsgesellschaft – Handlungszwang, Handlungsalternative oder Schubladenmodell, DStR 1995, 608, 646; *Krejci*, Gutachten: Partnerschaft, Verein, Konzern – Zur Harmonisierung und Modernisierung des Gesellschafts- und Unternehmensrechtes, in: Verhandlungen des 10. Österreichischen Juristentages, 1988, Bd. I/1; *Kupfer*, Freiberufler-Gesellschaften: Partnerschaft, Anwalts- und Ärzte-GmbH, KÖSDI 1995, 10130; *Lenz*, Die Partnerschaft – alternative Gesellschaftsform für Freiberufler, MDR 1994, 741; *Leutheusser-Schnarrenberger*, Partnerschaftsgesellschaftsgesetz – ab 1. Juli '95 in Kraft, der freie beruf 7–8/1994, 20; *Mahnke*, Das Partnerschaftsgesellschaftsgesetz, WM 1996, 1029; *Michalski*, Zum Regierungsentwurf eines Partnerschaftsgesellschaftsgesetzes, ZIP 1993, 1210; *Mittelsteiner*, Kommentierung zum PartGG, DStR 1994, Beihefter zu Heft 37, S. 37; *Neye*, Umwandlungsgesetz/Umwandlungssteuergesetz, RWS-Dok. 17, 2. Aufl., 1995; *Ott*, Umwandlung einer Kapitalgesellschaft in eine Personengesellschaft nach neuem Umwandlungs- und Umwandlungssteuerrecht, INF 1995, 460 (Teil I), 492 (Teil II); *Reischmann*, Die Freiberufler-OHG von Ärzten ist noch mit vielen Fragezeichen versehen, Ärzte Zeitung vom 10.11.1994; *Rösener*, Neue Rechtsform für Gemeinschaftspraxen – Partnerschaften, Deutsches Tierärzteblatt 1995, 418; *Schaub*, Das neue Partnerschaftsregister, NJW 1996, 625; *Schirmer*, Berufsrechtliche und kassenarztrechtliche Fragen der ärztlichen Berufsausübung in Partnerschaftsgesellschaften, MedR 1995, 341 (Teil 1), 383 (Teil 2); *Karsten Schmidt*, Die Freiberufliche Partnerschaft, NJW 1995, 1; *ders.*, Partnerschaftsgesetzgebung zwischen Berufsrecht, Schuldrecht und Gesellschaftsrecht, ZIP 1993, 633; *ders.*, Der Partnerschaftsgesetzentwurf: Chance für eine überfällige Reform der Gesellschaft bürgerlichen Rechts, JBl 1988, 745; *Seibert*, Die Partnerschaft für die Freien Berufe, DB 1994, 2381; *Sommer*, Die neue Partnerschaftsgesellschaft – Eine zweckmäßige Rechtsform für Steuerberater?, DSWR 1995, 181; *Stuber*, Das Partnerschaftsgesellschaftsgesetz unter besonderer Berücksichtigung der Belange der Anwaltschaft, WiB 1994, 705; *Torggler*, Partnerschaft für Freie Berufe, ÖJZ 1988, 428; *Wertenbruch*, Partnerschaftsgesellschaft und neues Umwandlungsrecht, ZIP 1995, 712; *Weyand*, Partnerschaftsgesellschaften als neue Organisationsform für die freiberufliche Praxis, INF 1995, 22.

Übersicht

A. **Wirksamkeit der Partnerschaft (Abs. 1)** 1
I. Normentwicklung 1
II. Bedeutung 2
III. Konstitutivwirkung 3
IV. Vorgesellschaft 4
V. Umwandlung 6a
VI. Übersicht zu den Umwandlungsmöglichkeiten 8a
VII. Berufsrecht 9
 1. Überblick 9
 2. Anzeigepflichten 10
 3. Steuerberatungs- und Wirtschaftsprüfungsgesellschaften 11
B. **Rechtliche Selbständigkeit (Abs. 2)** 12
I. Geschichte 12
II. Bedeutung 13
C. **Vertretung (Abs. 3)** 16
I. Arten der Vertretungsmacht (§ 125 Abs. 1 und 2 HGB) 16

II. Umfang der Vertretungsmacht (§ 126 HGB) 20
III. Entzug der Vertretungsmacht (§ 127 HGB) 21
IV. Vorgaben der Berufsrechte 22
 1. Steuerberater, Steuerbevollmächtigte 22
 2. Wirtschaftsprüfer, vereidigte Buchprüfer 23
D. **Partnerschaft als Prozess- oder Verfahrensbevollmächtigte (Abs. 4)** 24a
E. **Angaben auf Geschäftsbriefen (Abs. 5)** 25
I. Normenentwicklung 25
II. Geschäftsbriefe an bestimmte Empfänger 26
III. Vordrucke und Bestellscheine 27
IV. Zwangsgelder 29

A. Wirksamkeit der Partnerschaft (Abs. 1)

I. Normentwicklung

Die beiden Entwürfe von 1971[1)] und 1975[2)] ließen die Partnerschaft wie nun auch Absatz 1 mit ihrer Eintragung wirksam werden. Demgegenüber orientierte sich der Entwurf von 1976 stärker an der Regelung des früheren § 123 HGB a. F.; insbesondere sollte danach die Gesellschaft bereits mit dem Beginn ihrer Tätigkeit wirksam werden.[3)]

Nachdem das Gesetz über elektronische Register und Justizkosten für Telekommunikation[4)] mit Wirkung zum 15.12.2001 eine allgemeine Pflicht zur Anmeldung der Vertretungsverhältnisse und deren Eintragung im Partnerschaftsregister eingeführt hatte, konnte durch dasselbe Gesetz aus Absatz 3 der frühere Verweis auf § 125 Abs. 4 HGB a. F. gestrichen werden. Zum 1.1.2001 trat der neue Absatz 4 in Kraft, der frühere Absatz 4 wurde zum neuen Absatz 5. Diese durch das Zweite Gesetz zur Änderung der Finanzgerichtsordnung und anderer Gesetze[5)] vorgenommene Änderung stellte eine Reaktion auf die Rechtsprechung dar, die Partnerschaften die Postulationsfähigkeit vor den Finanzgerichten versagt hatte.

II. Bedeutung

Die **konstitutive Wirkung** der Eintragung im Partnerschaftsregister schafft ein formales **Abgrenzungskriterium** zur Gesellschaft bürgerlichen Rechts, von der die Partnerschaft sonst mangels einer Verschiedenheit des Gesellschaftszwecks oder Unternehmensumfangs nicht unterschieden werden könnte.[6)] Insbesondere wurde nicht – wie noch in dem Gesetzentwurf von 1976 – auf § 123 HGB a. F. verwiesen,[7)] so dass die bloße freiberufliche Betätigung niemals zur Begründung einer Partnerschaft ausreichen kann. Dies wurde von Seiten des Gesetzgebers bewusst so geregelt, da die existierenden freiberuflichen BGB-Gesellschaften sonst bei Erreichen einer gewissen Größe automatisch zu Partnerschaften und damit dem Regime des Partnerschaftsgesellschaftsgesetzes unterworfen würden.[8)] Diesen **Rechtsformzwang** trachtete der Gesetzgeber zu vermeiden.[9)]

---

1) § 2 Abs. 4 E 1971, BT-Drucks. VI/2047, S. 1.
2) § 5 Abs. 4 E 1975, BT-Drucks. 7/4089, S. 3.
3) § 14 E 1976, BT-Drucks. 7/5402, S. 6.
4) Gesetz über elektronische Register und Justizkosten für Telekommunikation (ERJuKoG) vom 10.12.2001, BGBl I, 3422.
5) Zweites Gesetz zur Änderung der Finanzgerichtsordnung und anderer Gesetze (2. FGOÄndG) vom 19.12.2000, BGBl I, 1757.
6) Begründung zum RegE PartGG, BT-Drucks. 12/6152, S. 16 = Anhang, S. 345; *Bösert*, ZAP Fach 15, S. 137, 149; ähnlich die Rechtslage in Österreich nach dem EGG, vgl. *Krejci*, EGG, § 3 Rz. 9 f; *Kastner/Doralt/Nowotny*, S. 77.
7) Absatz 1 ist allerdings nur eine sprachlich verbesserte Version des § 123 Abs. 1 HGB; vgl. *Karsten Schmidt*, ZIP 1993, 633, 642 mit Fußn. 93.
8) *Bösert*, DStR 1993, 1332, 1334; *Stuber*, WiB 1994, 705, 708; *Weyand*, INF 1995, 22, 25.
9) *Bösert*, ZAP Fach 15, S. 137, 149.

III. Konstitutivwirkung

3 Nachdem oben festgestellt wurde, dass die Partnerschaft als solche erst durch die konstitutive Registereintragung entsteht, ist nun zu untersuchen, welche weiteren Rechtsfolgen der Eintragung danach zukommen, insbesondere, ob sie die Qualifizierung der gesellschaftlichen Tätigkeit als nicht freiberuflich (gewerblich) und damit möglicherweise sogar eine automatische Umwandlung in eine OHG entsprechend § 123 Abs. 2 HGB a. F. im Außenverhältnis verhindern kann. Weder in § 7 noch an einer anderen Stelle des Gesetzes wird § 5 HGB für entsprechend anwendbar erklärt. § 5 HGB bestimmt, dass die im Handelsregister eingetragenen Unternehmen Dritten gegenüber unwiderlegbar als Handelsgewerbe gelten.[10] Da gemäß § 1 Abs. 4 subsidiär ebenfalls nicht die Vorschriften des HGB, sondern diejenigen des BGB anzuwenden sind, **gilt § 5 HGB für die Partnerschaft nicht.**[11]

3a Die herrschende Meinung[12] vertritt die Auffassung, dass eine eingetragene Partnerschaft trotz der Registereintragung als BGB-Gesellschaft oder gar als OHG anzusehen sei, falls der Unternehmensgegenstand sich in Wirklichkeit nicht auf eine freiberufliche, sondern vielmehr auf eine sonstige, insbesondere vollkaufmännische Tätigkeit richte. Diese Auffassung ist abzulehnen, da sie die insoweit grundlegenden Unterschiede zwischen den Personenhandelsgesellschaften und der Partnerschaft nicht hinreichend würdigt. Die Partnerschaft entsteht als solche durch die Eintragung und sie geht grundsätzlich durch die Löschung unter.[13] Falls sie tatsächlich nicht freiberuflichen, sondern gewerblichen Aktivitäten nachgeht, dann kann dies nicht – wie etwa im Recht der Personenhandelsgesellschaften außerhalb des Registerverfahrens – dazu führen, dass geltend gemacht würde, es handele sich in Wirklichkeit um eine zu Unrecht eingetragene **OHG** oder Gesellschaft bürgerlichen Rechts.[14] Die Frage, ob eine Registereintragung in das Partnerschaftsregister zu Recht oder zu Unrecht erfolgt ist, ändert nichts an dem Umstand, dass die Partnerschaft durch die einmal geschehene Eintragung entstanden ist und fortdauert. Die Rechtslage ist insoweit wegen Absatz 1 sowie § 1 Abs. 1 Satz 2 (die Partnerschaft übt **kein Handelsgewerbe** aus) eine grundlegend andere als diejenige der Personenhandelsgesellschaften gemäß §§ 5, 105, 123 HGB. Eine **Umwandlung von Rechts wegen**[15] **findet** bei der Partnerschaft **nicht statt.** Falls daher gegenüber einer Partnerschaft geltend gemacht werden sollte, dass sie tatsächlich gewerblich tätig ist,

---

10) Hierzu vgl. *Baumbach/Hopt*, HGB, § 5 Rz. 1.
11) *Kempter*, BRAK-Mitt. 1994, 122, 123 für eine analoge Anwendung von § 5 HGB; dagegen *Knoll/Schüppen*, DStR 1995, 608, 646, 650; *Henssler*, PartGG, § 7 Rz. 17; zur rechtspolitischen Kritik noch die 1. Auflage, 1995, § 7 Rz. 3.
12) MünchKomm-*Ulmer*, BGB, § 7 PartGG Rz. 8; *Lenz*, in: Meilicke u. a., PartGG, § 5 Rz. 83 ff; *Salger*, in: Münchener Handbuch, § 38 Rz. 6; *ders.*, DB 1995, 1548, 1555; *Ring*, § 7 Rz. 13 f; *Bösert/Braun/Jochem*, S. 83; *Castan*, S. 96 f; unklar *Meilicke*, in: Meilicke u. a., PartGG, § 7 Rz. 38 und *Seibert*, in: Ebenroth/Boujong/Joost, HGB, § 7 PartGG Rz. 1.
13) Eine Klarstellung im Gesetz vermisst *Karsten Schmidt*, NJW 1995, 1, 7.
14) Vgl. *Karsten Schmidt*, ZIP 1993, 633, 642.
15) Vgl. *Baumbach/Hopt*, HGB, Einl. vor § 105 Rz. 23, § 105 Rz. 10 f.

dann ist dies **gesellschaftsrechtlich** zunächst folgenlos. **Steuerrechtlich** bedeutet es hingegen, dass die Einnahmen der Gesellschaft nicht das Privileg der freiberuflichen Einkünfte genießen (siehe § 1 Rz. 22).

IV. Vorgesellschaft

Vor der Eintragung besteht die Partnerschaft wegen Absatz 1 als solche nicht. Dies gilt in vergleichbarer Weise wie für die juristischen Personen,[16] wo nach der Lehre von der **Vorgesellschaft**[17] der Rechtsträger bereits mit der Errichtung durch Abschluss des Gesellschaftsvertrages entsteht, aber erst durch die Eintragung die vollständige Rechtsposition erwirbt. Dazwischen durchläuft die Gesellschaft ein **Durchgangsstadium**, das eigenen Regeln unterliegt, von der endgültigen Gesellschaftsform aber bereits in erheblichem Maße beeinflusst wird. In diesem Vorstadium kann die Gesellschaft – und insoweit gilt für die Partnerschaft grundsätzlich nichts anderes – als gesamthänderisches Unternehmen bereits im Rechtsverkehr auftreten, Rechte erwerben und Verbindlichkeiten eingehen.[18] Die früher schematisch vorgenommene Einordnung in eine der gesetzlichen Gesellschaftstypen – zumeist die Gesellschaft bürgerlichen Rechts – ist inzwischen weitgehend der Erkenntnis gewichen, dass die Vorgesellschaft grundsätzlich der zu gründenden Gesellschaft entspricht und daher auch die für sie geltenden Normen anzuwenden sind, „soweit diese nicht gerade die Rechtsfähigkeit voraussetzen oder sonst mit der Beschränkung auf das Gründungsstadium nicht vereinbar sind."[19]

Für den Bereich der freiberuflichen Gesellschaft ist aus dieser Lehre zu folgern, dass ab dem Zeitpunkt des Abschlusses des schriftlichen **Partnerschaftsvertrages** nach § 3 eine **Vorpartnerschaft** existiert, auf die die Regeln über die Partnerschaft bereits weitgehende Anwendung finden.[20] Hinsichtlich der durch eine Vorgesellschaft aufgeworfenen Fragen unterscheidet sich die Vorpartnerschaft nicht grundsätzlich von den anderen bekannten Typen von Vorgesellschaften,[21] ohne dass dies einer besonderen gesetzlichen Regelung bedurft hätte.[22] Keine Bedenken bestehen insbesondere gegen die **Anwendung der § 1 Abs. 4, §§ 6 und 9.** Über § 1 Abs. 4 sind im Stadium vor Eintragung der Partnerschaft die Regeln der **Gesellschaft bürgerlichen Rechts** anwendbar, soweit diese nicht durch bereits dann anzuwendende Vor-

---

16) § 11 Abs. 1 GmbHG, § 41 Abs. 1 Satz 1 AktG, § 13 GenG.
17) Vgl. nur *G. Hueck*, § 35 II; ferner *Beuthien*, ZIP 1996, 305 ff; 360 ff.
18) Vgl. *Karsten Schmidt*, NJW 1995, 1, 4.
19) *G. Hueck*, § 35 II 2, S. 337 m. w. N.
20) Grds. wie hier MünchKomm-*Ulmer*, BGB, § 7 PartGG Rz. 5 f; *Castan*, S. 97 f; *Gail/Overlack*, Rz. 126; *Meilicke*, in: Meilicke u. a., PartGG, § 3 Rz. 3 ff; 33; a. A. *Stuber*, WiB 1994, 705, 707 f; *Lenz*, MDR 1994, 741, 743; *Schaub*, NJW 1996, 625, 627; *Schirmer*, MedR 1995, 341, 345; *Coester-Waltjen*, Jura 1995, 666; *Feddersen/Meyer-Landrut*, PartGG, § 4 Rz. 8; *Henssler*, PartGG, § 7 Rz. 6 ff.
21) *Michalski*, ZIP 1993, 1210, 1213.
22) Vgl. Begründung zum RegE PartGG, BT-Drucks. 12/6152, S. 16 = Anhang, S. 345.

schriften, wie z. B. § 6, verdrängt werden.[23] Auch wird man analog **Absatz 2** bereits die Klage oder auch Vollstreckung gegen die Partnerschaft in Gründung zulassen müssen, soweit sie als solche nach außen aufgetreten ist.[24] Für Handlungen der Vorgesellschaft haften sämtliche Partner gesamtschuldnerisch wie bei der BGB-Gesellschaft.[25] Nicht anwendbar ist insbesondere die Haftungsbeschränkung nach § 8 **Abs. 2**, da dieses Privileg nur der eingetragenen und damit für den Rechtsverkehr durch das Partnerschaftsregister transparenten Partnerschaftsgesellschaft zukommen soll. Auch § 2 Abs. 1 kann keine Anwendung finden, da die Partnerzusätze für eingetragene Partnerschaften reserviert sein sollen.

6 In dem Zeitraum zwischen der (vor-)vertraglichen Einigung der Partner über die Gründung einer Gesellschaft und dem Abschluss des schriftlichen Partnerschaftsvertrages nach § 3 liegt das Stadium der **Vorgründungsgesellschaft**. Diese ist eine Gesellschaft bürgerlichen Rechts mit dem Ziel der gemeinsamen Gründung einer Partnerschaft.

V. Umwandlung

6a Bei Inkrafttreten des Partnerschaftsgesellschaftsgesetzes war lediglich die identitätswahrende Umwandlung einer BGB-Gesellschaft in eine Partnerschaftsgesellschaft oder umgekehrt unproblematisch möglich. Hinsichtlich der übrigen Gesellschaftsformen gab es konstruktive Schwierigkeiten, die vor allem dadurch begründet waren, dass das Umwandlungsgesetz keine Regelung über die Umwandlung von und in Partnerschaften enthielt, da der Gesetzgeber des Partnerschaftsgesellschaftsgesetzes hierfür zunächst kein Bedürfnis gesehen hatte.[26] Nachdem dieses Bedürfnis zwischenzeitlich – nicht zuletzt aufgrund der zunehmenden Anzahl freiberuflicher Kapitalgesellschaften – erkannt worden war, wurden durch das Erste Gesetz zur Änderung des Umwandlungsgesetzes vom 22.7.1998 Bestimmungen in das Umwandlungsgesetz eingefügt, die nunmehr den Übergang zwischen Partnerschaften und den anderen Rechtsformen sowie Umwandlungen von Partnerschaften im Übrigen umfassend regeln. Neu sind vor allem die §§ 45a bis 45e UmwG (Verschmelzung unter Beteiligung von Partnerschaftsgesellschaften) sowie die §§ 225a bis 225c UmwG (Formwechsel von Partnerschaftsgesellschaften).

---

23) Zutreffend *Kempter*, BRAK-Mitt. 1994, 122, 123; wohl auch *Knoll/Schüppen*, DStR 1995, 608, 611; im Ergebnis ähnlich *Stuber*, WiB 1994, 705, 707 f; *Lenz*, MDR 1994, 741, 743; *Feddersen/Meyer-Landrut*, PartGG, § 4 Rz. 7, § 7 Rz. 1; *Karsten Schmidt*, ZIP 1993, 633, 642; vgl. *ders.*, JBl 1988, 745, 754; *Bayer/Imberger*, DZWir 1995, 177, 179 f; *Gail/Overlack*, S. 6.
24) A. A. *Salger*, in: Münchener Handbuch, § 38 Rz. 26; vgl. *Karsten Schmidt*, JBl 1988, 745, 754; *ders.*, ZIP 1993, 633, 642; zur Rechtslage in Österreich *Kastner/Doralt/Nowotny*, S. 77.
25) Begründung zum RegE PartGG, BT-Drucks. 12/6152, S. 16 = Anhang, S. 345; *Burret*, WPK-Mitt. 1994, 201, 205; zur Rechtslage in Österreich vgl. *Krejci*, EGG, § 3 Rz. 13.
26) Begründung zum RegE PartGG, BT-Drucks. 12/6152, S. 9; *Bösert*, DStR 1993, 1332, 1336; *ders.*, ZAP Fach 15, S. 137; *Seibert*, DB 1994, 2381, 2382.

Durch Absatz 1 wird ein **identitätswahrender Rechtsformwechsel** – wie bereits aus § 2 Abs. 2 Halbs. 2 folgt[27] – nicht ausgeschlossen.[28] **Gesellschaften bürgerlichen Rechts** werden durch Registereintragung zur Partnerschaft, ohne dass es der Liquidation der alten und der Vermögensübertragung auf die neue Gesellschaft bedürfte.[29] Das „gemeinschaftliche Vermögen" der BGB-Gesellschafter wird mit der Eintragung automatisch zum Vermögen der Partnerschaft.[30] Bei vorhandenem Grundstücksvermögen bedarf es nur der Richtigstellung der tatsächlichen Angaben und nicht etwa einer Grundbuchberichtigung nach § 894 BGB.[31] Die Umwandlung einer Partnerschaft in eine BGB-Gesellschaft geschieht ebenfalls im Wege des identitätswahrenden Rechtsformwechsels, indem die Partner dies beschließen und den Beschluss zur Eintragung im Partnerschaftsregister und damit zur Löschung der Gesellschaft anmelden.[32] Spezielle Umwandlungsvorschriften waren daher insoweit nicht erforderlich.[33]

7

Die **Verschmelzung** ist gemäß § 45a UmwG nur möglich, wenn die Voraussetzungen des § 1 Abs. 1 und 2 eingehalten werden, also die Teilhaber natürliche Personen und Freiberufler sind. Die Berufsrechte sind zu beachten, wie § 45a Satz 2 UmwG durch einen Verweis auf § 1 Abs. 3 ausdrücklich klarstellt. Um die persönlichen Anforderungen an die Partner sicherzustellen, schreibt § 45b Abs. 1 UmwG vor, dass der Verschmelzungsvertrag die in § 3 Abs. 2 Nr. 2 erwähnten Angaben enthalten muss. Ein Verschmelzungsbericht ist demgegenüber gemäß § 45c UmwG nur erforderlich, falls es Partner gibt, die gemäß § 6 Abs. 2 von der Geschäftsführung ausgeschlossen sind; sie sind entsprechend § 42 UmwG zu unterrichten. Grundsätzlich bedarf der Verschmelzungsbeschluss gemäß § 45d Abs. 1 UmwG der Einstimmigkeit. Der Partnerschaftsvertrag kann Abweichendes regeln, dies bedarf mindestens aber eine Mehrheit von drei Vierteln der abgegebenen Stimmen, § 45d Abs. 2 UmwG. Die widersprechenden Partner haben das Austrittsrecht nach § 29 UmwG und das Veräußerungsrecht nach § 33 UmwG.

7a

Der Formwechsel kann nur im Hinblick auf die **Rechtsformen** einer GmbH, einer AG, einer KGaA oder einer eingetragenen Genossenschaft erfolgen, § 225a UmwG n. F. Die Personenhandelsgesellschaften sind damit ausgeschlossen, zumal sie den Betrieb eines Handelsgewerbes voraussetzen. Die Begründung des Regierungsent-

8

---

27) *Seibert*, Die Partnerschaft, S. 50.
28) Begründung zum RegE PartGG, BT-Drucks. 12/6152, S. 9 = Anhang, S. 312; *Bösert*, DStR 1993, 1332, 1336 mit Fußn. 38; *Michalski*, ZIP 1993, 1210, 1213; *Seibert*, DB 1994, 2381, 2382; *ders.*, Die Partnerschaft, S. 50; *Knoll/Schüppen*, DStR 1995, 608, 646, 650; *Kupfer*, KÖSDI 1995, 10130, 10137.
29) Begründung zum RegE PartGG, BT-Drucks. 12/6152, S. 9 = Anhang, S. 312; *Bösert*, DStR 1993, 1332, 1336; *Gres*, der freie beruf 6/94, 23, 24; *Leutheusser-Schnarrenberger*, der freie beruf 7–8/94, 20, 22 f; zum RefE noch a. A. *Karsten Schmidt*, ZIP 1993, 633, 638.
30) *Bösert*, ZAP Fach 15, S. 137, 146; *Kupfer*, KÖSDI 1995, 10310, 10137.
31) *Bösert*, ZAP Fach 15, S. 137, 146 m. w. N. zur Rechtsprechung.
32) *Kupfer*, KÖSDI 1995, 10130, 10138.
33) Begründung zum RegE PartGG, BT-Drucks. 12/6152, S. 9 = Anhang, S. 312; *Bösert*, DStR 1993, 1332, 1336; *ders.*, ZAP Fach 15, S. 137, 146; näher zu rechtlichen Konstruktion vor der Änderung des UmwG im Jahre 1998 noch die 1. Auflage, 1995, § 7 Rz. 7 f.

§ 7 Wirksamkeit im Verhältnis zu Dritten; rechtliche Selbständigkeit; Vertretung

wurfes[34)] hebt hervor, dass sich bei größenmäßig wachsenden Partnerschaften mit erhöhtem Kapitalbedarf sowie bei überregionaler und interprofessioneller Zusammenarbeit ein Bedürfnis ergeben könne, in die Rechtsformen etwa der GmbH oder gar der AG zu wechseln.

VI. Übersicht zu den Umwandlungsmöglichkeiten

(Verschmelzung, Spaltung und Formwechsel)[35)]

8a Verschmelzung und Spaltung

a) Partnerschaft übertragender Rechtsträger

	Anwendbare Vorschriften	
	Verschmelzung (§§ 2–38)	Spaltung (§§ 123–137)
auf PersonenhandelsG	§§ 39–45, §§ 45a–e (neu)	§§ 125, 135
auf PartnerschaftsG	§§ 45a–e (neu)	§§ 125, 135
auf GmbH	§§ 45a–e (neu), §§ 46–59	§§ 125, 135, 138–140
auf AG/KGaA	§§ 45a–e (neu), §§ 60–78	§§ 125, 135, 141–146
auf e. G.	§§ 45a–e (neu), §§ 79–98	§§ 125, 135, 147 f.
auf e. V./wirtsch. Verein	nein (§ 3 Abs. 2, § 99)	nein (§ 149 Abs. 2)
auf gen. Prüfungsverband	nein (§ 105)	nein (§ 150)
auf VVaG	nein (§ 109)	nein (§ 151)
auf natürliche Person	nein (§ 3 Abs. 2)	nein (§ 3 Abs. 2)

b) Partnerschaft übernehmender oder neuer Rechtsträger[1)]

	Anwendbare Vorschriften	
	Verschmelzung (§§ 2–38)	Spaltung (§§ 123–137)
von PersonenhandelsG	§§ 39–45, §§ 45a–e (neu)	§§ 125, 135
von PartnerschaftsG	§§ 45a–e (neu)	§§ 125, 135
von GmbH	§§ 45a–e (neu), §§ 46–59	§§ 125, 135, 138–140
von AG/KGaA	§§ 45a–e (neu), §§ 60–78	§§ 125, 135, 141–146
von e. G.	§§ 45a–e (neu), §§ 79–98	§§ 125, 135, 147 f.
von e. V./wirtsch. Verein	§§ 45a–e (neu), § 99–104 a	§§ 125, 135
von gen. Prüfungsverband	nein (§ 105)	nein (§ 150)
von VVaG	nein (§ 109)	nein (§ 151)
von natürlicher Person	nein (§ 3 Abs. 2)	nein (vgl. § 152)

1) Alle Anteilsinhaber der übertragenden Rechtsträger müssen natürliche Personen und Freiberufler sein. Ausnahme möglich bei nicht verhältniswahrender Spaltung. Eine Ausgliederung auf eine Partnerschaftsgesellschaft ist nicht möglich.

---

34) Begründung zum RegE 1. UmwÄndG, BT-Drucks. 13/8808, S. 8.
35) Die tabellarischen Übersichten sind abgedruckt in der Begründung zum RegE 1. UmwÄndG, BT-Drucks. 13/8808, S. 9.

Formwechsel

a) Partnerschaft formwechselnder Rechtsträger

	Anwendbare Vorschriften (§§ 190–213)
in GbR	nein (§ 190 Abs. 2, § 225 a [neu])
in Personenhandels G	nein (§ 190 Abs. 2, § 225 a [neu])
in GmbH	§ 225 a–c (neu)
in AG/KGaA	§ 225 a–c (neu)
in e. G.	§ 225 a–c (neu)
in e. V./wirtsch. Verein	nein (§ 225 a [neu])
in VVaG	nein (§ 225 a [neu])
in Körperschaft/Anstalt öR	nein (§ 225 a [neu])

b) Partnerschaft Rechtsträger neuer Rechtsform[2]

	Anwendbare Vorschriften (§§ 190–213)
aus GbR	nein (§ 190 Abs. 2, § 191 Abs. 1)
aus Personenhandels G	nein (§ 190 Abs. 2, § 214 Abs. 1)
aus GmbH	§§ 226, 228–237
aus AG/KGaA	§§ 226 f., 228–237
aus e. G.	nein (§ 258 Abs. 1)
aus e. V./wirtsch. Verein	nein (§ 272 Abs. 1)
aus VVaG	nein (§ 291 Abs. 1)
aus Körperschaft/Anstalt öR	nein (§ 301 Abs. 1)

2) Alle Anteilsinhaber des formwechselnden Rechtsträgers müssen Freiberufler sein.

VII. Berufsrecht

1. Überblick

Über die Bestimmung des § 1 Abs. 3 sind die allgemeinen berufsrechtlichen Vorschriften zu beachten. Zu Beginn der Partnerschaft bestehen für einige Berufe Anzeigepflichten (hierzu Rz. 10); Sonderregeln gelten für Steuerberatungs- und Wirtschaftsberatungsgesellschaften (hierzu Rz. 11). 9

2. Anzeigepflichten

Die Berufsrechte schränken gemäß § 1 Abs. 3 die Zusammenschlussmöglichkeiten ihrer Berufsangehörigen zum Teil ein. Soweit die Gründung und Eintragung einer Partnerschaft zulässig ist, sehen einzelne Berufsrechte Anzeigepflichten insbesondere gegenüber der jeweils zuständigen Berufskammer vor (zu den Einzelheiten der berufsrechtlichen Anzeigepflichten siehe § 5 Rz. 24 ff). 10

3. Steuerberatungs- und Wirtschaftsprüfungsgesellschaften

Nach § 49 Abs. 1 StBerG, § 27 Abs. 1 WPO[36] können sich Partnerschaften auch als Steuerberatungs- oder Wirtschaftsprüfungsgesellschaften betätigen. Dies setzt eine Anerkennung voraus, § 32 Abs. 3 Satz 1 StBerG, § 1 Abs. 3 Satz 1 WPO, wofür wiederum die in den § 50 f StBerG, § 28 WPO genannten Bedingungen erfüllt sein müssen. Vor der Anerkennung darf eine Steuerberatungs- oder Wirtschaftsprü- 11

---

36) In der Fassung von Art. 7 Nr. 1 und Art. 8 Nr. 1 des Gesetzes zur Schaffung von Partnerschaftsgesellschaften und zur Änderung anderer Gesetze.

fungsgesellschaft als solche ihre Tätigkeit nicht aufnehmen (§ 161 Abs. 1 Alt. 1 StBerG, § 133 Abs. 1 Alt. 1 WPO).[37]

B. Rechtliche Selbständigkeit (Abs. 2)

I. Geschichte

12 Die ersten Gesetzentwürfe von **1971** und **1975** gestalteten die Partnerschaft als rechtsfähige Berufsgesellschaft, also als **juristische Person** aus,[38] wobei sie allerdings nach § 26 des Entwurfs von 1971 im Sinne der Steuergesetze als freiberufliche Personengesellschaft gelten sollte.[39] Diese Konstruktion wurde im Entwurf von **1976** zugunsten einer Personengesellschaft verändert,[40] und auch im Gesetzgebungsverfahren des Partnerschaftsgesellschaftsgesetzes stand bereits seit dem **Neun-Punkte-Katalog** des Bundeswirtschaftsministeriums vom November 1991 fest, dass eine Personengesellschaft geschaffen werden sollte, die Trägerin von Rechten und Pflichten sein kann, ohne jedoch die vollständige Rechtssubjektivität einer juristischen Person zu besitzen.[41]

II. Bedeutung

13 Eines der wichtigsten seit jeher mit dem Gedanken der Schaffung einer Partnerschaft für die Angehörigen freier Berufe verfolgten **Anliegen** war die Überwindung eines der entscheidenden Mängel der Gesellschaft bürgerlichen Rechts nach dem früheren Stand der BGH-Rechtsprechung vor dem Urteil vom 28.1.2001,[42] nämlich der fehlenden **Rechtsfähigkeit**[43] und damit insbesondere der fehlenden **Parteifähigkeit** im Prozess[44] sowie der fehlenden Grundbuchfähigkeit. Gleichzeitig wollten die Gesetzesverfasser die Rechtsform der juristischen Person nicht verwenden, da diese zum Teil als für freie Berufe grundsätzlich nicht geeignet empfunden wurde.[45] Um die dogmatische Diskussion um die (Teil-) Rechtsfähigkeit von Gesamthandsgemeinschaften zu vermeiden,[46] wird für die Partnerschaft durch den Verweis auf § 124 HGB die rechtliche Verselbständigung der Gesellschaft positiv

---

37) Vgl. *Burret*, WPK-Mitt. 1994, 201, 205.
38) § 1 Abs. 1 E 1971; BT-Drucks. VI/2047, S. 1; § 1 Abs. 1 Satz 1 E 1975, BT-Drucks. 7/4089, S. 3.
39) § 26 E 1971, BT-Drucks. VI/2047, S. 4; vgl. *Beckmann*, in: Festschrift Kleinert, S. 210.
40) § 1 Abs. 1 Satz 1 E 1976, BT-Drucks. 7/5402, S. 4.
41) Punkt 1 des Katalogs, vgl. *Beckmann*, in: Festschrift Kleinert, S. 210, 214; *Gres*, Der Selbständige, 12/1992, 6.
42) BGH ZIP 2002, 614 = DB 2001, 423 m. Anm. *Römermann*; zur vergleichbaren Situation in Österreich vor Erlass des EGG *Krejci*, EGG, Vorb. 2, 4.
43) Vgl. hierzu *G. Hueck*, § 5 I 5.
44) Ganz h. M.; vgl. *G. Hueck*, § 5 I 6.
45) Kritisch *Burret*, WPK-Mitt. 1994, 201, 203, der für die Ausgestaltung als speziell freiberufliche juristische Person plädiert hatte.
46) Begründung zum RegE PartGG, BT-Drucks. 12/6152, S. 9 = Anhang, S. 312; *Kempter*, BRAK-Mitt. 1994, 122, 123; *Seibert*, Die Partnerschaft, S. 44; *ders.*, DB 1994, 2381, 2382; *Lenz*, MDR 1994, 741, 743.

festgelegt.[47] Damit ist die Partnerschaft im praktischen Ergebnis als Rechtssubjekt und Träger des Gesellschaftsvermögens der **juristischen Person** weitgehend – mit Ausnahme der steuerlichen Behandlung – **angenähert**.[48] Dies soll auch durch die amtliche Überschrift zu § 7 unterstrichen werden, welche seit Inkrafttreten des Partnerschaftsgesellschaftsgesetzes die „rechtliche Selbständigkeit" betont, während bei § 124 HGB früher eine solche amtliche Überschrift fehlte.[49] Gleichwohl handelt es sich um eine unternehmenstragende **Gesamthand**,[50] ohne dass man sie dogmatisch als Rechtsform eigener Art ansehen müsste.[51]

Die Verleihung der Rechtsfähigkeit an die Partnerschaft stellte in der Tat einen **praktischen Vorteil** im Vergleich zu der früheren Handhabung bei den BGB-Gesellschaften dar.[52] Dies galt insbesondere für die **Prozessführung**, da bei der BGB-Gesellschaft entweder sämtliche Partner Klage erheben oder aber ihre Ansprüche an einen Gesellschafter abtreten mussten,[53] wobei allerdings auch nicht verkannt werden darf, dass die früheren Schwierigkeiten von Gesellschaften bürgerlichen Rechts insoweit häufig überbewertet wurden.[54] Auch die Eintragung der Partnerschaft in das **Grundbuch** wurde durch den Verweis auf § 124 HGB wesentlich vereinfacht, da nicht jeder Aus- und Eintritt von Partnern kostenpflichtig in das Grundbuch eingetragen werden musste.[55] Die Partnerschaft ist taugliche Inhaberin eingetragener und angemeldeter Marken. Bei der Schaffung des Markenrechtsreformgesetzes war eine Formulierung gewählt worden, die die Partnerschaft mit umfasst.[56] Weitere Vorteile bietet die Selbständigkeit der Partnerschaft für die **Gläubiger** der Gesellschaft, die mittels eines gegen die Partnerschaft gerichteten Titels in das Gesellschaftsvermögen vollstrecken können, § 124 Abs. 2 HGB.[57] Andererseits genügt ein gegen die Gesellschafter gerichteter Titel selbst dann nicht zur Vollstreckung in

14

---

47) Begründung zum RegE PartGG, BT-Drucks. 12/6152, S. 9 = Anhang, S. 312; krit. hierzu *Stuber*, WiB 1994, 705, 708.
48) Begründung zum RegE PartGG, BT-Drucks. 12/6152, S. 9 = Anhang, S. 312; *Seibert*, Die Partnerschaft, S. 44; *ders.*, DB 1994, 2381, 2382; *Bösert*, ZAP Fach 15, S. 137, 149: *Burret*, WPK-Mitt. 1994, 201, 205; *Kempter*, BRAK-Mitt. 1994, 122, 123 f; *Stuber*, WiB 1994, 705, 708; *Kupfer*, KÖSDI 1995, 10130, 10131; *Rösener*, Deutsches Tierärzteblatt 1995, 418; *Sommer*, DSWR 1995, 181; zur Rechtslage in Österreich und zu entsprechenden Überlegungen bei der Schaffung des dortigen EGG vgl. *Krejci*, EGG, Vorb. 2.
49) *Seibert*, Die Partnerschaft, S. 44.
50) So auch *Karsten Schmidt*, ZIP 1993, 633, 635 f; *Sommer*, DSWR 1995, 181; unklar *Stuber*, WiB 1994, 705, 708.
51) A. A. unter wohl unzutreffender Berufung auf Karsten Schmidt *Kempter*, BRAK-Mitt. 1994, 122, 123.
52) So auch *Burret*, WPK-Mitt. 1994, 201, 203; vgl. *Mittelsteiner*, DStR 1994, Beihefter zu Heft 37, S. 38.
53) *Henssler* bei Reischmann, Ärzte-Zeitung v. 10.11.1994.
54) Kritisch daher *v. Falkenhausen*, AnwBl 1993, 479, 480.
55) *Henssler* bei Reischmann, Ärzte-Zeitung v. 10.11.1994; § 32 Abs. 2 GBO ist durch Art. 5 Abs. 2 Nr. 2 Ausführungsgesetz Seerechtsübereinkommen 1982/1994 an die Partnerschaft angepasst worden, vgl. *Seibert*, DB 1994, 2381, 2383 in Fußn. 23; *ders.*, in: Münchener Handbuch, § 31 Rz. 4.
56) *Seibert*, in: Münchener Handbuch, § 31 Rz. 7 mit Fußn. 10 unter Hinweis auf § 7 Nr. 3 MarkenrechtsreformG.
57) Vgl. *Kempter*, BRAK-Mitt. 1994, 122, 124.

das Partnerschaftsvermögen, wenn sämtliche Partner betroffen sind.[58)] Die genannten Vorteile der Partnerschaft gegenüber der Rechtsform einer Gesellschaft bürgerlichen Rechts haben für die Praxis seit der Neuorientierung der Rechtsprechung des II. Zivilsenats des Bundesgerichtshofs zur Rechts- und Parteifähigkeit der BGB-Gesellschaft[59)] allerdings erheblich an Bedeutung verloren. Da der Bundesgerichtshof nun auch auf die BGB-Gesellschaft eine Reihe von Vorschriften zum Recht der OHG entsprechend anwendet, kommt der Verweisung auf § 124 HGB in Absatz 2 insgesamt eine geringe Relevanz zu.[60)]

15 Die **Partnerschaft** ist selbst **Vertragspartner** der Behandlungs-, Mandatsverträge usw., nicht etwa die einzelnen Gesellschafter.[61)] Wie inzwischen im Zusammenhang mit der Freiberufler-GmbH mehrfach höchstrichterlich entschieden wurde, kann sich eine Gesellschaft durchaus auch zu Leistungen z. B. ärztlicher oder anwaltlicher Art verpflichten, ohne selbst über eine entsprechende Approbation oder Zulassung zu verfügen.[62)] Es müssen dann lediglich die konkreten Leistungen durch einen zur Berufsausübung befähigten Angestellten oder Gesellschafter erbracht, also die vertraglichen Verpflichtungen durch sie mit Wirkung für die Partnerschaft erfüllt werden.[63)] Die Gesellschaft als solche übt den Beruf nicht aus und benötigt aus diesem Grunde auch keine Zulassung.[64)] Problematisch ist hingegen bei Ärzten die Frage, ob die Partnerschaft eine kassenärztliche Gesamtzulassung erhalten kann.[65)]

C. Vertretung (Abs. 3)

I. Arten der Vertretungsmacht (§ 125 Abs. 1 und 2 HGB)

16 Grundsätzlich besitzen sämtliche Partner **Alleinvertretungsmacht** gemäß § 125 Abs. 1 HGB. Damit entspricht das Außenverhältnis der Situation, wie sie durch die Alleingeschäftsführung nach § 6 Abs. 3 Satz 2 i. V. m. § 114 Abs. 1, § 115 Abs. 1 HGB auch für das Innenverhältnis angeordnet ist: Es gilt das **Prinzip der Selbstorganschaft**.[66)] Aus diesem Prinzip folgt insbesondere, dass organschaftliche Vertreter i. S. d. §§ 125 ff HGB in der Regel nur die Partner selbst sein können; insbesondere ist es nicht möglich, sämtliche Partner von der Vertretung auszuschließen.[67)]

---

58) *Meilicke,* in: Meilicke u. a., PartGG, § 7 Rz. 17.
59) BGH ZIP 2002, 614.
60) MünchKomm-*Ulmer,* BGB, § 7 PartGG Rz. 12.
61) *Seibert,* ZIP 1993, 1197; *ders.,* DB 1994, 2381, 2382; *ders.,* Die Partnerschaft, S. 53; *Karsten Schmidt,* ZIP 1993, 633, 644; *ders.,* NJW 1995, 1, 5.
62) BGH ZIP 1994, 381 = BGHZ 124, 224, 226, dazu EWiR 1994, 785 *(Kleine-Cosack)*; BayObLG ZIP 1994, 1868, 1870, dazu EWiR 1995, 151 *(Kleine-Cosack)*.
63) Vgl. *Karsten Schmidt,* ZIP 1993, 633, 644; *Schirmer,* MedR 1995, 341, 342, 349 ff.
64) Grundsätzlich anders *Krejci,* in: Verhandlungen des 10. ÖJT, Bd. I/1, S. 33 f, zur Rechtslage in Österreich; ähnlich hingegen die Situation der sociétés d'exercice libéral, vgl. hierzu *Laurent/Vallée,* SEL, S. 18.
65) *Reischmann,* Ärzte-Zeitung v. 10.11.1994.
66) Begründung zum RegE PartGG, BT-Drucks. 12/6152, S. 16 = Anhang, S. 345.
67) *Baumbach/Hopt,* HGB, § 125 Rz. 5.

Das Prinzip der Selbstorganschaft wird nur in Fällen der Liquidation oder der Bestellung eines Notvertreters durchbrochen.[68]

Wie sich aus § 125 Abs. 1 HGB ergibt, können allerdings einzelne Partner durch den Partnerschaftsvertrag von der **Vertretungsbefugnis ausgeschlossen** werden. Da ein Ausschluss von der für die **Berufsausübung** erforderlichen **Geschäftsführungsbefugnis** nach § 6 Abs. 2 ausscheidet, führt dies dazu, dass in einem solchen Fall zwar sämtliche Partner zur Erfüllung der vertraglichen Verpflichtungen der Partnerschaft, aber nicht notwendig zum Abschluss solcher Verträge berechtigt sind.[69] Dies stößt auf erhebliche **berufsrechtliche Bedenken**, da es dann nicht der Freiberufler selbst ist, der über die Annahme oder Ablehnung eines ihm angetragenen Auftrags entscheidet, sondern ein anderer vertretungsbefugter Partner. Bereits die Begründung des Regierungsentwurfs verweist aus diesem Grunde auf die Möglichkeit der Berufsrechte nach § 1 Abs. 3, derartige Beschränkungen zu untersagen, sofern sie im Widerspruch zu den Prinzipien des Rechts des jeweiligen Berufs stehen.[70] Auch ohne eine ausdrückliche berufsrechtliche Vorschrift wird man allerdings bereits aus den Grundsätzen **freiberuflicher Unabhängigkeit** und Eigenverantwortlichkeit folgern müssen, dass auch bei einem grundsätzlichen Ausschluss von der Vertretung der Partnerschaft nach § 125 Abs. 1 HGB jedenfalls dort im Einzelfall eine Vertretungsbefugnis besteht, wo sich die Ausübung der Berufstätigkeit der Partner selbst im Verhältnis zu Dritten als Vertretung der Gesellschaft darstellt.[71] Dies kann einerseits aus der berufsrechtlich (z. B. durch die anwaltliche Unabhängigkeit nach § 1 BRAO, sofern man ihr eine derartige Wirkung im Innenverhältnis der Partner zueinander beimessen will) begründeten partiellen Unwirksamkeit eines gänzlichen Ausschlusses von der Vertretungsmacht resultieren, andererseits aber auch schlicht aus einer konkludenten Bevollmächtigung des in der Partnerschaft aktiv berufstätigen Gesellschafters zur Vornahme der hierfür erforderlichen Maßnahmen durch die geschäftsführenden und vertretungsbefugten Partner, mit deren Einverständnis die Berufsausübung erfolgt.

Außer einem Ausschluss von der Vertretungsmacht kann der Partnerschaftsvertrag auch noch die **Gesamtvertretung** der Gesellschaft anordnen, § 125 Abs. 2 Satz 1 HGB.[72] Die zur Gesamtvertretung berechtigten Partner können einzelne unter ihnen zur Alleinvornahme bestimmter Geschäfte oder Arten von Geschäften ermächtigen (§ 125 Abs. 2 Satz 2 HGB), also nicht im gesamten Umfang ihrer Vertretungsmacht.[73] Hinsichtlich der Gesamtvertretungsmacht ergeben sich wegen der

---

68) *Meilicke*, in: Meilicke u. a., PartGG, § 7 Rz. 25.
69) *Karsten Schmidt*, ZIP 1993, 633, 644; Begründung zum RegE PartGG, BT-Drucks. 12/6152, S. 16 = Anhang, S. 345.
70) Begründung zum RegE PartGG, BT-Drucks. 12/6152, S. 16 = Anhang, S. 345; ähnlich *Karsten Schmidt*, ZIP 1993, 633, 644; *Mittelsteiner*, DStR 1994, Beihefter zu Heft 37, S. 38.
71) Vgl. die Begründung zum RegE PartGG, BT-Drucks. 12/6152, S. 16 = Anhang, S. 345; a. A. insbesondere MünchKomm-*Ulmer*, BGB, § 7 PartGG Rz. 18 m. w. N.
72) Vgl. *Mittelsteiner*, DStR 1994, Beihefter zu Heft 37, S. 38.
73) *Baumbach/Hopt*, HGB, § 125 Rz. 17.

Bindung des Partners an einen oder mehrere andere Gesellschafter die gleichen Bedenken wie bei dem gänzlichen Ausschluss von der Vertretungsmacht; hier wie dort muss jedem Partner allein zumindest die für die **Ausübung des freien Berufs** erforderliche Vertretung möglich sein, sofern es sich, im Einklang mit der Beschränkung bei der Geschäftsführungsbefugnis (siehe oben § 6 Rz. 16), um kein ungewöhnliches Mandat handelt. Denn dafür kann die Gesamtvertretung wirksam vereinbart werden. Die Vertretungsmacht der Partner und deren Änderungen sind von sämtlichen Partnern zur **Eintragung in das Partnerschaftsregister** anzumelden (§ 4 Abs. 1 Satz 2). Solange eine von der Einzelvertretung abweichende Regelung nicht im Register eingetragen ist, kann der gutgläubige Rechtsverkehr von der Einzelvertretungsbefugnis der Partner ausgehen, § 5 Abs. 2 PartGG i. V. m. § 15 HGB.[74]

19 § 125 Abs. 3 HGB, welcher die so genannte gemischte Gesamtvertretung[75] durch einen Gesellschafter zusammen mit einem Prokuristen regelt, findet wegen der **Unzulässigkeit der Erteilung** einer **Prokura** für die Partnerschaft keine Anwendung (dazu Einführung Rz. 49, 51). Dies schließt natürlich die Erteilung dauerhafter und umfassender **Vollmachten** nicht aus, wobei solche Vollmachten an der registerrechtlichen Publizität und dem entsprechenden Vertrauensschutz nicht teilnehmen.[76] Auch **§ 125a HGB** über die Angaben auf Geschäftsbriefen bei Unternehmen, bei denen kein Gesellschafter eine natürliche Person ist, ist nicht anwendbar, da es in der Partnerschaft gemäß § 1 Abs. 1 Satz 3 nur natürliche Personen als Partner geben kann.

II. Umfang der Vertretungsmacht (§ 126 HGB)

20 Die Vertretungsmacht umfasst gemäß § 126 Abs. 1 HGB sämtliche gerichtlichen und außergerichtlichen Geschäfte und Rechtshandlungen, auch wenn diese außerhalb des Gesellschaftszwecks nach § 3 Abs. 2 Nr. 3 liegen, z. B. also auch gewerbliche Geschäfte.[77] Aus Gründen des **Gläubigerschutzes**[78] ist eine gegenständliche Beschränkung der Vertretungsbefugnis im Partnerschaftsvertrag oder durch Beschluss der Partner unwirksam, § 126 Abs. 2 HGB. Nur wenn sich **verschiedene Standorte** der Partnerschaft durch eine verschiedene Namensführung oder örtliche Zusätze zum Partnerschaftsnamen nach außen sichtbar unterscheiden, soll entsprechend § 126 Abs. 3 HGB in Verbindung mit der ansonsten für die Partnerschaft

---

74) *Meilicke,* in: Meilicke u. a., PartGG, § 7 Rz. 30.
75) Dazu *Baumbach/Hopt,* HGB, § 125 Rz. 19; *v. Gerkan,* in: Röhricht/Graf v. Westphalen, HGB, § 125 Rz. 15 f.
76) *Karsten Schmidt,* NJW 1995, 1, 5; *Carl,* StB 1995, 173, 178; *Schaub,* NJW 1996, 625, 626; *Meilicke,* in: Meilicke u. a., PartGG, § 7 Rz. 25.
77) Vgl. *Baumbach/Hopt,* HGB, § 126 Rz. 1; dies gilt allerdings unter dem allgemein gültigen Vorbehalt eines offensichtlichen Missbrauches der Vertretungsmacht; vgl. *Karsten Schmidt,* NJW 1995, 1, 5 m. w. N.
78) Begründung zum RegE PartGG, BT-Drucks. 12/6152, S. 16 = Anhang, S. 345; *Baumbach/Hopt,* HGB, § 126 Rz. 5.

nicht anzuwendenden Vorschrift des § 50 Abs. 3 HGB[79]) eine Beschränkung der Vertretungsbefugnis auf die Niederlassung möglich sein. Die Erwähnung der Prokura in § 126 Abs. 1 HGB ist für den Bereich des Partnerschaftsgesellschaftsgesetzes ohne Bedeutung, da dort keine Prokura erteilt werden kann (näher Einführung Rz. 49, 51).[80])

III. Entzug der Vertretungsmacht (§ 127 HGB)

Parallel zu der entsprechenden Regelung bei der Geschäftsführung nach § 6 Abs. 3 Satz 2 PartGG i. V. m. § 117 HGB kann auch die Vertretungsmacht bei Vorliegen eines **wichtigen Grundes** statt in dem praktikableren Beschlussverfahren[81]) gemäß § 127 HGB nur durch eine **gerichtliche Entscheidung** entzogen werden,[82]) natürlich vorbehaltlich einer empfehlenswerten abweichenden Bestimmung im Partnerschaftsvertrag. Wie bei der Geschäftsführung, so stellt sich auch für die Vertretung die Frage, ob ein dauerhafter Entzug möglich ist (näher § 6 Rz. 17 ff).[83]) Wenn dem einzigen vertretungsberechtigten Partner die Vertretungsmacht entzogen wird, führt dies automatisch zur Einzelvertretungsberechtigung der übrigen Partner.[84])

21

IV. Vorgaben der Berufsrechte

1. Steuerberater, Steuerbevollmächtigte

Gemäß § 55 Abs. 2 BOStB muss bei den als Steuerberatungsgesellschaft anerkannten Partnerschaften mindestens ein (vertretungsberechtigter) Partner im Sinne des Partnerschaftsgesellschaftsgesetzes seine berufliche Niederlassung am Sitz der Partnerschaft oder in dessen Nahbereich haben. Bei Steuerberatungsgesellschaften, die gemäß der Überleitungsvorschrift des § 155 Abs. 4 StBerG noch kapitalmäßig oder in anderer Weise von den nach heutigem Berufsrecht nicht mehr sozietätsfähigen Personen beeinflusst werden können, haben Steuerberater, die vertretungsberechtigte Partner sind, gemäß § 55 Abs. 5 BOStB besonders sorgfältig darauf zu achten, dass ihnen die Unabhängigkeit und Freiheit zu pflichtgemäßem Handeln nicht genommen wird. Die Partner haben gemäß § 55 Abs. 8 BOStB auf die Einhaltung der Grundsätze über die Vertretung der Gesellschaft im Partnerschaftsvertrag hinzuwirken. Nach § 57 Abs. 1 BOStB müssen Steuerberatungsgesellschaften von Steuerberatern verantwortlich geführt werden. Eine Steuerberatungsgesellschaft wird

22

---

79) § 50 Abs. 3 HGB: „Eine Beschränkung der Prokura auf den Betrieb einer von mehreren Niederlassungen des Geschäftsinhabers ist Dritten gegenüber nur wirksam, wenn die Niederlassungen unter verschiedenen Firmen betrieben werden. Eine Verschiedenheit der Firmen im Sinne dieser Vorschrift wird auch dadurch begründet, dass für eine Zweigniederlassung der Firma ein Zusatz beigefügt wird, der sie als Firma der Zweigniederlassung bezeichnet."
80) *Feddersen/Meyer-Landrut*, PartGG, § 7 Rz. 6.
81) Vgl. *Michalski*, ZIP 1993, 1210, 1213.
82) Begründung zum RegE PartGG, BT-Drucks. 12/6152, S. 16 = Anhang, S. 345.
83) Vgl. *Hornung*, Rpfleger 1996, 1, 3.
84) Vgl. *Baumbach/Hopt*, HGB, § 127 Rz. 2 m. w. N.

§ 7 Wirksamkeit im Verhältnis zu Dritten; rechtliche Selbständigkeit; Vertretung

gemäß § 57 Abs. 3 Satz 1 BOStB vertreten durch einen zur Alleinvertretung oder zur Einzelvertretung berechtigten Steuerberater, durch mehrere zur gemeinschaftlichen Vertretung berechtigte Steuerberater oder durch einen Steuerberater mit dem Recht zur gemeinschaftlichen Vertretung mit einem Partner im Sinne des Partnerschaftsgesellschaftsgesetzes, der nicht Steuerberater ist; im letzten Fall muss der Steuerberater zur Einzelvertretung berechtigt sein. Andere Personen als Steuerberater dürfen gemäß § 57 Abs. 4 Satz 1 BOStB eine Steuerberatungsgesellschaft nicht allein vertreten. Abweichend von den Bestimmungen des § 57 Abs. 2 BOStB kann bei Steuerberatungsgesellschaften, die zugleich Wirtschaftsprüfungsgesellschaften oder Buchprüfungsgesellschaften sind, gemäß § 57 Abs. 7 BOStB ein Wirtschaftsprüfer oder vereidigter Buchprüfer zur Einzelvertretung zugelassen werden, wenn auch einem Steuerberater, der nicht Wirtschaftsprüfer oder vereidigter Buchprüfer ist, Einzelvertretung zusteht.

2. Wirtschaftsprüfer, vereidigte Buchprüfer

23 Die Anerkennung einer Partnerschaft als Wirtschaftsprüfungsgesellschaft ist gemäß § 34 Abs. 1 Nr. 1 WPO zurückzunehmen oder zu widerrufen, wenn für die Person eines Partners nach § 20 WPO die Bestellung zum Wirtschaftsprüfer zurückgenommen oder widerrufen ist, es sei denn, dass jede Vertretungs- und Geschäftsführungsbefugnis dieser Person unverzüglich widerrufen oder entzogen ist. Die Anerkennung ist ferner gemäß § 34 Abs. 1 Nr. 3 WPO zurückzunehmen oder zu widerrufen, wenn ein Partner durch rechtskräftiges berufsgerichtliches Urteil aus dem Beruf ausgeschlossen oder einer der in § 28 Abs. 2 Satz 1, 2 und Abs. 3 WPO genannten Personen (vereidigte Buchprüfer, Steuerberater, sonstige besonders befähigte Personen mit Genehmigung und Berufsangehörige mit ausländischer Prüfungsermächtigung) die Eignung zur Vertretung und Geschäftsführung einer Wirtschaftsprüfungsgesellschaft aberkannt ist, es sei denn, dass die Wirtschaftsprüfungsgesellschaft der zuständigen obersten Landesbehörde nachweist, dass jede Vertretungs- und Geschäftsführungsbefugnis des Verurteilten unverzüglich widerrufen oder entzogen ist.

24 In beiden Fällen stellt sich die Frage, unter welchen Umständen noch von einer unverzüglichen Entziehung der Vertretungsbefugnis gesprochen werden kann. Das gesetzlich vorgesehene gerichtliche Entscheidungsverfahren nach § 7 Abs. 3 PartGG i. V. m. § 127 HGB kann sich sehr langwierig gestalten, so dass es sich immer empfiehlt, im Partnerschaftsvertrag die Möglichkeit eines Partnerbeschlusses vorzusehen. Wenn der Vertrag eine derartige Klausel nicht enthält, muss es berufsrechtlich genügen, wenn die übrigen Partner unverzüglich das gerichtliche Verfahren einleiten. Auf den Zeitpunkt der Entscheidung kann es nicht ankommen, da die Partner darauf regelmäßig keinen Einfluss haben.

D. Partnerschaft als Prozess- oder Verfahrensbevollmächtigte (Abs. 4)

Bei Inkrafttreten des Partnerschaftsgesellschaftsgesetzes war es nicht als notwendig angesehen worden, eine besondere Vorschrift für die Tätigkeit einer Partnerschaft als Prozess- oder Verfahrensbevollmächtigte vorzusehen. Man ging davon aus, dass es genügte, wenn die konkreten Leistungen durch Personen erbracht wurden, die hierzu befähigt sind (oben Rz. 15). Im Jahre 1999 entschied der **Bundesfinanzhof**[85] dann jedoch, dass sich eine rechtlich eigenständige (§ 7 Abs. 2 i. V. m. § 124 HGB) Partnerschaft im Gegensatz zu einer Gesellschaft bürgerlichen Rechts nicht auf die Vertretungsbefugnis der handelnden Berufsträger berufen könne. Ihre Postulationsfähigkeit wurde abgelehnt. Der Gesetzgeber sah sich daraufhin zu einem raschen Eingreifen gezwungen, um praktische Schwierigkeiten der bis dahin bestehenden Rechtsanwalts- und Steuerberater-Partnerschaften zu vermeiden. Durch die Einfügung des neuen Absatzes 4 (der frühere Absatz 4 wurde gleichzeitig zum neuen Absatz 5) wurde die Vertretungsbefugnis der Partnerschaft normiert.[86] Diese Vorschrift korrespondiert nun mit dem ebenfalls neu gefassten § 62a Abs. 2 FGO, wonach Partnerschaften vor dem Bundesfinanzhof vertretungsbefugt sind.

24a

Durch Absatz 4 Satz 1 ist nun klargestellt, dass die Partnerschaft als **Prozess- beziehungsweise Verfahrensbevollmächtigte** beauftragt werden kann. Ob es sich um eine Prozess- oder um eine Verfahrensbevollmächtigung handelt, hängt von der jeweiligen Verfahrensart ab (Prozessbevollmächtigung etwa bei einer zivilrechtlichen Zahlungsklage, Verfahrensbevollmächtigung im einstweiligen Verfügungsverfahren). Dieser begrifflichen Unterscheidung kommt eine praktische Bedeutung nicht zu.

24b

Die konkreten rechtsbesorgenden **Leistungen** im Rahmen der Prozessvollmacht müssen **von Personen erbracht** werden, die hierzu befugt sind. Deren Befugnis ergibt sich insbesondere aus dem **Rechtsberatungsgesetz**. Selbstverständlich werden Unbefugte nicht einfach dadurch zur rechtlichen Vertretung ermächtigt, dass sie in der Rechtsform einer Partnerschaft tätig werden.

24c

Soweit Personen handeln, die vor dem betreffenden Gericht postulationsfähig sind, erstreckt sich gemäß Absatz 4 Satz 2 deren **Postulationsfähigkeit** in gleichem Umfang auf die Partnerschaft. Bedeutung hat diese Vorschrift immer dann, wenn für die Vertretung überhaupt eine besondere Postulationsfähigkeit erforderlich ist, so etwa vor Landgerichten im Zivilprozess, vor Oberlandesgerichten usw., nicht hingegen vor Behörden.

24d

Verteidiger können niemals Gesellschaften sein, sondern immer nur einzelne (bis zu drei) natürliche Personen (§§ 137 ff StPO). Durch Absatz 4 Satz 3 wird klargestellt, dass es insoweit nur auf die für die Partnerschaft handelnden Personen ankommt.

24e

---

85) BFH NJW 1999, 2063; BFH NJW 1999, 3655, 3656.
86) Zweites Gesetz zur Änderung der Finanzgerichtsordnung und anderer Gesetze (2. FGOÄndG) vom 19.12.2000, BGBl I, 1757.

§ 7   Wirksamkeit im Verhältnis zu Dritten; rechtliche Selbständigkeit; Vertretung

E. Angaben auf Geschäftsbriefen (Abs. 5)

I. Normenentwicklung

25   Durch Art. 11 Nr. 2 HRefG vom 22.6.1998 wurde mit Wirkung ab 1.7.1998 als neuer Absatz 4 des § 7 eine Verweisung auf die ebenfalls neu gefassten Bestimmungen des § 125a Abs. 1 Satz 1, Abs. 2 HGB eingefügt. Der frühere Absatz 4 wurde durch eine weitere Gesetzesänderung im Jahre 2000 (oben Rz. 24a) zu Absatz 5.

II. Geschäftsbriefe an bestimmte Empfänger

26   Für Geschäftsbriefe, die an einen bestimmten Empfänger gerichtet sind (in Abgrenzung zu allgemeinen Vordrucken), gilt § 125a Abs. 1 Satz 1 HGB entsprechend. Auf den Briefbögen müssen angegeben werden:
- Die Rechtsform, also „Partnerschaft" oder „Partnerschaftsgesellschaft";
- der Sitz der Gesellschaft (siehe § 3 Abs. 2 Nr. 1, § 4 Abs. 1 Satz 2, § 5 Abs. 1);
- das Registergericht (näher § 4 Rz. 11);
- die Nummer, unter der die Partnerschaft in das Partnerschaftsregister eingetragen ist.

III. Vordrucke und Bestellscheine

27   Für Vordrucke und Bestellscheine gelten entsprechend § 125a Abs. 2 HGB n. F. einige Erleichterungen gegenüber den bei Schreiben an konkrete Empfänger anzutreffenden Regeln. Die Vorschrift des § 37a Abs. 2 und 3 HGB n. F., auf die § 125a Abs. 2 HGB verweist, regelt diese Erleichterungen.

28   Von den Formerleichterungen sind Vordrucke nur dann betroffen, wenn zwischen der Partnerschaft und dem Adressaten bereits eine Geschäftsverbindung besteht. Vordrucke sind insbesondere Allgemeine Geschäftsbedingungen. Darunter fallen keine Bestellscheine, wie § 37a Abs. 3 HGB n. F. ausdrücklich klarstellt.

IV. Zwangsgelder

29   Für Zwangsgelder verweist § 125a Abs. 2 HGB weiter auf § 37a Abs. 4 HGB n. F.

30   Absatz 5 führt durch den Verweis auf Vorschriften des HGB eine Sanktion für den Fall ein, dass die Partnerschaft ihrer Verpflichtung zu ordnungsgemäßen Angaben auf den Geschäftsbriefen nicht nachkommt. Das zuständige Registergericht (dazu § 4 Rz. 11) kann danach gegen die vertretungsbefugten Partner und im Stadium der Liquidation gegen die Liquidatoren Zwangsgelder festsetzen. Hierbei ist § 14 Satz 2 HGB entsprechend anzuwenden. Auf diese Vorschrift verweisen sowohl § 7 Abs. 5 PartGG i. V. m. § 125a Abs. 2, § 37a Abs. 4 Satz 2 HGB als auch § 5 Abs. 2 PartGG.

§ 8
Haftung für Verbindlichkeiten der Partnerschaft

(1) ¹Für Verbindlichkeiten der Partnerschaft haften den Gläubigern neben dem Vermögen der Partnerschaft die Partner als Gesamtschuldner. ²Die §§ 129 und 130 des Handelsgesetzbuchs sind entsprechend anzuwenden.

(2) Waren nur einzelne Partner mit der Bearbeitung eines Auftrags befasst, so haften nur sie gemäß Absatz 1 Satz 1 für berufliche Fehler neben der Partnerschaft; ausgenommen sind Bearbeitungsbeiträge von untergeordneter Bedeutung.*)

(3) Durch Gesetz kann für einzelne Berufe eine Beschränkung der Haftung für Ansprüche aus Schäden wegen fehlerhafter Berufsausübung auf einen bestimmten Höchstbetrag zugelassen werden, wenn zugleich eine Pflicht zum Abschluss einer Berufshaftpflichtversicherung der Partner oder der Partnerschaft begründet wird.

Die Vorschriften des **HGB**, auf die Absatz 1 Bezug nimmt, lauten:

§ 129 (Einwendungen des Gesellschafters)
(1) Wird ein Gesellschafter wegen einer Verbindlichkeit der Gesellschaft in Anspruch genommen, so kann er Einwendungen, die nicht in seiner Person begründet sind, nur insoweit geltend machen, als sie von der Gesellschaft erhoben werden können.
(2) Der Gesellschafter kann die Befriedigung des Gläubigers verweigern, solange der Gesellschaft das Recht zusteht, das ihrer Verbindlichkeit zugrunde liegende Rechtsgeschäft anzufechten.
(3) Die gleiche Befugnis hat der Gesellschafter, solange sich der Gläubiger durch Aufrechnung gegen eine fällige Forderung der Gesellschaft befriedigen kann.
(4) Aus einem gegen die Gesellschaft gerichteten vollstreckbaren Schuldtitel findet die Zwangsvollstreckung gegen die Gesellschafter nicht statt.

§ 130 (Haftung des eintretenden Gesellschafters)
(1) Wer in eine bestehende Gesellschaft eintritt, haftet gleich den anderen Gesellschaftern nach Maßgabe der §§ 128 und 129 für die vor seinem Eintritte begründeten Verbindlichkeiten der Gesellschaft, ohne Unterschied, ob die Firma eine Änderung erleidet oder nicht.
(2) Eine entgegenstehende Vereinbarung ist Dritten gegenüber unwirksam.

Schrifttum: *Ahlers*, Die GmbH als Zusammenschluß Angehöriger freier Berufe zur gemeinsamen Berufsausübung, in: Festschrift Rowedder, 1994, S. 1; *Appel*, Gesellschaftsvertrag einer Partnerschaft, Stbg 1995, 203; *Arnold*, Die Tragweite des § 8 Abs. 2 PartGG vor dem Hintergrund der Haftungsverfassung der Gesellschaft bürgerlichen Rechts, BB 1996, 597; *Arnold/Dötsch*, Persönliche Haftung für Altschulden beim Eintritt in eine GbR, DStR 2003, 1398; *Bayer/Imberger*, Nochmals: Die Rechtsformen freiberuflicher

---
*) Absatz 2 neu gefasst durch Gesetz v. 22.7.1998, BGBl I, 1878, 1881.

Tätigkeit, DZWir 1995, 177; *dies.*, Die Rechtsformen freiberuflicher Tätigkeit, DZWir 1993, 309; *Beckmann*, Für eine Partnerschaft Freier Berufe, in: Festschrift Kleinert, 1992, S. 210; *ders.*, Ringen um das Partnerschaftsgesetz für Freie Berufe, der freie beruf 4/1992, 19; *Bellstedt*, Die Rechtsanwalts-GmbH, AnwBl 1995, 573; *Böhringer*, Das neue Partnerschaftsgesellschaftsgesetz, BWNotZ 1995, 1; *Borgmann/Haug*, Anwaltshaftung, 3. Aufl., 1995; *Bösert*, Das Gesetz über Partnerschaftsgesellschaften Angehöriger Freier Berufe (Partnerschaftsgesellschaftsgesetz – PartGG), ZAP Fach 15, S. 137 (= ZAP 1994, 765); *ders.*, Der Regierungsentwurf eines Gesetzes zur Schaffung von Partnerschaftsgesellschaften (Partnerschaftsgesellschaftsgesetz – PartGG), DStR 1993, 1332; *Boxberg*, Neues Recht für Mitglieder der nicht ärztlichen assistierenden Heilberufe, Physikalische Therapie 1994, 452; *Bunte*, Mandatsbedingungen der Rechtsanwälte und das AGB-Gesetz, NJW 1981, 2657; *Burhoff*, Mandatsbedingungen der Steuerberater und AGB-Gesetz, NWB Fach 30, S. 833 (= NWB 1992, 717); *Burret*, Das Partnerschaftsgesellschaftsgesetz, WPK-Mitt. 1994, 201; *Busse*, Die personelle Haftungsbegrenzung in der Steuerberater-Sozietät gemäß § 67a Abs. 2 StBerG, DStR 1995, 738; *Canaris*, Zinsberechnungs- und Tilgungsverrechnungsklauseln bei Annuitätendarlehen, NJW 1987, 609; *Carl*, Die Partnerschaftsgesellschaft – eine neue Rechtsform für die Freien Berufe, StB 1995, 173; *Coester-Waltjen*, Besonderheiten des neuen Partnerschaftsgesellschaftsgesetzes, Jura 1995, 666; *Deutsch*, Haftungsfreistellung von Arzt oder Klinik und Verzicht auf Aufklärung durch Unterschrift des Patienten, NJW 1983, 1351; *Deutsches Steuerberaterinstitut e.V.*, Steuerberater-Handbuch 1994; *Driesen*, Partnerschaftsgesellschaft – „GmbH" für freie Berufe?, GmbHR 1993, R 25; *Eigner*, Die Beschränkung der persönlichen Gesellschafterhaftung bei Gesellschaft bürgerlichen Rechts und Partnerschaft, 2004 (Diss. Augsburg, 2003, Bd. 19 der Schriften der Deutschen Notarrechtlichen Vereinigung); *v. Falkenhausen*, Brauchen die Rechtsanwälte ein Partnerschaftsgesellschaftsgesetz?, AnwBl 1993, 479; *Gilgan*, Auswirkungen des Partnerschafts-Gesellschaftsgesetzes auf die Angehörigen des steuerberatenden Berufs, Stbg 1995, 28; *Glenk*, Die Rechtsanwalts-GmbH, INF 1995, 691 (Teil I), 718 (Teil II); *Goez*, Neue Möglichkeiten der Haftungsbeschränkung für Steuerberater, INF 1994, 623; *Gres*, Die neue Partnerschaftsgesellschaft, der freie beruf 6/1994, 23; *Grunewald*, Anwaltshaftung bei gemeinschaftlicher Berufsausübung, ZAP Fach 23, S. 551; *Gummert*, Zur Zulässigkeit einseitiger Haftungsbeschränkungen auf das Vermögen der BGB-Außengesellschaft, ZIP 1993, 1063; *ders.*, Haftung und Haftungsbeschränkung bei der BGB-Außengesellschaft, Diss. Bonn, 1991; *Henssler*, Die „Limited Liability Partnership" des US-amerikanischen Rechts, in: Festschrift Herbert Wiedemann, 2002, S. 906; *ders.*, Rechtsanwalts-GmbH oder Partnerschaft?, ZAP Fach 23, S. 285 (= ZAP 1997, 861); *ders.*, Die Haftung der Rechtsanwälte und Wirtschaftsprüfer, AnwBl 1996, 3; *ders.*, Rezension zur 1. Auflage des Kommentars zum PartGG von Michalski/Römermann, GmbHR 1995, 756; *ders.*, Neue Formen anwaltlicher Zusammenarbeit – Anwalts-GmbH und Partnerschaft im Wettbewerb der Gesellschaftsformen, DB 1995, 1549; *ders.*, Die Haftung der Partnerschaft und ihrer Gesellschafter, in: Festschrift für Vieregge, 1995, 361; *ders.*, Anwaltsgesellschaften, NJW 1993, 2137; *Herber*, Das neue Haftungsrecht der Schiffahrt, 1989; *Hornung*, Partnerschaftsgesellschaft für Freiberufler (Teil 2), Rpfleger 1996, 1; *ders.*, Partnerschaftsgesellschaft für Freiberufler (Teil 1), Rpfleger 1995, 481; *v. d. Horst*, Grundlagen und Umfang der Haftung des Steuerberaters und Möglichkeiten der Haftungsbeschränkung, DStR 1995, 2027; *Jawansky*, Haftung und Vertrauensschutz bei Berufsausübung in der Partnerschaftsgesellschaft, DB 2001, 2281; *ders.*, Haftung und Haftungskonzentration bei der Partnerschaftsgesellschaft, 1997; *ders.*, Wohin geht die Haftung bei der Partnerschaftsgesellschaft?, DNotZ 1997, 938; *Jürgenmeyer*, Berufsrechtliche Diskriminierungen der interprofessionell tätigen Rechtsanwälte, BRAK-Mitt. 1995, 142; *Kempter*, Das Partnerschaftsgesellschaftsgesetz, BRAK-Mitt. 1994, 122; *Knoll/Schüppen*, Die Partnerschaftsgesellschaft – Handlungszwang, Handlungsalternative oder Schubladenmodell, DStR 1995, 608, 646; *Kögel*, Unternehmerische BGB-Gesellschaft: Möglichkeiten und Risiken der Haftungsbeschränkung bei Verträgen, DB 1995, 2201; *Koller*, Die Wirksamkeit formularmäßiger Haftungsfreizeichnungsklauseln zwischen Schadensausgleich und Schaden-

§ 8

sprävention, ZIP 1986, 1089; *Krieger,* Partnerschaftsgesellschaftsgesetz, MedR 1995, 95; *Kupfer,* Freiberufler-Gesellschaften: Partnerschaft, Anwalts- und Ärzte-GmbH, KÖSDI 1995, 10130; *Lenz,* Die Partnerschaft – alternative Gesellschaftsform für Freiberufler, MDR 1994, 741; *Leutheusser-Schnarrenberger,* Maßgeschneiderte Gesellschaftsform für Freie Berufe, recht 4/95, S. 61; *dies.,* Partnerschaftsgesellschaftsgesetz – ab 1. Juli '95 in Kraft, der freie beruf 7–8/1994, 20; *dies.,* Ein wichtiger Tag für die Freien Berufe, AnwBl 1994, 334; *Lichtner/Korfmacher,* Das Dritte Gesetz zur Änderung der Wirtschaftsprüferordnung, WPK-Mitt. 1994, 207; *Lüke,* Partnerschaftsgesellschaft, JuS 1995, 847; *Lux,* Generelle Haftungsprivilegien von Sozien?, NJW 2003, 2806; *Mahnke,* Das Partnerschaftsgesellschaftsgesetz, WM 1996, 1029; *Michalski,* Zum Regierungsentwurf eines Partnerschaftsgesellschaftsgesetzes, ZIP 1993, 1210; *Mittelsteiner,* Kommentierung zum PartGG, DStR 1994, Beihefter zu Heft 37, S. 37; *Nerlich,* Anwaltssozietäten in Europa, AnwBl 1994, 529; *Niebling,* Haftungsbeschränkung für Rechtsanwälte trotz AGB-Richtlinie – zugleich ein Beitrag zu § 8 PartGG, AnwBl 1996, 20; *Prüssmann/Rabe,* Seehandelsrecht, 3. Aufl., 1992; *Puttfarken,* Beschränkte Reederhaftung – Das anwendbare Recht, 1991; *Rösener,* Neue Rechtsform für Gemeinschaftspraxen – Partnerschaften, Deutsches Tierärzteblatt 1995, 418; *Saller,* Rechtliche Grundlagen der BGB-Gesellschaft im Hinblick auf die Möglichkeiten einer Haftungsbegrenzung, DStR 1995, 183; *Sandberger/Müller-Graff,* Die rechtliche Form freiberuflicher Zusammenarbeit, ZRP 1975, 1; *St. Schäfer,* Rechtsanwälte, in: Friedrich Graf von Westphalen (Hrsg.): Vertragsrecht, Loseblattsammlung; *Schirmer,* Berufsrechtliche und kassenarztrechtliche Fragen der ärztlichen Berufsausübung in Partnerschaftsgesellschaften, MedR 1995, 341 (Teil 1), 383 (Teil 2); *Karsten Schmidt,* Die Freiberufliche Partnerschaft, NJW 1995, 1; *ders.,* Partnerschaftsgesetzgebung zwischen Berufsrecht, Schuldrecht und Gesellschaftsrecht, ZIP 1993, 633; *ders.,* Der Partnerschaftsgesetzentwurf: Chance für eine überfällige Reform der Gesellschaft bürgerlichen Rechts, JBl 1988, 745; *Schulze-Wilk,* Neues Gesetz sichert Status der Freien Berufe, zm 84, Nr. 13 vom 1.7.1994; *Schroeder,* Die „Gesellschaft bürgerlichen Rechts mit Haftungsbeschränkung" – eine sinnvolle Gestaltungsvariante?, DStR 1992, 507; *Segelken,* Kapitänsrecht, 2. Aufl., 1974; *Seibert,* Aktuelle Änderungen des Partnerschaftsgesellschaftsgesetzes – Neue Haftungsregelung für Freiberufler, BRAK-Mitt. 1998, 210; *ders.,* Das neue Partnerschaftsgesellschaftsgesetz, BuW 1995, 100; *ders.,* Die Partnerschaft für die Freien Berufe, DB 1994, 2381; *ders.,* Zum neuen Entwurf eines Partnerschaftsgesellschaftsgesetzes, AnwBl 1993, 155; *Siepmann,* Die Partnerschaftsgesellschaft im Zivil- und Steuerrecht, FR 1995, 601; *Sommer,* Die neue Partnerschaftsgesellschaft – Eine zweckmäßige Rechtsform für Steuerberater?, DSWR 1995, 181; *Sotiropoulos,* Partnerschaftsgesellschaft: Haftung der Partner und Haftungsbeschränkungswege, ZIP 1995, 1879; *Späth,* Grenzen formularmäßiger Haftungshöchstsummenbeschränkungen im Steuerberatervertrag, INF 1995, 469; *ders.,* Zulassung von Haftungsbeschränkungs- und Haftungsbegrenzungsvereinbarungen durch das Sechste Gesetz zur Änderung des Steuerberatungsgesetzes, Stbg 1994, 449; *Stuber,* Das Partnerschaftsgesellschaftsgesetz unter besonderer Berücksichtigung der Belange der Anwaltschaft, WiB 1994, 705; *Taupitz,* Das Berufsrisiko des Arztes: Entwicklung, Steuerung und Risikominimierung, MedR 1995, 475; *ders.,* Die Partnerschaft als neue Kooperationsform für Ärzte, Arztrecht 1995; *Ulmer/Habersack,* Die Haftungsverfassung der Partnerschaftsgesellschaft, in: Festschrift für Brandner, 1996, 151; *Vorbrugg/Salzmann,* Überregionale Anwaltskooperationen, AnwBl 1996, 129; *Wellensiek,* Anwaltshaftung und Risikomanagement, in: Festschrift Brandner, 1996, 727; *Wellkamp,* Risikobegrenzung in der Unternehmer-BGB-Gesellschaft, NJW 1993, 2715; *Graf v. Westphalen,* Anwaltliche Haftungsbeshränkung im Widerstreit mit der Verbraucherschutzrichtlinie, ZIP 1995, 546; *Weyand,* Partnerschaftsgesellschaften als neue Organisationsform für die freiberufliche Praxis, INF 1995, 242; *Wiedemann,* Rechtsverhältnisse der BGB-Gesellschaften zu Dritten, WM-Sonderbeilage 4/1994; *Wüst,* Ausbaubedürfnisse im Gesellschaftsrecht, JZ 1989, 270; **speziell zu § 8 Abs. 2 n. F.:** *Gerlt,* Der Gesetzentwurf zur Anwalts-GmbH: Ein Abschreckungsversuch?, MDR 1998, 259; *Henssler,* Rechtsanwalts-GmbH oder Partnerschaft?, ZAP Fach 23, S. 285 (= ZAP 1997, 861); *ders.,* Der Gesetzentwurf zur Regelung der Rechtsanwalts-GmbH, ZIP 1997, 1481; *Römermann*, Der neue Regierungsentwurf zum AnwaltsGmbH-Gesetz, NZG 1998, 81; *ders.*, Anwalts-GmbH als „theoretische Variante" zur Partnerschaft?, GmbHR 1997, 530; *Römermann/Spönemann*, Gesellschaftsformen für Rechtsanwälte – Berufsrecht, Gesellschaftsrecht, Steuerrecht, NZG 1998, 15.

Übersicht

A. Normentwicklung 1	**E. Haftungsbeschränkung auf einen Höchstbetrag (Haftungsdeckelung, Abs. 3)** 44
I. Frühere Gesetzesentwürfe 1	
II. Das Gesetzgebungsverfahren des Partnerschaftsgesellschaftsgesetzes 4	I. Normentwicklung 44
	II. Systematik und Bedeutung 45
B. Bedeutung 12	III. Mögliche Inhalte berufsgesetzlicher Neuregelungen 48
C. Grundsätzlich gesamtschuldnerische Haftung (Abs. 1) 14	**F. Berufsrechtliche Haftungsregelungen** 49
I. Wortlaut 14	I. Haftungsbeschränkungsmöglichkeiten 49
II. Verbindlichkeiten 14a	
III. Akzessorische Haftung der Partner 15	1. Verhältnis der Berufsrechte zu § 8 49
IV. Abdingbarkeit 19b	2. Rechtsanwälte 51
D. Haftungskonzentration (Abs. 2) 20	3. Patentanwälte 52
I. Grundgedanken und Anliegen der Regelung 20	4. Steuerberater, Steuerbevollmächtigte 53
II. Haftung für berufliche Fehler 24	5. Wirtschaftsprüfer, vereidigte Buchprüfer 55
III. Befassung nur einzelner Partner 27	II. Berufshaftpflichtversicherung 56
1. Befassung mit der Bearbeitung eines Auftrags 27	1. Rechtsanwälte 56
2. Nur einzelne Partner 30	2. Patentanwälte 57
3. Scheinpartner 30a	3. Steuerberater, Steuerbevollmächtigte 58
4. Bearbeitungsbeiträge von untergeordneter Bedeutung 31	4. Wirtschaftsprüfer, vereidigte Buchprüfer 59
5. Auskunftsanspruch des Auftraggebers 34	5. Ärzte 60
6. Festlegung des „befassten Partners" durch Vereinbarung 36a	6. Tierärzte 61
IV. Prozessuales 37	7. Hauptberufliche Sachverständige 62
V. Interner Ausgleich der Partner 39	

A. Normentwicklung

I. Frühere Gesetzesentwürfe

1 Die Regelung der Haftung und ihrer Begrenzung kann auf eine wechselvolle Geschichte zurückblicken.[1] Der Entwurf von **1971** hatte eine **gesetzliche Haftungsbeschränkung** für die Berufsausübung auf 500 000 DM für jeden Schadensfall festgelegt und eine Versicherungspflicht der Partnerschaft in gleicher Höhe angeordnet.[2] Abweichende Vereinbarungen waren gemäß § 9 Abs. 2 des Entwurfs möglich. Für sonstige Geschäfte sollten die Partner persönlich als Gesamtschuldner bis zu 30 000 DM haften, soweit keine Befriedigung von der Gesellschaft erlangt werden

---

1) Ausführlich zur Regelung der Haftungsbegrenzung in den früheren Gesetzentwürfen und zur Diskussion in der Literatur *Schwenter-Lipp*, S. 200 ff; vgl. ferner *Bayer/Imberger*, DZWir 1995, 177, 178; *Beckmann*, der freie beruf 4/1992, 19 ff.
2) § 9 Abs. 1 und 3 E 1971, BT-Drucks. VI/2047, S. 2.

konnte.³⁾ Diese Bestimmungen waren dazu gedacht, die Haftung der Angehörigen freier Berufe „auf ein vernünftiges Maß zu beschränken".⁴⁾

Wesentlich zurückhaltender zeigte sich der **Entwurf von 1975**. Nach ihm sollte es grundsätzlich bei der **unbeschränkten Haftung** der Partnerschaft für die fehlerhafte Berufsausübung bleiben, soweit nicht die alleinige Haftung eines Partners im **Einzelfall** (also nicht durch Allgemeine Geschäftsbedingungen) schriftlich vereinbart war.⁵⁾ Der Partnerschaft stand sodann ein ausdrücklich geregeltes Rückgriffsrecht gegen den Partner zu, der den Schaden zu vertreten hatte, § 10 Abs. 1 Satz 2 des Entwurfs von 1975. Die Gesellschaft war zum Abschluss einer Haftpflichtversicherung in einer vom jeweiligen Berufsrecht zu bestimmenden Höhe verpflichtet; auf diese Summe war die Haftung der Partnerschaft im Falle von Fahrlässigkeit beschränkt, soweit nichts anderes im Einzelfall vereinbart wurde.⁶⁾ Eine Haftungsbegrenzung hinsichtlich der sonstigen Geschäfte findet sich in dem Entwurf von 1975 nicht mehr.

Bei der Behandlung des Entwurfs im Rechtsausschuss des Deutschen Bundestages wurden dann sämtliche die Haftungsbegrenzung betreffenden Passagen gestrichen; der **Entwurf von 1976** ordnete die gesamtschuldnerische Haftung sämtlicher Partner für die Gesellschaftsverbindlichkeiten ohne die Möglichkeit einer abweichenden Regelung im Partnerschaftsvertrag an.⁷⁾ Man verstand damals das Problem der Haftungsbegrenzung als ein allgemeines schuldrechtliches Phänomen und nahm daher an, es würde gegen das Gebot der Gleichbehandlung verstoßen, den (in einer Partnerschaft zusammengeschlossenen) Angehörigen freier Berufe derartige Möglichkeiten einzuräumen, Handwerkern oder Gewerbetreibenden aber nicht. Es wird nicht zuletzt diese Kehrtwende gewesen sein, die den Gesetzentwurf schließlich als im Vergleich zur BGB-Gesellschaft nicht wirklich anders und daher für die Angehörigen freier Berufe uninteressant erscheinen ließ, so dass der Entwurf aufgrund der einsetzenden Ablehnung durch die freiberuflichen Organisationen schließlich im Bundesrat scheiterte.

II. Das Gesetzgebungsverfahren des Partnerschaftsgesellschaftsgesetzes

Auch während des Gesetzgebungsverfahrens des Partnerschaftsgesellschaftsgesetzes wurde die Frage der Haftungsbeschränkung noch kontrovers diskutiert. Während der Sondierungen des Bundeswirtschaftsministeriums im Jahre 1991 waren sich die Organisationen der freien Berufe weitgehend darin einig, dass die Haftung der Partnerschaft in irgendeiner Form beschränkt oder beschränkbar sein sollte; hinsichtlich

---

3) § 10 E 1971.
4) Begründung zum E 1971, BT-Drucks. VI/2047, S. 6.
5) § 10 Abs. 1 Satz 1 E 1975, BT-Drucks. 7/4089, S. 4.
6) § 10 Abs. 2, 3 E 1975.
7) § 18 Abs. 1 E 1976, BT-Drucks. 7/5402, S. 6; zu den Gründen Wüst, JZ 1989, 270, 277; Rechtsausschuss zum E 1976, BT-Drucks. 7/5413, S. 2; *Beckmann*, in: Festschrift Kleinert, S. 210, 212.

der genauen Ausgestaltung wurden jedoch **verschiedene Modelle** diskutiert.[8] Nach einem in der Sitzung vom 17.6.1991 erstmalig erwähnten Vorschlag der Arbeitsgruppe der freiberuflichen Organisationen sollte die Haftung unterteilt werden in die **berufsspezifische (Kern-)Tätigkeit** ohne Haftungsbeschränkung oder aber mit einer durch eine Haftpflichtversicherung abgedeckten hohen Haftungssumme von mindestens 500 000 DM und in die so genannten **unternehmerischen Hilfs- und Nebengeschäfte** mit einem der GmbH ähnlichen Haftungsrahmen. Die mit der endgültigen Meinungsbildung betraute so genannte **Redaktionsgruppe** griff diesen Vorschlag auf und sah die Haftungsbeschränkung auch für die Haupttätigkeit vor. Neben dem Partnerschaftsvermögen und einer Haftpflichtversicherung sollten die Partner danach persönlich noch mit mindestens 100 000 DM haften. Für die Hilfsgeschäfte gab es keinerlei Haftungsbeschränkung mehr. Dieses Modell wurde dann allerdings nach der internen Beratung im **Bundesverband der Freien Berufe** ebenfalls noch verändert. Die Unterscheidung zwischen Haupt- und Hilfstätigkeit wurde aufgegeben und die von der Redaktionsgruppe vorgesehene Haftungsregelung für die gesamte Tätigkeit übernommen.

5 Im **Bundesjustizministerium** wurden daraufhin gemeinsam mit dem Bundesministerium für Wirtschaft weiter die möglichen Varianten für eine Haftungsbeschränkung diskutiert.[9] Es wurde erwogen, die Partner persönlich unbeschränkt nur noch für die Schäden einstehen zu lassen, welche sie durch eine eigene schuldhafte Pflichtverletzung verursachen. In allen übrigen Fällen sollte noch die Partnerschaft allein haften. Hierdurch sollte das Risiko der an der konkreten Fallbearbeitung nicht beteiligten Gesellschafter begrenzt und so „das spezifische Kooperationsrisiko aufgefangen"[10] werden, auf der anderen Seite das „Prinzip" der **persönlichen unbeschränkten Haftung** des Freiberuflers aufrechterhalten bleiben.[11] Nach diesem Modell hafteten die Partner persönlich nur dann, wenn die Partnerschaft nicht mehr leistungsfähig war. Als problematisch wurde angesehen, festzulegen, „wie der persönlich handelnde Partner bestimmt wird, wer hierfür die Beweislast trägt und wie die Konkurrenz der Ansprüche gegenüber Partnerschaft und persönlich haftendem Partner ausgestaltet ist. Im Bundesjustizministerium ... (hielt) man dieses Problem für lösbar."[12]

6 Der **Referentenentwurf**[13] enthielt schließlich mit nur geringen Abweichungen bereits die Regelung, wie sie später als Absatz 2 verabschiedet wurde. Auch im **Rechtsausschuss** des Deutschen Bundestages war die konkrete Ausgestaltung der Haftungsfrage noch Gegenstand eingehender Diskussionen; es wurden mehrere Varianten geprüft.[14] Schließlich entschied man sich für die Fassung des Regierungs-

---

8) Zum Folgenden ausführlich *Beckmann*, in: Festschrift Kleinert, S. 210, 214 f und *ders.*, der freie beruf 4/1992, 19, 24 f, unter Bezug auf Punkt 8 des Neun-Punkte-Kataloges.
9) Zum Folgenden eingehend *Beckmann*, in: Festschrift Kleinert, S. 210, 216 f.
10) *Beckmann*, in: Festschrift Kleinert, S. 210, 216 f.
11) *Bösert*, DStR 1993, 1332, 1336.
12) *Beckmann*, in: Festschrift Kleinert, S. 210, 217.
13) § 15 RefE, ZIP 1993, 153, 156.
14) *Leutheusser-Schnarrenberger*, der freie beruf 7–8/1994, 20, 22.

entwurfs, insbesondere deswegen, da diese als strukturell den Neufassungen der parallel im Bundestag behandelten berufsrechtlichen Regelungen der Haftungsbeschränkung ähnlich angesehen wurde.[15] In der abschließenden Debatte im Deutschen Bundestag wurde die Ansicht geäußert, dass man beobachten werde, ob die Möglichkeiten einer Haftungskonzentration in der Praxis ausreichten; sollte dies nicht der Fall sein, werde man in der darauf folgenden (13.) Legislaturperiode über eine entsprechende Novellierung nachdenken müssen.[16]

Verabschiedet wurde schließlich die folgende Fassung des Absatzes 2, die am 1.7.1995 in Kraft getreten ist:

„(2) Die Partner können ihre Haftung gemäß Absatz 1 Satz 1 für Ansprüche aus Schäden wegen fehlerhafter Berufsausübung auch unter Verwendung vorformulierter Vertragsbedingungen auf den von ihnen beschränken, der innerhalb der Partnerschaft die berufliche Leistung zu erbringen oder verantwortlich zu leiten und zu überwachen hat."

Die ursprüngliche Fassung sah sich von Anfang an **heftiger Kritik** ausgesetzt, die im Wesentlichen auf folgenden Überlegungen beruhte:[17]

- Die Haftungsbeschränkung war nicht institutionell, also gesellschaftsrechtlich, sondern vertragsrechtlich ausgestaltet. In einem gesellschaftsrechtlichen Gesetz ist dies systemwidrig.

- Die Vertragslösung war praxisfern, da die Partner zu Beginn jedes einzelnen Mandates mit dem Auftraggeber eine neue Haftungsbegrenzungsvereinbarung abschließen mussten. Nicht zuletzt wegen der negativen psychologischen Auswirkungen wurde diese Möglichkeit kaum in die Praxis umgesetzt.

- Die Partner konnten ihr persönliches Risiko nicht mit hinreichender Sicherheit begrenzen, da die Haftungsbeschränkung stets davon abhing, dass auch jeder der übrigen Partner stets Haftungsvereinbarungen mit den Auftraggebern traf.

- Für die Rechtsanwälte als eine der wesentlichen Berufsgruppen, die für eine Partnerschaft in Betracht kommen, war die Haftungsbegrenzung nicht möglich. Wegen des Berufsrechtsvorbehalts in § 1 Abs. 3 war nämlich für sie die strengere Vorschrift des § 51a BRAO vorrangig (lex specialis) und führte nach richtiger – allerdings umstrittener – Auffassung[18] zur Unanwendbarkeit des Absatzes 2.

---

15) *Leutheusser-Schnarrenberger*, der freie beruf 7–8/1994, 20, 22; Rechtsausschuss zum RegE PartGG, BT-Drucks. 12/7642, S. 12 = Anhang, S. 358.
16) So der Abgeordnete *Gres*, Sten. Ber. Plenarprotokoll 12/230, 20017 (A); so auch *ders.*, der freie beruf 6/1994, 23, 24.
17) Ausführlich die 1. Auflage, 1995, § 8 Rz. 7–9, 16–83.
18) So die 1. Auflage, 1995, § 8 Rz. 75 ff; *Römermann*, Entwicklungen und Tendenzen, S. 138 f; *Hartung/Holl/Römermann*, BerufsO; *Michalski/Römermann*, Vertrag der Partnerschaftsgesellschaft, Rz. 343 f; dem folgend *Castan*, S. 116 f; *Gail/Overlack*, Rz. 342; *Gilgan*, Stbg. 1995, 28, 30; *Schirmer*, MedR 1995, 341, 351; diese Auffassung wurde durch den Referentenentwurf zum AnwaltsGmbH-Gesetz zunächst bestätigt, näher *Römermann*, GmbHR 1997, 530, 536; a. A. jedoch im Anschluss an die ursprüngliche Gesetzesbegründung die h. Lit., vgl. nur MünchKomm-*Ulmer*, BGB, § 8 Rz. 4, 18; *Seibert*, DB 1994, 2381, 2384; *Henssler*, PartGG, § 8 Rz. 66; *Eigner*, S. 369 f.

– Die Regelung des Absatzes 2 war mit einer Fülle von Detail-Auslegungsproblemen belastet.

9 Die Bundesregierung hat diese Kritik aufgenommen und es findet sich bereits im Referentenentwurf[19] zum AnwaltsGmbH-Gesetz ein **Vorschlag zur Neufassung** des Absatzes 2 mit dem am 19.6.1998 im Bundestag verabschiedeten Text. Bereits der Referentenentwurf[20] und auch die textgleiche Fassung des Regierungsentwurfs[21] sind in der Literatur durchweg positiv aufgenommen worden.

10 Das **Gesetzgebungsverfahren** war hingegen wiederum von Kontroversen geprägt. Die Stellungnahme des Bundesrates[22] zum Gesetzentwurf der Bundesregierung[23] fiel negativ aus. Der Bundesrat empfahl, von einer Änderung des Partnerschaftsgesellschaftsgesetzes ganz abzusehen. Er verwies auf ein angebliches „Prinzip der Personengesellschaft, dass alle Gesellschafter mit ihrem Vermögen für die Schulden der Gesellschaft haften."[24] Abgesehen davon, sei die vorgesehene Regelung unklar. Insbesondere sei nach dem Wortlaut nicht sicher, dass alle Partner persönlich hafteten, wenn z. B. ein angestellter Rechtsanwalt ein Mandat selbständig bearbeitet habe und kein Partner mit der Bearbeitung befasst war. Unklar sei auch die Ausnahme für Bearbeitungsbeiträge von untergeordneter Bedeutung. Entgegen der Auffassung der Regierungsbegründung sei beispielsweise die konsiliarische Beteiligung eines Partners in der Regel nicht von untergeordneter Bedeutung. Im Übrigen sollte es nach Ansicht des Bundesrates nicht die Aufgabe des geschädigten Mandanten sein, herauszufinden, welcher Partner hafte und welcher nicht.

11 In ihrer Gegenäußerung verwies die Bundesregierung darauf, dass es ein Prinzip der unbeschränkten persönlichen Haftung aller Gesellschafter einer Personengesellschaft nicht gebe, wie schon die Kommanditgesellschaft beweise. Die Umstellung der Haftungsregelung sei erforderlich und geeignet, den Druck der Freiberufler in eine GmbH abzumildern.

B. Bedeutung

12 Die Bedeutung des Absatzes 2 ist erheblich, sowohl im Hinblick auf die Partnerschaft als auch in ihren Auswirkungen auf das Gesellschaftsrecht insgesamt. Die institutionelle Handelndenhaftung ist ein für das deutsche Gesellschaftsrecht vollkommen neues Haftungsmodell. Es tritt zwischen die unbeschränkte persönliche Haftung aller Gesellschafter wie in der BGB-Gesellschaft und OHG und die Haf-

---

19) Insoweit abgedruckt bei *Römermann*, GmbHR 1997, 530, 536.
20) *Römermann*, GmbHR 1997, 530, 536; *Henssler*, ZIP 1997, 1481, 1489 f; *ders.*, ZAP Fach 23, S. 285, 292 f.
21) *Römermann*, NZG 1998, 81, 83; *Gerlt*, MDR 1998, 259, 263.
22) Stellungnahme des Bundesrates zum RegE AnwaltsGmbH-Gesetz, BT-Drucks. 13/9820, S. 23, 25 f.
23) Begründung zum RegE AnwaltsGmbH-Gesetz, BT-Drucks. 13/9820 mit Einzelbegründung zu Art. 6 auf S. 21 f.
24) Stellungnahme des Bundesrates zum RegE AnwaltsGmbH-Gesetz, BT-Drucks. 13/9820, S. 23, 25.

tungsbeschränkung allein auf das Gesellschaftsvermögen wie in der GmbH und AG. Am ehesten lässt sich die Haftung in der Partnerschaft mit derjenigen der KG vergleichen. Insoweit besteht der grundlegende Unterschied darin, dass die Person des persönlich haftenden Gesellschafters (Komplementär) bei der KG von vornherein feststeht, während sie sich bei der Partnerschaft aus den konkreten Umständen des Einzelfalls ergibt.

Für die Partnerschaft bedeutet das neue Haftungsmodell im Vergleich zu der bis 1998 geltenden Regelung eine einschneidende **Verbesserung**, die zu einer praxisgerechten und einfach handhabbaren Lösung der drängenden Haftungsfrage führt. Die Partnerschaft, die bis dahin kaum nennenswerte Vorteile gegenüber der BGB-Gesellschaft aufzuweisen vermochte, hat nun an Attraktivität gewonnen und eine wesentlich stärkere Akzeptanz durch die freien Berufe erlangt als früher. Der Meinungsstreit in der Literatur, der früher auch in grundsätzlicher Art über die getroffene Haftungsregelung ausgetragen worden war, konzentriert sich seitdem im Wesentlichen auf Auslegungsfragen, wobei allerdings im Hinblick auf einige Grundprobleme des Absatzes 2 nach wie vor keine Einigkeit erzielt werden konnte.

13

C. Grundsätzlich gesamtschuldnerische Haftung (Abs. 1)

I. Wortlaut

Gemäß Absatz 1 Satz 1, der der Bestimmung des § 128 Satz 1 HGB nachgeformt ist,[25] haften die Partner für Verbindlichkeiten der Partnerschaft **neben dem Gesellschaftsvermögen** als Gesamtschuldner. Die Formulierung ist insoweit – im Unterschied zu § 128 HGB – dogmatisch nicht ganz exakt, als nicht das Vermögen der Partnerschaft, sondern vielmehr die Partnerschaft als Rechtssubjekt mit ihrem Vermögen haftet.[26] Sie ist andererseits klarer als der Wortlaut der §§ 750 ff BGB, da sich die Haftungssituation bei der Partnerschaft aus dem Gesetz ablesen lässt.[27]

14

II. Verbindlichkeiten

Absatz 1 gilt für **Verbindlichkeiten jeder Art**, gleich aus welchem Rechtsgrund, so z. B. aus Vertrag, ungerechtfertigter Bereicherung, Delikt, Steuerschulden usw.[28] Die Sondierungsgespräche im Vorfeld des Gesetzgebungsverfahrens hatten ergeben, dass die persönliche Haftung wegen derartiger allgemeiner Gesellschaftsschulden in der Regel kein drückendes Problem für die Freiberufler darstellen soll.[29] Das Verschulden von Mitarbeitern wird der Partnerschaft über § 278 BGB zugerechnet.[30]

14a

---

25) *Karsten Schmidt*, NJW 1995, 1, 5; *Bösert*, ZAP Fach 15, S. 137, 146; *Lenz/Braun*, S. 11 in Fußn. 28.
26) *Sotiropoulos*, ZIP 1995, 1879 mit Fußn. 6; zustimmend *Eigner*, S. 331.
27) *Salger*, in: Münchener Handbuch, § 43 Rz. 2.
28) *Graf v. Westphalen*, in: Meilicke u. a., PartGG, § 8 Rz. 9; vgl. *Baumbach/Hopt*, HGB, § 128 Rz. 2.
29) *Salger*, in: Münchener Handbuch, § 43 § 37 Rz. 9.
30) Begründung zum RegE PartGG, BT-Drucks. 12/6152, S. 17 = Anhang, S. 349; *Weyand*, INF 1995, 22, 25 in Fußn. 81.

Nur für Ansprüche aus Schäden wegen fehlerhafter **Berufsausübung** enthalten Absatz 2 und 3 **Sonderbestimmungen**. Für alle übrigen Verbindlichkeiten verbleibt es daher stets bei der gesamtschuldnerischen Partnerhaftung; dies betrifft z. B. Mietzinsen, Leasingraten, Arbeitsentgelte etc.[31] Abweichende Vereinbarungen mit dem Gläubiger sind natürlich möglich,[32] ebenso selbstverständlich scheidet eine gegenüber Dritten wirkende Vereinbarung nur der Partner untereinander aus.[33] Die Anwendung von Absatz 1 setzt aber in jedem Fall ein Auftragsverhältnis der Partnerschaft insgesamt voraus. Das ist beispielsweise dann nicht der Fall, wenn in einer Anwaltssozietät nur einer der Partner als Strafverteidiger beauftragt wurde.[34]

III. Akzessorische Haftung der Partner

15 Die **Haftung der Partner** ist im Verhältnis zur Gesellschaft **akzessorisch**.[35] Der Begriff „Haftung" wird insoweit also in Absatz 1 Satz 1 je nach dem Kontext in zwei unterschiedlichen Bedeutungsvarianten gebraucht:[36] Im Zusammenhang mit der Partnerschaft als unmittelbare Haftung im Sinne der Unterworfenheit unter den Vollstreckungszugriff und im Zusammenhang mit den Partnern im Sinne von „Schuld" als akzessorische Gesellschafterverpflichtung.

15a Wie im Recht der OHG, so ergibt sich auch für die Partnerschaft der Streit zwischen der **Erfüllungstheorie** (die Gesellschafter sind grundsätzlich wie die Gesellschaft zur Leistung verpflichtet) und der **Haftungstheorie** (die Gesellschafter müssen hierfür nur finanziell einstehen).[37] Hier kommt allerdings die Besonderheit hinzu, dass die Vertragserfüllung häufig die Befähigung zur Ausübung des freien Berufs, insbesondere auch eine Zulassung voraussetzt. Bei interdisziplinären Partnerschaften scheidet in solchen Fällen die Erfüllung der vertraglichen Verpflichtung durch den einem anderen Beruf angehörenden Partner von vornherein aus.

16 Da zwischen der Gesellschaft und den Partnern keine echte **Gesamtschuld** i. S. d. §§ 421 ff BGB vorliegt, obliegt es der jeweiligen Prüfung, ob diese Bestimmungen anzuwenden sind.[38] Nicht anwendbar sind insbesondere die §§ 423, 425 und 426

---

31) *Seibert*, AnwBl 1993, 155, 157.
32) *Baumbach/Hopt*, HGB, § 128 Rz. 38.
33) Dies folgt bereits aus allgemeinen Grundsätzen, ohne dass es der Verweisung auf § 128 Satz 2 HGB – hierzu siehe *Baumbach/Hopt*, HGB, § 128 Rz. 37 – bedurfte; § 18 Abs. 1 Satz 2 E 1976 hatte dies noch ausdrücklich so angeordnet; vgl. zu alledem *Stuber*, WiB 1994, 705, 708 in Fußn. 55.
34) *Graf v. Westphalen*, in: Meilicke u. a., PartGG, § 8 Rz. 10.
35) *Feddersen/Meyer-Landrut*, PartGG, § 8 Rz. 1.
36) Zutreffend *Eigner*, S. 331.
37) Vgl. *Baumbach/Hopt*, HGB, § 128 Rz. 8; *v. Gerkan*, in: Röhricht/Graf v. Westphalen, HGB, § 128 Rz. 4.
38) *Graf v. Westphalen*, in: Meilicke u. a., PartGG, § 8 Rz. 11–13, 16; *Baumbach/Hopt*, HGB, § 128 Rz. 19.

BGB.[39)] Die Partner untereinander sind hingegen stets Gesamtschuldner i. S. v. §§ 421 ff BGB.[40)]

Aus der Akzessorietät der Partnerhaftung ergibt sich, dass dem Partner gegen die Inanspruchnahme wegen Verbindlichkeiten der Gesellschaft zunächst deren **Einwendungen** zustehen, § 129 Abs. 1 HGB. Der Gesellschafter kann ferner nach § 129 Abs. 2 HGB im Falle von Gestaltungsrechten,[41)] insbesondere einer Anfechtungsmöglichkeit der Partnerschaft die Leistung verweigern. Gleiches gilt gemäß § 129 Abs. 3 HGB bei einer Aufrechnungsmöglichkeit der Gesellschaft. 17

In § 129 Abs. 4 HGB ist schließlich angeordnet, dass aus einem gegen die Partnerschaft gerichteten **Titel** nicht gegen die Partner vollstreckt werden kann; umgekehrt ist nach § 7 Abs. 2 PartGG i. V. m. § 124 Abs. 2 HGB für die Vollstreckung in das Partnerschaftsvermögen ein gegen die Gesellschaft gerichteter Schuldtitel erforderlich. 18

Eine **Haftungsverschärfung gegenüber** der Rechtslage bei der **BGB-Gesellschaft** bedeutete ursprünglich der Verweis auf § 130 HGB in Absatz 1 Satz 2.[42)] Danach hafteten nun auch **eintretende Partner** für die zuvor begründeten Verbindlichkeiten der Gesellschaft nach den Bestimmungen der §§ 128, 129 HGB. Die bei Inkrafttreten des Partnerschaftsgesellschaftsgesetzes herrschende Auffassung hatte dies für die Gesellschaft bürgerlichen Rechts anders gesehen. Für die Praxis ist dieser Unterschied seit der Entscheidung des Bundesgerichtshofs vom 7.4.2003,[43)] wonach auch bei der BGB-Gesellschaft neu eintretende Gesellschafter für die vorher begründeten Verbindlichkeiten einzustehen haben, aufgehoben, auch wenn dort die Frage ausdrücklich offen gelassen worden ist, ob für Verbindlichkeiten aus beruflichen Haftungsfällen eine Ausnahme zu machen sei. Die Zurückhaltung bei dieser Frage dürfte eher darauf zurückzuführen sein, dass der erkennende II. Zivilsenat zwar für das Gesellschaftsrecht, jedoch nicht für das Anwaltshaftungsrecht zuständig ist, und man dem IX. Zivilsenat insoweit nicht vorgreifen wollte. Eine dogmatisch tragfähige Begründung für die Annahme einer solchen Ausnahme ist jedenfalls nicht erkennbar.[44)] 19

---

39) *Baumbach/Hopt*, HGB, § 128 Rz. 20.
40) *Baumbach/Hopt*, HGB, § 128 Rz. 21.
41) *Baumbach/Hopt*, HGB, § 129 Rz. 9 f.
42) *Knoll/Schüppen*, DStR 1995, 608, 646, 647; *Bayer/Imberger*, DZWir 1995, 177, 180; *Appel*, Stbg 1995, 203; *Sommer*, DSWR 1995, 181, 183; *v. d. Horst*, DStR 1995, 2027, 2028; *Henssler*, DB 1995, 1549, 1554; kritisch daher *Stuber*, WiB 1994, 705, 708; *Gerken*, Rpfleger 1995, 217, 218; vehement für eine Verallgemeinerung des Anwendungsbereichs des von ihm als „Integrationsnorm" verstandenen § 130 HGB hingegen *Karsten Schmidt*, NJW 1995, 1, 5 f.
43) BGH ZIP 2003, 899 = ZVI 2003, 273 = NJW 2003, 1803, dazu EWiR 2003, 513 (*Westermann*).
44) Näher *Römermann*, BB 2003, 1084, 1087 (Urteilsanm.); *Arnold/Dötsch*, DStR 2003, 1398, 1402 f; *Lux*, NJW 2003, 2806.

19a Der Eintritt kann erfolgen durch Aufnahmevertrag, Erbgang (§ 9 Abs. 4 Satz 2) oder Anteilsübertragung.[45] Auch diese Haftung kann nicht durch Vertrag unter den Gesellschaftern, wohl aber durch Vereinbarung mit dem Gläubiger begrenzt oder sogar ausgeschlossen werden.[46] Auch ohne Vereinbarung mit den Gläubigern kann allerdings für die neu eintretenden Partner insoweit eine Erleichterung geschaffen werden, als die übrigen Gesellschafter sie zumindest im Innenverhältnis von den Altschulden freistellen.[47]

IV. Abdingbarkeit

19b Vereinbarungen mit Gläubigern über die Begrenzung der Haftung sind im Anwendungsbereich des Absatzes 1 ohne weiteres möglich.[48] Die Norm ist nicht zwingend. Eine lediglich im Partnerschaftsvertrag getroffene Regelung ist den Gläubigern gegenüber jedoch entsprechend § 128 Satz 2 HGB unwirksam.[49]

D. Haftungskonzentration (Abs. 2)

I. Grundgedanken und Anliegen der Regelung

20 Nach Einschätzung der Bundesregierung ist angesichts der **Entwicklung zu größeren**, insbesondere auch **überörtlichen und internationalen** sowie **interprofessionellen Zusammenschlüssen** von Angehörigen freier Berufe die unbeschränkte persönliche Haftung einer Vielzahl von Partnern als Gesamtschuldner „nicht mehr sachgerecht. Es entspricht auch nicht der Verkehrserwartung, dass ein Partner, der mit einer Sache gar nicht betraut war, der von ihr vielleicht nicht einmal etwas gewusst hat und vielleicht sogar an einem anderen Ort praktiziert, immer und unbeschränkt mithaftet."[50] Hierdurch wird dem Umstand Rechnung getragen, dass mit der zunehmenden Größe einer Sozietät die Möglichkeit des einzelnen Partners, auf die Arbeit der anderen Einfluss zu nehmen und sie zu kontrollieren oder zumindest einmal zu kennen, immer weiter abnimmt.[51] Das mit den sehr hohen Anforderungen der Rechtsprechung an die Sorgfaltspflichten der Freiberufler in den letzten Jahren ständig gewachsene **Haftungsrisiko** wird nicht mehr durch die entsprechenden Honorare kompensiert, zumal häufig **Gebührenordnungen** existieren, die sich nicht am Haftungsrisiko, sondern an anderen Kriterien, wie etwa der Höhe des Streitwertes, orientieren.[52] Der Abschluss von Einzelversicherungen für unge-

---

45) *Feddersen/Meyer-Landrut*, PartGG, § 8 Rz. 2; vgl. *Baumbach/Hopt*, HGB, § 130 Rz. 4.
46) *Baumbach/Hopt*, HGB, § 130 Rz. 8 f.
47) *Lenz/Braun*, S. 19 in Fußn. 58; *Graf v. Westphalen*, in: Meilicke u. a., PartGG, § 8 Rz. 40; *Salger*, in: Münchener Handbuch, § 43 Rz. 4.
48) *Eigner*, S. 332; MünchKomm-*Ulmer*, BGB, § 8 PartGG Rz. 7.
49) MünchKomm-*Ulmer*, BGB, § 8 PartGG Rz. 7.
50) So *Leutheusser-Schnarrenberger*, AnwBl 1994, 334, 335; vgl. auch *Seibert*, AnwBl 1993, 155, 156; *ders.*, DB 1994, 2381, 2384; *Salger*, in: Münchener Handbuch, § 43 Rz. 9; *Bösert*, ZAP Fach 15, S. 137, 147; *Karsten Schmidt*, NJW 1995, 1, 6; *Taupitz*, Arztrecht 1995, 123, 126.
51) *Ahlers*, in: Festschrift Rowedder, S. 1, 11.
52) *Lichtner/Korfmacher*, WPK-Mitt. 1994, 207, 218 f; *Ahlers*, in: Festschrift Rowedder, S. 1, 11; *Seibert*, DB 1994, 2381, 2384.

wöhnliche Sonderrisiken sieht sich häufig mit der Schwierigkeit konfrontiert, den notwendigen Versicherungsschutz zu wirtschaftlich noch vertretbaren Prämiensätzen zu erhalten.[53] Diese gesamtschuldnerische Mithaftung ist ferner nach der Begründung des Regierungsentwurfes im Vergleich zu der Haftungssituation eines allein tätigen Freiberuflers nicht erforderlich.[54]

Aufgrund des Festhaltens an der Vorstellung, die freiberufliche Tätigkeit müsse stets eine **persönliche Haftung** des **Verantwortlichen** mit sich bringen, soll der konkret die Berufsausübung vollziehende Gesellschafter gegebenenfalls haftbar gemacht werden können. Die Haftungskonzentration auf den in der Angelegenheit selbst tätigen Freiberufler wird als **spezifisch freiberufliche Lösung** der Haftungsfrage betrachtet, da dies Ausfluss der dort regelmäßig persönlichen und eigenverantwortlichen Dienstleistung durch den einzelnen Partner sei.[55] 21

Der in der Gesellschaft **verantwortliche Partner** musste nach der ursprünglichen Gesetzesfassung **genannt** werden. Diese Regelung, die während des Gesetzgebungsverfahrens aus verschiedenen Gründen nicht unwidersprochen geblieben war,[56] wurde gewählt, da die Haftungskonzentration auf den **tatsächlich handelnden Partner** ohne dessen Benennung zu praktischen Schwierigkeiten führt.[57] Der geschädigte Mandant weiß dann nämlich unter Umständen erst nach mehreren Gerichtsinstanzen, wer der verantwortliche Gesellschafter war. Die „unzumutbaren Prozessrisiken"[58] sollten vermieden werden, indem die Identität des Verantwortlichen durch dessen gewillkürte Bezeichnung zweifelsfrei festgestellt werden könnte.[59] 22

Der **Gesetzgeber** hat dann aber ziemlich rasch erkannt, dass die ursprüngliche Haftungsregelung den **Bedürfnissen der Praxis** nicht entsprechen konnte. Der Aspekt, den Auftraggeber vor Prozessrisiken aufgrund mangelnder eigener Kenntnis des handelnden Partners zu schützen, ist im Gesetzgebungsverfahren des Jahres 1998 hinter die praktischen Anliegen der Freiberufler zurückgestellt worden. Lediglich der Bundesrat hob in seiner insgesamt ablehnenden Stellungnahme die Bedeutung des Schutzes der Auftraggeber noch einmal hervor.[60] Die insoweit recht ausführliche Begründung des Regierungsentwurfs[61] legt hingegen die verschiedenen Mög- 23

---

53) *Ahlers*, in: Festschrift Roewedder, S. 1, 11; *Schwenter-Lipp*, S. 36; vgl. *Lenz*, MDR 1994, 741, 774; näher zur Versicherbarkeit von Haftungsrisiken *Koller*, ZIP 1986, 1089, 1093.
54) Begründung zum RegE PartGG, BT-Drucks. 12/6152, S. 17 = Anhang, S. 349; *Schulze-Wilk*, zm 84, Nr. 13, v. 1.7.1994, S. 1448; *Seibert*, AnwBl 1993, 155, 156.
55) *Seibert*, AnwBl 1993, 155, 156; ähnlich *Kempter*, BRAK-Mitt. 1994, 122, 124; *Schulze-Wilk*, zm 84, Nr. 13, v. 1.7.1994, S. 1448; *Leutheusser-Schnarrenberger*, recht 4/95, S. 61.
56) *BRAK*, Stellungnahme zum RefE PartGG, S. 9; *Michalski*, ZIP 1993, 1210, 1213.
57) Zum Folgenden vgl. *Seibert*, AnwBl 1993, 155, 156 f; *Karsten Schmidt*, ZIP 1993, 633, 648.
58) *Karsten Schmidt*, ZIP 1993, 633, 648.
59) *Seibert*, AnwBl 1993, 155, 157; *Karsten Schmidt*, ZIP 1993, 633, 648.
60) Stellungnahme des Bundesrates zum RegE AnwaltsGmbH-Gesetz, BT-Drucks. 13/9820, S. 26.
61) Begründung zum RegE AnwaltsGmbH-Gesetz, BT-Drucks. 13/9820, S. 22.

lichkeiten des geschädigten Auftraggebers dar, sich Gewissheit über die Person des haftenden Partners zu verschaffen.

II. Haftung für berufliche Fehler

24 Die Partner können nur **ihre Haftung**, d. h. also die persönliche unbeschränkte Gesellschafterhaftung auf den Verantwortlichen konzentrieren; an der Haftung des Partnerschaftsvermögens ändert sich hingegen durch die Haftungsbeschränkung nach Absatz 2 nichts.[62] Die Neufassung des Absatzes 2 bringt dies in ihrem Wortlaut klar zum Ausdruck („... neben der Partnerschaft"). Es kann auch nur um Ansprüche der Klienten aus **Schäden wegen fehlerhafter Berufsausübung** („berufliche Fehler") gehen. Dies bezieht sich auf die Haftung der Partner aufgrund von Fehlern bei ihrer freiberuflichen Tätigkeit, worunter insbesondere sämtliche **vertraglichen Ansprüche** der Auftraggeber fallen, „also solche, die auf Unmöglichkeit, Verzug, positiver Vertragsverletzung oder Gewährleistungsrecht beruhen, wobei auch Ansprüche von Dritten, soweit sie in den Schutzbereich des Vertrages einbezogen sind, ebenso erfasst sind wie Pflichtverletzungen bei den Vertragsverhandlungen."[63]

25 Die Begründung des Regierungsentwurfes führt sodann weiter aus: „Einbezogen sind aber auch deliktische Verbindlichkeiten der Partnerschaft infolge von Handlungen, die ein Partner in Ausführung der ihm zustehenden Verrichtungen (§ 31 BGB analog) begeht."[64] Die entsprechende Anwendung des **§ 31 BGB** bedeutete bei Inkrafttreten des Absatzes 2 eine wesentliche **Haftungsverschärfung** gegenüber dem Recht der freiberuflichen Gesellschaft bürgerlichen Rechts, bei der die Rechtsprechung dies bis dahin trotz kritischer Stimmen im Schrifttum abgelehnt hatte.[65] Inzwischen wendet der Bundesgerichtshof[66] § 31 BGB allerdings auch auf die Gesellschaft bürgerlichen Rechts an, so dass die Unterschiede insoweit beseitigt sind. Bedeutung hat dies insbesondere für Angehörige der Heilberufe, da sich dort ein Behandlungsfehler regelmäßig als Verletzung des Körpers auswirkt und zur Haftung nach § 823 BGB führt.[67]

26 Absatz 2 greift auch ein, soweit der geschädigte Auftraggeber aufgrund mehrerer Anspruchsgrundlagen – Vertrag und Delikt – vorgeht. In diesem Fall konzentriert sich also auch die deliktische Haftung auf den handelnden Partner.[68]

---

[62] Begründung zum RegE PartGG, BT-Drucks. 12/6152, S. 17 = Anhang, S. 349; *Mittelsteiner*, DStR 1994, Beihefter zu Heft 37, S. 39; ähnlich die geplante Regelung der *EG-Kommission*, Konsultationsdokument, S. 21.
[63] Begründung zum RegE PartGG, BT-Drucks. 12/6152, S. 18 = Anhang, S. 352.
[64] Begründung zum RegE PartGG, BT-Drucks. 12/6152, S. 18 = Anhang, S. 352; so auch *Seibert*, in: Münchener Handbuch, § 37 Rz. 15.
[65] BGHZ 45, 311, 312; *Stuber*, WiB 1994, 705, 709; *Palandt/Heinrichs*, BGB, § 31 Rz. 3; *Baumbach/Hopt*, HGB, § 124 Rz. 25.
[66] BGH ZIP 2003, 664 = NJW 2003, 1445, 1446.
[67] *Henssler*, DB 1995, 1549, 1554; *Laufs/Uhlenbruck*, § 97 Rz. 9 f, 16; *Seibert*, in: Münchener Handbuch, § 37 Rz. 17; *Taupitz*, MedR 1995, 475, 479; *Schirmer*, MedR 1995, 341, 351 f.
[68] *Schirmer*, MedR 1995, 341, 351 f.

III. Befassung nur einzelner Partner

1. Befassung mit der Bearbeitung eines Auftrags

Auftrag ist das Vertragsverhältnis, das die Grundlage für die freiberufliche Tätigkeit bildet. Bei Ärzten ist dies beispielsweise der Behandlungsvertrag, bei Steuerberatern das Mandat. Es geht nicht um den „Auftrag" i. S. d. §§ 662 ff BGB.[69]

27

Unter der **Befassung** mit der Bearbeitung eines Auftrags ist jede Mitwirkungshandlung im weitesten Sinne zu verstehen. Die Neufassung des Absatzes 2 vermeidet damit die früheren Auslegungsschwierigkeiten, wonach konkret festgestellt werden musste, ob ein Partner die Leistung selbst erbracht oder geleitet oder überwacht haben würde. Auf derartige Differenzierungen kommt es jetzt nicht mehr an. Die berufliche Befassung ist daher in verschiedenen Ausprägungen denkbar. Neben der eigenen Wahrnehmung des Auftrags z. B. durch das persönliche Gespräch mit einem Patienten oder die eigenhändige Untersuchung und Operation besteht die Möglichkeit der überwachenden Delegation der Auftragserfüllung an Mitarbeiter der Partnerschaft.[70] Entscheidend ist die **tatsächliche Befassung** mit der Bearbeitung. Dies ergibt sich aus dem insoweit klaren Wortlaut der Vorschrift.

28

Demgegenüber versteht die herrschende Lehre[71] in Anlehnung an die Begründung des Regierungsentwurfs zur Neufassung des Absatzes 2 unter der Befassung auch den Fall, dass der Partner nach der **internen Zuständigkeitsverteilung** die Bearbeitung oder Überwachung hätte vornehmen müssen.[72] Das ist unzutreffend.[73] Die frühere Fassung des Absatzes 2 hatte noch auf denjenigen Partner abgestellt, der innerhalb der Partnerschaft die Leistung „zu erbringen oder verantwortlich zu leiten und zu überwachen hat." Diese Formulierung hatte damals Auslegungsschwierigkeiten heraufbeschworen, wonach der Partner zu bestimmten sein sollte, in dessen Zuständigkeit die Bearbeitung gefallen wäre.[74] Die neue Gesetzesfassung vermeidet derartige Probleme, indem nicht die allgemeine Zuständigkeit, sondern die konkrete Bearbeitung entscheidet. Die gegenteilige Auffassung der Regierungsbegründung sieht sich mit verschiedenen Problemen konfrontiert. Die Haftung würde danach teilweise nicht aus dem Gesetz, sondern aus einer internen Zuständigkeitsverteilung der Partner resultieren. Praktische Schwierigkeiten bereiten die Darlegung und der Beweis derartiger interner Vereinbarungen durch den geschädigten Auftraggeber.

29

Dies gilt auch dann, wenn man die Darlegungs- und Beweislast den Partnern auferlegt, die sich auf die Haftungskonzentration berufen,[75] weil der Kläger zunächst

29a

---

69) *Eigner*, S. 345.
70) Zur Überwachung näher *Eigner*, S. 347 f.
71) *Jawansky*, DB 2001, 2181, 2182; *Grunewald*, ZAP Fach 23, S. 551, 555; *Seibert*, BRAK-Mitt. 1998, 210, 211; *Hensler*, in: Festschrift Wiedemann, S. 906, 929.
72) Begründung zum RegE AnwaltsGmbH-Gesetz, BT-Drucks. 13/9820, S. 21; dagegen bereits für den Referentenentwurf *Römermann*, GmbHR 1997, 530, 536.
73) Der hier vertretenen Meinung unter ausführlicher Auseinandersetzung mit den vorgebrachten Argumenten folgend *Eigner*, S. 348 ff.
74) Näher die 1. Auflage, 1995, § 8 Rz. 42 ff.
75) So das Gegenargument bei *Jawansky*, DB 2001, 2281, 2282; wie hier dagegen *Eigner*, S. 349.

einmal irgendetwas vortragen muss und mangels schriftlichen Geschäftsverteilungsplans stets das Risiko läuft, dass der jeweils beklagte Partner den Entlastungsbeweis führen kann. Die theoretisch denkbare vorherige Durchsetzung eines Auskunftsanspruchs gegen die Partnerschaft[76] bedeutet schon wegen der damit zwangsläufig verbundenen Zeitverzögerung eine erhebliche Erschwerung der Realisierung einer Forderung des Auftraggebers. Richtigerweise tritt somit entgegen der Ansicht der Gesetzesverfasser bei fehlender Bearbeitung durch einen Partner nicht etwa eine Haftungskonzentration auf den ein, der die Bearbeitung hätte vornehmen müssen, sondern es haften **sämtliche Partner**. Wenn nämlich keine tatsächliche Bearbeitung festzustellen ist, dann waren gerade nicht nur konkrete einzelne Partner mit der Wahrnehmung des Auftrags befasst. Unter diesen Umständen kommt Absatz 2 nicht zur Anwendung.

2. Nur einzelne Partner

30   Voraussetzung für die Anwendung des Absatzes 2 ist die Individualisierbarkeit einzelner Partner bei der Bearbeitung eines Auftrags. Eine Individualisierung ist nicht möglich, wenn sämtliche Partner mit der Bearbeitung befasst waren oder auch, wenn kein Partner den Auftrag bearbeitet hat. Insoweit sind mehrere Fallgestaltungen denkbar. Nachdem die Partnerschaft den Auftrag übernommen hat, können Angestellte, deren Tätigkeit keinem der Partner exakt zuzuordnen ist, mit der Angelegenheit befasst gewesen sein oder es kann nicht mehr geklärt werden, ob und wer den Auftrag bearbeitet hat oder es ist überhaupt nichts mehr unternommen worden. In all diesen Fällen entfällt die Möglichkeit der Haftungskonzentration.[77]

3. Scheinpartner

30a   Das OLG München[78] hatte über einen Fall zu entscheiden, bei dem auf dem Briefbogen einer Partnerschaft von Patent- und Rechtsanwälten neben den Partnern unterschiedslos weitere Berufsträger, also Angestellte und freie Mitarbeiter, aufgeführt waren. Der Klägerin ging es um die berufsrechtliche Zulässigkeit dieses Auftretens. In einem obiter dictum nahm das Gericht aber auch zur haftungsrechtlichen Situation Stellung. Nach seiner Auffassung haftet ein handelnder Nicht-Partner neben dem Vermögen der Partnerschaft nach den Grundsätzen der Rechtsscheinhaftung.

30b   Die Entscheidung ist aus mehreren Gründen abzulehnen. Zunächst soll darauf hingewiesen werden, dass für die zur BGB-Gesellschaft gefestigte Rechtsprechung zur „Scheinsozietät" bei Gesellschaftsformen, die in ein mit öffentlichem Glauben versehenes Register eingetragen werden, kein Raum ist.[79] Anders als bei einer BGB-

---

76) Dafür *Jawansky*, S. 54 ff; *ders.*, DNotZ 1997, 938, 941; wie hier aber *Eigner*, S. 349 f.
77) Zustimmend *Eigner*, S. 357 f.
78) OLG München NJW-RR 2001, 1358, dazu EWiR 2002, 129 *(Posegga)*.
79) A. A. MünchKomm-*Ulmer*, BGB, § 8 PartGG Rz. 13; *Eigner*, S. 359.

Gesellschaft kann sich der Verkehr über die Partner einer Partnerschaft im Partnerschaftsregister informieren und darf sich auf die dortige Eintragung berufen.

Stellt sich bei näherer Prüfung im Partnerschaftsregister oder durch Angabe der Partner heraus, dass nur Nicht-Partner mit der Angelegenheit befasst waren, dann haften sämtliche Partner neben der Partnerschaft (oben Rz. 30).[80] Es ist kein Grund dafür erkennbar, warum der Rechtsschein einer Partnerstellung zu einer Einschränkung der persönlichen Haftung gegenüber den übrigen Fällen der Befassung keines Partners führen sollte.

30c

4. Bearbeitungsbeiträge von untergeordneter Bedeutung

Zweifelsfragen sind durch den zweiten Halbsatz der Regelung vorprogrammiert, wonach Bearbeitungsbeiträge von untergeordneter Bedeutung hiervon ausgenommen sein sollen. Hiermit ist der Fall gemeint, dass die Bearbeitung im Rahmen der Partnerschaft nicht in einer Hand liegt, sondern mehrere Partner daran mitwirken. Derjenige, der nur einen untergeordneten Beitrag leistet, soll dann nicht haften. Was aber ist ein Beitrag von untergeordneter Bedeutung? Wenn beispielsweise der als Sachbearbeiter tätige Rechtsanwalt wegen Krankheit einen Verhandlungstermin nicht wahrnehmen kann und sein Sozius aus Versehen einen falschen Antrag stellt, handelt es sich um einen entscheidenden Leistungsbestandteil, dem man kaum das Prädikat „von untergeordneter Bedeutung" zuerkennen kann.

31

Wenn ein berufliches Fehlverhalten zu einem **Schaden** führt, den der Mandant geltend macht, indiziert dies bereits die Wichtigkeit der Handlung im Rahmen der Auftragsbearbeitung. Die Vorschrift des Absatzes 2 Halbs. 2 wird daher wohl nur in wenigen Einzelfällen eine praktische Anwendung erfahren. Aufgrund des Ausnahmecharakters dieser Bestimmung ist dies allerdings vertretbar. Soweit in der Literatur die Auffassung vertreten wird, ein Bearbeitungsbeitrag, der den Berufsfehler selbst mit gesetzt habe, könne „niemals von untergeordneter Bedeutung sein",[81] geht dies zu weit. Vermeintlich „kleine" Ursachen können „große" Wirkung haben, und so ist es auch im Recht der Partnerschaft nicht ausgeschlossen, dass ein Beitrag insgesamt von untergeordneter Bedeutung ist und gleichwohl zu einem Schaden führt. Beispiel: Ein Rechtsanwalt hat einen fristwahrenden Schriftsatz fertig gestellt und bittet einen seiner Partner, ihn zu faxen. Dieser zieht eine falsche Fax-Nummer heran, so dass der Schriftsatz nicht rechtzeitig eingeht und hierdurch ein Schaden entsteht. Eine Wiedereinsetzung in den vorigen Stand wird nicht gewährt, da das Handeln des Partners dem Mandanten zuzurechnen ist. Die bloße Suche nach der Fax-Nummer des Gerichts und das Absenden an die falsche Fax-Nummer sind Bearbeitungsbeiträge von untergeordneter Bedeutung, die hier zu dem Schaden geführt haben.

31a

---

80) Wie hier *Eigner*, S. 360 f.
81) So *Seibert*, in: Ebenroth/Boujong/Joost, HGB, § 8 PartGG Rz. 9.

32 Eine Streitfrage ist bereits frühzeitig im Hinblick auf die konsiliarische, also nur **beratende Beiziehung eines Partners** durch den eigentlich sachbearbeitenden Partner aufgetreten. Die Begründung des Regierungsentwurfs nennt diese Beiziehung als Beispiel für einen Beitrag von untergeordneter Bedeutung.[82] Der Bundesrat hält diese Auffassung in seiner Stellungnahme nicht für überzeugend: „Gerade die Heranziehung eines Konsiliarius dürfte in der Regel Gewicht haben."[83] In der Literatur[84] wird die beratende Beiziehung als untergeordneter Beitrag angesehen, da sonst ein kontraproduktiver Anreiz geschaffen werde, auf die kanzleiinterne Sichtung und Kontrolle zu verzichten. Für die eigene **Stellungnahme** ist davon auszugehen, dass die Beiziehung eines beratenden Partners bereits begrifflich zur Voraussetzung hat, dass es einen eigentlichen Sachbearbeiter gibt. Dieser Sachbearbeiter zeichnet nach außen hin für den Beitrag verantwortlich, indem er beispielsweise einen Schriftsatz unterzeichnet und dadurch die Verantwortung für dessen Inhalt übernimmt. Im Vergleich hierzu hat die interne Beratung nur einen Unterstützungscharakter und somit unabhängig von ihrem Inhalt und ihrem gesellschaftsinternen Stellenwert eine untergeordnete Bedeutung (zur Berücksichtigung des Maßes an Verantwortung als Kriterium siehe noch unten zu Rz. 33a).

33 Die Bedeutung eines Bearbeitungsbeitrages stellt sich häufig erst im Nachhinein heraus. Zu fragen ist daher, ob für die Anwendung des Absatzes 2 auf die **ex-post-Betrachtung** (in der Konsequenz also: durch das erkennende Gericht) abzustellen ist oder auf die Situation, wie sie sich dem handelnden Partner vor dem und im Moment der Maßnahme (ex ante) dargestellt hat. Die ex-post-Betrachtung geht von dem durch den Bearbeitungsbeitrag entstandenen Schaden aus, ist also erfolgsorientiert; die ex-ante-Sicht bewertet die Handlungsweise als solche ohne unmittelbare Einbeziehung der eingetretenen Folgen. Weder der Gesetzeswortlaut noch die Materialien geben für die Beurteilung dieser Frage etwas her. Die Zielsetzung der neuen Fassung des Absatzes 2, den Partnern eine einfache Haftungskonzentration zu ermöglichen, spricht eher für eine **ex-ante-Betrachtung.** Andererseits darf der Schutz des geschädigten Auftraggebers nicht vollständig vernachlässigt werden. Es kann sich also nicht zu seinen Lasten auswirken, wenn der handelnde Partner sich der Tragweite seiner Maßnahme nicht bewusst ist und meint, er trage nur marginal zur Bearbeitung bei, obwohl er einen folgenschweren Fehler begeht. Im Regelfall wird in diesem Fall der Partner haften, zumal er sich zumeist vor seiner Handlung über die mögliche Konsequenzen kundig machen kann und muss.

33a Ein von *Eigner*[85] unternommener Versuch einer abstrakten Definition des „Bearbeitungsbeitrages von untergeordneter Bedeutung" will für die Bestimmung des Gewichts des Bearbeitungsbeitrages auf das **Maß an Verantwortung** abstellen, „die der zu Rate Gezogene im Verhältnis zum Auftraggeber und zu seinem sachbearbeiten-

---

82) Begründung zum RegE AnwaltsGmbH-Gesetz, BT-Drucks. 13/9820, S. 21.
83) Stellungnahme des Bundesrates zum RegE AnwaltsGmbH-Gesetz, BT-Drucks. 13/9820, S. 26.
84) *Henssler*, ZIP 1997, 1481, 1490.
85) *Eigner*, S. 352 ff (Zitat auf S. 357).

den Partner für den konkreten Auftrag übernimmt". Bei einer detaillierten Auskunft soll danach gegebenenfalls auch der Konsiliarius haften. Das überzeugt im Ergebnis nicht, da der nur intern zu Rate gezogene Berufsträger nicht nach außen in Erscheinung tritt und er daher nur gegenüber dem erkennbar befassten Berufsträger in die Verantwortung genommen werden will. Unabhängig von dieser einzelnen Konstellation ist dem Ausgangsgedanken insoweit zu folgen, als ein mit hoher Verantwortung verbundener Bearbeitungsbeitrag in der Regel nicht von untergeordneter Bedeutung sein wird.

5. Auskunftsanspruch des Auftraggebers

Wenn der geschädigte Auftraggeber nicht weiß, welcher Partner seine Angelegenheit bearbeitet hat, steht ihm ein Auskunftsanspruch aus dem zugrunde liegenden Vertragsverhältnis zu. Insoweit haften sämtliche Partner neben der Partnerschaft nach Absatz 1 gesamtschuldnerisch, da es nicht um Fehler in der Berufsausübung geht. 34

Sofern die Partnerschaft eine **falsche Person** als handelnden Partner benannt hat, haftet sie für den Schaden, der dem Auftraggeber daraus entsteht. Dies können insbesondere die Kosten eines verlorenen Prozesses gegen den vermeintlich haftenden Partner sein. Auch insoweit haften neben der Gesellschaft sämtliche Partner, da keine fehlerhafte Berufsausübung vorliegt.[86] 35

Falls die fehlende oder fehlerhafte Benennung des verantwortlichen Partners durch die Partnerschaft auf einen **Organisationsverschulden** beruht, haftet die Partnerschaft aus diesem Gesichtspunkt, z. B. wegen mangelnder interner Dokumentation nach § 50 BRAO. 36

6. Festlegung des „befassten Partners" durch Vereinbarung

Legen die Partnerschaft und der Auftraggeber im Wege der Vereinbarung namentlich fest, wer „befasster Partner" ist, so ist wie folgt zu unterscheiden:[87] Handelt es sich bei dem tatsächlich im Sinne des Absatzes 2 allein „befassten" Partner um denjenigen, der auch allein in der Vereinbarung benannt wird, so ist dessen Erwähnung rein deklaratorisch, und er haftet persönlich sowohl aufgrund Gesetzes als auch aufgrund der Vereinbarung. 36a

Anders ist die Situation, wenn die tatsächliche von der vertraglichen Konstellation abweicht, d. h. ein oder mehrere ganz andere Partner als die in der Vereinbarung genannten sind befasst oder es besteht jedenfalls teilweise ein Unterschied. In diesem Fall haften die tatsächlich befassten Partner aufgrund von Absatz 2, der insoweit nicht abdingbar ist. Die benannten Partner haften aufgrund der Vereinbarung, die erkennbar dazu dient, sie als persönlich haftende Personen zu bestimmen. 36b

---

86) Begründung zum RegE AnwaltsGmbH-Gesetz, BT-Drucks. 13/9820, S. 22.
87) Vgl. hierzu *Eigner*, S. 350 ff.

IV. Prozessuales

37 Der geschädigte Auftraggeber sollte seinen Schaden in jedem Fall gegenüber der Partnerschaft geltend machen. Die Unterbrechung der **Verjährung** gegenüber der Partnerschaft wirkt auch gegenüber den Partnern.[88]

38 Sofern der Auftraggeber nicht weiß, welcher Partner die Angelegenheit bearbeitet hat, kann er neben der Schadensersatzklage gegen die Partnerschaft eine Auskunftsklage erheben und sodann jedenfalls im ersten Rechtszug im Wege der subjektiven **Klageerweiterung** den mit der Bearbeitung befassten Partner persönlich in Anspruch nehmen.[89] Die Auskunftsklage kann gleichzeitig gegen die Partnerschaft und die Partner gerichtet werden. Im Falle der Ungewissheit über den sachbearbeitenden Partner kann der geschädigte Auftraggeber im Schadenersatzprozess gegen die Partnerschaft den Partnern den Streit verkünden, so dass diese das Ergebnis des Prozesses gemäß § 74 Abs. 3 ZPO gegen sich gelten lassen müssen.

V. Interner Ausgleich der Partner

39 Das Gesetz verzichtet auf eine gesetzliche Regelung des internen Ausgleichs, da dies der **Vereinbarung** der Partner untereinander überlassen bleiben sollte.[90]

40 Nach § 110 Abs. 1 HGB i. V. m. § 6 Abs. 3 Satz 2 PartGG kann der persönlich haftende Partner Ersatz der von ihm für **erforderlich** gehaltenen **Aufwendungen** verlangen (dazu § 6 Rz. 40). Dies umfasst grundsätzlich auch die Bezahlung von Verbindlichkeiten der Gesellschaft, zu denen auch solche aus über § 31 BGB analog zurechenbarem Fehlverhalten eines Partners gehören.[91] Sofern der Partner aus dem Gesellschaftsvermögen keine Befriedigung erlangen kann, stehen ihm gemäß § 426 BGB im Innenverhältnis Ausgleichsansprüche gegen die übrigen Partner zu.[92]

41 Erforderlich sind aber nicht solche Aufwendungen, die erst durch die fehlerhafte Bearbeitung einer Angelegenheit, also durch ein Verschulden des handelnden und dann im Außenverhältnis in Anspruch genommenen Partners verursacht werden. Falls sich somit der Klient mit einer solchen Regressforderung an den verantwortlichen, d. h. also den **schuldhaft handelnden Partner** wendet, hat dieser keine Rückgriffsmöglichkeit gegen die Gesellschaft und auch keine Ausgleichsansprüche gegen die im Außenverhältnis (zum Klienten) ebenfalls verantwortlichen Partner.[93] Wenn

---

[88] Begründung zum RegE AnwaltsGmbH-Gesetz, BT-Drucks. 13/9820, S. 22.
[89] Begründung zum RegE AnwaltsGmbH-Gesetz, BT-Drucks. 13/9820, S. 22.
[90] Begründung zum RegE PartGG, BT-Drucks. 12/6152, S. 17 f = Anhang, S. 351; *Kupfer*, KÖSDI 1995, 10130, 10135 hält eine vertragliche Regelung für „geboten"; Vorschlag für eine Vertragsklausel bei *Appel*, Stbg 1995, 203, 206; *Lenz/Braun*, S. 13 in § 9 V des Mustervertrags mit Fußn. 35.
[91] *Baumbach/Hopt*, HGB, § 110 Rz. 10, § 128 Rz. 25.
[92] MünchKomm-*Ulmer*, BGB, § 8 PartGG Rz. 15; *v. d. Horst*, DStR 1995, 2027, 2028.
[93] So auch MünchKomm-*Ulmer*, BGB, § 8 PartGG Rz. 15; a. A. *Siepmann*, FR 1995, 601, 602.

der geschädigte Mandant hingegen Schadensersatz bei einem der als verantwortlich benannten Partner einfordert, welcher selbst nicht den Schadensfall verursacht hat, so kann dieser nach § 110 Abs. 1 HGB Ausgleich von der Gesellschaft verlangen,[94] sobald er gezahlt hat; vorher hat er auch einen Freistellungsanspruch gegen den Partner, der den Schaden verursacht hat.

Soweit die Gesellschaft auf eine berechtigte Schadensersatzforderung hin zahlt, kann sie bei Verschulden eines Partners gegen diesen Rückgriff gemäß § 1 Abs. 4 PartGG i. V. m. § 708 BGB nehmen.[95] 42

In allen Fällen ist für das interne Verhältnis § 708 BGB zu beachten, wonach für die Haftung auf die eigenübliche Sorgfalt abzustellen ist; bei den meisten freien Berufen sind allerdings auch hierfür die Maßstäbe entsprechend der beruflichen Qualifikation hoch anzusetzen. 43

E. Haftungsbeschränkung auf einen Höchstbetrag (Haftungsdeckelung, Abs. 3)

I. Normentwicklung

Der Gesetzentwurf von **1971** hatte in seinem § 9 Abs. 1 die Haftung der Partnerschaft aus Fehlern bei der Berufsausübung auf 500 000 DM je Schadensfall begrenzt.[96] Zugleich wurde durch § 9 Abs. 3 des Entwurfs eine dementsprechende **Haftpflichtversicherung** der Gesellschaft vorgeschrieben, wobei die näheren Einzelheiten einer Rechtsverordnung vorbehalten waren, § 9 Abs. 4 des Entwurfs. Der Entwurf aus dem Jahre **1975** nahm die generelle Haftungsbegrenzung nicht mehr auf, beließ es aber bei einer Versicherungspflicht der Partnerschaft für Schäden aus fehlerhafter Berufsausübung, wobei die jeweilige Mindestversicherungssumme durch die zuständigen Berufskammern festgesetzt werden sollte.[97] Nach den Änderungen im Rechtsausschuss, welche zu dem Entwurf von **1976** führten, fanden sich Vorschriften zur Haftungsbeschränkung oder zu einer Haftpflichtversicherung nicht mehr. Dieser Verzicht geschah aus der Überlegung heraus, dass die mit einer Haftpflichtversicherung gekoppelte summenmäßige Haftungsbeschränkung nur zugunsten gesellschaftlich in der Partnerschaft organisierter Freiberufler eine willkürliche Diskriminierung der einzeln tätigen Angehörigen freier Berufe darstellen würde, welche die gleichen mit dem Haftungsrisiko behafteten Tätigkeiten ausübten wie ihre Kollegen in der Gesellschaft.[98] 44

---

94) *Weyand*, INF 1995, 22, 26.
95) Begründung zum RegE PartGG, BT-Drucks. 12/6152, S. 18 = Anhang, S. 351; *Hornung*, Rpfleger 1996, 1, 4.
96) E 1971, BT-Drucks. VI/2047, S. 2.
97) §§ 5 Abs. 2, 10 Abs. 2–5 E 1975, BT-Drucks. 7/4089, S. 3 f.
98) *Wüst*, JZ 1989, 270, 277; ausführlich *Sandberger/Müller-Graff*, ZRP 1975, 1, 4.

II. Systematik und Bedeutung

45 Die Vorschrift bildet einen **Fremdkörper im Gesellschaftsrecht**.[99] Eine eigene Regelung trifft sie nicht. Ihrem Charakter nach könnte die Norm allenfalls eine Ermächtigungsgrundlage für den Bundesgesetzgeber und die Landesgesetzgeber darstellen, eine Regelung der in Absatz 3 bezeichneten Art zu treffen. Dafür fehlt es jedoch an einer Gesetzgebungskompetenz, soweit sich die Bestimmung an die Landesgesetzgeber wendet,[100] und an einer Notwendigkeit, soweit sie sich an den Bundesgesetzgeber selbst richtet. Durch Absatz 3 wird den Gesetzgebern weder etwas ermöglicht noch etwas untersagt.[101] Entgegen der Begründung des Regierungsentwurfs ist auch nicht ersichtlich, wie Absatz 3 bewirken könnte, dass nur noch der formelle Gesetzgeber eine Haftungsbeschränkung zulässt,[102] so dass die Rechtszersplitterung durch divergierendes Satzungs- und Kammerrecht vermieden würde. Soweit bislang Möglichkeiten einer solchen Rechtsetzung unterhalb des formellen Gesetzes bestanden, bleiben diese durch das Partnerschaftsgesellschaftsgesetz unberührt. Auch für eine wirkungslose Klarstellung ist entgegen der Auffassung der Gesetzesverfasser[103] kein Bedarf erkennbar.

46 Die Bestimmung kann daher allenfalls einen Anstoß für die Berufsrechte geben,[104] unter Einführung einer Versicherungspflicht die gleichzeitige Haftungsbegrenzung auf eine Höchstsumme ausdrücklich zuzulassen. Eine solche Möglichkeit entspräche in der Tat einem dringenden Bedürfnis vieler freier Berufe, da dort sehr hohen Schadensrisiken häufig eine Beschränkung der Honorare durch das jeweilige Gebührenrecht gegenübersteht.[105] Mit dem Ausschluss der persönlichen Haftung ab einem bestimmten Schadensbetrag korrespondiert zum Schutze des Klienten die Pflicht zum Abschluss einer **Haftpflichtversicherung**.[106] Da sich die in § 1 Abs. 2 aufgeführten freien Berufe häufig völlig verschiedenen Haftungsrisiken ausgesetzt sehen, hat sich der Gesetzgeber dazu entschlossen, die Höhe der Mindestversiche-

---

99) Ähnlich *Karsten Schmidt*, NJW 1995, 1, 6; *Feddersen/Meyer-Landrut*, PartGG, § 8 Rz. 11; *Eigner*, S. 373 ff.
100) Zu diesem Adressatenkreis siehe die Begründung zum RegE PartGG, BT-Drucks. 12/6152, S. 18 = Anhang, S. 352; vgl. *Schirmer*, MedR 1995, 341, 345.
101) So bereits *Karsten Schmidt*, ZIP 1993, 633, 648; vgl. Begründung zum RegE PartGG, BT-Drucks. 12/6152, S. 18 = Anhang, S. 352; krit. auch MünchKomm-*Ulmer*, BGB, § 8 PartGG Rz. 29 f.
102) Begründung zum RegE PartGG, BT-Drucks. 12/6152, S. 18 = Anhang, S. 353; so auch *Feddersen/Meyer-Landrut*, PartGG, § 8 Rz. 11.
103) Begründung zum RegE PartGG, BT-Drucks. 12/6152, S. 18 = Anhang, S. 353; *Bösert*, ZAP Fach 15, S. 137, 148; *Salger*, in: Münchener Handbuch, § 43 Rz. 17.
104) *Kempter*, BRAK-Mitt. 1994, 122, 125; *Seibert*, DB 1994, 2381, 2384; *ders.*, BuW 1995, 100, 102.
105) Begründung zum RegE PartGG, BT-Drucks. 12/6152, S. 18 = Anhang, S. 353; *Bösert*, ZAP Fach 15, S. 137, 148; für Tierärzte vgl. *Rösener*, Deutsches Tierärzteblatt 1995, 418, 419; für Ärzte *Taupitz*, MedR 1995, 475, 481.
106) Begründung zum RegE PartGG, BT-Drucks. 12/6152, S. 18 = Anhang, S. 353; vgl. hierzu bereits *Michalski*, Das Gesellschafts- und Kartellrecht, 279 ff; *ders.*, ZIP 1993, 1210, 1214.

rungssumme der Regelung durch die **Berufsrechte** zu überlassen.[107] Die durch Gesetz umgesetzte Regelung soll einer Haftungsbegrenzung wie in der GmbH praktisch gleichstehen.[108]

Bislang ist der **Gesetzgeber** dieser Anregung für die verschiedenen Berufsrechte kaum gefolgt. Die parallel zum Partnerschaftsgesellschaftsgesetz im Bundestag behandelten Änderungsgesetze für die Berufsrechte der Rechtsanwälte, Patentanwälte, Steuerberater und Wirtschaftsprüfer enthalten bereits ähnliche Bestimmungen[109] (dazu unten Rz. 51 ff). Ob diese Vorschriften allerdings mit Blick auf Absatz 3 geschaffen wurden,[110] muss bezweifelt werden. Dort wird nämlich die Möglichkeit einer Haftungsbegrenzung nicht nur den in einer Partnerschaft zusammengeschlossenen Berufsangehörigen eingeräumt, sondern sämtlichen Freiberuflern, ob sie nun in einer Einzelpraxis oder in einer Gesellschaft tätig sind. Im Hinblick auf das **Gleichbehandlungsgebot** erscheint dies regelmäßig auch als die einzige rechtlich tragfähige Möglichkeit,[111] wie bereits die Gesetzgebungsgeschichte des Entwurfs von 1975/76 lehrt (siehe oben Rz. 3). 47

III. Mögliche Inhalte berufsgesetzlicher Neuregelungen

Durch Bundes- oder Landesgesetz kann jeweils **einzelnen Berufen** die Möglichkeit einer Haftungsbeschränkung eröffnet werden. Die Regelung soll also jeweils berufsspezifisch erfolgen. Die Haftungsbeschränkung umfasst nur Schäden aus fehlerhafter Berufsausübung, so dass sonstige Verbindlichkeiten hiervon unberührt bleiben. Das Berufsgesetz muss den **Höchstbetrag**, auf den die Angehörigen des freien Berufs durch Vereinbarung mit dem Klienten ihre Haftung beschränken können, selbst bestimmen, darf also nicht eine Ermächtigung z. B. an berufsrechtliche Satzungen erteilen.[112] Wie bereits erwähnt (oben Rz. 45), gelten diese Einschränkungen natürlich nur unter der Voraussetzung, dass sich auch die Landesgesetzgeber genau an die Vorgaben des Absatz 3 halten, ohne dass das Partnerschaftsgesellschaftsgesetz jedoch grundsätzlich in ihre verfassungsmäßigen Kompetenzen eingreifen könnte. Bei einer Haftungsvorschrift durch Gesetz handelt es sich zwingend um eine **Pflichtversicherung** i. S. d. §§ 158b ff VVG, so dass der Haftpflichtversicherer grundsätzlich unabhängig vom Vertragsverhältnis zum Versicherten dem geschädigten Klienten haftet.[113] Die Versicherungspflicht trifft nach Wahl der Partner entweder diese selbst, wobei dann allerdings sämtliche Partner zum Abschluss einer derartigen Haftpflichtversicherung verpflichtet sind, oder aber die Gesell- 48

---

107) Begründung zum RegE PartGG, BT-Drucks. 12/6152, S. 18 = Anhang, S. 353; *Burret*, WPK-Mitt. 1994, 201, 206; so auch der Vorschlag der *BRAK*, Stellungnahme zum RefE PartGG, S. 8; *Seibert*, DB 1994, 2381, 2384; *Bösert*, DStR 1993, 1332, 1338; ebenso das Gesetz über die französische société civile professionnelle, hierzu *Schwenter-Lipp*, S. 184.
108) *Seibert*, DB 1994, 2381, 2384; *ders.*, BuW 1995, 100, 102.
109) *Bösert*, ZAP Fach 15, S. 137, 148.
110) So für die BRAO *Kempter*, BRAK-Mitt. 1994, 122, 125.
111) So auch *Schirmer*, MedR 1995, 341, 344 f; vgl. ferner *Karsten Schmidt*, NJW 1995, 1, 6.
112) *Bösert*, ZAP Fach 15, S. 137, 148.
113) Begründung zum RegE PartGG, BT-Drucks. 12/6152, S. 18 = Anhang, S. 353.

schaft als solche. Eine Versicherung sowohl durch die Partner als auch durch die Partnerschaft wurde nicht für erforderlich gehalten.[114] Gemäß § 1 Abs. 3 ist das Berufsgesetz natürlich nicht daran gehindert, **weitergehende Voraussetzungen** an eine Haftungsbegrenzung der Höhe nach zu stellen.

F. Berufsrechtliche Haftungsregelungen

I. Haftungsbeschränkungsmöglichkeiten

1. Verhältnis der Berufsrechte zu § 8

49 Nach der **früheren Gesetzesfassung** (bis 1998) enthielt Absatz 2 eine Möglichkeit der vertraglichen Haftungskonzentration auf den verantwortlichen Partner, ähnlich wie sie in manchen Berufsrechten vorgesehen ist. Da Absatz 2 an den Abschluss einer solchen Vereinbarung geringere Anforderungen stellte als etwa § 51a BRAO, war das Verhältnis dieser Vorschriften zueinander äußerst streitig.[115] Dieser Meinungsstreit wurde durch die Neufassung des Absatzes 2 erledigt.

49a Auch nach dieser **Neufassung** stellt sich allerdings das Problem des Anwendungsvorranges, zu dem es bislang keine Gerichtsentscheidung und erstaunlich wenige Stimmen in der Literatur gibt.[116] Sowohl Absatz 2 als auch der in der Praxis besonders bedeutsame § 51a Abs. 2 BRAO enthalten nämlich auf der Rechtsfolgenseite eine Beschränkung der Haftung auf einzelne Partner. Sie unterscheiden sich vor allem in der Art und Weise, wie diese Haftungsbeschränkung herbeigeführt wird: Als gesetzliche Handelndenhaftung nach Absatz 2 oder als Resultat einer Vereinbarung mit dem Auftraggeber nach § 51a Abs. 2 BRAO.

49b Die Situation ist insoweit die gleiche, als wenn eine Partnerschaft aus Nichtanwälten, für die also § 51a Abs. 2 BRAO keine Anwendung findet, den „befassten Partner" durch Vereinbarung festlegen will (dazu bereits oben Rz. 36a f). Zwischen der „Befassung" im Sinne des Absatzes 2 und der „Bearbeitung" i. S. d. § 51a Abs. 2 BRAO besteht insoweit kein relevanter Unterschied. Die bearbeitenden Partner haften nach Absatz 2 ohnehin aufgrund Gesetzes. Sie nach § 51a Abs. 2 BRAO in einer Vereinbarung zu benennen, ist möglich, haftungsrechtlich aber bei Übereinstimmung der handelnden mit den benannten Partnern folgenlos. Andere als die bearbeitenden Partner können auch auf Grundlage des § 51a Abs. 2 BRAO nicht benannt werden.

---

114) Begründung zum RegE PartGG, BT-Drucks. 12/6152, S. 18 = Anhang, S. 354; *Burret*, WPK-Mitt. 1994, 201, 206; krit. *Gilgan*, Stbg 1995, 28, 30, der zum Schutz der Klienten für eine Versicherungspflicht sowohl der Partnerschaft als auch der einzelnen Partner plädiert; umstritten war diese Frage auch in Frankreich für die société civile professionnelle; vgl. *Schwenter-Lipp*, S. 183.
115) Zuletzt *Eigner*, S. 369 f mit umfassenden Nachw. zum Streitstand.
116) Vgl. *Eigner*, S. 370 ff mit der ausführlichsten Darstellung.

Die Haftung des handelnden Partners kann also in keinem Fall ausgeschlossen werden. Falls eine Partnerschaft mit dem Auftraggeber eine im Berufsrecht vorgesehene **Haftungsbegrenzung** wie beispielsweise nach § 51a Abs. 2 BRAO vereinbart, gilt somit im Ergebnis Folgendes: Unabhängig von dem Inhalt dieser Vereinbarung haftet jedenfalls der handelnde Partner nach Absatz 2. Zusätzlich kommt eine persönliche Haftung des Partners in Betracht, der in der Haftungskonzentrationsabrede namentlich bezeichnet wurde. Diese Haftung ergibt sich aus der Vereinbarung selbst oder – falls der Auftraggeber von der eigenen Tätigkeit des Partners in seiner Angelegenheit ausgehen musste – gegebenenfalls aus Rechtsscheingesichtspunkten. Dieses Ergebnis lässt sich im Übrigen ergänzend auf die Erwägung stützen, dass der Vorrang des Absatzes 2 bei interprofessionellen Sozietäten zu einem Gleichlauf der Haftung und damit zu überzeugenden Ergebnissen führt.[117]

Unberührt bleiben berufsrechtliche Haftungsbeschränkungsmöglichkeiten, die nicht auf persönlich haftende Partner, sondern auf sonstige Umstände abstellen. So ist beispielsweise die anwaltliche Partnerschaft nicht gehindert, gemäß § 51a Abs. 1 BRAO eine Höchstsumme der Haftung mit dem Mandanten zu vereinbaren.

2. Rechtsanwälte

Rechtsanwälten steht in § 51a BRAO eine Möglichkeit der Haftungskonzentration offen.[118] Die Vorschrift lautet:

„§ 51a Vertragliche Begrenzung von Ersatzansprüchen

(1) Der Anspruch des Auftraggebers aus dem zwischen ihm und dem Rechtsanwalt bestehenden Vertragsverhältnis auf Ersatz eines fahrlässig verursachten Schadens kann beschränkt werden:
1. durch schriftliche Vereinbarung im Einzelfall bis zur Höhe der Mindestversicherungssumme;
2. durch vorformulierte Vertragsbedingungen für Fälle einfacher Fahrlässigkeit auf den vierfachen Betrag der Mindestversicherungssumme, wenn insoweit Versicherungsschutz besteht.

(2) Die Mitglieder einer Sozietät haften aus dem zwischen ihr und dem Auftraggeber bestehenden Vertragsverhältnis als Gesamtschuldner. Die persönliche Haftung auf Schadensersatz kann auch durch vorformulierte Vertragsbedingungen beschränkt werden auf einzelne Mitglieder einer Sozietät, die das Mandat im Rahmen ihrer eigenen beruflichen Befugnisse bearbeiten und namentlich bezeichnet sind. Die Zustimmungserklärung zu einer solchen Beschränkung darf keine anderen Erklärungen enthalten und muss vom Auftraggeber unterschrieben sein."

3. Patentanwälte

Patentanwälte haben aufgrund § 45a PAO eine Möglichkeit zur Haftungsbeschränkung. Diese berufsrechtliche Vorschrift ist praktisch wortgleich mit der der für Rechtsanwälte geltenden Norm des § 51a BRAO, so dass auf die dortigen Ausführungen verwiesen wird.

---

117) *Eigner*, S. 373.
118) Hierzu *Borgmann/Haug*, Rz. VIII 46 ff; *Stobbe*, in: Henssler/Prütting, BRAO, § 51a, passim; *Hartung/Holl/Römermann*, BerufsO, § 51a BRAO, passim.

4. Steuerberater, Steuerbevollmächtigte

53 Nach § 67a StBerG besteht eine ähnliche Möglichkeit der Haftungskonzentration wie bei Rechtsanwälten.[119)]

„§ 67a Vertragliche Begrenzung von Ersatzansprüchen

(1) ... [nahezu wortgleich mit § 51a BRAO, aber in Abs. 1 Nr. 2 ohne die Einschränkung ‚für Fälle einfacher Fahrlässigkeit']

(2) Die persönliche Haftung auf Schadensersatz kann durch vorformulierte Vertragsbedingungen beschränkt werden auf die Mitglieder einer Sozietät, die das Mandat im Rahmen ihrer eigenen beruflichen Befugnisse bearbeiten und namentlich bezeichnet sind. Die Zustimmungserklärung zu einer solchen Beschränkung darf keine anderen Erklärungen enthalten und muß vom Auftraggeber unterschrieben sein."

54 Ergänzend gilt seit dem 1.9.1997 § 43 Abs. 1 BOStB. Diese Vorschrift lautet:

„§ 43 Haftungsausschluß und Verjährung

(1) Der Anspruch des Auftraggebers auf Ersatz eines fahrlässig verursachten Schadens kann gemäß § 67a StBerG beschränkt werden. Haftungsbeschränkungen aufgrund anderer Gesetze (z. B. § 8 Abs. 2 PartGG) bleiben unberührt."

5. Wirtschaftsprüfer, vereidigte Buchprüfer

55 § 54a Abs. 1 WPO eröffnet Wirtschaftsprüfern grundsätzlich dieselben Haftungsbeschränkungsmöglichkeiten wie bei Steuerberatern und Rechtsanwälten. Für die gesetzlich vorgeschriebene Jahresabschlussprüfung ergibt sich eine allgemeine Haftungsbegrenzung bereits aus § 323 Abs. 2 HGB.[120)]

„§ 54a Vertragliche Begrenzung von Ersatzansprüchen

(1) ...

(2) Die persönliche Haftung von Sozietätspartnern (§ 44b) auf Schadensersatz kann auch durch vorformulierte Vertragsbedingungen auf einzelne namentlich bezeichnete Mitglieder der Sozietät beschränkt werden, die die vertragliche Leistung erbringen sollen."

II. Berufshaftpflichtversicherung

1. Rechtsanwälte

56 Nach § 51 Abs. 1 Satz 1 BRAO ist jeder Rechtsanwalt verpflichtet, zur Deckung der sich aus seiner Berufstätigkeit ergebenden Haftpflichtgefahren für Vermögensschäden eine Berufshaftpflichtversicherung abzuschließen. Der Umfang der Versicherungspflicht wird in § 51 Abs. 1 Satz 2, Abs. 2 und 3 BRAO näher bestimmt. Die Mindestversicherungssumme beträgt gemäß § 51 Abs. 4 Satz 1 BRAO 250 000 Euro für jeden Versicherungsfall.

2. Patentanwälte

57 Patentanwälte sind gemäß § 45 PAO zum Abschluss und zur Unterhaltung einer Berufshaftpflichtversicherung mit einer Mindestversicherungssumme von 250 000 Euro verpflichtet.

---

119) Näher *Busse*, DStR 1995, 783 ff; *Goez*, INF 1994, 623 (624); *Späth*, Stbg 1994, 449 ff.
120) Näher *Lichtner/Korfmacher*, WPK-Mitt. 1994, 207 (218 f); *Michalski/Römermann*, § 8 Rz. 83.

3. Steuerberater, Steuerbevollmächtigte

Gemäß § 67 Satz 1 StBerG, § 42 Abs. 1 Satz 1 BOStB müssen sich selbständige 58
Steuerberater und Steuerbevollmächtigte gegen die sich aus ihrer Berufstätigkeit ergebenden Haftpflichtgefahren angemessen versichern. § 42 Abs. 1 Satz 2 und 3 BOStB erstreckt die Versicherungspflicht auf angestellte und als freie Mitarbeiter tätige Steuerberater. Die Angestellten sind danach in die Versicherung ihres Arbeitgebers, die freien Mitarbeiter in die Versicherung ihres Auftraggebers einzuschließen. Die Einzelheiten des Inhalts des Versicherungsvertrages und der Versicherungspflicht sind in den §§ 51 bis 57 DVStB geregelt. Nach § 52 Abs. 1 DVStB beträgt die Mindestversicherungssumme für den einzelnen Versicherungsfall 250 000 Euro. Soweit ein versicherungspflichtiger Steuerberater zugleich als Wirtschaftsprüfer oder vereidigter Buchprüfer bestellt ist, wird der Versicherungspflicht nach § 54 DVStB auch mit einer diesen Berufen vorgeschriebene Berufshaftpflichtversicherung genügt.

4. Wirtschaftsprüfer, vereidigte Buchprüfer

Selbständige Wirtschaftsprüfer und als Wirtschaftsprüfungsgesellschaften anerkannte Partnerschaften sind gemäß § 54 Abs. 1 Satz 1 WPO verpflichtet, eine Berufshaftpflichtversicherung zur Deckung der sich aus ihrer Berufstätigkeit ergebenden Haftpflichtgefahren für Vermögensschäden abzuschließen und die Versicherung während der Dauer ihrer Bestellung oder Anerkennung aufrechtzuerhalten. Die Mindestversicherungssumme liegt gemäß § 54 Abs. 1 Satz 2 WPO i. V. m. § 323 Abs. 2 Satz 1 HGB bei 1 Mio. Euro. Nach § 17 Abs. 2 der Berufssatzung der Wirtschaftsprüferkammer soll in den Fällen, in denen keine gesetzliche Haftungsbegrenzung besteht, die gemäß § 54 WPO abzuschließende und aufrecht zu erhaltende Berufshaftpflichtversicherung über die Höhe der Mindestversicherung hinausgehen, wenn Art und Umfang der Haftungsrisiken des Wirtschaftsprüfers oder vereidigten Buchprüfers dies erfordern. Jede wesentliche Änderung des Versicherungsvertragsverhältnisses ist gemäß § 17 Abs. 1 der Berufssatzung der zuständigen obersten Landesbehörde und der Wirtschaftsprüferkammer unverzüglich anzuzeigen. 59

5. Ärzte

Gemäß § 21 MBO-Ä 2004 ist der Arzt verpflichtet, sich gegen Haftungsansprüche 60
im Rahmen seiner beruflichen Tätigkeit zu versichern.

6. Tierärzte

Der Tierarzt hat sich gemäß § 28 MBO-TÄ gegen Haftpflichtansprüche im Rahmen 61
seiner tierärztlichen Tätigkeit hinreichend zu versichern.

7. Hauptberufliche Sachverständige

Der Sachverständige soll nach § 14 Abs. 2 der Muster-SVO eine Haftpflichtversicherung in angemessener Höhe abschließen. Die Höhe der Versicherungssumme muss sich gemäß Nummer 14.14 der Richtlinien nach dem Umfang seiner Inanspruchnahme oder dem durchschnittlichen Wert der von ihm begutachteten Objekte richten. 62

§ 9
Ausscheiden eines Partners; Auflösung der Partnerschaft

(1) Auf das Ausscheiden eines Partners und die Auflösung der Partnerschaft sind, soweit im Folgenden nichts anderes bestimmt ist, die §§ 131 bis 144 des Handelsgesetzbuchs entsprechend anzuwenden.

(2) *(aufgehoben)*

(3) Verliert ein Partner eine erforderliche Zulassung zu dem Freien Beruf, den er in der Partnerschaft ausübt, so scheidet er mit deren Verlust aus der Partnerschaft aus.

(4) [1]Die Beteiligung an einer Partnerschaft ist nicht vererblich. [2]Der Partnerschaftsvertrag kann jedoch bestimmen, dass sie an Dritte vererblich ist, die Partner im Sinne des § 1 Abs. 1 und 2 sein können. [3]§ 139 des Handelsgesetzbuchs ist nur insoweit anzuwenden, als der Erbe der Beteiligung befugt ist, seinen Austritt aus der Partnerschaft zu erklären.

Die Vorschriften des **HGB**, auf die Absatz 1 Bezug nimmt, lauten:

§ 131 (Auflösungsgründe)
(1) Die offene Handelsgesellschaft wird aufgelöst:
1. durch den Ablauf der Zeit, für welche sie eingegangen ist;
2. durch Beschluss der Gesellschafter;
3. durch die Eröffnung des Insolvenzverfahrens über das Vermögen der Gesellschaft;
4. durch gerichtliche Entscheidung.

(2) Eine offene Handelsgesellschaft, bei der kein persönlich haftender Gesellschafter eine natürliche Person ist, wird ferner aufgelöst:
1. mit der Rechtskraft des Beschlusses, durch den die Eröffnung des Insolvenzverfahrens mangels Masse abgelehnt worden ist;
2. durch die Löschung wegen Vermögenslosigkeit nach § 141a des Gesetzes über die Angelegenheiten der freiwilligen Gerichtsbarkeit.

Dies gilt nicht, wenn zu den persönlich haftenden Gesellschaftern eine andere offene Handelsgesellschaft oder Kommanditgesellschaft gehört, bei der ein persönlich haftender Gesellschafter eine natürliche Person ist.

(3) Folgende Gründe führen mangels abweichender vertraglicher Bestimmung zum Ausscheiden eines Gesellschafters:
1. Tod des Gesellschafters
2. Eröffnung des Insolvenzverfahrens über das Vermögen des Gesellschafters,
3. Kündigung des Gesellschafters,
4. Kündigung durch den Privatgläubiger des Gesellschafters,
5. Eintritt von weiteren im Gesellschaftsvertrag vorgesehenen Fällen,
6. Beschluss der Gesellschafter,

Der Gesellschafter scheidet mit dem Eintritt des ihn betreffenden Ereignisses aus, im Falle der Kündigung aber nicht vor Ablauf der Kündigungsfrist.

§ 132 (Kündigung eines Gesellschafters)

Die Kündigung eines Gesellschafters kann, wenn die Gesellschaft für unbestimmte Zeit eingegangen ist, nur für den Schluss eines Geschäftsjahrs erfolgen; sie muss mindestens sechs Monate vor diesem Zeitpunkte stattfinden.

§ 133 (Auflösung durch gerichtliche Entscheidung)

(1) Auf Antrag eines Gesellschafters kann die Auflösung der Gesellschaft vor dem Ablauf der für ihre Dauer bestimmten Zeit oder bei einer für unbestimmte Zeit eingegangenen Gesellschaft ohne Kündigung durch gerichtliche Entscheidung ausgesprochen werden, wenn ein wichtiger Grund vorliegt.

(2) Ein solcher Grund ist insbesondere vorhanden, wenn ein anderer Gesellschafter eine ihm nach dem Gesellschaftsvertrag obliegende wesentliche Verpflichtung vorsätzlich oder aus grober Fahrlässigkeit verletzt oder wenn die Erfüllung einer solchen Verpflichtung unmöglich wird.

(3) Eine Vereinbarung, durch welche das Recht des Gesellschafters, die Auflösung der Gesellschaft zu verlangen, ausgeschlossen oder diesen Vorschriften zuwider beschränkt wird, ist nichtig.

§ 134 (Gesellschaft auf Lebenszeit; fortgesetzte Gesellschaft)

Eine Gesellschaft, die für die Lebenszeit eines Gesellschafters eingegangen ist oder nach dem Ablaufe der für ihre Dauer bestimmten Zeit stillschweigend fortgesetzt wird, steht im Sinne der Vorschriften der §§ 132 und 133 einer für unbestimmte Zeit eingegangenen Gesellschaft gleich.

§ 135 (Kündigung durch den Privatgläubiger)

Hat ein Privatgläubiger eines Gesellschafters, nachdem innerhalb der letzten sechs Monate die Zwangsvollstreckung in das bewegliche Vermögen des Gesellschafters ohne Erfolg versucht ist, auf Grund eines nicht bloß vorläufig vollstreckbaren Schuldtitels die Pfändung und Überweisung des Anspruchs auf dasjenige erwirkt, was dem Gesellschafter bei der Auseinandersetzung zukommt, so kann er die Gesellschaft ohne Rücksicht darauf, ob sie für bestimmte oder unbestimmte Zeit eingegangen ist, sechs Monate vor dem Ende des Geschäftsjahrs für diesen Zeitpunkt kündigen.

§§ 136–138 *(aufgehoben)*

§ 139 (Fortsetzung mit den Erben)

(1) Ist im Gesellschaftsvertrag bestimmt, dass im Falle des Todes eines Gesellschafters die Gesellschaft mit dessen Erben fortgesetzt werden soll, so kann jeder Erbe sein Verbleiben in der Gesellschaft davon abhängig machen, dass ihm unter Belassung des bisherigen Gewinnanteils die Stellung eines Kommanditisten eingeräumt und der auf ihn fallende Teil der Einlage des Erblassers als seine Kommanditeinlage anerkannt wird.

(2) Nehmen die übrigen Gesellschafter einen solchen dahin gehenden Antrag des Erben nicht an, so ist dieser befugt, ohne Einhaltung einer Kündigungsfrist sein Ausscheiden aus der Gesellschaft zu erklären.

(3) Die bezeichneten Rechte können von dem Erben nur innerhalb einer Frist von drei Monaten nach dem Zeitpunkt, in welchem er von dem Anfall der Erbschaft Kenntnis erlangt hat, geltend gemacht werden. Auf den Lauf der Frist finden die für die Verjährung geltenden Vorschriften des § 210 des Bürgerlichen Gesetzbuchs entsprechende Anwendung. Ist bei dem Ablauf der drei Monate das Recht zur Ausschlagung der Erbschaft noch nicht verloren, so endigt die Frist nicht vor dem Ablaufe der Ausschlagungsfrist.

(4) Scheidet innerhalb der Frist des Absatzes 3 der Erbe aus der Gesellschaft aus oder wird innerhalb der Frist die Gesellschaft aufgelöst oder dem Erben die Stellung eines Kommanditisten eingeräumt, so haftet er für die bis dahin entstandenen Gesellschafts-

schulden nur nach Maßgabe der die Haftung des Erben für die Nachlassverbindlichkeiten betreffenden Vorschriften des bürgerlichen Rechtes.

(5) Der Gesellschaftsvertrag kann die Anwendung der Vorschriften der Absätze 1 bis 4 nicht ausschließen; es kann jedoch für den Fall, dass der Erbe sein Verbleiben in der Gesellschaft von der Einräumung der Stellung eines Kommanditisten abhängig macht, sein Gewinnanteil anders als der des Erblassers bestimmt werden.

§ 140 (Ausschließung eines Gesellschafters)

(1) Tritt in der Person eines Gesellschafters ein Umstand ein, der nach § 133 für die übrigen Gesellschafter das Recht begründet, die Auflösung der Gesellschaft zu verlangen, so kann vom Gericht anstatt der Auflösung die Ausschließung dieses Gesellschafters aus der Gesellschaft ausgesprochen werden, sofern die übrigen Gesellschafter dies beantragen. Der Ausschließungsklage steht nicht entgegen, dass nach der Ausschließung nur ein Gesellschafter verbleibt.

(2) Für die Auseinandersetzung zwischen der Gesellschaft und dem ausgeschlossenen Gesellschafter ist die Vermögenslage der Gesellschaft in dem Zeitpunkt maßgebend, in welchem die Klage auf Ausschließung erhoben ist.

§§ 141, 142 *(aufgehoben)*

§ 143 (Anmeldung von Auflösung und Ausscheiden)

(1) Die Auflösung der Gesellschaft ist von sämtlichen Gesellschaftern zur Eintragung in das Handelsregister anzumelden. Dies gilt nicht in den Fällen der Eröffnung oder der Ablehnung der Eröffnung des Insolvenzverfahrens über das Vermögen der Gesellschaft (§ 131 Abs. 1 Nr. 3 und Abs. 2 Nr. 1). In diesen Fällen hat das Gericht die Auflösung und ihren Grund von Amts wegen einzutragen. Im Falle der Löschung der Gesellschaft (§ 131 Abs. 2 Nr. 2) entfällt die Eintragung der Auflösung.

(2) Absatz 1 Satz 1 gilt entsprechend für das Ausscheiden eines Gesellschafters aus der Gesellschaft.

(3) Ist anzunehmen, dass der Tod eines Gesellschafters die Auflösung oder das Ausscheiden zur Folge gehabt hat, so kann, auch ohne dass die Erben bei der Anmeldung mitwirken, die Eintragung erfolgen, soweit einer solchen Mitwirkung besondere Hindernisse entgegenstehen.

§ 144 (Fortsetzung nach Insolvenz der Gesellschaft)

(1) Ist die Gesellschaft durch die Eröffnung des Insolvenzverfahrens über ihr Vermögen aufgelöst, das Verfahren aber auf Antrag des Schuldners eingestellt oder nach der Bestätigung eines Insolvenzplans, der den Fortbestand der Gesellschaft vorsieht, aufgehoben, so können die Gesellschafter die Fortsetzung der Gesellschaft beschließen.

(2) Die Fortsetzung ist von sämtlichen Gesellschaftern zur Eintragung in das Handelsregister anzumelden.

Schrifttum: *Bayer/Imberger*, Nochmals: Die Rechtsformen freiberuflicher Tätigkeit, DZWir 1995, 177; *Beckmann*, Für eine Partnerschaft Freier Berufe, in: Festschrift Kleinert, 1992, S. 210; *Bösert*, Das Gesetz über Partnerschaftsgesellschaften Angehöriger Freier Berufe (Partnerschaftsgesellschaftsgesetz – PartGG), ZAP Fach 15, S. 137 (= ZAP 1994, 765); *ders.*, Der Regierungsentwurf eines Gesetzes zur Schaffung von Partnerschaftsgesellschaften (Partnerschaftsgesellschaftsgesetz – PartGG), DStR 1993, 1332; *Burret*, Das Partnerschaftsgesellschaftsgesetz, WPK-Mitt. 1994, 201; *Dauner-Lieb*, Abfindungsklauseln bei Personengesellschaften, ZHR 158 (1994), 271; *dies.*, Angemessenheitskontrolle privatautonomer Selbstbindung des Gesellschafters? Die Rechtsprechung des BGH zu Abfindungsklauseln und Schutzgemeinschaftsverträgen, GmbHR 1994, 836; *Ebenroth/Lorz*, Das Unternehmertestament als Bestandteil umfassender Nachfolgeplanung – Teil III: Gestaltung der Nachfolge in Gesellschaftsanteile, WiB 1995, 689;

Haack, Renaissance der Abfindung zum Buchwert? Die neue Rechtsprechung des BGH zur Buchwertklausel, GmbHR 1994, 437; *Heydn*, Die erbrechtliche Nachfolge in Anteile an Partnerschaftsgesellschaften, ZEV 1998, 161; *dies.*, Die erbrechtliche Nachfolge in Anteile an Partnerschaftsgesellschaften, 1999; *Karsten*, Die Partnerschaft im Spannungsfeld von Gesellschafts- und Berufsrecht, Diss. Mainz, 2001; *Kempter*, Das Partnerschaftsgesellschaftsgesetz, BRAK-Mitt. 1994, 122; *Knoll/Schüppen*, Die Partnerschaftsgesellschaft – Handlungszwang, Handlungsalternative oder Schubladenmodell, DStR 1995, 608, 646; *Kupfer*, Freiberufler-Gesellschaften: Partnerschaft, Anwalts- und Ärzte-GmbH, KÖSDI 1995, 10130; *Lenz*, Die Partnerschaft – alternative Gesellschaftsform für Freiberufler, MDR 1994, 741; *Leutheusser-Schnarrenberger*, Die Partnerschaftsgesellschaft – nationale und EG-rechtliche Bestrebungen zu einem Sondergesellschaftsrecht für die freien Berufe, in: Festschrift Helmrich, 1994, S. 677; *Mahnke*, Das Partnerschaftsgesellschaftsgesetz, WM 1996, 1029; *Michalski*, Zum Regierungsentwurf eines Partnerschaftsgesellschaftsgesetzes, ZIP 1993, 1210; *ders.*, Gesellschaftsrechtliche Gestaltungsmöglichkeiten zur Perpetuierung von Unternehmen, 1980; *ders.*, Nachfolgeregelungen in Personengesellschaften, DB 1980, Beilage Nr. 5; *Rasner*, Abfindungsklauseln bei Personengesellschaften, ZHR 158 (1994), 292; *Gerd Müller*, Die Buchwertklausel – ein Dauerthema, ZIP 1995, 1561; *Karsten Schmidt*, Die Freiberufliche Partnerschaft, NJW 1995, 1; *ders.*, Partnerschaftsgesetzgebung zwischen Berufsrecht, Schuldrecht und Gesellschaftsrecht, ZIP 1993, 633; *ders.*, „Übernahmerecht" und „Übernahmeprozeß" nach § 142 HGB, in: Festschrift für Frotz, 1993, S. 401; *Sistermann*, Steuerliche Behandlung der Rechtsnachfolge bei Freiberufler-Gesellschaften, ZEV 1998, 166; *Stuber*, Das Partnerschaftsgesellschaftsgesetz unter besonderer Berücksichtigung der Belange der Anwaltschaft, WiB 1994, 705; *Weyand*, Partnerschaftsgesellschaften als neue Organisationsform für die freiberufliche Praxis, INF 1995, 22.

Übersicht

A. Geschichte 1
B. Das Prinzip: „Ausscheiden statt Auflösung" (Abs. 1) 5
I. Allgemeines 5
II. Ausscheiden 6
  1. Tod eines Partners 7
  2. Eröffnung des Insolvenzverfahrens über das Vermögen eines Partners 8
  3. Kündigung eines Partners 10
  4. Kündigung durch den Privatgläubiger eines Partners 11
  5. Eintritt vertraglich vorgesehener Fälle 12
  6. Beschluss der Gesellschafter 13
  7. Ausschließung eines Partners (§ 140 HGB) 14
III. Auflösung 15

IV. Anmeldung zur Eintragung 20
C. Verlust der Zulassung (Abs. 3) 21
D. Vererblichkeit der Beteiligung (Abs. 4) 24
  I. Voraussetzungen 24
  II. Gestaltungsmöglichkeiten im Partnerschaftsvertrag 26
    1. Einfache Nachfolgeklausel 27
    2. Qualifizierte Nachfolgeklausel 29
    3. Erbrechtliche Eintrittsklausel 30
    4. Gesellschaftsrechtliche Eintrittsklausel 31
    5. Rechtsgeschäftliche Nachfolgeklausel 32
  III. Austrittsrecht nach § 139 HGB 33
E. **Rechtsfolgen bei Auflösung und Ausscheiden** 34

A. Geschichte

Die **früheren Entwürfe** regelten die mit dem Ausscheiden von Partnern und der 1
Auflösung der Gesellschaft zusammenhängenden Fragen in weit ausführlicherer
Weise. Bereits der Entwurf von **1971** nannte die zur Auflösung einer Partnerschaft
führenden Gründe in seinen §§ 13 und 14 abschließend, um so – ähnlich wie nun
der Absatz 2 – gegenüber dem Recht der OHG eine **Strukturverfestigung** der

neuen Gesellschaftsform herbeizuführen.[1] Dieses System wurde in den Entwürfen von 1975[2] und 1976[3] weitgehend beibehalten und stand auch für das Partnerschaftsgesellschaftsgesetz von Anfang an nach der Festlegung im Neun-Punkte-Katalog vom November 1991 fest.[4] Die Entwürfe gingen insoweit sogar noch weiter als Absatz 2, da nach dem Ausscheiden des vorletzten Partners der einzige verbliebene Gesellschafter die Partnerschaft noch bis zu einem Jahr allein fortführen konnte, also als eine **Einmann-Partnerschaft**.[5] Der Verlust der Berufszugehörigkeit zog bereits nach den früheren Entwürfen automatisch das Ausscheiden aus der Gesellschaft nach sich.[6] Im Falle des Todes eines Partners sollte dessen Beteiligung an der Gesellschaft nach den Entwürfen aus den Jahren 1971 und 1975 **nicht vererblich** sein;[7] gemäß § 21 Abs. 3 des Entwurfs von 1976 konnten Partner und – nach einer entsprechenden Regelung im Partnerschaftsvertrag – Dritte, die die beruflichen Voraussetzungen für eine Mitgliedschaft erfüllten, erben.[8]

2 Für den Fall des **Ausscheidens** eines Partners trafen die früheren Entwürfe Regelungen der **Abfindung**. So hieß es in § 19 Abs. 1 Satz 2 des Entwurfs von 1971: „Das Abfindungsguthaben errechnet sich – vorbehaltlich einer anderen Regelung im Partnerschaftsvertrag – aus dem Anteil des Ausscheidenden am Vermögen und dem anteiligen inneren Wert der Partnerschaft." Der nachfolgende Gesetzentwurf aus dem Jahre 1975 verzichtete in seinem § 19 Abs. 1 Satz 2 auf die Beteiligung am inneren Wert der Gesellschaft. Der Entwurf von 1976 berechnete die Abfindung schließlich als den Betrag, „den ein Dritter aufwenden würde, wenn er anstelle des ausgeschiedenen Partners in die Partnerschaft eintreten würde."[9] Bereits der Neun-Punkte-Katalog des Bundeswirtschaftsministeriums vom November 1991 zog es gegenüber den früheren Gesetzentwürfen für das Partnerschaftsgesellschaftsgesetz vor, die Regelung der Abfindung ganz dem Gesellschaftsvertrag zu überlassen.[10] Der Referentenentwurf war davon zwar wieder abgegangen zugunsten eigenständiger Regelungen; diese haben aber schon während des Gesetzgebungsverfahrens eher für Verwirrung gesorgt und wurden daher bereits im Regierungsentwurf aufgegeben.[11]

3 Die **Auflösung** der Gesellschaft wie auch die **Ausschließung** einzelner Partner regelten die früheren Entwürfe eigenständig, aber inhaltlich in einer den §§ 133 und

---

1) E 1971, BT-Drucks. VI/2047, S. 2 f.
2) §§ 13 und 14 E 1975, BT-Drucks. 7/4089, S. 4.
3) §§ 22–24 E 1976, BT-Drucks. 7/5402, S. 7 f; hierzu vgl. *Schwenter-Lipp*, S. 232.
4) *Beckmann*, in: Festschrift Kleinert, S. 210, 214.
5) § 12 E 1971 und 1975, § 24 Abs. 2 E 1976; so auch noch § 20 Abs. 2 RefE, hierzu näher *Seibert*, Die Partnerschaft, S. 47 f.
6) § 15 Abs. 2 E 1971 und 1975; § 21 Abs. 1 E 1976.
7) § 15 Abs. 3 Sätze 2 und 3 E 1971 und 1975; so auch noch Punkt 4 des Neun-Punkte-Katalogs v. November 1991, vgl. *Beckmann*, in: Festschrift Kleinert, S. 210, 214.
8) Hierzu *Schwenter-Lipp*, S. 232.
9) § 19 Abs. 4 Satz 1 E 1976, ähnlich dessen §§ 20 Abs. 2 Satz 1, 21 Abs. 1 Satz 2; vgl. *Schwenter-Lipp*, S. 230 f.
10) Punkt 4 des Kataloges, vgl. *Beckmann*, in: Festschrift Kleinert, S. 210, 214.
11) *Seibert*, Die Partnerschaft, S. 47.

140 HGB ähnlichen Weise, wobei jeweils eine gerichtliche Entscheidung herbeigeführt werden musste.[12]

Durch das Handelsrechtsreformgesetz vom 22.6.1998 wurde Absatz 2 mit Wirkung vom 1.7.1998 aufgehoben, da diese Vorschrift früher im Wesentlichen den Inhalt des neuen § 131 Abs. 2 HGB hatte. Aufgrund der Verweisung auf § 131 HGB in Absatz 1 erübrigte sich eine inhaltlich identische Vorschrift im Partnerschaftsgesellschaftsgesetz.

4

B. Das Prinzip: „Ausscheiden statt Auflösung" (Abs. 1)

I. Allgemeines

Absatz 1 verweist auf eine Reihe von Vorschriften des HGB, deren Geltung dann aber durch spezielle Regelungen in Absatz 3 und 4 für die Partnerschaft zum Teil abbedungen oder modifiziert wird. Im Folgenden werden die Bestimmungen des HGB nicht geschlossen, sondern vielmehr dem Sinnzusammenhang entsprechend bei dem zugehörigen Absatz des § 9 behandelt. Absatz 2 enthielt bei Inkrafttreten des Partnerschaftsgesellschaftsgesetzes eine wesentliche **Strukturverfestigung** der Partnerschaft gegenüber der damaligen Rechtslage bei freiberuflichen Gesellschaften bürgerlichen Rechts und der OHG.[13] Anders als nach den §§ 723 ff BGB und den §§ 131 ff HGB a. F. (vor dem 1.7.1998) sollte im Bereich des Partnerschaftsgesellschaftsgesetzes von Anfang an der Grundsatz „Ausscheiden statt Auflösung" gelten.[14] Dadurch wurde weitgehend nur die bei den meisten Personengesellschaften übliche **Praxis der Vertragsgestaltung** kodifiziert (siehe § 138 HGB a. F.).[15] Diese Übung hatte sich entwickelt, da sich das Konzept des HGB-Gesetzgebers, nach welchem die – so unterstellte man – sehr persönliche Verbindung der Gesellschafter sich durch den Fortfall eines von ihnen zu einer wesentlich anderen umgestaltete, in der gesellschaftsrechtlichen Praxis als verfehlt herausgestellt hatte.[16] Anders als etwa Absatz 1 i. V. m. §§ 133, 140 HGB a. F. hatte der Gesetzgeber in dem damaligen Absatz 2 somit für einen Teilbereich eine veraltete und unangemessene Regelung im Recht der Personenhandelsgesellschaften für die Partnerschaft korrigiert.[17] Durch das Handelsrechtsreformgesetz vom 22.6.1998 wurde eine allgemeine Anpassung an die veränderten Umstände vorgenommen, so dass die isolierte Regelung in Absatz 2 gestrichen werden konnte.

5

---

12) §§ 13 Nr. 5, 14, 16 E 1971 und 1975; §§ 19, 22 E 1976.
13) Begründung zum RegE PartGG, BT-Drucks. 12/6152, S. 20 = Anhang, S. 363; *Burret*, WPK-Mitt. 1994, 201, 206; *Bösert*, DStR 1993, 1332, 1334; *ders.*, ZAP Fach 15, 137, 150.
14) Begründung zum RegE PartGG, BT-Drucks. 12/6152, S. 20 = Anhang, S. 364; *Bösert*, DStR 1993, 1332, 1334 f; *ders.*, ZAP Fach 15, S. 137, 150; *Seibert*, Die Partnerschaft, S. 48.
15) Begründung zum RegE PartGG, BT-Drucks. 12/6152, S. 20 = Anhang, S. 363; *Stuber*, WiB 1994, 705, 709; *Bösert*, ZAP Fach 15, S. 137, 150; *Knoll/Schüppen*, DStR 1995, 608, 646, 649.
16) Begründung zum RegE PartGG, BT-Drucks. 12/6152, S. 20 = Anhang, S. 363; *Bösert*, DStR 1993, 1332, 1334; *ders.*, ZAP Fach 15, S. 137, 150.
17) Begründung zum RegE PartGG, BT-Drucks. 12/6152, S. 20 = Anhang, S. 363; *Bösert*, DStR 1993, 1332, 1334; *ders.*, ZAP Fach 15, S. 137, 149 f.

II. Ausscheiden

6 Absatz 1 i. V. m. § 131 Abs. 3 HGB regelt für die dort ausdrücklich aufgezählten Fälle, dass mit dem Eintritt eines bestimmten Ereignisses lediglich der davon betroffene Partner ausscheidet. Daraus folgt gleichzeitig, dass dann die Partnerschaft unter den **verbleibenden** Gesellschaftern **fortgesetzt** wird.[18]

1. Tod eines Partners

7 Gemäß Absatz 1 i. V. m. § 131 Abs. 3 Nr. 1 HGB führt der Tod eines Gesellschafters zu dessen Ausscheiden aus der Partnerschaft. Zu den Rechtsfolgen des Ausscheidens und den Gestaltungsmöglichkeiten einer Nachfolge im Partnerschaftsvertrag vergleiche eingehend unten Rz. 24 ff.

2. Eröffnung des Insolvenzverfahrens über das Vermögen eines Partners

8 Das Ausscheiden des betroffenen Partners bei Eröffnung des Insolvenzverfahrens über sein Vermögen ergibt sich aus Absatz 1 i. V. m. § 131 Abs. 3 Nr. 2 HGB. Die **Abweisung des Insolvenzantrages** mangels Masse führt hingegen nicht automatisch zum Ausscheiden. Abhilfe kann der **Partnerschaftsvertrag** schaffen, indem er die Ablehnung des Insolvenzverfahrens über das Vermögen eines Partners ebenfalls zum Ausscheidensgrund bestimmt.[19] Auch ohne vertragliche Regelung soll dieser Umstand jedenfalls den Ausschluss des Partners entsprechend § 140 HGB rechtfertigen.[20]

9 Der **Insolvenzverwalter** kann den Abfindungsanspruch des ausgeschiedenen Partners für dessen Gläubiger geltend machen, verwerten und verteilen.[21]

3. Kündigung eines Partners

10 Die Regelung des Absatzes 1 i. V. m. § 131 Abs. 3 Nr. 3 HGB betrifft nur die **ordentliche Kündigung** durch einen Gesellschafter nach der hier gemäß Absatz 1 entsprechend anwendbaren Vorschrift des § 132 HGB, also in Abweichung von § 131 Nr. 6 Alt. 1 HGB. Die außerordentliche Kündigung ist nur als Auflösungsklage möglich, Absatz 1 i. V. m. § **133 HGB**.[22] Dies dürfte häufig unangemessen sein, da es zumeist nicht den Interessen der Mitglieder entspricht, dass der außerordentlich kündigende Partner wegen § 133 Abs. 2 HGB die Gesellschaft zerstört. Der **Partnerschaftsvertrag** kann Abhilfe schaffen, indem er die außerordentliche

---

18) Begründung zum RegE PartGG, BT-Drucks. 12/6152, S. 20 = Anhang, S. 364; *Kempter*, BRAK-Mitt. 1994, 122, 124.
19) Begründung zum RegE PartGG, BT-Drucks. 12/6152, S. 20 = Anhang, S. 364.
20) Begründung zum RegE PartGG, BT-Drucks. 12/6152, S. 20 = Anhang, S. 364 mit Verweis auf BGHZ 75, 178, 181, ZIP 1980, 44, wo allerdings nur ganz allgemein davon die Rede ist, dass es den Gesellschaften überlassen bleiben soll, welche Folgerungen sie aus dem Vermögensverfall eines Gesellschafters ziehen wollen.
21) Begründung zum RegE PartGG, BT-Drucks. 12/6152, S. 20 = Anhang, S. 364.
22) *Baumbach/Hopt*, HGB, § 132 Rz. 1; wohl a. A. *Karsten Schmidt*, NJW 1995, 1, 4.

Kündigung der normalen Gesellschafterkündigung insoweit gleichstellt.[23] Gleichzeitig kann vorgesehen werden, dass bestimmte Umstände stets als wichtiger Grund anzusehen sind.[24]

4. Kündigung durch den Privatgläubiger eines Partners

Die Voraussetzungen für die nicht durch den Partnerschaftsvertrag abdingbare[25] Kündigung durch einen Privatgläubiger sind in § 135 HGB geregelt. Neben dem Privatgläubiger steht ein solches Kündigungsrecht in Analogie zu § 135 HGB auch dem **Nachlassverwalter**, dem Nachlassinsolvenzverwalter sowie dem Testamentsvollstrecker zu.[26] Das Ausscheiden des betroffenen Partners folgt aus Absatz 1 i. V. m. § 131 Abs. 3 Nr. 4 HGB.

11

5. Eintritt vertraglich vorgesehener Fälle

Gemäß Absatz 1 i. V. m. § 131 Abs. 3 Nr. 5 HGB führt der Eintritt weiterer, vertraglich vorgesehener Fälle zum Ausscheiden eines Partners.

12

6. Beschluss der Gesellschafter

Die Partner können gemäß Absatz 1 i. V. m. § 131 Abs. 3 Nr. 6 HGB das Ausscheiden eines von ihnen beschließen. Sofern dies gegen den Willen des betroffenen Gesellschafters geschieht, wird man stets einen wichtigen Grund fordern müssen. Im Partnerschaftsvertrag können Sachverhalte, bei deren Vorliegen ein wichtiger Grund regelmäßig gegeben sein soll, näher umschrieben werden.[27] Einen wichtigen Grund kann es beispielsweise darstellen, wenn ein Partner seine aktive Mitarbeit in der Partnerschaft einstellt (hierzu näher § 1 Rz. 7 ff),[28] es sei denn, dieses ist ihm durch eine abweichende Vereinbarung mit den übrigen Gesellschaftern gestattet worden.

13

7. Ausschließung eines Partners (§ 140 HGB)

Gemäß Absatz 1 findet § 140 HGB auch auf die Partnerschaft Anwendung. Danach können die übrigen Partner bei Vorliegen eines **wichtigen Grundes** in der Person eines Gesellschafters anstatt der Auflösungsklage nach § 133 HGB die Ausschließungsklage erheben.

14

III. Auflösung

Mangels abweichender Regelungen in Absatz 1 i. V. m. § 131 Abs. 3 HGB bleibt es bei den in § 131 Abs. 1 HGB genannten **Auflösungsgründen**:

15

---

23) *Seibert*, Die Partnerschaft, S. 46 f; *Bösert*, DStR 1993, 1332, 1334; *ders.*, ZAP Fach 15, S. 137, 149; nach dem Vorschlag der *BRAK*, Stellungnahme zum RefE PartGG, S. 10, sollte dies bereits in Absatz 2 so geregelt werden.
24) *Heymann/Emmerich*, HGB, § 133 Rz. 21.
25) *Baumbach/Hopt*, HGB, § 135 Rz. 14.
26) *Baumbach/Hopt*, HGB, § 135 Rz. 3.
27) Begründung zum RegE PartGG, BT-Drucks. 12/6152, S. 19 = Anhang, S. 362.
28) Begründung zum RegE PartGG, BT-Drucks. 12/6152, S. 19 = Anhang, S. 362; *Burret*, WPK-Mitt. 1994, 201, 202; *Seibert*, Die Partnerschaft, S. 51.

16 – Der **Ablauf der Zeit,** für welche die Partnerschaft eingegangen wurde, § 131 Abs. 1 Nr. 1 HGB. Falls die Partnerschaft nach dem Ablauf der für ihre Dauer vorgesehenen Zeit fortgesetzt wird, steht sie gemäß § 134 HGB i. S. d. §§ 132 und 133 HGB einer für unbestimmte Zeit eingegangenen Gesellschaft gleich. Dies gilt im Übrigen auch für eine auf die Lebenszeit eines Partners eingegangene Partnerschaft.

17 – Der **Partnerbeschluss,** § 131 Abs. 1 Nr. 2 HGB.

18 – Die Eröffnung des **Insolvenzverfahrens** über das **Vermögen der Partnerschaft,** § 131 Abs. 1 Nr. 3 HGB. Falls nach der Auflösung der Partnerschaft das Insolvenzverfahren auf Antrag des Schuldners eingestellt (§§ 212, 213 InsO) oder nach der Bestätigung eines Insolvenzplans, der den Fortbestand der Gesellschaft vorsieht, aufgehoben wurde, können die Partner gemäß § 144 Abs. 1 HGB die **Fortsetzung** der Partnerschaft beschließen; die Fortsetzung ist zur Eintragung in das Partnerschaftsregister anzumelden, § 144 Abs. 2 HGB.

19 – Die **gerichtliche Entscheidung,** § 131 Abs. 1 Nr. 4 HGB. Gemeint ist nach herrschender Meinung[29] nur § 133 HGB. Danach kann anstelle einer außerordentlichen Kündigung nur die Auflösungsklage durch einen Gesellschafter erhoben werden, sofern ein **wichtiger Grund** vorliegt, d. h. die Fortsetzung der Gesellschaft muss für den betroffenen Partner unzumutbar sein. Zudem gilt nach der Rechtsprechung der Verhältnismäßigkeitsgrundsatz, so dass dem Austritt oder der Ausschließung des betroffenen Gesellschafters Vorrang vor der Auflösung der Partnerschaft zukommt, sofern dies – wiederum im Rahmen des Zumutbaren – möglich ist.[30] Die gerichtliche Entscheidung über die Klage ist ein Gestaltungsurteil mit ex nunc-Wirkung.[31]

IV. Anmeldung zur Eintragung

20 Sämtliche Partner haben die Auflösung der Partnerschaft wie auch das Ausscheiden eines Partners zur Eintragung in das Partnerschaftsregister anzumelden, **§ 143 Abs. 1 und 2 HGB.** Auf den Grund für das Ausscheiden kommt es nicht an, so dass auch die Ausschließung nach § 140 HGB angemeldet werden muss.[32] Für den Fall der Eröffnung des Insolvenzverfahrens über das Vermögen der Partnerschaft gilt dies nicht, da nach § 2 Abs. 2 i. V. m. **§ 32 Satz 1 HGB** eine Eintragung bereits von Amts wegen erfolgt.[33] Im Fall des Todes eines Partners kann die Eintragung nach § 143 Abs. 3 HGB auch ohne Mitwirkung der ansonsten ebenfalls anmeldepflichtigen[34] Erben vorgenommen werden, soweit dieser Mitwirkung besondere Hindernisse entgegenstehen.

---

29) *v. Gerkan,* in: Röhricht/Graf v. Westphalen, HGB, § 131 Rz. 22; *Baumbach/Hopt,* HGB, § 131 Rz. 15; a. A. *Heymann/Emmerich,* HGB, § 131 Rz. 28.
30) Begründung zum RegE PartGG, BT-Drucks. 12/6152, S. 19 = Anhang, S. 362; *Baumbach/Hopt,* HGB, § 133 Rz. 6.
31) *G. Hueck,* § 17 I 5, S. 142.
32) *Baumbach/Hopt,* HGB, § 143 Rz. 2.
33) Vgl. die Begründung zum RegE PartGG, BT-Drucks. 12/6152, S. 19 = Anhang, S. 363.
34) *Baumbach/Hopt,* HGB, § 143 Rz. 3.

C. Verlust der Zulassung (Abs. 3)

Aus dem Charakter der Partnerschaft als Zusammenschluss von Freiberuflern zur 21
gemeinsamen Berufsausübung nach § 1 Abs. 1 Satz 1 folgt, dass der Partner, der
seine Zugehörigkeit zu einem freien Beruf verliert, aus der Gesellschaft ausscheiden
muss.[35] Während **frühere Gesetzentwürfe** dies so in dieser Allgemeinheit formuliert und das Ausscheiden des Partners mit dem Erlöschen der **Berufszugehörigkeit** angeordnet hatten,[36] stellt Absatz 3 allein auf die erforderliche **Berufszulassung** ab. Angehörige freier Berufe, für die es eine solche Zulassung nicht gibt, können daher nicht kraft Gesetzes ausscheiden.[37] Für sie kann es allenfalls im Verhältnis zu ihren Partnern eine gesellschaftsrechtliche Verpflichtung geben, aus der Partnerschaft auszuscheiden.[38] Das **Berufsrecht** determiniert somit auch im Rahmen des Absatzes 3 die wesentlichen Voraussetzungen für eine Partnerschaft. Die Vorschrift des Absatzes 3 selbst ist berufsrechtlicher Natur, da es gesellschaftsrechtlich unproblematisch wäre, auch nicht mehr einem bestimmten Beruf angehörigen Personen die Mitgliedschaft zu ermöglichen.[39]

Maßgeblich ist die Zulassung zu dem Beruf, den der betroffene Partner **in der Ge-** 22
sellschaft ausübt. Dieser ergibt sich aus dem Partnerschaftsvertrag (§ 3 Abs. 2 Nr. 2)
und auch aus der entsprechenden Eintragung im Partnerschaftsregister (§ 5 Abs. 1).
Falls ein Gesellschafter **mehrere Berufe** im Rahmen der Partnerschaft ausübt, bleibt
der Verlust einer Zulassung insoweit grundsätzlich ohne Auswirkungen.[40] Der
frühere Rechtsanwalt und Steuerberater verbleibt also nach dem Verlust der Anwaltszulassung zunächst von Gesetzes wegen als Steuerberater in der Partnerschaft.
Wenn die Partner allerdings vereinbart hatten, dass er als Rechtsanwalt tätig werden
sollte, kann diese berufliche Veränderung zu einer Ausschließung aus wichtigem
Grunde führen.[41] Die Änderung muss in jedem Fall zum Partnerschaftsregister angemeldet werden.[42] Wenn sich der Verlust der einzigen Zulassung eines Partners abzeichnet, kann er daher unter Anpassung des Partnerschaftsvertrages einen weiteren
zulassungsfreien Beruf hinzunehmen und so die Rechtsfolge des Absatzes 3 vermeiden. Beispielsweise kann ein ehemals eingetragener Architekt nach dem Verlust
dieser Berufsbezeichnung im Wesentlichen dieselben Dienstleistungen danach als
freier Ingenieur erbringen.[43] Hierbei sind allerdings gemäß § 1 Abs. 3 die zahlreichen
berufsrechtlichen Verbote interprofessioneller Zusammenarbeit zu beachten.

---

35) Vgl. *Burret*, WPK-Mitt. 1994, 201, 206; *Feddersen/Meyer-Landrut*, PartGG, § 9 Rz. 5.
36) § 15 Abs. 2 E 1971, BT-Drucks. VI/2047, S. 3; § 15 Abs. 2 Satz 1 E 1975, BT-Drucks. 7/4089, S. 4; § 21 Abs. 1 Satz 1 E 1976, BT-Drucks. 7/5402, S. 7.
37) Begründung zum RegE PartGG, BT-Drucks. 12/6152, S. 20 = Anhang, S. 365; *Knoll/Schüppen*, DStR 1995, 608, 646, 650; *Karsten*, S. 102.
38) *Hoffmann*, in: Meilicke u. a., PartGG, § 9 Rz. 22.
39) Vgl. *Knoll/Schüppen*, DStR 1995, 608, 646, 649: „… eigenartige und neue Verknüpfung von Gesellschaftsrecht und Berufsrecht."
40) So auch *Karsten*, S. 101.
41) *Salger*, in: Münchener Handbuch, § 44 Rz. 29.
42) *Feddersen/Meyer-Landrut*, PartGG, § 9 Rz. 5.
43) *Salger*, in: Münchener Handbuch, § 44 Rz. 30; *Hoffmann*, in: Meilicke u. a., PartGG, § 9 Rz. 26.

23 Unter dem **Verlust der Zulassung** ist nur der endgültige, rechts- oder bestandskräftige Verlust gemeint,[44] nicht nur eine **vorübergehende Aufhebung** oder das Ruhen nach der Übertragung eines öffentlichen Amtes[45] oder in den Fällen der §§ 6, 13 BÄO.[46] Beispielsfälle sind etwa der Entzug der ärztlichen Approbation,[47] die Rücknahme oder der Widerruf der Zulassung zur Rechtsanwaltschaft, die Löschung der Eintragung in die Architektenliste oder der Verzicht auf eine Berufszulassung (gegebenenfalls um einem Entzug zuvorzukommen).[48] Die Möglichkeit der Beibehaltung des Partnerstatus trotz der vorübergehenden Untätigkeit des betroffenen Gesellschafters im Rahmen der Partnerschaft zeigt, dass die herrschende Meinung, nach der Partner nur **aktive** Angehörige freier Berufe sein können, verfehlt ist (dazu § 1 Rz. 5 ff). Das Gesetz kennt insoweit nur das formelle Kriterium der Zulassung, ohne dass es auf eine etwaige aktive Berufstätigkeit ankäme.[49] Unhaltbar ist daher die von Teilen der Literatur vertretene Auffassung, wonach Absatz 3 lediglich eine Bestätigung dessen sein soll, dass die Partnereigenschaft stets die aktive Mitarbeit voraussetzte.[50] Da sich die Verfahren bis zum rechtskräftigen Entzug einer Berufszulassung wegen des Instanzenweges unter Umständen als sehr langwierig erweisen können, kann es zweckmäßig sein, im Partnerschaftsvertrag vorzusehen, dass ein von einem derartigen Verfahren betroffener Partner bereits zu einem früheren Zeitpunkt, z. B. nach der Entscheidung der Zulassungsbehörde, ausscheidet oder ausgeschlossen werden kann.[51] Auch ohne eine solche Vertragsklausel kann sich die Tatsache eines solchen Verfahrens allerdings bereits als wichtiger Grund erweisen, der den Ausschluss ermöglicht.

D. Vererblichkeit der Beteiligung (Abs. 4)

I. Voraussetzungen

24 Da nach Absatz 1 i. V. m. § 131 Abs. 3 Nr. 1 HGB der Tod eines Partners nicht zur Auflösung der Gesellschaft führt, würde normalerweise dessen Erbe kraft Erbfolge zum Nachfolger in der Partnerstellung.[52] Dieser Grundsatz wird der **Interessenlage** bei einer Partnerschaft nicht gerecht: Zum einen setzt diese nach § 1 Abs. 1 anders als etwa eine Personenhandelsgesellschaft eine ganz bestimmte berufliche Qualifikation als Grundbedingung für die Mitgliedschaft voraus, zum anderen entspricht es generell im Bereich der Personengesellschaften einem Bedürfnis, den Einfluss der

---

44) *Weyand*, INF 1995, 22, 26.
45) Begründung zum RegE PartGG, BT-Drucks. 12/6152, S. 20 = Anhang, S. 365; *Lenz*, MDR 1994, 741, 744; *Knoll/Schüppen*, DStR 1995, 608, 646, 649; so noch ausdrücklich § 15 Abs. 2 Satz 2 E 1975, BT-Drucks. 7/4089, S. 4.
46) Begründung zum RegE PartGG, BT-Drucks. 12/6152, S. 20 = Anhang, S. 365; *Kupfer*, KÖSDI 1995, 10130, 10132.
47) *Schirmer*, MedR 1995, 341, 343.
48) *Salger*, in: Münchener Handbuch, § 44 Rz. 27.
49) So zutreffend *Knoll/Schüppen*, DStR 1995, 608, 646, 649.
50) *Bayer/Imberger*, DZWir 1995, 177, 179.
51) *Salger*, in: Münchener Handbuch, § 44 Rz. 27.
52) Begründung zum RegE PartGG, BT-Drucks. 12/6152, S. 21 = Anhang, S. 365.

übrigen Gesellschafter auf die Person eines in die Mitgliedstellung einrückenden Erben zu sichern.[53)]

Diesen Anforderungen entspricht Absatz 4, indem er in seinem ersten Satz den **Grundsatz der Unvererblichkeit** der Beteiligung an einer Partnerschaft aufstellt. Es gibt also nach der gesetzlichen Ausgestaltung grundsätzlich keine Nachfolge von Erben in die Partnerstellung. Den Erben trafen schon nach der früheren Regelung (Absatz 1 i. V. m. § 137 HGB a. F.) keine Übergangspflichten wie etwa die vorläufigen Fortführungspflichten, zumal der nicht berufsqualifizierte Erbe hierzu regelmäßig gar nicht in der Lage wäre.[54)] 25

Absatz 4 lässt dann in Satz 2 die **Vererblichkeit** unter den **Voraussetzungen** zu, dass 25a

– der **Partnerschaftsvertrag** dies bestimmt – damit ist der Einfluss der sonstigen Partner gewahrt – und

– als Erbe nur solche **Personen** in Betracht kommen, die nach § 1 Abs. 2 Satz 1 und 3 sowie Abs. 2 Partner sein können.

Zu beachten ist § 1 Abs. 3, wonach hier die Vererblichkeit durch besondere berufsrechtliche Regelung ausgeschlossen oder beschränkt werden kann. Daraus folgt insbesondere, dass die Partnerstellung nur für solche freien Berufe i. S. d. § 1 Abs. 2 vererblich gestellt werden kann, die mit den bereits in der Partnerschaft vertretenen Berufen kompatibel (sozietätsfähig) sind, da es sonst durch den Erbfall zu unzulässigen interprofessionellen Partnerschaften kommen könnte.[55)] Bei einem solchen Fall hätten die bisherigen Partner im Übrigen stets einen wichtigen Grund zur Hinauskündigung des nicht sozietätsfähigen Erben.[56)] 25b

II. Gestaltungsmöglichkeiten im Partnerschaftsvertrag

Den Partnern stehen grundsätzlich die aus dem Recht der Personengesellschaften bekannten Möglichkeiten[57)] der Vertragsgestaltung zur Verfügung:[58)] 26

1. Einfache Nachfolgeklausel

Die Partnerschaft wird anstelle des verstorbenen Gesellschafters mit dessen **sämtlichen Erben** fortgesetzt, wobei die Beteiligung im Wege der Einzel- oder Sonder(rechts)nachfolge als Anteil an der Beteiligung des Verstorbenen für jeden Er- 27

---

53) *Kempter*, BRAK-Mitt. 1994, 122, 124; Begründung zum RegE PartGG, BT-Drucks. 12/6152, S. 21 = Anhang, S. 365.
54) Zur früheren Rechtslage siehe *Hoffmann*, in: Meilicke u. a., PartGG, § 9 Rz. 40, der nur im Falle entsprechenden Berufsqualifikation des Erben für eine analoge Anwendung von § 137 HGB plädierte.
55) *Hoffmann*, in: Meilicke u. a., PartGG, § 9 Rz. 44.
56) *Salger*, in: Münchener Handbuch, § 44 Rz. 44.
57) Von einer erbrechtlichen Nachfolgeregelung rät *Stuber*, S. 71 wegen der auf enge Zusammenarbeit ausgelegten Gesellschaftsstruktur grundsätzlich ab.
58) Hierzu ausführlich *Michalski*, Gestaltungsmöglichkeiten, S. 147 ff; *Michalski/Römermann*, Vertrag der Partnerschaftsgesellschaft, Rz. 257 ff.

ben-Gesellschafter in Höhe seiner Erbquote vererbt wird.[59] Nach dem Wortlaut des Absatzes 4 Satz 2 muss bereits im **Partnerschaftsvertrag** festgelegt werden, dass als Nachfolger nur Personen, die partnerschaftsfähig sind, in Betracht kommen.[60] Eine solche Bedingung ist im Rahmen der einfachen Nachfolgeklausel zulässig.[61] So kann beispielsweise in dem Partnerschaftsvertrag von Rechtsanwälten zur Voraussetzung für den Eintritt eines Erben in die Gesellschaft die Zulassung zur Anwaltschaft gemacht werden. Über § 1 Abs. 3 sind auch die jeweiligen **berufsrechtlichen Vorschriften**, insbesondere zur Möglichkeit interprofessioneller Zusammenschlüsse zu beachten.[62]

28 Sollten mehrere Erben über die erforderliche Qualifikation verfügen, so wird es sich häufig anbieten, durch weitergehende **organisationsrechtliche Bestimmungen im Partnerschaftsvertrag** einer Zersplitterung der Gesellschaftsanteile und der damit verbundenen Gefährdung der Einheit der Unternehmensführung vorzubeugen. Hierfür kommen insbesondere in Betracht:[63]

– Der Ausschluss (eines Teils) der Erben von der sonstigen Geschäftsführung gemäß § 6 Abs. 2,
– der Ausschluss von der Vertretungsbefugnis,
– Beschränkungen des Stimmrechts der Erben in der Partnerversammlung; Verpflichtung der Erben zur Abstimmung durch Vertreter (Vertreterklausel).[64]

2. Qualifizierte Nachfolgeklausel

29 An die Stelle des verstorbenen Partners treten kraft Sondererbfolge einer oder mehrere, jedoch **nicht alle Erben**.[65] Je nach der Gestaltung im **Partnerschaftsvertrag** kann z. B. der Erbe mit einem seiner Erbquote entsprechenden Anteil an der Beteiligung Gesellschafter werden, während den Miterben ein Abfindungsanspruch zufällt. Möglich ist auch, dass er mit dem ganzen Anteil des Verstorbenen dessen Vollrechtsnachfolge in die Gesellschaft antritt. Seine Miterben erhalten dann keine Abfindung, sondern sind allein auf ihre erbrechtlichen Ansprüche gegen den Nachfolger verwiesen.[66] Auch bei der qualifizierten Nachfolgeklausel ist die Erfüllung der berufsrechtlichen Voraussetzungen Bedingung für den Eintritt. Insoweit gilt das unter Rz. 27 f Gesagte entsprechend. Der Partnerschaftsvertrag kann natürlich weitergehende Voraussetzungen für die Nachfolge festlegen.[67]

---

59) BGHZ 68, 225, 235; *Michalski*, Gestaltungsmöglichkeiten, S. 151 ff m. w. N.; vgl. hierzu und zum Folgenden auch ausführlich *Michalski*, DB 1980, Beilage Nr. 5; *Ebenroth/Lorz*, WiB 1995, 689, 690.
60) So auch die Begründung zum RegE PartGG, BT-Drucks. 12/6152, S. 21 = Anhang, S. 366.
61) *Baumbach/Hopt*, HGB, § 139 Rz. 11.
62) Vgl. *Kempter*, BRAK-Mitt. 1994, 122, 124.
63) Zu den Einzelheiten näher *Michalski*, Gestaltungsmöglichkeiten, S. 157 ff.
64) Hinsichtlich der Vertreterklausel sind die Einzelheiten sehr str.; vgl. hierzu *Michalski*, Gestaltungsmöglichkeiten, S. 171 ff.
65) Vgl. die Begründung zum RegE PartGG, BT-Drucks. 12/6152, S. 21 = Anhang, S. 366; *Heydn*, ZEV 1998, 161, 165; *Ebenroth/Lorz*, WiB 1995, 689, 691 f auch unter steuerrechtlichem Aspekt.
66) Eingehend hierzu *Michalski*, Gestaltungsmöglichkeiten, S. 186 ff.
67) *Lenz*, MDR 1994, 741, 744.

3. Erbrechtliche Eintrittsklausel

Der verstorbene Partner scheidet mit seinem Tode aus und seine Beteiligung wächst zunächst den übrigen Gesellschaftern zu (siehe § 738 Abs. 1 Satz 1 BGB), während die Erben lediglich einen Abfindungsanspruch erhalten.[68] Die **partnerschaftsfähigen Erben** erhalten jedoch sämtlich oder teilweise das **Recht, einseitig ihren Eintritt** in die Partnerschaft **zu erklären**. Mit dem Eintritt wandelt sich der jeweilige Abfindungsanspruch in Höhe der Erbquote des Eintretenden in einen Anteil an der Gesellschaft um. Im Einzelnen sehr umstritten sind die Zulässigkeit und die Voraussetzungen einer durch den Erblasser begründeten **Eintrittsverpflichtung** für den oder die Erben.[69] Die Eintrittsklausel kann ein interessantes Gestaltungsinstrument für die Konstellation sein, dass der Erbe und vorgesehene Nachfolger in den Gesellschaftsanteil die erforderliche berufliche Qualifikation erst noch erwerben muss und dann innerhalb einer gewissen Frist nach dem Erbfall seinen Eintritt erklären kann.[70]

30

4. Gesellschaftsrechtliche Eintrittsklausel

Hierdurch wird einem **Dritten**, der nicht Erbe ist, das Eintrittsrecht eingeräumt.[71] Rechtlich ist diese Konstruktion als Vertrag zugunsten Dritter zu betrachten, zum Teil auch bereits als bindendes Vertragsangebot der Partner an den Begünstigten.[72] Da der Dritte kein Erbe ist, handelt es sich hierbei streng genommen nicht um eine Frage der Vererblichkeit der Partnerstellung.

31

5. Rechtsgeschäftliche Nachfolgeklausel

Der Erblasser überträgt **unter Lebenden** seine Beteiligung auf einen **Dritten** unter der aufschiebenden Bedingung seines Todes.[73] Da mit dem Todesfall die Partnerstellung automatisch auf den Dritten übergeht, dieser also in alle Rechte und Pflichten des Erblassers eintritt, ohne selbst Erbe zu sein oder über die Ausschlagungsmöglichkeiten eines Erben zu verfügen, ist diese Konstruktion nach ganz herrschender Meinung nur unter Mitwirkung des Dritten möglich.[74] Dies kann beispielsweise dann der Fall sein, wenn der Nachfolger ein Mitgesellschafter des Erblassers ist.[75] Wie bei der gesellschaftsrechtlichen Eintrittsklausel, so liegt auch hier keine Vererbung der Partnerstellung im eigentlichen Sinne vor.

32

---

68) *Michalski*, Gestaltungsmöglichkeiten, S. 199 f.
69) Eingehend *Michalski*, Gestaltungsmöglichkeiten, S. 201 ff.
70) *Heydn*, ZEV 1998, 161, 164.
71) Näher – auch zur steuerrechtlichen Behandlung – *Ebenroth/Lorz*, WiB 1995, 689, 692 f; MünchHdb. GesR I/*Salger*, § 38 Rz. 11.44.
72) *Baumbach/Hopt*, HGB, § 139 Rz. 51.
73) *Ebenroth/Lorz*, WiB 1995, 689, 693.
74) *Baumbach/Hopt*, HGB, §139 Rz. 57 f.
75) Vgl. *v. Gerkan*, in: Röhricht/Graf v. Westphalen, HGB, § 139 Rz. 14, der dies allerdings zu Unrecht als die einzige mögliche Fallgestaltung bezeichnet.

III. Austrittsrecht nach § 139 HGB

33 Absatz 1 scheint insgesamt auf § 139 HGB zu verweisen, der die Fortsetzung einer OHG mit den Erben eines Gesellschafters regelt. Da diese Bestimmung aber wegen der Unzulässigkeit einer Kommandit-Partnerschaft in weiten Teilen unanwendbar ist,[76] findet sich in Absatz 4 Satz 3 die Anordnung einer modifizierten Verweisung insoweit, als der Erbe der Beteiligung seinen Austritt aus der Partnerschaft erklären kann. Dies setzt also voraus, dass der Partnerschaftsvertrag eine einfache oder qualifizierte Nachfolgeklausel enthielt und mindestens ein Erbe die Bedingung der Partnerschaftsfähigkeit erfüllte, so dass er die Nachfolge als Gesellschafter antreten könnte. Da dies alles lediglich auf eine **Vereinbarung des Erblassers** mit den übrigen **Partnern ohne** eine direkte rechtsgeschäftliche **Beteiligung des Erben** beruht, räumt ihm das Gesetz nun die Möglichkeit ein, sich durch eine Erklärung von der ihm ohne sein Zutun zugefallenen Mitgliedschaft loszusagen. Jeder Erbe hat danach das Recht, **ohne** Einhaltung einer **Kündigungsfrist** sein Ausscheiden aus der Partnerschaft zu erklären, § 139 Abs. 2 HGB. Dieses Recht ist **binnen drei Monaten** ab Kenntnis von der Erbschaft auszuüben, wobei die Frist jedoch nicht vor der Frist zur Ausschlagung der Erbschaft enden kann, § 139 Abs. 3 HGB. Im Falle des Ausscheidens **haftet** der Erbe nur als solcher für die Altschulden bis zum Erbfall und für die Neuschulden bis zum Austritt als Nachlassverbindlichkeiten mit der Möglichkeit der Haftungsbeschränkung nach §§ 1967 ff BGB, § 139 Abs. 4 HGB.[77] Gemäß § 139 Abs. 5 HGB kann der Partnerschaftsvertrag das Austrittsrecht des Erben nicht erschweren oder gar ausschließen.

E. Rechtsfolgen bei Auflösung und Ausscheiden

34 Im Gegensatz zu früheren Gesetzentwürfen trifft das Partnerschaftsgesellschaftsgesetz hinsichtlich der Anwachsung und Abfindung keine eigenständige Regelung, sondern verweist über § 1 Abs. 4 auf das Recht der Gesellschaft bürgerlichen Rechts, insbesondere also § **738 BGB**.[78] Dies gilt unterschiedslos für sämtliche Fälle des § 9. Demnach wächst der Anteil des Ausscheidenden den übrigen Partnern zu (§ 738 Abs. 1 Satz 1 BGB). Diese sind verpflichtet, dem Ausscheidenden die von ihm der Partnerschaft überlassenen Gegenstände zurückzugeben, ihn von den gemeinschaftlichen Schulden zu befreien und ihm als **Abfindung** das (fiktive) Auseinandersetzungsguthaben, den Abfindungsanspruch, zu zahlen (§ 738 Abs. 1 Satz 3 BGB).[79] Dessen Berechnung richtet sich nach allgemeinen personengesellschafts-

---

76) *Burret*, WPK-Mitt. 1994, 201, 206; *Karsten Schmidt*, NJW 1995, 1, 5; vgl. die entsprechende Kritik während des Gesetzgebungsverfahrens, z. B. *BRAK*, Stellungnahme zum RefE PartGG, S. 11.
77) *Baumbach/Hopt*, HGB, § 139 Rz. 48; *Karsten Schmidt*, NJW 1995, 1, 5.
78) Ausführlich *Heydn*, ZEV 1998, 161 f; ferner *Kempter*, BRAK-Mitt. 1994, 122, 124; Begründung zum RegE PartGG, BT-Drucks. 12/6152, S. 20 = Anhang, S. 366; *Lenz*, MDR 1994, 741, 744, 746; *Weyand*, INF 1995, 22, 26.
79) *G. Hueck*, 1991, § 10 II 2; *Baumbach/Hopt*, HGB, § 138 Rz. 13 ff.

rechtlichen Grundsätzen, ebenso wie die Zulässigkeit und Wirksamkeit von die Höhe der Abfindung beschränkenden Klauseln im Partnerschaftsvertrag.[80]

Grundsätzlich ist entgegen dem Wortlaut des § 738 Abs. 1 Satz 2 BGB nicht vom Liquidations-, sondern vom **Fortführungswert** einschließlich des good will der Partnerschaft auszugehen.[81] Maßstab ist der Ertrags-, nicht der Substanzwert, der zum Tage des Ausscheidens in einer gesonderten Abschichtungsbilanz zu ermitteln ist.[82] Im Übrigen hat sich eine umfangreiche kautelarjuristische Praxis im Bereich der **Abfindungsklauseln** entwickelt.[83] Ein völliger Ausschluss jeglicher Abfindung kann nur für den Fall des Todes wirksam vereinbart werden[84]; darüber hinaus gebieten § 723 Abs. 3 BGB, § 133 Abs. 3 HGB eine grundsätzliche Nichtigkeit von Abreden, durch die das Kündigungsrecht eines Partners faktisch in unzulässiger Weise beschränkt werden würde.[85] Ob eine unzulässige Beschränkung vorliegt, ist jeweils gesondert für den Einzelfall zu ermitteln. Dies gilt insbesondere für die häufig in Personengesellschaftsverträgen anzutreffende **Buchwertklausel**.[86] Insoweit mag allerdings aufgrund des persönlichen Arbeitseinsatzes der Angehörigen freier Berufe die Teilhabe am künftigen Ertragswert nicht in gleichem Maße wie bei Handelsgesellschaften als zwingend angesehen werden.[87] Da die Summe der Vermögensgegenstände (Büro-, Praxiseinrichtung etc.) regelmäßig weit unter dem Ertragswert liegt, bedarf es zu dessen Ermittlung zumeist einer sachverständigen Begutachtung.[88]

35

Neben der Abfindung hat der ausscheidende Gesellschafter gemäß § 1 Abs. 4 i. V. m. § 732 BGB einen Anspruch auf **Rückgabe der Gegenstände,** die er der Partnerschaft zur Benutzung überlassen hatte.[89]

36

Der ausscheidende Partner ist zudem an den zum Zeitpunkt des Ausscheidens noch schwebenden Geschäften zu beteiligen.[90] Hierfür steht ihm ein Auskunftsrecht nach § 1 Abs. 4 PartGG i. V. m. § 740 Abs. 2 BGB zu.

37

---

80) Begründung zum RegE PartGG, BT-Drucks. 12/6152, S. 20 = Anhang, S. 367.
81) *Baumbach/Hopt*, HGB, § 138 Rz. 21.
82) H. M., *Baumbach/Hopt*, HGB, § 138 Rz. 21.
83) Näher mit umfangreichen Nachweisen *Wollny*, Rz. 1341 ff; vgl. *Seibert*, Die Partnerschaft, S. 47.
84) *Baumbach/Hopt*, HGB, § 138 Rz. 34; BGHZ 22, 186, 194; vgl. im Zusammenhang mit der Partnerschaft *Karsten Schmidt*, NJW 1995, 1, 4.
85) *Baumbach/Hopt*, HGB, § 138 Rz. 36; *G. Hueck*, § 16 III.
86) Näher *G. Hueck*, § 16 III; *Baumbach/Hopt*, HGB, § 138 Rz. 36; zur neueren Rechtsprechung des BGH *Müller*, ZIP 1995, 1561; BGH ZIP 1993, 1160 = GmbHR 1993, 505; BGHZ 123, 281 = ZIP 1993, 1611 = EWiR 1993, 1179 *(Büttner)* = GmbHR 1993, 806 = NJW 1993, 3193 = WiB 1994, 21 m. Anm. *v. d. Seipen*; BGH ZIP 1994, 1173 = GmbHR 1994, 871; vgl. *Dauner-Lieb*, ZHR 158 (1994), 271; *dies.*, GmbHR 1994, 836; *Rasner*, ZHR 158 (1994), 292; *Haack*, GmbHR 1994, 437.
87) So *Karsten Schmidt*, NJW 1995, 1, 4.
88) *Salger*, in: Münchener Handbuch, § 44 Rz. 48.
89) *Salger*, in: Münchener Handbuch, § 44 Rz. 46.
90) *Salger*, in: Münchener Handbuch, § 44 Rz. 47.

§ 10
Liquidation der Partnerschaft; Nachhaftung

(1) Für die Liquidation der Partnerschaft sind die Vorschriften über die Liquidation der offenen Handelsgesellschaft entsprechend anwendbar.

(2) Nach der Auflösung der Partnerschaft oder nach dem Ausscheiden des Partners bestimmt sich die Haftung der Partner aus Verbindlichkeiten der Partnerschaft nach den §§ 159, 160 des Handelsgesetzbuchs.

Die Vorschriften des HGB, auf die Absatz 2 Bezug nimmt, lauten:

§ 145 (Notwendigkeit der Liquidation)
(1) Nach der Auflösung der Gesellschaft findet die Liquidation statt, sofern nicht eine andere Art der Auseinandersetzung von den Gesellschaftern vereinbart oder über das Vermögen der Gesellschaft das Insolvenzverfahren eröffnet ist.

(2) Ist die Gesellschaft durch Kündigung des Gläubigers eines Gesellschafters oder durch die Eröffnung des Insolvenzverfahrens über das Vermögen eines Gesellschafters aufgelöst, so kann die Liquidation nur mit Zustimmung des Gläubigers oder des Insolvenzverwalters unterbleiben; ist im Insolvenzverfahren Eigenverwaltung angeordnet, so tritt an die Stelle der Zustimmung des Insolvenzverwalters die Zustimmung des Schuldners.

(3) Ist die Gesellschaft durch Löschung wegen Vermögenslosigkeit aufgelöst, so findet eine Liquidation nur statt, wenn sich nach der Löschung herausstellt, dass Vermögen vorhanden ist, das der Verteilung unterliegt.

§ 146 (Bestellung der Liquidatoren)
(1) Die Liquidation erfolgt, sofern sie nicht durch Beschluß der Gesellschafter oder durch den Gesellschaftsvertrag einzelnen Gesellschaftern oder anderen Personen übertragen ist, durch sämtliche Gesellschafter als Liquidatoren. Mehrere Erben eines Gesellschafters haben einen gemeinsamen Vertreter zu bestellen.

(2) Auf Antrag eines Beteiligten kann aus wichtigen Gründen die Ernennung von Liquidatoren durch das Gericht erfolgen, in dessen Bezirk die Gesellschaft ihren Sitz hat; das Gericht kann in einem solchen Falle Personen zu Liquidatoren ernennen, die nicht zu den Gesellschaftern gehören. Als Beteiligter gilt außer den Gesellschaftern im Falle des § 135 auch der Gläubiger, durch den die Kündigung erfolgt ist. Im Falle des § 145 Abs. 3 sind die Liquidatoren auf Antrag eines Beteiligten durch das Gericht zu ernennen.

(3) Ist über das Vermögen eines Gesellschafters das Insolvenzverfahren eröffnet und ist ein Insolvenzverwalter bestellt, so tritt dieser an die Stelle des Gesellschafters.

§ 147 (Abberufung von Liquidatoren)
Die Abberufung von Liquidatoren geschieht durch einstimmigen Beschluss der nach § 146 Abs. 2 und 3 Beteiligten; sie kann auf Antrag eines Beteiligten aus wichtigen Gründen auch durch das Gericht erfolgen.

§ 148 (Anmeldung der Liquidatoren)
(1) Die Liquidatoren sind von sämtlichen Gesellschaftern zur Eintragung in das Handelsregister anzumelden. Das Gleiche gilt von jeder Änderung in den Personen der Liquidatoren oder in ihrer Vertretungsmacht. Im Falle des Todes eines Gesellschafters kann, wenn anzunehmen ist, dass die Anmeldung den Tatsachen entspricht, die Eintragung

erfolgen, auch ohne dass die Erben bei der Anmeldung mitwirken, soweit einer solchen Mitwirkung besondere Hindernisse entgegenstehen.

(2) Die Eintragung gerichtlich bestellter Liquidatoren sowie die Eintragung der gerichtlichen Abberufung von Liquidatoren geschieht von Amts wegen.

(3) Die Liquidatoren haben ihre Namensunterschriften unter Angabe der Firma zur Aufbewahrung bei dem Gericht zu zeichnen.

§ 149 (Rechte und Pflichten der Liquidatoren)
Die Liquidatoren haben die laufenden Geschäfte zu beendigen, die Forderungen einzuziehen, das übrige Vermögen in Geld umzusetzen und die Gläubiger zu befriedigen; zur Beendigung schwebender Geschäfte können sie auch neue Geschäfte eingehen. Die Liquidatoren vertreten innerhalb ihres Geschäftskreises die Gesellschaft gerichtlich und außergerichtlich.

§ 150 (Mehrere Liquidatoren)
(1) Sind mehrere Liquidatoren vorhanden, so können sie die zur Liquidation gehörenden Handlungen nur in Gemeinschaft vornehmen, sofern nicht bestimmt ist, dass sie einzeln handeln können.

(2) Durch die Vorschrift des Absatzes 1 wird nicht ausgeschlossen, dass die Liquidatoren einzelne von ihnen zur Vornahme bestimmter Geschäfte oder bestimmter Arten von Geschäften ermächtigen. Ist der Gesellschaft gegenüber eine Willenserklärung abzugeben, so findet die Vorschrift des § 125 Abs. 2 Satz 3 entsprechende Anwendung.

§ 151 (Unbeschränkbarkeit der Befugnisse)
Eine Beschränkung des Umfanges der Befugnisse der Liquidatoren ist Dritten gegenüber unwirksam.

§ 152 (Bindung an Weisungen)
Gegenüber den nach § 146 Abs. 2 und 3 Beteiligten haben die Liquidatoren, auch wenn sie vom Gerichte bestellt sind, den Anordnungen Folge zu leisten, welche die Beteiligten in betreff der Geschäftsführung einstimmig beschließen.

§ 153 (Unterschrift)
Die Liquidatoren haben ihre Unterschrift in der Weise abzugeben, dass sie der bisherigen, als Liquidationsfirma zu bezeichnenden Firma ihren Namen beifügen.

§ 154 (Bilanzen)
Die Liquidatoren haben bei dem Beginn sowie bei der Beendigung der Liquidation eine Bilanz aufzustellen.

§ 155 (Verteilung des Gesellschaftsvermögens)
(1) Das nach Berichtigung der Schulden verbleibende Vermögen der Gesellschaft ist von den Liquidatoren nach dem Verhältnisse der Kapitalanteile, wie sie sich auf Grund der Schlussbilanz ergeben, unter die Gesellschafter zu verteilen.

(2) Das während der Liquidation entbehrliche Geld wird vorläufig verteilt. Zur Deckung noch nicht fälliger oder streitiger Verbindlichkeiten sowie zur Sicherung der den Gesellschaftern bei der Schlussverteilung zukommenden Beträge ist das Erforderliche zurückzubehalten. Die Vorschriften des § 122 Abs. 1 finden während der Liquidation keine Anwendung.

(3) Entsteht über die Verteilung des Gesellschaftsvermögens Streit unter den Gesellschaftern, so haben die Liquidatoren die Verteilung bis zur Entscheidung des Streites auszusetzen.

§ 10 Liquidation der Partnerschaft; Nachhaftung

§ 156 (Rechtsverhältnisse der Gesellschafter)

Bis zur Beendigung der Liquidation kommen in Bezug auf das Rechtsverhältnis der bisherigen Gesellschafter untereinander sowie der Gesellschaft zu Dritten die Vorschriften des zweiten und dritten Titels zur Anwendung, soweit sich nicht aus dem gegenwärtigen Titel oder aus dem Zweck der Liquidation ein anderes ergibt.

§ 157 (Anmeldung des Erlöschens; Geschäftsbücher)

(1) Nach der Beendigung der Liquidation ist das Erlöschen der Firma von den Liquidatoren zur Eintragung in das Handelsregister anzumelden.

(2) Die Bücher und Papiere der aufgelösten Gesellschaft werden einem der Gesellschafter oder einem Dritten in Verwahrung gegeben. Der Gesellschafter oder der Dritte wird in Ermangelung einer Verständigung durch das Gericht bestimmt, in dessen Bezirk die Gesellschaft ihren Sitz hat.

(3) Die Gesellschafter und deren Erben behalten das Recht auf Einsicht und Benutzung der Bücher und Papiere.

§ 158 (Andere Art der Auseinandersetzung)

Vereinbaren die Gesellschafter statt der Liquidation eine andere Art der Auseinandersetzung, so finden, solange noch ungeteiltes Gesellschaftsvermögen vorhanden ist, im Verhältnisse zu Dritten die für die Liquidation geltenden Vorschriften entsprechende Anwendung.

§ 159 (Ansprüche gegen einen Gesellschafter)

(1) Die Ansprüche gegen einen Gesellschafter aus Verbindlichkeiten der Gesellschaft verjähren in fünf Jahren nach der Auflösung der Gesellschaft, sofern nicht der Anspruch gegen die Gesellschaft einer kürzeren Verjährung unterliegt.

(2) Die Verjährung beginnt mit dem Ende des Tages, an welchem die Auflösung der Gesellschaft in das Handelsregister des für den Sitz der Gesellschaft zuständigen Gerichts eingetragen wird.

(3) Wird der Anspruch des Gläubigers gegen die Gesellschaft erst nach der Eintragung fällig, so beginnt die Verjährung mit dem Zeitpunkt der Fälligkeit.

(4) Der Neubeginn der Verjährung und ihre Hemmung nach § 204 des Bürgerlichen Gesetzbuchs gegenüber der aufgelösten Gesellschaft wirken auch gegenüber den Gesellschaftern, die der Gesellschaft zur Zeit der Auflösung angehört haben.

§ 160 (Haftung des ausscheidenden Gesellschafters; Fristen; Haftung als Kommanditist)

(1) Scheidet ein Gesellschafter aus der Gesellschaft aus, so haftet er für ihre bis dahin begründeten Verbindlichkeiten, wenn sie vor Ablauf von fünf Jahren nach dem Ausscheiden fällig und daraus Ansprüche gegen ihn in einer in § 197 Abs. 1 Nr. 3 bis 5 des Bürgerlichen Gesetzbuchs bezeichneten Art festgestellt sind oder eine gerichtliche oder behördliche Vollstreckungshandlung vorgenommen oder beantragt wird; bei öffentlich-rechtlichen Verbindlichkeiten genügt der Erlass eines Verwaltungsakts. Die Frist beginnt mit dem Ende des Tages, an dem das Ausscheiden in das Handelsregister des für den Sitz der Gesellschaft zuständigen Gerichts eingetragen wird. Die für die Verjährung geltenden §§ 204, 206, 210, 211 und 212 Abs. 2 und 3 des Bürgerlichen Gesetzbuches sind entsprechend anzuwenden.

(2) Einer Feststellung in einer in § 197 Abs. 1 Nr. 3 bis 5 des Bürgerlichen Gesetzbuchs bezeichneten Art bedarf es nicht, soweit der Gesellschafter den Anspruch schriftlich anerkannt hat.

(3) ... .

Schrifttum: *Bösert*, Der Regierungsentwurf eines Gesetzes zur Schaffung von Partnerschaftsgesellschaften (Partnerschaftsgesellschaftsgesetz – PartGG), DStR 1993, 1332; *Burret*, Das Partnerschaftsgesellschaftsgesetz, WPK-Mitt. 1994, 201; *Eckert*, Begrenzung der Nachhaftung ausgeschiedener Gesellschafter, RdA 1994, 215; *Henssler*, Neue Formen anwaltlicher Zusammenarbeit – Anwalts-GmbH und Partnerschaft im Wettbewerb der Gesellschaftsformen, DB 1995, 1549; *Hornung,* Partnerschaftsgesellschaft für Freiberufler (Teil 2), Rpfleger 1996, 1; *ders.,* Partnerschaftsgesellschaft für Freiberufler (Teil 1), Rpfleger 1995, 481; *Kainz*, Nachhaftungsbegrenzungsgesetz, DStR 1994, 620; *Kollbach*, Die Neuregelung der Nachhaftung ausgeschiedener Gesellschafter, GmbHR 1994, 164; *Lieb*, Zum Entwurf eines Nachhaftungsbegrenzungsgesetzes, GmbHR 1992, 561; *Mahnke*, Das Partnerschaftsgesellschaftsgesetz, WM 1996, 1029; *Michalski*, Zum Regierungsentwurf eines Partnerschaftsgesellschaftsgesetzes, ZIP 1993, 1210; *Mittelsteiner,* Kommentierung zum PartGG, DStR 1994, Beihefter zu Heft 37, S. 37; *Nitsche*, Das neue Nachhaftungsbegrenzungsgesetz – Vertragsübergang kraft Gesetzes?, ZIP 1994, 1919; *Reichold*, Das neue Nachhaftungsbegrenzungsgesetz, NJW 1994, 1617; *Karsten Schmidt*, Partnerschaftsgesetzgebung zwischen Berufsrecht, Schuldrecht und Gesellschaftsrecht, ZIP 1993, 633; *Seibert*, Nachhaftungsbegrenzungsgesetz – Haftungsklarheit für den Mittelstand, DB 1994, 461; *Stuber*, Das Partnerschaftsgesellschaftsgesetz unter besonderer Berücksichtigung der Belange der Anwaltschaft, WiB 1994, 705.

Übersicht

A. Liquidation (Abs. 1) 1	IV. Vertretungsmacht der Liquidatoren 8
I. Überblick 1	V. Innenverhältnis 10
II. Voraussetzungen für die Liquidation 2	VI. Nach Beendigung der Liquidation 11
III. Bestellung und Abberufung der Liquidatoren 4	B. Nachhaftung (Abs. 2) 12

A. Liquidation (Abs. 1)

I. Überblick

Während die **früheren Gesetzentwürfe** die Abwicklung der Partnerschaft noch umfangreich selbst geregelt hatten, beschränkte sich nach heftiger Kritik im Gesetzgebungsverfahren[1] erstmals der Regierungsentwurf auf eine **Globalverweisung** auf die §§ 145–158 HGB. Die knappe Regelung dürfte der zu erwartenden praktischen Bedeutung der Vorschriften eher entsprechen.[2] Neben den Bestimmungen des HGB sind bei der Partnerschaft aufgrund des § 1 Abs. 3 auch berufsrechtliche Regelungen zu beachten. 1

II. Voraussetzungen für die Liquidation

Nach der **Auflösung der Partnerschaft** gibt es mehrere Möglichkeiten für die weitere Entwicklung, die zunächst zu prüfen sind, bevor im zuletzt genannten Fall die Liquidation erfolgt: 2

– Nach der Eröffnung **des Insolvenzverfahrens** über das Vermögen der Partnerschaft folgt zunächst dieses Verfahren und erst nach dessen Abschluss eine

---

1) *Karsten Schmidt*, ZIP 1993, 633, 645; *BRAK*, Stellungnahme zum RefE PartGG, S. 13 f; *Michalski*, ZIP 1993, 1210, 1214.
2) *Seibert*, Die Partnerschaft, S. 48.

Auseinandersetzung, sofern dann noch Vermögen vorhanden ist, oder die Fortsetzung der Partnerschaft nach § 9 Abs. 1 PartGG i. V. m. § 144 HGB.
- Wenn **einer von zwei** allein vorhandenen Partnern **stirbt und der andere ihn beerbt**, entfällt eine Auseinandersetzung.[3)]
- Im Fall des § 9 Abs. 1 PartGG i. V. m. § 140 Abs. 1 Satz 2 HGB übernimmt der letzte verbliebene „Partner" das gesamte Partnerschaftsvermögen.
- Der **Partnerschaftsvertrag** kann im Übrigen eine bestimmte Art der Auseinandersetzung bestimmen.[4)] Dann finden allerdings gemäß § 158 HGB im Verhältnis zu Dritten die Vorschriften über die Liquidation entsprechende Anwendung, solange noch ungeteiltes Partnerschaftsvermögen vorhanden ist.[5)]
- Sofern keiner der vorstehenden Fälle vorliegt, findet gemäß § 145 Abs. 1 HGB die **Liquidation** statt.

3 Die Vorschriften der § 145 Abs. 2, § 146 Abs. 2 Satz 2 und Abs. 3 sowie § 148 Abs. 1 Satz 3 **HGB** basieren sämtlich auf der Annahme, dass die **Ereignisse**
- **Tod** eines Partners,
- Eröffnung des **Insolvenzverfahrens** über das Vermögen eines Partners und
- Kündigung durch den **Privatgläubiger** eines Partners

zur **Auflösung** der Partnerschaft führen. Dies ist bei der Partnerschaft wegen § 9 Abs. 1 i. V. m. § 131 Abs. 2 HGB nur dann der Fall, wenn der **Partnerschaftsvertrag** ausnahmsweise einmal eine solche Rechtsfolge ausdrücklich anordnet.[6)]

III. Bestellung und Abberufung der Liquidatoren

4 Nach § 146 Abs. 1 Satz 1 HGB sind grundsätzlich sämtliche Gesellschafter gemeinsam die so genannten **geborenen Liquidatoren**. Die Partner können aber durch Beschluss oder aber bereits im Partnerschaftsvertrag diese Funktion nur einzelnen unter ihnen oder gar dritten Personen übertragen,[7)] wobei im letzteren Fall die berufsrechtlichen Voraussetzungen besondere Bedeutung gewinnen. Auf Antrag eines Beteiligten ernennt das zuständige Gericht[8)] aus wichtigem Grunde einen Liquidator (§ 146 Abs. 2 HGB). Im Gegensatz zu den früheren Gesetzentwürfen[9)] bestimmt das Partnerschaftsgesellschaftsgesetz nicht ausdrücklich, dass der **Abwickler** über eine entsprechende **berufliche Qualifikation** als Angehöriger eines freien Berufes verfügen muss. Dies zu regeln, bleibt vielmehr nach § 1 Abs. 3 den **Berufsrechten** überlassen.

---

3) *Baumbach/Hopt*, HGB, § 145 Rz. 1.
4) Hierzu näher *Baumbach/Hopt*, HGB, § 145 Rz. 8 ff.
5) Begründung zum RegE PartGG, BT-Drucks. 12/6152, S. 22 = Anhang, S. 370.
6) Begründung zum RegE PartGG, BT-Drucks. 12/6152, S. 22 = Anhang, S. 368; *Burret*, WPK-Mitt. 1994, 201, 206.
7) *Salger*, in: Münchener Handbuch, § 38 Rz. 11.
8) Durch den Rechtspfleger, vgl. Art. 3; Begründung zum RegE PartGG, BT-Drucks. 12/6152, S. 23 = Anhang, S. 368.
9) § 21 Abs. 2 Satz 2 E 1971, BT-Drucks. VI/2047, S. 3 f, und E 1975, BT-Drucks. 7/4089, S. 5; § 27 Abs. 2 Satz 3 E 1976, BT-Drucks. 7/5402, S. 8.

Zu den **Pflichten des Abwicklers** gehört gemäß § 149 HGB insbesondere die Abwicklung der laufenden Geschäfte; dies umfasst auch die Aufnahme neuer Tätigkeiten, die hierfür oder für die Erhaltung des Partnerschaftsvermögens erforderlich sind.[10] Zu den Geschäften der Partnerschaft gehören vor allem die bereits geschlossenen **Mandats- oder Behandlungsverträge**. Die für deren Wahrnehmung erforderlichen Leistungen können nach den jeweiligen berufsrechtlichen Vorschriften nur von Personen erbracht werden, die über die entsprechende Zulassung und Qualifikation verfügen.[11] Daher bestimmen einige **Berufsrechte**, dass die Abwicklung der Praxis eines Angehörigen des freien Berufs ausschließlich durch einen Angehörigen desselben Berufs erfolgen kann, so z. B. § 55 Abs. 1 Satz 1 BRAO für **Rechtsanwälte**.[12] In solchen Fällen sind die Partner und das Gericht gebunden. Andere Berufsrechte stellen Regeln ohne Ausschließlichkeitscharakter auf, wie etwa der über § 54 Abs. 4 StBerG auch für Steuerberatungsgesellschaften und damit ebenfalls für solche Partnerschaften anwendbare § 70 Abs. 1 Satz 1 StBerG, demzufolge die Berufskammer zum Abwickler einer **Steuerberaterkanzlei** einen Steuerberater oder Steuerbevollmächtigten bestellen „kann".[13] Sofern für die Liquidation einer **interprofessionellen Partnerschaft** mehrere Berufskompetenzen erforderlich sind, können mehrere Abwickler aus den verschiedenen Berufen bestellt werden. Möglich ist auch, nur einen Abwickler zu bestellen, der sich dann, sofern er nicht selbst über die notwendigen Mehrfachqualifikationen verfügt, für die praktische Abwicklung der Hilfe von Angehörigen der entsprechenden Berufe bedienen muss.

Das Gericht hat bei der Bestellung nach § 146 Abs. 2 HGB den berufsrechtlichen Erfordernissen Rechnung zu tragen.[14] Auch die Partner werden diese Umstände bei einer Entscheidung nach § 146 Abs. 1 HGB gebührend berücksichtigen müssen, da andernfalls die Abwicklung der spezifisch freiberuflichen Geschäfte an den berufsrechtlichen Voraussetzungen scheitert.[15] Die **Abberufung** der Liquidatoren vollzieht sich gemäß § 147 HGB durch einstimmigen Beschluss der nach § 146 Abs. 2 und 3 HGB Beteiligten oder auf Antrag eines Beteiligten aus wichtigem Grunde durch das Gericht. Liquidatoren können ihr Amt grundsätzlich jederzeit niederlegen, es sei denn, sie sind durch einen Vertrag mit der Gesellschaft gebunden. Dies wird bei Dritten eher der Fall sein als wenn die Partner persönlich das Liquidationsamt übernehmen.[16]

Nach § 148 HGB ist die Bestellung sowie jede personelle Veränderung der Liquidatoren zur **Eintragung in das Partnerschaftsregister** anzumelden; im Falle der Be-

---

10) *Baumbach/Hopt*, HGB, § 149 Rz. 6.
11) Begründung zum RegE PartGG, BT-Drucks. 12/6152, S. 22 = Anhang, S. 369.
12) Abwickler kann allerdings auch eine andere Person sein, welche die Befähigung zum Richteramt besitzt.
13) Dazu *Mittelsteiner*, DStR 1994, Beihefter zu Heft 37, S. 39; *Bösert*, DStR 1993, 1332, 1338.
14) Begründung zum RegE PartGG, BT-Drucks. 12/6152, S. 22 = Anhang, S. 369; *Hornung*, Rpfleger 1996, 1, 6.
15) Begründung zum RegE PartGG, BT-Drucks. 12/6152, S. 22 = Anhang, S. 369.
16) *Salger*, in: Münchener Handbuch, § 44 Rz. 10.

IV. Vertretungsmacht der Liquidatoren

8 Durch § 150 Abs. 1 HGB wird für den Regelfall eine **Gesamtvertretungsmacht** der Liquidatoren vorgeschrieben. Dies entspricht häufig nicht den Erfordernissen der Partnerschaft, zumal die Ausübung eines freien Berufs zur Abwicklung der laufenden Mandatsverhältnisse der Gesellschaft häufig eine Einzelvertretungsbefugnis voraussetzt. Es kann daher ratsam sein, z. B. in dem vor der Auflösung bestehenden Umfang den Partnern, die nun als Abwickler tätig werden, weiterhin **Einzelvertretungsmacht** einzuräumen.[18] Die Befugnis zur Einzelgeschäftsführung kann nach § 6 Abs. 2 in Bezug auf die Berufsausübung ohnehin nicht ausgeschlossen werden; dies gilt auch während der Liquidation, zumal nach § 150 Abs. 1, § 156 HGB der Zweck der Abwicklung die Fortsetzung der freiberuflichen Tätigkeit gebietet.[19] Die Einzelvertretungsmacht ist gemäß Absatz 1 i. V. m. § 150 Abs. 1 HGB in das Partnerschaftsregister einzutragen.

9 Die Befugnisse der Liquidatoren können gemäß **§ 151 HGB** Dritten gegenüber nicht wirksam beschränkt werden. Im Innenverhältnis sind sie jedoch nach § 152 HGB an einstimmige Weisungen der Beteiligten gebunden. Hinsichtlich des Auftretens nach außen hin bei Zeichnung der Unterschrift bestimmt § 153 HGB, dass die Liquidatoren dem Namen der Partnerschaft mit dem Abwicklungszusatz (z. B. i. L.) ihren persönlichen Namen hinzuzufügen haben.

V. Innenverhältnis

10 § 154 HGB regelt die Pflicht der Abwickler, zu Beginn (Eröffnungsbilanz) sowie bei der Beendigung der Liquidation (Schlussbilanz) eine **Bilanz** aufzustellen. Hinsichtlich der Eröffnungsbilanz ist diese Vorschrift auf die Partnerschaft jedoch nicht anwendbar.[20] Auch die aufgelöste Partnerschaft unterfällt nicht der Pflicht zur Jahresrechnungslegung nach §§ 238, 242 HGB.[21] Lediglich die schlussbilanz ist bei der Partnerschaft – wie bei der BGB-Gesellschaft – erforderlich, um die zu verteilenden Überschüsse feststellen zu können.[22] Das nach der Berichtigung der Schulden verbleibende Vermögen ist gemäß **§ 155 Abs. 3 HGB** unter den Partnern zu verteilen.

---

17) *Salger*, in: Münchener Handbuch, § 44 Rz. 10.
18) Begründung zum RegE PartGG, BT-Drucks. 12/6152, S. 22 = Anhang, S. 369; vgl. *Seibert*, Die Partnerschaft, S. 48.
19) Begründung zum RegE PartGG, BT-Drucks. 12/6152, S. 22 = Anhang, S. 370; *Salger*, in: Münchener Handbuch, § 38 Rz. 11; **a. A.** MünchKomm-*Ulmer*, BGB, § 10 PartGG Rz. 12.
20) H. M.; für eine Erforderlichkeit der Liquidationseröffnungsbilanz allerdings *Seibert*, in: Ebenroth/Boujong/Joost, HGB, § 10 PartGG Rz. 1 und MünchKomm-*Ulmer*, BGB, § 10 PartGG Rz. 11, jeweils m. w. N. zu den unterschiedlichen Auffassungen.
21) Begründung zum RegE PartGG, BT-Drucks. 12/6152, S. 22 = Anhang, S. 370.
22) *Salger*, in: Münchener Handbuch, § 44 Rz. 7; *Hoffmann*, in: Meilicke u. a., PartGG, § 10 Rz. 2.

Falls Streit über die Verteilung des Vermögens entsteht, haben die Abwickler die Verteilung bis zur Entscheidung darüber auszusetzen, § 155 Abs. 3 HGB. Die Rechtsverhältnisse der Partner untereinander richten sich gemäß § 156 HGB grundsätzlich nach den Vorschriften der §§ 109–130b HGB. Diese Bestimmungen gelten für die Partnerschaft allerdings nur, soweit das Partnerschaftsgesellschaftsgesetz auf sie Bezug nimmt und sie nicht von partnerschaftsspezifischen Sonderregelungen verdrängt werden;[23] über den zu engen Wortlaut des § 156 HGB hinaus sind noch weitere Vorschriften aus dem HGB anwendbar.[24]

VI. Nach Beendigung der Liquidation

Nach der Beendigung der Liquidation haben die Abwickler das **Erlöschen des Partnerschaftsnamens** zur Eintragung in das Partnerschaftsregister anzumelden, § 157 Abs. 1 HGB. Notfalls ist gemäß § 2 Abs. 2 PartGG i. V. m. § 31 Abs. 2 Satz 2 HGB die Eintragung des Erlöschens von Amts wegen durch das Gericht vorzunehmen.[25] Die Bücher und Papiere der Gesellschaft werden einem Partner zur **Aufbewahrung** übergeben. Über den zu engen Wortlaut des § 157 Abs. 2 Satz 1 HGB hinaus muss es auch zulässig sein, die Unterlagen auf mehrere Gesellschafter zu verteilen. Dies bietet sich insbesondere an, wenn nach Abwicklung einer interprofessionellen Partnerschaft z. B. der Rechtsanwalt die Prozessakten und der Steuerberater die Akten aus dem Steuerberatungsbereich aufbewahren. Bei der Weitergabe der Papiere an Dritte gemäß § 157 Abs. 2 Satz 1 Alt. 2 HGB ist darauf zu achten, dass hierdurch nicht eine etwaige **Schweigepflicht** eines Partners verletzt wird.

11

B. Nachhaftung (Abs. 2)

Für die Haftung der Partner nach Auflösung der Partnerschaft sowie für die Haftung eines Gesellschafters nach seinem Ausscheiden verweist Absatz 2 auf die §§ 159 und 160 HGB in der Fassung des **Nachhaftungsbegrenzungsgesetzes** vom 18.3.1994.[26] Hierdurch wird zunächst klargestellt, dass jeder Partner auch nach seinem Ausscheiden aus der Gesellschaft weiterhin nach Maßgabe des § 8 haftet;[27] auch ändert sich selbstverständlich nichts am Fortbestehen einer etwaigen Haftungskonzentration nach § 8 Abs. 2.[28] Gegenüber den Gesellschaften bürgerlichen Rechts ergibt sich durch Absatz 2 keine Veränderung, da die Rechtsprechung auch dort bereits früher die §§ 159 und 160 HGB entsprechend angewandt hatte.[29] Le-

12

---

23) Begründung zum RegE PartGG, BT-Drucks. 12/6152, S. 22 = Anhang, S. 370.
24) Übersicht bei *Baumbach/Hopt*, HGB, § 156 Rz. 2 ff.
25) Begründung zum RegE PartGG, BT-Drucks. 12/6152, S. 22 = Anhang, S. 370.
26) Gesetz zur zeitlichen Begrenzung der Nachhaftung von Gesellschaftern, (Nachhaftungsbegrenzungsgesetz – NachhBG), v. 18.3.1994, BGBl I, 560; hierzu *Kollbach*, GmbHR 1994, 164; *Seibert*, DB 1994, 461; *Reichold*, NJW 1994, 1617; *Kainz*, DStR 1994, 620; *Eckert*, RdA 1994, 215; *Lieb*, GmbHR 1992, 561; *Nitsche*, ZIP 1994, 1919.
27) Begründung zum RegE PartGG, BT-Drucks. 12/6152, S. 22 = Anhang, S. 370; *Burret*, WPK-Mitt. 1994, 201, 206.
28) Begründung zum RegE PartGG, BT-Drucks. 12/6152, S. 22 f = Anhang, S. 370.
29) BGH JZ 1992, 1128; *Stuber*, WiB 1994, 705, 710; *Henssler*, DB 1995, 1549, 1554.

diglich § 160 Abs. 3 HGB ist für die Partnerschaft ohne Bedeutung, da es keine Kommanditpartnerschaft gibt.[30]

13 Nach § 159 Abs. 1 HGB verjähren Ansprüche gegen einen Partner grundsätzlich spätestens nach fünf Jahren, sofern nicht aus anderen Gründen eine **kürzere Verjährung** zugunsten der Partnerschaft eingreift. Eine solche kürzere Verjährung wurde früher zum Teil durch die **Berufsrechte** angeordnet, so etwa durch § 51b BRAO a. F. für Ansprüche auf Schadensersatz gegenüber einem **Rechtsanwalt** (drei Jahre) und durch § 68 StBerG a. F. gegenüber einem **Steuerberater** oder Steuerbevollmächtigten (drei Jahre). Demgegenüber normierte § 51a Satz 1 WPO a. F. – wie § 159 Abs. 1 HGB – bereits früher die fünfjährige Verjährungsfrist für Schadensersatzansprüche gegen einen **Wirtschaftsprüfer**. Diese speziellen Normen sind mit Wirkung zum 15.12.2004 gestrichen worden.[31] Nunmehr gilt auch für die genannten Berufe die allgemeinen Vorschriften der §§ 195, 199 BGB. Danach verjähren Ansprüche gegen die Gesellschaft grundsätzlich innerhalb von drei Jahren ab Kenntnis des Anspruchsberechtigten, spätestens aber nach zehn Jahren. Durch § 10 Abs. 2 PartGG i. V. m. § 159 Abs. 1 HGB wird nun speziell für die Rechtsform der Partnerschaft eine Höchstgrenze auf fünf Jahre gesetzt, unabhängig von einer etwaigen Kenntnis. Im Ergebnis beträgt die Verjährung also bei Kenntnis des Anspruchsberechtigten drei Jahre, maximal aber kenntnisunabhängig fünf Jahre.

14 Die **Verjährung beginnt** gemäß § 159 Abs. 2 HGB mit dem Tage der Eintragung der Auflösung der Partnerschaft in das Register des für den Sitz der Gesellschaft zuständigen Gerichts, es sei denn, der Anspruch wird erst nach der Eintragung fällig, § 159 Abs. 3 HGB. Auch insoweit beinhalteten die **Berufsrechte** teilweise Sonderregelungen. Z. B. begann die Verjährung von Schadensersatzansprüchen gegen **Rechtsanwälte**, **Steuerberater** und **Wirtschaftsprüfer** grundsätzlich in dem Zeitpunkt, in welchem der Anspruch entstand, § 51b BRAO a. F., § 68 StBerG a. F., § 51a Satz 1 WPO a. F. Diese Sonderregelungen sind zum 15.12.2004 entfallen (siehe Rz. 13). Bei **Dauerschuldverhältnissen** haftet der Partner nur für solche Ansprüche, die bis zum ersten ordentlichen Kündigungstermin nach dem Ausscheiden entstanden sind. Dies gilt sowohl für § 159 HGB als auch im Bereich des § 160 HGB.[32] Da Mandats- und Behandlungsverträge regelmäßig ohne Einhaltung einer Frist gekündigt werden können, ergeben sich für die Partner insoweit zumeist keine speziellen Haftungsprobleme.[33]

---

30) *Feddersen/Meyer-Landrut*, PartGG, § 10 Rz. 6.
31) Gesetz zur Anpassung von Verjährungsvorschriften an das Gesetz zur Modernisierung des Schuldrechts vom 9.12.2004, BGBl I, 3214.
32) Str.; vgl. *Baumbach/Hopt*, HGB, § 128 Rz. 33.
33) *Stuber*, WiB 1994, 705, 710.

§ 11

Übergangsvorschrift

(1) ¹Den Zusatz „Partnerschaft" oder „und Partner" dürfen nur Partnerschaften nach diesem Gesetz führen. ²Gesellschaften, die eine solche Bezeichnung bei Inkrafttreten dieses Gesetzes in ihrem Namen führen, ohne Partnerschaft im Sinne dieses Gesetzes zu sein, dürfen diese Bezeichnung noch bis zum Ablauf von zwei Jahren nach Inkrafttreten dieses Gesetzes weiterverwenden. ³Nach Ablauf dieser Frist dürfen sie eine solche Bezeichnung nur noch weiterführen, wenn sie in ihrem Namen der Bezeichnung „Partnerschaft" oder „und Partner" einen Hinweis auf die andere Rechtsform hinzufügen.

(2) ¹Die Anmeldung und Eintragung einer dem gesetzlichen Regelfall entsprechenden Vertretungsvollmacht der Partner und der Abwickler muss erst erfolgen, wenn eine vom gesetzlichen Regelfall abweichende Bestimmung des Partnerschaftsvertrages über die Vertretungsmacht angemeldet und eingetragen wird oder wenn erstmals die Abwickler zur Eintragung angemeldet und eingetragen werden. ²Das Registergericht kann die Eintragung einer dem gesetzlichen Regelfall entsprechenden Vertretungsmacht auch von Amts wegen vornehmen. ³Die Anmeldung und Eintragung des Geburtsdatums bereits eingetragener Partner muss erst bei einer Anmeldung und Eintragung bezüglich eines der Partner erfolgen.

Schrifttum: *Bösert*, Das Gesetz über Partnerschaftsgesellschaften Angehöriger Freier Berufe (Partnerschaftsgesellschaftsgesetz – PartGG), ZAP Fach 15, S. 137 (= ZAP 1994, 765); *Burret*, Das Partnerschaftsgesellschaftsgesetz, WPK-Mitt. 1994, 201; *Hülsmann*, Welche Gesellschafter sind heute noch „Partner"?, NJW 1998, 35; *Kempter*, Das Partnerschaftsgesellschaftsgesetz, BRAK-Mitt. 1994, 122; *Kuhls/Meurer/Maxl/Schäfer/Goez*, StBerG, Kommentar, 1995 (zit.: *Bearbeiter*, in: Kuhls u. a.); *Leutheusser-Schnarrenberger*, Maßgeschneiderte Gesellschaftsform für Freie Berufe, recht 4/95, S. 61; *Mittelsteiner*, Kommentierung zum PartGG, DStR 1994, Beihefter zu Heft 37, S. 37; *Karsten Schmidt*, Die Freiberufliche Partnerschaft, NJW 1995, 1; *Schirmer*, Berufsrechtliche und kassenarztrechtliche Fragen der ärztlichen Berufsausübung in Partnerschaftsgesellschaften, MedR 1995, 341 (Teil 1), 383 (Teil 2); *Schüppen*, OLG Frankfurt aM – Zulässigkeit der Firmierung einer Kapitalgesellschaft mit Zusatz „und Partner", WiB 1996, 786; *Seibert*, Die Partnerschaft für die Freien Berufe, DB 1994, 2381.

Übersicht

A. Überblick 1
B. **Partnerschaftsname (Abs. 1)** 3
I. Rechtslage bis zum 30.6.1997 3
II. Rechtslage seit dem 1.7.1997 5
III. Bedeutung für andere Gesellschaftsformen 7
C. **Weitere Registerinhalte (Abs. 2)** 8
I. Vertretungsmacht 9
II. Geburtsdatum 12

A. Überblick

1 Absatz 1 **monopolisiert** seit dem 1.7.1997 die **Zusätze „Partnerschaft"** sowie – in der bisherigen Praxis weitaus bedeutsamer – **„und Partner"** für die Partnerschaft i. S. d. § 1 Abs. 1 Satz 1. Zweck dieser Norm ist, der Gefahr einer Verwechslung der freiberuflichen Partnerschaft mit Gesellschaften bürgerlichen Rechts oder anderen Kooperationsformen von Angehörigen freier Berufe oder Gewerbetreibenden vorzubeugen.[1] Der Begriff des **Namens** in Satz 2 ist als Oberbegriff zu verstehen, welcher auch die handelsrechtliche Firma mit einschließt.[2]

2 Im Verlauf des Gesetzgebungsverfahrens bestanden aufgrund der Namensgarantie verfassungsrechtliche Bedenken gegen ein die bereits existierenden anderen Gesellschaften bindendes Verbot, ihren hergebrachten Partnerzusatz weiterhin im Namen zu führen. Dem wurde Rechnung getragen, indem an die Stelle eines Verbots die **Erlaubnis zur Namensfortführung** mit der Verpflichtung eines **Rechtsformzusatzes** trat. Hierdurch genießen die bisherigen Gesellschaftsbezeichnungen weitgehenden **Bestandsschutz**.[3] Der Bundesrat hatte aus Gründen des Bestandsschutzes sowie der Unterscheidbarkeit von BGB-Gesellschaften dafür plädiert, der neuen Gesellschaftsform den obligatorischen Zusatz „Partnerschaftsgesellschaft" aufzuerlegen,[4] dies war aber wegen der erwarteten Akzeptanzschwierigkeiten auf Ablehnung gestoßen.[5]

2a Aufgrund des Zwanges für andere Gesellschaften, einen Rechtsformzusatz einzuführen, sind die **verfassungsrechtlichen Bedenken** zwar nicht vollständig beseitigt, angesichts der relativ geringen Erheblichkeit dieses Eingriffs in das Recht am eingerichteten und ausgeübten (Gewerbe-) Betrieb wird man aber insgesamt die Verfassungskonformität bejahen müssen.[6] In einer jüngeren Entscheidung hat das Kammergericht[7] abermals die Verfassungskonformität der Vorschrift bejaht. Es sei nicht ersichtlich, welche Verfassungsnorm dadurch verletzt sein sollte, dass deren Verwendung für andere neu gegründete oder unbenannte Gesellschaftsformen ausgeschlossen sein soll. Eine nach Art. 14 GG gegen einen Eingriff in den eingerichteten und ausgeübten Gewerbebetrieb geschützte Rechtsposition bestehe bei neu gegründeten Gesellschaften ohnehin nicht. Die Entscheidung lässt insoweit die Frage offen, ob etwas anderes in Fällen der Gründung einer Tochtergesellschaft zu gelten habe, deren Muttergesellschaft zur Fortführung des Zusatzes aufgrund der Übergangsvorschrift berechtigt ist.

---

1) Begründung zum RegE PartGG, BT-Drucks. 12/6152, S. 23 = Anhang, S. 372.
2) *Seibert*, Die Partnerschaft, S. 50.
3) Begründung zum RegE PartGG, BT-Drucks. 12/6152, S. 23 = Anhang, S. 372; *Kempter*, BRAK-Mitt. 1994, 122, 124.
4) Stellungnahme des Bundesrates zum RegE PartGG, BT-Drucks. 12/6152, S. 26 = Anhang, S. 326.
5) *Seibert*, Die Partnerschaft, S. 49.
6) So auch *Burret*, WPK-Mitt. 1994, 201, 204; a. A. *Ring*, § 11 Rz. 10; *ders.*, DZ Wir 1996, 463, 464.
7) KG ZIP 2004, 1645 = GmbHR 2004, 1024 = NJW-RR 2004, 976, dazu EWiR 2005, 41 *(Mankowski)*.

Gegen die Monopolisierung des Partnerzusatzes sind in der Literatur[8)] ferner **euro-** **parechtliche Bedenken** geltend gemacht worden. Vor dem Hintergrund der Niederlassungsfreiheit stelle es eine unzulässige Diskriminierung dar, wenn sich inländische Zweigniederlassungen oder Tochtergesellschaften ausländischer Unternehmen keinen Partnerzusatz zulegen dürften. Das Kammergericht hat in einer ausführlich begründeten Entscheidung die Europarechtskonformität der Norm damit verteidigt, dass sie durch hinreichende Gründe des Allgemeinwohls gerechtfertigt sei, insbesondere durch die Notwendigkeit der Durchsetzung des Begriffs als Rechtsformzusatz im Rechtsverkehr.[9)] 2b

Gegen die durch § 11 „erzwungene Dominanz des Partnerschaftsgesellschaftsgesetzes" wurde in der Literatur zum Teil Kritik geäußert.[10)] *Seibert* hat demgegenüber die auch von ihm konstatierte „Usurpation" des Partnerzusatzes durch die Partnerschaftsgesellschaft mit dem Argument verteidigt, diese sei die spezielle Rechtsform für den freien Beruf und könne daher die traditionelle Bezeichnung für freiberufliche Kooperationen für sich in Anspruch nehmen.[11)] 2c

Durch das Gesetz über elektronische Register und Justizkosten für Telekommunikation[12)] wurde mit Wirkung zum 15.12.2001 Absatz 2 neu eingefügt. Diese Vorschrift ist im Zusammenhang zu sehen mit den gleichseitig neu gefassten § 4 Abs. 1 Satz 2, § 5 Abs. 1 PartGG, wonach seitdem auch das Geburtsdatum und die Vertretungsmacht der Partner anzumelden und im Partnerschaftsregister einzutragen sind. In Absatz 2 findet sich insoweit eine Übergangsvorschrift für die bereits vorher eingetragenen Partnerschaften. Satz 1 des Absatzes 2 entspricht der korrespondierenden Übergangsvorschrift des Art. 52 EGHGB. 2d

B. Partnerschaftsname (Abs. 1)

I. Rechtslage bis zum 30.6.1997

Gesellschaften, die bereits am 1.7.1995 einen Partnerzusatz im Namen führten, durften diese Bezeichnung bis zum 30.6.1998 in gleicher Weise weiterhin verwenden. Es gab daher keine nach außen hin erkennbare **Unterscheidungsmöglichkeit** zwischen diesen anderweitigen Zusammenschlussformen und einer Partnerschaft. 3

Neue Gesellschaften mit einem Partnerzusatz dürfen seit dem 1.7.1995 nur noch in der Rechtsform einer Partnerschaft gegründet werden (näher zu der über diese Frage entstandenen Kontroverse unten Rz. 7). 4

---

8) Insbesondere von *Schüppen*, WiB 1996, 786, und *ders.*, EWiR 1996, 947.
9) KG ZIP 2004, 1645 = GmbHR 2004, 1024, 1025.
10) *Burret*, WPK-Mitt. 1994, 201, 204; krit. auch *Karsten Schmidt*, NJW 1995, 1, 5.
11) *Seibert*, Die Partnerschaft, S. 49; ähnlich *Leutheusser-Schnarrenberger*, recht 4/95, S. 61.
12) Gesetz über elektronische Register und Justizkosten für Telekommunikation (ERJuKoG) vom 10.12.2001, BGBl I, 3422.

II. Rechtslage seit dem 1.7.1997

5 Für **GmbH, AG** und **KGaA** ergeben sich **keine Konsequenzen**, da diese Gesellschaften ohnehin verpflichtet sind, die Bezeichnung der Rechtsform in der Firma zu führen, § 4 Abs. 2 GmbHG, § 4 Abs. 1 Satz 2 und Abs. 2, § 279 Abs. 1 Satz 2 und Abs. 2 AktG. Im Gegensatz hierzu genügte für **BGB-Gesellschaften, OHG** und **KG** früher der Zusatz „und Partner" (für die OHG und KG siehe § 19 Abs. 1 und 2 HGB a. F.).[13] Diese Gesellschaften sind seit dem 1.7.1997 verpflichtet, entweder ihren Partnerzusatz aufzugeben oder die Rechtsform explizit anzugeben.[14] Für die Personenhandelsgesellschaften ergibt sich diese Verpflichtung seit dem Inkrafttreten des Handelsrechtsreformgesetzes (HRefG) vom 22.6.1998 zudem aus § 19 Abs. 1 Nr. 3 und 4 HGB n. F. Seit dem 1.7.1998 müssen offene Handelsgesellschaften demnach die Bezeichnung „offene Handelsgesellschaft" oder eine allgemein verständliche Abkürzung (insbesondere „OHG") in der Firma führen; für Kommanditgesellschaften gilt Entsprechendes. Lediglich die BGB-Gesellschaft unterliegt keinem Zwang zur Angabe der Rechtsform. Soweit eine solche Gesellschaft mit Partnerzusatz unter den namensrechtlichen Bestandsschutz nach Satz 3 fällt, bieten sich Hinweise wie etwa „Gesellschaft bürgerlichen Rechts", „BGB-Gesellschaft" oder auch „GbR" an.[15] Der Zusatz „GbR" genügt.[16] Das Wort „Sozietät" genügt nicht,[17] da darunter auch die Partnerschaft fällt.

5a Das Verbot eines Partnerzusatzes für andere Gesellschaftsformen als eine Partnerschaft erstreckt sich über den Wortlaut des Absatzes 1 hinaus auf alle **verwechslungsfähigen Bezeichnungen**, beispielsweise[18]

- bloßer Zusatz „Partner" ohne Verknüpfung durch „und", „+", „&" oder Ähnliches,
- abweichende Groß-/Kleinschreibung wie „partner",
- Verwendung der englischen Pluralform „partners".

6 Falls diese Kennzeichnung entgegen Satz 3 nicht geschieht, kann gemäß § 37 Abs. 1 HGB das Partnerschaftsregistergericht[19] oder auch – in das Handelsregister eingetragene Unternehmen betreffend – das Handelsregistergericht gegen den unzulässigen Firmengebrauch einschreiten. Die Gerichte können – gegebenenfalls auf Anregung der Berufsorganisationen und Kammern, § 126 i. V. m. § 160b Abs. 1 Satz 3 FGG – im **Firmenmissbrauchsverfahren**[20] nach den §§ 140, 132 bis 139 FGG die Unterlassung erzwingen. Bleibt auch dies ohne Erfolg, kann das Gericht zur Amts-

---

13) Vgl. *Mittelsteiner*, DStR 1994, Beihefter zu Heft 37, S. 39.
14) *Seibert*, DB 1994, 2381, 2383; *Bösert*, ZAP Fach 15, S. 137, 144.
15) *Hoffmann*, in: Meilicke u. a., PartGG, § 10 Rz. 2; *Maxl*, in: Kuhls u. a., StBerG, § 56 Rz. 86.
16) BGH NJOZ 2003, 1108, 1110.
17) A. A. *Maxl*, in: Kuhls u. a., StBerG, § 56 Rz. 86.
18) Vgl. KG ZIP 2004, 1645 = GmbHR 2004, 1024, 1026.
19) *Karsten Schmidt*, NJW 1995, 1, 5; dies verkennen *Feddersen/Meyer-Landrut*, PartGG, § 11 Rz. 6.
20) Hierzu *Keidel/Schmatz/Stöber*, Rz. 1347 ff sowie die Kommentare zu § 140 FGG.

löschung nach § 142 FGG schreiten.[21] Das Führen eines Partnerzusatzes durch ein Unternehmen, das tatsächlich ein Handelsgewerbe betreibt, wird in der Regel zudem einen **Wettbewerbsverstoß** i. S. d. § 4 UWG darstellen.[22] Wird bei einer Handelsgesellschaft (nach dem 1.7.1995) versehentlich zu Unrecht ein Zusatz „und Partner" eingetragen, so kann dieser Zusatz im Verfahren nach § 124 FGG von Amts wegen wieder gelöscht werden.[23] Eine entsprechende Anwendung des Absatzes 1 Satz 3 kommt nicht in Betracht.

Der **Bestandsschutz** eines Unternehmens, das bereits am 1.7.1995 einen Partnerzusatz geführt hat und sich einen Rechtsformzusatz zugelegt hat, geht durch eine **Umfirmierung** nicht in jedem Fall verloren. So hat das Bayerische Oberste Landesgericht[24] entschieden, dass sich eine „x & Partner Werbeagentur GmbH" in „x und Partner Communication GmbH" umbenennen dürfe. Durch die bloße Änderung dieses die Branchenzugehörigkeit kennzeichnenden Sachzusatzes werde der so genannte Firmenkern nämlich nicht berührt.

6a

III. Bedeutung für andere Gesellschaftsformen

Kurze Zeit nach Inkrafttreten des Partnerschaftsgesellschaftsgesetzes ist eine Kontroverse darüber aufgetreten, ob Satz 1 nur für den Bereich der Partnerschaften Wirkung entfaltet oder ob diese Vorschrift es darüber hinaus Gesellschaftern aller anderen Rechtsformen untersagt, einen Partnerzusatz in der Firma zu verwenden. Das OLG Frankfurt/M.[25] vertrat die Auffassung, dass die Neueintragung einer GmbH mit der Firma „X und Partner" nach wie vor gestattet werden müsse, da die GmbH ohnehin zur Angabe ihrer Rechtsnorm gezwungen sei, so dass keinen Verwechslungsgefahr bestehen könne. Absatz 1 diene aber, wie sich aus Satz 3 ergebe, lediglich der Vermeidung möglicher Verwechslungen. Dieser Ansicht ist das Bayerische Oberste Landesgericht[26] entgegengetreten. Das Gericht argumentiert mit dem klaren Wortlaut des Satz 1, wonach der Partnerzusatz unabhängig von einer etwaigen Verwechslungsgefahr für die Partnerschaft monopolisiert sei. Der Bundesgerichtshof[27] hat schließlich auf Vorlage des Bayerischen Obersten Landesgerichts

7

---

21) *Baumbach/Hopt*, HGB, § 37 Rz. 4.
22) *Hoffmann*, in: Meilicke u. a., PartGG, § 11 Rz. 4.
23) OLG Schleswig NZG 2000, 424.
24) BayObLG ZIP 2003, 1295 = NZG 2003, 477.
25) OLG Frankfurt/M. BB 1996, 1681 = WiB 1996, 785 m. Anm. *Schüppen* = WM 1996, 1317 = WuB II C. § 6 GmbHG 1.96 (= WuB 1996, 1049) m. Anm. *Michalski* = ZIP 1996, 1082 m. Anm. *Wertenbruch* auf S. 1776 = GmbHR 1996, 523 = DB 1996, 1402 m. Anm. *Röh* auf S. 2426 = EWiR 1996, 759 *(Seibert)* = DZWiR 1996, 462 m. Anm. *Ring* = MDR 1996, 920 m. Anm. *Bärwaldt/Schabacher*, MDR 1997, 115 = GmbHR 1996, 1082.
26) BayObLG NJW 1996, 3016 = ZIP 1996, 1702 m. Anm. *Wertenbruch* auf S. 1776 = DB 1996, 2025 m. Anm. *Röh* auf S. 2426 = EWiR 1996, 947 *(Schüppen)* = DZWiR 1996, 460 m. Anm. *Michalski* = MDR 1996, 1251 m. Anm. *Bärwaldt/Schabacker*, MDR 1997, 115 = BB 1996, 2113 = GmbHR 1996, 853 = FGPrax 1996, 197; zustimmend MünchKomm-*Ulmer*, BGB, § 11 Rz. 5.
27) BGHZ 135, 257 = ZIP 1997, 1109 = NJW 1997, 1854 = GmbHR 1997, 644 = WiB 1997, 752 m. Anm. *Römermann*, dazu EWiR 1997, 715 *(Bärwaldt/Schabacker)* ; dazu noch *Hülsmann*, NJW 1998, 35; aus der neueren Rechtsprechung noch OLG Karlsruhe NJW 1998, 1160.

dessen Rechtsauffassung bestätigt. Für die Praxis steht damit fest, dass bei einer Neugründung ausschließlich Partnerschaften die in den § 2 Abs. 1, § 11 genannten Namenszusätze „und Partner" bzw. „Partnerschaft" in ihrer Bezeichnung führen dürfen.

C. Weitere Registerinhalte (Abs. 2)

8 Seit dem 15.12.2001 gilt mit Absatz 2 eine weitere Übergangsvorschrift im Hinblick auf neu eingeführte Bestandsteile des Registerinhalts.

I. Vertretungsmacht

9 Am 15.12.2001 war zu prüfen, ob die Vertretungsmacht bei der jeweiligen Partnerschaft **dem gesetzlichen Regelfall** (§ 7) entsprach oder nicht. Im Fall einer **Abweichung** mussten die Vertretungsverhältnisse sofort zur Eintragung im Partnerschaftsregister angemeldet werden.

10 Entsprach die Vertretungsmacht am 15.12.2001 dem gesetzlichen Regelfall, so musste gemäß Absatz 2 Satz 1 zunächst **keine nachträgliche Anmeldung** erfolgen. Diese Anmeldung ist durch Absatz 2 Satz 1 nur bei Eintritt **folgender Fälle** vorgesehen:

– Eine vom gesetzlichen Regelfall abweichende Bestimmung des Partnerschaftsvertrags über die Vertretungsmacht wird angemeldet und eingetragen.

– Erstmals werden die Abwickler angemeldet und eingetragen.

11 Auch ohne Anmeldung kann das Registergericht gemäß Absatz 2 Satz 2 **von Amts wegen** eine dem gesetzlichen Regelfall entsprechende Vertretungsmacht vornehmen. Dies wird beispielsweise dann erfolgen, wenn die Vertretungsverhältnisse automatisch im elektronischen Register eingetragen werden oder wenn bei unterschiedlicher Vertretungsmacht der Partner und einer nur partiellen Eintragung Verwirrung für den Rechtsverkehr droht.[28]

II. Geburtsdatum

12 Bei einer nachträglichen Anmeldung, die sich auf einen Partner bezieht, sind gleichzeitig die Geburtsdaten sämtlicher Partner zur Eintragung im Partnerschaftsregister anzumelden.[29]

---

28) MünchKomm-*Ulmer*, BGB, § 11 PartGG Rz. 16.
29) MünchKomm-*Ulmer*, BGB, § 11 PartGG Rz. 17.

Anhang
Materialien in kommentarartiger Zusammenstellung

Im folgenden werden die Materialien zum Gesetz zur Schaffung von Partnerschaftsgesellschaften und zur Änderung anderer Gesetze vom 25. Juli 1994, BGBl I, 1744, abgedruckt. Zunächst werden die allgemeine Begründung des Regierungsentwurfs[1] einschließlich Stellungnahme des Bundesrates und Gegenäußerung der Bundesregierung und anschließend der Bericht und die allgemeine Begründung des Rechtsausschusses[2] dokumentiert. Im Anschluß werden die einzelnen Neuregelungen abgedruckt, denen jeweils die Einzelbegründung aus dem Regierungsentwurf und – soweit vorhanden – die Stellungnahme des Bundesrates, die Gegenäußerung der Bundesregierung sowie die Einzelbegründung aus der Beschlußempfehlung des Rechtsausschusses angefügt sind. Die Originalfundstellen sind jeweils angegeben. Die Textfassungen von Regierungsentwurf und Rechtsausschuß sind nur dann wiedergegeben, wenn sie Unterschiede zum Gesetz gewordenen Text enthalten.

I. Allgemeiner Teil

1. Einführung

Begründung
RegE
BT-Drucks.
12/6152, S. 7 ff

Mit dem Entwurf eines Partnerschaftsgesellschaftsgesetzes soll den Angehörigen freier Berufe eine besondere, auf ihre Bedürfnisse zugeschnittene Organisationsform zur Verfügung gestellt werden. Diesem Entwurf geht eine lange rechtspolitische Diskussion voraus. Ein erster gesetzgeberischer Vorstoß stammt aus dem Jahr 1971 (Initiativantrag, BT-Drucksache 6/2047). In der folgenden Legislaturperiode wurde ein erneuter Versuch unternommen (Initiativantrag, BT-Drucksache 7/4089). Der im Laufe der Beratungen (BT-Drucksachen 7/5402 und 7/5413) überarbeitete Entwurf ist vom Deutschen Bundestag in dritter Lesung einstimmig angenommen worden. Er ist anschließend im Bundesrat gescheitert (siehe BR-

---

1) Regierungsentwurf eines Gesetzes zur Schaffung von Partnerschaftsgesellschaften und zur Änderung anderer Gesetze, BT-Drucks. 12/6152 vom 11.11.1993.
2) Beschlußempfehlung und Bericht des Rechtsausschusses zum Regierungsentwurf eines Gesetzes zur Schaffung von Partnerschaftsgesellschaften und zur Änderung anderer Gesetze, BT-Drucks. 12/7642 vom 20.6.1994.

Drucksache 444/1/76). Die Verbände der freien Berufe hatten sich zuletzt gegen den Entwurf ausgesprochen [zur Vorgeschichte vgl. Beckmann in: Diekwisch/Wolfgramm (Hrsg.), Recht und Pflicht, Festschrift D. Kleinert, 1992, S. 210 ff.]. Die Zeit war offenbar noch nicht reif – die Meinungsbildung auch innerhalb der freien Berufe war noch nicht abgeschlossen. In der 12. Legislaturperiode hat sich die Situation geändert. Im Binnenmarkt müssen sich nicht nur das produzierende Gewerbe und der gewerbliche Dienstleistungssektor, sondern auch die freien Berufe zunehmend in internationaler Konkurrenz behaupten. Sondierungsgespräche, die der Bundesminister für Wirtschaft im Jahr 1991 und eine Verbandsumfrage, die der Bundesminister der Justiz im Jahr 1992 durchgeführt haben, sind deshalb zu einer breiten grundsätzlichen Zustimmung zu dem Vorhaben eines Partnerschaftsgesellschaftsgesetzes gekommen (vgl. Beckmann, a. a. O. S. 213 ff.). Der Deutsche Bundestag hat in einer einstimmigen Entschließung vom 3. Juni 1992 zur Lage der freien Berufe die Bundesregierung zur baldigen Vorlage eines solchen Gesetzes aufgefordert (BT-Drucksache 12/2017).

Es soll daher mit diesem Entwurf den Angehörigen der freien Berufe eine Möglichkeit des Zusammenschlusses geschaffen werden, die einerseits dem hergebrachten Berufsbild des freien Berufs entspricht und andererseits eine moderne und flexible Organisationsform bietet. Als Wesensmerkmale des freien Berufs sind dabei die Eigenverantwortung, die Weisungsfreiheit in der Berufsausübung, die personalvertrauensvolle Beziehung zum Auftraggeber, die in der Regel qualifizierte Ausbildung, das über die rein gewerbliche Motivation hinausgehende Berufsethos und – wenn auch nicht bei allen – die berufsrechtliche Bindung zu bewahren und bei der Erweiterung der gesellschaftsrechtlichen Zusammenschlußmöglichkeiten zu berücksichtigen (vgl. auch die Fortschreibung des Berichts der Bundesregierung über die Lage der Freien Berufe vom 3. Januar 1991, BT-Drucksache 12/21, S. 45).

Die Partnerschaft ist deshalb nicht als anonyme Kapitalgesellschaft ausgestaltet. Der Entwurf geht vom Grundsatz der Selbstorganschaft und der Einzelvertretung aus. Die Zugehörigkeit zur Partnerschaft ist auf einem freien Beruf angehörende natürliche Personen beschränkt, die ihren Beruf in der Partnerschaft aktiv ausüben. Bloße Kapitalanlagen und stille Beteiligungen sollen nicht möglich sein; entsprechendes gilt – nach allgemeinen Rechtsgrundsätzen – für Umgehungsgeschäfte, etwa wenn ein Angehöriger eines freien Berufs lediglich als Strohmann seine Beteiligung für einen Dritten hält.

Allgemeiner Teil **Anhang**

Der Partner soll seinen Beruf in eigener Verantwortung ausüben und für sein Handeln auch grundsätzlich persönlich haften.

Andererseits soll die Partnerschaft aber eine Organisationsform bieten, die den modernen Anforderungen an den freien Beruf gerecht wird. Die Dienstleistungen der freien Berufe sollen überregional, international und interprofessionell angeboten werden können. Komplexe Dienstleistungen sollen aus einer Hand erbracht werden können. Größere, überregionale Zusammenschlüsse sollen erleichtert werden. Die persönliche Haftung soll dabei – ohne das Vertrauensverhältnis zum Vertragspartner zu beeinträchtigen – auf ein vernünftiges Maß beschränkt werden, indem die Haftung mit dem Privatvermögen für vertragliche Ansprüche aus fehlerhafter Berufsausübung auf einen oder wenige Partner konzentriert werden kann, die die Dienstleistung zur eigenen Erledigung oder zur verantwortlichen Leitung und Überwachung übernehmen.

Die Gesellschaft bürgerlichen Rechts als herkömmliche Organisationsform für die freien Berufe soll damit nicht verdrängt werden. Sie kann auch in Zukunft eine sinnvolle Form des Zusammenschlusses insbesondere kleinerer Sozietäten und freiberuflicher Gemeinschaften mit regionalem Wirkungskreis sein. Auch Zusammenschlüsse, die sich auf bloße Bürogemeinschaften beschränken, sollen nicht von dem Entwurf erfaßt sein. Die Gesellschaft bürgerlichen Rechts wird aber den Bedürfnissen größerer Zusammenschlüsse nicht immer gerecht. Sie besitzt eine rechtlich zu wenig verfestigte und dauerhafte Innenstruktur. Sie ist nicht vollwertig rechtsfähig und insbesondere nicht voll namensrechtsfähig. So kann eine Gesellschaft bürgerlichen Rechts Prozesse aktiv und passiv nur durch Benennung aller Gesellschafter, nicht aber unter dem genannten Namen auftreten oder sich ins Grundbuch eintragen lassen. Im Verhältnis zu Dritten schließlich ist die Begründung und Begrenzung der vertraglichen Haftung aller Gesamthänder mit Schwierigkeiten verbunden, die zunehmend Gegenstand gerichtlicher Streitigkeiten sind (vgl. zuletzt BGH v. 25. Juni 1992 – 1 ZR 120/90).

Darüber hinaus sind die Möglichkeiten und Grenzen gesellschaftsrechtlicher Zusammenschlüsse von Angehörigen freier Berufe auf der Grundlage des gegenwärtigen Rechts mehr und mehr umstritten und unsicher geworden (vgl. Michalski, Das Gesellschafts- und Kartellrecht der berufsrechtlich gebundenen freien Berufe, Köln 1989, S. 93 ff.). Zweck dieses Entwurfs ist auch, diesem fortschreitenden Zustand der Rechtsunsicherheit zu begegnen und den erweiterten gesellschaftsrechtlichen Gestaltungsspielraum der Angehörigen freier Berufe klar zu definieren.

Umgesetzt werden sollen die angesprochenen Ziele auf gesetzestechnisch möglichst einfache Weise, wobei die Schaffung von Sonderrecht auf das zwingend notwendige Maß beschränkt werden soll; auch soll der Gestaltungsspielraum für eine weitere Neuordnung des Personengesellschaftsrechts nicht versperrt werden. Da sich gezeigt hat, daß das Recht der OHG in weiten Bereichen ein auch für die Partnerschaft tragfähiges Regelungskonzept zur Verfügung stellt, lehnt sich der Entwurf an dieses an, indem diejenigen Vorschriften der §§ 105 ff. HGB explizit für entsprechend anwendbar erklärt werden, die im Einklang mit den Besonderheiten des gesellschaftsrechtlichen Zusammenschlusses von Freiberuflern stehen. Damit wird die Partnerschaft nicht etwa zur OHG. Vielmehr werden lediglich deren bewährte Strukturelemente nutzbar gemacht, wobei die einschlägige Rechtsprechung und die Erfahrungen der Praxis helfen können, die neue Gesellschaftsform frühzeitig zu stabilisieren. Auf eine Korrektur solcher Bestimmungen des Handelsgesetzbuches, die insgesamt, d. h. hinsichtlich aller (zukünftigen) registerpflichtigen Personengesellschaften als verbesserungsfähig erscheinen, verzichtet der Entwurf weitgehend. Abgesehen davon, daß diese Fragen bereits bisher ganz überwiegend mittels einer dementsprechenden Kautelarpraxis gelöst werden, sollten solche Korrekturen möglichst einheitlich und nicht isoliert in einem Sonderrecht für Partnerschaften vorgenommen werden. Mit den elf Paragraphen des Entwurfs des Partnerschaftsgesellschaftsgesetzes (Artikel 1) wird somit eine „Schwesterfigur" zur OHG normiert, wobei sich der Regelungsinhalt auf die wichtigsten partnerschaftsspezifischen Strukturprinzipien beschränkt. Gleichzeitig wird auch der Weg freigehalten für eine weitergehende Neuordnung des Personengesellschaftsrechts im Hinblick auf eine Öffnung des Handelsgesetzbuches insbesondere auch für kleingewerbetreibende Gesamthandsgemeinschaften, wie sie von K. Schmidt bereits Anfang der 80er Jahre (Gutachten und Vorschläge zur Überarbeitung des Schuldrechts, Band Ill, Köln 1983, S. 413 ff.) skizziert wurde.

Mit der vorgesehenen Partnerschaft soll den freien Berufen lediglich ein Angebot gemacht werden. Keineswegs ist eine Festlegung auf diese Rechtsform beabsichtigt. Insbesondere soll es den einzelnen Berufsrechten überlassen bleiben, jeweils für ihre Angehörigen zu entscheiden, ob und wie sich diese die Partnerschaft zunutze machen können. Auch die Regelungs-

Allgemeiner Teil

kompetenz der einzelnen Berufsrechte und deren damit begründete Modifikationsmöglichkeiten sind Gründe dafür, warum der Entwurf auf umfangreiche Detailregelungen verzichtet. Im übrigen ist und kann es nicht Aufgabe des Partnerschaftsgesellschaftsgesetzes sein, im Sinne eines „Super-Berufsrechts" Aussagen zu allen gegenwärtigen und zukünftigen Besonderheiten der Rechte der einzelnen Berufe zu treffen.

Neben der Partnerschaft sollen auch die Kapitalgesellschaften grundsätzlich zur Verfügung stehen. Diese können insbesondere dann als Organisationsform vorzugswürdig sein, wenn großer Investitionsbedarf besteht und ggf. die Möglichkeiten der Kapitalgesellschaft zur Eigenkapitalbeschaffung genutzt werden sollen. Auch hier obliegt es den jeweiligen Berufsrechten, zu entscheiden, unter welchen näher zu bezeichnenden Voraussetzungen sie ihren Angehörigen den Zugang zu diesen Gesellschaftsformen eröffnen bzw. versagen wollen. Zudem ist auch die Aufspaltung in eine Kapitalgesellschaft (als Besitzgesellschaft) und eine Partnerschaft (als Berufsausübungsgesellschaft) denkbar.

Die vorgeschlagene Partnerschaft trägt im übrigen auch der EG-rechtlichen Entwicklung Rechnung. Die Kommission der Europäischen Gemeinschaften befaßt sich seit längerem mit der Planung für die Schaffung einer Rechtsform für die grenzüberschreitende Zusammenarbeit von Angehörigen freier Berufe. Das deutsche Partnerschaftsgesellschaftsgesetz kann nationale Basis und Pendant für die Diskussion auf europäischer Ebene sein. Der anläßlich des Partnerschaftsgesellschaftsgesetzes zu erzielende Konsens der Beteiligten in Deutschland kann die EG-rechtliche Entwicklung erleichtern und befruchten. Dies gilt um so mehr, als das Ausmaß der Schwierigkeiten, auf die die Schaffung einer solchen supranationalen Rechtsform stößt, zunehmend deutlich wird.

Die Zuständigkeit des Bundesgesetzgebers zur Regelung dieser Gesellschaftsform ergibt sich aus Artikel 74 Nr. 1 GG, wonach das bürgerliche Recht Teil der konkurrierenden Gesetzgebung ist. Wie die bisherigen Gesellschaftsformen bedarf auch diese Rechtsform einer bundeseinheitlichen Normierung.

2. Kosten

Die Schaffung einer neuen in ein Partnerschaftsregister einzutragenden Gesellschaftsform führt zu nicht quantifizierbaren zusätzlichen Kosten für die Länder. Dabei ist zu berücksichtigen, daß für die Eintragungen in das Partnerschaftsregister Gebühren entsprechend § 79 der Kostenordnung erhoben

Anhang

werden. Durch die Einführung eines Mindestgebührenwertes soll die kostenrechtliche Behandlung erleichtert und eine möglichst weitgehende Kostendeckung sichergestellt werden. Zudem sind die Anmelde- und Eintragungserfordernisse nach dem Entwurf gering gehalten. So ist z. B. der Gesellschaftsvertrag nicht einzureichen und vom Registerrichter nicht zu prüfen; auch die Überprüfung der Einhaltung berufsrechtlicher Reglementierungen ist keine primäre Aufgabe des Registergerichts.

Die mit der neuen Rechtsform geschaffenen zahlreichen Erleichterungen im Rechtsverkehr dürften die – gemessen an den Gesamtkosten geringen – Mehrkosten für die betroffenen Berufsgruppen kompensieren, so daß insgesamt nicht mit Gebührenanhebungen und insoweit auch nicht mit preislichen Auswirkungen aufgrund des Gesetzes zu rechnen ist.

Stellungnahme BRat
BT-Drucks. 12/6152, S. 27

10. Zum Gesetzentwurf allgemein

Der Bundesrat erwartet, daß eine Anpassung der Kostenordnung vorgenommen wird, wenn die sich aus dem Gesetzentwurf ergebenden Mehrkosten nicht von den Gebühreneinnahmen abgedeckt werden.

Gegenäußerung BReg
BT-Drucks. 12/6152, S. 31

Zu Nummer 10 (zum Gesetzentwurf allgemein)

Aufgrund der in Artikel 4 – Änderung der Kostenordnung – vorgesehenen Regelung geht die Bundesregierung davon aus, daß die Gebühreneinnahmen auf absehbare Zeit kostendeckend sein werden und somit keinerlei Anpassungsbedarf besteht. Sollte sich dennoch ergeben, daß das Gebührenaufkommen die mit der laufenden Registerführung verbundenen Kosten nicht deckt, so wird sich die Bundesregierung für eine entsprechende Anpassung der Kostenordnung einsetzen.

Bund, Länder und Gemeinden werden durch die vorgeschlagenen Änderungen des Gesetzentwurfs, soweit ihnen die Bundesregierung zustimmt, nicht mit Kosten belastet. Im Gegenteil tragen sie dazu bei, die den Ländern entstehenden Kosten zu senken. An den zum Gesetzentwurf dargelegten Auswirkungen auf das allgemeine Preisniveau, insbesondere auf die Verbraucherpreise, wird sich durch die insgesamt eher geringfügigen Modifikationen nichts ändern.

Allgemeiner Teil

I. Zum Beratungsverfahren

Der Deutsche Bundestag hat den Gesetzentwurf der Bundesregierung – Drucksache 12/6152 – in seiner 199. Sitzung vom 9. Dezember 1993 beraten und federführend an den Rechtsausschuß sowie mitberatend an den Finanzausschuß, den Ausschuß für Wirtschaft und den Ausschuß für Gesundheit überwiesen.

Der Finanzausschuß hat in seiner Sitzung vom 9. März 1994 einstimmig bei Abwesenheit der Gruppen BÜNDNIS 90/DIE GRÜNEN und PDS/Linke Liste empfohlen, den Gesetzentwurf mit der Maßgabe anzunehmen, daß in die Beschlüsse des Rechtsausschusses eine Einfügung eines Artikels 6a (Änderung des Steuerberatergesetzes). Der Ausschuß für Wirtschaft hat in seiner Sitzung vom 27. April einstimmig die Annahme des Gesetzentwurfes mit der Maßgabe empfohlen, einen Artikel 6b (Änderung der Wirtschaftsprüferordnung) zu beschließen.

Der Ausschuß für Gesundheit hat in seiner Sitzung vom 27. April einstimmig, bei Abwesenheit des Mitglieds der Gruppe der PDS/Linke Liste und des Mitglieds der Gruppe BÜNDNIS 90/DIE GRÜNEN dem Gesetzentwurf zugestimmt.

Der Rechtsausschuß hat in seiner 125. Sitzung vom 27. April 1994 mit den Stimmen der Koalitionsfraktionen bei Stimmenthaltung der Fraktion der SPD und der Gruppe der PDS/Linke Liste bei Abwesenheit der Gruppe BÜNDNIS 90/DIE GRÜNEN die Annahme des Gesetzentwurfs – Drucksache 12/6152 – mit den vorgeschlagenen Änderungen empfohlen. Dabei hat er auch die Vorschläge des Finanzausschusses und des Ausschusses für Wirtschaft in seine Empfehlung mit einbezogen.

II. Zum Inhalt der Beschlußempfehlung

Der Rechtsausschuß hat bei seiner Beratung gegenüber dem Entwurf einige Änderungen beschlossen. Es handelt sich dabei um:

– Die Aufnahme der hauptberuflichen Sachverständigen in den Katalog der Freien Berufe im Sinne dieses Gesetzentwurfs;
– einige redaktionelle Änderungen und Klarstellungen, wie sie vom Bundesrat empfohlen worden waren und denen die Bundesregierung in ihrer Gegenäußerung zugestimmt hatte;

Anhang

Begründung
Rechtsausschuß
*BT-Drucks.
12/7642, S. 11*

Anhang

- eine Erleichterung für die Registergerichte im Eintragungsverfahren bei der Prüfung der Zugehörigkeit zu einem Freien Beruf;
- die Großschreibung des „Freien Berufs" in diesem Gesetzentwurf;
- Anpassungen des Steuerberatungsgesetzes und der Wirtschaftsprüferordnung an das neue Partnerschaftsgesetz, wie sie vom Finanzausschuß und dem Wirtschaftsausschuß in ihren Mitprüfungs-Voten beschlossen worden sind,
- sowie das Hinausschieben des Inkrafttretens-Datums auf den 1. Juli 1995 als Rücksichtnahme auf die Bundesländer.

III. Zur Begründung der Beschlußempfehlung

1. Allgemeines

Der Ausschuß war mehrheitlich der Auffassung, daß die Partnerschaftsgesellschaft eine optimal auf die spezifischen Bedürfnisse der Freien Berufe zugeschnittene Rechtsform ist, die sich zugleich nahtlos in das System unseres Gesellschaftsrechts einfügt. Die Freien Berufe erhalten damit einen rechtsfähigen, nicht der Körperschaftsteuer unterliegenden Unternehmensträger, mit dem sie auch für den zunehmenden Wettbewerb im Binnenmarkt gerüstet sind. Der Entwurf ist knapp und auf das Wesentliche reduziert formuliert und nimmt im übrigen weitgehend Bezug auf das bewährte Recht der offenen Handelsgesellschaft. Soweit im Recht der Personenhandelsgesellschaften Modernisierungen wünschenswert wären, sollte dies nicht in einem Sondergesetz vorgezogen werden.

2. Zu den einzelnen Vorschriften

Im folgenden werden lediglich die vom Rechtsausschuß beschlossenen Änderungen gegenüber der ursprünglichen Fassung des Gesetzentwurfs erläutert. Die Änderungen gehen auf entsprechende Änderungsanträge zurück, die von den Koalitionsfraktionen eingebracht wurden. Soweit der Ausschuß den Gesetzentwurf oder Änderungsvorschläge des Bundesrates unverändert angenommen hat, wird auf die jeweilige Begründung der Drucksache 12/6152 vom 11. November 1993 verwiesen.

Gesetz
zur Schaffung von Partnerschaftsgesellschaften
und zur Änderung anderer Gesetze

Gesetzestext

Der Bundestag hat das folgende Gesetz beschlossen:

1. Zu den Eingangsworten

Die Eingangsworte sind wie folgt zu fassen:

„Der Bundestag hat mit Zustimmung des Bundesrates das folgende Gesetz beschlossen:".

Stellungnahme BRat
BT-Drucks.
12/6152, S. 25

Begründung

Das Gesetz bedarf gemäß Artikel 84 Abs. 1 GG der Zustimmung des Bundesrates. Die Zustimmungsbedürftigkeit ergibt sich daraus, daß in Artikel 2 Nr. 2 (§ 160b Abs. 1 Satz 2 und 3) das Verwaltungsverfahren von Landesbehörden geregelt wird.

Nach § 160b Abs. 1 Satz 2 und 3 finden u. a. § 125a und § 126 FGG – § 126 FGG mit der Maßgabe, daß an die Stelle der Organe des Handelsstandes die Organe des Berufsstandes treten – entsprechende Anwendung. Danach haben unter anderem die Polizei- und Gemeindebehörden von den zu ihrer amtlichen Kenntnis gelangenden Fällen einer unrichtigen, unvollständigen oder unterlassenen Anmeldung zum Register dem Registergericht Mitteilung zu machen und haben Organe des Berufsstandes die Registergerichte bei der Verhütung unrichtiger Eintragungen, bei der Berichtigung und Vervollständigung des Partnerschaftsregisters sowie beim Einschreiten gegen einen unzulässigen Namensgebrauch zu unterstützen; sie sind berechtigt, zu diesem Zwecke Anträge bei den Registergerichten zu stellen und gegen Verfügungen der Registergerichte das Rechtsmittel der Beschwerde einzulegen. Darin liegt nicht nur eine Regelung des gerichtlichen Verfahrens, sondern zugleich auch eine Regelung des Verwaltungsverfahrens. In solchen Fällen ist Artikel 84 Abs. 1 GG anzuwenden (vgl. BVerfGE 55, 274, 321).

Die in den §§ 125a, 126 FGG geregelten Pflichten enthalten mehr als nur eine Konkretisierung der Amtshilfe i. S. des Artikels 35 GG. Die Pflicht zur eigenständigen, fortlaufenden Überwachung und Mitteilung stellt eine eigenständige Mitwirkung an der Gesetzesausführung dar und geht über die punktuelle Erfüllung fremder Pflichten im Wege der Amtshilfe hinaus.

Anhang

PartGG § 1

Gegenäußerung
BReg
BT-Drucks.
12/6152, S. 28

Zu Nummer 1 (zu den Eingangsworten)

Dem Vorschlag wird nicht zugestimmt.

Die Zuweisung der Errichtung und Führung des Partnerschaftsregisters zu den Amtsgerichten löst keine Zustimmungsbedürftigkeit des Gesetzentwurfs aus. Registergerichte sind zwar Landeseinrichtungen, aber keine Verwaltungsbehörden, sondern Gerichte. Das Verfahren der freiwilligen Gerichtsbarkeit ist dementsprechend kein Verwaltungsverfahren im Sinne des Artikels 84 Abs. 1 GG, sondern ein gerichtliches Verfahren, das der Bund gemäß Artikel 74 Nr. 1 GG ohne Zustimmung der Länder regeln darf (vgl. BVerfGE 11, 192, 199; 14, 197, 219). Der Begriff des gerichtlichen Verfahrens umfaßt nicht nur Handlungen, die unmittelbar vor einem Gericht erfolgen oder an ein Gericht zu richten sind. Vielmehr umfaßt er auch Verhaltenspflichten, die im Vorgriff auf ein Gerichtsverfahren, während eines gerichtlichen Verfahrens oder im Nachgang zu einem gerichtlichen Verfahren begründet werden. Dies zeigen z. B. die Regelung des strafrechtlichen Ermittlungsverfahrens in der StPO, das im Vorgriff auf ein eventuelles gerichtliches Verfahren stattfindet, oder das Widerspruchsverfahren vor Erhebung der verwaltungsgerichtlichen Klage (vgl. BVerfGE 35, 65, 72). Die in den §§ 125a und 126 FGG statuierten Mitwirkungspflichten der dort genannten öffentlichen Stellen (Gerichte, Staatsanwaltschaft, Polizei- und Gemeindebehörden, Notare, Steuerbehörden, Organe des Berufsstandes) sind daher gerichtsverfahrensrechtlicher Natur; es handelt sich jeweils um Verhaltenspflichten, die im Hinblick auf die Einleitung und Unterstützung eines gerichtlichen Verfahrens begründet werden. Das rein interne Tätigwerden dieser öffentlichen Stellen, d. h. ein Tätigwerden, das nicht im Hinblick auf eine eventuelle Mitteilung gegenüber dem Registergericht erfolgt, wird von diesen Vorschriften nicht erfaßt. Aus der vom Bundesrat angeführten Entscheidung des Bundesverfassungsgerichts E 55, 274, 321 ergibt sich nichts anderes. Dort geht es allein um die Abgrenzung zwischen Verwaltungsverfahren und materiellem Verwaltungsrecht, nicht aber um die hier maßgebliche Unterscheidung zwischen Gerichts- und Verwaltungsverfahren.

Artikel 1

Gesetz über Partnerschaftsgesellschaften
Angehöriger freier Berufe
(Partnerschaftsgesellschaftsgesetz – PartGG)

§ 1
Voraussetzungen der Partnerschaft

(1) [1]Die Partnerschaft ist eine Gesellschaft, in der sich Angehörige Freier Berufe zur Ausübung ihrer Berufe zusammenschließen. [2]Sie übt kein Handelsgewerbe aus. [3]Angehörige einer Partnerschaft können nur natürliche Personen sein.

(2) Ausübung eines Freien Berufes im Sinne dieses Gesetzes ist die selbständige Berufstätigkeit der Ärzte, Zahnärzte, Tierärzte, Heilpraktiker, Krankengymnasten, Hebammen, Heilmasseure, Diplom-Psychologen, Mitglieder der Rechtsanwaltskammern, Patentanwälte, Wirtschaftsprüfer, Steuerberater, beratenden Volks- und Betriebswirte, vereidigten Buchprüfer (vereidigte Buchrevisoren), Steuerbevollmächtigten, Ingenieure, Architekten, Handelschemiker, Lotsen, hauptberuflichen Sachverständigen, Journalisten, Bildberichterstatter, Dolmetscher, Übersetzer und ähnlicher Berufe sowie der Wissenschaftler, Künstler, Schriftsteller, Lehrer und Erzieher.

(3) Die Berufsausübung in der Partnerschaft kann in Vorschriften über einzelne Berufe ausgeschlossen oder von weiteren Voraussetzungen abhängig gemacht werden.

(4) Auf die Partnerschaft finden, soweit in diesem Gesetz nichts anderes bestimmt ist, die Vorschriften des Bürgerlichen Gesetzbuchs über die Gesellschaft Anwendung.

§ 1
Voraussetzungen der Partnerschaft

(1) Die Partnerschaft ist eine Gesellschaft, in der sich Angehörige *freier* Berufe zur Ausübung ihrer Berufe zusammenschließen. Sie übt kein Handelsgewerbe aus. Angehörige einer Partnerschaft können nur natürliche Personen sein.

(2) Ausübung eines *freien* Berufs im Sinne dieses Gesetzes ist die selbständige Berufstätigkeit der Ärzte, Zahnärzte, Tierärzte, Heilpraktiker, Krankengymnasten, Hebammen, Heilmasseure, Diplom-Psychologen, Mitglieder der Rechtsanwaltskammern, Patentanwälte, Wirtschaftsprüfer, Steuerbera-

Anhang

ter, beratenden Volks- und Betriebswirte, vereidigten Buchprüfer (vereidigte Buchrevisoren). Steuerbevollmächtigten, Ingenieure, Architekten, Handelschemiker, Lotsen, [...], Journalisten, Bildberichterstatter, Dolmetscher, Übersetzer und ähnlicher Berufe sowie der Wissenschaftler, Künstler, Schriftsteller, Lehrer und Erzieher.

(3) [unverändert gegenüber Gesetzestext]

Begründung RegE
BT-Drucks. 12/6152, S. 9 ff

Zu § 1 – Voraussetzungen der Partnerschaft –

Die Partnerschaft ist als Personengesellschaft ausgestaltet. Dies entspricht dem stark personenbezogenen Charakter der freiberuflichen Tätigkeit. Die Partnerschaft ist keine Handelsgesellschaft und stellt keinen kaufmännischen Betrieb dar; sie ist aber in vieler Hinsicht der offenen Handelsgesellschaft ähnlich ausgestaltet und der Entwurf kann mehrfach auf das Recht der OHG verweisen oder Bestimmungen aus dem Handelsgesetzbuch in modifizierter Form übernehmen (siehe bereits vorstehend zu I. Allgemeiner Teil). Die Partnerschaft ist als Gesamthandsgemeinschaft nicht juristische Person, ist aber als Rechtssubjekt und Träger des Gesellschaftsvermögens anzusehen. Sie ist damit der juristischen Person weitgehend angenähert. Die in der rechtswissenschaftlichen Literatur umstrittene Frage der Fähigkeit der Gesamthand zur subjektähnlichen Verselbständigung kann durch den Entwurf nicht generell entschieden werden; für den Bereich der Partnerschaft soll jedoch eine positivrechtliche Festlegung auf eine vollständige Verselbständigung dieser freiberuflichen Gesellschaftsform erfolgen (s. § 7 Abs. 2 des Entwurfs i. V. m. § 124 HGB).

Die Partnerschaft stellt als Personengesellschaft ebenso wie die OHG eine Sonderform der Gesellschaft bürgerlichen Rechts dar. Da auch sie Gesellschaft (und nicht etwa Verein) ist, kommt ergänzend das Gesellschaftsrecht des BGB zur Anwendung; einer ausdrücklichen Normierung der subsidiären Geltung der §§ 705 f. HGB, wie sie der Klarstellung halber etwa in § 105 Abs. 2 HGB enthalten ist, bedarf es hierzu nicht.

Daß sich die Partnerschaft in das bestehende System der Personengesellschaften auf der Grundlage der Gesellschaft bürgerlichen Rechts und in weitgehender Anlehnung an das Recht der offenen Handelsgesellschaft eingliedert, kommt auch darin zum Ausdruck, daß wie zwischen den bereits bestehenden Personengesellschaften auch zwischen der Partnerschaft und den anderen Personengesellschaften ein identitätswahrender Rechtsformwechsel möglich ist, der weder eine Vermögensübertragung auf die „neue" Gesellschaft erforderlich macht noch die Liquidation der „alten" Gesellschaft. Spezieller Umwandlungsvorschriften bedarf es hierzu nicht; auch die angestrebte Reform des Umwandlungsrechts (vgl. Referentenentwurf eines Gesetzes zur Bereinigung des Umwandlungsrechts vom 15. April 1992, Bundesanzeiger vom 20. Juni 1992) wird daran nichts ändern (vgl. a.a.O., Teil C, Begründung, S. 216/217). Sollte sich zukünftig ein vermehrtes Bedürfnis dafür ergeben, auch die Umwandlung von Kapitalgesellschaften in Partnerschaften oder von Partnerschaften in Kapitalgesellschaften zu erleichtern, so wäre dem im zukünftigen Umwandlungsrecht Rechnung zu tragen, wobei sich eine Anlehnung an die Vorschriften betreffend die Umwandlung einer Personenhandelsgesellschaft anbieten könnte.

Die Partnerschaft ist voll namensrechtsfähig (§ 2), grundbuchfähig, parteifähig, in ihr Vermögen kann vollstreckt werden (§ 7 Abs. 2 i. V. m. § 124 HGB). Für die Verbindlichkeiten der Partnerschaft haften ihr Vermögen und neben diesem die Partner als Gesamtschuldner (§ 8 Abs. 1).

Zu Absatz 1

Nach Absatz 1 Satz 1 können sich in der Partnerschaft Angehörige freier Berufe zur Ausübung ihrer Berufe zusammenschließen. Voraussetzung für die Mitgliedschaft ist also die aktive Ausübung des Berufs in der Partnerschaft. Die Partnerschaft kann auch den Angehörigen freier Berufe nicht als bloße Anlage oder stille Beteiligung dienen (siehe bereits Ausführungen zu I. Allgemeiner Teil).

Stellt ein Partner seine aktive Mitarbeit ein, so kann er unter Umständen gemäß § 9 Abs. 1 i. V. m. § 140 HGB durch gerichtliche Entscheidung oder bei dementsprechender Gestaltung des Partnerschaftsvertrages auch durch Beschluß ausgeschlossen werden. Eine flexible Handhabung in Fällen, in denen ein Partner sich aus gesundheitlichen oder Altersgründen aus der aktiven Mitarbeit zurückzieht, ist danach möglich. Sofern für den betreffenden freien Beruf eine Berufszulassung vorgesehen ist, ist diese gemäß § 4 Abs. 2 Voraussetzung für die Eintragung der Partnerschaft. Verliert ein Partner die Zulassung, so scheidet er gemäß § 9 Abs. 3 kraft Gesetzes aus.

Absatz 1 Satz 2 stellt klar, daß die Partnerschaft keine Handelsgesellschaft ist. Die Partnerschaft unterliegt nicht kraft ihrer Rechtsform der Gewerbesteuer.

Partner kann nur eine natürliche Person sein (Absatz 1 Satz 3). Dies entspricht am ehesten dem Leitbild der auf ein persönliches Vertrauensverhältnis zum Auftraggeber ausgerichteten freiberuflichen Berufsausübung.

Zu Absatz 2

Absatz 2 stellt einen Katalog der Professionen auf, deren selbständige Berufstätigkeit als Ausübung eines freien Berufs im Sinne dieses Gesetzes gilt. Eine positiv-rechtliche Definition des Begriffs des freien Berufs erfolgt nicht, da es sich um eine soziologische Wortschöpfung handelt, bezüglich derer eine justiziable Begriffsfassung auf unüberwindbare Schwierigkeiten stößt (vgl. Taupitz, Die Standesordnungen der freien Berufe: geschichtliche Entwicklung, Funktionen, Stellung im Rechtssystem, Berlin u. a. 1991, S. 17 ff.; Antwort des Parlamentarischen Staatssekretärs Rainer Funke vom 19. Februar 1993 auf die schriftliche Frage des Abgeordneten Klaus Beckmann, BT-Drucksache 12/4434, S. 23). Der Katalog lehnt sich an die Formulierung des § 18 Abs. 1 Nr. 1 Satz 2 des Einkommensteuergesetzes (EStG) an, ohne mit ihr völlig übereinzustimmen. Die einkommensteuerliche Abgrenzung zwischen freiberuflicher und gewerblicher Tätigkeit wird durch die Eintragung einer Partnerschaft in das Partnerschaftsregister nicht präjudiziert. Dies gilt bereits aufgrund der zusätzlichen Voraussetzungen des § 18 EStG und der im Vergleich zu den geringen registerrechtlichen Prüfungspflichten weitaus intensiveren steuerlichen Überprüfung, die zudem in jährlichem Abstand wiederholt wird. Es kann also in Grenzfällen durchaus vorkommen, daß die Einkünfte einer Partnerschaft steuerlich als Einkünfte aus Gewerbebetrieb behandelt werden. Gleichwohl kann die ergangene Rechtsprechung zur wissenschaftlichen, künstlerischen, schriftstellerischen, unterrichtenden und erzieherischen Tätigkeit, zu den sog. Katalogberufen und zu den „ähnlichen Berufen" des § 18 EStG auch für das Partnerschaftsgesellschaftsgesetz bei der Abgrenzung im Einzelfall herangezogen werden. Aus diesem Grund sind auch die Hebammen (gleichgestellt die Entbindungspfleger) und die Heilmasseure in den Katalog ausdrücklich aufgenommen worden.

Unter Diplom-Psychologen sind die (heilkundlich tätigen) Psychotherapeuten und die beratenden Psychologen zu verstehen. Die beratenden Psychologen (Diplompsychologen) beraten Individuen und Organisationen der Wirtschaft und Verwaltung und unterstützen sie mit Methoden der angewandten wissenschaftlichen Psychologie. So beraten sie u. a. Institutionen bei der Suche, Auswahl, Förderung und Weiterbildung von Mitarbeitern. Unter den Begriff der selbständigen Berufstätigkeit der Künstler kann z. B. auch die selbständige Tätigkeit der Designer (Foto-, Graphik-, Industrie-, Mode-,

Schmuck- sowie Textildesigner) und im Einzelfall die der Fotografen fallen. Als freiberuflich tätige Wissenschaftler kommen z. B. selbständig tätige Geologen in Betracht. Unter den Begriff „der Erzieher" fallen u. a. Diplom-Pädagogen. Logopäden können über den Begriff der ähnlichen Berufe den Krankengymnasten gleichgestellt werden. Nach Lage des Falls können auch Sachverständige als freiberuflich Tätige im Sinne des Entwurfs in Betracht kommen. Dies kann der Fall sein, wenn die Sachverständigentätigkeit selbständig und hauptberuflich ausgeübt wird und sie den allgemeinen Anforderungen an eine freiberufliche Tätigkeit entspricht (höherwertig, höhere Ausbildung etc.).

Der Kreis der partnerschaftsfähigen freien Berufe kann weit gezogen werden. Für die monoprofessionelle Zusammenarbeit von Angehörigen eines freien Berufs bietet sich die neue Rechtsform auch für nichtverkammerte freie Berufe (wie z. B. Unternehmensberater) und solche freie Berufe an, die über kein eigenes Berufsrecht verfügen. Auch für den interprofessionellen Zusammenschluß kann der Kreis weit gesteckt werden, da es in Absatz 3 den einzelnen Berufsrechten überlassen bleibt zu entscheiden, ob ihre Angehörigen an der neuen Organisationsform partizipieren dürfen und mit welchen Angehörigen anderer freier Berufe sie sich dabei zusammenschließen können (dazu näher zu Absatz 3).

Berufsgruppen, für die die Partnerschaft bereits nach geltendem Recht nicht in Betracht kommt, wurden nicht in den Katalog aufgenommen. So schließen die berufsrechtlichen Regelungen für die Notare, die ein öffentliches Amt ausüben, eine Teilnahme an der Partnerschaft aus. Diese Rechtslage bleibt durch den Entwurf unberührt. Für Anwaltsnotare gilt, daß sie in ihrer Funktion als Rechtsanwalt partnerschaftsfähig sind und Mitglied einer Partnerschaft sein können, in ihrer Funktion als Notar jedoch nicht. Dies hat Auswirkungen auf den Namen der Gesellschaft, in dem der betroffene Partner nur als Rechtsanwalt geführt werden kann, nicht zugleich als Notar. Es erscheint aber möglich, daß ein Hinweis auf den weiter ausgeübten Beruf des Partners außerhalb der Partnerschaft auf dem Briefkopf der Partnerschaft geführt wird. Die grundsätzlich (wenn auch nicht steuerlich) den freien Berufen zuzuordnenden Apotheker sind nicht in den Katalog aufgenommen worden, da sie sich bereits in § 8 Apothekengesetz für die GbR und die OHG als einzig zulässige Kooperationsformen entschieden haben. Auch die landesspezifischen Regelungen für die öffentlich bestellten Vermessungsingenieure, soweit sie Träger eines öffentlichen Amtes als Organ des öffentlichen

Vermessungswesens sind, schließen schon nach geltendem Recht eine Teilnahme an Partnerschaften aus; daher wurde auf eine explizite Aufnahme der „Vermessungsingenieure" in den Katalog verzichtet. Bei einer Subsumtion unter den allgemeinen Begriff der Ingenieure greift jedenfalls der Berufsrechtsvorbehalt von Absatz 3.

Zu Absatz 3

Absatz 3 enthält einen allgemeinen „Berufsrechtsvorbehalt". In Vorschriften über einzelne Berufe kann die Berufsausübung in der Partnerschaft ausgeschlossen oder von weiteren Voraussetzungen abhängig gemacht werden. Sofern hinsichtlich einer Berufsausübung im Sinne des Absatzes 2 eine berufsrechtliche Regelung besteht oder geschaffen wird, kann also dort im Rahmen der verfassungsrechtlichen Grenzen (dazu näher im folgenden) z. B. bestimmt werden, ob überhaupt ein (monoprofessioneller) Zusammenschluß möglich ist oder ob die gemeinsame Berufsausübung von einer berufsrechtlichen Zulassung abhängt (vgl. z. B. §§ 27 ff. der Wirtschaftsprüferordnung – WPO). Bestimmt werden kann z. B. auch, daß die Berufsausübung in Zweigniederlassungen nicht oder nur unter bestimmten Voraussetzungen zulässig ist (dazu näher zu § 5) oder welchen (zusätzlichen) Anforderungen die Namensangabe auf Praxisschildern unterliegt (dazu näher zu § 2). Normiert werden kann schließlich auch, mit welchen Angehörigen anderer freier Berufe der Zusammenschluß in der Partnerschaft zulässig ist. Ein interprofessioneller Zusammenschluß ist berufsrechtlich möglich, wenn die beabsichtigte Kombination nach den Berufsrechten aller Beteiligten zulässig ist (Kompatibilität). Eine solche berufsspezifische Regelung der Sozietätsfähigkeit findet sich bereits in dem Regierungsentwurf eines Gesetzes zur Neuordnung des Berufsrechts der Rechtsanwälte und der Patentanwälte und zur Änderung anderer Gesetze (BT-Drucksache 12/4993, dort § 59a BRAO-E und § 52a PAO-E) und in den Referentenentwürfen zur Änderung des Berufsrechts der Wirtschaftsprüfer und Steuerberater.

„Vorschriften über einzelne Berufe" im Sinne dieses Gesetzes sind alle diejenigen Rechtsvorschriften (Gesetze, Verordnungen und sonstiges materielles Recht, wie z. B. Satzungen), die Regelungen über den Berufszugang und die Berufsausübung enthalten. Die Wirksamkeit dieser Vorschriften bestimmt sich insbesondere im Hinblick auf die hinreichende Erlaßkompetenz nach den allgemeinen, durch die Rechtsprechung des Bundesverfassungsgerichts (vgl. insbes. Entscheidungen vom 14. Juli 1987 – 1 BvR 537/81 u. a. und 1 BvR 362/79) konkretisierten Grundsätzen. Demnach hat der (formelle) Gesetzgeber die wesentlichen Berufspflichten zu regeln, worunter Berufszugangsregeln und vergleichbar einschneidende und für den Berufsausübenden existentiell bedeutsame – also statusbildende – Bestimmungen fallen. Ergänzende Reglementierungen, die sich lediglich auf die Art und Weise der Berufsausübung beziehen, können hingegen auch etwa dem Satzungsgeber überlassen bleiben. So regelt z. B. der bereits zitierte Entwurf eines Gesetzes zur Neuordnung des Berufsrechts der Rechtsanwälte und Patentanwälte in § 59a BRAO-E die Zusammenschlußfähigkeit mit anderen Berufsgruppen, während gemäß § 59b BRAO-E der Satzungsgeber zum Erlaß konkretisierender Vorschriften ermächtigt wird, z. B. betreffend die allgemeinen Berufs- und Grundpflichten und die besonderen Berufspflichten im Zusammenhang mit dem Führen der Fachanwaltsbezeichnung. An diesen verfassungsrechtlichen Vorgaben kann und will der Entwurf nichts ändern, insbesondere enthält Absatz 3 (im Hinblick auf die Erlaßzuständigkeiten zwischen formellem Gesetzgeber und Satzungs- und Kammerrecht) keine über die genannten Grundsätze hinausgehenden Ermächtigungen zugunsten des Satzungs- und Kammerrechts.

Absatz 3 dient auch im Hinblick auf die Gesetzgebungszuständigkeiten von Bund und Ländern vorrangig der Klarstellung. Soweit es sich um Berufsrecht des Bundes handelt, ist der Bund für den Erlaß reglementierender Vorschriften zuständig, soweit es sich um Landesrecht handelt, die Länder.

Treffen unterschiedliche berufsrechtliche Regelungen aufeinander, so gilt nur die nach allen Regelungen zulässige Lösung (gemeinsamer Nenner) oder – wo dies möglich ist – die für den jeweils betreffenden Angehörigen eines freien Berufs maßgebliche Regelung (so z. B. im Hinblick auf den „Berufsrechtsvorbehalt" in § 8 Abs. 3 des Entwurfs).

2. Zu Artikel 1 (§ 1 Abs. 2 PartGG)

Stellungnahme BRat
BT-Drucks. 12/6152, S. 25

Der Bundesrat bittet, im weiteren Gesetzgebungsverfahren zu prüfen, ob weitere Berufe ausdrücklich in § 1 Abs. 2 PartGG aufgenommen werden sollten.

Begründung

Dem Bundesrat liegen z. Z. Entwürfe der Bundesregierung zur Regelung der Zulassung freier Berufe wie z. B. des psychologischen Psychotherapeuten (BR-Drucksache 523/93) und eines Masseur- und Physiotherapeutengesetzes (BR-Drucksache 524/93) zur Beratung vor.

Anhang

Es erscheint angezeigt, die darin geregelten freien Berufe in die Aufzählung in § 1 Abs. 2 PartGG aufzunehmen, welcher sonst unvollständig wäre oder teilweise an einen alsbald überholten Sprachgebrauch anknüpfen würde.

3. Zu Artikel 1 (§ 1 Abs. 3 PartGG)

Der Bundesrat geht davon aus, daß § 1 Abs. 3 des Gesetzentwurfs, nach dem die partnerschaftliche Berufsausübung für einzelne Berufe ausgeschlossen oder von weiteren Voraussetzungen abhängig gemacht werden kann, unverändert bestehen bleibt.

4. Zu Artikel 1 (§ 1 Abs. 4 – neu – PartGG)

In Artikel 1 ist in § 1 nach Absatz 3 folgender Absatz 4 anzufügen:

„(4) Auf die Partnerschaft finden, soweit in diesem Gesetz nichts anderes bestimmt ist, die Vorschriften des Bürgerlichen Gesetzbuchs über die Gesellschaft Anwendung."

Begründung

Die Partnerschaft soll Personengesellschaft und Gesamthandsgemeinschaft sein. Allerdings ergibt sich die gesamthänderische Bindung des Partnerschaftsvermögens nicht aus den Vorschriften selbst und auch nicht aus den Verweisungen auf die Bestimmungen über die offene Handelsgesellschaft.

Auch fehlen durch die nicht erfolgte Verweisung auf die §§ 120 bis 122 HGB subsidiäre Gewinnverteilungsvorschriften. Schließlich sind die Rechtsfolgen des Ausscheidens eines Partners nicht vollständig geregelt. Der Entwurf geht davon aus, daß ergänzend §§ 705 ff. BGB Anwendung finden. Eine ausdrückliche Verweisung ist allerdings nicht vorgesehen. Zur Vermeidung jeglichen Zweifels erscheint es zweckmäßig, wie in § 105 Abs. 2 HGB, auch bei der Partnerschaft eine Verweisung auf die Vorschriften der Gesellschaft des Bürgerlichen Rechts vorzusehen.

Gegenäußerung BReg
BT-Drucks. 12/6152, S. 28

Zu Nummer 2 (Artikel 1 – § 1 Abs. 2 PartGG)

Die Prüfung ergibt folgendes:

Der Katalog des § 1 Abs. 2 PartGG bedarf auch im Hinblick auf die Gesetzentwürfe der Bundesregierung über die Berufe des Psychologischen Psychotherapeuten und des Kinder- und Jugendlichenpsychotherapeuten (BR-Drucksache 523/93) sowie über die Berufe in der Physiotherapie (BR-Drucksache 524/93) nicht der Erweiterung; jedoch ist die Bundesregierung bereit, den Begriff des Krankengymnasten durch den weitgehend deckungsgleichen Begriff des Physiotherapeuten zu ersetzen, sobald das Masseur- und Physiotherapeutengesetz in Kraft tritt.

Die in diesen Gesetzentwürfen geregelten (Heil-) Berufe sind ganz überwiegend unter § 1 Abs. 2 PartGG zu subsumieren; eine darüber hinausgehende Ausweisung von § 1 Abs. 2 PartGG ist nicht geboten.

In der Begründung zum Regierungsentwurf des Partnerschaftsgesellschaftsgesetzes heißt es, daß unter Diplom-Psychologen auch „die (heilkundlich tätigen) Psychotherapeuten zu verstehen sind" (BR-Drucksache 516/93, S. 21). Deren Berufsrecht soll durch den Entwurf des Psychotherapeutengesetzes (BR-Drucksache 523/93) geregelt werden (vgl. dort u. a. § 1 Abs. 4). Den (neuen) Beruf des Psychologischen Psychotherapeuten sollen nach § 5 Abs. 3 Nr. 1 des Entwurfs nur Diplom-Psychologen ergreifen können. Daß die Ausbildung zum (ebenfalls neuen) Beruf des Kinder- und Jugendlichenpsychotherapeuten auch über den erfolgreichen Abschluß des Studiengangs der Pädagogik und Sozialpädagogik möglich sein soll (§ 5 Abs. 3 Nr. 2 des Entwurfs), hindert die Einordnung dieser Tätigkeit als freiberuflich nicht.

Das Masseur- und Physiotherapeutengesetz (BR-Drucksache 524/93) will – im Hinblick auf die in der DDR verwandte Berufsbezeichnung und die Begrifflichkeit in anderen EG-Mitgliedstaaten – an die Stelle der bisherigen Berufsbezeichnung „Krankengymnast/in" die Berufsbezeichnung „Physiotherapeut/in" setzen, ohne daß sich für den Beruf des zukünftigen Physiotherapeuten eine grundlegende Änderung gegenüber dem derzeitigen Berufsbild des Krankengymnasten ergeben soll (Begründung a. a. O., S. 19); die Fortführung der bisherigen Berufsbezeichnung als Krankengymnast soll auch nach Inkrafttreten des Gesetzes möglich sein (a. a. 0. S. 23). Eine Subsumtion des neuen Begriffs des Physiotherapeuten unter den Begriff des Krankengymnasten ist damit zweifelsfrei möglich, eine Änderung des Katalogs in § 1 Abs. 2 PartGG zumindest aus inhaltlichen Gründen folglich nicht geboten. Wenn jedoch eine Anpassung an den neuen Sprachgebrauch gewünscht wird, ist die Bundesregierung bereit, für den Fall des Inkrafttretens des Masseur- und Physiotherapeutengesetzes den Begriff des „Krankengymnasten" durch den des „Physiotherapeuten" zu ersetzen.

Der in § 1 Abs. 2 PartGG verwandte Begriff des Heilmasseurs leitet sich aus der Rechtsprechung des Bundesfinanzhofes zu

Anhang

§ 18 Abs. 1 Nr. 1 EStG ab (BFH BStBl 1971, Teil II, S. 249). Ein Ersetzen dieses Begriffs durch die nach dem Masseur- und Physiotherapeutengesetz allein vorgesehene Berufsbezeichnung „Masseur und medizinischer Bademeister" erscheint nicht angezeigt. Denn eine unter dieser Berufsbezeichnung ausgeübte Tätigkeit kann nach der Finanzrechtsprechung den Bereich der freien Berufsausübung dann verlassen, wenn sich die Verabreichung von Bädern nicht als Hilfsmaßnahme zu der Berufstätigkeit als Masseur darstellt, also nicht mehr die persönliche Dienstleistung des Berufstätigen im Mittelpunkt steht, sondern statt dessen „die Nutzung der Einrichtung des Badebetriebs bei der Zubereitung und Verabfolgung der Bäder sowie die Verwertung der physikalischen, chemischen und technischen Mittel seines Anlagevermögens" (BFH a. a. O.). Auch wenn die Einordnung als freiberufliche Tätigkeit nach § 1 Abs. 2 PartGG nicht sklavisch von einer demgemäßen steuerrechtlichen Bewertung abhängt, erscheint es weiterhin sinnvoll, sich begrifflich nicht zu weit von der Fassung des § 18 Abs. 1 Nr. 1 Satz 2 EStG zu entfernen, um die dort herausgebildeten Abgrenzungen soweit wie möglich auch für das Partnerschaftsgesellschaftsgesetz fruchtbar zu machen.

Insgesamt ist daher – abgesehen von der angesprochenen Begriffsanpassung – eine Änderung von § 1 Abs. 2 PartGG im Hinblick auf den Bereich der Heilberufe nicht angezeigt. Allein zu den diesbezüglichen Ausführungen in der Begründung zum Regierungsentwurf ist ergänzend zu vermerken, daß auch die Berufstätigkeit der „Beschäftigungs- und Arbeitstherapeuten" (im Sinne der §§ 1 und 8 des Beschäftigungs- und Arbeitstherapeutengesetzes vom 25. Mai 1976, BGBl. I S. 1246) steuerrechtlich als den Heilberufen ähnliche Tätigkeit anerkannt ist (vgl. BMF-Schreiben vom 6. Januar 1978, BStBl Teil I, S. 35).

Zu Nummer 3 (Artikel 1 – § 1 Abs. 3 PartGG)

Die Bundesregierung wird sich im weiteren Gesetzgebungsverfahren für ein unverändertes Fortbestehen der Vorschrift einsetzen.

Zu Nummer 4 (Artikel 1 – § 1 Abs. 4 – neu – PartGG)

Dem Vorschlag wird zugestimmt.

PartGG § 1 | Anhang

§ 1
Voraussetzungen der Partnerschaft

Fassung
Rechtsausschuß

(1) Die Partnerschaft ist eine Gesellschaft, in der sich Angehörige **Freier** Berufe zur Ausübung ihrer Berufe zusammenschließen. Sie übt kein Handelsgewerbe aus. Angehörige einer Partnerschaft können nur natürliche Personen sein.

(2) Ausübung eines **Freien** Berufs im Sinne dieses Gesetzes ist die selbständige Berufstätigkeit der Ärzte, Zahnärzte, Tierärzte, Heilpraktiker, Krankengymnasten, Hebammen, Heilmasseure, Diplom-Psychologen, Mitglieder der Rechtsanwaltskammern, Patentanwälte, Wirtschaftsprüfer, Steuerberater, beratenden Volks- und Betriebswirte, vereidigten Buchprüfer (vereidigte Buchrevisoren). Steuerbevollmächtigten, Ingenieure, Architekten, Handelschemiker, Lotsen, **hauptberuflichen Sachverständigen,** Journalisten, Bildberichterstatter, Dolmetscher, Übersetzer und ähnlicher Berufe sowie der Wissenschaftler, Künstler, Schriftsteller, Lehrer und Erzieher.

(3) [unverändert gegenüber RegE]

(4) **Auf die Partnerschaft finden, soweit in diesem Gesetz nichts anderes bestimmt ist, die Vorschriften des Bürgerlichen Gesetzbuchs über die Gesellschaft Anwendung.**

Zu Artikel 1 (§ 1 Abs. 2 PartGG-E)

Begründung
Rechtsausschuß
*BT-Drucks.
12/7642, S. 11 f*

In den Katalog der Freien Berufe im Sinne dieses Entwurfs sind auch die hauptberuflichen Sachverständigen aufgenommen worden, womit der Bedeutung und regelmäßig hohen erworbenen Qualifikation der Sachverständigen Rechnung getragen werden soll, bei denen die Sachverständigentätigkeit (nicht auf die Partnerschaft beschränkt) Schwerpunkt der beruflichen Betätigung ist. Die steuerliche Behandlung der Sachverständigen nach § 18 EStG wird dadurch nicht präjudiziert.

Zu Artikel 1 (§ 1 Abs. 4 PartGG-E)

Dem Wunsch des Bundesrates entsprechend wurde die subsidiäre Geltung der Vorschriften des Bürgerlichen Gesetzbuchs über die GbR klargestellt.

Anhang   PartGG § 2

Gesetzestext

§ 2

Name der Partnerschaft

(1) Der Name der Partnerschaft muß den Namen mindestens eines Partners, den Zusatz „und Partner" oder „Partnerschaft" sowie die Berufsbezeichnungen aller in der Partnerschaft vertretenen Berufe enthalten.

(2) § 18 Abs. 2, § 19 Abs. 3 und 4, §§ 21, 22 Abs. 1, §§ 23, 24, 30, 31 Abs. 2, §§ 32 und 37 des Handelsgesetzbuchs sind entsprechend anzuwenden; § 24 Abs. 2 des Handelsgesetzbuchs gilt auch bei Umwandlung einer Gesellschaft bürgerlichen Rechts in eine Partnerschaft.

Text
RegE

§ 2

Name der Partnerschaft

(1) [unverändert gegenüber Gesetzestext].

(2) § 18 Abs. 2, § 19 Abs. 3 und 4, §§ 21, 22 Abs. 1, §§ 23, 24 *Abs. 2*, §§ 30, 31 Abs. 2, §§ 32 und 37 des Handelsgesetzbuches sind entsprechend anzuwenden; § 24 Abs. 2 des Handelsgesetzbuches gilt auch bei Umwandlung einer Gesellschaft bürgerlichen Rechts in eine Partnerschaft.

Begründung
RegE
BT-Drucks.
12/6152, S. 11 ff

Zu § 2 – Name der Partnerschaft –

Der Name der Partnerschaft muß nach Absatz 1 den Namen mindestens eines Partners und den Zusatz „und Partner" oder „Partnerschaft" enthalten. Der Name muß ferner die Berufsbezeichnung aller in der Partnerschaft vertretenen freien Berufe aufführen. Damit soll insbesondere eine hinreichende Aufklärung des Publikums über die tatsächliche Bandbreite der in der Partnerschaft angebotenen freiberuflichen Dienstleistungen gewährleistet werden.

Das Berufsrecht kann zusätzliche Anforderungen aufstellen. So wird z. B. durch Absatz 1 nicht die berufsrechtliche Regelung in § 27 Abs. 1 der Musterberufsordnung für die deutschen Ärzte (in der auf dem 96. Deutschen Ärztetag 1993 beschlossenen Fassung) tangiert, wonach auf dem Praxisschild zusätzlich alle Namen der behandelnden Ärzte aufzuführen sind.

Absatz 2 erklärt auf die Partnerschaft übertragbare Grundsätze des Firmenrechts für entsprechend anwendbar, namentlich die geeigneten Bestimmungen des Handelsgesetzbuches über die Firmenwahrheit, die Firmenbeständigkeit und über die Firmenausschließlichkeit. Außerdem wird auf § 31 Abs. 2 und § 32 HGB verwiesen, womit das Erlöschen des Namens der Partnerschaft notfalls und die Eröffnung des Konkursverfahrens über das Vermögen der Partnerschaft generell von Amts wegen ins Partnerschaftsregister einzutragen ist.

Auch die Führung des Namens der Partnerschaft unterliegt dem allgemeinen Grundsatz der Firmenwahrheit, insbesondere darf der Name nicht über den Umfang der Partnerschaft und die beteiligten Partner täuschen. Ersterem dient die Angabe aller in der Partnerschaft ausgeübten Berufe, letzterem die „wahrheitsgemäße" Angabe der tatsächlich in der Gesellschaft aktiven Partner, wobei diesem Umstand aufgrund der auf persönliche Leistungserbringung ausgerichteten Tätigkeit der Partnerschaft besonderes Gewicht zukommt (Absatz 2 i. V. m. § 18 Abs. 2, § 19 Abs. 4 HGB).

Auf der anderen Seite kollidieren auch beim Partnerschaftsnamen Interessen der Namenswahrheit mit denen der Namensbeständigkeit. Um den Partnern zu ermöglichen, den in Partnerschaftsnamen enthaltenen ideellen und materiellen Wert auch dann zu erhalten, wenn sich bestimmte Geschäftsvorgänge ereignen, die an sich eine Änderung des bestehenden Namens erforderlich machen würden, werden die §§ 21, 22 Abs. 1 und § 24 HGB für entsprechend anwendbar erklärt.

Von erheblicher praktischer Bedeutung ist zunächst die Frage der Fortführung des Namens ausgeschiedener Partner. So verwenden Sozietäten von Freiberuflern ihren Namen zunehmend schon jetzt wie eine Firma, der sich jedenfalls nicht ändert, wenn ein Mitglied der Sozietät aus Altersgründen oder durch Tod ausscheidet. Dies gilt z. B. für Steuerberater und Wirtschaftsprüfer, seit einigen Jahren auch für große, insbesondere überörtliche Anwaltssozietäten. Der Verkehr hat sich an diese Übung bereits gewöhnt und ist darauf eingestellt, daß der im Sozietätsnamen enthaltene Familienname eines Sozius nicht darauf hindeutet, daß dieser auch heute noch seine Dienste anbietet. Dieser Wandel in der Verkehrsauffassung ist dadurch beschleunigt worden, daß ausländische Sozietäten schon seit jeher mit einer festen „Firma" im Verkehr auftreten. Dies alles rechtfertigt es, die Weiterführung eines Namens eines ausgeschiedenen Partners entsprechend § 24 Abs. 2 HGB grundsätzlich zeitlich unbeschränkt zuzulassen. Erforderlich ist aber, daß der betreffende Partner in die Fortführung seines Namens ausdrücklich eingewilligt hat. Er kann dies schon bei Gründung der Partnerschaft verbindlich tun. Hat er es nicht getan, können im Todesfalle auch die Erben einwilligen. Daß die Fortführungsbefugnis dann nicht gilt, wenn ein

Strohmann nur für kurze Zeit in die Partnerschaft aufgenommen worden ist mit dem Ziel, seinen Namen mißbräuchlich als Wettbewerbsvorteil einzusetzen, bedarf keiner ausdrücklichen Regelung im Gesetz.

Wird eine freiberufliche Gesellschaft bürgerlichen Rechts als Partnerschaft nach diesem Gesetz fortgeführt und war ein freiberuflich tätiges Mitglied der bürgerlich-rechtlichen Gesellschaft, dessen Name in der Bezeichnung der Gesellschaft enthalten war, schon vor dem Rechtsformwechsel ausgeschieden, so soll nach Absatz 2, zweiter Halbsatz die Fortführungsbefugnis entsprechend § 24 Abs. 2 HGB grundsätzlich auch für seinen Namen gelten. Damit soll es auch den bislang in der Rechtsform der BGB-Gesellschaft zusammengeschlossenen Freiberuflern ermöglicht werden, den in der Bezeichnung dieser Gesellschaft enthaltenen Wert auf die Partnerschaft zu übertragen; die Umwandlung solcher Gesellschaften in Partnerschaften soll namensrechtlich nicht unnötig erschwert werden. Einer gesetzlichen Regelung dieses Fortführungsfalls bedarf es, da § 24 HGB in seinem eigentlichen Anwendungsbereich nicht für (insbesondere minderkaufmännische) BGB-Gesellschaften gilt und folglich in seiner entsprechenden Anwendung nicht für freiberufliche Gesellschaften bürgerlichen Rechts gelten würde.

Im Interesse der Namenskontinuität soll es der Partnerschaft weiterhin gestattet sein, ihren Namen auch dann fortzuführen, wenn sich ohne Änderung der Person der im Partnerschaftsnamen enthaltene Name eines Partners ändert (Absatz 2 i. V. m. § 21 HGB).

Gleiches gilt für den Fall, daß die Partnerschaft vollständig auf neue Eigentümer übergeht. Auch bei einer solchen, auf Dauer ausgerichteten Unternehmensveräußerung soll ausnahmsweise eine Namensfortführung und damit die Erhaltung der im eingeführten Namen enthaltenen Werte gestattet werden (Absatz 2 i. V. m. § 22 Abs. 1 HGB).

Nicht entsprechend anwendbar soll hingegen § 22 Abs. 2 HGB sein, wonach auch bei Übernahme eines Handelsgeschäfts aufgrund eines bloßen Nießbrauchs, eines Pachtvertrages oder eines ähnlichen Rechtsverhältnisses die Firmenfortführung möglich ist. Es wurde bereits darauf hingewiesen, daß bei der Partnerschaft der „wahrheitsgemäßen" Angabe der tatsächlich in der Gesellschaft aktiven Partner erhöhte Bedeutung zukommt. Daher scheint es gerechtfertigt, zwar die vollständige Rechtsübertragung auf einen neuen Unternehmensträger (= Eigentumsübertragung) namensrechtlich zu erleichtern, nicht aber auch die lediglich schuldrechtliche oder dingliche Überlassung zur Nutzung, die in der Regel zeitlich befristet ist. Ein Bedürfnis, die bloße Nutzungsüberlassung von Partnerschaften auch namensrechtlich zu fördern, ist nicht ersichtlich.

Die entsprechende Anwendbarkeit von § 24 HGB erfaßt neben dem Ausscheiden auch den Eintritt eines Partners; allerdings wird dieser Fortführungsbefugnis kaum praktische Bedeutung zukommen, da bereits Absatz 1 nicht die Angabe aller Partnernamen erfordert. Generell nicht einschlägig ist § 24 HGB bei einer Umwandlung einer Einzelpraxis in eine Partnerschaft und dem umgekehrten Fall, da es keine namensrechtsfähigen Einzelpraxen von Freiberuflern entsprechend den §§ 17 ff. HGB gibt; dies soll durch diesen Entwurf nicht geändert werden.

Auch die genannten Durchbrechungen des Prinzips der Namenswahrheit stehen unter dem Vorbehalt, daß Täuschungen des Publikums zu vermeiden sind. Namensteile, die durch die genannten Geschäftsvorgänge irreführend geworden sind, sind zu streichen bzw. durch nicht irreführende Angaben zu ersetzen. Dies gilt beim Partnerschaftsnamen insbesondere für die Angabe der Berufsbezeichnungen. Wird bei einer interprofessionellen Partnerschaft durch den Austausch der Unternehmensinhaber oder das Ausscheiden eines Partners eine angegebene Berufsbezeichnung unrichtig, d. h. wird der angegebene Beruf zukünftig nicht mehr von einem aktiven Partner in der Partnerschaft ausgeübt, so ist dieser zu streichen. Gleiches wird regelmäßig für den Namen des Partners gelten, der bisher für den ausgeübten Beruf stand; auch dessen Fortführung entsprechend § 22 Abs. 1, § 24 HGB steht grundsätzlich unter dem Vorbehalt, daß der von der genannten Person ausgeübte Beruf auch zukünftig in der Partnerschaft vertreten ist. Neu in der Partnerschaft ausgeübte Berufe sind in den Namen aufzunehmen.

Ebenfalls dem Schutz des Publikums vor Täuschungen dient die entsprechende Anwendbarkeit von § 23 HGB. Ein Auseinanderfallen von Kennzeichnung und Unternehmen soll auch bei der Partnerschaft vermieden werden, indem sogenannte Leerübertragungen des Gesellschaftsnamens für unzulässig erklärt werden.

Anhang

Zusätzlich zu dem Korrektiv der Namenswahrheit kann auch das Berufsrecht regulierend eingreifen. Soweit in dem einen oder anderen Berufszweig eine strengere Handhabung der Fortführungsbefugnis angebracht erscheint, ist es auch hier den jeweils betroffenen Berufsrechten freigestellt eine abweichende Regelung einzuführen, insbesondere die Fortführung ganz zu untersagen oder – etwa im Hinblick auf die Namensfortführung ausgeschiedener Partner – nur für eine bestimmte Frist zuzulassen.

Schließlich muß der Partnerschaftsname auch hinreichend unterscheidenskräftig sein (Absatz 2 i. V. m. § 30 HGB). Die Beifügung von Vornamen der Partner ist grundsätzlich nicht erforderlich, kann aber im Einzelfall notwendiges Kriterium der Unterscheidung sein; ihr ist Vorrang vor der Beifügung von Sachzusätzen einzuräumen (Absatz 2 i. V. m. § 19 Abs. 3 und § 30 Abs. 2 HGB).

Einem unzulässigen Firmengebrauch kann das Registergericht gem. § 37 HGB, § 140 FGG begegnen (vgl. Artikel 2 Nr. 2).

In § 11 des Entwurfs ist eine Übergangsregelung für bestehende Gesellschaften vorgesehen, die, ohne Partnerschaft nach diesem Entwurf zu sein, in ihrem Namen die Bezeichnung „Partnerschaft" oder „und Partner" führen.

Stellungnahme BRat
BT-Drucks. 12/6152, S. 26

5. Zu Artikel 1 (§ 2 Abs. 1 PartGG)

Der Bundesrat bittet, im weiteren Gesetzgebungsverfahren zu prüfen, ob in Artikel 1 in § 2 Abs. 1 nicht anstelle des Zusatzes „und Partner" oder „Partnerschaft" der Zusatz „Partnerschaftsgesellschaft" bindend vorgeschrieben werden sollte.

Begründung

Um eine Verwechslung mit anderen, insbesondere bestehenden, Gesellschaftsformen auszuschließen, erscheint es angezeigt, daß die neuen Gesellschaften ausschließlich den die neue Gesellschaftsform kennzeichnenden Zusatz „Partnerschaftsgesellschaft" führen. Hierdurch kann eine dauerhafte Unterscheidbarkeit von den bislang bestehenden BGB-Gesellschaften, die mit den Zusätzen „und Partner" oder „Partnerschaft" am Rechtsverkehr teilnehmen, erreicht werden. Einer Übergangsvorschrift entsprechend § 11 des Entwurfs bedarf es dann nicht. Der zwingende Zusatz „Partnerschaftsgesellschaft" würde darüber hinaus den Besitzstand der bisherigen Partnerschaften bei ihrer Namensführung wahren.

6. Zu Artikel 1 (§ 2 Abs. 2 PartGG)

a) Der Bundesrat bittet, im weiteren Gesetzgebungsverfahren zu prüfen, ob in Artikel 1 § 2 Abs. 2 im Hinblick auf die nach § 8 Abs. 2 mögliche Haftungsbeschränkung einer weitergehenden Konkretisierung bedarf, soweit § 2 Abs. 2 auch § 19 Abs. 4 des Handelsgesetzbuches für entsprechend anwendbar erklärt.

Begründung

Nach § 8 Abs. 2 können die Partner ihre persönliche Haftung für Ansprüche aus Schäden wegen fehlerhafter Berufsausübung auf bestimmte Partner beschränken und sich von der persönlichen Haftung freizeichnen. § 19 Abs. 4 des Handelsgesetzbuches, den § 2 Abs. 2 für den Namen der Partnerschaft entsprechend anwendbar erklärt, schreibt vor, daß die Namen anderer Personen als der persönlich haftenden Gesellschafter nicht in die Firma aufgenommen werden dürfen. Ausgehend von § 8 Abs. 2 besteht zumindest in Einzelfällen die Möglichkeit, daß der im Namen der Partnerschaft aufgeführte Partner für bestimmte Einzelgeschäfte gerade nicht haftet.

b) Der Bundesrat bittet, im weiteren Gesetzgebungsverfahren zu prüfen, ob die in § 2 Abs. 2 PartGG enthaltene Verweisung auf § 24 Abs. 2 HGB unter Berücksichtigung des sachlich Gewollten auch auf § 24 Abs. 1 HGB erstreckt werden muß.

Begründung

Nach § 2 Abs. 2 erster Halbsatz PartGG soll u. a. die Bestimmung des § 24 Abs. 2 HGB für entsprechend anwendbar erklärt werden. Da sich diese Vorschrift ausschließlich auf den Fall der Fortführung der Firma bei Ausscheiden eines Gesellschafters bezieht, würde dieser Regelungsgehalt nicht mit der Begründung des Gesetzentwurfs korrespondieren, nach der von der entsprechenden Anwendbarkeit des § 24 HGB neben dem Ausscheiden auch der Eintritt eines Partners erfaßt werden soll (vgl. Begründung Seite 28, letzter Absatz der BR-Drucksache 516/93). Insoweit erscheint daher eine Überprüfung und ggf. eine Abstimmung mit der textlichen Fassung von § 2 Abs. 2 PartGG erforderlich.

Anhang

Gegenäußerung
BReg
*BT-Drucks.
12/6152, S. 29*

Zu Nummer 5 (Artikel 1 – § 2 Abs. 1 PartGG)

Die Prüfung ergibt folgendes:

Die Fassung des Regierungsentwurfs ist beizubehalten, da durch den Änderungsantrag alle „alteingesessenen" BGB-Gesellschaften, die sich unter dem Namen „- und Partner" zusammengeschlossen haben, gezwungen wären, diese Bezeichnung zugunsten der – auch sprachlich wenig schönen (vgl. Henssler, NJW 1993, 2142: „umständliches Amtsdeutsch") – Bezeichnung „Partnerschaftsgesellschaft" aufzugeben, wenn sie sich in eine Partnerschaft umwandeln wollen. Der Gefahr der Verwechslung von BGB-Gesellschaften und Partnerschaften wirkt § 11 PartGG hinreichend entgegen, da demnach (nach einer zweijährigen Übergangszeit) die BGB-Gesellschaft als Unterscheidungsmerkmal einen Hinweis auf ihre Gesellschaftsform führen muß (z. B. „... und Partner GbR").

Zu Nummer 6a (Artikel 1 – § 2 Abs. 2 PartGG)

Die Prüfung ergibt folgendes:

Einer Konkretisierung bedarf es nicht, da Artikel 1 § 8 Abs. 2 des Entwurfs ausschließlich eine *vertragliche* Haftungsbeschränkung ermöglicht; gesellschaftsrechtlich sind und bleiben alle Partner persönlich haftende Gesellschafter. Auch ein OHG-Gesellschafter kann nach geltendem Recht jederzeit mit seinem Vertragspartner eine Haftungsbeschränkung vereinbaren; dadurch wird jedoch seine Eigenschaft als persönlich haftender Gesellschafter auch im Hinblick auf § 19 Abs. 4 HGB nicht in Zweifel gezogen. Gleiches muß auch für den Fall der vertraglichen Haftungsbeschränkung durch einen Partner gelten.

Zu Nummer 6b (Artikel 1 – § 2 Abs. 2 PartGG)

Die Prüfung ergibt folgendes:

Mit dem Bundesrat ist davon auszugehen, daß hinsichtlich der Frage der entsprechenden Anwendbarkeit von § 24 HGB die Begründung und die textliche Fassung des Gesetzentwurfs der Abstimmung bedürfen. Da auch der Eintritt eines neuen Partners erfaßt werden soll, ist auch Absatz 1 von § 24 HGB in die Verweisung mit einzubeziehen.

In Artikel 1 § 2 Abs. 2, erster Halbsatz sind daher die Worte „§§ 23, 24 Abs. 2, §§ 30" durch die Worte „§§ 23, 24, 30" zu ersetzen.

§ 2
Name der Partnerschaft

(1) [unverändert gegenüber RegE]

(2) § 18 Abs. 2, § 19 Abs. 3 und 4, §§ 21, 22 Abs. 1, §§ 23, 24 [...], 30, 31 Abs. 2, §§ 32 und 37 des Handelsgesetzbuches sind entsprechend anzuwenden; § 24 Abs. 2 des Handelsgesetzbuches gilt auch bei Umwandlung einer Gesellschaft bürgerlichen Rechts in eine Partnerschaft.

Fassung Rechtsausschuß

Zu Artikel 1 (§ 2 Abs. 2, 1. Halbs. PartGG-E)

Einem Prüfauftrag des Bundesrates entsprechend wurde die Verweisung auf den § 24 des Handelsgesetzbuches insgesamt erstreckt.

Begründung Rechtsausschuß
BT-Drucks. 12/7642, S. 12

Anhang

Gesetzestext

§ 3
Partnerschaftsvertrag

(1) Der Partnerschaftsvertrag bedarf der Schriftform.

(2) Der Partnerschaftsvertrag muß enthalten
1. den Namen und den Sitz der Partnerschaft;
2. den Namen und den Vornamen sowie den in der Partnerschaft ausgeübten Beruf und den Wohnort jedes Partners;
3. den Gegenstand der Partnerschaft.

Begründung RegE
BT-Drucks. 12/6152, S. 13

Zu § 3 – Partnerschaftsvertrag –

Absatz 1 schreibt für den Partnerschaftsvertrag die Schriftform vor. Damit soll für die vertragliche Basis des partnerschaftlichen Zusammenschlusses eine hinreichend sichere Beweisgrundlage geschaffen werden. Eine notarielle Beurkundung des Partnerschaftsvertrages ist dagegen nicht erforderlich, weil der Partnerschaftsvertrag bei der Anmeldung der Partnerschaft zur Eintragung in das Partnerschaftsregister nicht beigefügt werden muß. Deshalb unterliegt der Partnerschaftsvertrag auch nicht der Prüfung durch das Registergericht. Er hat also lediglich für das Verhältnis der Partner untereinander und nicht für das Außenverhältnis der Partnerschaft gegenüber Dritten Bedeutung. Daher erfordert das Interesse des Rechtsverkehrs keine notarielle Beurkundung des Partnerschaftsvertrages. Daß mangels Vorlagepflicht im Einzelfall auch formnichtige Partnerschaften zur Eintragung gelangen können, entspricht der Rechtslage bei den Personenhandelsgesellschaften und rechtfertigt alleine keine andere Beurteilung.

Für alle späteren Änderungen des Partnerschaftsvertrages gilt selbstverständlich ebenfalls das Schriftformerfordernis des Absatzes 1, ohne daß dies einer ausdrücklichen gesetzlichen Regelung bedarf.

Ebenso selbstverständlich ist, daß Vorschriften für einzelne Berufe unberührt bleiben, in denen im Zusammenhang mit völlig anderen Regelungsmaterien zusätzliche Formerfordernisse aufgestellt werden, wie z. B. in § 85 Abs. 4 b des Fünften Buches Sozialgesetzbuch bezüglich des Nachweises der gleichberechtigten Teilhaberschaft von Vertragszahnärzten im Hinblick auf deren Vergütungsanspruch.

Absatz 2 regelt den gesetzlich vorgeschriebenen Mindestinhalt des Partnerschaftsvertrages. Damit soll erreicht werden, daß sich die Partner zu Beginn der Partnerschaft auf die wichtigsten Grundlagen für ihre Zusammenarbeit einigen.

Nach Nummer 2 muß außer dem Namen, Vornamen und Wohnort auch der in der Partnerschaft ausgeübte Beruf jedes Partners in den Vertrag aufgenommen werden. Falls ein Partner mehrere freie Berufe ausübt, wird damit ermöglicht, nicht die Ausübung aller Berufe in die Partnerschaft einzubeziehen.

Nach Nummer 3 soll der Partnerschaftsvertrag auch den Gegenstand der Partnerschaft bestimmen. Damit soll sichergestellt werden, daß die Berufszweige, in denen die Partner tätig werden wollen, klar und eindeutig festgelegt werden; gleichzeitig wird nochmals verdeutlicht, daß Gegenstand der Partnerschaft allein die gemeinsame Ausübung freiberuflicher Tätigkeit sein kann.

Anhang

Gesetzestext

§ 4
Anmeldung der Partnerschaft

(1) ¹Auf die Anmeldung der Partnerschaft in das Partnerschaftsregister sind § 106 Abs. 1 und § 108 des Handelsgesetzbuchs entsprechend anzuwenden. ²Die Anmeldung hat die in § 3 Abs. 2 vorgeschriebenen Angaben zu enthalten. ³Änderungen dieser Angaben sind gleichfalls zur Eintragung in das Partnerschaftsregister anzumelden.

(2) ¹In der Anmeldung ist die Zugehörigkeit jedes Partners zu dem Freien Beruf, den er in der Partnerschaft ausübt, anzugeben. ²Das Registergericht legt bei der Eintragung die Angaben der Partner zugrunde, es sei denn, ihm ist deren Unrichtigkeit bekannt.

Text
RegE

§ 4
Anmeldung der Partnerschaft

(1) [unverändert gegenüber Gesetzestext]

(2) In der Anmeldung ist die Zugehörigkeit jedes Partners zu dem *freien* Beruf, den er in der Partnerschaft ausübt, *nachzuweisen*.

Begründung
RegE
*BT-Drucks.
12/6152, S. 13*

Zu § 4 – Anmeldung der Partnerschaft –

Nach Absatz 1 Satz 1 i. V. m. § 106 Abs. 1 und § 108 HGB soll die Partnerschaft zur Eintragung in ein Partnerschaftsregister bei dem Gericht, in dessen Bezirk sie ihren Sitz hat, angemeldet werden. Es wird also für die Partnerschaft ein besonderes Register eingerichtet. Die Partnerschaft ist zwar keine juristische Person, kann aber unter ihrem Namen Rechte erwerben und Verbindlichkeiten eingehen. Die Betätigung der in der Partnerschaft zusammengeschlossenen Partner ist nach außen auf eine Vielzahl von Personen (Mandanten, Patienten usw.) ausgerichtet. Für diese, aber auch für andere Geschäftspartner (Lieferanten, Kreditgeber) ist es nützlich, wenn sie sich über die grundlegenden Rechtsverhältnisse einer Partnerschaft informieren können, insbesondere bevor sie die Dienstleistungen der in der Partnerschaft verbundenen Partner in Anspruch nehmen. Durch die Verweisung auf § 108 HGB wird auch die Zeichnung des Namens der Partnerschaft durch die Partner zur Aufbewahrung beim Registergericht angeordnet. Diese nicht mehr zeitgemäße Vorschrift (§ 108 Abs. 2 HGB) soll im Rahmen der Reform des Handelsregisterrechts überdacht werden. Dies soll durch das Partnerschaftsgesellschaftsgesetz nicht vorweggenommen werden.

Der Inhalt der Anmeldung (Absatz 1 Satz 2) ist auf die genannten Bedürfnisse des Rechtsverkehrs, die die Registerpublizität erfüllen soll, ausgerichtet. Deshalb hat die Anmeldung alle Angaben, die zum gesetzlich vorgeschriebenen Mindestinhalt des Partnerschaftsvertrages gehören, zu enthalten. Das Gesetz entscheidet sich für eine konstitutive Wirkung der Registereintragung (dazu näher zu § 7 Abs. 1). Einer Anmeldung des Beginns der Partnerschaft bedarf es daher nicht. Nach Satz 3 sind Änderungen der in Satz 2 genannten Angaben ebenfalls zur Eintragung in das Partnerschaftsregister anzumelden, damit dieses immer dem aktuellen Stand entspricht. Eine solche anmeldepflichtige Angabe ist – wie sich auch aus § 9 Abs. 1 i. V. m. § 143 Abs. 2 HGB ergibt – auch das Ausscheiden eines Partners. Gemäß § 7 Abs. 3 i. V. m. § 125 Abs. 1 und 4 HGB ist auch jede Abweichung von der gesetzlich vorgegebenen Alleinvertretungsbefugnis aller Partner anmeldepflichtig.

Nach Absatz 2 soll bei der Anmeldung der Nachweis über die Zugehörigkeit jedes Partners zu dem freien Beruf geführt werden müssen, den er in der Partnerschaft ausübt. Dadurch soll sichergestellt werden daß sich nur Angehörige freier Berufe zu einer Partnerschaft zusammenschließen. Absatz 2 gilt selbstverständlich auch für den Fall, daß der Eintritt eines neuen Partners in die Partnerschaft angemeldet wird.

Der Betroffene ist nachweispflichtig. Den Nachweis kann er auf unterschiedliche Art und Weise führen. Handelt es sich um einen Beruf, zu dem bei den berufsständischen Vereinigungen, Kammern etc. Rollen, Register oder ähnliches geführt werden, kann der Nachweis durch entsprechende Auszüge geführt werden. Ansonsten muß er in irgendeiner anderen geeigneten Form erbracht werden, z. B. durch Vorlage der Einkommensteuererklärung, notfalls durch eidesstattliche oder im Einzelfall auch durch schlichte Erklärung, daß der betreffende Beruf ausgeübt wird.

Anhang

Stellung-
nahme BRat
BT-Drucks.
12/6152, S. 26 f

7. **Zu Artikel 1 (§§ 4 bis 7 PartGG),**
   Artikel 2 (Änderung des Gesetzes über die Angelegen-
   heiten der freiwilligen Gerichtsbarkeit),
   Artikel 3 (Änderung des Rechtspflegergesetzes) und
   Artikel 4 (Änderung der Kostenordnung)

Der Bundesrat bittet, im weiteren Gesetzgebungsverfahren zu prüfen, ob der Entwurf so umgestaltet werden kann, daß auf die Führung des Partnerschaftsregisters verzichtet werden kann.

Begründung

Sollte die Annahme der Bundesregierung zutreffen, daß für die Partnerschaftsgesellschaft als Organisationsform für freie Berufe ein Bedürfnis besteht, so muß angesichts der großen Zahl der Angehörigen freier Berufe und mit Rücksicht auf die große Fluktuation bei Zusammenschluß von Angehörigen freier Berufe, die zu einer Vielzahl von Änderungseintragungen führen würde, mit einer erheblichen Mehrarbeit der Amtsgerichte gerechnet werden, die angesichts der bereits jetzt bestehenden Überlastung nicht bewältigt werden kann. Der Hinweis in der Begründung – Seite 16 – auf weitgehend kostendeckende Gebühren vermag daran nichts zu ändern, da gegenwärtig auch bei zusätzlichen Gebühreneinnahmen kein zusätzliches Personal bewilligt wird, vielmehr der vorhandene Personalbestand reduziert werden muß.

Die Übertragung neuer Aufgaben auf die Gerichte widerspricht dem – z. B. mit dem Rechtspflegeentlastungsgesetz zum Ausdruck gebrachten – Bestreben des Gesetzgebers, die Gerichte in möglichst weitem Umfang zu entlasten, und ist vor dem Hintergrund der äußerst angespannten Haushaltslage der Länder nicht vertretbar, wenn für die Mehrarbeit der Gerichte kein unabweisbares Bedürfnis nachgewiesen ist. Ein Bedürfnis in diesem Sinn ist angesichts des geltenden Gesellschaftsrechts für die Partnerschaftsgesellschaft nicht ersichtlich.

8. **Zu Artikel 1**
   (§ 4 Abs. 2 Satz 1 und Satz 2 – neu – PartGG)

In Artikel 1 ist in § 4 Abs. 2 das Wort „nachzuweisen" durch das Wort „anzugeben" zu ersetzen und folgender Satz anzufügen:

„Das Registergericht legt bei der Eintragung die Angaben der Partner zugrunde, es sei denn, ihm ist deren Unrichtigkeit bekannt."

Begründung

Der geforderte Nachweis ist in vielen Fällen nicht oder nur unter erschwerten Umständen zu erbringen. Die neue Gesellschaftsform ist nicht nur den verkammerten Berufen eröffnet, sondern soll einer nicht bestimmten Anzahl von freien Berufen offenstehen (ausdrückliche Einbeziehung der den Katalogberufen des § 1 Abs. 2 ähnlichen Berufe). Es ist ein Nachweis nicht nur dahin gehend zu führen, daß ein Beruf nach § 1 Abs. 2 ausgeübt wird, sondern auch, daß es sich dabei um kein Handelsgewerbe handelt. Dies ergibt sich aus § 1 Abs. 1 Satz 2. Bei verkammerten Berufen ist ein Nachweis nicht übermäßig problembehaftet. Schwieriger ist er hingegen z. B. bei Künstlern oder Schriftstellern. Bei den künstlerischen Berufen können sich häufig Abgrenzungsprobleme zu kunstgewerblichen Tätigkeiten ergeben. Kompliziert ist die Lage bei den „ähnlichen Berufen" (vgl. hierzu die Nachweise bei Schmidt, EStG, 12. Auflage, 1993, § 18 Nr. 24 zur Rechtsprechung des Bundesfinanzhofs zur Abgrenzung von freiberuflichen und gewerblichen Tätigkeiten).

Mit der Nachweispflicht der anmeldenden Partner korrespondiert eine Prüfungspflicht des Registergerichts. Die Registergerichte wären gerade bei den nicht verkammerten Berufen überfordert, die vielen z. T. tatsächlich und rechtlich schwierigen Prüfungen vorzunehmen. Eine gewisse Abhilfe läßt sich dadurch erzielen, daß bei der Anmeldung auf eine volle Nachweispflicht verzichtet und die Angabe des freien Berufes für ausreichend erachtet wird. Das Registergericht soll bei der Eintragung zunächst von diesen Angaben ausgehen dürfen. Eine große Zahl unrichtiger Eintragungen steht nicht zu befürchten, weil über § 160b FGG die §§ 125a und 126 FGG anwendbar sind und über entsprechende Mitteilungen etwaige Korrekturen vorgenommen werden können.

Zu Nummer 7 (Artikel 1 – §§ 4 bis 7 PartGG;
Artikel 2 – Änderung des Gesetzes über die Angelegenheiten der freiwilligen Gerichtsbarkeit;
Artikel 3 – Änderung des Rechtspflegergesetzes;
Artikel 4 – Änderung der Kostenordnung)

Gegenäußerung BReg BT-Drucks. 12/6152, S. 29 f

Die Prüfung ergibt folgendes:

Auf die Führung des Partnerschaftsregisters kann nicht verzichtet werden.

Anhang

a) Registrierung bedeutet Publizität und damit in einem ganz erheblichen Maße Sicherheit für den Rechtsverkehr. Wie bei den Personenhandelsgesellschaften kommt bei der Partnerschaft der registerrechtlichen Publizität eine zentrale Rolle zu, insbesondere weil auch die Partnerschaft eine mit Rechtsfähigkeit ausgestattete Gesellschaft ist, die unter einem Namen im Rechtsverkehr auftritt, der nicht notwendig mit denen der aktiven Partner übereinstimmt. Ohne ein Partnerschaftsregister würden dem Rechtsverkehr mit öffentlichem Glauben versehene Angaben dazu fehlen, wann die Gesellschaft Wirksamkeit erlangt hat, wer alles Partner ist, welchen Beruf jeder Partner in der Partnerschaft ausübt, ob die Partner in ihrer Vertretungsmacht eingeschränkt oder von ihr ausgeschlossen sind, welcher Partner wann ausgeschieden ist (was für die Nachhaftung entsprechend §§ 159, 160 HGB wichtig ist), wo die Gesellschaft ihre Haupt- und Zweigniederlassungen hat, wer die Liquidatoren sind usw. Entscheidend ist dabei, daß sich Dritte auf die (Nicht-)Eintragung bzw. (Nicht-)Bekanntmachung der o. g. Tatsachen berufen können (§ 15 HGB analog). Die ungenügende Publizität ist eine der Hauptschwächen, die gegen die BGB-Gesellschaft als Unternehmensträgerin vorgebracht werden.

b) Entscheidend gegen einen Verzicht auf die Registrierung spricht außerdem, daß ohne eine solche es kaum sinnvoll möglich ist, die angestrebte Wahlmöglichkeit zwischen der BGB-Gesellschaft und der Partnerschaft aufrechtzuerhalten. Denn ohne Registrierung fehlt ein Abgrenzungskriterium zwischen diesen beiden Gesellschaftsformen, so daß *jeder* Zusammenschluß von Angehörigen freier Berufe zur gemeinsamen Berufsausübung automatisch zur Partnerschaft würde; die BGB-Gesellschaft würde als Kooperationsform völlig verdrängt, was dem Konzept der Wahlfreiheit widersprechen und zu einem Formenzwang führen würde.

c) Sinnvolle Alternativen zu einer Registrierung bei den Amtsgerichten sind nicht in Sicht. So scheitert die Möglichkeit, die Registrierung der Partnerschaft den Berufskammern zu übertragen, bereits daran, daß nur ein Teil der freien Berufe überhaupt verkammert ist und zum anderen bei interprofessionellen Zusammenschlüssen sich die Frage der Zuständigkeit der einzelnen Kammern (und damit der Maßgeblichkeit der möglicherweise divergierenden Eintragungen!) stellen würde.

PartGG § 4   **Anhang**

Im übrigen erscheint der den Registergerichten mit der Führung des Partnerschaftsregisters auferlegte Arbeitsmehraufwand nicht zumutbar:

a) Sowohl der registerrechtliche Prüfaufwand selbst (keine Vorlage und Prüfung des Gesellschaftsvertrages, keine Prüfung berufsrechtlicher Reglementierungen, keine umständliche Prüfung des Nachweises der Freiberuflereigenschaft, vgl. dazu Nummer 8) als auch der Aufwand für die kostenrechtliche Behandlung der Eintragungen (Mindestgeschäftswert, der eine Prüfung des Betriebsvermögenswertes praktisch überflüssig macht) werden sehr gering gehalten.

b) Ein Verzicht auf die Partnerschaft als registerpflichtige Gesellschaftsform dürfte einen erhöhten Registeraufwand infolge von Freiberufler-Zusammenschlüssen nur kurzfristig vermeiden helfen. Würde der Gesetzgeber den freien Berufen die Partnerschaft verweigern, so müßten die freien Berufe, die heute auf die BGB-Gesellschaft als einzig zulässige Kooperationsform angewiesen sind, verstärkt in die Kapitalgesellschaften, insbesondere in die GmbH, drängen. Der registerrechtliche Prüfaufwand bei einer GmbH-Eintragung ist aber erheblich höher als bei einer Partnerschaft (z. B. Nachweis und Prüfung der Kapitalaufbringung, insbesondere Bewertung von Sacheinlagen, Prüfung des Gesellschaftsvertrages, Vorlage staatlicher Genehmigungen).

c) Die Einführung eines Mindestgeschäftswertes von 50 000 DM, der zu Gebührensätzen von 320 DM für eine Ersteintragung und von 160 DM für Änderungen führt, stellt die Kostendeckung sicher.

Zu Nummer 8 (Artikel 1 – § 4 Abs. 2 Satz 1 und Satz 2 – neu – PartGG)

Dem Vorschlag wird zugestimmt.

§ 4   Fassung
Anmeldung der Partnerschaft   Rechtsausschuß

(1) [unverändert gegenüber RegE]

(2) In der Anmeldung ist die Zugehörigkeit jedes Partners zu dem **Freien** Beruf, den er in der Partnerschaft ausübt, **anzugeben. Das Registergericht legt bei der Eintragung die Angaben der Partner zugrunde, es sei denn, ihm ist deren Unrichtigkeit bekannt.**

Anhang

Begründung Rechtsausschuß
BT-Drucks. 12/7642, S. 12

Zu Artikel 1 (§ 4 Abs. 2 PartGG-E)

Der Stellungnahme des Bundesrates entsprechend ist bei der Anmeldung einer Partnerschaft zur Registereintragung die Zugehörigkeit eines jeden zukünftigen Partners zu einem Freien Beruf „anzugeben". Im Regierungsentwurf war die Formulierung „nachzuweisen" gewählt worden. Ausweislich der dort gegebenen Begründung sollte für diesen „Nachweis" aber gegebenenfalls auch eine „schlichte Erklärung" ausreichen. Die geänderte Formulierung bringt das Gewollte daher klarer zum Ausdruck.

Der Stellungnahme des Bundesrates entsprechend kann das Registergericht bei der Eintragung regelmäßig die Angaben über die Zugehörigkeit zu einem Freien Beruf als zutreffend zugrundelegen (§ 4 Abs. 2 Satz 2 – neu – PartGG-E). Das erleichtert den Registergerichten die Arbeit ganz erheblich. Wie der Bundesrat in seiner Stellungnahme zutreffend ausführt, ist eine signifikante Zahl unrichtiger Eintragungen dadurch nicht zu befürchten, weil über § 160b FGG die §§ 125a und § 126 FGG anwendbar sind und über entsprechende Mitteilungen der Organe des Berufsstandes vorgebeugt oder etwaige Korrekturen vorgenommen werden können.

PartGG § 5 | Anhang

§ 5
Inhalt der Eintragung; anzuwendende Vorschriften

Gesetzestext

(1) Die Eintragung hat die in § 3 Abs. 2 genannten Angaben zu enthalten.

(2) Auf das Partnerschaftsregister und die registerrechtliche Behandlung von Zweigniederlassungen sind die §§ 8 bis 12, 13, 13c, 13d, 13h, 14 bis 16 des Handelsgesetzbuchs über das Handelsregister entsprechend anzuwenden.

Zu § 5 – Inhalt der Eintragung; anzuwendende Vorschriften –

Begründung
RegE
BT-Drucks.
12/6152, S. 14

Absatz 1 regelt den Inhalt der Eintragung in das Partnerschaftsregister. Es soll den Bedürfnissen der Personen, die die Dienstleistungen der Partnerschaft in Anspruch nehmen oder sonst mit ihr in geschäftlichen Kontakt treten, Rechnung getragen werden. Deshalb sind in das Partnerschaftsregister die wichtigsten Angaben über die Partnerschaft und die einzelnen Personen einzutragen. Der Inhalt der Eintragung entspricht – wie der Inhalt der Anmeldung – dem Mindestinhalt des Partnerschaftsvertrages (§ 3 Abs. 2).

Absatz 2 erklärt die Bestimmungen des Handelsgesetzbuches betreffend das Handelsregister und die registerrechtliche Behandlung von Zweigniederlassungen und Sitzverlegungen für entsprechend anwendbar.

Die Funktionen, die das Partnerschaftsregister erfüllen soll, entsprechen denen des Handelsregisters. Für die Führung des Registers, die Informationsrechte Dritter, die Bekanntmachung der Eintragungen, die Art und Weise der Anmeldungen, das Verfahren bei der Errichtung von Zweigniederlassungen und Sitzverlegungen, die Erzwingung von Anmeldungen, Zeichnung von Unterschriften oder Einreichung von Schriftstücken sowie die Publizität des Registers wird daher für das Partnerschaftsregister auf die §§ 8 bis 12, 13, 13c, 13d, 13h, 14 bis 16 HGB über das Handelsregister verwiesen; die Verweisung auf die §§ 13, 13c, 13d, 13h HGB bezieht sich bereits auf die bevorstehende Neuordnung des Zweigniederlassungsrechts aufgrund der Umsetzung der Elften gesellschaftsrechtlichen Richtlinie der EG (BT-Drucksache 12/3908).

Aus dieser Verweisung ergibt sich zunächst, daß das Registergericht – wie bei den Personenhandelsgesellschaften – sowohl zu prüfen hat, ob die förmlichen Voraussetzungen für eine Eintragung erfüllt sind als auch – bei begründeten Bedenken –,

Anhang

ob die angegebenen Tatsachen zutreffen und sie die begehrte Eintragung rechtfertigen. Die Prüfungspflicht umfaßt insbesondere den nach § 4 Abs. 2 zu erbringenden Nachweis. Durch diese gerichtliche Kontrolle soll gewährleistet werden, daß nur solche Personen sich in einer Partnerschaft zusammenschließen, die Angehörige eines freien Berufes (§ 1 Abs. 1 und 2) sind. Da das Partnerschaftsgesellschaftsgesetz keine sonstigen besonderen Voraussetzungen für die Errichtung der Partnerschaft aufstellt, unterliegt diese auch keiner weiteren gerichtlichen Kontrolle. Insbesondere obliegt es dem Registergericht nicht von Amts wegen, die Einhaltung berufsrechtlicher Reglementierungen zu überprüfen. Dies ist vielmehr vorrangig Aufgabe der berufsständischen Organe, deren Beteiligung nach § 126 FGG i. V. m. § 160b FGG-E möglich ist.

Aus der Verweisung auf die §§ 13, 13c und 13d HGB folgt, daß auch eine Partnerschaft grundsätzlich Zweigniederlassungen errichten kann. Aufgrund des – in § 1 Abs. 3 ausdrücklich normierten – allgemeinen Berufsrechtsvorbehalts ist es dem Berufsrecht unbenommen, die Berufsausübung in der Partnerschaft über Zweigniederlassungen zu verbieten, einzuschränken oder von einer berufsrechtlichen Zulassung abhängig zu machen. Dies wird von Berufsstand zu Berufsstand unterschiedlich zu handhaben sein. So fordert z. B. § 47 Abs. 2 WPO die Leitung durch einen dort ansässigen Wirtschaftsprüfer (vgl. auch § 34 Abs. 2 Steuerberatungsgesetz – StBerG); dem Rechtsanwalt ist nach § 28 Abs. 1 Satz 1 BRAO die Einrichtung von „Zweigstellen" grundsätzlich ganz verboten, jedoch darf nach dem Regierungsentwurf eines Gesetzes zur Neuordnung des Berufsrechts der Rechtsanwälte und der Patentanwälte (BT-Drucksache 12/4993; dort § 59a Abs. 2 BRAO-E, vgl. auch § 52a Abs. 2 PAO-E) eine Sozietät mehrere Kanzleien errichten, wenn am Kanzleiort ein Sozietätsmitglied verantwortlich tätig ist, für das die Kanzlei den Mittelpunkt seiner Berufstätigkeit bildet.

Dem Nebeneinander von Gesellschafts- und Berufsrecht entspricht es auch, daß die Partnerschaft – ebenso wie die OHG – gesellschaftsrechtlich grundsätzlich nur einen Hauptsitz und daneben Zweigniederlassungen haben kann, nicht aber mehrere Hauptniederlassungen. Geht das Berufsrecht – z. B. § 59a Abs. 2 BRAO-E (s. o.) – von mehreren gleichberechtigten Niederlassungen etwa in Form von Kanzleien aus, so ist dennoch eine davon aus Gründen der registerrechtlichen Rechtssicherheit als Hauptniederlassung anzumelden, ohne daß sich dadurch etwas an der berufsrechtlichen Bewertung der Kanzleien ändert.

PartGG § 5 — Anhang

Registerrechtlich ist die Errichtung einer Zweigniederlassung oder bestehender Zweigniederlassungen entsprechend den §§ 13, 13c und 13d HGB zu behandeln wie sie sich aus dem Entwurf zur Umsetzung der Elften gesellschaftsrechtlichen EG-Richtlinie (BT-Drucksache 12/3908) ergeben. Da es durchaus partnerschaftliche Zusammenschlußformen im Ausland gibt (z. B. in Frankreich die „société civile professionnelle") und es zukünftig solche geben kann (so plant Belgien die Schaffung bürgerlich-rechtlicher Berufsgesellschaften), ist auch § 13d HGB für entsprechend anwendbar zu erklären; damit gelten die u. a. für ausländische (Personen-)Handelsgesellschaften geltenden Erfordernisse für ausländische partnerschaftsähnliche Zusammenschlußformen, die in Deutschland eine Zweigniederlassung errichten wollen, entsprechend. Die berufsrechtlichen Voraussetzungen grenzüberschreitender freiberuflicher Tätigkeit bleiben freilich unberührt.

[Siehe unter § 4] — Stellungnahme BRat

[Siehe unter § 4] — Gegenäußerung BReg

Anhang

Gesetzestext

§ 6
Rechtsverhältnis der Partner untereinander

(1) Die Partner erbringen ihre beruflichen Leistungen unter Beachtung des für sie geltenden Berufsrechts.

(2) Einzelne Partner können im Partnerschaftsvertrag nur von der Führung der sonstigen Geschäfte ausgeschlossen werden.

(3) ¹Im übrigen richtet sich das Rechtsverhältnis der Partner untereinander nach dem Partnerschaftsvertrag. ²Soweit der Partnerschaftsvertrag keine Bestimmungen enthält, sind die §§ 110 bis 116 Abs. 2, §§ 117 bis 119 des Handelsgesetzbuchs entsprechend anzuwenden.

Begründung RegE
BT-Drucks. 12/6152, S. 14 f

Zu § 6 – Rechtsverhältnis der Partner untereinander –

Die Vorschrift normiert das Rechtsverhältnis der Partner untereinander, indem sie weitgehend das diesbezügliche Regelungskonzept der OHG übernimmt. Demnach bestimmt sich das Innenverhältnis vorrangig nach dem Partnerschaftsvertrag. Nur soweit dieser keine Bestimmungen enthält, sind subsidiär die OHG-Bestimmungen, die nicht im Widerspruch zum spezifischen Charakter der Partnerschaft stehen, nämlich die §§ 110 bis 116 Abs. 2 und die §§ 117 bis 119 HGB, entsprechend anwendbar (Absatz 3). Die Absätze 1 und 2 enthalten Sonderregeln, die der freiberuflichen Berufsausübung als Hauptbestandteil der Geschäftsführung jedes Partners Rechnung tragen.

Nach Absatz 1 übt jeder Partner in der Partnerschaft seinen Beruf nach Maßgabe der für ihn geltenden berufsrechtlichen Vorschriften aus. Damit soll klargestellt werden, daß der Zusammenschluß zu einer rechtsfähigen Gesamthandsgemeinschaft nichts daran ändert, daß die einzelnen Berufsausübenden uneingeschränkt ihr jeweils gültiges Berufsrecht zu beachten haben (vgl. BGHZ 70, 158, 167; zuletzt OLG München v. 16. April 1992 – 6 U 4140/91 –; beide zur ärztlichen Berufsausübung innerhalb einer Kapitalgesellschaft).

Absatz 2 betrifft die Befugnis zur Geschäftsführung. Vorbehaltlich partnerschaftsvertraglicher Abweichungen ist grundsätzlich jeder Partner allein zur Führung sämtlicher gewöhnlicher Geschäfte berechtigt (Absatz 3 i. V. m. § 114 Abs. 1 und § 116 Abs. 1 HGB). Die nach § 114 Abs. 2 HGB eröffnete Möglichkeit, im Gesellschaftsvertrag einzelne Gesellschafter von der Geschäftsführung auszuschließen, wird für die Partnerschaft durchgehend eingeschränkt, daß dies nur hinsichtlich der sonstigen (gewöhnlichen) Geschäfte – wie z. B. des Erwerbs von Grundbesitz, des Abschlusses von Miet- oder Arbeitsverträgen – möglich ist. Dem Prinzip der Selbstorganschaft wird damit verstärkte Bedeutung zugemessen. Ein partnerschaftsvertraglicher Ausschluß einzelner Partner vom Hauptinhalt ihrer Geschäftsführung, nämlich ihrer freien Berufsausübung, stünde zum einen im Widerspruch zur grundsätzlichen Selbständigkeit und Eigenverantwortlichkeit des Freiberuflers und zum anderen zum Grundsatz der aktiven Mitarbeit aller Partner, ein vollständiger Ausschluß von der Geschäftsführung würde im Ergebnis die Möglichkeit einer bloßen Kapitalbeteiligung eröffnen.

Besondere Umstände können es im Einzelfall dennoch rechtfertigen, einem Partner die Geschäftsführungsbefugnis auch im Hinblick auf seine Berufsausübung zu entziehen, insbesondere wenn anders ein drohender Schaden von der Partnerschaft nicht abzuwenden ist. Für diese Ausnahmefälle bleibt es daher bei der Möglichkeit entsprechend § 117 HGB auf Antrag aller übrigen Gesellschafter die Befugnis zur Geschäftsführung durch gerichtliche Entscheidung zu entziehen; ein *dauerhafter* Ausschluß von der berufsausübenden Geschäftsführungstätigkeit wird aber nur im Wege der Ausschließung des Partners möglich sein.

Die Formulierung von Absatz 2 macht auch deutlich, daß zwar im Partnerschaftsvertrag einzelne, aber nicht sämtliche Partner von der sonstigen Geschäftsführung ausgeschlossen werden können. Auch insoweit gilt also der Grundsatz der Selbstorganschaft, als die Führung der sonstigen Geschäfte nicht ausschließlich einem Dritten übertragen werden darf.

Absatz 3 folgt für das übrige Rechtsverhältnis der Partner untereinander dem Grundsatz der Vertragsfreiheit und läßt den Partnern insoweit bei der Ausgestaltung ihres Innenverhältnisses freie Hand. Soweit die Partner keine eigene Regelung treffen, gelten für den Ersatz von Aufwendungen, die Verzinsungspflicht bei nicht rechtzeitiger Beitragszahlung, das Wettbewerbsverbot, die Geschäftsführung (vorbehaltlich der Sonderregelung in Absatz 2), die Kontrollrechte der Partner und die Beschlußfassung die für die OHG geltenden Vorschriften der §§ 110 bis 116 Abs. 2 und der § 117 bis 119 HGB entsprechend.

Daraus ergibt sich u. a., daß es vorbehaltlich eines Dispenses auch dem Partner grundsätzlich untersagt ist, durch eine gleichartige Berufsausübung außerhalb der Partnerschaft oder

Anhang

die Beteiligung an einer anderen Freiberufler-Gesellschaft mit gleichartigem Gegenstand in Konkurrenz zur Partnerschaft zu treten (§§ 112, 113 HGB analog).

Das über eine entsprechende Anwendbarkeit des §118 HGB gewährte Kontroll- und Einsichtsrecht der Partner beschränkt sich auf die wirtschaftlichen Verhältnisse der Partnerschaft, so daß etwa die ärztliche Schweigepflicht oder der Schutz persönlicher Patientendaten dadurch nicht berührt werden.

Von der Verweisung sind die §§ 120 bis 122 HGB ausgenommen worden. Es besteht an sich kein dringendes Bedürfnis für eine Gewinnverteilungsvorschrift, da davon auszugehen ist, daß die Partner, die alle aktiv mitarbeiten, die Einnahmen der Gesellschaft im wesentlichen als Geschäftsführergehälter auszahlen werden. Dennoch kann eine Gewinnverteilungsregelung sinnvoll sein. Sie kann im Einzelfall im Partnerschaftsvertrag vereinbart werden. Wo dies nicht der Fall ist und es dennoch auf eine Gewinnverteilungsvorschrift ankommt, kommt das Recht der BGB-Gesellschaft zur Anwendung, welches subsidiär stets auch für die Partnerschaft gilt (siehe bereits oben zu § 1), so daß in der Regel der Rechnungsabschluß und die Gewinnverteilung am Ende jedes Geschäftsjahres zu erfolgen haben (§ 721 Abs. 2 BGB). Gegen einen Verweis auf das Recht der §§ 120 bis 122 HGB spricht, daß dort eine Bilanzierung vorausgesetzt wird.

Stellungnahme BRat [Siehe unter § 4]

Gegenäußerung BReg [Siehe unter § 4]

§ 7

Wirksamkeit im Verhältnis zu Dritten; rechtliche Selbständigkeit; Vertretung

(1) Die Partnerschaft wird im Verhältnis zu Dritten mit ihrer Eintragung in das Partnerschaftsregister wirksam.

(2) § 124 des Handelsgesetzbuchs ist entsprechend anzuwenden.

(3) Auf die Vertretung der Partnerschaft sind die Vorschriften des § 125 Abs. 1, 2 und 4 sowie der §§ 126 und 127 des Handelsgesetzbuchs entsprechend anzuwenden.

Zu § 7 – Wirksamkeit im Verhältnis zu Dritten; rechtliche Selbständigkeit; Vertretung –

Zu Absatz 1

Hinsichtlich der Wirksamkeit der Partnerschaft gegenüber Dritten folgt § 7 Abs. 1 der für die OHG geltenden Regelung des § 123 Abs. 1 HGB. Da die Partnerschaft wie die OHG in ein öffentliches Register einzutragen ist, soll sie nach außen erst mit ihrer Eintragung wirksam werden. Der Entwurf entscheidet sich insoweit für eine „konstitutive" Wirkung der Eintragung. Von einer Verweisung auf § 123 Abs. 2 HGB wird abgesehen. Zwar wäre es auch hier zumindest nicht schädlich, wenn die verselbständigte Gesamthand als Zuordnungsobjekt schon vor der Eintragung zur Verfügung stünde – die Eintragung soll aber als Entstehungsvoraussetzung ausgestaltet werden, da ansonsten andere Zusammenschlüsse von Angehörigen freier Berufe in der Rechtsform der Gesellschaft bürgerlichen Rechts unter Umständen „automatisch" dem Partnerschaftsgesellschaftsgesetz unterfielen, was nicht gewollt ist. Ein Formenzwang, wie er bei der OHG besteht, wird also nicht begründet. Der Eintragung als (zwingender) Entstehungsvoraussetzung bedarf es bei der Partnerschaft vor allem deshalb, weil es bei ihr – anders als bei den bisherigen Personengesellschaften – kein inhaltliches Abgrenzungskriterium zur Gesellschaft bürgerlichen Rechts gibt (bei der OHG ist dies z. B. die Unterscheidung zwischen voll- und minderkaufmännischer Betriebsführung).

An der Möglichkeit eines identitätswahrenden Rechtsformwechsels zwischen den bereits bestehenden Personengesellschaften und der Partnerschaft (siehe ausführlich zu § 1) ändert dieses Eintragungserfordernis nichts.

Begründung RegE BT-Drucks. 12/6152, S. 15 f

Anhang

Ein „Geschäftsbeginn" vor Eintragung der Partnerschaft wird in der Regel die persönliche unbeschränkte Haftung der „Partner" als BGB-Gesellschafter begründen; Sonderregeln bezüglich einer „Handelndenhaftung" im Gründungsstadium, wie sie z. B. § 11 Abs. 2 GmbHG enthält, bedarf es nicht.

Von der Eintragung als Entstehungsvoraussetzung zu unterscheiden ist die Frage der Wirkung der erfolgten Eintragung, wenn sich herausstellt, daß die Gesellschaft überhaupt nicht der Ausübung freiberuflicher Tätigkeit dient. Für Personenhandelsgesellschaften gilt nach § 5 HGB, daß die Eintragung nicht den Einwand hindert, daß überhaupt kein Gewerbe betrieben wird (BGHZ 32, 307, 313); entsprechend stellt sich die Rechtslage bei der Partnerschaft dar. Auch wenn man annimmt, daß vorrangig aus Gründen der Rechtssicherheit bei registerpflichtigen Personengesellschaften generell eine umfassende Konstitutivwirkung der Eintragung sachgerecht wäre, so wäre eine dahin gehende Korrektur des jetzigen Rechtszustandes einer Überarbeitung des Personengesellschaftsrechts insgesamt vorbehalten.

Eine Einzelregelung im Rahmen des Personengesellschaftsrechts dahin gehend, daß nach erfolgter Eintragung außerhalb des Registerverfahrens nicht geltend gemacht werden kann, daß keine freiberufliche Tätigkeit ausgeübt wird, ist daher nicht angezeigt.

Unabhängig vom vorgenannten Problem der Konstitutivwirkung gilt, daß die eingetragene Partnerschaft, die nicht der Ausübung freiberuflicher Tätigkeiten dient, ebenso wie eine „Scheinhandelsgesellschaft" dem Registerzwang unterliegt und von Amts wegen zu löschen ist (§ 142 FGG, vgl. RGZ 155, 75, 87 zur OHG).

Zu Absatz 2

Absatz 2 regelt mittels Verweis auf § 124 HGB die Rechtsnatur der Partnerschaft.

Die Partnerschaft ist als Gesamthandsgemeinschaft zwar keine juristische Person (und unterliegt deshalb auch nicht der Körperschaftsteuer). sie ist dieser aber weitgehend angenähert. Nach Absatz 1 soll die Partnerschaft voll rechts-, grundbuch- und parteifähig sein. Die Partnerschaft ist daher als Rechtssubjekt und Träger des Partnerschaftsvermögens anzusehen. Vgl. hierzu auch die Ausführungen zu § 1.

Was die Eintragung der Partnerschaft in das Grundbuch betrifft, ist eine Änderung des § 32 Grundbuchordnung (GBO) nicht erforderlich. § 32 GBO enthält nämlich nur einen Sonderfall der gemäß § 9 Abs. 3 HGB zulässigen positiven Bescheinigung und hat keinen regelnden Gehalt, der über § 9 Abs. 3 HGB hinausgeht. Die gemäß § 9 Abs. 3 HGB zu erteilende positive Bescheinigung reicht demnach auch im Grundbuchverkehr als Nachweis aus. In § 5 Abs. 2 des Entwurfs wird § 9 Abs. 3 für die Partnerschaft für entsprechend anwendbar erklärt.

Im Falle der Identität von Grundbuchamt und Registergericht gilt im übrigen § 34 GBO.

Über die entsprechende Anwendung von § 124 Abs. 2 HGB kann auch in das Partnerschaftsvermögen vollstreckt werden. Dazu ist ein gegen die Partnerschaft als solcher und nicht nur gegen die einzelnen Partner gerichteter Schuldtitel erforderlich.

Zu Absatz 3

Absatz 3 erklärt das Vertretungsrecht der OHG, soweit es nicht im Widerspruch zu den Besonderheiten der Partnerschaft steht (wie dies im Hinblick auf § 125 Abs. 3, §125a HGB der Fall ist), für entsprechend anwendbar. Damit gilt auch für die Partnerschaft der Grundsatz, daß jeder Partner befugt ist, die Partnerschaft in allen Angelegenheiten allein zu vertreten (Absatz 3 i. V. m. § 125 Abs. 1, § 126 HGB). Dies soll insbesondere für die Ausübung der Berufstätigkeit der Partner gelten, die sich im Verhältnis zu Dritten als Vertretung der Partnerschaft darstellt.

Im Partnerschaftsvertrag soll für alle oder mehrere Partner Gesamtvertretungsmacht vorgesehen werden können; einzelne Partner sollen auch von der Vertretung der Partnerschaft ausgeschlossen werden können (Absatz 3 i. V. m. § 125 Abs. 1 und 2 HGB). Auch wenn nach dem Grundsatz der Selbstorganschaft (vgl. dazu die Ausführungen zu § 6) dem Leitbild der Partnerschaft die Alleinvertretungsmacht aller Partner am ehesten entspricht, so kann es den Partnern im Einzelfall auch sinnvoll erscheinen, zwar zur Erfüllung der im Namen der Partnerschaft abgeschlossenen Verträge alle Partner zu ermächtigen, nicht aber zu deren Abschluß. Soweit eine derartige Beschränkung im Widerspruch zu den Prinzipien des Rechts einzelner Berufe steht, wäre es Aufgabe dieses Rechts, darauf zu reagieren. Möglich sein soll auch eine Entziehung der Vertretungsmacht aus wichtigem Grund durch gerichtliche Entscheidung (Absatz 3 i. V. m. § 127 HGB).

Die Vertretungsmacht soll sich auf alle gerichtlichen und außergerichtlichen Geschäfte und Rechtshandlungen erstrecken

Anhang

und im Interesse des Gläubigerschutzes gegenüber Dritten nicht gegenständlich beschränkt werden können (Absatz 3 i. V. m. § 126 HGB).

Stellung-nahme BRat [Siehe unter § 4]

Gegenäußerung BReg [Siehe unter § 4]

§ 8
Haftung für Verbindlichkeiten der Partnerschaft

Gesetzestext

(1) ¹Für Verbindlichkeiten der Partnerschaft haften den Gläubigern neben dem Vermögen der Partnerschaft die Partner als Gesamtschuldner. ²Die §§ 129 und 130 des Handelsgesetzbuchs sind entsprechend anzuwenden.

(2) Die Partner können ihre Haftung gemäß Absatz 1 Satz 1 für Ansprüche aus Schäden wegen fehlerhafter Vertragsbedingungen auf den von ihnen beschränken, der innerhalb der Partnerschaft die berufliche Leistung zu erbringen oder verantwortlich zu leiten und zu überwachen hat.

(3) Durch Gesetz kann für einzelne Berufe eine Beschränkung der Haftung für Ansprüche aus Schäden wegen fehlerhafter Berufsausübung auf einen bestimmten Höchstbetrag zugelassen werden, wenn zugleich eine Pflicht zum Abschluß einer Berufshaftpflichtversicherung der Partner oder der Partnerschaft begründet wird.

Zu § 8 – Haftung für Verbindlichkeiten der Partnerschaft –

Begründung
RegE
*BT-Drucks.
12/6152, S. 17 f*

Diese Vorschrift regelt die Haftung für die Verbindlichkeiten der Partnerschaft in Anlehnung an die §§ 128 bis 130 HGB unter Einfügung von Möglichkeiten der Haftungsbeschränkung, die den Besonderheiten der gemeinsamen Ausübung freiberuflicher Tätigkeiten Rechnung trägt.

Absatz 1 legt als Grundsatz fest, daß für Verbindlichkeiten der Partnerschaft neben dem Vermögen der Partnerschaft sämtliche Partner mit ihrem Privatvermögen als Gesamtschuldner haften.

Nach Absatz 2 können die Partner ihre vertragliche Haftung für Ansprüche aus Schäden wegen fehlerhafter Berufsausübung auf einen von ihnen beschränken. Diese Regelung eröffnet auch die Möglichkeit, die Haftung auf mehrere Partner, z. B. alle Partner einer Niederlassung, zu konzentrieren, soweit diese oder zumindest einer von ihnen die Leistung zu erbringen oder verantwortlich zu leiten und zu überwachen haben/hat. Damit soll der Organisationsform der Partnerschaft, in der Dienstleistungen der freien Berufe überregional, international und interprofessionell angeboten werden können, Rechnung getragen werden. Die Möglichkeit der Haftungskonzentration in der Partnerschaft ist Konsequenz der grundsätzlich persönlichen Leistungsbewirkung durch den Partner. Eine persönliche Haftung einer Vielzahl von Partnern ist auch im Vergleich zur Haftungssituation des Auftraggebers gegenüber einem in Einzelpraxis tätigen Angehörigen eines freien Berufs nicht erforderlich. Dies gilt natürlich auch in interprofessionellen Partnerschaften. Es erscheint deshalb nicht sachlich gerechtfertigt, daß in jedem Fall jeder Partner mit seinem Privatvermögen für Ansprüche aus fehlerhafter Berufsausübung eines anderen Partners haftet. Die Haftung für derartige Ansprüche soll aber nur auf solche Partner beschränkt werden können, die innerhalb der Partnerschaft die berufliche Verantwortung für das Vertragsverhältnis übernehmen, d. h. die die Dienstleistung selbst erbringen oder zur verantwortlichen Leitung und Überwachung übernehmen. Die „Übernahme" beruht auf einem Organisationsakt der Partnerschaft und begründet keine zusätzliche Verbindlichkeit gegenüber dem Vertragspartner (insbesondere kein abstraktes Leistungsversprechen). Es soll dadurch gewährleistet werden, daß als Verantwortlicher nur ein Partner benannt werden kann, in dessen Berufszweig die von der Partnerschaft zu erbringende Dienstleistung fällt. So kann z. B. nicht ein Rechtsanwalt als Verantwortlicher für einen medizinischen Heileingriff benannt werden. Der verantwortliche Partner kann später von den Vertragsparteien auch einvernehmlich ausgetauscht werden.

Mit diesem Konzept soll zugleich eine Möglichkeit der vertraglichen Haftungsbeschränkung eröffnet werden, die den Interessen der Berufsausübenden und der Auftraggeber besser gerecht wird als die diesbezüglichen Möglichkeiten im Rahmen der Gesellschaft bürgerlichen Rechts. Denn die dortigen Voraussetzungen für eine Dritten gegenüber wirksame Begrenzung der Haftung auf den vertragsschließenden Gesellschafter und die Gesamthand weisen nach wie vor wenig klare Konturen auf, was zu einer zunehmenden Rechtsunsicherheit führt (siehe bereits oben zu I. Allgemeiner Teil).

Eine besondere Form ist für die Haftungskonzentration nicht vorgesehen. Aus Beweisgründen bietet sich eine schriftliche Vereinbarung an. Dies bedarf keiner ausdrücklichen Regelung. Soll die Haftung auf alle Partner einer Niederlassung konzentriert werden, so ist es denkbar, daß dies in vorformulierten Vertragsbedingungen für eine Vielzahl von Vertragsabschlüssen formuliert ist. Soll die Haftung nur auf einen Partner konzentriert werden, so ist dieser Weg nicht gangbar. Es ist dann der Partner, der die Verantwortung für das konkrete Vertragsverhältnis übernimmt, im Einzelfall namentlich zu benennen. Dies kann auch dadurch geschehen, daß sein Name in eine Freistelle der Vertragsbedingungen anläßlich des Vertragsabschlusses eingetragen wird. Da eine Vereinbarung über die

Konzentration der Haftung nicht nur unter Verwendung allgemeiner Geschäftsbedingungen erlaubt sein soll, kann diese auch durch Individualabrede erfolgen.

Die Haftungsbeschränkung soll mithin auch unter Verwendung vorformulierter Vertragsbedingungen möglich sein. Dadurch wird spezialgesetzlich bestimmt, daß keine Inhaltskontrolle gemäß den §§ 9 bis 11 AGB-Gesetz erfolgt, insbesondere die Vorschrift des § 11 Nr. 7 AGB-Gesetz insoweit keine Anwendung findet und die Beschränkung der Haftung auf einen Partner nicht nach dieser Vorschrift unwirksam ist (so – allerdings erst im Ergebnis – auch BGHZ 100, 157, 182 zu § 651h BGB). Die Konzentration der Haftung auf einen oder mehrere Partner ist somit keine von Rechtsvorschriften abweichende oder diese ergänzende Regelung im Sinne des § 8 AGB-Gesetz. Im übrigen gilt aber das AGB-Gesetz – insbesondere hinsichtlich der Einbeziehung der vorformulierten Vertragsbedingungen in den Vertrag zwischen der Partnerschaft und dem Dritten – im Rahmen seines Anwendungsbereichs; so schützt vor allem § 3 AGB-Gesetz den Auftraggeber vor solchen Haftungsbeschränkungen, die aufgrund von Besonderheiten des äußeren Erscheinungsbildes des Vertrages (Unterbringung der Klausel an „versteckter" Stelle) ausnahmsweise so ungewöhnlich sind, daß er mit ihnen nicht zu rechnen braucht. Unberührt bleiben auch die allgemeinen, insbesondere in den §§ 134, 138 und 276 Abs. 2 BGB niedergelegten Grenzen vertraglicher Abreden.

Bei einer Haftungskonzentration nach Absatz 2 auf einen Partner haftet neben diesem dem Gläubiger gegenüber in jedem Fall das Partnerschaftsvermögen. Dies ergibt sich unzweideutig bereits aus dem Wortlaut des Entwurfs, da demnach die Partner ihre Haftung konzentrieren können, also nicht auch die der Partnerschaft. Für die Zurechnung eines Fehlverhaltens hinzugezogener Partner oder angestellter Personen bei der Erbringung der Dienstleistung gilt neben § 8 Abs. 1 Satz 1 des Entwurfs die allgemeine Vorschrift des § 278 BGB. Eine Sonderregelung für die Partnerschaft erscheint darüber hinaus nicht geboten. Die Regelung einer Ausgleichspflicht im Innenverhältnis der Partner untereinander soll der Vereinbarung der Partner vorbehalten bleiben, da diese auf die Haftung für Verbindlichkeiten der Partnerschaft im Außenverhältnis keinen Einfluß hat. Im übrigen wird auch ohne eine solche Vereinbarung regelmäßig derjenige Partner intern für den Schaden aufzukommen haben, der diesen schuldhaft verursacht hat. Er haftet der Gesellschaft bei schuldhafter Verletzung seiner Geschäftsführungspflichten, während der Partner, der den Gläubiger befriedigt, ohne daß ihn ein eigenes Verschulden an der fehlerhaften Berufsausübung trifft, bei der Gesellschaft Regreß nehmen kann (§ 6 Abs. 3 i. V. m. § 110 HGB).

Die Haftungskonzentration bezieht sich auf die „Haftung gemäß Absatz 1 Satz 1 für Ansprüche aus Schäden wegen fehlerhafter Berufsausübung". Damit ist die gesetzliche „Mithaftung" der Partner für Verbindlichkeiten der Partnerschaft gemeint, die aus einer fehlerhaften Berufsausübung durch die Partner resultieren. Darunter fallen vor allem sämtliche „vertraglichen" Ansprüche der Auftraggeber, also solche, die auf Unmöglichkeit, Verzug, positiver Vertragsverletzung oder Gewährleistungsrecht beruhen, wobei auch Ansprüche von Dritten, soweit sie in den Schutzbereich des Vertrages einbezogen sind, ebenso erfaßt sind wie Pflichtverletzungen bei den Vertragsverhandlungen. Einbezogen sind aber auch deliktische Verbindlichkeiten der Partnerschaft infolge von Handlungen, die ein Partner in Ausführung der ihm zustehenden Verrichtungen (§ 31 BGB analog) begeht.

Unberührt von einer Haftungsbeschränkung nach Absatz 2 bleibt aber die deliktische Eigenhaftung des in casu tätigwerdenden Partners für Schäden aus fehlerhafter Berufsausübung. Denn hierbei handelt es sich nicht um Verbindlichkeiten der Partnerschaft. Insoweit gelten weiterhin die allgemeinen Grundsätze.

Das Konkurrenzverhältnis zu Haftungskonzentrationsregeln in den Rechten einzelner Berufe (vgl. z. B. § 51b Abs. 2 des Entwurfs eines Gesetzes zur Neuordnung des Berufsrechts der Rechtsanwälte und der Patentanwälte, BT-Drucksache 12/4993) richtet sich nach den allgemeinen Grundsätzen, wobei zu beachten ist, daß die dortigen Regelungen sich zumeist generell auf „Sozietäten" beziehen, während Absatz 2 speziell die Berufsausübung in der Rechtsform „Partnerschaft" betrifft.

Nach Absatz 3 soll eine gesetzliche Beschränkung der Haftung für Ansprüche aus Schäden wegen fehlerhafter Berufsausübung auf einen bestimmten Höchstbetrag einer Regelung in berufsrechtlichen Vorschriften vorbehalten bleiben. Auch dieser „Berufsrechtsvorbehalt" hat in erster Linie klarstellenden Charakter und soll im übrigen im Hinblick auf die Rechte der einzelnen Berufe, die in Landesgesetzen enthalten sind, die diesbezügliche Regelungskompetenz des Landesgesetzgebers sicherstellen. Die Vorschrift beschränkt nicht bereits nach allgemeinen schuldrechtlichen Grundsätzen mögliche Haftungsbeschränkungsvereinbarungen.

Eine Regelung im Sinne des Absatzes 3 könnte neben den vertraglichen auch deliktische Ansprüche erfassen. Sie kann unter dem Gesichtspunkt vertretbar oder geboten sein, daß in einigen freien Berufen sehr hohen Schadensersatzrisiken eine Beschränkung der Honorare durch das Gebührenrecht gegenübersteht.

Ein solcher Haftungshöchstbetrag wird für die verschiedenen freien Berufe unterschiedlich festzulegen sein, so daß eine einheitliche Regelung im Partnerschaftsgesellschaftsgesetz nicht angemessen wäre. Eine Regelung im Partnerschaftsgesellschaftsgesetz, die für jeden freien Beruf im Sinne dieses Gesetzes einen gesonderten Haftungshöchstbetrag festlegt, wäre sehr unübersichtlich und erscheint daher ebenfalls nicht sachgerecht. Zudem handelt es sich bei der Frage der Begrenzung der Haftung von Angehörigen freier Berufe auf einen bestimmten Höchstbetrag nicht um ein spezielles Problem der Partnerschaft. Deshalb sollen die berufsrechtlichen Vorschriften eine solche Haftungsbegrenzung regeln, wenn sie für erforderlich erachtet wird. Bestimmungen zur summenmäßigen Haftungsbegrenzung enthalten z. B. der Regierungsentwurf eines Gesetzes zur Neuordnung des Berufsrechts der Rechtsanwälte und Patentanwälte (§ 51b Abs. 1 BRAO-E, § 45a Abs. 1 PAO-E; BT-Drucksache 12/4993) sowie der Regierungsentwurf eines Dritten Gesetzes zur Änderung der Wirtschaftsprüferordnung (§ 54a Abs. 1 WPO-E; BR-Drucksache 361/93); für das Steuerberatungsgesetz sind entsprechende Regelungen geplant, über die dort vorgesehenen Möglichkeiten zur vertraglichen Haftungsbeschränkung hinaus können die Rechte der einzelnen Berufe auch eine Haftungshöchstsumme von Gesetzes wegen festlegen; Absatz 3 enthält insoweit keine Einschränkung.

Die Möglichkeit zur Haftungsbeschränkung soll nur dem formellen Gesetzgeber zustehen. Damit soll vor allem einer Rechtszersplitterung durch divergierendes Satzungs- und Kammerrecht entgegengewirkt werden.

Außerdem soll die Beschränkung der Haftung auf einen bestimmten Höchstbetrag nur zugelassen werden, wenn gleichzeitig eine Pflicht zum Abschluß einer Berufshaftpflichtversicherung eingeführt wird. Damit soll den Interessen des Gläubigerschutzes Rechnung getragen werden. Da auch diese Pflicht nur durch den formellen Gesetzgeber begründet werden kann, ist sichergestellt, daß es sich um eine Pflichtversicherung i. S. der §§ 158b ff. VVG handelt. Bereits gegenwärtig finden sich Regeln zur Haftsummenbeschränkung im formellen Recht (so z. B. § 67 StBerG, § 54 Abs. 1 WPO; vgl. auch

Anhang

§ 51a BRAO-E). Dies gewährleistet, daß der Haftpflichtversicherer grundsätzlich unabhängig vom Vertragsverhältnis zum Versicherten dem Geschädigten gegenüber zur Leistung verpflichtet bleibt.

Die Pflicht zum Abschluß einer Berufshaftpflichtversicherung ist entweder den Partnern oder der Partnerschaft aufzuerlegen; eine Versicherungspflicht sowohl der Partnerschaft als auch aller Partner scheint zur hinreichenden Absicherung der Gläubiger nicht erforderlich.

Stellungnahme BRat
BT-Drucks. 12/6152, S. 27

9. Zu Artikel 1 (§ 8 Abs. 2 PartGG)

In Artikel 1 ist § 8 Abs. 2 wie folgt zu fassen:

„(2) Die Partner können ihre Haftung gemäß Absatz 1 Satz 1 für Ansprüche aus Schäden wegen fehlerhafter Berufsausübung durch Vereinbarung auf einzelne namentlich bezeichnete Partner beschränken, die innerhalb der Partnerschaft die berufliche Leistung erbringen oder verantwortlich leiten und überwachen sollen. Die Zustimmungserklärung zu einer solchen Beschränkung darf keine anderen Erklärungen enthalten und muß vom Auftraggeber unterschrieben sein."

Begründung

Die im Entwurf vorgesehene ausdrückliche Zulassung der Verwendung Allgemeiner Geschäftsbedingungen bei der Kanalisierung der Haftung auf einzelne Partner ist nicht sachgerecht. Die Vorschrift könnte sonst, wie nach der Begründung auch beabsichtigt ist, so verstanden werden, daß eine Inhaltskontrolle nach den §§ 9 bis 11 AGB-Gesetz ausgeschlossen werden soll (vgl. auch die in der Begründung zitierte Entscheidung BGHZ 100, 157, 182 zu § 651h BGB). Für eine solche Ausnahme vom AGB-Gesetz gibt es keinen rechtfertigenden Grund. Ein Vergleich mit dem Massengeschäft des Reisevertrages nach § 651h BGB ist bei einer solchen grundlegenden Abrede im Rahmen eines komplexen Vertragsverhältnisses nicht tragfähig. Wenn die Verwendung Allgemeiner Geschäftsbedingungen im Gesetzestext nicht erwähnt wird, ist eine Beschränkung auch auf diesem Wege möglich. Die Inhaltskontrolle wird in aller Regel nicht zur Unwirksamkeit führen. Wenn aber im Einzelfall die Voraussetzungen des § 9 AGB-Gesetz gegeben sein sollten, so ist nicht ersichtlich, weswegen die Rechtsfolge dieser Bestimmung nicht eintreten sollte.

Die Formulierung „der innerhalb der Partnerschaft die berufliche Leistung zu erbringen oder verantwortlich zu leiten oder zu überwachen hat", ist nicht hinreichend klar. Es ist nicht erkennbar, ob es auf die interne Aufgabenverteilung innerhalb der Partnerschaft oder auf die jeweilige fachliche Kompetenz oder auf die Vereinbarung mit dem Auftraggeber ankommen soll. Angemessen ist es, wenn auf die Vereinbarung mit dem Auftraggeber abgestellt wird. Außerdem ist es zur Vermeidung von Streitigkeiten geboten, das jeweilige Mitglied der Partnerschaft namentlich zu benennen.

Da die Beschränkungen der persönlichen Haftung auf ein Mitglied der Partnerschaft nicht ohne weiteres mit den Erwartungen übereinstimmt, die das Publikum an eine Partnerschaft hat, ist es angemessen, die Einverständniserklärung in einer gesonderten Urkunde zu verlangen. Nur dann sind die Auftraggeber hinreichend davor geschützt, daß sie die ihnen abverlangte Erklärung übersehen. Im übrigen hat die Bundesregierung einer derartigen Regelung bei der vergleichbaren Situation im Entwurf eines Gesetzes zur Neuordnung des Berufsrechts der Rechtsanwälte und der Patentanwälte in ihrer Gegenäußerung zur Stellungnahme des Bundesrates bereits zugestimmt (BT-Drucksache 12/4993 S. 52 – zu Nummer 5).

Zu Nummer 9 (Artikel 1 – § 8 Abs. 2 PartGG)

Dem Vorschlag wird nicht zugestimmt. Die an der Vorschrift geäußerte Kritik des Bundesrates wird jedoch zum Anlaß genommen, für das weitere Gesetzgebungsverfahren eine alternative Fassung der Regelung vorzuschlagen.

Gegenäußerung
BReg
BT-Drucks.
12/6152, S. 30 f

a) Der Änderungsvorschlag des Bundesrates stellt nicht nur eine ganz erhebliche Abschwächung des Regierungsentwurfs dar, sondern geht teilweise sogar hinter das geltende Recht zurück, so daß das auch vom Bundesrat dem Grunde nach anerkannte Ziel, die Möglichkeiten der Haftungsbeschränkung zu verbessern, verfehlt wird.

Wird auf die ausdrückliche Zulassung der Verwendung vorformulierter Vertragsbedingungen verzichtet, so ist nicht sichergestellt, daß dementsprechende Vertragsbedingungen nicht der nochmaligen (nämlich der richterlichen) Inhaltskontrolle gemäß den §§ 9 bis 11 ABG-Gesetz unterzogen werden. Ziel des Gesetzentwurfs ist es aber gerade, den Parteien Rechtssicherheit zu gewähren, indem der Gesetzgeber die vertragliche Haftungskonzentration auf den oder die an der Leistungserbringung beteiligten Partner im Wege einer typisierten Betrachtungsweise als grundsätzlich sachgerecht und damit rechtswirksam betrachtet. Die (typisierte) Annahme der Angemessenheit einer solchen Haftungskonzentration rechtfertigt sich aus der grundsätzlich (höchst-)persönlichen Leistungserbringung (anders als z. B. im gewerblichen Bereich) und der durch umfassendere, insbesondere interprofessionelle, überregionale und internationale Kooperation steigenden Gefahr der Haftung für individuelle Fehlleistungen anderer Partner.

Das vom Bundesrat vorgeschlagene Erfordernis, wonach die „Zustimmungserklärung" des Vertragspartners zur Haftungskonzentration in einer gesonderten, vom Auftraggeber gesondert zu unterzeichnenden Erklärung zu erfolgen hat, führt zu einer Verschärfung gegenüber dem geltenden Recht. Das AGB-Gesetz kennt kein solches Erfordernis; der Änderungsantrag würde daher dazu führen, daß die Möglichkeiten der vertraglichen Haftungskonzentration strengeren Anforderungen unterliegt als zum Beispiel eine Haftungsbeschränkung bei einer offenen Handelsgesellschaft. Noch gravierender ist die Benachteiligung der neuen Gesellschaftsform Partnerschaft bei einen Vergleich mit der derzeit von den Angehörigen der klassischen freien Berufe hauptsächlich in Anspruch genommenen Gesellschaftsform, der BGB-Gesellschaft. Dort entspricht es der Rechtsprechung des Bundesgerichtshofs, daß der Ausschluß der persönlichen Haftung nicht einmal einer Vereinbarung mit dem jeweiligen Vertragspartner bedarf (zuletzt BGH vom 25. Juli 1992 – 1 ZR 120/90). Vielmehr lasse sich die Haftungsbeschränkung schon dadurch (einseitig) herbeiführen, daß die Vertretungsmacht des geschäftsführenden Gesellschafters (§ 714 BGB) gesellschaftsvertraglich entsprechend beschränkt wird und diese Beschränkung – zumindest nach Prüfung – für Dritte erkennbar ist; auch dafür bedarf es jedenfalls keiner zusätzlichen, vom Vertragspartner gesondert zu unterschreibenden Urkunde.

b) Die Bundesregierung könnte aber als tragfähigen Kompromiß eine andere Fassung der Regelung von Artikel 1 § 8 Abs. 2 mittragen, die aus den Reihen der Länder vorgeschlagen worden war. Dieser neue Vorschlag zielt darauf ab, daß eine vertragliche Haftungsbeschränkung unter vereinfachten Bedingungen ausschließlich hinsichtlich solcher Partner möglich ist, die die berufliche Leistung weder selbst erbringen noch verantwortlich leiten noch überwachen.

Der Alternativvorschlag lautet:

Artikel 1 § 8 Abs. 2 erhält folgende Fassung:

„Die Haftung eines Partners gemäß Absatz 1 Satz 1 für Ansprüche aus Schäden wegen fehlerhafter Berufsausübung kann auch unter Verwendung vorformulierter Vertragsbedingungen ausgeschlossen werden, sofern dieser innerhalb der Partnerschaft die berufliche Leistung weder zu erbringen noch verantwortlich zu leiten noch zu überwachen hat und ein anderer Partner diese Leistung erbringt oder verantwortlich leitet oder überwacht."

Damit wird sowohl im Vergleich zum bisherigen Regierungsentwurf als auch im Vergleich zum Vorschlag des Bundesrates der Kreis der Haftenden erweitert. Eine erleichterte vertragliche Haftungsbeschränkung ist hinsichtlich *keiner* der Partner möglich, die mit der Leistungserbringung in den genannten Formen befaßt sind. Der letzte Halbsatz sichert, daß eine Haftungsbeschränkung nur möglich ist, wenn wenigstens ein Partner mit der Sache befaßt ist; sind also nur Angestellte mit der Leistungserbringung befaßt, scheidet eine Haftungsbeschränkung nach Absatz 2 aus. Schließlich stellt die Gesetzesformulierung auch klar, daß im Streitfall die Partner die Beweislast dafür tragen, daß sie mit der Leistungserbringung „nichts zu tun hatten".

Die Erweiterung des Kreises der persönlich haftenden kommt der vom Bundesrat skizzierten Erwartungshaltung des Rechtsverkehrs entgegen und rechtfertigt folglich den Verzicht auf eine gesonderte Erklärung. Dem Vertragspartner ist weniger damit gedient, daß man ihn durch (noch) eine, in ihrer Wirkung zweifelhafte „Warntafel" auf eine von seinem möglichen Vorstellungshorizont abweichende Rechtslage hinweist, als vielmehr dadurch, daß man die materielle Rechtslage diesem potentiellen Vorstellungsbild angleicht. In der Erweiterung des Kreises der Haftenden liegt auch der entscheidende Unterschied der hier vorgeschlagenen Alternativlösung zu der den Zusammenschluß in einer BGB-Gesellschaft („Sozietät") betreffenden Haftungsregelung des Entwurfs eines Gesetzes zur Neuordnung des Berufsrechts der Rechtsanwälte und der Patentanwälte (§ 51b Abs. 2 BRAO-E, BT-Drucksache 12/4993).

Im übrigen ist im Hinblick auf das Verhältnis der Haftungsregelung des Partnerschaftsgesellschaftsgesetzes zu

Anhang

denen in einzelnen Berufsrechten zu beachten, daß diese – jedenfalls solange unterschiedliche Gesellschaftsformen betreffend – in ihrer Ausgestaltung zwar keineswegs deckungsgleich sein müssen, daß jedoch Wertungswidersprüche zu vermeiden sind. Ein solcher Wertungswiderspruch entstünde nach dem Änderungsvorschlag des Bundesrates für den Bereich der Wirtschaftsprüfer: Während in der Rechtsform der BGB-Gesellschaft – mit ihren zudem erweiterten Möglichkeiten der Haftungsbeschränkung – eine Haftungskonzentration ohne Verwendung einer gesonderten „Zustimmungs-Urkunde" zulässig sein soll (§ 54a Abs. 2 des Entwurfs eines Dritten Gesetzes zur Änderung der Wirtschaftsprüferordnung, BR-Drucksache 361/93, Stellungnahme des Bundesrates vom 9. Juli 1993, BR-Drucksache 361/93 – Beschluß), soll bei der Leistungserbringung in der Rechtsform der Partnerschaft eine solche zusätzliche Erklärung notwendig sein.

Fassung Rechtsausschuß

[unverändert gegenüber RegE]

Begründung Rechtsausschuß
BT-Drucks. 12/7642, S. 12

Zu Artikel 1 (§ 8 Abs. 2 PartGG-E)

Nach dem Beschluß des Ausschusses soll es bei der im Entwurf vorgesehenen Formulierung der Haftungskonzentration bleiben. Der Ausschuß hat sich den in der Gegenäußerung der Bundesregierung formulierten Alternativvorschlag nicht zueigen gemacht. Maßgeblich dafür war, daß auch Artikel 1, § 51b Abs. 2 des Entwurfs eines Gesetzes zur Neuordnung des Berufsrechts der Rechtsanwälte und der Patentanwälte (Drucksache 12/4993) eine Haftungskonzentrationsvorschrift enthält und trotz Unterschieden im einzelnen die verschiedenen Regelungen systematisch angeglichen sein sollten. Dabei geht die Vorschrift des PartGG-Entwurfs der Haftungskonzentrationsregelung in der BRAO insoweit als speziellere Regelung vor. Damit kommt es bei interprofessionellen Partnerschaften (z. B. Rechtsanwälte und Steuerberater und/oder Wirtschaftsprüfer) nicht zu unterschiedlichen Anforderungen an die Vereinbarung der Haftungsbeschränkung.

Ferner erschien die Regelung der Entwurfs-Fassung auch klarer. Die Partnerschaft kann danach einen einzelnen verantwortlichen und persönlich haftenden Partner namentlich benennen. Sie kann auch eine abstrakte Formulierung wählen und ohne namentliche Nennung eine bestimmte Gruppe von

Partnern umschreiben, die für die berufliche Leistung verantwortlich sind und auf die die persönliche Haftung beschränkt sein soll.

Für den Auftraggeber ist damit klar, an wen er sich im Schadensfalle persönlich halten kann.

Im übrigen wird durch diese Regelung eine individualvertragliche Haftungseinschränkung – soweit dies nach den berufsrechtlichen Regelungen zulässig ist – nicht berührt.

Anhang

PartGG § 9

Gesetzestext

§ 9
Ausscheiden eines Partners; Auflösung der Partnerschaft

(1) Auf das Ausscheiden eines Partners und die Auflösung der Partnerschaft sind, soweit im folgenden nichts anderes bestimmt ist, die §§ 131 bis 144 des Handelsgesetzbuchs entsprechend anzuwenden.

(2) Der Tod eines Partners, die Eröffnung des Konkursverfahrens über das Vermögen eines Partners, die Kündigung eines Partners und die Kündigung durch den Privatgläubiger eines Partners bewirken nur das Ausscheiden des Partners aus der Partnerschaft.

(3) Verliert ein Partner eine erforderliche Zulassung zu dem Freien Beruf, den er in der Partnerschaft ausübt, so scheidet er mit deren Verlust aus der Partnerschaft aus.

(4) Die Beteiligung an einer Partnerschaft ist nicht vererblich. Der Partnerschaftsvertrag kann jedoch bestimmen, daß sie an Dritte vererblich ist, die Partner im Sinne des § 1 Abs. 1 und 2 sein können. § 139 des Handelsgesetzbuchs ist nur insoweit anzuwenden, als der Erbe der Beteiligung befugt ist, seinen Austritt aus der Partnerschaft zu erklären.

Text
RegE

§ 9
Ausscheiden eines Partners; Auflösung der Partnerschaft

(1) [unverändert gegenüber Gesetzestext]

(2) [unverändert gegenüber Gesetzestext]

(3) Verliert ein Partner eine erforderliche Zulassung zu dem *freien* Beruf, den er in der Partnerschaft ausübt, so scheidet er mit deren Verlust aus der Partnerschaft aus.

(4) [unverändert gegenüber Gesetzestext]

Begründung
RegE
*BT-Drucks.
12/6152, S. 18 ff*

Zu § 9 – Ausscheiden eines Partners; Auflösung der Partnerschaft –

Der Entwurf folgt auch hinsichtlich des Ausscheidens eines Partners und der Auflösung der Partnerschaft dem Prinzip, daß – soweit dies mit den Spezifika einer Gesellschaftsform für Freiberufler vereinbar ist – das bewährte Recht der OHG für entsprechend anwendbar erklärt wird (Absatz 1). Modifikationen gegenüber den Bestimmungen der §§ 131 bis 144 HGB werden nur insoweit vorgenommen, als sie der Verfestigung der Struktur der Partnerschaft dienen (Absatz 2 und 4 Satz 1), durch das spezifische Erfordernis bedingt sind, daß nur freiberuflich Tätige i. S. des § 1 Abs. 1 und 2 Partner sein können (Absatz 3 und 4 Satz 2) und schließlich soweit das HGB-Recht auf die Einräumung einer Kommanditistenstellung Bezug nimmt, da letzteres im Recht der Partnerschaft nicht möglich ist (Absatz 4 Satz 3). Ein darüber hinausgehender Anpassungsbedarf soll – wie bereits im Recht der Personenhandelsgesellschaften gängige Praxis – der Vertragsgestaltung überlassen bleiben.

Zu Absatz 1

Absatz 1 erklärt die Vorschriften der §§ 131 bis 144 HGB für entsprechend anwendbar, soweit sich aus den Absätzen 2 bis 4 nichts abweichendes ergibt.

Daraus folgt u. a., daß jeder Partner seine Gesellschafterstellung selbst entsprechend § 132 HGB ordentlich beenden kann, daß eine solche Beendigung durch den Privatgläubiger entsprechend § 135 HGB möglich ist, daß jeder Partner bei Vorliegen eines wichtigen Grundes die Auflösung der Gesellschaft durch gerichtliche Entscheidung beantragen kann und daß ein Partner aus wichtigem Grund entsprechend § 140 HGB mittels Klageerhebung der übrigen Partner aus der Partnerschaft ausgeschlossen werden kann. Die Partnerschaft wird – außer durch gerichtliche Entscheidung (vgl. § 133 i. V. m. § 131 Nr. 6, 2. Alternative HGB) – aufgelöst durch Beschluß der Partner, durch die Eröffnung des Konkursverfahrens über das Vermögen der Partnerschaft und, falls die Partnerschaft aus ausnahmsweise (etwa zum Zwecke der Durchführung eines Großprojekts) zeitlich befristet eingegangen worden ist, durch Zeitablauf (vgl. § 131 Nr. 1 bis 3 HGB). Hinsichtlich § 131 Nr. 2 HGB gilt auch für die Partnerschaft, daß damit auch die Eröffnung des Gesamtvollstreckungsverfahrens erfaßt ist, da nach § 1 Abs. 4 Satz 2 Gesamtvollstreckungsordnung (GesO) die Vorschriften der Gesamtvollstreckungsordnung an die Stelle von Vorschriften über das Konkursverfahren treten, auf die in anderen Vorschriften verwiesen wird.

Falls die Partner von diesem Regelungskonzept abweichen wollen, etwa an die Stelle der Ausschlußklage die Möglichkeit setzen wollen, einen Partner aus wichtigem Grund durch Beschluß von der Partnerschaft auszuschließen, so sind ihnen partnerschaftsvertragliche Abweichungen grundsätzlich möglich; die von der Rechtsprechung für die Personenhandelsgesellschaften konkretisierten Grenzen der Vertragsfreiheit können hier entsprechende Anwendung finden. Demgemäß kann etwa der Partnerschaftsvertrag die Sachverhalte, in denen ein wichtiger Grund vorhanden ist, näher beschreiben, darf aber die Voraussetzung des „wichtigen Grundes" dadurch nicht aushöhlen; als partnerschaftspezifischer Ausschlußgrund kann z. B. die Aufgabe der aktiven Mitarbeit aus Altersgründen geregelt werden. Entsprechendes gilt hinsichtlich möglicher Auflösungsgründe. Es steht den Partnern frei, die Auflösung durch den Partnerschaftsvertrag auch noch für andere Fälle vorzusehen, z. B. bei Abweisung eines Antrages auf Eröffnung des Konkursverfahrens über das Vermögen der Partnerschaft mangels Masse; als gesetzlicher Auflösungsgrund wird dieser Umstand nicht normiert, da – abgesehen davon, daß auch das Recht der Personenhandelsgesellschaften eine solche Regelung nicht enthält und im Rahmen der Insolvenzrechtsreform (vgl. BT-Drucksachen 12/2442 und 12/ 3803) keine dahin gehende Änderung geplant ist – Gläubigerinteressen und solche der Allgemeinheit durch die Antragsablehnung regelmäßig nicht beeinträchtigt werden (vgl. BGHZ 75, 178, 180).

Auf die Einführung eines Austrittsrechts aus wichtigem Grund verzichtet der Entwurf. Jedem Partner steht über die entsprechende Anwendbarkeit des § 133 HGB die Möglichkeit der Auflösungsklage aus wichtigem Grund zu, die Begründung sonstiger Ausscheidensbefugnisse kann – wie im Recht der Personenhandelsgesellschaften – wiederum der insoweit bewährten Kautelarpraxis überlassen bleiben.

Bezüglich der Befugnis zur Auflösungsklage entsprechend § 133 HGB gilt das Prinzip des Vorrangs von Abhilfemaßnahmen, die den Fortbestand der Gesellschaft sichern (vgl. BGHZ 80, 346). Dies heißt insbesondere, daß in der Regel keine Auflösung zu erfolgen hat, wenn eine Ausschließung des Auflösungsklägers gerechtfertigt ist oder dessen Austritt für ihn zumutbar ist. Aufgrund der mit dem Entwurf angestrebten Strukturverfestigung kommt diesen Grundsätzen im Rahmen der Partnerschaft besondere Bedeutung zu. Entsprechend § 133 Abs. 3 HGB darf das Recht, Auflösung der Gesellschaft zu verlangen, nicht durch Vertrag ausgeschlossen oder beschränkt werden. Wie bei den Personenhandelsgesellschaften kann jedoch das Recht zur Auflösung der Partnerschaft weitergehend als in § 133 HGB geregelt werden; aber auch insoweit ist zu berücksichtigen, daß der Entwurf von dem Grundsatz der Fortführung der Partnerschaft ausgeht und damit eine Verfestigung der Gesellschaftsform anstrebt.

Entsprechend anwendbar sind über die Generalverweisung u. a. auch die §§ 141 bis 143 HGB. Da § 141 HGB davon ausgeht, daß in den dort genannten Fällen kraft Gesetzes die Auflösung der Gesellschaft „droht", während bei der Partnerschaft dies nach Absatz 2 (dazu im einzelnen im folgenden) bloße Ausscheidensgründe sind, wird diese Vorschrift nur relevant, wenn der Partnerschaftsvertrag bei Eintritt der geregelten Umstände die Auflösung der Partnerschaft vorsieht. Im Hinblick auf § 142 HGB gilt auch für die Partnerschaft, daß durch den Wegfall des vorletzten Partners die Gesellschaft erlischt, das Gesellschaftsvermögen wird im Wege der Gesamtrechtsnachfolge Alleinvermögen des verbleibenden „Partners"; eine Liquidation findet nicht statt. § 143 HGB wird durch die in § 2 Abs. 2 angeordnete Anwendbarkeit von § 32 HGB ergänzt (Eintragung der Eröffnung des Konkursverfahrens über das Vermögen der Partnerschaft von Amts wegen).

Zu Absatz 2

Absatz 2 dient der Strukturverfestigung. Dabei trägt er gleichzeitig dem Umstand Rechnung, daß die dort genannten „gesellschafterbezogenen" Gründe, die in § 131 HGB als Gründe für die Auflösung der Gesellschaft normiert sind, in der Kautelarpraxis zum Personengesellschaftsrecht weitgehend und seit langem im Sinne dieses Entwurfs modifiziert werden. Der Gesetzgeber des Handelsgesetzbuches ging noch davon aus, daß die OHG als höchstpersönliche Verbindung ihrer „Teilnehmer" „regelmäßig mit dem Fortfall auch nur eines derselben... rücksichtlich aller Gesellschafter aufgehoben wird; denn durch das Ausscheiden auch nur eines Mitglieds ist die ganze Gesellschaft zu einer wesentlich anderen geworden", (Entwurf eines Handelsgesetzbuches für die Preussischen Staaten, nebst Motiven, zweiter Theil: Motive, Berlin 1857, S. 64). Die Praxis hat für den Bereich der Personenhandelsgesellschaften diese Annahme widerlegt und es erscheint daher sachgerecht, bei der Schaffung einer „Schwesterfigur" zur OHG, die zudem dem Grundsatz der Strukturverfestigung verpflichtet ist, dieses gewandelte Grundverständnis zu berücksichtigen. Absatz 2 ordnet daher an, daß der Tod eines Partners, die Eröffnung des Konkursverfahrens (bzw. des Gesamtvollstreckungsverfahrens, vgl. wiederum § 1 Abs. 4 Satz 2 GesO) über das Vermögen eines Partners, die Kündigung eines Partners (entsprechend § 132 HGB) und die Kündigung durch den Privatgläubiger eines Partners (entsprechend § 135 HGB) entgegen § 131 Nr. 4, 5 und 6, 1. Alternative HGB nicht zur Auflösung, sondern nur zum Ausscheiden des Partners aus der Partnerschaft führen; für den Zeitpunkt des Ausscheidens gilt § 138 HGB entsprechend. Ähnlich wie bei der Festlegung zusätzlicher Auflösungsgründe steht es den Partnern auch hier offen, im Partnerschaftsvertrag weitere Ausscheidensgründe zu bestimmen, etwa die Ablehnung der Eröffnung des Konkursverfahrens über das Vermögen eines Partners mangels Masse, wobei dieser Umstand auch ohne vertragliche Regelung regelmäßig jedenfalls den Ausschluß des Partners entsprechend § 140 HGB rechtfertigt; als gesetzlicher Ausscheidensgrund braucht dieser Fall nicht geregelt zu werden (vgl. BGHZ 75, 178, 181).

Aus dem hier zum gesetzlichen Regelfall erhobenen Prinzip „Ausscheiden statt Auflösung" folgt, daß beim Ausscheiden eines Partners die Partnerschaft unter den übrigen Partnern fortgesetzt wird. Dies ergibt sich auch bereits aus der vom Handelsgesetzbuch verwandten Begrifflichkeit, die von einem „Ausscheiden" eines Gesellschafters nur bei Fortführung der Gesellschaft spricht (vgl. insbesondere §§ 138, 143 Abs. 2 und 3 HGB) und bedarf daher keiner ausdrücklichen Normierung.

Die Rechtsfolgen des Ausscheidens eines Partners – ohne gleichzeitigen Eintritt eines neuen Partners, der die bisherige Beteiligung durch Rechtsgeschäft oder kraft Erbfolge erlangt, also die Fragen der Anwachsung und Abfindung, regeln sich entsprechend den zum bisherigen Personengesellschaftsrecht geltenden Grundsätzen. Dies bedeutet, daß vorbehaltlich abweichender Bestimmungen im Partnerschaftsvertrag insbesondere § 738 BGB zur Anwendung kommt (zur subsidiären Anwendbarkeit der §§ 705 ff. BGB siehe Ausführungen zu § 1). Demnach wächst der Anteil des ausscheidenden Partners den verbleibenden Partnern zu. Diese sind verpflichtet, dem Ausscheidenden die Gegenstände, die dieser der Gesellschaft zur Benutzung überlassen hat, zurückzugeben, ihn von den gemeinschaftlichen Schulden zu befreien und ihm dasjenige zu zahlen, was er bei der Auseinandersetzung erhalten würde, wenn die Partnerschaft zur Zeit seines Ausscheidens aufgelöst worden wäre. Die Berechnung des Abfindungsguthabens bestimmt sich ebenso wie die Zulässigkeit und Wirksamkeit von Abfindungsklauseln entsprechend den im übrigen Personengesellschaftsrecht entwickelten Grundsätzen (vgl. u. a. BGH v. 24. September 1984 – II ZR 256/83).

Bei der Eröffnung des Konkursverfahrens über das Vermögen eines Partners kann der Konkursverwalter, ebenso wie der Verwalter im Gesamtvollstreckungsverfahren, den Abfindungsanspruch für die Gläubiger des ausgeschiedenen Partners geltend machen, verwerten und verteilen.

Zu Absatz 3

Absatz 3 regelt einen partnerschaftsspezifischen Sonderfall des Ausscheidens eines Partners kraft Gesetzes.

Da die Partnerschaft nach § 1 Abs. 1 ein Zusammenschluß von Angehörigen freier Berufe zur Ausübung ihrer Berufe ist, muß ein Partner nach Absatz 3 aus der Partnerschaft ausscheiden, wenn er die Zulassung zu dem freien Beruf, den er in der Partnerschaft ausgeübt hat, verliert. Damit ist der endgültige Verlust der Berufszulassung gemeint, nicht nur eine vorübergehende Aufhebung oder ein Ruhen der Berufszulassung (wie z. B. bei Übertragung eines öffentlichen Amtes, das die gleichzeitige Berufsausübung ausschließt, oder im Falle der §§ 6, 13 Bundesärzteordnung). Der Verlust der Berufszulassung muß unanfechtbar festgestellt sein. Verliert ein Partner aufgrund Vermögensverfalls schon vor der förmlichen Eröffnung des Konkursverfahrens seine Berufszulassung (vgl. § 14 Abs. 2 Nr. 8 BRAO), so greift bereits der Ausscheidensgrund nach Absatz 3 ein und nicht erst der nach Absatz 1 und 2 i. V. m. § 131 Nr. 5 HGB.

Angehörige freier Berufe, für die es keine Berufszulassung gibt, scheiden nicht kraft Gesetzes aus. Sie können gemäß Absatz 1 des Entwurfs i. V. m. § 140 HGB durch gerichtliche Entscheidung oder bei einer dementsprechenden Regelung im Partnerschaftsvertrag durch Beschluß ausgeschlossen werden. Unterbleibt ein Ausschluß und geht die betreffende Person nichtfreiberuflichen Tätigkeiten „unter dem Mantel" der freiberuflichen Partnerschaft nach, so kann dies eine wettbewerbsrechtlich relevante Handlung darstellen.

Für die Abfindung eines wegen Verlustes der Berufszulassung ausgeschiedenen Partners gelten die oben aufgezeigten allgemeinen Rechtsgrundsätze einschließlich der Möglichkeiten, im Partnerschaftsvertrag davon abweichende Regelungen zu treffen.

Zu Absatz 4

Absatz 4 regelt die Vererbung von Beteiligungen an einer Partnerschaft.

Satz 1 ist eine Konsequenz daraus, daß nach Absatz 2 der Tod eines Partners nicht zur Auflösung der Gesellschaft führt. Denn damit gilt zunächst, daß der Erbe der Beteiligung – wie etwa beim Tode eines Kommanditisten – kraft Erbfolge Mitglied der werbenden Gesellschaft würde. Da es aber dem besonderen Vertrauensverhältnis, in dem die Partner innerhalb der Partnerschaft stehen, widersprechen würde, wenn die verbleibenden Partner ohne Einfluß darauf wären, wer als Nachfolger eines verstorbenen Partners in die Partnerschaft eintritt, ist durch die Normierung der Beteiligung als „unvererblich" der auch im Personengesellschaftsrecht ansonsten geltende

Grundsatz wiederherzustellen. Danach kann eine Beteiligung nur dadurch „vererblich" gestellt werden, daß der Gesellschaftsvertrag dies anordnet.

Satz 2 enthält eine Einschränkung der Möglichkeit, die Beteiligung an einer Partnerschaft mittels Partnerschaftsvertrages „vererblich" zu stellen, deren Legitimation sich aus dem Wesen der Partnerschaft als Gesellschaftsform ausschließlich für freiberuflich tätige Personen ergibt. Mit Satz 2 soll sichergestellt werden, daß die Beteiligung an einer Partnerschaft nur an solche Personen vererbt werden kann, die taugliche Partner im Sinne des Partnerschaftsgesellschaftsgesetzes (§ 1 Abs. 1 und 2) sind, d. h. die – wie dies für Gründungsmitglieder erforderlich ist – mit ihrem Einrücken in die Partnerschaft in dieser eine freiberufliche Tätigkeit ausüben. Die Eignung als Partner ist partnerschaftsvertraglich also als Voraussetzung für die Nachfolge auszugestalten. Weitere Voraussetzungen stellt auch hier der Entwurf nicht auf, so daß es auch insoweit Aufgabe des Rechts der einzelnen Berufe ist, den Eintritt – aus Sicht des Berufsrechts – „unerwünschter" Freiberufler zu untersagen. Im übrigen kann natürlich auch der Partnerschaftsvertrag strengere Anforderungen an die Person des Erben als Nachfolger des verstorbenen Partners stellen. So kann etwa vorgesehen werden, daß die Vererbung nur an einen Angehörigen eines freien Berufs möglich ist, der bereits in der Partnerschaft vertreten ist. Vereinbaren die Partner – unter Beachtung von Satz 2 – im Partnerschaftsvertrag eine sogenannte „qualifizierte Nachfolgeklausel", nach der gesellschaftsrechtlich nur einer von mehreren Miterben die Nachfolge des verstorbenen Partners antreten kann, so gelten wiederum die zum Personengesellschaftsrecht entwickelten Rechtsgrundsätze entsprechend. Danach erwirbt der partnerschaftsvertraglich allein zugelassene Miterbe die Beteiligung des verstorbenen Partners unmittelbar im ganzen und nicht nur in Höhe seiner Erbquote. Diese behält die volle ihr nach Erbrecht zukommende Bedeutung für die Ansprüche der Miterben untereinander – einschließlich des Gesellschafter-Erben – auf Wertausgleich (so BGHZ 68, 225, 237 f. für die Personenhandelsgesellschaften).

Wird die Partnerschaft ohne den Erben (die Erben) fortgeführt, so gilt wiederum § 738 BGB entsprechend: Der Anteil des verstorbenen Partners wächst den übrigen Gesellschaftern zu; der Auseinandersetzungsanspruch fällt in den Nachlaß. Möglichkeiten und Grenzen partnerschaftsvertraglicher Abweichungen bestimmen sich entsprechend den zum bisherigen Personengesellschaftsrecht entwickelten Grundsätzen (vgl. u. a. BGHZ 22, 186, 194; BGH v. 14. Juli 1971 – Ill ZR 91/70).

Bezüglich der Anteilsübertragung kann der Entwurf auf eine ausdrückliche Normierung verzichten, da auch hier die zum Personengesellschaftsrecht von der Rechtsprechung entwickelten Grundsätze entsprechend angewandt werden können. Demnach ist eine Anteilsübertragung grundsätzlich möglich. Zur Wahrung der Interessen der übrigen Partner setzt diese jedoch voraus, daß sie im Partnerschaftsvertrag zugelassen ist oder daß alle übrigen Partner der Übertragung zustimmen (vgl. nur BGHZ 13, 179, 185 f.; 24, 106, 114). Allerdings ergibt sich wiederum eine partnerschaftsspezifische Besonderheit. Ähnlich wie beim partnerschaftsvertraglich eröffneten Eintritt des Erben als neuer Partner ist auch bei der Anteilsübertragung zu beachten, daß diese nicht zu einer Umgehung der Erfordernisse des § 1 Abs. 1 und 2 des Entwurfs führen darf. Zulässig ist also nur eine Anteilsübertragung an eine Person, die – weil innerhalb der Partnerschaft freiberuflich tätig – auch Gründungspartner sein könnte. Da dies bereits § 1 Abs. 1 und 2 in Verbindung mit dem Rechtsgrundsatz des § 134 BGB entnommen werden kann, wird auf eine (nochmalige) ausdrückliche Normierung verzichtet. Zur Aufgabe der Berufsrechte gilt das zur erbrechtlichen Nachfolge Gesagte entsprechend.

§ 9
**Ausscheiden eines Partners;
Auflösung der Partnerschaft**

Fassung
Rechtsausschuß

(1) und (2) [unverändert gegenüber RegE]

(3) Verliert ein Partner eine erforderliche Zulassung zu dem **Freien** Beruf, den er in der Partnerschaft ausübt, so scheidet er mit deren Verlust aus der Partnerschaft aus.

(4) [unverändert gegenüber RegE]

Anhang

Gesetzestext

§ 10

Liquidation der Partnerschaft; Nachhaftung

(1) Für die Liquidation der Partnerschaft sind die Vorschriften über die Liquidation der offenen Handelsgesellschaft entsprechend anwendbar.

(2) Nach der Auflösung der Partnerschaft oder nach dem Ausscheiden des Partners bestimmt sich die Haftung der Partner aus Verbindlichkeiten der Partnerschaft nach den §§ 159, 160 des Handelsgesetzbuchs.

Begründung
RegE
*BT-Drucks.
12/6152, S. 21 ff*

Zu § 10 – Liquidation der Partnerschaft; Nachhaftung –

Die Vorschrift behandelt die Liquidation der Partnerschaft und die Frage der weiteren Haftung der Partner für Verbindlichkeiten der Partnerschaft nach deren Ausscheiden bzw. nach der Auflösung der Partnerschaft. In beiden Fällen wird wiederum auf das weitgehend bewährte Recht der OHG verwiesen.

Zu Absatz 1

Absatz 1 ordnet die entsprechende Geltung der §§ 145 bis 158 HGB an. Dies bedeutet, daß nach der Auflösung der Partnerschaft die Liquidation stattfindet, sofern nicht eine andere Art der Auseinandersetzung von den Partnern vereinbart oder über das Vermögen der Gesellschaft das Konkursverfahren eröffnet ist.

Die Liquidation erfolgt grundsätzlich durch sämtliche Partner als Liquidatoren; partnerschaftsvertraglich oder durch Beschluß der Partner kann sie jedoch einzelnen Partnern oder anderen Personen übertragen werden (Absatz 1 i. V. m. § 146 HGB). Aus wichtigem Grund kann die Ernennung und Abberufung von Liquidatoren auch durch das Gericht erfolgen (Absatz 1 i. V. m. § 146 Abs. 2 und § 147 HGB).

§ 145 Abs. 2, § 146 Abs. 2 Satz 2 und Abs. 3 und § 148 Abs. 1 Satz 3 HGB basieren auf der Annahme, daß die Kündigung des Gläubigers eines Gesellschafters, die Eröffnung des Konkursverfahrens über das Vermögen eines Gesellschafters sowie der Tod eines Gesellschafters von Gesetzes wegen (§ 131 Nr. 4, 5 und 6 HGB) zur Auflösung der Gesellschaft führen. Sie kommen für die Partnerschaft dann zur Anwendung, wenn partnerschaftsvertraglich (ausnahmsweise) entgegen § 9 Abs. 2 bestimmt ist, daß die genannten Umstände keine Ausscheidens-, sondern Auflösungsgründe sind.

Der Entwurf enthält keine ausdrückliche Bestimmung darüber, welche Personen außer den Partnern zu Liquidatoren gekoren oder bestellt werden können. Da aber insbesondere die Beendigung der laufenden Geschäfte (Absatz 1 i. V. m. § 149 Satz 1 HGB) in Form von freiberuflicher Leistungserbringung nur durch Personen erfolgen kann, die die dafür erforderliche Zulassung und Qualifikation innehaben, kommen als Liquidatoren – neben den Partnern – vorrangig solche Personen in Betracht, die ebenfalls einen freien Beruf ausüben, den einer der Partner innerhalb der Partnerschaft ausgeübt hat. Im Falle der Bestellung von Liquidatoren wird das Gericht diesem Umstand Rechnung tragen; bei gekorenen Liquidatoren wirkt bereits das Interesse der Partner an einer möglichst effektiven Umsetzung des Vermögens in Geld als Korrektiv. Darüber hinaus kann das Berufsrecht Vorkehrungen treffen. So sind z. B. nach dem Referentenentwurf vom 25. März 1993 eines Sechsten Gesetzes zur Änderung des Steuerberatergesetzes eigenständige Bestimmungen zur Abwicklung der laufenden Steuerberatergeschäfte geplant, die auch für Steuerberatungsgesellschaften gelten. Demnach kann die Berufskammer bei einer Steuerberatungsgesellschaft, deren berufsrechtliche Zulassung infolge „gesellschaftsrechtlicher" Auflösung der Gesellschaft erlischt, Steuerberater als „Abwickler" bestellen, wenn die ordnungsgemäße Abwicklung der beruflichen Dienstleistungen durch die Gesellschafter nicht sichergestellt ist.

Die Anmeldung und Eintragung der Liquidatoren bestimmt sich entsprechend § 148 HGB.

Die Befugnis zur Beendigung der laufenden Geschäfte (Absatz 1 i. V. m. § 149 Satz 1 HGB) kann, soweit dies die Liquidation erfordert, auch die Aufnahme neuer Tätigkeiten erfassen, namentlich wenn dies zur Erhaltung des Werts des Gesellschaftsvermögens notwendig oder wirtschaftlich sinnvoll ist (vgl. BGH, Urteil vom 26. Januar 1959 – II ZR 174/57).

§ 150 HGB sieht Gesamtvertretungsmacht der Liquidatoren vor. Für die Partnerschaft kann es sinnvoll sein, statt dessen Einzelvertretungsmacht (etwa in dem Umfang, in dem sie bei der werbenden Partnerschaft bestand) zu vereinbaren, damit weiterhin die Partner ihren Beruf auch im Abwicklungsstadium einzeln „mit Außenwirkung" ausüben können. Die Befugnis zur Einzelgeschäftsführung besteht ohnehin fort (Absatz 1 i. V. m. § 156 HGB i. V. m. § 6). Eine Beschränkung der Vertretungsbefugnis der Liquidatoren ist Dritten gegenüber nicht zulässig (Absatz 1 i. V. m. § 151 HGB).

Anhang

Die Verweisung erfaßt auch § 154 HGB mit seiner Pflicht zur Aufstellung von Liquidationsbilanzen. Die Partnerschaft unterliegt nicht der in §§ 238, 242 HGB vorgeschriebenen Pflicht zur Jahresrechnungslegung. Dies gilt auch für die aufgelöste Partnerschaft. Unabhängig davon sind jedoch Liquidationsbilanzen im Sinne von Vermögensbilanz und Schlußbilanz aufzustellen.

Entsprechend § 155 Abs. 1 HGB ist das nach Berichtigung der Verbindlichkeiten verbleibende Vermögen der Partnerschaft von den Liquidatoren nach dem Verhältnis der Beteiligungen unter die Partner zu verteilen. Abweichende Vereinbarungen durch den Partnerschaftsvertrag bleiben jedoch vorbehalten, so daß die Partner auf die Bedürfnisse ihrer Partnerschaft zugeschnittene Regelungen treffen können. Für den Fall, daß unter den Partnern Streit über die Verteilung des Vermögens entsteht, gilt § 155 Abs. 3 HGB entsprechend.

Die nur „entsprechende" Anwendbarkeit des HGB-Rechts bedeutet im Hinblick auf § 156 HGB, der hinsichtlich des Rechtsverhältnisses der Gesellschafter untereinander und der Gesellschaft zu Dritten auf die (ergänzende) Geltung des Zweiten und Dritten Titels des Zweiten Buchs des Handelsgesetzbuches verweist, daß für die Partnerschaft die §§ 109 ff. und 123 ff. HGB nur insoweit gelten, als auf sie in den §§ 6 bis 8 des Entwurfs verwiesen wird und sie nicht von den dortigen partnerschaftsspezifischen Sonderregelungen verdrängt werden.

Hinsichtlich der Anmeldung und der Eintragung des Erlöschens des Namens der Partnerschaft im Partnerschaftsregister wird der Verweis auf § 157 Abs. 1 HGB durch den in § 2 Abs. 2 des Entwurfs enthaltenen Verweis auf § 31 Abs. 2 Satz 2 HGB ergänzt, wonach das Gericht das Erlöschen notfalls von Amts wegen einzutragen hat.

Vereinbaren die Partner eine andere Art der Auseinandersetzung, so finden, solange noch ungeteiltes Partnerschaftsvermögen vorhanden ist, im Verhältnis zu Dritten die für die Liquidation geltenden Vorschriften entsprechende Anwendung (Absatz 1 i. V. m. § 158 HGB).

Zu Absatz 2

Durch die Verweisung auf die §§ 159 und 160 HGB wird ausdrücklich klargestellt, daß jeder Partner nach seinem Ausscheiden aus der Partnerschaft oder nach der Auflösung der Partnerschaft für die Verbindlichkeiten der Partnerschaft nach Maßgabe des § 8 Abs. 1 und 2 weiterhin haftet. Die Ansprüche gegen den einzelnen Partner aus Verbindlichkeiten der Partnerschaft verjähren grundsätzlich in fünf Jahren nach dem Ausscheiden des Partners oder der Auflösung der Partnerschaft, sofern nicht der Anspruch gegen die Partnerschaft einer kürzeren Verjährung unterliegt. Für die Nachhaftung der Partner soll also das bei der OHG geltende Nachhaftungsrecht einschließlich der dazu ergangenen Rechtsprechung Anwendung finden. Da sich durch das Ausscheiden eines Gesellschafters nichts am Inhalt seiner Haftung ändert, wirkt ein Haftungsausschluß gemäß § 8 Abs. 2 des Entwurfs zu seinen Gunsten selbstverständlich fort; Gründe für einen nachträglichen „Entzug" dieses Privilegs bestehen nicht.

Sobald es zu einer Neuregelung des Nachhaftungsbegrenzungsrechts kommt (vgl. Entwurf der Bundesregierung eines Gesetzes zur zeitlichen Begrenzung der Nachhaftung von Gesellschaftern, BT-Drucksache 12/1868, Stellungnahme des Bundesrates, BR-Drucksache 446/91), stellt die Verweisung auf das Recht der OHG sicher, daß diese auch für die Partnerschaft gelten würde.

Anhang

Gesetzestext

§ 11
Übergangsvorschrift

¹Den Zusatz „Partnerschaft" oder „und Partner" dürfen nur Partnerschaften nach diesem Gesetz führen. Gesellschaften, die eine solche Bezeichnung bei Inkrafttreten dieses Gesetzes in ihrem Namen führen, ohne Partnerschaft im Sinne dieses Gesetzes zu sein, dürfen diese Bezeichnung noch bis zum Ablauf von zwei Jahren nach Inkrafttreten dieses Gesetzes weiterverwenden. ³Nach Ablauf dieser Frist dürfen sie eine solche Bezeichnung nur noch weiterführen, wenn sie in ihrem Namen der Bezeichnung „Partnerschaft" oder „und Partner" einen Hinweis auf die andere Rechtsform hinzufügen.

Begründung RegE
BT-Drucks. 12/6152, S. 23

Zu § 11 – Übergangsvorschrift –

Die Übergangsvorschrift für gesellschaftsrechtliche Zusammenschlüsse, die bisher die Bezeichnungen „Partnerschaft" oder „und Partner" verwendet haben, soll Verwechselungsgefahren begegnen. Für in Zukunft gegründete Gesellschaften sind die genannten Bezeichnungen reserviert. Bestehende Gesellschaften, die diese Bezeichnungen führen, sollen Bestandsschutz genießen. Allerdings müssen diese Gesellschaften nach einer Übergangsfrist einen eindeutigen Hinweis auf die andere Gesellschaftsform, in der sie sich formiert haben, aufnehmen. Eine Gesellschaft bürgerlichen Rechts, die bislang die genannten Bezeichnungen verwendet hat, wird also in Zukunft den Zusatz „Gesellschaft bürgerlichen Rechts" oder „GbR" führen müssen.

Im übrigen enthält der Entwurf keine Übergangsregelungen. Solche sind auch nicht zugunsten Gesellschaften bürgerlichen Rechts angezeigt, die sich in Partnerschaften umwandeln. Denn nach § 2 Abs. 2 zweiter Halbsatz i. V. m. § 24 Abs. 2 HGB darf eine BGB-Gesellschaft, die den Namen eines ausgeschiedenen Gesellschafters in ihrem Namen führt, dies auch nach dem Wechsel in die Rechtsform der Partnerschaft tun. Auch die in freiberuflichen BGB-Gesellschaften verbreitete Bezeichnung „und Partner" kann nach einer Umwandlung „fortgeführt" werden, da diese Bezeichnung den Forderungen des Entwurfs (§ 2 Abs. 1) entspricht. Über das im Namensrecht der BGB-Gesellschaft Gebräuchliche hinaus geht im wesentlichen allein die Pflicht zur Angabe der vertretenen Berufe, der eine in eine Partnerschaft umgewandelte BGB-Gesellschaft mit dem Wirksamwerden des Rechtsformwechsels (vgl. § 7 Abs. 1) unterliegt.

Artikel 2
Änderung des Gesetzes über die Angelegenheiten der freiwilligen Gerichtsbarkeit

Das Gesetz über die Angelegenheiten der freiwilligen Gerichtsbarkeit in der im Bundesgesetzblatt Teil III, Gliederungsnummer 315-1, veröffentlichten bereinigten Fassung, zuletzt geändert durch Artikel 5 des Gesetzes vom 24. Juni 1994 (BGBl. I S. 1377), wird wie folgt geändert:

1. Die Überschrift des Achten Abschnitts wird wie folgt gefaßt:

    „Achter Abschnitt

    Vereinssachen.
    Partnerschaftssachen. Güterrechtsregister".

2. Nach § 160a wird folgender § 160b eingefügt:

    „§ 160b

    (1) Für die Führung des Partnerschaftsregisters sind die Amtsgerichte zuständig. Auf [die Eintragungen in]*⁾ das Partnerschaftsregister finden § 125 Abs. 2 bis 5, § 125a und die §§ 127 bis 130, auf das Einschreiten des Registergericht die §§ 132 bis 140 und auf Löschungen die §§ 141 bis 143 entsprechende Anwendung. § 126 findet mit der Maßgabe Anwendung, daß an die Stelle der Organe des Handelsstandes die Organe des Berufsstandes treten.

    (2) Die Amtsgerichte sind ferner zuständig für die nach § 10 Abs. 1 des Partnerschaftsgesellschaftsgesetzes vom 25. Juli 1994 (BGBl. I S. 1744) in Verbindung mit § 146 Abs. 2, §§ 147, 157 Abs. 2 des Handelsgesetzbuchs vom Gericht zu erledigenden Angelegenheiten. Für das Verfahren ist § 146 Abs. 1, Abs. 2 Satz 1 entsprechend anzuwenden."

---

*⁾ Die Worte in eckigen Klammern wurden durch Art. 5 Abs. 3 Nr. 1 des Gesetzes zur Ausführung des Seerechtsübereinkommens der Vereinten Nationen vom 10. Dezember 1982 sowie des Übereinkommens vom 28. Juli 1994 zur Durchführung des Teils XI des Seerechtsübereinkommens (Ausführungsgesetz Seerechtsübereinkommen 1982/1994) vom 6. 6. 1995 BGBl I, 778, 780, gestrichen.

Anhang

Artikel 2

**Text
RegE**

Artikel 2

Änderung des Gesetzes über die Angelegenheiten der freiwilligen Gerichtsbarkeit

Das Gesetz über die Angelegenheiten der freiwilligen Gerichtsbarkeit in der im Bundesgesetzblatt Teil III, Gliederungsnummer
315-1, veröffentlichten bereinigten Fassung, zuletzt geändert durch..., wird wie folgt geändert:

1. [unverändert gegenüber Gesetzestext]

2. Nach § 160a wird folgender § 160b eingefügt:

„160b

(1) Für die Führung des Partnerschaftsregisters sind die Amtsgerichte zuständig. Auf die Eintragungen in das Partnerschaftsregister finden § 125 Abs. 2 *und 3*, § 125a und die §§ 127 bis 130, auf das Einschreiten des Registergerichts die §§ 132 bis 140 und auf Löschungen die §§ 141 bis 143 entsprechende Anwendung. § 126 findet mit der Maßgabe Anwendung, daß an die Stelle der Organe des Handelsstandes die Organe des Berufsstandes treten.

(2) [unverändert gegenüber Gesetzestext]"

**Begründung
RegE**
*BT-Drucks.
12/6152, S. 23*

Zu Artikel 2 – Änderung des FGG

In das Gesetz über die Angelegenheiten der freiwilligen Gerichtsbarkeit (FGG) wird im Achten Abschnitt ein neuer § 160b eingefügt, der den Amtsgerichten die Führung des Partnerschaftsregisters und die nach Artikel 1 § 10 Abs. 1 i. V. m. § 146 Abs. 2 und § 147 HGB zu erledigenden Angelegenheiten bei der Liquidation der Partnerschaft überträgt. Außerdem regelt § 160b FGG die erforderlichen Verweisungen auf Vorschriften des FGG über die Führung des Handelsregisters, insbesondere auf § 125 Abs. 3 FGG (Ermächtigung zum Erlaß einer Verordnung über das Partnerschaftsregister).

Stellungnahme BRat

[Siehe unter Art. 1 § 4]

Gegenäußerung BReg

[Siehe unter Art. 1 § 4]

Artikel 2

Anhang

Artikel 2
Änderung des Gesetzes über die Angelegenheiten der freiwilligen Gerichtsbarkeit

Fassung
Rechtsausschuß

Das Gesetz über die Angelegenheiten der freiwilligen Gerichtsbarkeit in der im Bundesgesetzblatt Teil III, Gliederungsnummer 315-1, veröffentlichten bereinigten Fassung, zuletzt geändert durch ..., wird wie folgt geändert:

1. [unverändert gegenüber RegE]

2. Nach § 160a wird folgender § 160b eingefügt:

„160b

(1) Für die Führung des Partnerschaftsregisters sind die Amtsgerichte zuständig. Auf die Eintragungen in das Partnerschaftsregister finden § 125 Abs. 2 **bis 5**, § 125a und die §§ 127 bis 130, auf das Einschreiten des Registergerichts die §§ 132 bis 140 und auf Löschungen die §§ 141 bis 143 entsprechende Anwendung. § 126 findet mit der Maßgabe Anwendung, daß an die Stelle der Organe des Handelsstandes die Organe des Berufsstandes treten.

(2) [unverändert gegenüber RegE]"

Anhang

Gesetzestext

Artikel 3
Änderung des Rechtspflegergesetzes

In § 3 Nr. 2 Buchstabe d des Rechtspflegergesetzes in der im Bundesgesetzblatt Teil III, Gliederungsnummer 302-2, veröffentlichten bereinigten Fassung, das zuletzt durch Artikel 1 des Gesetzes vom 24. Juni 1994 (BGBl. I S. 1374) geändert worden ist, werden nach dem Wort „Abschnitts" die Worte „sowie Partnerschaftssachen im Sinne des § 160b" eingefügt.

Begründung
RegE
*BT-Drucks.
12/6152, S. 23*

Zu Artikel 3 – Änderung des Rechtspflegergesetzes

Durch die Änderung des Rechtspflegergesetzes werden dem Rechtspfleger die Partnerschaftssachen im Sinne des § 160b Abs. 1 FGG zugewiesen. Wie bei der OHG (vgl. § 17 Nr. 2 a Rechtspflegergesetz) umfaßt die Zuständigkeit des Rechtspflegers auch die Bestellung und Abberufung von Liquidatoren aus wichtigem Grund.

Stellungnahme BRat

[Siehe unter Art. 1 § 4]

Gegenäußerung BReg

[Siehe unter Art. 1 § 4]

Artikel 4

Anhang

Gesetzestext

Artikel 4

Änderung der Kostenordnung

Die Kostenordnung in der im Bundesgesetzblatt Teil III, Gliederungsnummer 361-1, veröffentlichten bereinigten Fassung, zuletzt geändert durch Artikel 2 des Gesetzes vom 24. Juni 1994 (BGBl. I S. 1325), wird wie folgt geändert:

1. Nach § 26 wird folgender § 26a eingefügt:

   „§ 26a
   Anmeldungen zum Partnerschaftsregister,
   Eintragungen in das Partnerschaftsregister

   ¹Für Anmeldungen zum Partnerschaftsregister und Eintragungen in das Partnerschaftsregister gilt § 26 mit der Maßgabe entsprechend, daß der Geschäftswert für die erste Anmeldung oder Eintragung mindestens 50 000 Deutsche Mark beträgt. ²Dieser Wert kann angenommen werden, wenn der Kostenschuldner versichert, daß der Einheitswert des Betriebsvermögens einen zu einem höheren Geschäftswert führenden Betrag nicht übersteigt."

2. Nach § 81 wird folgender § 82 eingefügt:

   „§ 82
   Eintragungen in das Partnerschaftsregister

   Für Eintragungen in das Partnerschaftsregister gilt § 79 entsprechend."

3. In § 86 Abs. 1 Satz 1 werden die Worte „Handels-, Vereins- und Güterrechtsregister" durch die Worte „Handels-, Vereins-, Güterrechts- und Partnerschaftsregister" ersetzt.

4. § 88 wird wie folgt geändert:

   a) In Absatz 1 Satz 1 werden die Worte „im Fall des § 141" durch die Worte „in den Fällen der §§ 141 und 160b Abs. 1" ersetzt.

   b) In Absatz 2 Satz 1 werden die Worte „nach §§ 142 bis 144, 159 und 161" durch die Worte „nach §§ 142 bis 144, §§ 159, 160b Abs. 1 und § 161" ersetzt.

Anhang

Artikel 4

Begründung RegE
BT-Drucks. 12/6152, S. 23

Zu Artikel 4 – Änderung der Kostenordnung

Die Eintragungen in das Partnerschaftsregister sind wie Eintragungen in andere öffentliche Register gebührenpflichtig. Artikel 4 enthält die dazu erforderlichen Änderungen der Kostenordnung (KostO).

Bei der Partnerschaft wird die Feststellung des Wertes des Betriebsvermögens und damit des Geschäftswerts gemäß dem für Handelsregistereintragungen geltenden § 26 Abs. 2, 3 und 6 KostO oftmals auf Schwierigkeiten stoßen. Zur Erleichterung der kostenrechtlichen Behandlung von Anmeldungen und Eintragungen von Partnerschaften und zur Sicherstellung einer möglichst weitgehenden Kostendeckung entscheidet sich der Entwurf für die Einführung eines Mindestgeschäftswertes (§ 26a Satz 1). Um zu vermeiden, daß der Kostenbeamte in jedem Einzelfall durch aufwendige Prüfungen das Vorliegen eines höheren Geschäftswertes ausschließen muß, sieht der Entwurf außerdem eine erleichterte Form des Nachweises vor, daß kein zu einem höheren Geschäftswert führender Betriebsvermögenswert vorliegt. Gibt der Kostenschuldner eine dahin gehende Versicherung ab, so kann von der Vorlage weiterer Nachweise bzw. von Anfragen beim Finanzamt abgesehen werden (§ 26a Satz 2). Im übrigen bestimmt sich der Geschäftswert entsprechend § 26 KostO. Dies bedeutet vor allem, daß für spätere Anmeldungen oder Eintragungen der halbe Wert anzusetzen ist (§ 26 Abs. 4 KostO), bei mehreren gleichzeitigen Anmeldungen ein bis zu drei Stufen höherer Wert angenommen werden kann (§ 26 Abs. 5 KostO), bei Eintragungen, die für das Unternehmen keine wirtschaftliche Bedeutung haben, nur ein Zehntel des Wertes anzusetzen ist (§ 26 Abs. 7 KostO), für die Anmeldung oder Eintragung einer Zweigniederlassung nach billigem Ermessen ein niedrigerer Wert festzusetzen ist (§ 26 Abs. 8 KostO) und bei Beurkundungen von Anmeldungen der Geschäftswert höchstens 1 Mio. DM beträgt (§ 26 Abs. 10 KostO).

Der neu einzufügende § 82 sieht vor, daß sich die Gebührensätze für die Eintragungen entsprechend der für Handelsregistereintragungen geltenden Regelung des § 79 KostO bestimmen.

Die Änderungen des § 86 Abs. 1 Satz 1 und § 88 KostO bewirken, daß für Anmeldungen und Löschungen die bisher insbesondere für das Handelsregister geltenden Vorschriften auch für das Partnerschaftsregister gelten.

Stellungnahme BRat

[Siehe unter Art. 1 § 4]

Gegenäußerung BReg

[Siehe unter Art. 1 § 4]

Artikel 5

Änderung der Konkursordnung

Nach § 212 der Konkursordnung in der im Bundesgesetzblatt Teil III, Gliederungsnummer 311-4, veröffentlichten bereinigten Fassung, die zuletzt durch Artikel 2 des Gesetzes vom 15. Juli 1994 (BGBl. I S. 1566) geändert worden ist, wird folgender § 212a eingefügt:

„§ 212a

Im Falle der Zahlungsunfähigkeit einer Partnerschaftsgesellschaft findet über deren Vermögen ein selbständiges Konkursverfahren statt. Die Vorschriften des § 207 Abs. 2 und der §§ 210 bis 212 sind entsprechend anzuwenden. Dabei stehen die Partner den persönlich haftenden Gesellschaftern gleich."

Zu Artikel 5 – Änderung der Konkursordnung

Durch die vorgesehene Ergänzung der Konkursordnung (KO) soll die Konkursfähigkeit der Partnerschaft geregelt werden. Da nach Artikel 1 § 7 Abs. 2 i. V. m. § 124 Abs. 2 HGB die Zwangsvollstreckung aufgrund eines gegen die parteifähige Partnerschaft erwirkten Schuldtitels möglich sein wird, ist es sachlich geboten, auch den Konkurs über das Vermögen der Partnerschaft zuzulassen.

Die neue Vorschrift des § 212a Satz 1 KO sieht als Konkursgrund nur die Zahlungsunfähigkeit der Partnerschaft vor, weil die Partner nach Artikel 1 § 8 Abs. 1 grundsätzlich den Gläubigern der Partnerschaft persönlich haften. Die Partnerschaft gleicht auch insoweit der OHG. In Satz 2 werden dementsprechend für die OHG geltende konkursrechtliche Vorschriften für sinngemäß anwendbar erklärt. Satz 3 soll klarstellen, daß bei der Anwendung der §§ 210 bis 212 KO die Partner persönlich haftenden Gesellschaftern gleichstehen. § 212a KO gilt gemäß § 1 Abs. 4 Satz 2 Gesamtvollstreckungsordnung (GesO) auch für das Gesamtvollstreckungsverfahren.

Anhang

Gesetzestext

Artikel 6

Änderung der Vergleichsordnung

Nach § 110 der Vergleichsordnung in der im Bundesgesetzblatt Teil III, Gliederungsnummer 311-1, veröffentlichten bereinigten Fassung, die zuletzt durch Artikel 8 des Gesetzes vom 20. Dezember 1993 (BGBl. I S. 2182) geändert worden ist, wird folgender § 110a eingefügt:

„§ 110a

Partnerschaftsgesellschaften

(1) Für Partnerschaftsgesellschaften sind die Vorschriften der §§ 109 und 110 entsprechend anzuwenden. Dabei stehen die Partner den persönlich haftenden Gesellschaftern gleich.

(2) Die Eröffnung des Vergleichsverfahrens über das Vermögen einer Partnerschaftsgesellschaft ist nach Maßgabe des § 23 in das Partnerschaftsregister einzutragen."

Begründung
RegE
BT-Drucks.
12/6152, S. 24

Zu Artikel 6 – Änderung der Vergleichsordnung

Die vorgesehene Konkursfähigkeit der Partnerschaft bedingt nach § 2 Abs. 1 Satz 3 Vergleichsordnung (VerglO) die Vergleichsfähigkeit. Es erscheint nicht geboten, das gerichtliche Vergleichsverfahren zur Abwendung des Konkurses für die Partnerschaften auszuschließen. Die gesellschaftsrechtliche Form der Partnerschaft erfordert aber die vorgesehene Ergänzung der Vergleichsordnung.

Nach dem neuen § 110a Abs. 1 Satz 1 VerglO sollen entsprechend dem neuen § 212a Satz 2 KO für die OHG und deren Gesellschafter geltende Vorschriften auf die Partnerschaft und die Partner sinngemäß angewendet werden. Absatz 1 Satz 2 sieht entsprechend dem neuen § 212a Satz 3 KO vor, daß bei der Anwendung der §§ 109 und 110 VerglO die Partner den persönlich haftenden Gesellschaftern gleichstehen. Dadurch soll nicht ausgeschlossen werden, daß, soweit in § 109 Nr. 2 VerglO auf die Person eines zur Vertretung berechtigten Gesellschafters abgestellt wird, es bei einer Partnerschaft auf die Person eines vertretungsberechtigten Partners ankommt.

§ 110a Abs. 2 VerglO entspricht der in Artikel 1 § 2 Abs. 2 i. V. m. § 32 HGB für die Eintragung des Konkursverfahrens vorgesehenen Regelung.

Artikel 7
Änderung des Steuerberatungsgesetzes

Anhang — Gesetzestext

Das Steuerberatungsgesetz in der Fassung der Bekanntmachung vom 4. November 1975 (BGBl. I S. 2735), zuletzt geändert durch das Gesetz vom 24. Juni 1994 (BGBl. I S. 1387), wird wie folgt geändert:

1. In § 49 Abs. 1 werden die Wörter „Offene Handelsgesellschaften und Kommanditgesellschaften" durch die Wörter „Offene Handelsgesellschaften, Kommanditgesellschaften und Partnerschaftsgesellschaften" ersetzt.

2. § 53 wird wie folgt geändert:

   a) Nach dem Wort „Firma" werden die Wörter „oder den Namen" eingefügt.

   b) Folgender Satz wird angefügt:

   „Für eine Partnerschaftsgesellschaft entfällt die Pflicht nach § 2 Abs. 1 des Partnerschaftsgesellschaftsgesetzes vom 25. Juli 1994 (BGBl. I S. 1744), zusätzlich die Berufsbezeichnungen aller in der Partnerschaft vertretenen Berufe in den Namen aufzunehmen."

Zu Artikel 6a (Änderung des Steuerberatungsgesetzes)

Zu Nummer 1

Die Änderung entspricht dem Votum des mitberatenden Finanzausschusses.

Begründung Rechtsausschuß BT-Drucks. 12/7642, S. 12

In § 49 Abs. 1 Steuerberatungsgesetz sind die Gesellschaftsformen abschließend aufgeführt, die als Steuerberatungsgesellschaften anerkannt werden können. Die Änderung des § 49 Abs. 1 Steuerberatungsgesetz stellt daher klar, daß auch die Partnerschaftsgesellschaft als Steuerberatungsgesellschaft anerkannt werden kann.

Zu Nummer 2

In § 53 Steuerberatungsgesetz ist geregelt, daß die als Steuerberatungsgesellschaft anerkannte Gesellschaft verpflichtet ist, die Bezeichnung „Steuerberatungsgesellschaft" in die Firma aufzunehmen. Diese Verpflichtung soll sich auch auf eine Partnerschaft erstrecken, die als Steuerberatungsgesellschaft zugelassen wird. In diesem Fall soll von der in § 2 Abs. 1 PartGG-Entwurf vorgesehenen Aufführung aller in der Partnerschaft vertretenen Berufe abgesehen werden, da durch die Bezeichnung als Steuerberatungsgesellschaft das Publikum bereits ausreichend über die in dieser Partnerschaft möglichen Dienstleistungen aufgeklärt ist.

Da die Partnerschaft keine „Firma", sondern als nichtgewerbliche Gesellschaft einen „Namen" hat, war dies zu ergänzen.

Bei einer Partnerschaft, in der z. B. Anwälte mit Steuerberatern zusammengeschlossen sind, und die nicht als Steuerberatungsgesellschaft anerkannt ist, gilt für den Namen § 2 PartGG-Entwurf unverändert. Es handelt sich dann um eine normale Partnerschaft, zu der der Steuerberater schon nach § 1 Abs. 2 PartGG-Entwurf Zugang hat.

Artikel 8

Änderung der Wirtschaftsprüferordnung

Die Wirtschaftsprüferordnung in der Fassung der Bekanntmachung vom 5. November 1975 (BGBl. I S. 2803), zuletzt geändert durch Artikel 1 des Gesetzes vom 15. Juli 1994 (BGBl. I S. 1569), wird wie folgt geändert:

1. In § 27 Abs. 1 werden die Wörter „Offene Handelsgesellschaften und Kommanditgesellschaften" durch die Wörter „Offene Handelsgesellschaften, Kommanditgesellschaften und Partnerschaftsgesellschaften" ersetzt.

2. § 31 wird wie folgt geändert:

    a) nach dem Wort „Firma" werden die Wörter „oder den Namen" eingefügt.

    b) Folgender Satz wird angefügt:

    „Für eine Partnerschaftsgesellschaft entfällt die Pflicht nach § 2 Abs. 1 des Partnerschaftsgesellschaftsgesetzes vom 25. Juli 1994 (BGBl. I S. 1744), zusätzlich die Berufsbezeichnungen aller in der Partnerschaft vertretenen Berufe in den Namen aufzunehmen."

Zu Artikel 6b (Änderung der Wirtschaftsprüferordnung)

Die Änderung entspricht dem Votum des mitberatenden Wirtschaftsausschusses.

Für die Begründung gilt das zu Artikel 6a Gesagte entsprechend.

Begründung Rechtsausschuß
BT-Drucks. 12/7642, S. 13

Anhang

Gesetzestext

Artikel 9

Inkrafttreten

Dieses Gesetz tritt am 1. Juli 1995 in Kraft. [Artikel 1 § 5 Abs. 2 und Artikel 2 treten, soweit sie Vorschriften enthalten, die zum Erlaß von Rechtsverordnungen ermächtigen, am 1. Mai 1995 in Kraft.]*⁾

Text
RegE

Artikel 7

Inkrafttreten

Dieses Gesetz tritt am ... (1. Januar 1995) in Kraft.

Begründung
RegE
BT-Drucks.
12/6152, S. 24

Zu Artikel 7 – Inkrafttreten

Die Vorschrift regelt das Inkrafttreten des Gesetzes.

Um es den Berufsrechten, insbesondere soweit sie in Länderzuständigkeiten fallen, zu ermöglichen, ihre Regelungen an die mit dem Partnerschaftsgesellschaftsgesetz eröffneten Gestaltungsmöglichkeiten anzupassen, soll das Gesetz erst zum 1. Januar 1995 in Kraft treten.

Fassung
Rechtsausschuß

Artikel 7

Inkrafttreten

Dieses Gesetz tritt am **1. Juli** 1995 in Kraft.

Begründung
Rechtsausschuß
BT-Drucks.
12/7642, S. 13

Zu Artikel 7 (Inkrafttreten)

Das Inkrafttreten ist von dem im Gesetzentwurf vorgesehenen Datum 1. Januar 1995 auf den 1. Juli 1995 verschoben worden. Es soll damit Rücksicht darauf genommen werden, daß zunächst in Abstimmung mit den Bundesländern eine Partnerschaftsregisterverordnung zu erlassen sein wird und in den Ländern die nötigen organisatorischen und personellen Maßnahmen für die Einrichtung und Führung des Partnerschaftsregisters getroffen werden müssen.

---

*) Der Satz in eckigen Klammern wurde durch Art. 5 Abs. 3 Nr. 2 des Gesetzes zur Ausführung des Seerechtsübereinkommens der Vereinten Nationen vom 10. Dezember 1982 sowie des Übereinkommens vom 28. Juli 1994 zur Durchführung des Teils XI des Seerechtsübereinkommens (Ausführungsgesetz Seerechtsübereinkommen 1982/1994) vom 6. 6. 1995 BGBl I, 778, 780, eingefügt.

Stichwortverzeichnis

Die einleitenden Ausführungen sind mit E, die Kommentierung zum Partnerschaftsgesellschaftsgesetz mit dem jeweiligen Paragraphen gekennzeichnet. Die Zahlen hinter diesen Angaben beziehen sich auf die jeweiligen Randzahlen.

Abfärbetheorie, steuerrechtliche
§ 1, 23
Abfindung § 1, 11; § 6, 39;
§ 9, 2, 29, 34 f
Abfindungsklausel § 9, 35
Abgeordneter § 1, 13
Abspaltungsverbot § 1, 131
Abwerbungsverbot § 6, 25 f
Abwicklung
– s. Liquidation
Actio pro socio § 6, 39
AGB-Gesetz § 7, 28
„Ähnliche Berufe"
§ 1, 29, 32, 35, 39 f, 78 ff; § 4, 15, 22
Altersversorgung § 1, 12
Anerkennung als Steuerberatungs-/
Wirtschaftsprüfungsgesellschaft
§ 7, 11
Angebot, PartGG als E, 44
Anlageberater § 1, 62, 83
Anmeldung der Partnerschaft
– Auflösung § 2, 53; § 9, 20
– Ausscheiden eines Partners
§ 9, 20
– bei Zweigniederlassung § 5, 9, 11
– beizufügende Nachweise
§ 4, 4, 7, 13, 15, 18 f
– durch die Partner § 4, 12b
– Erlöschen des Partnerschaftsnamens § 2, 52
– Erzwingung durch das Registergericht § 5, 4
– Form § 4, 13; § 5, 3
– Inhalt § 4, 3a, 13 ff
– Vertretungsverhältnisse E, 24h;
§ 11, 2a
Anteilsübertragung § 1, 131; § 2, 43;
§ 8, 19
– s. auch Unternehmensübertragung

Anwalts-GmbH E, 24a
– Referentenentwurf E, 24b
Anwaltsnotare § 1, 35, 117 f; § 2, 16 f
s. auch Notare, Rechtsanwälte
Anzeigepflichten, berufsrechtliche
§ 7, 10, § 5, 25 ff
Apotheker E, 49; § 1, 36, 119
Approbation § 1, 43, 52; § 7, 15
– s. auch Zulassung
Arbeitsgemeinschaft § 1, 4
Arbeitsgruppe „Handelsrecht und Handelsregister" § 3, 17
Arbeitstherapeuten § 1, 83
Architekten E, 28, 33;
§ 1, 4, 30, 42, 63, 67 f, 83; § 4, 18;
§ 9, 22
Ärzte E, 28, 39, 46, 48, 56;
§ 1, 4, 23, 28, 31, 42 ff, 44, 51, 83, 85,
96, 100, 119, 121 f, 124; § 2, 1 f;
§ 5, 19; § 6, 1, 6, 35, 37; § 7, 15;
§ 8, 60, 65; § 9, 23
– MBO-Ärzte § 1, 103
– Praxisgemeinschaften § 1, 4
– s. auch Heilberufe, Gemeinschaftspraxis
Ärztekammer § 1, 122
Artes liberales § 1, 30
Assistent, medizinisch-diagnostischer
§ 1, 83
Assistent, medizinisch-technischer
§ 1, 121a
Auflösung der Partnerschaft § 2, 48 f;
§ 4, 20; § 6, 27; § 9, 1, 3, 15 ff, 34 f;
§ 10, 3, 14
– Auflösungsklage § 3, 12;
§ 9, 9, 16
– Nachhaftung s. dort
Aufwendungen § 6, 40; § 8, 84 f
Augenärzte § 1, 45

Stichwortverzeichnis

Auseinandersetzung § 1, 131
Auskunftsanspruch § 6, 39
Ausscheiden § 9, 5 ff, 20, 34 f; § 4, 20
- Altersgründe § 1, 7 ff
- Auseinandersetzung § 1, 131
- automatisches § 1, 8
- Entwürfe, frühere E, 6, 8; § 9, 1 f, 21
- Informationsrechte § 6, 39
- Register E, 30; § 4, 20

Ausschluß eines Partners
- Ausschließungsklage § 1, 7 f; § 6, 19; § 9, 14
- Beschluß der Partner § 1, 7 f; § 9, 11, 19
- Einstellung aktiver Mitarbeit § 1, 7 f
- Entwürfe, frühere § 9, 3
- von der Vertretungsmacht s. Vertretung, Ausschluß von der

Austrittsrecht der Erben § 9, 33

Bademeister, medizinischer § 1, 48 f, 83
Bauingenieur, beratender § 1, 83
Bauleiter § 1, 83
Bauschätzer § 1, 83
Baustatiker § 1, 83
Bautechniker § 1, 83
Bedürfnis für PartGG E, 2, 12, 14, 38 f; § 1, 131
Beiträge der Partner § 1, 131; § 6, 14
Bekanntmachung § 5, 3
Belgien § 1, 15, 28, 32, 128; § 5, 12
Beratungsstellen, weitere § 5, 17
Bergführer § 1, 93
Berufsaufsicht § 5, 25
Berufsausübung
- aktive s. Partner, aktive Berufsausübung
- als Geschäftsführung s. dort
- Angabe im Partnerschaftsvertrag § 3, 17
- Ausschluß von der § 6, 13, 17
- durch die Partnerschaft selbst § 7, 15
- eigenverantwortliche E, 46
- erforderliche Rechtsgeschäfte § 6, 12, 15
- fehlerhafte § 8, 24 f

Berufsausübungsgesellschaft E, 48; § 1, 4
Berufsbezeichnungen im Namen § 2, 2, 5, 13 ff, 30 ff
Berufskammern
- Angabe bei der Anmeldung zur Eintragung § 4, 16
- Beteiligung bei dem Registerverfahren § 4, 3, 12, 22 f, 25, 27 f; § 5, 3; § 11, 6
- Entwürfe, frühere E, 7 ff; § 1, 31
- Kontrolle und Einschreiten § 1, 116, 118 ff, 125; § 3, 21; § 4, 28; § 7, 10; § 11, 6
- Kampf gegen Liberalisierung § 1, 125
- Partnerschaftsvertrag, Vorlage bei den s. dort
- s. auch Ärztekammer, Bundeslotsenkammer, Patentanwaltskammer, Rechtsanwaltskammer, Verbände, Wirtschaftsprüferkammer

Berufsrecht
- allgemeiner Vorbehalt E, 34, 44, 46, 57; § 1, 1, 96 ff; § 3, 21; § 4, 7, 22; § 5, 7, 14; § 6, 7; § 7, 9; § 10, 4 ff
- Anzeigepflichten s. dort
- Beachtung bei Berufsausübung § 6, 5 ff
- Elemente im PartGG E, 55 f; § 9, 21
- Haftungsbegrenzung, berufsrechtliche Regelungen s. dort
- interprofessionelle Partnerschaften § 1, 97 ff; § 4, 27 f
- PartGG als „Super-Berufsrecht" § 1, 101
- Regelungsgegenstände von Beschränkungen durch das § 1, 100, 116; § 2, 45, 50; § 3, 21; § 5, 14 ff; § 7, 9 ff; § 10, 4 f
- unzulässige Vermischung mit Gesellschaftsrecht E, 19, 55, 61; § 1, 25; § 2, 42

Stichwortverzeichnis

– Verjährung, Regelung der
  § 10, 13 f
– Verstoß gegen § 1, 104; § 4, 27
Berufsregister § 1, 120; § 4, 29;
  § 5, 18, 29; § 7, 10
Berufstätigkeit, Einstellung der § 1, 8
Beschäftigungstherapeuten § 1, 83
Beschlagnahmefreiheit § 6, 36 f
Beschlußfassung § 6, 27 ff
Bestandsschutz § 11, 2
Bestimmtheitsgrundsatz § 6, 32
Betreuer § 1, 54
Betriebsgemeinschaft § 1, 4
Betriebsvermögen der Partnerschaft, Bewertung § 5, 48
Betriebswirte, beratende
  § 1, 42, 53, *60 ff*, 83, 124
Bewegungstherapeuten
– s. Heileurhythmisten
Bilanzierung § 1, 23a
Bildberichterstatter
  § 1, 25, 42, 73, 115
Binnenmarkt, europäischer E, 32
Blutgruppengutachter § 1, 83
Briefbögen § 2, 20b
– ausgeschiedene Partner § 2, 20c
Buchführung E, 49, 51
Buchhalter § 1, 83
Buchprüfer, vereidigte
  § 1, 42, 57, 117 ff; § 5, 18
– Buchprüfungsgesellschaften
  § 4, 19
Buchrevisoren, vereidigte § 1, 42, 57
Buchwertklausel § 9, 35
Bürogemeinschaft § 1, 4, § 6, 24a
Bundeslotsenkammer § 1, 77
Bundesrat
– Entwurf 1976 E, 12 f
– Gesetzgebungsverfahren
  E, 20, 22 ff; § 1, 2, 130;
  § 4, 1 f, 4, 9; § 8, 4; § 11, 2
– Zustimmung E, 13, 23 f; § 4, 1
– s. auch Rechtsausschuß des
  Bundesrates

Bundesverband der Freien Berufe
  E, 2, 4 f, 14, 17; § 8, 4

Chiropraktiker § 1, 46a

Dänemark § 1, 15
Datenschutzbeauftragter § 1, 83
Dauerhaftigkeit E, 28, 41
Deliktsfähigkeit E, 27
Dentisten § 1, *35*, 83, 127
Deregulierungskommission E, 18
Designer § 1, 89
Deutscher Anwaltverein E, 2
Diätassistent § 1, 121a
Diplom-Pädagogen § 1, 95
Diplom-Psychologen
  § 1, 35, *42 f, 51 f,* 83; § 4, 18
– beratende § 1, 51
Gerichtspsychologen § 1, 51
Dispacheur § 1, 83
Dolmetscher § 1, 42, 72, *75 f,* 115
Doppelsitz § 3, 15

EDV-Berater § 1, 60 f, 83
Eigenständige Gesellschaftsform E, 16
Eindruckstheorie § 1, 46
Einmann-Partnerschaft § 9, 1
Einnahme-Überschuß-Rechnung E, 45
Einsichtnahme § 5, 2
Eintritt neuer Partner § 2, 44; § 7, 14
Eintrittsklausel
– erbrechtliche § 9, 30
– gesellschaftsrechtliche § 9, 31
Elektroanlagenplaner § 1, 83
England § 1, 13, 15
Entbindungspfleger § 1, 49
– s. auch Hebammen

Stichwortverzeichnis

Entwurf
- Volmer 1967 E, 4
- 1971; 1975/76 E, 6 ff, 31;
  § 1, 2 f, 20 f, 31 , 98 f, 130; § 2, 1 f;
  § 3, 1 ff, 13; § 4, 1 ff; § 5, 1;
  § 6, 1 ff; § 7, 1, 12; § 8, 1 ff;
  § 9, 1 ff, 21; § 10, 1
- Referentenentwurf s. dort

Erbschaft § 2, 39
Erfinder, freie § 1, 86
Erfüllungstheorie § 8, 15
Ergotherapeut § 1, 121a
Erlaubnis für die Berufsausübung
  § 1, 43, 56, 82
- s. auch Zulassung
Erlöschen
- s. Löschung aus dem Partnerschaftsregister
Ersatz für Aufwendungen und Verluste
  § 6, 40
Erwerb einer Partnerschaft § 2, 40
Erwerbsgesellschaft, allgemeine E, 16
Erwerbsgesellschaftengesetz
  (EGG), österreichisches
- s. Österreich
Erzieher § 1, 84, 94 f
Erziehungswissenschaftler § 1, 95
Europäische Union (Europäische
  Gemeinschaft) E, 3, 31 f, 36, 59;
  § 1, 47, 56
- „Europäische Partnerschaft"
  E, 36, 67 ff; § 1, 14, 28, 33, 129
- Elfte gesellschaftsrechtliche
  (Zweigniederlassungs-)Richtlinie
  § 5, 7
- Richtlinie über die gegenseitige
  Anerkennung von Hochschuldiplomen E, 32
- Niederlassungsrichtlinie für
  Rechtsanwälte E, 32
EWIV § 1, 4; § 2, 8; § 4, 8

Fachanwalt § 2, 17 f
Fahrlehrer § 1, 92 f
Fehlerhafte Gesellschaft § 3, 7, 12
Finanzanalyst § 1, 62, 83

Finanz- und Kreditberater § 1, 83, 124
Firmenausschließlichkeit § 2, 26, 34
Firmenbeständigkeit § 2, 6, 26, 37 ff
Firmenklarheit § 2, 10
Firmenmißbrauch § 2, 50 f; § 11, 6
Firmenrecht § 2, 4, 26 ff
Firmenwahrheit § 2, 6, 10, 26 ff, 37;
  § 5, 9
Fleischbeschauer § 1, 83
Fotograf § 1, 89
Frachtführer § 1, 56
Frachtprüfer § 1, 83
Frankreich E, 3, 31, 32a, 59, 66 f;
  § 1, 12, 15, 18, 28, 32, 126;
  § 2, 46; § 5, 12
Freier Beruf
- Angabe bei der Anmeldung zur
  Eintragung § 1, 16, 91
- Definition § 1, 29 ff, 79
- „Prinzip" der persönlichen
  Haftung s. Haftung
- Prüfung durch das Registergericht
  § 4, 16, 21 f
- Wesensmerkmale
  § 1, 6, 24, 26, 30, 39, 79
Fußpfleger, medizinischer § 1, 83

Gartenarchitekt § 1, 83
GATT-Uruguay-Runde E, 32
Gebäudeschätzer § 1, 83
Geburtsdatum
- Eintragung E, 24h; § 11, 2a
Gegenstand der Partnerschaft
  § 3, 18 ff; § 4, 21
- Überschreitung § 1, 16
Gemeinschaftspraxis § 1, 4, 106, 121;
  § 5, 19, 21
Geologen, selbständige § 1, 87
Geophysiker § 1, 87
Geowissenschaftler § 1, 87
Gerichtsstand der Partnerschaft
  § 3, 15
Gesamthandsgemeinschaft § 7, 13
Gesamthandsprinzip E, 26

Stichwortverzeichnis

Gesamtzulassung, kassenärztliche
§ 1, 122; § 7, 15
Geschäfte,
- gewöhnliche/ungewöhnliche
  § 6, 22
- sonstige s. Geschäftsführung, Unterscheidung hauptsächliche/sonstige

Geschäftsbriefe, Angaben § 7, 19
Geschäftsführung
- Allein-/Einzelgeschäftsführung
  § 6, 2, *16*; § 7, 16
- Auflösung der Partnerschaft
  § 9, 17
- Ausschluß von der § 6, *8 ff*, 33
- außergewöhnliche Maßnahmen
  § 6, 27
- Berufsausübung § 6, 2, *11 ff*, 33; § 7, 17
- Dritte § 6, *15*
- Entwürfe, frühere § 6, 1 ff
- Entzug der Befugnis § 6, *17 ff*
- Gesamtgeschäftsführung
  § 6, 13, 20
- Kündigung § 1, 131
- spezifisch freiberufliche Regelung
  E, 34
- Umfang § 6, *17 ff*, 22
- ungewöhnliche Maßnahmen
  § 6, 16a
- Unterscheidung hauptsächliche/sonstige § 1, 131; § 6, 2, *11 ff*; § 8, 4
- Vertragsgestaltungen § 6, 8 ff
- Widerspruchsrecht bei Einzelgeschäftsführung § 6, 16

Geschäftswert einer Eintragung im Partnerschaftsregister
§ 4, 7 ff; § 5, 48 f

Gesellschaft bürgerlichen Rechts
- Abgrenzung von der Partnerschaft
  § 7, 2; § 11, 1 ff
- Haftungsbegrenzung
  E, 29, 42; § 8, 8
- Namensrecht E, 27, 40, 44; § 2, 3 f, 12 f; § 11, 5 f
- Partnerschaft als Sonderform
  E, 52; § 1, 130; § 10, 12

- Registrierung (keine)
  E, 30; § 4, 5, 8
- Umdeutung formnichtiger Partnerschaft § 3, 9, 12
- Umwandlung s. dort
- „unzureichend" E, 17, 25 ff, 40 ff; § 7, 13 f
- Verdrängung durch PartGG?
  E, 43
- Wettbewerbsverbot § 6, 23

Gesellschafter
- s. Partner

Gesellschafterklage § 6, 17
Gesellschaftsrecht
- „Lücke" E, *37 ff*
- unzulässige Vermischung mit Berufsrecht s. Berufsrecht
- Stellung der Partnerschaft
  E, 38, *43 ff*

Gesellschaftsstatut § 3, 15
Gesellschaftsvermögen § 1, 131
Gesellschaftszweck, Förderung durch Partner § 1, 131
Gesetzestechnik
  E, 12, 43, 52, 54; § 1, 39
- s. auch Lean law

Gesetzgebungskompetenz E, 23
Gewerbe
- Ausübung durch die Partnerschaft
  § 1, 16 ff

Gewerbesteuer E, 45; § 1, 20a, 23b
Gewerbetreibender E, 49
Gewinnermittlung § 1, 23a
Gewinnverteilung § 1, 130 f; § 6, 29
Ghostwriter § 1, 91a
GmbH
- s. Kapitalgesellschaft

Good will § 1, 10; § 2, 3, 40, 45
Grafik-Designer § 2, 89
Grundbuch
- Grundbuchfähigkeit
  E, 27, 38; § 7, 14 f
- Grundbuchverfahren § 5, 2
- Umwandlung § 7, 7

Stichwortverzeichnis

Haftpflichtversicherung
- Entwürfe, frühere E, 6, 9; § 4, 3; § 8, 1 f, 4
- Ersatz der Prämien § 6, 40
- Partnerschaft § 1, 120; § 4, 3; § 6, 40; § 8, 56

Haftung § 8
- akzessorische § 8, 15
- Anwendungsvorrang des Berufsrecht § 8, 49 ff
- befasster Partner § 8, 34 ff
- Beitrag von untergeordneter Bedeutung § 8, 31, 31a, 33a
- deliktische § 8, 25
- gesamtschuldnerische E, 38; § 7, 5; § 8, 34
- persönliche E, 34, 50, 53, 56; § 1, 131; § 8, 12, 14, 20 f, 50, 62
- „Prinzip" der persönlichen E, 56; § 8, 5
- Verbindlichkeiten, Arten § 8, 14a

Haftungsbegrenzung § 8, 1 ff, 44
- Anliegen des PartGG E, 4, 9, 58
- berufsrechtliche Regelungen § 8, *49 ff*
- durch Individualvereinbarung E, 9; § 8, 2
- Entwürfe, frühere E, 6, 9 f, 12; § 8, 1 ff, 19
- Form E, 9
- Gesetzgebungsverfahren E, 14, 17; § 8, *4 ff*
- Höchstbetrag § 8, 44, 46
- Kapitalgesellschaft als interessantere Alternative E, 42
- Schuldrecht E, 10, 42; § 8, 3
- Vorgesellschaft § 7, 4

Haftungsbeschränkung
- s. Haftungsbegrenzung

Haftungsdeckelung
- s. Haftungsbegrenzung, Höchstbetrag

Haftungskonzentration § 8, 20
Haftungstheorie § 8, 15
Handelschemiker § 1, *69*, 83, 115
Handelsgesellschaften
- Partnerschaft als „Schwesterfigur" der OHG E, 43, *49 ff*, 53; § 2, 4; § 4, 11; § 5, 6; § 7, 3

- „ungeeignet für Freiberufler" E, 17, 34, 49
- Unterschiede zur Partnerschaft § 2, 41 f; § 3, 10; § 9, 4, 24
- Zusatz „und Partner" § 2, 12; § 11, 5 f
- s. auch Kapitalgesellschaft

Handelsgewerbe
- Ausübung durch Partnerschaft § 1, *16 f*, 50; § 4, 25; § 6, 22; § 7, 3
- Gewerbesteuer s. Steuerrecht
- Partnerschaft E, 34; § 1, *20 ff*; § 7, 3

Handelsrechtsreform E, 24e, 54; § 2, 2a, 33; § 9, 4; § 11, 5

Handelsregister
- entsprechend anwendbare Vorschriften § 5, *2 ff*

Hebammen § 1, 35, *42 f, 46 ff*, 121a, 124; § 3, 10

Heilberufe E, 12, 33; § 1, 30, *43 ff*, 83
- s. jeweils bei Ärzte, Hebammen, Heilpraktiker, Heilmasseure, Krankengymnasten, Tierärzte, Zahnärzte

Heilerziehungspfleger § 1, 83
Heileurhythmisten § 1, 83
Heilmasseur § 1, 35, *42 f, 46 ff*, 48, 121; § 3, 10
Heilpädagoge § 1, 83
Heilpraktiker § 1, *42 f, 46 ff*, 124

HGB
- s. Verweisung auf das HGB

Hochbautechniker § 1, 83

Image E, 46
Infizierungstheorie
- s. Abfärbetheorie
Informationsrechte der Partner § 6, 33 ff
Ingenieure § 1, 4, 42, *63 ff*, 83, 124
Inkassounternehmen § 1, 56
Inkompatibilität § 1, 17b
Innenarchitekten § 1, 67a, 83
- s. auch Architekten
Innenraumgestalter § 1, 83

Stichwortverzeichnis

Innenstruktur E, 28, 41; § 1, 116;
§ 6, 8
Insolvenz § 4, 20; § 5, 3; § 9, 18;
§ 10, 2 f
 – Insolvenzfähigkeit E, 27
 – Insolvenzverfahren § 10, 2 f
 – Insolvenzverwalter § 1, 83; § 9, 8
 – eines Partners § 9, 8 f, 18, 23
Institut der Wirtschaftsprüfer E, 1, 4
Interessenvereinigung § 1, 4
 – s. auch EWIV

Jochem-Papier E, 17
Journalisten § 1, 42, *73 ff*, 91, 115

Kammer
 – s. Berufskammer
Kapitalbeteiligung § 1, 5 f; § 6, 11
 – s. auch Partner, aktive Berufs-
   ausübung
Kapitalgesellschaft
 – Berufsrecht § 6, 5 f
 – Besitzgesellschaft E, 24a, 38, *48*
 – Firmierung mit Partnerzusatz
   § 11, 5
 – Haftungsbegrenzung E, 42, 45
 – jüngere Rechtsprechung (Heilbe-
   rufe, Rechtsanwälte) E, 39, 56;
   § 7, 15
 – keine Gesellschafterfähigkeit
   s. Partner, nur natürliche Personen
 – Person, juristische s. dort
 – „ungeeignet für Freiberufler"
   E, 33; § 1, 26 f
 – Vergleich mit Partnerschaft
   E, 42, *45 f*, 50; § 1, 106
Kartellrecht § 1, 22 ff
Katalogberufe
§ 1, 29, 31, *42 ff*, 79, 81 f
Keramiker § 1, 89
Kernbereichslehre § 6, 29
Kerngeschäfte
 – s. Geschäftsführung, Unterschei-
   dung hauptsächliche/sonstige
Kindergärtner § 1, 95

Koalitionsvereinbarung 1991 E, 16
Kommanditpartnerschaft
E, 53, 62; § 9, 33
Kommerzialisierung der freien Berufe
§ 1, 6
Kommunalberater § 1, 83
Kompatibilität der Partnerberufe
§ 4, 27
 – s. auch Zusammenarbeit, inter-
   professionelle
Konkurrenz
 – s. Wettbewerb
Konkurs
 – s. Insolvenz
Konsultationsdokument der EG-Kom-
mission
 – s. „Europäische Partnerschaft"
Kontrollrechte der Partner
§ 6, 1, 3, *33 ff*
Konzern, freiberuflicher E, 47
Kooperationsgemeinschaft, medizini-
sche § 2, 23a
Kooperationsrisiko § 8, 5
Kostenrecht § 5, 48
Krankengymnasten § 1, 30, *42 f*,
46 ff, 83
 – s. auch Physiotherapeuten
Krankenpfleger § 1, 83
Krankenschwester § 1, 83
Kreditberater
 – s. Finanz- und Kreditberater
Kritik am PartGG E, 24a
Kündigung
 – der Gesellschaft aus wichtigem
   Grunde § 3, 12
 – durch Pfändungspfandgläubiger
   § 1, 131
 – durch Privatgläubiger
   § 9, 11; § 10, 3
Kunstgewerbetreibender § 1, 39;
§ 4, 15
Künstler § 1, 39, 84, *88 ff*; § 4, 15
 – Künstlername (Pseudonym)
   § 2, 7
Kunstschmiede § 1, 89

391

Stichwortverzeichnis

Laborärzte § 1, 44
Ladungssachverständige § 1, 83
Landmesser § 1, 66
Landschaftsarchitekten § 1, 67a, 83
Lean law E, 54
Legaldefinition § 1, 31a
Lehre von der fehlerhaften Gesellschaft § 3, 12
Lehrer § 1, 84, *92 ff*
Liquidation § 1, 116; § 5, 47; § 6, 27; § 7, 7; § 10, 1 ff
- Entwürfe, frühere E, 6, 9; § 10, 1
- Liquidator § 10, 4 ff
Logopäden § 1, 83, 121a
Löschung aus dem Partnerschaftsregister § 1, 21; § 2, 52; § 3, 12; § 7, 3, 7; § 9, 18; § 10, 11
Lotsen § 1, 42, *77*
Lücke im Gesellschaftsrecht
- s. Gesellschaftsrecht, „Lücke"

Management
- Begriff § 6, 14
- Management-Berater § 1, 61
- Managing Partner § 1, 13
- Manager, professioneller § 6, 10
Mandantenschutzklauseln § 6, 26
Marketing-Berater § 1, 83
Markscheider § 1, 66, 83
Marktforschungsberater § 1, 83
Masseure
- s. Heilmasseure
Mehrfachqualifikation § 1, 19; § 2, 15 ff; § 3, 17; § 9, 22; § 10, 5
Mineraloge § 1, 87
Mitarbeit, aktive
- s. Partner, aktive Berufsausübung
Mitglieder der Rechtsanwaltskammern
- s. Rechtsanwaltskammern, Mitglieder
Mittelstandsvereinigung der CDU/CSU E, 5

Mode-Designer § 1, 89
Motive des PartGG E, *25 ff*, 39; § 1, 124; § 2, 20; § 7, 13; § 8, 7, 12
Musiker § 1, 88

Nachfolgeklausel § 2, 39
- einfache § 9, 27 f, 33
- qualifizierte § 9, 29, 33
- rechtsgeschäftliche § 9, 32
Nachhaftung § 10, 12 ff
Nachlaßverwalter § 9, 10
Nachschußpflicht § 1, 131
Name der Partnerschaft § 2
- Änderung § 4, 17
- Begriff § 11, 1
- Berufsrecht E, 34, 55 f; § 1, 116
- Entwürfe, frühere E, 6, 9
- Erlöschen § 10, 11
- Firmenrecht s. dort
- „Leerübertragung" § 2, 36, 40
- Mindestbestandteile § 2, *3 ff*
- Namensfähigkeit E, 27, 40
- Namensfortführung s. dort
- Partnerschaftsvertrag § 3, 14
- Partnerzusatz § 11, 1 ff
- unzulässiger Namensgebrauch § 2, 50 f; § 11, 6
- Vorname § 3, 16
- Zeichnung bei der Anmeldung § 4, 17
- Zweigniederlassung § 5, 9 f; § 7, 20
Namensänderung eines Partners § 2, 38
Namensfortführung
- ausgeschiedener Partner § 1, 116; § 2, 2, 6, 30 ff, *39 ff*
- s. auch Firmenbeständigkeit
Netzplantechniker § 1, 83
Neun-Punkte-Katalog E, *17*; § 1, 5, 20, 31; § 2, 2; § 3, 4; § 4, 1; § 6, 2; § 7, 12; § 9, 1 f
Nießbrauch § 2, 41 f
Notare § 1, *35*, 37, 119; § 2, 16 f
- s. auch Anwaltsnotare

Stichwortverzeichnis

OHG
- s. Handelsgesellschaften

One stop shopping § 1, 124

Organisationen, freiberufliche
- s. Verbände, freiberufliche

Österreich § 1, 2, 32, 116, 127; § 2, 11, 14, 20; § 6, 5; § 7, 2, 15; § 8, 7

Pacht § 2, 41 f

Parlamentarische Gesellschaft E, 8

Parteifähigkeit E, 10, 27, 38, 45, 50; § 7, 5, 13 f
- s. auch Rechtsfähigkeit

Partner
- aktive Berufsausübung E, 34, 64; § 1, *5 ff*; § 2, 27, 29, 42; § 6, 11, 18 ff; § 9, 23
- befasster § 8, 34 ff
- Minderjährige § 4, 26
- natürliche Personen E, 34, 53, 56; § 1, *24 ff*; § 7, 19
- nur Freiberufler E, 34
- Scheinpartner § 8, 30a ff

Partnerschaft
- Begriff § 1, *2 ff*
- einfache E, 25; § 1, 57, *107 ff*, 110
- Hilfeleistung in Steuersachen § 1, 113b
- mit beschränkter Haftung § 8, 8
- Namenszusatz § 2, 10b; § 11, 1 ff
- Postulationsfähigkeit E, 24g; § 7, 24d
- Prozessbevollmächtigte § 7, 24a ff
- rechtliche Selbständigkeit § 7, *12 ff*
- überregionale E, 34
- Verfahrensbevollmächtigte § 7, 24a ff
- Verteidiger § 7, 24e
- Wirksamkeit § 7, *1 ff*

Partnerschaftsgesetz E, 1, 11; § 1, 2

Partnerschaftsregister § 5
- Abschriften § 5, 2
- Anmeldung s. dort
- Bekanntmachungen § 5, 3
- deklaratorische Wirkung von Eintragungen § 4, 7
- Diskussion um Notwendigkeit E, 9, 20, 22, § 4, 1; *9 ff*
- Einsichtnahme § 5, 2
- Eintragung nach Namensänderung eines Partners § 2, 38
- enthaltene Angaben § 4, 3, 6 f; § 5, *1 ff*; § 10, 7
- Entwürfe, frühere E, 6, 9
- Gebühren E, 22; § 4, 7
- Information des Rechtsverkehrs E, 30; § 4, 5 ff; § 5, 2 f
- konstitutive Wirkung der Eintragung der Partnerschaft § 7, *2 f*
- Löschung s. dort
- Registergericht, Registerverfahren s. dort
- Vertretung, Eintragungen s. dort

Partnerschaftsregisterverordnung E, *24*; § 4, 3, 10, *12*, *15 f*, 18, 22 f; § 5, 3

Partnerschaftsvertrag § 3
- Abweichungen § 6, 27
- Änderung § 6, 27
- Entwürfe, frühere E, 6; § 3, 1 ff
- Gestaltung § 1, 7 f, 116; § 3, 13; § 6, 8 ff, *29 ff*, 38, 42; § 7, 20 f; § 9, 7, 25 ff, 34 f; § 10, 2
- keine Vorlage beim Registergericht § 3, 3, 5; § 4, 2, 10, 25
- Mindestinhalt § 3, 1, 11, *13 ff*
- Nebenabreden § 3, 11
- notarielle Beurkundung § 3, 4 f
- Schriftform § 3, 3 f, *5 ff*; § 6, 17
- Vorlage bei den Berufskammern § 1, 116, 120, 122; § 3, 21; § 7, 10
- Vorvertrag § 3, 9
- Wettbewerbsverbote s. dort
- Wirksamkeit § 3, 7, 9, 12; § 4, 26 f

Partnership § 1, 2

Partnerwechsel § 2, *39 ff*

Patentanwälte § 1, 42, *55*, 117 ff; § 5, 16

Patentanwaltskammer § 1, 117, 117b

Pensionsrückstellungen E, 45; § 1, 12

Person, juristische
- Annäherung E, 50; § 7, 13
- Entwürfe, frühere E, 6, 9; § 7, 12

393

Stichwortverzeichnis

- für freie Berufe „nicht geeignet"
  § 7, 13
- s. auch Gesellschafter, nur natürliche Person; Kapitalgesellschaft; Rechtsfähigkeit

Person, natürliche
- s. Partner

Personalberater § 1, 61, 83

Pfändungspfandgläubiger § 1, 131

Pflichtangaben auf Geschäftsbriefen E, 24e

Physiotherapeuten § 1, *47 f*, 124
- s. auch Krankengymnasten

Postulationsfähigkeit E, 24g

Praxisgemeinschaft § 1, 4

Prinzip „Ausscheiden statt Auflösung"
§ 9, 5 ff

Prinzip der Einzelähnlichkeit § 1, 80

Prinzip der persönlichen Haftung
- s. Haftung, persönliche

Prinzip des kleinsten gemeinsamen Nenners § 1, 100

Probennehmer § 1, 83

Projektierer technischer Anlagen
§ 1, 83

Prokura E, 49, 51; § 7, 19

Prozeßfähigkeit
- s. Parteifähigkeit

Psychoanalytiker § 1, 83

Psychologen
- s. Diplom-Psychologen

Psychotherapeuten
§ 1, 52, 83, 121, 124
- Kinder und Jugendliche § 1, 52
- Psychologische – § 1, 52
- s. auch Diplom-Psychologen

Public-Relations-Berater § 1, 73

Publizitätswirkung
- s. Registerpublizität

Raumgestalter § 1, 83

Rechnungslegung E, 45, 49

Rechtsanwälte E, 4, 39, 56 f, 60, 64;
§ 1, 4, 10, 13, 17d, 42, *54 f*, 83, 85, 98, *117 ff*, 124;
§ 2, 8, 16 f, 19 f, 28, 34, 45 f, 49;
§ 3, 17; § 4, 18; § 5, 15;
§ 6, 7a f, 12, 35, 37, 41; § 7, 14 f, 17;
§ 8, 51 f, 56 f; § 9, 23, 27;
§ 10, 5, 11, 13 f
- ausländische § 1, 56; § 2, 46
- Bürogemeinschaft § 1, 4

Rechtsanwaltskammer
- Mitglieder
  § 1, 35, 42, 56, 83, 117 f
- s. auch Berufskammern

Rechtsausschuß
- Bundesrat E, 12 f
- Bundestag E, 7, 10 ff, 21;
  § 1, 29, 70, 110 f, 130; § 4, 2; § 8, 6

Rechtsbeistand § 1, 56, 83, 98

Rechtsfähigkeit E, 27, 38, 45, 50, 58;
§ 1, 3; § 7, 13 f

Rechtsform eigener Art § 7, 13

Rechtsformwechsel, identitätswahrender § 7, 7

Rechtsformzusatz § 11, 2

Rechtsformzwang § 7, 2

Rechtskundige in einem ausländischen Recht § 1, 56

Rechtsnachfolge § 4, 13; § 9, 18, 27 ff

Rechtspolitische Würdigung E, *54 ff*

Rechtsscheinhaftung § 5, 6

Redaktionsgruppe E, 17; § 8, 4

Redner § 1, 89, 91a

Referentenentwurf E, *18 f*;
§ 1, 2, 31, 96; § 2, 45; § 8, 6; § 9, 2, 7

Regierungsentwurf E, 19; § 6, 17

Register
- s. Partnerschaftsregister, Berufsregister

Registergericht
- Einschreiten § 1, 17a; § 2, 51;
  § 4, 28; § 5, 4; § 6, 19; § 11, 6
- Eintragung von Amts wegen
  § 2, 52 f; § 10, 11; § 11, 6
- Prüfungspflichten
  § 3, 6; § 4, 2, 4, 10, 15, *21 ff*

Stichwortverzeichnis

- Zuständigkeit § 3, 15; § 4, 1, 12; § 5, 2, 9, 11 ff

Registerpublizität E, 30; § 4, 5, *8*; § 5, *6*; § 7, 19

Registerverfahren § 4, 12; § 5, 2 ff

Reitlehrer § 1, 92

Rentenberater § 1, 56

Rückgabe von Gegenständen § 1, 131

Sachverständige
- hauptberufliche
  § 1, 35, 42, 63, *70 f*, 83, 86, 123c; § 2, 24a; § 3, 31; § 5, 22, 39; § 6, 7g, 47; § 7, 24; § 8, 62
- Kfz-Sachverständige § 1, 71, 83
- öffentlich bestellte § 1, 71

Sänger § 1, 88

Schadensschätzer § 1, 83

Scheinpartner § 8, 30a ff

Schiffseichaufnehmer § 1, 83

Schiffssachverständiger § 1, 83

Schmuck-Designer § 1, 89

Schriftform
- s. Partnerschaftsvertrag

Schriftleiter, selbständige § 1, 87

Schriftsteller § 1, 76, 84, *91*

Schweigepflicht § 1, 129; § 6, 3, 24, 34 f, 37; § 10, 11

Seerechtsübereinkommen 1982/1994 E, 24

Selbständigkeit, rechtliche § 7, 12 ff

Selbstorganschaft E, 50; § 6, 9; § 7, 16

Sitz der Partnerschaft § 3, 15; § 4, 7, 12; § 5, 8 f, 11 ff
- Doppelsitz § 3, 15

Sitztheorie § 3, 15

Sozietätsbegriff
- Rechtsanwälte § 8, 79
- Steuerberater § 1, 109 ff, 80
- Wirtschaftsprüfer § 1, 108 ff, 82

Spezifisch freiberufliche Gesellschaftsform E, 16, 25, 34, 53, 59; § 1, 29, 106; § 8, 17; § 11, 2

Städtebauer § 1, 33

Städteplaner § 1, 67a, 83

Sternsozietät § 1, 117a

Steuerberater E, 49, 56; § 1, 4, 19, 25, 33, 42, *58*, 83, 96, 107, *117 ff*, 113a, 124; § 2, 15 f, 19, 21, 28, 40, 42; § 3, 21; § 5, 17; § 7, 10; § 8, 8, 43 f, 51, 53, 72, 75, 80 f, 91, 94 f; § 10, 11, 13 f
- Steuerberatungsgesellschaft E, 47; § 1, 25 f, 107 ff; § 2, 13, 21, 32; § 4, 11, 19, 29; § 7, 9, 11; § 8, 9; § 10, 5

Steuerbevollmächtigte § 1, 42, *58*, 98, *117 ff*; § 5, 17; § 7, 10; § 8, 75

Steuerrecht
- Begriff freiberuflicher Tätigkeit § 1, 29, 39 ff
- Einkommensteuer § 1, 23
- Einkünfte aus freiberuflicher Tätigkeit § 1, 20
- Einkünfte aus Gewerbebetrieb § 1, 7, 17, 20, 24, 38, 50; § 7, 3
- Einnahme-Überschuß-Rechnung E, 45
- Gewerbesteuer E, 45; § 1, *23b*
- Körperschaftsteuer E, 45
- Pensionsrückstellungen E, *45*; § 1, 23c
- Umsatzsteuer § 1, 23d

Stimmrecht
- Stimmbindungsvertrag § 6, 30
- Stimmrechtsausschluß § 6, 29
- Stimmrechtsübertragung § 6, 30
- Stimmverbot § 6, 28

Strohmann § 2, 50

Systemanalytiker § 1, 83

Tanzlehrer § 1, 92

Tätigkeit, gewerbliche
- s. Gewerbe, Ausübung durch Partnerschaft

Tätigkeitsfelder (-bereiche) § 1, 29, 31, 79, *84 ff*; § 4, 15

Testamentsvollstrecker § 1, 55; § 9, 10

Textil-Designer § 1, 89

Stichwortverzeichnis

Tierärzte E, 39a; § 1, 31, *42 ff, 123*;
§ 3, 21; § 5, 21; § 7, 10
Tierheilpraktiker § 1 46a
Tod eines Partners § 9, 6, 20; § 10, 3
Treuepflicht, gesellschaftsrechtliche
§ 6, 28
Treuhänder § 1, 83
Turnlehrer § 1, 92

Übersetzer
§ 1, 25, 42, 72, *75 f*, 91, 115
Ultra-vires-Lehre § 1, 16; § 3, 19
Umwandlung § 7, 7 f
 - BGB-Gesellschaft in Partnerschaft
  § 2, 47; § 7, 7
 - Einzelpraxis in Partnerschaft
  § 2, 48
 - GmbH in Partnerschaft
  E, 46; § 7, 8
 - Partnerschaft in BGB-Gesellschaft
  § 7, 7
 - Partnerschaft in Einzelpraxis
  § 2, 48 f
 - Partnerschaft in Kapitalgesellschaft § 7, 8
 - Partnerschaft in OHG automatisch bei gewerblicher Tätigkeit
  § 7, 3
 - Umwandlungsgesetz E, 24b
Union, Europäische
 - s. Europäische Union
Unternehmer § 1, 22
Unternehmensberater
 E, 56; § 1, 33, *61*, 83, 115
Unternehmensträger E, 26; § 2, 36
Unternehmensübergang § 2, 40
USA § 1, 13

Verband Deutscher Unternehmensberater (BDU) § 1, 61
Verbände, freiberufliche
 - Berufskammern s. dort
 - Entwürfe, frühere E, 5, 7, 8, 12
 - Gesetzgebungsverfahren
  E, 14 f, 17, 19, 36;
  § 1, 96, 106, 125, 130; § 4, 27;
  § 8, 3 f
Verbraucher § 8, 24
Vererblichkeit der Beteiligung
 § 1, 116; § 9, 1, *24 ff*
Vergleichsverfahren
 - s. Insolvenz
Verjährung der Ansprüche gegen
 Partner § 10, 13 f
Verkaufstrainer § 1, 93
Verluste
 - Beteiligung § 1, 131
 - Ersatz für § 6, 40
 - Nachschußpflicht s. dort
Vermessungsingenieure § 1, 35, *66*, 83
Vermischung von Berufs- und Gesellschaftsrecht
 - s. Berufsrecht
Verschmelzung von Partnerschaften
 § 7, 7a
Verschwiegenheitspflichten
 - s. Schweigepflicht
Versicherungsberater § 1, 56
Versteigerer, vereidigter § 1, 56
Vertragspartner, Partnerschaft als
 § 6, 5; § 7, 15
Vertretung § 7, 16 ff
 - Allein-/Einzelvertretungsbefugnis
  E, 50; § 7, 16
 - Ausschluß von der § 1, 116;
  § 7, 16 f
 - Eintragung im Partnerschaftsregister E, 24h; § 4, 3, 20; § 7, 18;
  § 11, 2a
 - Entzug der Vertretungsmacht
  § 7, 21
 - Gesamtvertretung § 7, 18 f
 - Liquidator § 10, 8 f
 - Nachweis § 5, 2
 - Ultra-vires-Lehre s. dort
 - Umfang der Vertretungsmacht
  § 7, 20
 - Vollmacht s. dort
Verweisung auf BGB E, 6, 43, 52;
 § 1, *130 f*; § 3, 3

Stichwortverzeichnis

Verweisung auf HGB
- auch auf reformbedürftige Teile
  E, 54; § 4, 17; § 6, 17; § 9, 4, 7
- Entwürfe E, 6, 19
- keine Generalverweisung E, 52

Verzinsung § 6, 41 f

Volkswirte, beratende
§ 1, 42, 53, *60 ff*, 124

Vollmacht § 7, 19

Vorgesellschaft § 3, 9; § 7, *4 ff*

Vorgründungsgesellschaft § 3, 9; § 7, 6

Vormund § 1, 54

Vorpartnerschaft
- s. Vorgesellschaft

Werbeberater § 1, 73

Werbung, unerlaubte § 6, 6

Wettbewerb
- internationaler
  E, 3, 25, *31*, 65; § 1, 124
- Wettbewerbsverbot
  § 1, 18; § 6, 4, *23 ff*
- Wettbewerbsverbot, nachvertragliches § 6, 25
- Wettbewerbsverstoß nach UWG
  § 2, 50; § 11, 6

Wirtschaftsberater § 1, 83

Wirtschaftsprüfer E, 1, 9, 56 f;
§ 1, 4, 19, 25, 42, *57*, 83, 98, 100, *117 ff*, 124; § 2, 15 f, 19, 28; § 4, 28;
§ 5, 18;
§ 7, 10; § 8, 55, 59; § 10, 13 f
- Institut der Wirtschaftsprüfer
  s. dort
- Wirtschaftsprüfungsgesellschaft
  E, 47; § 1, 25 f, 100, 107;
  § 2, 13, 22; § 4, 11, 19, 29; § 7, 11;
  § 8, 9

Wirtschaftsprüferkammer E, 4

Wissenschaft
- angewandte § 1, 85
- reine § 1, 85

Wissenschaftler § 1, *84 ff*

Wohnort § 3, 17a

Zahnarztpraktiker § 1, 83

Zahnärzte E, 56;
§ 1, 31, *42 f*, 44, 119, 121, *123 f*;
§ 2, 15; § 3, 21; § 4, 11; § 5, 20
- Praxisschild § 2, 23b
- s. auch Heilberufe

Zeugnisverweigerungsrecht § 1, 119;
§ 6, 35 ff
- s. auch Schweigepflicht

Zolldeklarent § 1, 83

Zulassung
- Approbation s. dort
- erforderliche § 1, 46, 53, 93
- Erlaubnis zur Berufsausübung
  s. dort
- Partnerschaft § 7, 15
- Ruhen § 9, 23
- Verlust erforderlicher § 1, 8;
  § 9, 21 ff
- Vorlage der Urkunde § 4, 18 f

Zusammenarbeit
- interprofessionelle
  E, 4, 12, 17, 25, 35 f, 57 f, 67, 70 f;
  § 1, 97 ff, 111, 124; § 2, 31;
  § 4, 27 f; § 6, 34;
  § 8, 11, 16, 28, 43, 55 f; § 9, 22;
  § 10, 5, 11
- internationale
  E, 25, 29, 35 f, 58, 67 ff; § 1, 124;
  § 5, 14
- Kompatibilität der Partnerberufe
  s. dort
- überregionale E, 25, 29, 35;
  § 1, 124; § 3, 15; § 5, 8, 16 ff

Zustimmung
- der ausgeschiedenen Partner zur
  Namensfortführung § 2, 43
- des Bundesrates
  s. Bundesrat, Zustimmung

Zwangsgeld § 5, 4

Zwangsvollstreckung § 7, 5, 14

Zweigniederlassungen E, 30, 50;
§ 1, 100, 116; § 3, 15; § 5, *7 ff*, § 6, 22;
§ 7, 20